Hans J. Vermeer
Versuch einer Intertheorie der Translation

D1720236

Hans J. Vermeer

Versuch einer Intertheorie der Translation

Frank & Timme

Verlag für wissenschaftliche Literatur

ISBN 978-3-86596-105-1
ISBN 3-86596-105-3

© Frank & Timme GmbH Verlag für wissenschaftliche Literatur
Berlin 2006. Alle Rechte vorbehalten.

Das Werk einschließlich aller Teile ist urheberrechtlich geschützt.
Jede Verwertung außerhalb der engen Grenzen des Urheberrechts-
gesetzes ist ohne Zustimmung des Verlags unzulässig und strafbar.
Das gilt insbesondere für Vervielfältigungen, Übersetzungen,
Mikroverfilmungen und die Einspeicherung und Verarbeitung in
elektronischen Systemen.

Herstellung durch das atelier eilenberger, Leipzig.
Printed in Germany.
Gedruckt auf säurefreiem, alterungsbeständigem Papier.

www.frank-timme.de

Inhaltsverzeichnis

4

6

Science is either an important statement of systematic theory correlating observations of a common world, or is the daydream of a solitary intelligence with a taste for the daydream of publication. But it is not philosophy to vacillate from one point of view to the other. (Whitehead: 1978, 329)

I would like to try to step out of the sphere where transparency [...], invisibility and neutrality [...], objective truths [...] and along with these ideals, a kind of "dehumanization", represent the professional standards for [...] interpreting. (Bahadır 2004a, 256f)

Die Moderne verlangt Kürze. „Intertheorie"[1] steht für *interdisziplinäre Interaktionentheorie*. Das aber wäre eine Kakophonie, wie sie sich nur die moderne Musik als Thema leisten kann.[2]

Am Ende eines Geschäftsjahres wird Inventur gemacht. Fällt der Rückblick mit der Aufgabe des Geschäfts zusammen, so wird zugleich gründlich auf- und zusammengeräumt. Manchmal wird nur Weniges für

---

[1] Vgl. „intercritique" (Atlan 1986).

[2] Eine Kurzfassung des ersten Teils der vorliegenden Arbeit (der „Mythos") erschien als Beitrag in der Festschrift Nord (Vermeer 2003). – Eine Anregung zur Weiterführung war das ausführliche Referat meiner Kollegin Elif Daldeniz über Damasio an der Okan-Universität Istanbul (2004). Nach einigen Vorarbeiten wurde dann im Laufe eines M.A.-Kurses an derselben Universität an der vorliegenden Skizze weitergearbeitet. Für ihre engagierte Mitarbeit danke ich den Kursteilnehmern. Besonderer Dank gebührt der Leiterin der Abteilung, meiner Kollegin Ayşe Nihal Akbulut, die es sich nicht nehmen ließ, an den Sitzungen teilzunehmen. Natürlich gebührt mein Dank gleicherweise allen im folgenden erwähnten Autoren sowie zahlreichen Gesprächspartnern, die ich nicht gebührend auflisten kann. Der eine oder andere wird merken, wo ich besonders ihr/ihm zu danken habe. Namentlich möchte ich meine Kollegin Barbara Löwe nennen, die sich der Mühe unterzog, eine Frühfassung der vorliegenden Arbeit gründlich zu lesen und zu kommentieren. Nicht zuletzt danke ich António Inácio de Brito Santos. Die Gespräche mit ihm und seine Hinweise auf Literatur haben die vorliegende Arbeit wesentlich gefördert ... und manchmal auch in eine Richtung geleitet, die keinen Konsens finden konnte. – Etliches von dem, was ich hier über „Translation" geschrieben habe, finde ich jetzt eingehend und lebendig im ersten Kapitel von Viaggios (2004/2006) Buch zur „mediación interlingue" / „interlingual mediation" dargestellt. – „Fremde Ideen sind die Insekten, die den Samenstaub von einem Gedanken in uns zum andern tragen und dadurch befruchten." (Jean Paul [1796]: *Einfälle* 4)

wichtig Genommenes behalten. Inventur lädt zum Großreinemachen ein.
Nach dem Hausputz bleibt das Schweigen, doch es niederzuschreiben wäre
eines der Paradoxa des Lebens.

Erster Teil

Einleitung

Die mühsame allmähliche Verfertigung der Gedanken erschwert eine konzise Darstellung und vermehrt Wiederholungen. – In den Vorbemerkungen handle ich zunächst einige Grundgedanken für die vorliegende Arbeit ab. Reprisen lassen sich nicht leicht vermeiden. Zu Einzelheiten sei auf die z. T. umfangreiche Literatur zu den erwähnten Themen verwiesen. Dem Leser wird nicht entgehen, daß die im folgenden genannte Literatur sehr eklektisch ist, Zufallslektüre. Das Übrige steht in Bibliographien und Bibliotheken.

Der erste Teil der Arbeit versucht zunächst, Grundlagen für ein Verständnis von „Translation" vorzubereiten. In den Teilen zwei bis vier sollen Faktoren, die Interaktionen unter besonderer Berücksichtigung des „translatorischen Handelns" (Holz-Mänttäri 1984) bedingen und steuern, aus anderen Disziplinen zusammengestellt werden. Im fünften Teil werden weitere Faktoren aufgezählt, und im sechsten Teil der Arbeit soll ein „Fallbeispiel" eigener Art diskutiert werden. Vielleicht kann die (natürlich wiederum verkürzte) detaillierte Verfolgung des Werdens einer translatorischen Handlung zu einem besseren Verständnis des menschlichen Verhaltens und Handelns beitragen. – Auf Englisch ist unter dem Titel „Luhmann's ‚Social Systems' Theory: Preliminary Fragments for a Theory of Translation" (Vermeer [demnächst]) eine Vorarbeit über Translation und Luhmanns Systemtheorie im Druck.

DARSTELLUNGSFORM UND TERMINOLOGIE

Zunächst ein Wort zur formalen Gestaltung der folgenden Ausführungen.

Der Computer oder genauer: das Computerprogramm, mit dem ich schreibe, war manchmal ein Hindernis. Es pfuschte mir in meine Arbeit hinein, verunstaltete sogar hartnäckig meine Orthographie und verdrehte den Sinn meiner Formulierungsversuche. Ich bemühe mich, das Programm zu zähmen.

Geschweifte Klammern ({ }) geben Mengen im Sinne der Mengenlehre an. Grammatisch behandle ich solche Mengen wie Singulare (vgl.

eine Menge Entitäten → eine {Entität}), um damit die Gesamtheit oder Ganzheit des Gemeinten auszudrücken.[3] Jedoch werden Mengen nicht in jedem Vorkommen eigens bezeichnet. Ein Singular kann als Menge gelesen werden. „Begriffe" stehen zwischen < >. (Zur Problematik des Begriffs vgl. Vermeer 2004a; 2004b.) Eine hochstehende Zahl hinter einer Seitenzahl gibt die Nummer einer Fußnote an (z. B. 24^{16} = Seite 24, Fußnote 16). Mehrere Autoren bzw. Herausgeber eines Werks/Beitrags werden durch + miteinander verbunden (z. B. Lakoff + Johnson). Einer Anregung von Dizdar [demnächst] folgend gebe ich bei Zitaten und Literaturhinweisen, wenn auf ein Translat verwiesen oder aus ihm zitiert wird, den Translator durch Schrägstrich (/) nach dem Autor an (z. B.: Agamben/Giuriato), behalte aber den Singular der 3. Person im Verb bei. Translate sind keine Fotokopien von Ausgangstextemen. In einem Translat spricht/schreibt der Translator in eigener Verantwortung im ‚Kleid' des Ausgangstextemautors. Der Schrägstrich wird auch im Sinn eines „oder" gebraucht (z. B. ein paar Zeilen zuvor: *Werks/Beitrags*). Die Abkürzung *o/t* steht für „am Ort *o* zur Zeit *t*". – Einzelne Wörter werden ohne Leerstellen mit / voneinander getrennt; mindestens zwei ‚Wörter' auf einer Seite werden mit Leerstellen getrennt (vgl. o/t vs. M. Forstner / Müller). Ich behalte die Orthographie bei, mit der ich groß geworden bin. Im übrigen behaupte ich nicht, daß ich im folgenden stets konsequent verfahre. Ich wäre überheblich, wenn ich behauptete, eindeutig zu schreiben.

Termini trennen, sondern aus. Tatsächlich sollen sie so etwas wie Zentren andeuten, um die herum eine "possibility cloud" (Bergström 1988) eine relative Extension andeutet (vgl. die Prototypologie). Es gibt keine Synonyme. Angenommene[4] Ähnlichkeiten werden aber mitunter Quasi-

---

[3] Luhmann (1985, 20) unterscheidet eine Ganzheit, die etwas als Einheit, von einer Gesamtheit, die etwas als aus Teilen bestehend annimmt.

[4] „Annahme", „annehmen" und ihre Derivative weisen auf ~ Hypothese/Glauben/Meinung. Annehmen/Annahme ist eine Handlung. Gehandelt wird perspektivisch. Erkenntnisse werden von einem perspektivischen Standpunkt aus, also (wie alles in dieser Welt) bedingt, nur relativ zuschreibbar. Durch den Annahmecharakter einer Behauptung wird allerdings bei manchen ein Gefühl der Unsicherheit und Vagheit hervorgerufen. Diese Leute vermissen ein selbstbewußt-bestimmtes Auftreten, das ich aus darzulegenden Gründen nicht bieten kann. Bewußt oder unbewußt wirkt sich die Annahme eines Annahmecharakters von Behauptungen auf den Organismus aus, der diese Annahme macht (vgl. den Beobachter, der von seiner Beobachtung beeinflußt wird). Ich überlasse es den Philosophen, ob die Relativität relativiert wird. Durch eine Annahme kann es zu einem infiniten Relativitätsregreß kommen. Also Vorsicht, Falle! Ich wehre den Regreß ab. Im Gedächtnis bleibt mir der Gedanke an den Regreß und seine Abwehr ... und infolgedessen auch der Gedanke an den Gedanken. – Vgl. *RELATIVITÄT.

Synonyme genannt. Terminologische Differenzen deuten auf Differenzen zwischen verschiedenen Gemeinten. Termini sind selten so eindeutig, daß nicht doch jemand Unklarheiten oder Widersprüche entdecken kann. Zum Beispiel kennt Luhmann (1985, 16) drei Gebrauchsweisen für das Wort „System": (1) System als Gegenstand/Objekt, wobei eine strukturierte Menge mit den Relationen ihrer Elemente zueinander und zum System gemeint wird, (2) System als Begriff, wofür ihm eine Bezeichnung (z. B. <System>) fehlt, und (3) System als „Selbstabstraktion" des Gegenstands, wenn auf dessen allgemeine Konstitution abgezielt wird, [womit die Anwendung eines <Begriffs> (2) auf einen Gegenstand (1) gemeint wird]. – Eine Waschmaschine ist (mesokosmisch[5] in der Perzeption eines normalen

---

[5] Die Evolutionäre Erkenntnistheorie (vgl. Vollmer 2000) unterscheidet drei ‚kosmische' Ebenen: (1) den „Mikrokosmos", die Welt der Mikrophysik, (2) den „Mesokosmos", die Welt, in welcher der Mensch lebt, die er auf Grund seiner Organisation und daher auf seine spezifische Weise wahrnimmt usw., die Welt seiner „Kontingenz", der er angehört, eine Welt der Annahmen, die Luhmann (1985) die „reale Realität" nennt, und (3) den „Makrokosmos", die Welt der Astronomie, das Universum mit Galaxien usw. Makro- und Mikrokosmos sind für den Menschen nur von seinem Mesokosmos aus ‚mesokosmisch' zu erkennen (perzipieren). Insofern ist ihre Beobachtung (vgl. Mikrophysik, Astronomie) Teil des Mesokosmos. Zur mesokosmisch-menschlichen Erkenntnis(weise) gehört auch die Unmöglichkeit ‚objektiver' Erkenntnis. Das Universum zerfällt damit in zwei ‚Welten': die eigentliche, ‚objektiv reale' (Kant sprach vom „Ding an sich". Kant, 1992, 78 schwankt an der angegebenen Stelle zwischen „Sache" und „Ding", die für ihn hier offenbar synonym sind. Später [ib. 296] erklärt er die Dinge an sich als „Substanzen und ihre Zustände"!) und die mesokosmisch, d. h. auf Menschenart erkennbare bzw. erkannte. – Statt den Mesokosmos auf den Menschen abzustellen, sollten für alle Organismusgattungen (und letztlich Organismen) (Mengen von) Mesokosmoi (wo es angeht, auch komparativ) angesetzt werden. Zumindest beim Menschen kommt die Überformung seiner ‚Natur' durch „Kultur" zu seiner mesokosmischen Erkenntnis(weise) hinzu. Kultur (s. unten) gehört zur Natur des Menschen. So wird die Natur durch ihren eigenen Teil überformt. Genau genommen müssen indefinit viele Mesokosmoi für verschiedene Organismusarten und hierin individuelle Organismen angenommen werden. Ich komme immer wieder hierauf zurück. – Popper (1973/1981) nennt Kultur die „dritte Welt" über der Realität. Den Terminus „Makrokosmos" möchte ich daher uminterpretieren und darunter die menschengeschaffene Welt der Memetik (s. unten) verstehen, zu der u. a. „Kultur" gehört. Auch hier soll(t)en indefinit viele Makrokosmoi sowohl für die individuellen Menschen als auch ihre verschiedenen Kulturen, möglicherweise auch für andere Organismen angenommen werden. Als menschengeschaffene Welt ist der Makrokosmos nur methodologisch vom Mesokosmos zu trennen, daher nenne ich nur die Mesoebene, wenn eine Zuordnung beide Ebenen betrifft. Zum Mesokosmos gehört, was auch an den Memen physisch ist, nämlich Formen (Schallwellen, Farbtupfer auf Papier). Weiterhin gehört dem Mesokosmos der Gebrauch makrokosmischer Begriffe an. <Kultur> ist eine makrokosmische Potentialität. Wer die Suppe mit dem Löffel in der rechten Hand löffelt, handelt mesokomsisch kultur-

12

Menschen) ein Konkretum, ein Gegenstand/Objekt. Sie besteht aus Einzelteilen. Die Teile sind so miteinander verbunden (konstruiert, strukturiert), daß sie eine funktionierende Einheit bilden. Diese konkrete Einheit heiße „System". (Ich sehe im Augenblick von der Benennung, z. B. „Waschmaschine", ab, die den Sachverhalt an dieser Stelle überflüssigerweise komplizieren würde.) Das Objekt ,ist' kein System. Es wird unter der Perspektive unter sich derart relationierter Teile, daß das Ganze als „Waschmaschine" funktionieren kann, System genannt (vgl. oben 2). In diesem Sinn ist das System ein Konkretum, d. h. eine unter bestimmten Bedingungen als funktionsfähiges Objekt perzipierte Einheit (vgl. oben 3). Auf diese Weise bilden alle Waschmaschinen (und vieles andere mehr) Systeme. Das „System" im kollektiven Singular ist zu einem abstrakten, potentiellen[6] Begriff <System> geworden (vgl. oben 1).

Nicht alle Termini können sofort bei ihrem ersten Vorkommen geklärt werden. Vorgriffe, spätere Detaillierung zuvor bereits genannter Ausdrücke und Wiederholungen sind unvermeidlich. Wiederholung[7] stärkt das Erinnerungsvermögen. Einige Termini und das damit Gemeinte versuche ich in kleineren und größeren Exkursen und Digressionen zu erläutern.[8] Sie werden mit einem Asteriskus [*], z. B. *BEGRIFF, gekennzeichnet.[9] In der Translationswissenschaft üblich gewordene Termini werden nur in Ausnahmefällen besprochen. Vor allem gilt es, mit Termini vorsichtig umzu-

---

spezifisch. – In der vorliegenden Arbeit wird der Ausdruck „meso"- übernommen. Gemeint ist damit, wie gesagt, die Ebene und ,Welt', in der ein Organismus (hier: ein/der Mensch) lebt und die er daher als natürlich erlebt und ansieht. – Ein Vorläufer der Evolutionären Erkenntnistheorie war Campbells (1974) "Evolutionary Epistemology".

[6] „Potentialität" benennt die Möglichkeit, das Adjektiv „potentiell" demnach in dieser Arbeit das, was möglich ist. Für Potentialität/potentiell wird heute oft „Virtualität /virtuell" gebraucht. Beide Formen verweisen etymologisch auf Wirksamkeit, Macht (vgl. lat. *potens* und *vir-tus* „Mannhaftigkeit").

[7] Wiederholung gibt es nur mit Variation(en) (s. unten). Luhmann (1985, 258) gebraucht in ähnlichem Sinn „Reproduktion". „Dann impliziert Reproduktion immer auch Reproduktion der Reproduktionsmöglichkeit." (ib.) Derrida (1967) hatte nicht allzu verschieden von „Iteration" gesprochen (Melberg: 1995, 168f). Ich vermeide den Ausdruck, um keine Ähnlichkeit aufzudrängen.

[8] Meine Wiener Kollegin Mary Snell-Hornby frozzelte einmal, Exkurse seien die Leidenschaft deutscher Wissenschaftler. Wenn ich mich durch Exkurse zu letzteren zählen könnte, ... – Ein Exkurs zu Peirce, Luhmann und Scheibmayr wird vorbereitet. Er geht ausführlich auf Luhmanns „Soziale Systeme" (1985) ein. Dieser Teil wurde 2005 /2006 in einem M.A.-Kurs an der Okan-Universität auf Grund der englischen Version des vorgenannten Buches (1995) diskutiert.

[9] In der Linguistik bezeichnet * dagegen eine nicht belegte, d. h. nicht nachweisbare, nur angenommene, methodologisch (re)konstruierte, oder eine inkorrekte Form.

gehen und ihre Funktion jeweilig zu überdenken. Eigentlich müßte eine neue Terminologie her, nicht nur für den vorliegenden Versuch. Die überkommene Terminologie ist vielfach mehrdeutig bis irreführend. Es hat aber keinen Zweck, über Terminologie zu streiten. Sie ist allemal arbiträr und perspektivisch, aber sie verrät etwas über den Benutzer.

Mehr oder minder gängige Moden des Ausdrucks und des vage damit Gemeinten, z. B. Macht[10] (im politischen und ökonomischen Sinn), Ideologie, die selbst wieder Mächten entspringt, z. B. der sog. Postmoderne, des Postkolonialismus (schon die Namen deuten auf Retrospektivität), des Genderns[11] usw., sind selbst (er)klärungsbedürftige metaphorisch zu verstehende <Begriffe>, wirkende Potentialitäten. Definitionen sind rational-reduktiv und daher, wo es angeht, durch Beschreibungen zu ersetzen. Beschreibungen scheinen mir in ihrer verbleibenden Vagheit besser der nie exhaustiv zu klärenden Realität[12] zu entsprechen.

Terminologie und die Terminologie der Terminologie sind unübersichtlich, manchmal verworren geworden. – Ein Beispiel: Die „Ausdrucksseite des Terminus" als die „aus einem Wort oder mehreren Wörtern bestehende Bezeichnung" soll die „Benennung" eines Terminus „definieren" (DIN 2342-1 von 1992, 2; zit. n. Arntz 2001, 92). Der Unterschied zwischen Benennung und Bezeichnung wird offenbar als bekannt vorausgesetzt oder

---

[10] Der Ausdruck „Macht" erlebt seit einiger Zeit eine modische Inflation, d. h., sein Gebrauchswert sinkt. Deshalb zögere ich, ihn zu verwenden. Ist man sich einig, kann der Tauschwert (gegen einen anderen Ausdruck) trotzdem hoch bleiben und sogar steigen. – Macht bekommt zwei Richtungen: gegen (*contra*) etwas/jemanden (vgl. den Imperativ) und gegenüber (*versus*) etwas/jemandem, z. B. im Gebrauch einer Sprache gegenüber jemandem. – Zur Ausübung von Macht bedarf es der entsprechenden Autorität. Sie wird offiziell eingesetzt, kann beansprucht sein (vgl. den Revolutionär, der sich zum Staatsoberhaupt deklariert), muß aber auf jeden Fall (schlimmstenfalls durch Mitläufertum) anerkannt werden. Macht übt auch die Wissenschaft aus, und zwar schon allein durch ihre Existenz in der Gesellschaft, die ihr einen Stellenwert einräumt. Die Analyse eines Ereignisses beeinflußt das Ereignis oder zumindest seine Folgen. Zur sprachlichen Machtdemonstration gehört auch der Gebrauch von Titeln und (zumindest bestimmten) Berufsbezeichnungen. – Zu Macht und Ethik vgl. Arrojo (1997).

[11] Das Gendern soll den femininen Sexus für die Gesellschaft aus seiner Zurückdrängung in der Gesellschaft in die Gesellschaft holen. Was hat Genus aber mit Sexus zu tun? – Der gewöhnliche *Terminus technicus* für „gesellschaftlich" ist „sozial". Das Wort ist im Deutschen in vielen Ko(n)texten ambig. – Die Schildwache und der Dienstbote hatten ein Verhältnis miteinander, das nicht ohne Folgen blieb. Er gebar ihr einen kräftigen Sohn, und sie war ihm ein guter Vater.

[12] Mit Realität oder realer Realität (Luhmann 1985) ist, soweit nicht anderes angedeutet wird, der dem Menschen erscheinende (phänomenale) Mesokosmos gemeint.

in einer anderen DIN-Norm definiert. Aus der obigen Formulierung wird er jedenfalls nicht klar, denn ein „Wort" enthält ja nach traditioneller Ansicht selbst die Ausdrucksseite, d. h. Form, die es und was es ‚bedeutet', benennt. Außerdem „definiert" der obige Satz nicht. Inwiefern „definiert" eine Bezeichnung eine Benennung? Wird mit „Bezeichnung" und „Benennung" ein Objekt oder ein Prozeß (vgl. das Bezeichnen, das Benennen) gemeint? Mit Wörtern auf *-ung* kann im Deutschen beides gemeint werden. „Bezeichnung" ist oben der Terminus für die „Ausdrucksseite des Terminus", also die lautliche oder graphische Form des Terminus. „Bezeichnung" tritt bei anderen Autoren vielfach an die Stelle von „Benennung", seltener (?) umgekehrt. Hugo Schuchardt wollte Bezeichnung für die lautsprachliche Symbolisierung verwenden, weil es „der weitere auch die Geberdensprache [*sic*] einschließende Ausdruck ist" (zit. n. einer Bleistiftnotiz im Nachlaß). Bezeichnen heißt soviel wie „ein Zeichen setzen, ein Zeichen (als Hinweis auf etwas) machen". In der traditionellen Linguistik ist ein Wort ein verbales „Zeichen" für etwas. Das Wort *Hund* „(be)nennt" (= ist ein Name für) <Hund> oder einen Hund. – Zur Problematik der Ausdrücke vgl. Anhang: *Begriff; vgl. Vermeer (2004b). – Angesichts meiner eigenen Schwierigkeiten bei der Verfertigung meiner Gedanken wäre Häme über die Unvollkommenheit der DIN-Formulierung verfehlt.

Die Schwierigkeiten der zum Verständnis nötigen Translationen (vgl. Dizdar [demnächst]) illustriert Octavio Paz (1984, 22f):

> Hace unos años, en Cambridge, tuve una confirmación impresionante de las barreras entre distintas civilizaciones. Exhibían en la televisión un documental holandés sobre Nueva Guinea. La película narra las peripecias de un grupo de etnólogos, los primeros que lograron cruzar la cadena montañosa que divide a la inmensa isla. [...] La expedición holandesa coincidió con los primeros viajes soviéticos al espacio exterior, de modo que se ofrece al espectador una image[n] insólita: en un barranco perdido de la selva, un grupo de pigmeos de la Edad de Piedra oye una noticia de la Edad Tecnológica. Los salvajes no entendían las palabras que emitía el aparato de radio pero si un intérprete hubiese traducido lo que decía el locutor, ellos habrían trasladado inmediatamente el lenguaje científico a términos míticos y mágicos. La nave y sus tripulantes se habrían transformado en una manifestación de poderes sobrenaturales. Incluso si la lengua de los aborígenes hubiese podido expresar las ideas y conceptos implícitos en la noción de *viaje espacial*, esa traducción habría transformado ese hecho en un mito, un milagro o un acontecimiento mágico. La pregunta sobre la capacidad de comprensión de los pigmeos, es decir: sobre sus dotes de traductores, también puede hacerse a los exploradores holandeses. Tampoco ellos entendían los conceptos de los papúes; mejor dicho, para entenderlos, los traducían a los términos de la antropología moderna.

[Vor ein paar Jahren bekam ich in Cambridge einen unvergeßlichen Eindruck von den Barrieren zwischen den Kulturen. Im Fernsehen lief ein niederländischer Dokumentarfilm über die Abenteuer einer Gruppe von Ethnologen in Neuguinea, denen es als erste gelungen war, die Bergkette, welche die riesige Insel zerteilt, zu übersteigen. [...] Die niederländische Expedition fiel zeitlich mit den ersten Ausflügen der Sowjets in den Weltraum zusammen. Dadurch erlebte der Zuschauer eine ungewöhnliche Szene: In einer gottverlassenen Schlucht im Urwald hört ein steinzeitlicher Trupp Pygmäen eine Nachricht aus dem technischen Zeitalter. Die Eingeborenen verstanden die Worte aus dem Radio nicht. Wäre ihnen verdolmetscht worden, was der Sprecher sagte, hätten sie die wissenschaftliche Sprache sogleich in mythische und magische Ausdrücke umgesetzt. Das Raumschiff und seine Besatzung wären zu einer Offenbarung übernatürlicher Mächte geworden. Selbst wenn die Sprache der Eingeborenen die Vorstellungen und Begriffe im Zusammenhang mit der *Weltraumfahrt* hätte ausdrücken können, hätte diese Übersetzung das Geschehen doch in einen Mythos, ein Wunder oder ein magisches Ereignis verwandelt. Die Frage nach dem Verständnis der Pygmäen, d. h. nach ihren translatorischen Fähigkeiten, läßt sich auch an die niederländischen Forscher stellen. Auch sie verstanden die Vorstellungen der Papua nicht – oder besser gesagt: um sie zu verstehen, übersetzten sie sie in die Terminologie der modernen Anthropologie.] (übers. HJV)

Einige Jahre später unterhielt ich mich mit Klaus Heger über Translation. Seiner Meinung, jegliches *Textem könne grundsätzlich aus jeder Sprache in jede andere übersetzt werden, setzte ich die Annahme entgegen, daß selbst dann, wenn dies der Fall wäre, das Problem darin bestände, daß solche Texte u. U. von den Sprechern solcher Sprachen nicht verstanden werden könnten. Angenommen, jemand beherrsche heute die sumerische Sprache bis zu einem quasi-muttersprachlichen Grad und könne daher (nach Heger) einen Text über Atomphysik (mit allen eventuell nötig werdenden terminologischen Erklärungen) ins Sumerische übersetzen, so hätten die Sumerer um 3000 v. Chr. dennoch den *Sinn des Textes nicht verstanden, weil ihnen die wissenschaftlich-kulturellen Voraussetzungen dazu gefehlt hätten.[13] Sie selbst hätten die Übersetzung natürlich nicht ausführen kön-

---

[13] Es wäre einfach, alles, was die wissenschaftlichen Disziplinen zu einer gegebenen Zeit nicht (hinreichend) physi(kali)sch erklären können, vorläufig einer „Psyche" oder dem „Geist" zuzuschlagen und den Begriff von Zeit zu Zeit zu überprüfen und zu bereinigen (oder zu erweitern). Die Crux ist, daß das „Psychische" und die „Psychologie" selbst wieder Psychisches kreieren, z. B. psychische Krankheiten. Das Religiöse kreiert die „Seele". Daß Descartes dann « l'âme » mit « l'esprit » vermengt, wird das kleinere Übel. Die Wissenschaften sind sich nicht einig, was in die „Psyche" gehört. Fried (2004, 69) z. B. meint, „Erinnerung" sei „ein psychisch konstituierter Faktor der Wirklichkeitskonstruktion, dessen Bedingungen der Historiker kennen muß". – Vielleicht sollte das ‚Geistige', ‚Mentale', der ‚Geist' usw. als (im-

nen. (Man kann auch näherliegende Beispiele erfinden.) Heger quittierte die Entgegnung barsch mit einem (erregten) „Das ist Quatsch!" Wir hätten uns zuvor wohl über die *Bedeutung/Funktion des „Übersetzens" unterhalten sollen.[14]

Wissenschaft (W) sei die Menge der rationalen/kognitiven Translationsprozesse (Handlungen, Aktivitäten – H) und deren (konkrete und abstrakte) Resultate (Translate, Ergebnisse – E) in einem von einem Beobachter (B) anerkannten Zeit-Raum (Z), die nach von dem Beobachter (B) anerkannten Bedingungen (Kriterien – K) ablaufen bzw. zustande gekommen sind:

$$W = \{(((H, E) B) K) B_Z\}$$

Eine Theorie sei ein {Prozeß} der Erkenntnisfindung bzw. das wissenschaftliche Resultat dieses {Prozesses}.

Da ein Beobachter hier als menschliches Wesen und von seiner Beobachtung selbst affektiert betrachtet wird (vgl. Luhmann 1985; Greene /Kober 2006, 238), sind seine Beobachtungen allemal kontingent-perspektivisch.

TRANSLATION

Der Terminus „Translation" und seine Ableitungen werden in der vorliegenden Arbeit nach inzwischen allgemein gewordener Gewohnheit beibehalten. Ich verstehe darunter im Grunde das, was Viaggio (2004 /2006)[15] als „mediación interlingüe" / „interlingual mediation" (~ interlinguale Mittlung [HJV]) von „traducción" / „translation" (~ Übersetzen/Übersetzung als Oberbegriff[16] für Dolmetschen/Verdolmetschung und Übersetzen /Übersetzung) im konventionellen Sinn unterscheidet, bei welch letzterem der Translator vor allem auf formale „Äquivalenz" zwischen den Oberflächenstrukturen von Ausgangs- und zugeordnetem Zieltext(em)[17] abzielt.

---

materielle) Energie verstanden werden. Im Verein mit dem physisch-physikalischmateriellen, z. B. den Neuronen, würde durch Gehirnaktivitäten ‚verständlich‘, was mit den vorgenannten Termini gemeint ist.

[14] Quine (1960) diskutiert das Beispiel „Neutrinos lack mass".

[15] Im Laufe dieser Arbeit habe ich sowohl die spanische (2004) als auch die englische (2006) Ausgabe von Viaggios Translationstheorie benutzt. Daher die Nennung beider Publikationen. Viaggios Buch ist meiner Meinung nach für Lehrende wie Studierende sehr empfehlenswert.

[16] Zur Problematik des Begriffs <Begriff> vgl. u. a. Vermeer (2004b); vgl. Anhang: *BEGRIFF.

[17] Zum Terminus s. Anhang: *TEXT UND TEXTEM.

(Vgl. hierzu die Diskussion zu „Äquivalenz" und „Adäquatheit" [Reiß] in Reiß + Vermeer 1984/1991, 124-153; zum Äquivalenzbegriff vgl. die Entwicklung bei Koller von 1979 bis 2004.)[18] Die Äquivalenzsuche in Diskussionen um die Translation beruht anscheinend auf einer historischen Eigenart: Etwa ab den 50er Jahren des vergangenen Jahrhunderts ging man bei den ersten theoretischen Erörterungen zur Translation gern vom literarischen Übersetzen aus. Das nicht-literarische Übersetzen, das Schleiermacher (1838) nicht einmal dieses Namens würdigte, sondern mechanisches „Dolmetschen" nannte, wurde kaum im wahrsten Wort der wissenschaftlichen ‚Rede wert' erachtet. In der Literatur aber ist es eine alte Überzeugung, es komme vor allem auf den Inhalt eines Werks an, die Form diene seiner Erhöhung. Die Form ist ein Denotativum, der kognitive Träger der Emotionen, die der Inhalt auszulösen vermag.[19]

---

[18] Toury (1980, 39) versteht unter "equivalence" die Relation zwischen einem Ausgangstextem und seinem Translat. Die Leitbedingung nennt er "norm". Sie wird fallspezifisch festgelegt (vgl. hierzu Hermans 1999, 53f). Die vom Ausgangstextem ausgehende Analyse textueller Relationen und Funktionen nennt Toury (1980, 116) "adequacy".

[19] Ich verwende hier „denotativ" und „kognitiv" (in einem engeren Sinn) als Quasi-Synonyme. Ein „Denotat" setzt sich methodologisch aus einer momentan-individuellen und einer durch Reduktion gewonnenen, dauerhaft generalisierten, noetischen Komponente [einem „Begriff"] zusammen. Nur sehr bedingt brauchbar ist Lewandowski (1973). Dort gilt „Denotat" als „Begrifflicher Inhalt des sprachlichen Zeichens, kognitiver Kern [!] der Wortbedeutung / des Inhalts, der konventionell festgelegt und situationsunabhängig [!] gültig ist; [...] Untermenge der beim Kommunikationsprozeß aktivierten Information". – „Konnotat" hat keinen Eintrag. Dafür „Konnotation" als „1) Komponente einer Wortbedeutung/Äußerung. a) Zusätzliche [!] Bedeutung, Nebensinn [!]; emotionale, die Grundbedeutung begleitende Vorstellungen; semantisch-stilistische Nuancierungen, die nicht nur individuell sind. [...] b) zusätzliche emotionale, expressive, stilistische Nebenbedeutungen, welche die sich auf den Gegenstand der Wirklichkeit beziehende Grundbedeutung oder denotative Bedeutung überlagern. c) [...] emotionale Information, ihre nicht nur individuellen gefühlsmäßigen Wertungen und Begleitvorstellungen, z. B[.] der ‚Geist von Potsdam', ‚Geist von Weimar'; ‚Ostzone', ‚Vietnam' usw. [Absatz] 2) Im Sinne von Bedeutung als invarianter Eigenschaft von Begriffen; von intensionaler Bedeutung; Intension eines Begriffs als Gegensatz zu seiner Extension. [...] [Absatz] 3) Beziehung zwischen Zeichen und Zeichenbenutzer [...]. – Das irrtümliche Übergewicht der Rationalität wird in folgendem Zitat deutlich: „Gemäß der biologischen Definition" ist Kognition „erfolgreiches Operieren, also Verhalten, das nicht zum Tode führt" (Köck 2000, 270). – Kognition bezeichnet die rationale Denkfähigkeit über die „reale Realität" und ihre Beobachtung durch einen Menschen. – Dem Denotativ-Rationalen gehen in der Holistik (s. unten) die traditionell „konnotativ" genannten Gefühle, Affekte und Emotionen, Evaluationen und Assoziationen voran (vgl. allerdings die Definition bei Lewandowski [1973]). Anders

[A] translator who takes as a starting point the effect a poem had on him or her as a reader is likely to be reproached for injecting too much subjectivity into the translation. (Hermans 1999, 19)

Die Sache steht auf dem Kopf. Ein literarisches Werk lebt als Kunstwerk von der Form, der Art, wie Emotionen Ausdruck finden. Es gilt das rechte Augenmaß für das Verhältnis von Form und Inhalt wiederzugewinnen. Von der Überbewertung des Inhalts aus wollte man *ihn* in der Translation erhalten und glaubte, die Form zu diesem Zweck genau nachbilden zu sollen, war sie doch angeblich die Trägerin der Konnotationen im Ausgangstext gewesen. Und die hätte man schon gern mit über(ge)setzt. Außerdem wurde versucht, die sich etwa seit dem 17. Jh. entwickelnden „exakten" (Natur-)Wissenschaften als Vorbild anzubeten. Und dazu gehörte auch die möglichst genaue Nachbildung, die Wiederholungen und Rückübersetzungen ermöglichen sollte, so wie in naturwissenschaftlichen Experimenten Wiederholungen die Richtigkeit (Wahrheit) des Resultats bestätigten. Beide Imitationsbestrebungen führten zur naturgemäß mißlingen müssenden Quadratur des Kreises in der Äquivalenzsuche. Daß die Nachbildung der Form in einer anderen Sprache verfremdend wirkt, pries mancher dabei sogar als Zugewinn (vielleicht, um das Gesicht zu wahren).

Die Äquivalenzsuche bringt noch einen anderen Aspekt ans Licht: Äquivalenzsuche bedeutet, daß ein Translat einem Ausgangstext untergeordnet wird, ihm zu Hilfe kommt, außerhalb seiner eigentlichen Umwelt bekannt zu werden. Eine funktionale Theorie stellt ein Translat indes einem Ausgangstext gleichwertig zur Seite, ist ihm gegenüber also selbständig und steht in einigen Fällen sogar über ihm. Der Translator „muß der Dichter des Dichters seyn" (Novalis *Blüthenstaub*; 2.438f, Nr. 68). Wenn sich alles von Moment zu Moment ändert, gibt es keine Kopie. Es entsteht

---

als Damasio/Kober (2003) gebrauche ich „emotiv" und „Emotion" als allgemeine Termini für das, was anderswo auch „Gefühl" (vgl. engl. *feeling*) oder „Affekt" genannt und dann z. T. von Emotion unterschieden wird. Die Terminologie schwankt. Chiompi (2000, 208) wählt „Affekt". „Der Terminus ‚Affekt' oder ‚affektive Befindlichkeit' dient in der Affektlogik als Oberbegriff für in der Literatur höchst uneinheitlich definierte Begriffe wie ‚Emotion', ‚Gefühl', ‚Stimmung' etc. im Sinn einer psychophysischen Gestimmtheit von unterschiedlicher Dauer, Qualität und Bewußtseinsnähe." – Emotionen beruhen auf physischen Aktivitäten des Gehirns. Sie bleiben zum größten Teil unbewußt, können z. T. bewußt werden und sich z. B. in Stimmungen, Launen oder/und der Körperverfassung ausdrücken. Die Körperverfassung usw. wirkt sich auf Emotionen aus. – Zu „Träger" vgl. unten das „vehicle" in der Memetik.

momentan[20] ein anderer, neuer Text. (Vgl. Hermans 1999, 21f.) Der im folgenden geschilderte Mythos widerspricht dem Äquivalenzdenken.

Translation bedeutet vorläufig zweierlei: (1) den Prozeß einer Interaktion (oder Kommunikation)[21] über Kultur- und evtl. Sprachgrenzen hinweg, die mit Hilfe eines zwischengeschalteten „Mittlers" (oder Mittels; vgl. Luhmanns [1985][22] zu „Kommunikation") vor sich geht, oder (2) das Resultat eines solchen Prozesses. (Zum interdisziplinären Gebrauch des Terminus „Translation" vgl. Dizdar [demnächst].) Die Extension von „Translation" liegt nicht fest. Der hier vorgelegte Versuch zielt in erster Linie auf Translation als Dolmetschung/Übersetzung im üblichen Sinn ab.

Mancher mag „Translation" irrtümlich für eine Alamodeübernahme aus dem Englischen halten.[23] Das mir bekannte früheste Vorkommen des Substantivs „Translation" wie auch des zugehörigen Verbs „translatieren" in deutschsprachigen Texten stammt aus der Mitte des 15. Jhs. 1456 „translatiert" der Schweizer Thüring von Ringoltingen (um 1415 – 1483) aus „franckzoyser sprach und welscher zungen" im Auftrag des Markgrafen Rudolf von Hochberg eine angeblich echte Familienchronik der Nixe *Melusine* aus der gereimten französischen Fassung *Mellusine* (um 1400) eines Dichters Couldrette[24] in deutsche Prosa, um seinen deutschen Lesern Besseres als Ritterromane zu geben (vgl. Vermeer 2000a, 573f).[25] Niklas von Wyle (um 1410 – 1479) deutscht „Translation" spätestens ab 1461 zu

---

[20] Wenn Faust möchte, daß der Augenblick verweile, beschwört er nicht den Kierkegaardschen *øieblikk*, sondern meint die Situation aus der Zeitperspektive (vgl. Melberg 1995, 136; Derrida 1967, 66 spricht von einem *clin d'œil*; Näheres unten).

[21] Einen Überblick über traditionelle Kommunikationsmodelle gibt Januscheck (2005).

[22] Da ich sowohl die Erstausgabe von 1984 als auch die zweite von 1985 benutzt habe, erscheinen beide Daten als Angabe für Luhmanns Theorie der „Soziale[n] Systeme".

[23] Ein US-amerikanischer „translator" merkte vor kurzem an: "For lack of a German word Kade borrowed the English term 'Translation' to refer to both Übersetzen (written translation) and Dolmetschen (oral translation, or interpreting)." (unveröffentlicht).

[24] Couldrette hatte die Prosaform der *Histoire de Lusignan* von Jean d'Arras (1387-1394) in Reime gebracht (vgl. Rupprich† + Heger 1994, 77).

[25] Wenn ich mich öfter selbst zitiere, möchte ich damit das langsame Werden (die „allmähliche Verfertigung") der Gedanken festhalten. Ihre Quellen sind angegeben. Frühe Arbeiten liegen noch im engen Bereich sprachbezogener Überlegungen, und erst nach und nach kommt eine weitere Sicht zum Vorschein. Wo ich Gedanken anderer übernehme, gebe ich die Quelle an. Es geschieht nicht selten, daß man vergißt, von wem ein Gedanke stammt oder aus welcher Situation er entstand. Wenn ich den Autor nicht nenne oder einen falschen einsetze, bitte ich um Berichtigung.

20

„Translatze" ein (vgl. seine 18 „Translatzen" von 1478; vgl. Vermeer 2000a, 532).[26] Translation ist auch heute noch ein in der Öffentlichkeit und dort der sich ihrer (einer Translation) bedienenden Personen und Institutionen weithin unbekanntes Geschäft. Selbst an einigen akademischen Einrichtungen für Übersetzen und Dolmetschen ist Translation als Wissenschaft (Translationswissenschaft; Translatologie) ein von manchem wenig geliebter Gegenstand. – Um das translatorische Handeln optimieren zu können, bedarf es der Professionalität der Translatoren, der Reorganisierung von Institutionen, die Professionalität vermitteln sollen, und eines verbesserten Verständnisses in der Öffentlichkeit für die Belange und Bedingungen der Translation. M. Forstner (2005, 103[13]) verzeichnet hier Fortschritte:

> Im deutschen Urheberrecht ist Übersetzen die Bearbeitung [!] eines vorhandenen Werks, und die Übersetzung ist eine von einer Vorlage abhängige Schöpfung [!] (Delp 2003, R 159). Die Übersetzung in eine andere Sprache ist eine Umformung [!] des Originalwerks als schöpferische Umgestaltung [!] (Rehbinder 2002, R 151). [...] alle [Übersetzungen] sind jeweils schutzwürdig, wenn es sich um eigenschöpferische Leistungen handelt.

Es bedarf einer intensiveren wissenschaftlichen Forschung und Erforschung der Faktoren, die Translation werden[27] lassen, und außer Diskussionen zudem der Freiheit-in-Verantwortung für den Translator.

THEORIE UND REALITÄT

Heutzutage operieren Translationstheoretiker überwiegend mit „Fallbeispielen". Was dazu zu sagen ist, hat Luhmann (1992, 369f) mit der ihm eigenen hinterhältigen Ironie auf den Punkt gebracht.

---

[26] „Translatieren" ist wahrscheinlich eine Ableitung von dem Substantiv „Translation" < lat. *translatio*. Dieses ist eine korrekte Bildung zu der Stammform, die im *participium passivum perfectum* des unregelmäßigen Verbs „transferre" (vgl. „transferieren") als „translatum" auftritt.

[27] *To become* ist ein Schlüsselwort in Whiteheads (1978) kosmologischer Prozeßtheorie (vgl. Chappell 1961). Symbol des Werdens ist der Tanz, aus dem nicht-materielle, konkrete Figuren durch kunstvolle Bewegung von Materie entstehen. – „Werden", das Verb der Prozesse und der Momentanität, gehört vornehmlich dem Mikrokosmos an, „Sein", das Verb der Systemik und Dauer, dem Mesokosmos. Ich werde „werden" oft als Vollverb benutzen. Leider lassen sich Mißverständnisse durch das Verb „sein" allzu oft nicht vermeiden. – Ähnlich geht es mit der agentialen Ausdrucksweise des Deutschen. Ich behalte sie formaliter bei.

Ein geradezu klassisches Beispiel [...] bietet die empirische Sozialfor-
schung. Sie löst durch ihre Erhebungsinstrumente die gesellschaftlich geläu-
fige Welt in Daten auf (zum Beispiel: Antworten in Fragebögen oder Interviews) und sucht dann nach Beziehungen zwischen den Daten. Theoretisch
sollten diese Beziehungen durch eine Theorie prognostiziert werden und
diese dann verifizieren oder falsifizieren. Praktisch treten oft komplizierte
Auswertungsverfahren an die Stelle einer solchen Theorie, und man sucht
dann nachträglich anhand der Ergebnisse heraus, welche Zusammenhänge
sinnvoll interpretierbar sind und wie hoch die Schwelle statistischer Signifikanz ist, die man als noch bemerkenswert beachtet. In gewisser Weise
gleicht dieses Verfahren einem Spiel mit dem Zufall, und mit einem
Gemisch von Geschick und Glück führt die Forschung dann zu Resultaten,
die weitere Forschung anregen oder entmutigen können.[28] Die Komplexität
der Welt erscheint in dem Überraschungswert selbstproduzierter Daten; aber
dann muß mehr Lebenserfahrung als Theorie herangezogen werden, um
präsentierbare Ergebnisse herauszuziehen. Die entsprechende Methodologie
lehrt also zunächst, die Komplexitätsunterlegenheit des Systems durch
selbsterzeugte Komplexität zu kompensieren und dann in der Welt der
selbstgemachten Daten unter Ausscheiden zahlloser kombinatorischer Möglichkeiten nach Ergebnissen zu suchen.

Luhmann (1992) unterscheidet die „Theorie" von der „Methode". Letztere
besteht aus Programmen zum Abarbeiten komplexer Aufgaben. Ich lese
Luhmanns Ausführungen auf die Empirik des Translatierens hin:

Daß wir Methoden, analog zu Theorien, als Programme charakterisieren,
bedeutet auch, daß sie nicht (oder nur im Grenzfalle) wie Rezepte angewandt werden können. Normalerweise erfordert ihre Anwendung weitere,
durch das Programm selbst nicht spezifizierte Entscheidungen. Zunächst
muß man entscheiden, welche Methode zu welchem [V]orhaben überhaupt
paßt, das heißt: welche Methode die Aussicht rechtfertigt, bestimmte Ergebnisse zu erreichen. Außerdem müssen die Methoden, oft unter Verzicht auf
Strenge der Anwendung, den konkreten Gegebenheiten der Projekte angepaßt werden. Ebensowenig wie im Falle der Theorie hat die Anwendung
eine deduktive Form. (Luhmann 1992, 414f)[29]

---

[28] An dieser Stelle verweist Luhmann (1992, 370[13]) in einer Fußnote auf das Orakel von
Delphi.

[29] Ein Paradebeispiel scheint mir Wilss' (1992) Ansicht zu sein, wenn er glaubt „Übersetzungsfertigkeit" auf Schnelligkeit abstellen zu können. Als er sein Programm vor
der Veröffentlichung (an der Universität Mainz-Germersheim) vorstellte, wurde ihm
in der Sache Luhmanns Meinung entgegnet. – Einige Zeilen später setzt Luhmann
(1992, 415) hinzu: „Methoden sind Prozeßstrukturen. Sie sind entweder starre Programme für eine Abfolge von Schritten oder Strategien, die je nach den (unvorhersehbaren) Resultaten früherer Schritte zu modifizieren sind." Daß starre Programme
für das Translatieren nicht in Frage kommen, hat Hönig (1995) klar und deutlich
nachgewiesen (vgl. jetzt Longa 2004).

Wenige Seiten später liefert Luhmann (ib. 428) doch noch eine Ehrenrettung für die Empirie, welche (die Ehrenrettung) aber nicht dazu gebraucht werden sollte, die Theorie auf den Sankt Nimmerleinstag zu verschieben:

> Dabei ist der Sinn von Methode, dem System eine Eigenzeit für Forschungsoperationen zu sichern, die nicht darauf angewiesen ist, daß die Welt inzwischen stillhält oder gleichschnell mitläuft.

Das Nach-Sinnen kann mit zwei weiteren Differenzpaaren Luhmanns verlängert werden. Eine Theorie soll etwas von jemandem empirisch Erreichtes als Neues darstellen und begründen; eine Hypothese soll Neues vorstellen und anregen (vgl. Luhmanns Begründungs- vs. Wachstumstheorie). Im ersteren Falle tritt sie bezüglich des zu begründenden Wissens (nicht unbedingt in der Art des Begründens) auf der Stelle (Luhmanns Redundanz), im letzteren erweitert sie das Wissen um weitere Erkenntnisse (Luhmanns Varietät).

Ich erlaube mir, zu wiederholen, woran ich die Studierenden vor 20 Jahren erinnerte (Vermeer 1986, 13):

> Kein formales Gesetz schreibt Ihnen vor, wie Sie Ihre akademischen Jahre zu benutzen haben; keine Zwischenprüfung fragt nach, ob diese Benutzung überhaupt und in welcher Weise sie stattgefunden hat. Kein Volk in der Welt setzt auf seine Jugend das gleiche Vertrauen, wie das unsrige es tut; und die akademische Jugend hat dies Vertrauen bis jetzt gerechtfertigt. Gehen Sie auch ferner Ihre eigenen Wege – und wenn der Weg oftmals in die Büsche leitet und man wohl denkt, daß es ein Irrweg sei. Öfter, als man zu hoffen wagen durfte, hat sich gezeigt, daß viele Wege zum gleichen und rechten Ziel führen können. Bei jedem rechten Menschen von Eigenart ist der eigne Weg für ihn der beste; und jedem von Ihnen steht er offen. (Mommsen 1874, zit. n. Morkel 1979)

Für Wilhelm von Humboldt, den geistigen Vater der alten Universität, war Freiheit und nicht Organisation und Disziplin das oberste Anliegen (Humboldt 1960, 193; vgl. Timm 1973, 59; P. Feyerabend / Vetter 1993). Aber *Omnia mutantur, nos et mutamur in illis.* (Kaiser Lothar I. [?]; vgl. Büchmann 2001, 421)

1. Kapitel

Vorbereitungen

Interaktion und hierin Kommunikation[30] sollen im folgenden mit Hilfe von Erkenntnissen aus Mikrophysik, Genetik, Neurophysiologie, Kulturanthropologie und Memetik[31], soweit sie mir als Laien bekannt und verständlich geworden sind, für eine Begründung der funktionalen Skopostheorie[32] der Translation herangezogen werden. Es gilt zu zeigen, daß und wie die Theorie durch indefinit[33] viele, z. T. nicht oder nicht genügend bekannte, vor allem nicht bewußte Faktoren bedingt zu einem probabilistischen Prozeß wird (vgl. Longa [2004, mit weiterer Lit.] zur Anwendung nicht-linearer Theorien auf die Translation). Der vorliegende Versuch zielt auf eine komplexe funktionale Skopostheorie. „Funktional" ist bereits zu einem Modewort geworden. Für eine gründliche Untersuchung müssen weitere Disziplinen herangezogen werden. Interaktion, Kommunikation und Translation werden unter Einbezug aller Sinne und Konnotationen (*Emotionen, *Evaluationen und Assoziationen) als holistisches[34] Handeln[35] verstanden. Es

---

[30] Luhmann (1985) zählt Interaktion als Untersorte von Kommunikation. Ich verstehe unter Kommunikation eine primär verbale Interaktion.

[31] Der von Dawkins ([1976] ²1989) geprägte Terminus "meme" [mi:m] erinnert an griech. μίμημα/μίμησις „Nachahmung", denn das Mem ist nach Dawkins "a unit of *imitation*"; Dawkins suchte "a monosyllable that sounds a bit like 'gene'" (Dawkins 1989, 192). Im Deutschen hat sich „das Mem" [me:m] (Plural: die Meme) eingebürgert. Mit Memen beschäftigt sich die „Memetik". Chesterman (1997) versucht, Translation als memetischen Prozeß darzustellen.

[32] „Skopos" (< griech. σκοπός) heißt u. a. „Ziel". – Zu „Skopos" vgl. Vermeer (1978 et passim); Reiß + Vermeer (1984/1991); vgl. Vermeer (1992a).

[33] Mit „indefinit" werde eine nicht näher bestimmte oder bestimmbare Menge bezeichnet. Ich möchte den gängigeren Terminus „infinit" vermeiden; er mag in der Mathematik und vielleicht noch in der Theologie berechtigt sein, wird aber ansonsten zu einer ungenauen Metapher. „Indefinit" bekommt in den folgenden Ausführungen oft die Bedeutung „exhaustiv nicht erfaßbar", manchmal die einer „kombinatorischen Explosion" (vgl. Dennett/Wuketits 1994, 587²).

[34] Zur Holistik einer Produktion und Rezeption gehört neben dem Hören bzw. Sehen die Produktion und Rezeption durch alle Sinne (vgl. z. B., daß Gesten und überhaupt rhetorische Handlungen neben Schall- auch andere Wellen erzeugen, durch Photonen verbreitet vom Interaktionspartner evtl. vom Geruchs- und Tastsinn aufgenommen werden können usw.

[35] Zu Handeln/Handlung vgl. Vermeer (1990b). Wird einem Organismus bewußtes zielgerichtetes Verhalten zugeschrieben, so sei von „Handeln" gesprochen. Das Phäno-

wird versucht, von momentaner Individualität von Prozessen und Ereignissen aus über Mengen von Momenten und mit Hilfe von „Kultur" als Individualität überformende holistische Verhaltensregelung zu Generalisierungen auf die Mesoebene[36] zu gelangen sowie die genannten Phänomene dann rekursiv zu möglichen Bedingungen für Translatieren und Translationen/Translate zusammenzuführen. Durch den Versuch einer Zusammenführung von Erkenntnissen der vorgenannten Disziplinen soll aufgezeigt und begründet werden, (1) daß und warum konkretes Handeln nicht exhaustiv begründet werden kann, vielmehr probabilistisch bleibt, (2) was es heißt, wenn jemand z. B. sagt „Ich übersetze", also eine agentiale Metapher gebraucht (vgl. Ammann 1993), und (3) was demnach ein Translator ‚tut',

---

men selbst und sein Resultat wird „Handlung" genannt. Handeln wird, zumindest im Bereich ‚westlicher' Kulturen, agential aufgefaßt, d. h. der Organismus selbst wird als „Handelnder" bzw. Handlungsinitiator („Agens") interpretiert. Der Einfachheit halber folge ich diesem Gebrauch in der vorliegenden Arbeit sprachlich-formal. – Wo eben angängig, verwende ich statt „Handelnder" den spezifischeren Terminus „Produzent" [P].) Handeln kann im (äußerlichen) Nicht-Handeln bestehen, z. B. dem Sitzenbleiben oder stillen Nachdenken. Eine Handlung bildet eine (methodologisch auflösbare) Einheit von Form und Funktion (vgl. die Zeichentheorie und die Kritik hieran) in einer Situation. Formen, Funktionen sowie deren Spezifizierungen (Bedeutungen und Sinn) in einer gegebenen Situation sind kulturspezifisch. Handlungselemente bilden formal Strukturen (der Handlung). Eine Handlung wird traditionell als eine (auf ein Ziel) gerichtete Prozeßsequenz gesehen. Die Sequenz bildet ein „System". Eine Handlung kann unter-/abgebrochen werden. Handlungsteile können wiederholt werden. Eine Handlung kann folglich z. T. nicht-linear erfolgen. – Handeln wird als holistisch aufgefaßt. „Holistisch" bedeutet ganzheitlich, also: konnotativ (d. h. hier: emotiv-evaluativ-ästhetisch-rhetorisch) + denotativ + assoziativ. (Vgl. vor allem Arbeiten von Poyatos [s. Lit.-Verz.]). – Ich ziehe „denotativ" als Korrelat zu „konnotativ" dem modisch viel mißbrauchten „kognitiv" vor, stelle es in der Rangfolge von Wichtigkeiten aber hintenan (zur Begründung s. unten). „Kognitiv" verwende ich manchmal im Sinne von „vernünftig" gegenüber „denotativ" im Sinne von „rational, verstandesmäßig". Dieser Gebrauch ist dem in der Linguistik üblichen nur teilweise und bedingt ähnlich. Die in der Linguistik übliche Terminologie mit der Opposition denotativ vs. konnotativ ist irreführend, wird hier aber als üblich beibehalten. Es handelt sich nicht um eine Opposition, sondern eine Auffüllung zur Holistik, wobei das Konnotative entgegen seiner Benennung primär ist. – Ich meide den Terminus „Opposition", weil ich die alte These wiederhole, daß *tout se tient*. Oppositionen sind wissenschaftliche Kunstgriffe für in der Philosophie klar gegeneinander – ein ‚feindliches' Wort – abgegrenzte Entitäten. Aus Gewohnheit verfalle ich allerdings immer wieder in überkommene Terminologien und damit verbundene Gewohnheiten „metaphysischen" Denkens.

[36] Termini wie „Mesoebene", „Mesoperspektive" und dgl. bastele ich nach dem „Mesokosmos" der Evolutionären Erkenntnistheorie.

wenn er dolmetscht oder übersetzt. Die folgenden Überlegungen sollen dem translatorischen Handeln eine Basis zu seinem Verständnis geben.

Im weiteren soll gezeigt werden, wie eine Analyse des individuellen Verhaltens (1) von einem quasi-punktuellen[37] „Moment" ausgeht, (2) auf einer mesokosmischen Ebene generalisiert, d. h. von ihrer Individualität gelöst und auf gesellschaftliche Gültigkeit erweitert und dabei, dazu und dadurch (3) das Verhalten und damit auch seine Analyse von kulturellen Systemen überformt wird. Diese Überformung, d. h. Kultur, hat Folgen: Ein sozial leben wollender/müssender Organismus muß Rücksicht auf Andere und Anderer Prozesse sowie auf materielle und nicht-materielle Ereignisse und „Systeme" (vgl. Luhmann 1985), z. B. Mitmenschen, nehmen. Diese und der aktuell in Frage stehende Organismus haben holistische Erwartungen an ihre jeweilige Umwelt. Kultur bestimmt auch die Perspektive(n) mit, unter der/denen etwas holistisch perzipiert wird. Wird eine Perzeption im Laufe der Apperzeption (s. unten) z. B. in ‚scene' gesetzt oder gar verbalisiert, so wird sich das Resultat wegen der dabei nötig werdenden Translationen von der Perzeption unterscheiden.[38] Zudem sind Apperzeption und die sie mitbestimmende Kultur Prozesse, in denen sich alles mo-

---

[37] „Punktuell" betont die mikrophysische Sicht als Etwas ohne Ausdehnung in Raum und Zeit, „momentan" (engl. *instantaneous*, auch *momentary*) die minimale Augenblicklichkeit eines Prozesses oder Ereignisses. Luhmann (1985) gebraucht „momentan" auch als ‚von kurzer Dauer'. Wenn nötig, gebrauche ich dafür „quasi-punktuell" und „quasi-momentan" oder spezifiziere auf andere Weise, z. B. durch Angabe der Mesoebene. Momentanität und Punktualität in ihrer strengen Bedeutung werden um ihrer theoriebedingten Stringenz wegen als methodologische Möglichkeiten angenommen. Man beachte, daß Momentanität (wie andere Inhalte von Termini) in den folgenden Ausführungen als *Annahme* gemeint ist. – Augenblicklichkeit wurde bereits von Platon (*Parmenides*) diskutiert (vgl. Beierwaltes 1966/1967, bes. 274). Beierwaltes spricht von der „Paradoxie des Augenblicks". Ein Augenblick hat keine Ausdehnung. „Er ist ‚Nichts'" (s dazu unten), „das schlechthin Diskontinuierliche". Zugleich ist er aber auch „das Vermittelnde (μεταξύ) schlechthin", der „Umschlag" (die μεταβολή) von einem Ereignis zu einem anderen bzw. zwischen zwei Ereignissen. – Bei Leibniz (*Catena mirabilium demonstrationum de summa rerum* [1685] 1996, 1.131f) heißt es: „[...] et de cette maniere nous n'avons l'idée dans l'esprit qu'en tant que nous y pensons, et toutes les fois que nous y pensons de nouveau, nous avons d'autres idées de la même chose, quoyque semblables aux precedentes." – „[...] und auf diese Weise haben wir die Ideen im Geiste nur insoweit wir an sie denken, und jedesmal wenn wir von neuem an sie denken, haben wir andere Ideen von der gleichen Sache, wenngleich sie den vorangegangenen ähnlich sind." (übers. Holz) – Vgl. auch Greene/Kober (2006, bes. 100).

[38] Die meisten Wörter, die wir beim inneren Sprechen verwenden, bevor wir einen Satz sagen oder schreiben, existieren in unsererm Bewußtsein als akustische oder visuelle Bilder (vgl. Damasio/Kober 2001 152).

mentan wandelt oder verändert wird.[39] Unter Umständen zwingen Assoziationen und vor allem die Verbalisierung eine neue Perspektive auf (vgl. die Agentialität[40]).

Dabei ist daran zu erinnern, daß Enkulturation schon pränatal einsetzt, sich postnatal verstärkt und sich verlangsamend bis ans Lebensende fortdauert. In der Tat ergibt sich eine anscheinend paradoxe Situation (zumindest als Arbeitshypothese): Das Verhalten eines Individuums in einem gegebenen Moment t_0 kann als im Grunde genetisch bedingt angenommen werden. Sobald der nächste Moment wird, die mesokosmische Dauer eintritt, muß das genetisch bedingte Verhalten eines Organismus als gesellschaftlich (ich werde das in Bezug auf den Menschen „kulturell" nennen) überformt betrachtet werden. Zwischen den beiden Momenten t_0 und t_1 wirkt ein Sprung aus der momentanen Realität (der Mikrokosmik) über eine potentielle Makro- in eine reale Mesokosmik, auch retrospektiv.[41] Die Darstellung muß daher immer auf drei Ebenen gelesen werden, auch wenn dies nicht jedesmal explizit gesagt wird: der elementaren Mikro-, der zweideutigen (obgleich reduktionistischen)[42] mesokosmisch-physischen und der potentiellen Makroebene. Zweigliedrig ist dann noch einmal der Mesokosmos insofern, als konventionelles Verhalten und Handeln aus weiter unten deutlich werdenden Gründen in physisch-individuelles und „kulturelles" Verhalten differenziert werden muß. Was sich mesokosmisch als Einheit, welcher Ausdehnung als Raum und Zeit zugeschrieben wird, darstellen läßt, erscheint auf der mikrophysikalischen Ebene als momentane Punkt-

---

[39] Ich verwende „Wandel / sich wandeln" (zumeist und soweit möglich) im Sinne von „sich aus sich heraus, z. B. durch die Annahme eines internen Stimulus, ändernd". – „Veränderung" gebrauche ich im Sinne einer als von außen stimuliert angenommenen Änderung.

[40] Slobin (1996, 74f) trennt die verbale Ausdrucksform und die Perspektivität einer *scene* eines Beobachters bzw. verbalen Berichterstatters strikt voneinander; ich fürchte, erstere kann letztere deutlich beeinflussen (s. unten).

[41] Vgl. auch Luhmann (1992, bes. 106) mit anderer Terminologie zur „Verzeitlichung". – Ich sehe hier durchaus eine Reversibilisierung der Zeit (vgl. die Spirale, das Hin- und Her bei der Verfertigung von Gedanken usw.). – Zum „Zeitpfeil" vgl. Greene /Kober (2006, 201-207); zu verschiedenen Zeitbegriffen s. unten.

[42] „Reduktion" sei die Engführung auf bestimmte Faktoren/Parameter, um bestimmte Verallgemeinerungen vornehmen und z. B. Regeln formulieren zu können, wobei andere Faktoren für den in Rede stehenden Fall und seine Perspektive als *quantités négligeables* beiseite gelassen werden (können/müssen). So bleiben z. B. emotionale Faktoren bei der Formulierung naturwissenschaftlicher Regelhaftigkeiten außen vor, soweit sie nicht selbst Gegenstand der Untersuchung sind. Dennett/Wuketits (1994, 18) nennt Reduktionen „unrealistisch". Sie machen aber die Wissenschaft aus. Wissenschaft wird zu einem Mythos unter anderen.

menge von Prozessen und Ereignissen,[43] die jeweils „*relative Positionen* in einem Raum von Relationen" einnehmen (Bourdieu/Beister 1998, 48).

Der Mesokosmos bietet ein Paradox: In ihm wird von Inter- oder Überindividualität, Generalisierungen usw. gehandelt (die dann auf der atemporalen[44] Makroebene ‚bereitgestellt' werden). Zugleich aber gilt Perspektivität, die den Mesokosmos nur vom Standpunkt eines Individuums (gleich welcher Art) gelten, d. h. so- und da-sein läßt. Was immer auf dieser Ebene abgehandelt wird, ist die An-Sicht eines Individuums, z. B. des diesen Essay schreibenden. Alle andere Individuen (ap)perzipieren einen anderen Mesokosmos (gewöhnlich sagt man: eine andere Welt)[45] und existieren deshalb von ihrem Standpunkt aus in einem anderen Mesokosmos – was wiederum meine, des hier Schreibenden mesokosmische Annahme ist.[46] Doch es gibt einen Ausweg. Auf der Ebene des Mesokosmos muß argumentiert werden, daß eine gesellschaftliche *Reduktion auf Generalisierung, Anpassung, Einebnung unumgänglich wird, um ein Individuum, das nur in einer Gesellschaft existieren kann, existieren zu lassen. Diese Reduktion erlaubt Annahmen über Andere(s), die Anspruch auf ihre eigene Individualität und zugleich auf Gemeingültigkeit erheben. Die Annahmen

---

[43] Whitehead benutzte "event" (zuerst in *Enquiry Concerning the Principles of Natural Knowledge* [1919]), das mit „Ereignis" ins Deutsche übersetzt wurde, ehe er seine Prozeßtheorie in *Process and Reality* entwickelte. Hier bezeichnet *event* "a nexus of actual occasions". Ich übernehme den Terminus „Ereignis" für eine einfache *actual entity/occasion*. Auf deutsch kann man sagen: Ein Prozeß ereignet sich / wird (zu) ein(em) Ereignis. (Vgl. M. Hampe 1998, 83, et passim; vgl. Derridas *il arrive, it happens*.) – Leibniz ([1720] 1996, 414 und öfter) kennt zwei Arten Monaden: einfache und komplexe. Monaden sind in einiger Hinsicht mit Whiteheads Ereignissen vergleichbar, von denen es ebenfalls einfache und komplexe gibt. Monaden haben bei Leibniz "perceptions" und "appetitions" („Perzeptionen" und „Strebungen" in der Übers. v. Holz). – „Et ces Monades sont les veritables Atomes de la Nature, et en un mot les Elemens des choses." – „Und diese Monaden sind die wahrhaften Atome der Natur und, mit einem Wort, die Elemente der Dinge." (übers. Holz) (ib. 438 und 439) – Mansfield et al. (1991, zit. n. McFarlane 2000, 7) gebraucht "potentiality" vs. "actuality". – Zur modernen Physik vgl. u. a. Greene/Kober (2006), zur „Zeit" z. B. ib. 153ff.

[44] Das wird später erläutert (vgl. Luhmann 1985).

[45] „Welt" sei ein holistischer Ausdruck, der (entgegen M. Schwarz 1992, 44f und 46) Emotionales und Rationales in sich (unlöslich) verbindet. "Their love is founded on an illusion, perhaps; but since it has to them all the appearance of reality, what does it matter?" (Somerset Maugham *The happy couple* 1975, 1.260).

[46] Insofern hat Luhmann, Luhmann beim Wort nehmend, Unrecht, andere Theorien, die nicht seine sind, zu kritisieren, sind sie doch Teil anderer Mesokosmoi. Zugleich hat Luhmann das Recht zu kritisieren, denn er kann ja nur andere Theorien, wie sie für ihn, d. h. in seinem Mesokosmos, erscheinen und deshalb existieren, erkennen.

beruhen auf der Annahme überindividuell geltender Regeln, die aus der Enkulturation jedes Mitglieds einer Gesellschaft/Gemeinschaft extrapoliert werden.[47] Zugleich bedeutet dies nichts weniger als eben auf Machtanspruch und damit die Welt (im ökonomischen und Machtsinn: auf das, was die Anderen sind, und im asketischen Sinn auch auf die eigene Spielwiese) z. T. zu verzichten. Kein Wunder, daß mancher den einfacheren Weg der Zerstörung dessen, was man nicht bekommen kann, zu gehen vorzieht.

Bei dieser Gelegenheit sei festgehalten, daß es auch im individuellen Verhalten Regeln gibt. Bei Tieren rechnet man sie zum Instinkt. Bei nicht von Artgenossen isoliert lebenden Tieren und Menschen spricht man von angeborenem generischem und z. T. individuellem Verhalten, das später kulturell überformt wird, so daß die Quellen nicht mehr zu trennen sind.

> All intelligence is limited by the primary heuristic [genetic inheritance]. The slate is already written on when individual intelligence begins to operate, and all that it can add to the slate are the fine details of the themes already written there. (Plotkin 1994, 182)

> [T]his restriction may also be manifested in biases in the way we think and reason. (ib.)

Absolute Isolierung gibt es nicht. Auch Pantoffeltierchen repoduzieren sich nicht ausschließlich durch Zellteilung.

Innerhalb und zwischen den drei vorgenannten Phänomenen, der Mikro-, Meso- und Makrokosmik, liegt die Beobachtung als „continuum of extensive relations" (Whitehead 1978, 61). Relationen entstehen aus und werden zu Differenzen.

> [J]ede Gesellschaft ist so, wie sie ist, nur aufgrund ihrer Beziehungen zu anderen Gesellschaften. (Lotter 1996, 118; vgl. auch die Mikrophysik)

Differenzen führen zu Relationen.

> Durch Relationen zwischen Komplexitäten und Abstraktion von den Komplexitäten, zwischen denen wir Abstraktionen hergestellt haben, bilden wir die Vorstellungen von Einfachem. Doch nie ist uns das Einfache unabhängig von den Komplexitäten gegeben; es ist nicht unbedingt, sondern bedingt

---

[47] Reduktionen führen auf mesokosmischer Ebene zu Generalisierungen und diese zu einer makrokosmischen Klassenbildung, die „Begriff" genannt wird. Das mit dem Begriff Gemeinte kann wiederum gesellschaftliche Phänomene benennen, z. B.: das Tier dort drüben → <Hund> → ist ein Hund (= gehört zu der „Hund" genannten Gattung). Offenbar geht eine Benennung notwendiger- und unvermeidbarerweise über einen Begriff.

und konstruiert. Das ist der holistische Grundzug, der Whiteheads Denken von Anfang an bestimmt.
Eine Suche nach Einfachem ist deshalb niemals eine Suche nach realen Grundelementen, sondern nach idealen Abstraktionen. [... Ursprünglich] sind die unendlich komplexen Ereigniszusammenhänge. (M. Hampe: 1998, 76)

Eine Theorie und in ihr eine Welt aus Relationen konstruieren (vgl. Luhmann 1985). Das kann hier nicht geleistet werden.

Die „Suche nach Abstraktionen" bezieht den Makrokosmos der Potentialität ein. Im übrigen stimmt das Zitat ‚nur' für die Welt seit wenigen Nanosekunden nach dem Urknall.[48] Physi(kali)sche absolute Einfachheit scheint es im werdenden Universum schon Nanosekunden nach dem Urknall nicht mehr gegeben zu haben, wenn es sie davor je gegeben hat.[49] M. Hampe zeichnet eine mesokosmisch-temporale, d. h. eine menschliche, Perspektive (für den Menschen gibt es keine andere Möglichkeit). Einfachheit und Komplexität bilden eine mesokosmische Einheit, doch ist Einfachheit hier nur von der Komplexität her bestimmbar, obgleich jene die Basis für diese bildet.[50] Die Welt wird auf den Kopf gestellt. Was ursprünglich war, wird zu einem durch Mesokosmik perspektivischen Danach.

Die menschliche Sprache bezieht sich auf die Phänomenalität der Beobachtung der ‚Welt' durch die Menschen. Dadurch entstehen Paradoxa, die sich sprachlich nicht lösen lassen. Zum Beispiel erscheint ein Ausdruck wie „einfache momentane Prozesse" paradox: Wie können Prozesse momentan sein, wenn Momentanität keine Extension hat? Wie kann etwas, das keine Extension hat, als Prozeß identifiziert werden? Ich lasse die scheinbare Paradoxie stehen und erinnere nur daran, daß Prozesse als Energie-in-Bewegung angenommen werden. Dann bleibt nur die Paradoxie der Sprache, nicht die der Sache.

Relationen setzen Differenzen voraus. Differenz ist ein komplexes Phänomen. Es lohnt sich, ihm kurz nachzugehen.

---

[48] Nach Greene/Kober (2006, 30) etwa eine „millionstel milliardstel milliardstel Sekunde. – Es ist unbekannt, wie man sich den „Urknall" vorzustellen hat (vgl. ib. 287f).

[49] „Einfach" ist ein relativer Begriff. Auch der einfache, z. B. nicht zusammengesetzte, momentane Prozeß ist mit seiner Umwelt relationiert. Ist er in Bewegung, so wächst seine Komplexität. Ob auch der einfache Prozeß inhärente Qualia besitzt, wird unten erörtert. – Übrigens: Wenn *tout se tient*, müßte das „Vor" dem Urknall das „Nachher" mitbeeinflussen. Evolution würde ins Endlose ausgedehnt. Hirngespinste.

[50] „Komplexität ist außerdem ein gut verkapseltes Paradox; denn der Begriff bezeichnet als Einheit, was er als Vielheit meint." (Luhmann 1992, 364)

Ein drei- und vierfaches Phänomen durchzieht anscheinend[51] das gesamte Universum seit seinem Beginn, zumindest seit Nanosekunden nach dem ‚Urknall'. Mikrophysiker nennen es „Sensitivität" (Dürr 2003a), Whitehead sagte "feeling"; an anderer Stelle sprach er von "lure" und "persuasion".[52] Auch andere Termini finden sich. Man mag von Attraktivität sprechen.[53] Bei bestimmter Distanz voneinander oder infolge geringster Unterschiede oder ‚Ähnlichkeit' zueinander bekommen Mikrophänomene auf Grund der Gravitation die Tendenz, sich zusammenzutun, sogar Strukturen zu bilden. Wie man es nun drehen, wenden und benennen mag, diese Termini und das damit Gemeinte ‚erklären' noch nichts. Sie beziehen sich auf wenigstens teilweise noch unbekannte mikrokosmische Phänomene aus mesokosmisch-menschlicher und damit kontingenter Perspektive. (Vgl. auch unten zu „Form"; zur Mikrophysik vgl. z. B. Greene /Kober 2006, 347f zu „Quantenfluktuationen" und ib. 352-355 zur „Klumpigkeit" von Materie infolge der Expansion des frühen Universums. Immerhin mag Klumpenbildung erst ca. 7 Milliarden Jahre nach dem sog. Urknall zu Hauf geschehen sein; vgl. ib. 357.) Analoges gilt für die Makrokosmik der ‚Ideen', *Begriffe etc. Es kann nie um die Dinge, wie sie sind, gehen, sondern nur darum, wie sie einem Menschen erscheinen. Und diese ‚Erscheinungen', die Phänomenalität ist individuell-momentan und wird sozial überformt. Den zweiten Grund für die Kontingenz hat Gödel beigetragen (vgl. z. B. Hofstadter 1983).

Die dreifache, nur methodologisch aufzulösende Einheit: Erkenntnis (ich erkenne Etwas)[54], Differenz(ierung) (ich unterscheide Etwas von Et-

---

[51] Mit den Ausdrücken „Phänomen" und „anscheinend" kringelt sich mein Mythos zur Tautologie.

[52] In der Biologie wird von „Sensitivierung" als einem Prozeß gesprochen. Unter Sensitivierung versteht man eine „Form nichtassoziativen Lernens, bei der die Darbietung eines schädlichen Reizes eine stärkere Reflexantwort auf andere, auch harmlose Reize hervorruft" (Kandel/Kober 2006, 477).

[53] Wäre hier evtl. auf die Superstringtheorie zu verweisen? – Ich erinnere daran, daß ich nicht Physik, sondern aus Unvermögen ‚Mythologie' betreibe.

[54] „Etwas" (mit Majuskel) sei ein allgemeiner Terminus für alles Werdende und Seiende, für Prozesse und Ereignisse, Potentialitäten und Probabilitäten. „Entität" steht für ein Etwas als Einheit. Ein dritter Terminus ist „Phänomen": die dem Menschen eigentümliche mesokosmische Erscheinungsweise von Etwas. – Entität, Etwas (und evtl. Phänomen) entsprechen ungefähr dem mittelalterlichen und frühneuzeitlichen lateinischen „res", das sich nicht allein auf materielle Objekte, sondern jedes ‚denkbare' Etwas überhaupt bezog. *Res* sind Etwasse als mehr oder minder stabile Kraftfelder oder materielle oder gedachte Etwasse (und/oder Symbolformen) in Zeit und Raum (vgl. Fetz 1981, 77). Sie können als Subjekte (Agentia) oder Objekte (Patientia) beobachtet werden und so ihnen Geschehendes ‚erfahren'. – Allemal soll von

was) und Evaluierung (ich erkenne/unterscheide-als) führt zu einer weiters angenommenen Funktion(alität), einem Skopos, eines Phänomens (ich gebrauche Etwas für Etwas). Diese Drei- bzw. Vierheit kann mit einem Wort bezeichnet werden: Sinngebung, kurz: „Sinn", ein Etwas-zu-etwas. „Sinn" in diesem Sinn setzt die vorgenannten drei Phänomene voraus (s. unten zu „Qualia"). Sinn muß von seiner Benennung unterschieden werden (ich erkenne meinen Finger vs. ich nenne das Erkannte „Finger"). – Die Mikrophysik spricht, wie erwähnt, von „Sensitivität". Wenn sie recht hat, daß Sensitivität (und in ihrer Folge Attraktivität) bereits jedem einfachen Prozeß inhärent ist, gibt es zwei Möglichkeiten: Entweder war Sensitivität den Prozessen bereits vor der anfänglichen Komplexbildung in den ersten Nanosekunden als „Quale"[55] inhärent, dann hätte es nie absolut einfache Prozesse gegeben, oder der anfänglichen Komplexbildung ging eine ‚Sensitivisierung' von Prozessen als erste (temporale) Stufe vorauf, durch die die Möglichkeit zur Selbstkonstruktion durch Attraktion gegeben worden sein muß. Die Möglichkeit würde also temporal vorverlegt. Im ersten Fall fordert das Vorhandensein von Sensitivität mit inhärenten Qualia (nicht Qualitäten als Akzidentien) eine Erklärung, im zweiten erfordert ihre temporale Entstehung die Erklärung. Andernfalls ergibt sich logisch ein Zirkel: Nichts kann sich selbst generieren, weil es als Selbst schon existiert haben muß. – Ich entscheide bewußt nicht für Dreiheit oder Vierheit, weil ich den vierten Faktor, die Funktionalität (den Skopos), zwar als logische Folge betrachte, ihn aber als Quale oder ‚Folgeerscheinung' offenlassen möchte.[56]

Differenz weist für einen (Ap-)Perzipierenden, man drehe oder wende es, wie man will, auch ein ästhetisches Quale auf, wenn Ästhetik als ein emotionales Etwas aus Erkennung, Differenzierung und Evaluierung angenommen wird. Mikrophysiker sprechen auch von Attraktoren. Wenn *tout se*

Interaktion als Erfahrung aller sich zwischen Entitäten, Etwassen und Phänomenen abspielenden Vorgänge (vgl. Fetz 1981, 61; ich spreche von Passungen; s. unten), geredet werden. Erfahrungen sind beidseitig, sowohl herbeigeführt als auch erlitten, in beiden Fällen auch bei den höchstorganisierten Organismen mehr un(ter)bewußt als bewußt und mehr gefühlt als ‚gedacht'.

[55] Zum Terminus vgl. Peirce. – Mit „Quale" versuche ich eine inhärente Eigenheit, die keine akzidentelle Eigenschaft ist, zu benennen. – Zur Sache vgl. Greene/Kober (2006, 148); dort wird aber an Messungen durch einen Menschen gedacht, sind also perspektivisch-kontingent.

[56] „Logisch" wird hier im alltagssprachlichen Sinn gebracht. – Zu einem Überblick über Logikpositionen vgl. Mudersbach (2005). – Es ist nicht uninteressant, daß die Theologie das Phänomen „Gott" als zugleich einfach und alles in sich umfassend beschreibt. Der sinnfällige Ausdruck hierfür ist u. a. die Dreieinigkeit.

tient,[57] dann sind auch Metaphern in diesem Ganzen als bedingt und nicht grad zufällig einordnenbar. Zur Ästhetik vgl. die Nähe zu „attraktiv" /anziehend. Trotz seiner zeitlichen Ferne und ganz anderen Lebensumständen und Ansichten könnte Robert Grosseteste (um 1125 – 1253) eine Anregung zum Weiterdenken geben.

> Er vermittelt das Bild einer Welt, die aus *einem* Strom von Lichtenergie entstand, der Ursprung von Schönheit und Sein zugleich ist. (Eco/Memmert 1991, 75)

Liest man statt Licht (*lux*) einfach Energie, so haben wir hier den ersten Prozeß, aus der/dem sich alle weiteren Prozesse als und zu (unter einer Perspektive harmonische[n]) Ereignissen und Strukturen entwickelt haben. Grosseteste brauchte das „Licht" als formalen, d. h. erkennbaren, Träger für das, was wir heute Energie nennen. Für Bonaventura (1221-1274) ist das Licht die „Schöpfungskraft" (Eco/Memmert 1991, 77; vgl. ib. 137), also Energie, die sich „sogar zu Dingen"[58] konkretisiert (ib. 137). Wie sehr es *vis* ist, zeigt sich für den Neuplatoniker darin, daß es feste Körper durch- und bis ins Erdinnere eindringt (vgl. ib. 76 und 78).

Am Ende erwächst aus der Memetik eine weitere Ebene: die der Empfindung (Emotion) von Freiheit und Verantwortung zu funktionalem Handeln.

Qualia bzw. die Sensitivität, die ich im folgenden als Kurzformel für die erwähnte Drei- bzw. Vierheit verstehen möchte, verhindern, das Verhalten einfacher Prozesse und Ereignisse als zufällig anzunehmen. Sensitivität (usw.) ist (unter bisher un- oder kaum bekannten Details und Bedingungen) gerichtet. Gerichtetheit wird als Funktionalität gedeutet. – Diese als Drei- oder Vierheit aus Erkenntnis, Differenzierung, Evaluierung (und Funktion) beschriebenen Annahmen haben weitgehende Konsequenzen. Die heutige Wissenschaft, d. h. die Wissenschaft auf dem heutigen Stand, geht überwiegend von der grundsätzlichen Determiniertheit des Universums und den es ausfüllenden Entitäten aus. Die Unschärfe (vgl. Greene/Kober 2006, 120f) im Quantenbereich muß keine Ausnahme bilden. Möglich wäre, daß bisher Methoden fehlen, sie genauer zu bestimmen, evtl. auf Determiniert-

---

[57] Greene/Kober (2006, 99-150) mahnt zur Vorsicht.
[58] In philosophischen Traktaten wird „Ding" z. T. als Übersetzung des lat. *res* gebraucht. Whitehead hätte "event" (Ereignis) gesagt. Eine Übersetzung mit „Ding" grenzt allerdings an Komik, wenn Bartuschat (Spinoza 1994) z. B. Spinozas *Deus est res* mit „Gott ist ein Ding" übersetzt. – Nimmt man „Ding" als Immateriale, dann ist auch Licht eine Konkretisierung von Energie.

heit zurückzuführen, oder daß die mesokosmische Perspektivität jeder Wissenschaft die Unschärfe nicht auflösen kann. Gleichermaßen neigt die Wissenschaft dazu, eine allgemeine Gerichtetheit anzunehmen. Evolution bekommt dann zwei Bedeutungen: (1) die einer allgemeinen Prozeßhaftigkeit (dem Ausdruck „Evolution" scheint Prozeßhaftigkeit immanent zu sein), d. h. eines ständigen Wandels oder/und ständiger Veränderung, die vielleicht trotz ihrer Gerichtetheit wie Octavio Paz' (*Nocturno de San Ildefonso*, 2004, 69) „camino" „no va a ninguna parte" – ins nirgendwohin verläuft –, oder (2) die einer Prozeßhaftigkeit mit funktionaler Gerichtetheit, deren Funktion (Skopos!) unbekannt ist. Gerichtetheit kann bereits, vielleicht etwas gezwungen, als „Sinn" aufgefaßt werden. Der letztgenannten Annahme, der Funktionalität, muß, zumindest vom menschlichen Standpunkt, „Sinn" zuerkannt oder wenigstens zugestanden werden, wobei zu bedenken wäre, daß Un-Sinn auch eine Art Sinn ‚ist' und die Wissenschaft den Sinn, so es ihn gibt, bisher (?) nicht eruieren kann. Indeterminiertheit, Probabilität (und evtl. Chaos) werden zu einer mesokosmischen Unschärfe des Erkenntnisvermögens.

An dieser Stelle kann sogleich eine weitere entscheidende Folgerung skizziert werden. Was ein „System" (im Luhmannschen Sinn, z. B. ein Mensch) perzipiert / perzipieren kann, bekommt für das System „Sinn". Nur was „Sinn" macht, kann perzipiert werden. Im Moment der Perzeption wird dem wahrgenommenen materiellen oder immateriellen Objekt, z. B. einem Stuhl oder einer Theorie, „Sinn" zugesprochen (Das ist ja ein ...). Hier liegt auch der Sinn von Begriffen. Einen Begriff bilden, bedeutet, allen Objekten, die zusammengefaßt werden sollen, generell Sinn zuordnen, sodann aus ihnen eine Klasse bilden und dieser ebenfalls Sinn beilegen. Die Zuordnung eines Objekts zu einer Objektklasse (einem Begriff), mit anderen Worten: die Fähigkeit, ein Objekt einem Begriff zuzuordnen, gibt wiederum dem Objekt „Sinn".[59] Ein *circulus*. Dieser Sinn ist von dem Sinn-für, d. h. der Perzeption einer Funktion eines Objekts zu unterscheiden. (Es macht keinen Sinn, den Stuhl mitten ins Zimmer zu stellen. Dieser Stuhl ist zum Sitzen da und nicht zum drüberspringen.) Wichtig ist, daß für den inhärenten Sinn kein Anfang angegeben werden kann. Er ist ‚einfach' ein in einem der oben ent-zweiten Ursprungsannahmen ursprüngliches Quale.

---

[59] Im Kāvyaprakāśa wird ein Satz aus dem Vākyapadīya des Bhartṛhari (~ 7. Jh. n. Chr.) zitiert: "An ox is neither an ox, nor a not-ox by himself, but he is an ox because he belongs to the class of ox." (übers. Winternitz 1967, 436).

Luhmann (1985) erklärt Systeme zu geschlossenen Systemen. Das heißt, ein System kann nie ein anderes System direkt erreichen. Zwischen den beiden kann kein direkter Kontakt hergestellt werden bzw. bestehen. Kontakt wird durch „Kommunikation" hergestellt. Kommunikation bedeutet in diesem Luhmannschen Zusammenhang, daß ein System einem anderen mit Hilfe des Systems „Kommunikation" Sinn mit-teilt. Kommunikation verläuft über Begriffe. Sie nimmt den Umweg über den Makrokosmos. Das ist ihr Vermögen, ihre Potentialität. Ein zweiter *circulus*. (Er findet sich auf seine Weise bereits vormenschlich.) Das bringt „Kultur" zustande, ein weiteres {System}, das eingeschaltet wird (s. unten). Kommunikation gilt als geglückt, wenn sie Sinn macht, d. h., wenn Sinn intendiert und auf der anderen Seite Sinn interpretiert wird. Dabei kann und muß davon ausgegangen werden, daß die Funktion des Sinns auf beiden Seiten funktioniert, d. h. beiderseits als hinreichend gleich angenommen werden kann. („Hinreichend" ist ein Gummiwort: individuell-momentan, von jedermann anders interpretierbar. Es gibt kein generell-genaues Substitut.) Der dritte Zirkelschluß. Die Aufforderung seitens eines Gastgebers an einen Gast, Platz zu nehmen [„Setzen Sie sich doch bitte!"] setzt als Annahme voraus, daß beide eine (ihre eigene) *scene* (Vorstellung) von ihrem jeweiligen aktuellen Umfeld haben bzw. genauer: bestimmte Teile ihres jeweiligen Umfelds möglichst nahe dem des Partners fokussieren (können), hinreichend gleiche Kommunikationsmittel (Sprache, Meme) gebrauchen und die evozierten Perzepte (z. B. *scenes*) als hinreichend gleich angenommen werden können. Erfolgt kein Protest, gilt der Kontakt zwischen den beiden interagierenden Systemen als bis auf weiteres geglückt. – Im folgenden werde ich jedoch entsprechend dem Skopos meiner Abhandlung die Individualität hervorheben.

Der Mesokosmos (dem Wissenschaft als Gebrauch ja zugehört) ist voller Paradoxa. Die Wissenschaft müht sich, die Paradoxa zur cusanischen *coincidentia oppositorum* zusammenzuzwirnen und ihr Sinn beizulegen.

Prozesse sind Potentialitäten, die zu einem Ereignis konkretisiert (und dadurch momentan sistiert [*sit venia verbo*]) werden können (Whitehead spricht von "satisfaction"). Als Potentialitäten sind Prozesse formal existent ("formal existencies"), „Formen". Ereignisse sind nicht für sich selbst da, sondern für das Werden von Anderem (vgl. Hauskeller 1994, 90f und 95), ihrer fallspezifischen Funktion, ihrem Sinn. Ereignisse werden evtl. wieder zu Potentialitäten (Prozessen) für neue, andere, evtl. komplexere Ereignisse. Eine Welt wird.

[E]ach actual entity corresponds to a meaning of 'the actual world' peculiar to itself. (Whitehead 1978, 28)

Sinn wird mit Werden. Aus der Interaktion gehen die Prozesse hervor, die für gewöhnlich Interaktion genannt werden. Zu ihnen gehört die Translation.

Deshusses (2004, 37f) verweist auf die Relation zwischen Physik und Translation:

[U]n autre trait essentiel de la théorie quantique est que l'homme est nécessaire, non seulement pour observer les propriétés d'un objet, mais même pour que celles-ci deviennent réalité. La décision consciente concernant la façon d'observer un électron en employant des instruments de telle ou telle manière déterminera jusqu'à un certain point les propriétés indépendentes de l'esprit. [...] tout comme les particules subatomiques ne sont pas des choses mais des interconnexions entre des choses, les mots d'un texte ne vivent que de leurs interconnexions, les mots sont aussi des tendances à l'existence, des événements plus que des objets inertes. Lacan parle des mots comme autant d' « *évocations* », le terme me convient. [...]
Si donc, au lieu de considérer le texte à traduire comme une matière à transformer, nous le considérons comme un flux vivant, ce n'est plus seulement nous qui opérons une modification par notre travail, c'est nous qui sommes modifiés par cette vois. Il y a échange, et comme dans tout échange mouvement, un mouvement qui empêche de situer les rôles de façon fixe – je traduis et je suis traduit.

Im Laufe der vorliegenden Arbeit sollen Deshusses' Implikationen für menschliches Handeln, seine perspektivische Gebundenheit, ihre Interpretation sowie seine Reziprozität zum Handeln und dessen Stellung („Wert") für den Handelnden, das Be-Handelte und seine Rezipienten aufgezeigt werden.

Wie angedeutet, suche ich die Darstellung einer Prozeßtheorie. Eine darin eingebettete Systemtheorie verstehe ich wie jede wissenschaftliche Theorie als methodologische Reduktion und Fokussierung auf eine Struktur aus angenommenen relevanten Faktoren.[60] *Relevanz wird relativ zur situationellen „Perspektive" in einem gegebenen[61] Raum-Zeit-Punkt angenom-

---

[60] „Wenn es um richtige Reduktionen geht, ist Komplexität das Problem der Probleme." (Luhmann 1992, 364)

[61] Als (vor)gegeben gilt, was als bereits hinreichend klar/geklärt angenommen wird. In diesem Sinn wird von einem „gegebenen" Phänomen gesprochen – genauer müßte wegen der relativen Willkür der einbezogenen Faktoren von einem ‚gesetzten', behaupteten, nur angenommenen Phänomen die Rede sein.

men.[62] Die geltende Wissenschaft reduziert allerdings auf Ratio (Denotation) und läßt die Hauptsache, die Konnotation, der Präzision zuliebe *nolens volens* unter den Tisch fallen. Das hat katastrophale Auswirkungen auf die Translation (und ihre [?] Wissenschaft) gehabt.

Ich könnte das Anliegen dieser Arbeit an eine Geschichte, eine einfache Episode knüpfen.

In einem Hotel auf der Insel Fogo („Feuer") auf den Kapverden sitzt ein Tourist. Mißmutig. Draußen regnet es. Dabei hatte man ihm versichert, um diese Jahreszeit – in Europa würde es jetzt kaum Frühling – regne es nicht; es regne überhaupt nur alle zwei, drei Jahre, wenig, wenn überhaupt. Man kann sich nicht einmal mehr aufs Wetter verlassen. Dabei wollte der Tourist ausgerechnet heute den Vulkanberg besteigen. Der liegt in dichte Wolken verpackt. Der Chauffeur weigert sich hinaufzufahren. Allenfalls für den vierfachen Preis. – Auf der Straße vor dem Fenster, hinter dem der Tourist Trübsal verbreitet, tanzen die Menschen, Männer und Frauen, junge und alte, im Regen, fröhlich, wie es ein Tourist auch im hellsten Sonnenschein nicht sein kann. Sie singen: Regen, Regen! Wir können die Bohnen pflanzen!

Was heißt auf Portugiesisch, genauer: auf Kapverdisch (die Leute sprechen ihr eigenes Kreolenportugiesisch) – egal, was heißt „Es regnet"? Was drückt ein Sprecher damit aus? Was versteht ein Hörer? Wie übersetzt man den einfachen Satz, um mitzuteilen, was Sprecher und Hörer, jeder auf seine Weise, verstehen?

Die folgenden Gedanken handeln von der Translation dieses Satzes. (Was Regen auf den Kapverdischen Inseln auch bedeuten kann, hat Manuel Lopes [1956] in seinem Roman „Chuva braba" eindringlich beschrieben.)

FOKUS UND PERSPEKTIVE

Jede Fokussierung geschieht von einer Perspektive unter räumlich und temporal indefinit vielen möglichen anderen Perspektiven aus. Bei einer Fokussierung wird lediglich der fokussierte Ausschnitt, u. U. mit seinen *fuzzy ends*, erfaßt und in der folgenden Verarbeitung analysiert und soweit generalisiert, daß er für eine intendierte Verwendung/Verwertung verfügbar werden kann. Fokussierung bedeutet also Ein-/Verengung, Selektion

---

[62] „Relativ" und Ableitungen davon bedeuten „bedingt geltend". Relativ bildet einen Gegensatz zu „absolut" (~ „auf/für jeden Fall geltend, unbedingt"). – Vgl. Vaihinger (1911).

von Prozessen, Ereignissen und/oder[63] Ereigniselementen[64] bzw. Faktoren /Parametern (wenn man will: Merkmalen) als Profilierung eines Ereignisses (vgl. Luhmann 1985) für einen aktuellen oder potentiellen Skopos, d. h. für die Zukunft. Kein Leben und keine Lebensäußerung ist wirklich in die Vergangenheit gerichtet, obgleich nur Vergangenheit beobachtet werden kann.[65] Das Leben ist allemal in die Zukunft gerichtet. Um das Da- und So-Sein von Etwas zu erforschen, muß der Forscher wissen, daß er immer nur eine unerreichbare, weil immer schon mehrfach gewandelte und veränderte Vergangenheit (vgl. Fried 2004) aus seiner gegenwärtigen Perspektive erforschen (s. unten zur Perzeption und Erinnerung) und ein solches Projekt ihn nur auf die Zukunft verweisen kann.

Die ‚irreale‘ Vergangenheit und die momentanen Gegenwarten beeinflussen sich gegenseitig. Hinzu kommt die Erwartung auf die Zukunft. Zeit wird reversibel. Die veränderte Vergangenheit wirkt im nächsten Moment wieder auf die Gegenwart ein und formt damit die Zukunft.

Vergangenheit ist phänomenale, d. h. durch den Wandel von Erinnerung stets irreale Realität (zur physikalischen Seite der Erinnerung vgl. Kandel/Kober 2006; Greene/Kober 2006, 573[12]). Die Gegenwart ist momentan, zu kurz, um manipulier- und verfügbar zu werden. Sie ist nicht mehr als die lebenswichtige Unterscheidung von Vergangenheit und Zukunft, ihr „Differenzial“, wie Novalis (3.475, Nr. 1132) sagte, ihre momen-

---

[63] Ich schreibe „und/oder“, wenn ich damit sagen will, daß der folgende Ausdruck entweder zusammen mit dem voraufgehenden oder allein auftreten kann. Die Kürze dieser Schreibweise verdeckt u. U., daß der nachgenannte Ausdruck der wichtigere ist. Die ökonomische Schreibweise evaluiert also nicht. Im vorliegenden Fall besagt die Ausdrucksweise z. B., daß Ereignisse zusammen mit Ereigniselementen, letztere auch allein ohne das Gesamt des Ereignisses, aber nicht Ereignisse ohne die sie konstituierenden Elemente vorkommen können. In diesem Sinn schreibe ich „verbal und/oder non-verbal“. Das heißt, Verbalisierungen treten nur zusammen mit nonverbalen Elementen auf, aber nonverbale Elemente können allein ohne verbale auftreten. Die Schreibung „oder/und“ bedeutet dahingegen, daß jedes der beiden gemeinten Glieder allein oder mit dem jeweils anderen zusammen auftreten kann.

[64] Element bekommt zwei Bedeutungen: als einfache mikrophysikalische Entität und als fallspezifische kleinste mesokosmische Entität.

[65] Das bedeutet auch, daß es keinen Sinn hat, eine Vergangenheit aufzuarbeiten, ohne damit ein die Zukunft betreffendes Ziel erreichen zu wollen. Beispiele: Die Reue im Beichtritual gilt nur, wenn sie mit einem „guten Vorsatz“ verbunden wird. Einen Genozid wachzuhalten, schürt allein Haß und Abscheu; die Verurteilung muß ein „Nie wieder“ und eine demgemäße Denk- und Verhaltensänderung beschwören. – Vgl. aber Greene/Kober (2006, 159f).

38

tan-irreale Grenze.[66] Die Zukunft ist das wirk-liche Ziel, im doppelten Sinn des Wortes. Auch der Historiker durchwühlt die Vergangenheit (seine Vergangenheit, wie er sie sich vorstellt) mit Blick auf die Zukunft, wie er sie erwartet, seine Zukunft: um zu lehren, publizieren, verdienen, anerkannt zu werden, zu warnen usw. Die verlorene Vergangenheit ist auf die ungewisse Zukunft gerichtet. Nur für sie hat sie Wert, dadurch wird sie nochmals verzerrt, für Erwartungen (auch unbewußt) zurechtgebogen, von sich selbst verführt. Wie so vieles hat die Zukunft einen Januskopf. Sie lockt zu einem Ziel, das die Spur der Vergangenheit einengt. Fünf Gesichter hat die Zukunft. Die zwei vorgenannten und die jetzige, d. h. das, was jetzt zukünftig wird, sowie das, was zukünftig Gegenwart, in welchem Sinn auch immer, werden wird (vgl. Luhmann/Bednarz+Baecker 1995, xl: "the present future" und "the future presents") und das Zukünftige, das als Erwartung von seiner Vergangenheit in die jetzige Gegenwart, wirkt.

Der Fortschritt auf wissenschaftlich sein sollendem Gebiet geschieht in kleinen Schritten. Je komplexer ein System desto schwieriger eine Mutation. Th. S. Kuhn / Simon (1995) sprach von Paradigmenwechsel. Wissenschaft wird in eine größere Systemmenge eingebunden (vgl. die Ethik;[67] vgl. Cramer 1997, 190). „Wissenschaft" sei hier traditionell als rationale Forschung (auch über Konnotate) und möglichst exakte logisch-kohärente Darstellung verstanden. Analoges gilt für „Theorie" und weitere einschlägige Termini. – Wissenschaft ist ein typisch menschliches Zwei-Ebenen-Phänomen: Wissenschaft betreibt ein Individuum,[68] jedoch immer in einer Gesellschaft, d. h. kulturell überformt, mit den hieraus entstehenden Folgen. Teile der Gesellschaft (die Wissenschaftler) dienen als dem Einzelnen zuarbeitende andere Individuen, die mit ihm ein „Team" und eine Kontrollinstanz bilden können. Luhmann (1992, 7) verweist darauf, daß das Team (die Dia-Gesellschaft) selbst von den ihr zugehörigen Wissenschaftlern wissenschaftlich untersucht wird. Luhmann (1992, 276) verweist auf Gödels Unvollständigkeitssyndrom, „daß kein System allein aus sich her-

---

[66] „Die Gegenwart ist das Differenzial [sic] der Funktion der Zukunft und Vergangenheit." Und wieder das Paradoxon: „Das Organ ist das Integral und Differential [sic] dieser entgegengesetzten unendlichen Geheimnisse" (Novalis 3.293, Nr. 295).

[67] Jede Disziplin kennt ihre Ethik. Zur Biologie vgl. Kandel/Kober (2006, 360), doch muß hier auch das „Wie" biologischer Forschung berücksichtigt werden (vgl. Tierversuche; vgl. hierzu Dizdar [demnächst] zu Bergermann).

[68] Vgl. den Buchtitel bei Frank (1986). – In der vorliegenden Arbeit bekommt Individuum mehrere Bedeutungen: als momentanes Einzelwesen, als mesokosmisches {Einzelwesen}, als Wesen in einer Gesellschaft/Gemeinschaft.

aus logische Widerspruchsfreiheit garantieren kann" (zu Gödel vgl. Hof-stadter/Windegg et. al. 1995). „Zugehörig" hat hier wiederum drei Bedeu-tungen: Zugehörig ist jemand zu einer und für eine Gesellschaft, der er selbst angehört, zugehörig auch ‚der' Gesellschaft überhaupt. Durch Ge-sellschaftsforschung wird ein Außenstehender als Mitglied der Diakultur „Soziologe" der Forschergemeinde zugehörig, die sich mit einer (oder ‚der') Gesellschaft befaßt, zu der sie (die Dia-Gesellschaft) selbst gehört. Um Soziologie betreiben zu können, muß man zuerst die Bedingungen der Möglichkeit, das nötige Handwerk und Handwerkszeug, einschließlich der einschlägigen Wissenschaft, erforschen. Durch Bewußtwerdung dieser Be-dingungen erhebt man sich aus der Gesellschaft über die(se zu erfor-schende) Gesellschaft, um sie erforschen zu können.

Mein Anliegen betrifft das (menschliche) Individuum,[69] die kulturelle Überformung seines Verhaltens und die Holistik der Interdependenz orga-nismischer Systeme in ihrer ‚Welt'. (Zu „Individuum" bei Whitehead vgl. Lotter 1996, 9^{24}; zum Stand und Verständnis von „Kulturwissenschaft" vgl. u. a. List + Fiala 2004.) Inwieweit Holistik nur einer mesokosmischen Betrachtung zukommt, ist bisher eine Frage der Darstellung. Wenn einfa-chen Prozessen Qualia zugeschrieben werden können, wird Holistik auch auf der momentanen Mikroebene ansetzbar (s. oben zur Drei-/Vierheit). Andernfalls muß angenommen werden, daß Konnotationen Zeit brauchen und *Emotivität z. B. einer Evaluierung, wenn auch minimal, zumeist un-bewußt voraufgeht, wodurch letztere fragwürdig wird, jedoch unumgäng-lich stattfindet. Letztere Annahme dürfte jedenfalls für komplexe Prozesse und Ereignisse der Mesoebene gelten. Auf der Makroebene sind Potentiali-täten atemporal (Platon zwinkert herüber), aber finit. Von der Mesoebene aus wird kein Zugang zur Mikroebene, weil Bedingungen für die Wieder-herstellung einfacher Prozeß- und Ereignismengen aus Reduktionen nicht bekannt und nicht erfaßbar sind. Deshalb wird die tatsächlich entscheiden-de Mikrowelt im allgemeinen in wissenschaftlichen Erörterungen, z. B. der Interaktion und damit der Kommunikation und damit der Translation, außerhalb ganz spezieller Forschungen bisher (nolens volens aus Unkennt-nis) zwar ‚oberflächlich' erwähnt, im übrigen aber aus ihnen und alltägli-chen Betrachtungen ausgeklammert (Fried 2004 bedauert dies, Luhmann 1992 denkt immer wieder von der Mesoebene her, ohne dies jeweils

---

[69] Unten werden einige Faktoren aufgezählt, die einen Organismus als „Individuum" ausweisen (können). In Wirklichkeit ist die Zahl der individuierenden Faktoren inde-finit. Es gibt ‚interne', d. h. in einem Organismus angelegte, und ‚externe', d. h. von außerhalb des Organismus wirkende, Faktoren. Die Unterscheidung ist relativ.

bekanntzugeben). „Die Umwelt muß [...] nicht selber irritiert sein, um als Quelle von Irritationen des Systems zu dienen." (vgl. Luhmann 1992, 40) Mikroperspektivisch wird nur momentane Einmaligkeit. Einmaligkeit auch der Zeit, jedes Mikroelement hat seine Zeit. Damit gibt es keine *Vergleichbarkeit. Der ,Quantensprung' verhindert Übertragbarkeit bzw. Übertragung. Aus momentanen Prozessen oder Ereignissen werden mesokosmisch komplexe Prozesse bzw. Ereignisse, indem raum-zeitliche Extension Quantensprünge gemäß menschlicher Perspektive überspringend behauptet wird. Extension bedeutet Beziehungstruktur (Dürr 2003b, 5). Das bedeutet (trotzdem) auch für den Mesokosmos, daß nicht zweimal dasselbe wird und daß es nicht zweimal dasselbe gibt, weil Mesokosmik individuell perzipiert wird.[70]

KULTUR

(S. auch unten das Kapitel „Kultur".) Die Verschränkung von biologisch-genetischem Verhalten und seiner kulturellen Überformung muß näher untersucht werden. Weite Teile der sog. Kultur beruhen auf genetischen Bedingungen des *Homo sapiens* (vgl. die anthropologische und ethno-logisch-vergleichende Lit.), gehen aber über den Menschen hinaus in die Evolutionshistorie zurück. Dabei sind zwei historische Entwicklungen zu unterscheiden: die allgemeine und andererseits dia- und parakulturelle historische. Kulturen und Kultureme (s. unten) wandern. Um ein oder zwei Beispiele zu nennen: Historisch zeichnet sich z. B. eine sich von Süd-Ost nach Nord-West (vom Vorderen Orient nach Europa) verbreitende Übernahme von Viehzucht und Ackerbau ab. Für die diachrone Linguistik konnte Pisani [1941] die Ausbreitung phonetischer Eigenarten ebenfalls von Süd-Ost nach Nord-West plausibel machen. Detailphänomene, z. B.

---

[70] Einfache Prozesse und Ereignisse sind momentan und daher nicht wiederholbar. Einfache Prozesse bzw. Ereignisse innerhalb eines Systems sind nicht wiederhol-, sondern nur ersetzbar. Wiederholbar im vorgenannten Sinn, also mit Variation/Abweichungen, sind nur Systeme, d. h. komplexe Prozesse und Ereignisse, als Systeme auf der Mesoebene. Nur für Systeme gibt es so etwas wie Reversibilität in der Zeit (vgl. Luhmann 1985, 608). Für Reversibilität gilt, was für Wiederholung gesagt wurde. Dabei kann Nach-Sicht gelten, indem Vergangenheit als Erinnerung und Vor(aus)-Sicht auf Erwartungen in die ,Gegenwart' geholt werden. – „Wenn immer man denkt oder sagt: es ,gibt' eine Sache, es ,gibt' eine Welt, und damit mehr meint als nur, es gibt etwas, das ist, wie es ist, dann ist ein Beobachter involviert. Für einen Beobachter des Beobachters [...] ist die Frage dann nicht: *was* gibt es? – sondern: *wie* konstruiert ein Beobachter, was er konstruiert [...]." (Luhmann 1992, 92f)

die Verbreitung der Hose[71] und der Gabel können ebenfalls als Beispiele herangezogen werden. Ob die heute um sich greifende ‚Verwestlichung' anderer Kulturräume eine Gegenbewegung darstellt, ist (noch) nicht abzusehen. Zunächst ist der Vorgang und die sich hierauf beziehende Terminologie (vgl. „Verwestlichung") von einer perspektivischen Beobachtung abhängig. Ob solche Bewegungen nun friedlich oder gewaltsam vor sich gehen, eine Art Superwelle scheint zumindest eine Zeitlang fortzuschreiten wie das Pseudoplasmodium des Schleimpilzes *Dictyostelium discoideum*. Oft läßt sich genetische Bedingung nicht von kulturellen Wanderbewegungen trennen und unterscheiden. Motivationen für letztere bleiben oft unbekannt (vgl. Pisani 1941). Kulturelle Einflüsse können andere nach sich ziehen. Die Einführung der Gabel zeitigte andere Essensbräuche. Die Gabel wird bis heute regional unterschiedlich benutzt. Die Art des sich etablierenden Gebrauchs eines Gegenstands kovariiert seine Verbreitung und Akzeptanz. Der Gebrauch der Gabel ist in Europa rituell geworden. Sie gehört in die linke, das Messer in die recht Hand. Warum eigentlich? Der Löffel gehört in die rechte Hand, das Messer keinesfalls in den Mund. So will es die gute Erziehung; sie wird zu kulturell korrektem Verhalten. Vgl. auch den Gebrauch der rechten = ‚guten' Hand gegenüber der linken = ‚schlechten', z. B. beim Handgeben als Grußgebärde; vgl. den Wert von links und rechts und wie er sich sprachlich ausdrückt, z. B. in der Beständigkeit der Benennung für die rechte und dem relativ häufigen Wechsel der Benennung für die linke Hand und die Etymologien dieser Benennungen. (Weiteres zur Kultur s. unten im Laufe der Erörterungen.)

HOLISTIK

An dieser Stelle nur ein kurzes Vor-Wort zur Holistik (Näheres s. unten). Holistische Darstellung würde eine neue Sprache oder radikale Umformung der Sprache des Alltags und der daraus abgeleiteten Wissenschaftssprache erfordern, zuerst aber eine Diskussion über <Sprache>, die hier nicht geleistet werden kann.

Luhmann (1992, 16f) argumentiert folgendermaßen:

> Schon einfaches Nachdenken kann zeigen, daß nicht der ganze Mensch erkennt. Erkennen kommt nur aufgrund der Möglichkeit des Sich-Irrens zustande. Das Leben, und selbst das Gehirn, kann sich aber nicht irren. [...]

---

[71] Man nahm bisher an, daß die Hose eine Erfindung eines Reitervolks, vorzüglich der Skythen, sei und sich über Byzanz als Modeerscheinung verbreitet hätte. Nach letzten Meldungen will man festgestellt haben, daß bereits der „Ötzi" die Hosen an hatte.

Wir müssen also Erkenntnis, wenn überhaupt auf den Menschen, auf sein Bewußtsein zurechnen und dem Leben allenfalls eine notwendige Beteiligung bei der Ermöglichung diskriminierender Beobachtungen und insbesondere bei der Ermöglichung von Irrtümern zuerkennen. [...] ist dann nicht eigentlich die Kommunikation selbst das Beobachten, das sich des Menschen nur bedient, was immer sie damit meint, um sich selbst fortzusetzen?

Luhmann hat die Wissenschaft im Auge. So weit, so gut. Holistisch ist alles am Menschen an Erkenntnis beteiligt. Wenn sich vor mir eine Schlange über den Waldweg schlängelt, geht es mir gar nicht um die (denotative – wissenschaftliche?) Erkenntnis, ob es sich um eine Kreuzotter oder eine Ringelnatter handelt. Alles an und in mir, wie man zu sagen pflegt, warnt mich vor dem Etwas, und darauf reagiere ich. Erst im Nachhinein nehme ich mich zusammen (wie man sagt) und versuche herauszufinden, daß es eine Schlange (und keine Blindschleiche) und zwar eine Ringelnatter (und keine Kreuzotter) war. Im Nachhinein schraube ich meine Erkenntnis auf ein Denotativum, das man Erkenntnis nennt, herab, auch wenn andere Empfindungen (Emotionen) weiter mitwirken. Die der Reflexion vorausgehende ‚holistische Erkenntnis‘ bleibt entscheidend. – Erkenntnis zeigt sich als individuelle Erkenntnis. Gewiß ist sie kulturell überformt.

Man nimmt gar nicht wahr, *wie* ein anderer wahrnimmt, sondern nur, *daß* ein anderer wahrnimmt, und zwar mit Hilfe der Unterscheidung von Subjekt und Objekt. (Luhmann 1992, 17)

Gegenüber der Momentanität elementarer Prozesse und Ereignisse bestehen komplexe Prozesse und Ereignisse als Systeme aus (strukturierten) Mengen solcher Prozesse bzw. Ereignisse.[72] Komplexe strukturierte Entitäten seien „Systeme“ genannt. Nanosekunden nach dem angenommenen

---

[72] Hammerschmidt (1984, 155 und 156) lehnt Momentanität und Zeit als reine Relationen ab. Als mögliche Lösung denkt er (ib. 160) an ein rein physisches Zeitquantum. Auf mikrokosmischer Ebene stehen auch Gasmoleküle in Relation zueinander. Damit der Strukturbegriff nicht leer wird, relationiert ihn Luhmann (1985, 383) mesokosmisch mit dem Zeitbegriff als „die Relationierung der Elemente über Zeitdistanzen hinweg“. Auch das genügt nicht, wie Luhmann (ib. 383f) selbst betont. Er nimmt die Bedingungen der „Auswahl aus einer Vielzahl von kombinatorischen Möglichkeiten“ hinzu (ib. 384; im Original kursiv). Das bleibt natürlich recht vage. Elemente können ausgetauscht werden (ib. 383), während eine Struktur bleibt. – Man kann Struktur als die Gesamtheit von Relationen zwischen eine Einheit bildenden Ereignispunkten beschreiben. Einheit wird zum übergeordneten Phänomen. Sie wird erst relativ zu einer Beobachtung bestimmbar. Damit ist „Struktur“ auch mikrophysisch verfügbar. Relationen einer Einheit sind interdependent (vgl. Luhmann 1985, 385). Mesokosmik wird durch Wiederholung-mit-Variation.

Urknall beginnen sich Elemente des entstehenden Universums zu differenzieren. Damit wird jede Entität zu einer Menge > 1 (lies: größer als eins), weil sie relational differenziert angesetzt werden muß. Differenz(iertheit) gehört zu Einheit. Es geht um Perspektivität (s. oben zur Drei-/Vierheit). Statt „Ereignis" müßte damit {Ereignis} (lies: Ereignismenge bzw. Menge von Ereignissen) geschrieben werden. Um hieran zu erinnern, schreibe ich mitunter tatsächlich {Ereignis} usw. Elemente können Zéro gesetzt werden. Prozesse und Ereignisse sind immer in größere Zusammenhänge, letztlich ins Universum eingebunden. Auch dies darf bei den folgenden Überlegungen nicht vergessen, kann aber nicht an jeder Stelle erneut in Erinnerung gerufen werden. – Jede folgende Behauptung müßte eingehend ausformuliert werden (wozu mir Kenntnisse und Kraft fehlen).

Die Komplexität der für eine Interaktion und hierin z. B. das Dolmetschen und Übersetzen in Frage kommenden Faktoren/Parameter wächst so schnell an, daß nur Andeutungen und reichlich chaotische Skizzierungen versucht werden können. Obgleich jede „Generalisierung" reduktionistisch verfahren muß, bleibt die Komplexität einer Translation indefinit groß und keineswegs exhaustiv darstellbar. Reduktion und Generalisierung erlauben individuelle Phänomene beiseite zu lassen. Sie vereinfachen, verfälschen die Realität (vgl. Dürr 2003b, 6) und Wirklichkeit, am meisten die Kultur und Sprache. Zugleich werden Realität und Wirklichkeit auf einer anderen Wirkebene durch Kultur und Sprache ‚verfälscht', oder: diese beiden verfälschenden Faktoren gehören zur mesokosmischen Realität.

> In philosophy, it is of the utmost importance to beware of the interpretative
> vagaries of language. (Whitehead 1978, 324)

Wenn das Gehirn[73] während der Lebenszeit eines Organismus ständig ‚in Betrieb' ist und sich infolge indefinit vieler komplexer Bedingungen ständig wandelt und durch externe Einflüsse verändert wird, wandelt sich damit alles, was es wieder- und weitergibt: das Wahrnehmen, Per- und Apperzipieren und ihre Folgen und Wirkungen. Um so erstaunlicher und unver-

---

[73] Der alltägliche Ausdruck für den „neurophysischen Apparat" eines Organismus ist „Gehirn". Der Terminus wird im allgemeinen auf Wirbeltiere beschränkt. Er ist eine Verkürzung. Der neurophysische Apparat (die Evolutionäre Erkenntnistheorie sagt, diesmal auf Ratio verkürzend, „ratiomorpher Apparat") umfaßt mehr als das Gehirn. Er kann nur im Ganzen eines Organismus und der nur im Ganzen seiner Umwelt existieren. Auch dies ist wie so manches andere für die folgenden Überlegungen im Blick zu halten. Besser, aber im vorliegenden Zusammenhang zu weit wäre der Fachausdruck „Zentralnervensystem". Der Kürze wegen benutze ich den Ausdruck „Gehirn".

ständlicher erscheint die Beharrlichkeit, mit der ein Organismus sein Ich-Bewußtsein durch die Jahre bringt. Auf das Gehirn und seine Aktivitäten ist wenig Verlaß. Man überlege den ungeheuren Umfang der hieraus entstehen könnenden Probleme. Verbalisiert A, was er denkt und dann sagen möchte? (Will er, kann er? Auf welcher Ebene: der pragmatischen, metaphorischen, ..., ironischen, irreführen wollenden, ...?) Versteht B, was A sagt? (Will er, kann er, soll er, muß er, darf er?) Es läßt sich nicht alles abhandeln oder nur aufzählen, was eine Rolle spielen kann und im aktuellen Einzelfall spielt.

Das Wort Wahrnehmung ist verräterisch. Was ist Wahrheit? Die Frage wurde keineswegs vor Pilatus' Richterstuhl erledigt. Interessiert den Translator der Wahrheitsgehalt seines Ausgangs- und/oder Zieltexts?[74] Wie steht es mit Textemen, die unterschiedlich interpretiert werden können? Natürlich kann man nicht translatieren, ‚was da steht'. Wahrheit ist sowieso relativ gemäß verschiedener Ebenen der Interpretation eines Texts. Das Problem ist, die fallspezifisch relevante Ebene zu erkennen. Und das hängt von indefinit vielen Faktoren ab: dem Produzenten[75], Auftraggeber, Translator, dem/der Rezipienten, der Situation, der intendierten bzw. interpretierten Funktion des einen oder des anderen, ob die Funktion fallspezifisch oder allgemein intendiert/interpretiert wird. Auf dem Einband eines italienischen

---

[74] Unten werden Begriffe aller Art als Potentialitäten behauptet. Luhmann (1992, 182f) spricht in ähnlichem Sinn von „Medien". Nach ihm ist Sprache ein Medium, das zum Transport von „Formen" dient. Sprachgebrauch ist eine solche Form und Wahrheit nach Luhmann (ib.) ebenfalls, „sofern sie Anlaß gibt, Theorien zu formulieren und Sätze als wahr bzw. unwahr zu bezeichnen". Dann müßte konsequenterweise die Kopula „sein" bei Potentialitäten/Medien überall durch „werden" (Whiteheads „become") ersetzt werden. Medien/„Potentialität" werden dem Vakuum vergleichbar, daß eine indefinite Menge Energieformen enthält und unterscheiden kann.

[75] Zugegebenermaßen ist der Terminus „Produzent" nicht sehr poetisch. Ich ziehe ihn als neutralen Ausdruck dem agentialen macht-vollen „Autor" (vgl. Autorität) vor. Ecos (1990) Unterteilung in mehrere Autor- und Rezipiententypen (-sorten) scheint mir für die vorliegenden Überlegungen nicht nötig zu sein. Ein Text muß allemal von einem Autor (als angeblichem ‚auctor' ~ Urheber) oder (in zweiter Instanz) einem Sender stammen oder von einem Rezipienten erfunden werden. Analog die Rezipientensorten. Eco spricht auch von einer „intenzione del testo". Doch weder ein Text noch erst recht ein Textem ‚hat' eine Intention. Intentionen sind einem Text/Textem nicht inhärent. Intention gehört einem Produzenten bzw. Interpretation einem Rezipienten (einschließlich einem Beobachter) zu. Ich halte es auch für ungenau zu sagen, in einem Text(em) liege (und dgl.) eine Intention oder eine Intention sei in ein(en) Text(em) hineingelegt worden. Ein Text entsteht durch einen Produzenten und wird für einen Rezipienten zum/als (je anderen/r) Text. Als Prozeß wird Werden momentan-individuell. (Zur Übernahme einer Interpretation seitens eines Produzenten durch einen Rezipienten vgl. Eco 1990, 114).

Geschichtsbuchs erscheinen die Farben der italienischen Flagge; es wird diskutiert, daß das deutsche Translat des Werks einen anderen Einband bekommen soll und historische Ereignisse entsprechend der deutschen Tradition mit anderer Relevanz dargestellt werden sollen usw.

Die Zusammennennung von Intention und Interpretation wird wichtig, weil etwas von einem ‚Handelnden‘ und einem ‚Behandelten‘ unterschiedlich als ‚Handlung‘ aufgefaßt wird. Wenn A dem B bei einer plötzlichen Bremsung des Busfahrers auf den Fuß tritt, kann der eine behaupten, es sei unabsichtlich geschehen, während der andere Boshaftigkeit unterstellt. A kann die Gelegenheit zur Rache nutzen, während B die Entschuldigung für bare Münze nimmt usw. – Niemand (er)kennt sein eigenes Verhalten, Handeln usw. exhaustiv. Ein Produzent P kann nie 100%ig sicher sein, daß ein Rezipient R seine Intention erkannt hat; R kann nie 100%ig sicher sein, welche Intention P mit seiner Handlung verfolgt(e). P spricht von seiner „Intention“, R interpretiert sie als „Funktion“ einer Handlung. Dabei gilt Intention $\neq$ Funktion und Handeln$_P$ $\neq$ Handeln$_P$-in-der-Interpretation$_R$ $\neq$ Reaktion$_R$. Gleiches gilt für andere Faktoren, z. B. Emotionen, Implikaturen (vgl. Grice 1975), Assoziationen etc.

Was heißt „Realität“? Angenommen, ich gehe eines Sommertags querfeldein und stoße plötzlich auf etwas, das mich am Weitergehen hindert. Dieses Etwas kann ich in seiner Qualität z. T. näher beschreiben als hart, rauh, warm, rot-braun usw. – Später treffe ich einen Freund und berichte ihm, was mir passiert ist: *Da stand eine Mauer.* – Angenommen, ich gehe einen Hausflur entlang. Plötzlich hindert mich etwas am Weitergehen (usw. wie oben): *eine Wand.* – Angenommen, ich fahre mit dem Auto auf eine Stadt zu. Kurz vor ihr biege ich in einen Seitenweg ein. Plötzlich erhebt sich vor mir etwas (usw. wie oben): *ein Damm.* In keinem der drei Fälle zweifle ich, daß da etwas den Weg versperrt, und ich erkenne/weiß, was das ist – so nehme ich an, bin überzeugt davon. Meine „Erfahrung“ scheint mir gewisses Wissen zu sein (vgl., auch zum Folgenden, Musgrave/Albert+Albert 1993; Fried 2004, 373-384). Ich identifiziere Erfahrung und Überzeugung, indem ich beides in einem Zirkelschluß in meine ‚Welt‘ einordne und das Eingeordnete Wissen nenne. Erfahrung kommt von außen. Sie wird mit der bereits vorhandenen Überzeugung (dem ‚Wissen‘) abgestimmt, skoposadäquat filtriert und adaptiert. Ein von außen kommender Reiz bzw. Stimulus durchläuft mehrere unbewußte Filter. Auf dem Übergang zum Bewußtsein setzt ein Aufmerksamkeitsfilter ein (vgl. u. a. Kandel/Kober 2006, 337ff). Bei der Filtrierung und Adaptation spielt die kulturelle Vertrautheit mit der Thematik und ihrer Rhematik eine Rolle.

(Handelt es sich um einen Einzelfall oder um Routine? Inwieweit, in welcher Hinsicht?) Meine ‚Persönlichkeit' kommt ins Spiel (Herkunft, Bildung etc.; s. unten die Faktorenlisten; vgl. Faktorenbündel – Einigkeit macht stark). Der öffentliche oder private Charakter einer Erfahrung und ihrer Verarbeitung hängt u. a. vom Charakter der Situation ab (inwieweit und wie gestehe ich mir/anderen eine Erfahrung zu? Vgl. die Enkulturation /Sozialisierung; inwieweit wird Erfahrenes konventionalisiert? Wieweit kann es ritualisiert werden? Vgl. z. B. den Regentanz gewisser Kulturen). Als Skopos dient das momentane Interesse-zu Etwas in einer gegebenen Situation (vgl. eventuelle Macht- und andere autoritäre Einflüsse bzw. Einflußversuche, in der Translation z. B. den Auftraggeber und/oder eine Kosten-Nutzen-Kalkulation; vgl. das Eigen- und Fremdinteresse). Der Skopos gilt mehr als eine ‚Wahrheit'. Trotzdem wird gefragt, inwieweit das Erfahrene angesichts des vorhandenen Wissens oder/und fremder Wissensbehauptungen gestützt, begründet oder in Frage gestellt werden kann/muß (vgl. die vorliegende Arbeit; vgl. die Quellenlage für Behauptungen; inwieweit können Differenzen zu anderem Wissen erklärt oder berücksichtigt werden?). Die Filterung und Verarbeitung zielt auf die skoposgeleitete Konstruktion eines möglichst einheitlichen autopoietischen Systems von gewisser Dauer bei ständigem internen Wandel (wie es bei jedem System üblich ist) oder einer thematischen Bricolage aus zeitlichen (und räumlichen) Versatzstücken, die eine Interesseneinheit ergeben. (Vgl. die Absicht bei einer Konstruktion; benötigte Hilfsmittel, einschließlich der Kollegenschaft; Analyse weiterer Faktoren, Überprüfung, Quellenstudium usw.) Jede Handlung ist holistisch (vgl. auch Regeln, Konventionen, evtl. Normen und Gesetze; vgl. z. B. die Verantwortung für eine Handlung mit ihren möglichen Folgen und Wirkungen). – Da habe ich die letzte Bemerkung in Klammern gesetzt. Und doch enthält sie das eigentlich Wichtige. Handlungen als solche mögen den Produzenten interessieren, weil er sie sich überlegen muß und dies und die Ausführung ihm u. U. ziemliche Mühe kosten mögen. Aber den Rest der Welt interessiert nicht die Handlung als solche, sondern, was sie vollbringt, d. h., was aus ihr wird: ihre Wirkung und deren Folgen. Hier ist also ein Fall von Sprachfalle: Man nennt etwas so nebenbei, und das entpuppt sich dann als die Hauptsache für das ganze Gespräch, z. B. die hier vorliegende Abhandlung.[76]

Die Ein- und Zusammenordnung von Erfahrung und Wissen wird

---

[76] Vgl. Luhmann/Bednarz+Baecker (1995, xxxviii): "Are consequences part of an action or not? And if not, what could interest us about an action besides its consequences?" – Ich trenne die Wirkung von ihren Folgen.

wesentlich von meinem Sprachgebrauch und der Art der Verbalisierung (mündlich, schriftlich, öffentlich, privat usw.)[77] in einer gegebenen Situation in einem gegebenen Medium zu einem gegebenen Skopos für einen intendierten {Rezipienten} usw. mitbestimmt, und der Sprachgebrauch wird wieder von seiner Enkulturation geleitet (wurde ... geprägt). Im Grunde kommt der ganze Prozeß nicht aus der Individualität (mit idiokultureller Überformung) heraus, wird also doppelt {individuell}. – Doch halt! Da ist noch eine Schwierigkeit: Sobald ich dem Etwas den Rücken gekehrt habe und es nicht mehr sehe, kann mir niemand letztlich „beweisen", daß es (weiter) existiert (vgl. Vermeer 2004a; 2004b). Vielleicht stellt es sich mir wie ein böser Geist nur immer dann in den Weg, wenn ich weitergehen will. Ich ziehe zwar den (menschlich durchaus vernünftigen) Schluß, das Etwas existiere dauernd, doch beweisen läßt sich das nicht. Nur (für mich: mit Sicherheit) annehmen. (Ob ein solcher kausaler Schluß auch für andere Organismen gilt? Zum Beispiel für eine Fliege, die immer und immer wieder gegen dieselbe Fensterscheibe fliegt und doch nicht weiterkommt?) Die Schwierigkeit wird sprachlich ignoriert: Indikativ der Behauptung statt Annahme.

Es gibt noch eine andere Schwierigkeit. Sobald ich gegen eine Mauer pralle, signalisieren mir meine Sinne ein Hindernis. Das braucht Zeit, wenn auch sehr geringe. Die Mauer könnte inzwischen verschwinden. Ich stelle nur fest, was da draußen war, nicht, was ist. Mir wird nur bewußt, was ich festgestellt habe, nicht, was ich feststelle. – Ein leichter einsichtiges Beispiel wäre die Beobachtung einer entfernten Galaxie. Bis unmittelbar vor dem Zeitpunkt, in dem ich sie „sehe", hatte sie Millionen Jahre Zeit, aufzuhören zu existieren.

Später treffe ich einige Freunde und berichte ihnen, was mir passiert ist: dem britischen evtl. in allen drei oben genannten Fällen von *a wall*, dem deutschen im ersten und zweiten Fall von *einer Mauer*, dem Franzosen von *un mur*, *une cloison* und *un rempart*. Habe ich allen dreien von verschiedenen Etwassen erzählt? „Sind" die Etwasse für die drei andere Etwasse? – Natürlich weiß ich, was „blau" bedeutet. Ich frage eine Inderin, Muttersprache Gujrātī,[78] wie „blau" in ihrer Sprache heiße. *Līlū*, antwortet

---

[77] Die Holistik mündlicher Kommunikation liegt auf der Hand; schriftliche Kommunikation ist zwar im Vergleich zur mündlichen konnotativ reduziert, wird aber in anderer Weise wieder holistisch (vgl. die Handschrift; Drucktype, das Lay-out, Assoziationen beim geruhsamen Lesen usw.).

[78] Im folgenden verwende ich statt der hier angegebenen genauen Transliteration meist die im Deutschen übliche Schreibweise, z. B. Gujrati (meist sogar Gujarati), Hindi statt Hindī usw. – *J* = /ɟ/, vgl. stimmhaftes [dsch].

sie, z. B. wie der Himmel oder das Gras – ? Ich gehe zum Türken. Er verlangt Details: Meinen Sie die Farbe des Meeres oder eines Flecks am Arm oder eines Abendanzugs? – Ich bin nicht mehr sicher, ob wir uns verstehen. Ich kann aus meinem Muttersprachgebrauch nicht hinaus, weiß nicht, was andere Muttersprachenbräuche an Erkenntnissen, Gefühlen, Werten und Assoziationen wecken und anrichten können (vgl. aber Göhring 1978 /2002).

Angenommen, ein Mikrophysiker (nicht er ist mikro, er beschäftigt sich mit Mikrophänomenen) erzählt von seinen Forschungen: daß es da etwas gibt, das Partikel oder Wellen emitiert, die in den Sehorganen lebender Organismen bestimmte Reize hervorrufen.[79] Diese Reize erscheinen dem Organismus z. B. als eine Farbempfindung, die er unter bestimmten Umständen „blau" zu nennen gelernt hat.

Es gibt also (mindestens) drei Arten „Wissen": auf Erfahrung beruhendes vorwissenschaftliches, empirisches; auf der eigenen Sprachkultur beruhendes, ebenfalls vorwissenschaftliches, relatives; auf Wissenschaft beruhendes, hypothetisches.

Was also ‚ist' Wissen? Und was heißt es, etwas nicht zu wissen – was ist Nicht-Wissen? Quevedo ([1627] 1981, 184) verweist darauf, daß Nicht-Wissen einen Prozeß fördert. Zugleich heißt es (ib. 182) mit Verweis auf Metrodoros von Chios, „que no se sabe nada y que todos son ignorantes. Y aun esto no se sabe de cierto: que, a saberse, ya se supiera algo; sospéchase"[80]. Es braucht eine Philosophie der Negation (des Negierens). Nach Whitehead (1978, 161) "the negative perception is the triumph of consciousness. It finally rises to the peak of free imagination". Dem erneut nachzugehen, wird sich lohnen.

Es fragt sich, mit welchen Methoden eine Analyse betrieben und für die Praxis optimal ausgewertet werden kann (vgl. die Chaosforschung, die fraktale Geometrie, Attraktorenmodelle usw.; vgl. Longa 2004). ‚Objektive' Analysen, Analysen von ‚Objekten' bedürfen einer Orts- und Zeitbestimmung des zu Analysierenden, die Festlegung der diesbezüglichen Umfänge, Reich- und Wirkungsweiten. Eine Analyse setzt Grenzen, damit oft Oppositionen und damit jedenfalls Reduktionen. Durch Reduktion kann

---

[79] Zu einer wissenschaftlichen Darstellung vgl. z. B. Hubel/Pulvermüller+O'Neill (1989); Metzner (2000, 267-272).

[80] „[...] daß man nichts weiß und alle unwissend sind. Und auch das weiß man nicht mit Gewißheit, denn um es zu wissen, müßte man es schon gewußt haben – nimmt man an" (übers. HJV) – wobei ich den Doppelsinn des letzten Verbs gern deutlicher machen wollte.

das Resultat der Analyse auf als hinreichend ähnlich/gleich[81] gelagerte Fälle verallgemeinert (generalisiert) werden. Ein anderes Prozedere geht von der Differenz des zu Analysierenden zu seinem Umfeld aus. Damit wird nicht von vornherein ein festgelegtes ‚Objekt' postuliert. Wird Differenz anstelle von Opposition gesagt, so bleibt eine methodologisch erlaubte und zur Beschreibung notwendige Vagheit beim Drei-Ebenen-Spiel von Mikro-, Meso- und Makroperspektive. Für eine Translation entsteht dadurch ein Freiraum für holistisches translatorisches Handeln, das über einen (immer unmöglichen) formal-semantischen *Vergleich von Ausgangstextem- und Zieltext(em)elementen[82] hinausgeht. Es wird u. a. ein Freiraum für Assoziationen geschaffen. Das wiederum würde zu einem unerhörten Dolmetschen/Übersetzen führen (können), in dem von einem Ausgangselement in seiner situationellen Konstellation aus Zielelemente durch Assoziationen geschaffen werden. Das Resultat kann (für viele zweifellos *horribile dictu*) weit vom Ausgangstext(em) abführen, würde aber nicht mehr verlangen, als die Dekonstruktion ernst zu nehmen und ihre Art und Weise des Vorgehens auf das Handeln in einer anderen Kultur und Sprache anzuwenden. In der Malerei könnte auf Magritte verwiesen werden, der sich weigert, eine Bindung zwischen dem Dargestellten und einem Titel dazu zuzulassen und von der Darstellung aus zu Assoziationen auffordert.[83]

Für die folgenden Ausführungen gilt, daß sie nur versuchen können, meine Annahmen für jeden Anderen mit seinen Überzeugungen als Annahmen über dessen Annahmen wiederzugeben.

> Geht man vom Einzelmenschen als Subjekt aus, sind seine Vorstellungen durch Teilnahme an gesellschaftlichen Kommunikationszusammenhängen dermaßen sozialisiert, daß nur die Entscheidungsfreiheiten bestehen, die gesellschaftlich verständlich gemacht werden können. Im zu akzeptierenden Relativismus steckt keinerlei Beliebigkeit, sondern nur die Nachfrage nach den Konditionierungen, die das „Wie" der Unterscheidungen bestimmen. (Luhmann 1990, 15)

---

[81] Zum Problem des Vergleichs und der Ähnlichkeit vgl. Anhang: *VERGLEICH. – Statt ähnlich/Ähnlichkeit spricht man auch, allerdings in einem engeren Sinn, von isomorph/Isomorphie.

[82] Die Schreibung „Text(em)" soll andeuten, daß der Ausdruck auf den Entstehungsprozeß des Textes durch (s)einen Produzenten bzw. einen Rezipienten und auf das fixierte potentielle Resultat, das Textem, hin gelesen werden kann. Ein Ausgangstextem ist Voraussetzung für eine Textrezeption, deshalb kann an der Stelle des ersteren nicht „Text" stehen. (Zu Text vs. Textem vgl. Vermeer 1990a; Näheres s. unten unter *TEXT UND TEXTEM.)

[83] Die Anregung stammt von António Inácio de Brito Santos.

Das ist zwar extrem, vergleiche den gesellschaftlichen Aussteiger, illustriert aber das Gemeinte recht gut, wie ich meine, denn auch der Aussteiger hält sich an gesellschaftlich mögliche Konventionen für einen Ausstieg. Er kann nicht nicht-gesellschaftlich leben. (Vgl. den „Habitus" bei Bourdieu 1994; Luhmann 1992, 33, spricht u. a. von „institutionalisierten Erwartungen"; usw.) Gesellschaftlich leben heißt, interagieren, handeln müssen. Man kann nicht nicht-handeln (vgl. Watzlawick + Beavin + Jackson 1969). Luhmann (1984, 149) erwähnt Parsons:

> Parsons geht davon aus, daß kein Handeln zustandekommen kann, wenn Alter sein Handeln davon abhängig macht, wie Ego handelt[,] und Ego sein Verhalten an Alter anschließen will.

Aber Abwarten wird selbst zur Handlung.

> They also serve who only stand and wait. (Milton *On his Blindness*; Sonnet 14)

Die Reduktion auf das ‚Phänomenale', die bloße Annahme muß auf der anderen Seite durch eine holistische Aufnahme ergänzt werden.

> When we say that we have seen a man, we may mean that we have seen a patch which we believe to be a man. In this case, our total relevant experience may be more than that of bare sight. In Descartes' phraseology, our experience of the external world embraces not only an *'inspectio'* of the *'realitas objectiva'* in the prehensions in question, but also a *'judicium'* which calls into play the totality of our experience beyond those prehensions. (Whitehead 1978, 325)

> However far the testing of instruments and the corrections for changes of physical factors, such as temperature, are carried, there is always a final dependence upon direct intuitions that relevant circumstances are unchanged. Instruments are used from minute to minute, from hour to hour, and from day to day, with the sole guarantee of antecedent tests and of the *appearance* of invariability of relevant circumstances. (ib. 329)

Eine Differenz unterscheidet beide Phänomene diesseits und jenseits ihrer selbst. Das Problem ist die Grenze, bis zu der Handlungen einer Person von Anderen toleriert werden können oder von der ab sie hinreichend schädliche Folgen haben, so daß eine Abwehr nötig wird. Dürr (2003b, 4) würde sagen, Grenzen sind „ausgeschmiert", nicht eindeutig, nicht *claires et distinctes* (vgl. Descartes). Eine solche Grenze gewährt Austausch, solange sie nicht zu einem eisernen Vorhang wird, der jegliche Diskussion mit diktatorischer Macht/Gewalt abwürgt. Interaktion ist Austausch zwischen (mindestens zwei angenommenen) Aktanten. Beide ‚erschaffen' sich in einer Interaktion gegenseitig. Aktanten sind Prozesse. Auf der Zeitachse scheint Begrenzung, Grenzziehung an einer Stelle schwierig zu sein. Die Folgen und Wirkungen einer Handlung sind nicht (oder nur vage) abzuschätzen, weil sie in der Zukunft liegen, Zukunft nach ‚vorn' offen ist und aus der Vergangenheit heraus nicht erkannt werden kann. Die Einschätzung wird durch kulturelle Konventionalisierung von Handlungen und Handlungsskopoi erleichtert. Zu unterscheiden sind individuelle und gesellschaftliche Wirkungen. Und natürlich Wirkungen von Wirkungen usw.

Mit hinterhältigem Humor zu Whiteheads Arbeiten über Geometrie schreibt Lowe (1951, 48) – eine Translationstheorie:

> Another Whiteheadian touch is the endeavor to fit the expositions in these tracts to the preparation of students, already introduced to the subject, for reading the detached treatises on it. Thus the effort is not to exhaust the possibilities of a set of axioms, but to lead the reader to see whether and when a fresh axiom is required if a particular proposition is to be proved. However, the tracts alone, without a teacher, fail to accomplish their educational aim, because of their extreme compression and the absence of external aids. In an ideal society every man of genius would be provided with a well-educated slave whose duty it would be to take charge of a manuscript as soon as the author's creative interest moves on, and proceed to eliminate slips and add the explanations and the bold-faced type that the ordinary reader requires.

Theorie und Praxis können sich gegenseitig befruchten. Je nachdem, wie Theorie und Praxis und die bei ihrer Erklärung verwendeten Termini gebraucht werden, kann eine Theorie durchaus ohne unmittelbaren Bezug auf eine bereits vorhandene Praxis aufgestellt werden und danach auf die Praxis einwirken (vgl. die Hypothese), ohne daß ein Bezug zur Praxis vorgegeben ist.

> Teils versteht man unter Theorie empirisch testbare Hypothesen über Beziehungen zwischen Daten, teils begriffliche Anstrengungen in einem weitgefaßten, recht unbestimmten Sinn. Ein Mindesterfordernis ist zwar beiden Richtungen gemeinsam: Eine Theorie muß Vergleichsmöglichkeiten eröffnen. (Luhmann 1985, 7)

Eine Praxis ohne (wenigstens implizite, d. h. einem Handelnden oder Beobachter unbewußte) Theorie ist nicht denkbar. – Schon der Behauptung *Der Apfel fällt vom Baum* liegt eine doppelte Theorie zu Grunde: die der Behauptungsstruktur (Tut der Apfel etwas? Läßt er etwas geschehen? Fällt er? Wird er abgestoßen?) und jene, deren Gemeintes letzten Endes in die Gravitation mündet, von der die Wissenschaft übrigens bisher nicht sagen kann, was ‚das ist'. – Eine explizite Theorie kann vorhergehende implizite Theorien oder Theorieansätze teilweise bewußtmachen. Jede Bewußtmachung ist teilweise Bewußtmachung. Das Leben verbleibt zu 80-90% im Un-/Unter-/Vorbewußten (vgl. Singer 2000, 185). Lakoff + Johnson (1999, 13) gehen noch weiter:

> Conscious thought is the tip of an enormous iceberg. It is the rule of thumb among cognitive scientists that unconscious thought is 95 percent of all thought – and that may be a serious underestimate.

Die hier skizzierten Grundperspektiven, die im weiteren Verlauf der Arbeit näher betrachtet werden sollen, fordern ein Neudenken. – Ich gehe aus didaktischen Gründen zunächst von einer individuellen Betrachtung der ‚Welt' und ihrer Inhalte aus. Das Allgemeine als Kulturspezifik[84] (ich werde selten darüber hinaus verallgemeinern), als die ich es darstellen will, erscheint somit als etwas Sekundäres. Tatsächlich aber lebt der Mensch – und von ihm sei hier ausgegangen – in (s)einem Mesokosmos, der *ipso facto* Generalisierungen mit und in sich trägt. Von hierher erscheinen sie als das für den Menschen funktional Primäre. (Paradoxie wird fast zu einem Leitthema.) Ich spreche von kultureller Überformung des Individuellen. Die Schwierigkeit der Verknüpfung und die Abwägung des jeweils Relevanteren durchziehen die ganze Arbeit.

---

[84] Kulturspezifik wird durch indefinit viele Faktoren bedingt.

2. Kapitel

Ein Mythos vom Ursprung – Der Ursprung als Mythos

> Ey eşiğinde bir ânın
> Durmadan değişen şeyler![85]
> (Tanpınar [1961] 1999, 19)

Nein, es geht nicht um die in Märchen und Ethnographien erzählten Mythen.[86] Vielmehr möchte ich dazu beitragen, dem Translatieren und der Translation eine wissenschaftliche Theorie zu unterlegen. Auf dem Laufenden sein bedeutet heutzutage eine Unmenge Informationen aus zahlreichen Disziplinen entnehmen, zu verstehen suchen und für die eigene Sache fruchtbar machen wollen. Ein Unterfangen, das ich nicht leisten kann. Ich kann ein paar Daten zusammenstellen und dabei hoffentlich nicht zu viele Irrtümer produzieren; ich kann keine praxisrelevanten Resultate aufweisen, keine Handlungsanweisungen für spezifische Fälle geben (für allgemeine freibleibende Angebote vgl. meine Skopostheorie; vgl. Vermeer 1982). Ich kann allenfalls verunsichern.

> Das bedeutet aber auch, daß die Distanz von Wissen und Wissenswertem sich laufend vergrößert und all die Wissenschaft kein Wissensziel mehr ausfindig machen kann, in dem sie, wenn sie es erreichte, zur Ruhe käme. Das System kann sich selbst dann schließlich nicht mehr teleologisch begreifen, sondern nur noch autopoietisch: als sich selbst fortsetzende Unruhe. Wissenschaft wird so zu dem Mittel, durch das die Gesellschaft die Welt unkontrollierbar macht. (Luhmann 1992, 371)

Der Abbruch in der Information (indem man z. B. ein Buch zuklappt) ist willkürlich. Ein Text entsteht bedächtig. Währenddessen erscheint neue Literatur, wird erschienene nur zum Teil rezipiert. Dadurch kann es geschehen, daß einzelnen Werken nicht die Bedeutung zugedacht wird, die ihnen

---

[85] „Ah, auf der Schwelle eines Augenblicks / Endlos sich wandelnde Dinge!" (übers. HJV)

[86] Mudersbach (2005, 179) nimmt es wissenschaftlich: „‚Mythos' in einem modernen Sinn kann man bestimmen als das Axiomensystem im Kopf der Mitglieder einer Gemeinschaft. Wie beim mathematischen Axiomensystem gehört zu den ‚Sprach-Spielregeln' des Mythos: nicht nach der Begründung zu fragen oder die Axiome (den Mythos) zu hinterfragen, sondern sie zu akzeptieren und einfach damit zu arbeiten." Ich bleibe als nicht-wissenschaftliches Einzelkind ‚in der Mitten' zwischen Märchen und Mudersbach.

zukommen müßte, weil sie nicht rechtzeitig gelesen oder weil ähnliche Gedanken bereits aus anderer Quelle aufgenommen wurden. Hier kann der zitierende Autor nur um Nachsicht bitten. Ich entnehme anderen Autoren Gedanken und vereinfache sie auf meine eigene Geschichte hin. Etwaige Anklänge oder Hinweise auf andere Disziplinen sind Anmerkungen zu meinem *Mythos[87] und müssen entsprechend auf „Realität" hin korrigiert werden. Ich erhebe keinen Anspruch, nur Hoffnung auf eine einigermaßen sachlich richtige mythische Darstellung. Einzelne Hinweise bedeuten keine Übereinstimmung mit wissenschaftlichen, z. B. mikrophysikalischen, Erkenntnissen. („Übereinstimmung" kann passiv und aktiv gelesen werden: sie mit mir und umgekehrt.) Es bleibt mehr rätselhaft, als aufgeklärt werden kann.

[D]er menschliche Erkenntnisapparat ist ursprünglich an seine Lebenswelt im Mesokosmos angepaßt. Darauf beruht das Prinzip der funktionalen Kohärenz in der Evolutionären Erkenntnistheorie. Schon speziellere Erkenntnisse im Mesokosmos und erst recht tiefer reichende über Mikro- und Makrokosmos [im Sinne der EE] sind nur durch Verwendung von Prothesen zu haben, durch theoretisch konstruierte Beobachtungsapparate. Sie zeigen Phänomene zweiter Art an, von denen auf die eigentlichen Objekte rückgeschlossen werden muß. Dadurch vergrößert sich die Distanz zwischen menschlicher Erkenntnis und der ursprünglich funktionalen Kohärenz des Erkenntnisapparats, so daß die Unterscheidung zwischen Tatsachen und Vermutungen unschärfer wird. (Holz-Mänttäri 1996, 329; Ceynowa 1993, 159f, verweist schon auf Lange [1875, 494]; vgl. auch Holz-Mäntäri 2001)

Ich nenne die unten skizzierte Theorie (m)einen Mythos. Whitehead sprach für seine Belange von „magic", Wittgenstein von „Mystik", manch einer wird von „Metaphysik"[88] sprechen. Ich meine einen Mythos von der Erfindung des Translators und seiner Translation. Das griechische μῦθος heißt auf Latein *fabula*.

Um Translatoren auf ihr zukünftiges Handeln vorzubereiten, geht mein Mythos dahin zurück, wo ein Ursprung, den es nicht gibt, nicht einmal vermutet werden kann. Der folgende mythische Versuch wickelt Theorien aus, die bereits im alten Griechenland angelegt wurden und über sich hinausgewiesen haben. Im Anschluß an Eco (1990) eröffnet Aguilar Rivero

---

[87] Zum Verhältnis von Mythos und Wissenschaft vgl. z. B. Hesse (1987).
[88] "Metaphysics in philosophy is, of course, supposed to characterize what is real – literally real. The irony is that such a conception of the real depends upon unconscious metaphors." (Lakoff + Johnson 1999, 14)

(2004, 13) ihren Beitrag über die Hermeneutik (und Gadamer) mit den Worten:

> La civilización griega, fascinada por el infinito, elabora la idea de metamorfosis continua, simbolizada por Hermes. Hermes es volátil, ambiguo, padre de todas las artes pero dios de los ladrones. En el mito de Hermes se niegan los principios de identidad, de no contradicción, de tercero excluido, las cadenas causales se enroscan sobre sí mismas en espiral, el después precede al antes, el dios no conoce fronteras espaciales y puede estar, bajo formas diferentes en diferentes lugares en el mismo momento.

> [Die griechische Kultur entwickelt, fasziniert vom Indefiniten, den Gedanken eines ständigen Wandels, der Metamorphose, deren Symbol Hermes wird. Hermes, der Unstet-Flüchtige, Doppelsinnige, Vater aller Künste und doch Gott der Diebe. Im Hermesmythos werden die Grundsätze der Identität, des Nicht-Widerspruchs, des ausgeschlossenen Dritten negiert; die Kausalketten winden sich spiralig um sich selbst, das Nachher geht dem Vorher voraus, der Gott kennt keine räumlichen Grenzen und kann unter verschiedenen Gestalten im gleichen Moment an verschiedenen Orten sein.] (übers. HJV)

Ist das nicht die ganze Translation im weiten Sinn (vgl. Dizdar [demnächst]) und Philosophie als Hermeneutik oder Hermeneutik als Philosophie von der Mikrophysik bis zur Memetik angewandt auf die Arbeit der Translation (im engeren Sinn)? Hermes der Windige und Wendige, Vielgesichtige, Vieldeutige und Vielkönner, Lügner und um den besten Preis Feilschende, der Meisterdieb, aber auch Begleiter, Patron der Reisenden – und Translator, denn seinen Namen wollte man mit griech. ἑρμηνεύειν („verkünden, dolmetschen, übersetzen", also „translatieren") in Verbindung bringen: Aber verkünden ist kein Hinübertragen, vielmehr stimulieren[89] zum funktions- und situationsadäquaten Handeln. Hermes der Herold und Deuter, redegewandter Dolmetscher (Hermes Lógios), der den oder einen (seinen, Hermes') potentiellen/probablen Sinn am Text oder im situationellen Gebrauch eines Texts der Vergangenheit oder für die Zukunft wörtlich, metaphorisch, analog und anagogisch auslegt, offenlegt, interpretiert,

---

[89] Im folgenden werde ich Translation als einen „Stimulus" und seine Folgen (nämlich das Translat) diskutieren. Luhmann (1985, 194[4]) macht darauf aufmerksam, daß Johann Jakob Wagner [1803] Kommunikation als Stimulierung bezeichnete. Vgl. auch Quine [1959] zu "stimulus meaning" in logisch-linguistischer Hinsicht: "The Aristotelian notion of essence was the forerunner, no doubt, of the modern notion of intension or meaning ... Meaning is what essence becomes when it is divorced from the object of reference and wedded to the word." (Quine 1971, 22, zit. n. Kienpointner 2000, 611).

verbirgt, verbiegt, verwindet und verstellt und als Hermes Trismégistos („dreimal größter") die Geheimlehre des *Corpus Hermeticum* verkündet. (Vgl. Brunner et al. 1993, 241, Stichwort Hermes.) Ich möchte in der vorliegenden Arbeit translatieren, die Wissenschaft translatieren, fabelhafte Translationswissenschaft treiben.

Zweiter Teil

3. Kapitel

Ein Kapitel Mikrophysik

> Die Welt gebiert sich gleichsam ständig neu im Werden und Vergehen von wirklichen Einzelwesen. (Hauskeller 1994, 35)

Es gibt im Universum keine Metaphysik. Das wäre (wieder einmal) paradox. Metaphysik ist Metapher für komplexe physi(kali)sche Prozesse oder Ereignisse aus der perspektivisch-mesokosmischen Sicht des Menschen. Man kann (und muß) Metaphern auch in wissenschaftlicher Rede gebrauchen, also in metaphorischer Sprache reden oder schreiben, muß sich dabei aber der dahinter stehenden {Realität} bewußt bleiben, d. h. die Metaphysik auf/zur Physik zurückführen. Zu den metaphysischen Ausdrücken gehören Ausdrücke wie „mental", „geistig/Geist", „Seele", sogar „Bewußtsein" und einiges mehr.[90] Damit werte ich sie nicht ab, finde sie aber vage und versuche sie deshalb soweit wie möglich zu vermeiden. Es ist nicht möglich, sie zu vermeiden. – Ich muß noch aus einem anderen, persönlichen Grund metaphysisch, mythisch, in Fabeln reden. Ich bin weder Physiker noch Philosoph, bin auch nicht physikalisch oder philosophisch geschult. Demzufolge verstehe ich die Argumentationen dieser Wissenschaften nur mit großer Schwierigkeit. Einerseits lese ich, das Universum sei Physik. Andererseits meint Richter (2005, 19), die Philosophen, voran Kant und Heidegger, hätten aufgezeigt, „es wird dann nicht mehr heißen können, alle denkerische Bemühung der Menschheit sei ‚im Grunde nichts anderes' als jeweils ein physischer Vorgang".

> Worauf Kant stieß und was er als Grundgeschehnis immer neu zu fassen suchte, ist dieses: Wir Menschen vermögen das Seiende, das wir selbst nicht sind, zu erkennen, obzwar wir dieses Seiende nicht selbst gemacht haben.

---

[90] Bewußtsein kann evtl. als durch Energiebündelung (vgl. die Superwelle) hervorgerufen betrachtet werden. Wenn die Energie ungleich verteilt ist, können unterschiedliche Phänomene bewußt, assoziiert und evaluiert werden. Es entsteht der Eindruck unterschiedlicher ‚Realitäten'.

Seiend zu sein, inmitten eines offenen Gegenüber von Seiendem, das ist das
unausgesetzt Befremdende. (Heidegger 1962, zit. n. Richter 2005, 18)

Befremdend in der Tat, der Satz. Und insofern unzutreffend, als die (heutige) Physik und Neurobiologie von ihren Perspektiven her zu erklären und
zu be- und, womöglich, zu ergründen (und nicht unbedingt im Vollsinn des
Wortes zu ‚verstehen‘) suchen, worum es sich bei dem oft „mental“ Genannten handelt. Es gibt keine Einigkeit, sondern eine Vielfalt sich z. T.
wiedersprechender Theorien. Zu den Versuchen, die ‚Welt‘ zu ergründen
ziehen die Fachwissenschaftler andere Disziplinen heran oder hinzu. Am
wenigsten die Philosophie. Sie entwerfen eine neue Philosophie oder tragen
hierzu bei. Gegenstand der Forschung wird dabei nicht nur das „physikalische“, sondern auch das „physische“ im holistischen Sinn, also das Emotionale, Evaluative, Assoziative und Rationale zusammen. Aber das Physische wird, so die Hypothese, letzten Endes auf physikalische Aktivitäten
zurückgeführt. Die Wissenschaft sucht die Phänomene auf ihre Weise, also
wissenschaftlich, zu ergründen. Was darüber hinausgeht, die Existenz von
etwas Metaphysischem als Realität jenseits seiner Metaphorik, am deut-
lichsten z. B. der „Seele“ im philosophischen und theologischen Sinn, kann
vom Menschen nicht erkannt werden und muß daher ... dem lieben Gott
überlassen bleiben. In der vorstehenden Beschreibung liegt allerdings ein
Zirkel: Das Unerkennbare ist Metaphysik, Metaphysik ist unerkennbar.
Folglich kann man über Metaphysik herrlich streiten, aber nicht sprechen.
Der Zirkel muß zur Spirale geöffnet werden, denn niemand kennt die zukünftige Entwicklung der Wissenschaften, d. h., Abgrenzung bleibt relativ.

Es gilt zu beachten, daß in den gegenwärtigen Diskussionen überwiegend vom Menschen ausgegangen wird. Will man nicht leugnen, daß
„mentale“ Prozesse auch bei Tieren (zumindest den ‚höher‘ – ein verräteri-
scher Komparativ[91] – entwickelten, z. B. und vorab den Primaten) vorkommen und daß die Grenzlinie zwischen Mensch und Tier nicht exakt gezogen werden kann, so muß man die obigen Ausdrücke auch für Tiere zulas-
sen – mit Ausnahme vielleicht des Terminus „Seele“, der dann allein bestimmten Religionen zukommt.

Wissen(schaft) beruht individuell oder/und gesellschaftlich auf akzep-
tierten Axiomen. Axiome sind Annahmen, die sich im Verlauf einer Arbeit
mit ihnen bewähren sollen. Vaihinger (1911) sprach schon im Titel seines
Buches von „Fiktionen“ (vgl. lateinisch *fingo* ~ „ich bilde [mir ein]“; vgl.

---

[91] Komparative können im Deutschen sowohl einen höheren als auch einen niederen
Grad zum Positiv ausdrücken: Eine längere Reise ist kürzer als eine lange Reise.
Aber meine letzte Reise war länger als lang.

fingieren). Wissen(schaft) wird zur Fiktion. Wissenschaft abstrahiert und reduziert. Ein Mythos noch viel mehr. Also ist ein Mythos superbe Wissenschaft, weil er auf Reduktionen gründet und aus ihnen besteht. Die Beschäftigung mit dem Mythos: eine Erfindung, ein Spiel. (Zur Vorsicht bei diesem Spiel mahnt recht gut Musgrave/Albert+Albert 1993.)

> [T]his world is a world of ideas. (Whitehead [1916], zit. n. Lowe 1951, 55)

> Auch wenn sich über die Wirklichkeit jenseits der symbolischen Vermittlungen nicht verständlich sprechen läßt, [...] hat diese Rede dennoch eine Funktion. Sie macht uns klar, [...] daß wir [...] nicht vollständig in einem Glasperlenspiel gefangen sind, sondern etwas jenseits der Symbole *meinen*, wenn wir auch nie *sagen* können, was das ist. (M. Hampe 1998, 176; vgl. Whitehead 1978, 11-13, und zur Interpretation ib. 14f)

Das Unsagbare sagen.

4. Kapitel

1 – Eine evolutive Schichtung

Potentialität
 Energie – Prozeß – Ereignis – Probabilität
  Passung
   Komplexität
    System
     Selbstorganisation – Autopoiesis – Selbstreferenz
     Organismus
     Neurophysik
     Symbolbildung
     Bewußtsein
     Memetik
     Translation

2 – Vom Grundphänomen zum {Grundphänomen}

Angenommen, das Universum mit allem, was es enthält, bestehe mikro-physikalisch aus einem Grundphänomen. (Lakoff + Johnson 1999 würden diese Hypothese als urkonventionell, grundfalsch und die Schlange der Verführung aller westlichen Philosopohie in Grund und Boden verdammen.) Dieses Grundphänomen, so sei weiter angenommen, trete für einen (menschlichen) Beobachter in zwei Erscheinungsformen auf (vgl. Metzner 2000, 64), nämlich als

(1) (elektro-magnetische, Gravitations- und Quanten-)„Energie" (ἐνέρ-γεια, *vis*: Kraft und Macht) und

(2) (zum Teil masselose [?]) „Partikel" (Whiteheads [1978] "actual enti-ties/occasions",[92] früher von ihm "events" [„Ereignisse"] genannt – Ich behalte im Deutschen die ältere Übersetzung „Ereignis" bei). Die Physik zählt z. Zt. 12 elementare Teilchen (Meier 2004, 35).

Die vorgenannten Energiephänomene (Gravitation, Elektro-Magnetismus und Quantenenergie) sind nach Meinung vieler Physiker Erscheinungen

---

[92] "An actual entity is a process" (Whitehead 1978, 41) und zwar genauer (ib. 43): "potentiality for a process".

eines Grundphänomens.

Die Unterscheidung von Prozeß und Ereignis (als die Konkretisierung des Prozesses) ist eine graduelle Unterscheidung von Energieintensität. Durch die Differenzierung wird ein Grenzphänomen, das von beiden Seiten her betrachtet werden kann. Ein Ereignis als Konkretisierung eines Prozesses kann als die momentane Sistierung eines Prozesses in einem gegebenen Moment verstanden werden (vgl. Whitehead 1978), doch ist es nicht möglich, einem einfachen Ereignis einen Raumpunkt zuzuweisen.[93] Ereignisse werden momentan, d. h. in einem Zeitpunkt, dem des Werdens (oder der Beobachtung). Die Bedingungen für das Werden gelten zu diesem Zeitpunkt für diesen Zeitpunkt. Im Augenblick des Vollzugs eines Ereignisses werden alle für diesen Fall nicht realisierten Potentialitäten ausgeschlossen, denn ein Ereignis ist eine zwar momentane, doch hierin unveränderliche Einheit. Änderungen bilden bereits einen Prozeß zu einem neuen Ereignis.

„Ereignisse" stellte sich Whitehead (1978, 28 und 45 und 220) als Konkretisierungen vor, sozusagen als Endpunkte von Prozessen, Existenzpunkte, in denen „die Möglichkeiten der Welt in Gewißheiten verwandelt werden und die Zukunft in Vergangenheit" (Hauskeller 1994, 84).[94] Whitehead spricht von "objectification". Ereignisse sind nicht unbedingt materialisiert. Sie bleiben Potentialitäten (vgl. Whitehead 1978, 22; vgl. auch ib. 208-210). In Whitehead's (1978, 47f) Ausdrucksweise lautet das so:

---

[93] Wie gesagt, herrscht in der Physik keine Einigkeit. Nach der Superstringtheorie haben „strings" als die kleinsten Partikel eine meßbare Ausdehnung. Es gäbe daher in der Realität keine Punkte im mathematischen Sinn. „Strings" unterscheiden sich durch Schwingungsmuster. Unterschiedliche Schwingungen erzeugen unterschiedliche Materie (vgl. Greene/Kober 2006, bes. 391f und 393). Neben den „strings" werden „branes" angesetzt; dabei soll die Null-Bran keine Ausdehnung haben, also einem Raumzeitpunkt entsprechen (vgl. ib. 547). – In meinem Mythos halte ich mich nicht an nur eine Meinung (vgl. die „Sensitivität"; vgl. Dürr 2003a). Mir kommt es auf die Annahme als Möglichkeit an, daß Mikroprozesse auf mesokosmische, z. B. neurophysische, Phänomene einwirken können.

[94] Die Konkretisierung zu einem Ereignis stellte sich Whitehead möglicherweise als Verknotungen in einem energetischen Feld vor (vgl. Smolin/Filk 1999, 332, zur „Knotentheorie" gegen Ende des 19. Jhs.). Knoten verkörpern „in einer wunderbaren Weise, wie Struktur aus einer Welt reiner Relationen entstehen kann." (ib.) – „Der vertraute glatte und gestaltlose Raum um uns herum scheint [...] in Wirklichkeit aus einer unzähligen Anzahl fundamentaler Quantenknoten zusammengeflochten zu sein." (Smolin/Filk 1999, 334) – Es ergeben sich zwei Ebenen: Auf der einen werden Prozesse zu Ereignissen, auf der anderen ist dieser Wandel ein Prozeß vom Werden-den zum Seienden, von Potentialität zu Notwendigkeit, von Subjekt zu Objekt (vgl. Hauskeller 1994, 168). – Bei derartigen Überlegungen und ihrer Terminologie sind ihre Metaphorik sowie die raum-zeitlich gebundene Perspektivität einer Aussage und ihrer Historie zu beachen.

The doctrine is, that each concrescence is to be referred to a definite free initiation and a definite free conclusion. The initial fact is macrocosmic [in der Terminologie der EE: mesokosmisch], in the sense of having equal relevance to all occasions; the final fact is microcosmic, in the sense of being peculiar to that occasion. Neither fact is capable of rationalization, in the sense of tracing the antecedents which determine it. The initial fact is the primordial appetition, and the final fact is the decision of emphasis, finally creative of the 'satisfaction.'

Das Werden eines Ereignisses wandelt eine Potentialität in Probabilität.[95] Das gilt für alle Ereignisse. Ereignisse sind individuell. Was nach/aus (?) einem Ereignis wird, wird selektiv-individuell, eine von indefinit vielen Probabilitäten aus einer Determiniertheit.

In einer früheren Arbeit scheint Whitehead (1919) ein "event" als elementare Konkretisierung eines elementaren Prozesses aufgefaßt zu haben. In *Process and Reality* von 1929 wird das "event" durch ein "actual occasion" (auch "actual entity" genannt) ersetzt, die jedoch nicht mehr elementar erscheint, sondern aus dem Zusammentreffen mindestens zweier Prozesse entstanden gedacht wird.[96] Whitehead (1978, 148) erlaubt sich ein Sprachspiel:

For an actual entity cannot be a member of a 'common world', except in the sense that the 'common world' is a constituent of its own constitution. It follows that every item of the universe, including all the other actual entities, is a constituent in the constitution of any one actual entity.

Unten wird gesagt, daß jedes Element des Universums mit jedem, mit dem es jemals in Kontakt getreten ist, verbunden bleibt. *Tout se tient.* Es wird verständlich,

[t]hat no two actual entities originate from an identical universe[.] (Whiteheads 1978, 22f)

Es entstehen „Felder" und „Systeme".

Der Unterschied zwischen Masse (vgl. Greene/Kober 2006, 300-307) und Materie bleibt unklar. Whitehead [1925] faßt unter "material" z. B. "matter or electricity" (Lowe 1951, 96[189]). Energie wird für den Menschen erkennbar, wenn sie sich an Materie manifestiert. Grosseteste und Bonaventura waren gar nicht so unmodern. Unter Umständen benutzt der Mensch bestimmte Apparate, um erkennen zu können. Nikolaus von Kues

---

[95] Weil man nicht weiß, was daraus wird.

[96] "[A]n actual entity is composite. 'Actuality' is the fundamental exemplification of composition" (Whitehead 1978, 147). – Vgl. auch das oben zu Sensitivität Gesagte.

[1401-1464] (*De docta ignorantia*, 2002, § 142) argumentierte, reine Energie ist Gott = Gott ist reine Energie,[97] und wurde Kardinal. Giordano Bruno [1548/1550-1600] fand nicht die rechten Zuhörer und scheiterte auf dem Scheiterhaufen. Doch schon Meister Eckhart von Hochheim [um 1260 – 1327] (vgl. Haas 1987) kam nur glimpflich davon, als er ambig behauptete, „esse est deus".

Es ist gleichgültig, ob es ‚im/am Anfang' Materie gab. Die menschlichen Sinne erfassen unmittelbar nur, was materiell ist. Materie ist die Grundlage und damit Vorbedingung allen Denkens. Der Mensch ist als Mesokosmiker Materialist, genauer: Physikalist.

Rombach (1994, 66f) drückt das mit „Ereignis" Gemeinte in traditioneller Philosophensprache aus:

> [O]b etwas ein Ereignis ist oder nicht, hängt nicht von dem ab, was da ist oder geschieht, sondern von dem Ganzen, „in dem" der Zustand ist oder die Bewegung abläuft. Und dies nur dann, wenn dieses Ganze in seiner grundsätzlichen Selbstbewegung bleibt und sich nicht etwa in einer Zuständlichkeit festmacht.

Whitehead (1978) ging von der Priorität von Energie aus. Bohm (zit. n. McFarlane 2000, 10) "presupposes the existence of an ‚ocean of energy' as the background of the universe". Die Umwandlung von Energie in „Ereignis", wie Whitehead sie sah, wird heute zu einer Beobachtungswirkung.

Ereignisse ereignen sich, „laufen ständig als natürliche Vorgänge ab, da in vielen Systemen Instabilitätslagen existieren, die durch ‚chaotische' Prozeßabläufe zum Ausdruck kommen" (Dürr 1997, 230).

Masse ist die Trägheit der Energie. Masse/Materie entsteht aus Energie (Mundzeck 2004, 2). Energie geht ‚vor' Masse/Materie.

> Materie erscheint erst sekundär, gewissermaßen als geronnene Potentialität, als geronnene Gestalt. (Dürr 2003b, 4)

---

[97] „Hanc excelsam naturam alii mentem, alii intelligentiam, alii animam mundi, alii fatum in substantia, alii – ut Platonici – necessitatem complexionis nominarunt." – „Diese erhabene Natur bezeichnen die einen als Geist, andere als Intelligenz, andere als Weltseele, andere als substantielles Schicksal, andere – wie die Platoniker – als Notwendigkeit der Verbindung." (übers. Wilpert + Senger) Kann es statt „Verbindung" *Komplexität* heißen? – „Ab hac mundi anima omnem motum descendere putarunt, quam totam in toto et in qualibet parte mundi esse dixerunt, [...]." – „Von dieser Weltseele, die ganz im Ganzen und in jedwedem Teil der Welt sein sollte, geht nach ihrer [der Platoniker] Meinung alle Bewegung aus." (ib.)

Ob es masselose Partikel gibt, ist eine Frage der Definition (vgl. Metzner 2000, 63). Sie sind Energieträger. Es ist nicht bekannt, welcher Art diese Entitäten „objektiv real" sind.

Energie und Masse/Materie verhalten sich „komplementär" zueinander. Auf der Mikroebene bekommt Materie Wellencharakter und materialisieren sich Wellen zu Ereignissen. Materie ist strukturierte Energie. Nach Einstein sind Energie und Masse/Materie im Prinzip dasselbe, äquivalent und unter gegebenen Bedingungen gegeneinander austauschbar (vgl. die Formel: $E = mc^2$; vgl. Hawking/Kober 1989, 145). Masse/Materie und Energie sind „nur zwei Seiten ein und derselben Medaille [...]: Elementarteilchen sind demnach spezielle Energieformen [...]; ihre Masse ist ein Maß für ihren Energie-Inhalt [...]. Wir stehen damit der paradoxen Situation gegenüber, zwischen Wellen und Partikeln keinen Unterschied mehr machen zu können" (Metzner 2000, 64).

> [M]ass and energy are separate aspects or manifestations of an underlying unity of mass-energy (mathematically represented as a 4-dimensional energy-momentum vector). (McFarlane 2000, 11)

> A consequence of this wave-particle duality is that all matter has a wave aspect, and cannot be said to have a definite localized position at all times. Moreover, by virtue of their nonlocal wave properties, pairs of spacially separated particles sometimes exhibit nonlocal correlations in their attributes. (ib. 2)

Elementarteilchen (Prozeß-Ereignis) haben eine Wellennatur (Heisenberg). Andererseits werden Kräfte (Energie) durch Feldpartikel übertragen. Deren Masse existiert nur während der Übertragung. „Übertragung" scheint eine Metapher zu sein (vgl. unten zu „Stimulus"). Die Termini verschwimmen. Whitehead (zit. n. Sherburne 1966, 17f)[98] scheint etwas Ähnliches im Sinn gehabt zu haben, wenn er schrieb:

> The ontological principle means that actual entities are the only *reasons*; so that to search for a *reason* is to search for one or more actual entities.
> '[P]ower' is a great part of our complex ideas of [...] 'actual entit[ies]'; and the notion of 'power' is transformed into the principle that the reasons for things are always to be found in the composite nature of definite actual entities [...].

---

[98] Sherburne zit. n. einer älteren Ausgabe von Whitehead, deren Seitenangaben mit der kritischen Ausgabe, die ich im übrigen verwende, nicht übereinstimmen.

Ereignisse schaffen Macht, je komplexer desto stärker. Macht (er)schafft die Dinge der Welt. Doch die Dinge der Welt existieren nicht real (vgl. unten das zweite Zitat aus Dürr 2003b, 3). Macht wird zum Phantom, einem vergänglichen.

Eine Welle erscheint unbeobachtet als nicht raum-zeitlich fixiertes Probabilitätsquantum ("a nonlocal wave of probability spread throughout space"), als Wahrscheinlichkeitswelle; ein Partikel wird nur ab einem definitiven Beobachtungsquantum (vgl. McFarlane 2000, 3), einer Verbindung zwischen Verbindungen (Relationen zwischen Relationen?), lokalisierbar.[99] Ein solches Partikel ist schon nicht mehr „einfach".

> Les particules subatomiques ne sont donc pas des « choses », mais des inter-connexions entre des choses, et ces « choses » sont à leur tour des inter-connexions entre d'autre choses, et ainsi de suite. (Deshusses 2004, 37)

Heute versteht die Mikrophysik die mikro-elementare Ebene als Relationen von „Formen".

> So offenbart sich z. B. ein Elementarteilchen, etwa ein Elektron, bei *einer* Beobachtungsmethode als Teilchen, bei einer *anderen* als Welle, also in zwei gänzlich verschiedenen Formen und – was nun das eigentlich Überraschende und Neue war – in zwei, im Sinne der herkömmlichen Objektvorstellung, sogar unverträglichen Formen. Es gibt hier also kein objekthaft vorstellbares Etwas, das ,eigentliche Elektron', gewissermaßen ein ,Wellikel', von dem das ,Partikel' und die ,Welle' nur zwei verschiedene – durch die spezielle Beobachtungsmethode erzwungene – Projektionen darstellen. Es tritt [...] gewissermaßen auch eine Qualitätsänderung auf. (Dürr 2003b, 3)

> Die Quantenphysik erweist sich [...] in sich konsistent, nicht widersprüchlich. Sie kann der Schwierigkeit der Qualitätsänderung nur entkommen, in dem sie die Existenz von ,Objekten' [...] opfert. (ib.)

Form kann also verschiedene Formen annehmen. Termini sind Verlegenheitsausdrücke. Die Frage bleibt: Ist die Welt (hier: die Mikrowelt), wie wir sie sehen (vgl. die Unvereinbarkeit von Welle und Partikel), oder sehen wir nur, was wir sehen?

FORM

Form ist Potentialität und Aktualität zugleich (vgl Luhmann, vgl. Scheib-

---

[99] Zur Lokalisierbarkeit vgl. ausführlich Greene/Kober (2006, 113 und 118f [hierzu auch Vermeer 2004b, 379] und 561[5]).

mayr 2004, 347). Form ist aktuale Potentialität. Als Potentialität ist sie unbestimmt, indeterminiert, unentscheidbar. Potentialität ist ein Prozeß. Prozesse sind gerichtet (Vektoren). Folglich ist Form das Ereignis eines Prozesses / aus einem Prozeß, ein Prozeß als Ereignis. (Man erkennt, daß Ereignis nicht materiell sein muß, sondern in seiner Aktualisierung Konkretisierung eines Prozesses wird. Konkretisierung bedeutet nicht unbedingt Materialisierung. Mit der Konkretisierung hört der Prozeß auf, Prozeß zu sein. Ein Ereignis als Wirkung wird wiederum ein Prozeß. Die Bedingung[en] für eine Konkretisierung/Aktualisierung sind bisher nicht bekannt. Peirce bezieht den Beobachter, d. h. den Interpretanten, in eine Triade ein.[100] Allerdings ist ein Peircescher „interpretant" nicht unbedingt ein (menschlicher) Beobachter.[101] Dann geschieht Konkretisierung durch /als Interpretation eines Prozesses.

„Form" umfaßt die Erscheinungsweisen von Energie und Ereignissen. Mit dieser Formulierung wird deutlich, daß Form ein Terminus des Mesokosmos ist, mit der über mikrokosmische Phänomene aus der Sicht des menschlichen Forschers gesprochen wird (vgl. oben zu „Sensitivität"). Diese Zwei-Deutigkeit darf bei allen folgenden Bemerkungen zum Thema nicht außer Acht gelassen werden. Der Mensch ist ein mesokosmisches Wesen. Alles, was er über den Mikrokosmos und den selbst geschaffenen Makrokosmos der Potentialität/Virtualität erkennen und sagen kann, muß er in den Paradoxa des Mesokosmos ausdrücken. Er lebt in und von Paradoxa.

---

[100] Scheibmayrs Kritik an Luhmanns (1992) binärer Analyse zugunsten einer Peirceschen trinären scheint insofern zu stark, als beide Autoren in ihrer Terminologie und Analyse nicht konsequent bleiben. Luhmann spricht z. B. davon, daß ein Beobachter die Beobachtung von Etwas beobachtet, während Peirce Interpretans und Interpretant zusammenwürfelt. Beide reden *nolens volens* z. T. agential.

[101] Die (im Deutschen maskuline) Form „Interpretant" läßt (für Peirce und seine Interpreten) unklar, ob ein(e) Interpretierende(r/s) oder eine Interpretation als Prozeß (ein Interpretieren) gemeint ist. Letzteres müßte gemeint werden; im Deutschen sollte es dann in der im Deutschen als üblich geltenden latinisierten Form „das Interpretans" heißen (vgl. das Zitat bei Scheibmayr 2004, 161f). Andernfalls muß ein weiterer Faktor in Peirce' System eingefügt werden, nämlich ein Interpretant des Interpretans. Vgl. Pape (2004, 132): „Wir können diesen Interpretanten so weit fassen, dass auch eine Handlung, eine Erfahrung oder eine bloße Empfindung als Interpretant infrage kommt." Peirce selbst verheddert sich manchmal in seiner gezwungen symmetrischen Faktorenordnung und anthropomorphen (agentialen) Ausdrucksweise. Logisch mag das System kohärent sein, es bleibt ein theoretisches Konstrukt, das nicht auf eine Realität anwendbar wird, ohne aus ihm ein anderes Konstrukt zu machen (vgl. Scheibmayr 2004, 248).

Bereits eine einfache Form – der unbestimmte Artikel deutet auf Differenzen zwischen Formen, also auf Individualisierung hin – läßt an Relationen, damit an eine zumindest inhärente Struktur denken. Vielleicht ist Form aber nicht mehr einfach, sondern ein in sich komplexes Element, das sich unmittelbar nach dem Urknall[102] gebildet hat (vgl. oben zu Sensitivität). Form ist gerichtet. Form bedeutet Information (*in-forma-tio*), etwas, dem eine Funktion zukommt oder mit anderen Worten: dem Sinn beigelegt wird / worden ist. (Form hat/macht keinen Sinn; Sinn gibt ein Benutzer/Beobachter.)[103] Unten wird dargelegt, daß In-forma-tion Form braucht (vgl. die Memetik). Als Einheit bildet eine Form eine Art Monade und kann es auf Grund ihrer Qualia doch nicht werden, weil sie unabdingbar eine/ihre Umwelt ‚hat' und mit ihr auskommen, d. h. in Kontakt treten, muß. Die bloße Existenz einer Umwelt (im weitesten Sinn) zwingt bereits Bedingungen des So-Seins einer Form, d. h. Kontingenz, auf. Dann kann ihr ‚Sein' [ihre Existenz] nur ein Werden bedeuten. „Form" heißt auf griech. εἶδος (vgl. die etymologische Nähe zu ἰδέα),[104] εἶδος bedeutet auch Schönheit. So ist die Ästhetik von allem Anfang der Form als Quale inhärent (vgl. auch die Bedeutungen von κόσμος: „Ordnung – Welt – Schmuck"). Das paßt zu den anderen Qualia einfacher Prozesse: der Sensitivität, Richtung und Attraktion. Oben habe ich aus Ausdrucksnot eine Drei-/Vierheit hierfür genannt und damit eine Komplexität vorgespiegelt: Erkenntnis, Differenzierung, Evaluierung und evtl. Funktionalität, als Einheit „Sinn" genannt. Ich hoffe, man bemerkt, daß die unterschiedliche Terminologie in den letzten beiden Sätzen zwei Perspektiven spiegelt, die sich auf Dasselbe (die Qualia) richten. Das bringt die Ethik von vornherein mit ein, denn jedes Werden impliziert ein doppeltes Urteil: eine Entscheidung und eine Selektion. Urteil bedeutet Evaluierung, auch über Ästhetik, und jede Evaluierung muß ethisch verantwortet werden. Ethisches Empfinden ist auf der Mesoebene, z. B. beim Menschen, evolutionär-genetisch bedingt und wird kulturell überformt. So kann ethisches Verhalten als kul-

---

[102] Was es mit dem sog. Urknall auf sich zu haben scheint (!), wird z. B. bei Greene/Kober (2006, 311ff) dargestellt.

[103] Ich verwende die Termini Inhalt, Bedeutung und Sinn (zur Unterscheidung vgl. Vermeer 1972a), manchmal Information (s. dazu unten) im traditionellen Sinn. Alle diese Termini können durch „Funktion" (Skopos) ersetzt, als „Funktion" auf verschiedenen Ebenen zusammengefaßt werden.

[104] Beide Wörter gehören zu idg. *ū(e)di- „erblicken, sehen", hierzu auch deutsch „wissen" (Pokorny 1959, 1125-1127), dessen Form bis heute darauf hinweist, daß ursprünglich ein momentaner Prozeß (der Aorist als praeteritaler Inchoativ) benannt wurde: *er-blicken*.

turell bezeichnet werden. Diskussionen zur Ethik betrachten auf mesokosmischer Ebene oft nur oder doch vor allem dia- und parakulturelles Verhalten. Ethik kann dann u. U. als von tonangebenden Individuen oder
Gesellschaftsteilen aus ge- (und ver)führt bzw. verführend betrachtet werden. Man handelt, wie man die, welchen man die Führung zugestanden hat,
handeln sieht, oder man gibt die Entscheidung gleich aus der Hand (vgl.
politische Wahlen).[105] – Zur Schönheit (vgl. Eco/Memmert 1991) gehört
ihr Genuß (vgl. Agamben/Giuriato (2004, 150-152). Schiller–Beethoven
hatten Recht: Die Welt soll (sollte?) Freude werden.

Es wird Zeit zu einem Nachtrag: Wenn Qualia (einschließlich der
Ästhetik) der Bewegung Richtung und damit Sinn, sogar ästhetischen und
ethischen Sinn geben und Richtung Entscheidung und Selektion verlangt,
müssen ihre Träger, die einfachen Prozesse, über Information, also Sinn
verfügen. Man kann folglich sagen, Evolution beruhe auf Information (lin-
guistisch würde man sagen: Zeichenhaftigkeit, aber ich lasse das beiseite,
weil es problematisch ist). Gleiches wie für einfache Prozesse und Ereignisse gilt für Systeme. Das Universum als {Information}, als etwas, das
Sinn macht: als Sinn – eine Spirale aus Metaphorik geflochten.

Einfache Prozesse lassen sich nicht beobachten. Sie werden inferiert.
Systeme lassen sich beobachten. Information wird auf zwei Ebenen: der
Mikro- und der Mesoebene. Hier muß man vielleicht hinzufügen: ... durch
die menschlich-memetische Makroebene. Damit wäre das Raisonnement
wieder auf die oben gestellte Frage hin relativiert: ob der Mensch die Welt
(perspektivisch) erkenne oder die menschliche Perspektive die Welt (er)-
schaffe, mit anderen Worten: ob und evtl. inwieweit die obige Rede
metaphorisch ist und die ‚Welt' überhaupt spiegeln kann. Mikro- und
Makrokosmos werden ununterscheidbar. Der Kreis schließt sich – oder
besser: die Spirale dreht sich indefinit.

Formänderungen sind Prozesse. Prozeß ist die Manifestation von
Energie. Die Bedingungen der Manifestation von Energie als Welle oder
Ereignis, u. U. mit Masse/Materie, sind bisher nicht bekannt. Vielleicht
sind Konkretisierungen (Hinweise auf) Phasenübergänge von Phänomenen
der Welt (vgl. Smolin/Filk 1999, 208). Den Mikrophysikern gilt als Axiom,
daß Energie im Gegensatz zu Materie „weder neu geschaffen noch vernichtet werden kann" – der „1. Hauptsatz der Thermodynamik" (Metzner
2000, 29f). Hawking/Kober (1989, 137) schrieb: „Da Energie nicht aus

---

[105] Wahlen sind besonders gefährdet, weil die Parteien kaum eine personale Wahl zulas-
sen, allenfalls noch im Rahmen der Partei, und sich andererseits kaum jemand regt,
um diesen Mißbrauch von heute noch übriger Restdemokratie abzuwenden.

nichts entstehen kann, [...]". Das „Nichts" in diesen Aussagen wäre zu präzisieren, sonst entstehen Widersprüche durch Metaphorisierung. Gemeint ist wohl der „quantenmechanische energetische Grundzustand" (Dürr 1997, 272), das Vakuum, das eben kein Vakuum, keine Leere, kein Nichts ist. – Metaphern können durchaus aussagekräftig werden und zum Nachdenken anregen. Im tibetischen Buddhismus (zumindest in einer Version desselben) ist „alles" (*kun*) die Leere, das Nichts (oder umgekehrt: das Nichts ist alles). Es ist Energie. Gerät sie in Bewegung, wird die reine, momentane Präsenz (*rig pa*) [das einfache Ereignis?] (vgl. Aceves 2004, 192). – Im übrigen sind „Nichts" und „Leere" zwei verschiedene Dinge.

Materie entsteht aus Energie. Sie existiert. Weiter kann man nicht fragen. Andererseits sprechen Physiker von Materie als einer "[...] new matter that is being continuously created (from nothing) all through the intergalactic space" (Gamow (1965, 579; vgl. Hawking/Kober 1989, 68, zu Bondi, Gold und Hoyle [1948]). Wahrscheinlich meint Köck (2000, 257) in folgendem Satz keine Zeugung *ex nihilo*, sondern Umwandlung: „Ihre Theorie [Die Theorie der Chemie] erlaubt die kontrollierbare Erzeugung [...] von Materie [...]." Hawking/Kober (ib. 108) nennt die sog. Schwarzen Löcher „schwarze Leeren im Weltraum", dabei haben sie eine „unendliche" Dichte und darin eingebunden „unendliche" Energie. Physiker setzen, wie angedeutet, Masse und Energie gleich (vgl. Hawking/Kober 1989, 145). Smolin/Filk (1999, 40f) schrieb:

> Die moderne Elementarteilchenphysik besagt, daß Elementarteilchen erzeugt oder vernichtet werden können. [...] Der Glaube an ein absolutes Naturgesetz, durch das die Eigenschaften der Elementarteilchen ein für allemal fest[ge]legt werden, war so erfolgreich, daß man sich nur schwer vorstellen kann, daß ein wissenschaftlicher Zugang zu einem Naturverständnis nicht hierauf aufbaut. Es gibt aber gute Gründe zu glauben, daß diese Vorstellung letztendlich nicht richtig sein kann.

Offensichtlich bekommt das „Nichts" einen je anderen Sinn, je nachdem, ob es auf Energie- oder Partikelgenese angewandt wird.

Peirce „will die Entstehung der Zeit, der Materie und des Menschen vielmehr aus dem Nichts, dem Chaos, durch einen universalen Prozess der Evolution erklären" (Pape 2004, 148). Das „Nichts" meint wie „Chaos" dann wohl lediglich Unordnung, Energie. Die Wissenschaft schwankt, zumindest in ihrer Ausdrucksweise, die von Metaphern und Hyperbeln schwerlich loskommt. Wissenschaft hat ihre Metaphorik.

Auch Pagels (1985, zit. n. Sheldrake/Eggert 1993, 26) greift zur Metaphorik.

> Das Nichts „vor" der Erschaffung des Universums ist die leerste Leere, die sich überhaupt denken läßt: kein Raum, keine Zeit, keine Materie. Dies ist eine Welt ohne Ort, ohne Dauer oder Ewigkeit, ohne Zahl – sie ist das, was die Mathematiker als „leeres Set" bezeichnen. [...] Was „sagt" dem Nichts, daß es mit einem möglichen Universum schwanger geht? Es sieht so aus, als wäre selbst das Nichts der Gesetzlichkeit unterworfen, einer Logik, die vor Raum und Zeit existiert.

Hilflos schwimmt auch der Fachwissenschaftler in der Undenkbarkeit. Die Sprache hohnlacht und verführt ihn um so mehr.

Apropos Sprache: Aus Memen können materielle ‚Dinge' entstehen. Die Mikrophysik wird sagen, Materie entstehe aus Energie. Materie sei die Konkretion zu Energieknoten (vgl. Smolin/Filk 1999, 332 und 334). Man sage „Busch" (ich spreche von einer gemeinen Pflanze), und es ‚gibt' ihn /sie (beides), deutlich getrennt von „Bäumen" usw. im deutschen Sprachbereich. Die Welt ist ein Dialekt. Schon und erst recht das kleine Kind wird im Wirklichkeitsanspruch der Sprache, die es erlernt, erzogen. Und was wirklich ist, muß doch wahr-haft sein. Kinder vertrauen. Auch wenn sie groß geworden sind. Sage einem Menschen, Demokratie sei gut und Nicht-Demokratie schlecht und X sei Fundamentalist oder Terrorist oder Ungläubiger, und der Mensch glaubt seinen Eltern und Lehrern und Schulkameraden oder seinem Pfarrer oder Politiker oder Journalisten. Und so eilt er zur Wahl, nicht nach-denklich und nicht vor-sichtig, aber vertrauensselig. – Auch die Fachwelt denkt, sieht und handelt perspektivisch. Auch das schlägt sich in ihrer Sprache nieder. Perspektivität zeigt sich z. B. in nicht konsequenter (mancher würde sagen: nicht logischer) Terminologie: Es gibt Unterwäsche, aber keine Oberwäsche; es gibt Oberbekleidung, aber keine Unterbekleidung.[106] Das Beispiel zeigt zugleich, wie Perspektivität von Kultur, hier: angenommener Ästhetik, gelenkt werden kann – oder ist es umgekehrt?

Der Terminus „Nichts" wird (auch in der Philosophie) relativ auf eine Perspektive hin gebraucht, so z. B. in den obigen Zitaten. „Nichts" im absoluten Sinn kann der Mensch nicht denken. Kurioserweise ist es mächtiger als ein Transzendentale. „Gott" wird als alter Mann, Geist, geballte Macht usw., vom Philosophen als etwas ‚Geistiges' und in der Theologie manchmal als Inbegriff von „Liebe"[107] vorgestellt – immerhin zumindest irgendwie vorgestellt, wenn er in das Universum eingreifend gedacht wird.

---

[106] Vgl. das nicht neueste DUW (1989). Allerdings führt es „Unterbekleidung" an, verweist aber nur auf „Unterwäsche".

[107] Wäre es möglich, an eine gute Welt zu glauben, könnte hier auf die mikrophysikalische zu Passungen führende „Sensitivität" als ‚Ur-Liebe' verwiesen werden.

Das Nichts läßt sich nicht vorstellen. Jenseits der Grenzen des Universums läßt sich ein freier Raum vorstellen, aber eben nicht das Nichts, d. h. hier: daß es nichts gibt, und man ist versucht widersinnig zu sagen: daß es dort nichts gibt.

Im Ruhezustand ($\dot{\eta}\sigma\upsilon\chi\dot{\iota}\alpha$) kann Energie, Energie schlechthin, als reine Potentialität angenommen werden, im Vorblick auf die (für uns ja längst eingetretene) Zukunft skoposartig als Potential-zu (vgl. Whitehead: 1978, 22; vgl. auch ib. 208-210). Wahrnehmbar wird, was unterscheidbar/unterschieden, different/differiert wird. Unterscheidbarkeit und Unterscheidung bedeuten Wandel, Veränderung. Wandel, Veränderung heißt Bewegung. Wenn Energie in Bewegung ($\kappa\dot{\iota}\nu\eta\sigma\iota\varsigma$) gerät, Bewegung wird, evolviert (*evolvit* ~ „sich auswickelt"), dann werden Prozesse und Ereignisse (vgl. den Wellencharakter minimaler Partikel, die Schwingungen der *strings*). Das Wesentliche ist der Prozeßcharakter, das in-Bewegung-*gerät*, also die Beschleunigung. Ein Prozeß ist Energie-in-Bewegung. Diese Bewegung ‚ist' sozusagen der „Urknall". Es fragt sich, ob bereits in den ersten Prozessen Rhythmik, Pulsierung bemerkbar wird, die "minute, rhythmic beats of becoming" (Sellars 1951, 408).

Energie als Prozeß und Ereignis bildet die Minimalentitäten (Elemente, Formen) des Weltaufbaus. Minimalformen sind unteilbar. Dächte man sie teilbar, so entständen ebenso viele andere Prozesse und Ereignisse, als man Teile denkt, die dadurch zu Ganzheiten (Holons) würden (vgl. Whitehead 1978, 68f, zu Zenos Problem; der Terminus „Holon" stammt nach Sheldrake/Eggert [1993, 128] von Arthur Koestler). – Einfache Prozesse und Entitäten sind unveränderlich, unteilbar, unbeweglich (möglicherweise aber bewegt). Sie sind potentiell-punktuell-formal. Der (scheinbare?) Widerspruch zwischen einem einfachen Element und seiner Komplexität durch inhärente Qualia verbirgt sich in der Sprache. Qualia sind keine Qualitäten (Akzidentia).

Ein Ereignis beendet einen Prozeß. Insofern ist es momentan (vgl. auch Luhmann 1984, 389).[108] Andererseits dauert es in seinen Folgen fort, wie oben mit Whitehead gesagt wurde. Zugleich führt es zu neuen Prozessen. Nicht das Ereignis ändert sich, sondern es ändern sich die aus Ereignissen entstehenden „Strukturen".

> Thus an actual entity never moves: it is where it is and what it is. (Whitehead 1978, 73; vgl. ib. 91)

---

[108] Luhmann versteht unter einem Ereignis eine „Handlung", die Whitehead bereits als Ereignismenge betrachten würde.

Streng genommen [...] kann man deshalb nicht sagen, daß „ein System" sich ändere, da das System aus nicht-änderbaren Elementen, nämlich Ereignissen, besteht. Andererseits werden Systeme über Strukturen identifiziert, und die können sich ändern. Insofern ist es dann auch berechtigt zu sagen, das System ändere sich, wenn seine Strukturen sich ändern, weil immerhin etwas, was zum System gehört, (und gerade das, was dessen autopoietische Reproduktion ermöglicht) sich ändert. (Luhmann 1984, 472)

Noch vorsichtig-‚altertümlich' formuliert Whitehead (zit. n. Ford 1984, 78):

If time be taken seriously, no concrete entity can change. It can only be superseded.

Als Beispiel führt Whitehead (ib.) an, daß "the mental occasion supersedes the physical occasion". Denken überlagert physikalisches Geschehen, das Denkbare ersetzt das Un-/Nicht-Denkbare. – Zur Metaphorik vgl. William James (zit. v. Lowe 1951, 37) zur Momentanität der Perzeption:

Either your experience is of no content, or no change, or it is of a perceptible amount of content or change. Your acquaintance with reality grows literally by buds or drops of perception. Intellectually and on reflection you can divide these into components, but as immediately given, they come totally or not at all.

MOMENTANITÄT

Heraklit war gewiß nicht der erste, wenn er sein πάντα ῥεῖ [„Alles fließt"] denn so gemeint hat (und wenn es tatsächlich von ihm stammt).[109] Mit dem Satz scheint jedenfalls gemeint zu werden, daß nichts beständig ist, alles sich ständig (– seltsamer Ausdruck –) ändert. Nimmt man den Satz in diesem Sinn, so führt er in ein Paradox. Auch das Ändern müßte sich ändern, also nicht Änderung bleiben. Aber auch das Paradox müßte aufhören, ein Paradox zu sein. Womit Rettung winkt. Hier wird sie im Qualitätssprung gesucht. Der Übergang, Sprung vom Mikro- zum Mesokosmos ermöglicht die Änderung des Flusses. Im mesokosmischen Bereich wird es Ausdehnung, Dauer, auch Wiederholung (aber nur mit Variation) geben.[110] Das

---

[109] Platon (*Kratylos* 402A) behauptete, Heraklit habe πάντα χωρεῖ, was evtl. „Alles vergeht" heißen kann, gesagt. Fowler (1977, 67) übersetzt „all things move", was dem ῥεῖ wieder nahe kommt.

[110] „Im Gegensatz zu dem, was Newton erwartet hätte, führen identische Versuchs- und Anfangsbedingungen nicht notwendigerweise zu identischen Messergebnissen."

Fließen, der Fluß bekommt, wie jeder rechte Fluß, eine Richtung. White-head (1978, 309) übersetzte Heraklit in diesem Sinn in seine Theorie: „All things are vectors." – Übrigens behauptete Heraklit (Diels + Kranz 1.161, 49a) geradezu in Cusanischer *coincidentia oppositorum* ποταμοῖς τοῖς αὐτοῖς ἐμβαίνομέν τε καὶ οὐκ ἐμβαίνομεν εἶμεν τε καὶ οὐκ εἶμεν [„In dieselben Flüsse steigen wir und steigen wir nicht, wir sind und wir sind nicht." Manchmal wird freizügig zitiert „Niemand steigt zweimal in denselben Fluß"]. 1586 schrieb Fransisco Sanches [oder: Sanchez – man weiß nicht genau, ob der auf der Grenze Geborene Portugiese oder Spanier genannt werden soll] in seinem *Kommentar zu Aristoteles' „Über die Wahrsagung im Traum"* (1999, 172; vgl. auch Sanches 1955):

> Was war, ist nicht mehr; was sein wird, ist noch nicht. Was jetzt ist, existiert nur einen Moment, so daß alles Ungewisse und Wandelbare dieses Erdkreises so kurz existiert, daß es mehr in der Abfolge als in der Dauer existiert und mehr nicht ist als ist. (übers. HJV)

Die Erkenntnis der Momentanität und damit der Einmaligkeit aller einfachen Prozesse und Ereignisse und damit, daß alle Wahrnehmung Wahrnehmung von Vergangenem ist, ist also alt. Achill holt die Schildkröte nie ein. Wenn ich mich ärgere, habe ich mich schon geärgert. Kein Gedächtnis speichert etwas unwandelbar.[111] (Zur Speicherung vgl. u. a. Delius 1989, 43-46; Quindeau 2004.) Kein Textem kann als derselbe Text aktiviert werden. In diesem Sinn ist Vergangenheit « [u]n passé qui n'a jamais été présent » (Derrida, zit. n. Gernalzick 2000, 99[27]). Was erinnert wird, wird eine andere Vergangenheit als die einmal geschehene (vgl. besonders die Konnotationen; vgl. Borges' *Pierre Menard*). Es gibt nicht einmal ein „Perfektem", denn anders als Druckerschwärze oder verblassende Tinte auf gilbendem Papier wandelt sich das Gehirn schnell. Dennett/Wuketits (1994, 248) erwähnt, daß sich das menschliche Gehirn „innerhalb weniger

---

(Greene/Kober 2006, 113; im Original kursiv). – Versuche etc. können nie identisch, allenfalls gleich sein.

[111] „Gedächtnis" ist ein genereller Ausdruck für als örtlich fixierbar angenommene Speicherregionen (der Plural scheint angebracht) und darin abgelegte „Speicherungen". Wahrscheinlich dient nicht nur das Gehirn als Speicherplatz. Ich verwende die gängigen Termini „Speicher"/„speichern", ohne präzisieren zu können, was sie realiter bedeuten und wo Speicherung zu lokalisieren ist. Gewöhnlich unterscheidet man für das menschliche Gehirn einen Kurzzeit-, Arbeits- und Langzeitspeicher. Dennett/Wuketits (1994, 355 und 603[2]) trennt die verschiedenen Speicher nicht räumlich, sondern funktional. Fraglich ist, ob und in welcher Form Speicherung – von Museen, Bibliotheken und Computerfestplatten einmal abgesehen – biologisch-physikalisch auch außerhalb des Gehirns stattfindet.

Millisekunden selbst reguliert". Auch für komplexe Ereignisse gilt Momentanität insofern, als sich ihre Elemente, die Relationen ihrer Elemente untereinander und die Relationen eines Ereignisses zu seiner Umwelt ständig ändern. Komplexe Ereignisse sind aus einfachen zusammengesetzt. Nochmals Whitehead ([1917], zit. n. Lowe 1951, 59):

> The essential ground of the association of sense-objects [Lowe: "percepts"] of various types, perceived within one short duration, into a first crude thought-object of perception is the coincidence of their space-relations, that is, in general an approximate coincidence of such relations perhaps only vaguely apprehended.

Soweit nicht anderes gesagt wird, gehe ich im vorliegenden Versuch von einer momentanen (und damit punktuellen, manchmal quasi-punktuellen[112] individuellen) Prozeßtheorie aus (vgl. Vermeer 2003). Der Fokus liegt auf dem Menschen. Meine Darstellung bleibt jedoch nicht strikt auf dieser Ebene. Durch häufige Sprünge auch im Ausdruck zwischen einer mikrokosmisch-momentanen Theorie und einer mesokosmischen Phänomenwelt wird die Theorie unscharf, eben „verschmiert" (Dürr 2003b, 4).[113] Trotzdem glaube ich, daß das Verständnis dadurch eher erleichtert als erschwert wird und Erkenntnisprozesse besser verstanden werden können.

Von einem Punkt zum anderen wird ein anderer Prozeß. Und doch ‚gibt' es eine (Ver-)Bindung, einen Zusammenhang, durch das ‚Nichts' des Quantensprungs. Der Sprung, das Nichts als Bindung (s. oben: das Nichts als Energiekonzentrat). „Dauer" entsteht.

Heute muß auch die Vorstellung konkret existierender Punkte zugunsten „ausgeschmierte[r] Teilchen" (Dürr 2003b, 4) aufgegeben werden; vgl. das „Feld", in dem Partikel nicht exakt lokalisiert werden können; s. unten zur DNS).

> [E]s gibt streng genommen keine zeitlich mit sich selbst identischen Objekte. Es gibt damit im Grunde auch nicht mehr die für uns so selbstverständliche, zeitlich durchgängig existierende, objekthafte Welt. (Dürr 2003b, 4)

> Die Wirklichkeit[,] aus der sie [„die Welt"] jeweils entsteht[,] wirkt hierbei als eine *Einheit* im Sinne einer nicht-zerlegbaren ‚Potentialität', die sich auf vielfältig mögliche Weisen realisieren kann, sich aber *nicht* mehr streng als Summe von Teilzuständen deuten lässt. Die Welt ‚jetzt' ist nicht mit der

---

[112] Zu „quasi-momentan" vgl. auch die „Ausgeschmiertheit" von Partikeln (vgl. Dürr 2003b, 4).

[113] Zum Terminus in etwas anderer Auffassung Greene/Kober (2006, 111f); vgl. die „strings" (ib.).

Welt im vergangenen Augenblick *materiell* identisch. Nur gewisse Gestalts-eigenschaften [*sic*] (Symmetrien) bleiben zeitlich unverändert, was phäno-menologisch in Form von Erhaltungssätzen [...] zum Ausdruck kommt. (ib.)

Vom Standpunkt der neuen Physik aus entsteht eine *Beziehungsstruktur* [...] aufgrund der wesentlich innigeren und [...] holistischen Beziehungsstruktur. Sie verbietet uns strenggenommen, überhaupt sinnvoll von [...] ‚Teilen' eines Systems [...] zu sprechen. (Dürr 2003b, 5)

Momentanität läßt nur „ausgeschmierte" Punkte zu. Punkte bedeuten, abge-sehen von den allerersten Nanosekunden, in denen noch keine Individua-lität angenommen wird, doppelte Nicht-Identität[114]: auf der Zeitachse von Moment zu Moment mit sich selbst und ‚raum-zeitlich' untereinander. Identität entsteht durch Reduktion. Wie jede Dauer entsteht sie durch *pat-tern*-Annahme. Punkte sind Potentialitäten als „Formen", nicht Konkreta. Prozesse bilden „Möglichkeitsfelder" (Dürr 2003b, 4), „deren Intensität die Wahrscheinlichkeit für eine objekthafte Realisierung misst" (ib.; vgl. Whiteheads „event"). Und doch beeinflussen sich Prozesse gegenseitig in unterschiedlichen Graden. Sie interagieren (vgl. Fetz 1981, 61) im Feld der „Potentialität". Prozesse bilden untereinander Gesellschaften. Prozesse werden als Vektoren in Raum und Zeit betrachtet.

RELATIONALITÄT

Der Momentanität im mikrophysi(kali)schen Bereich scheint Relationalität auf den ersten Blick entgegenzustehen. Wird Momentanität relational er-faßt, so ergibt sich eine eigenartige Schlußfolgerung. Leibniz (beschrieben bei Rombach 1994, 48f, ohne Stellenangabe) hat Relationalität verblüffend einfach ‚auf den Punkt' gebracht: Man denke sich in einen harmonisch proportionierten Tempel hinein, in dem nur zur Architektur gehörige Ge-genstände vorhanden sind. Dann schließe man die Augen und denke sich den Tempel auf die Hälfte seiner Größe reduziert oder auf das Doppelte vergrößert, wobei alle Proportionen eingehalten werden. Man bemerkt die Reduktion bzw. Vergrößerung nicht (man ist ja selbst mit geschrumpft bzw. gewachsen). Quintessenz: Wir leben im Universum; wir können nicht sagen, wie groß es ist und wie groß ein Moment in ihm ‚ist'.

Nur die Dinge *innerhalb* der Welt haben (in Relation zueinander) eine Größe; was diese aber insgesamt oder auch jede davon absolut genommen

---

[114] In der Selbstbeobachtung beobachtet man nicht „sich", sondern eine Annahme von sich.

ausmachen mag, ist uns nicht nur völlig unbekannt, sondern ist auch in gar keiner Weise feststellbar. (ib. 49)

Eine Frage konnte Leibniz noch nicht stellen: Wenn sich das Universum – sein Tempel – verkleinert, verkleinert sich dann auch die Masse der Materie? Dann müßten sich auch die Gravitation und ihre Folgen ändern – das Universum würde ein ganz anderes.

Wenn sich Himmelskörper am Rande des Universums mit Lichtgeschwindigkeit bewegen, wird ein irdisches Menschenleben (vom Rande her gesehen – vgl. die Ek-Stasis) zu einem Punkt und ein Rand-Leben (von der Erde aus) (fast) zur Unendlichkeit, Stasis: Unbewegtheit, dauernde, nicht-punktuelle Gegenwart steht gegen Bewegung. Das Universum als Paradox. Zeit und Raum gehen ins Nichts über. Das Universum verliert sich im Horizont des Nichts. Das Nichts als Ende (des Seins) der Welt.

Ein Puppenhaus, ein Spiel, die *līlā* der indischen Dichtung (und Philosophie),[115] die Relationalität und damit Relativität wahrscheinlich ungefähr zur Zeit Platons entdeckte.[116] Rombach (ib. 51f) fügt hinzu, daß in Leibniz' Gedankenexperiment auch Raum, Zeit und Masse relational fungieren müssen, damit es funktionieren kann. Um den Traum auf die Spitze zu treiben, würde dies bedeuten, daß die neuere Theorie, nach der sich das Weltall entgegen der älteren Meinung, die Ausdehnung werde allmählich zum Stillstand (und evtl. sogar zur Umkehrung) kommen, immer schneller ausdehnt, nur die relationale Perspektive seiner Ausdehnung überhaupt ausdrückt. Leibniz stellte sich nur die Resultate seines Spiels vor, nicht den Spielprozeß selbst.

Ein einfacher momentaner Energieprozeß ist in sich nicht differenziert. Die Physik nimmt an, daß es nur in den allerersten Nanosekunden nach dem Urknall noch keine „Differenzen" gegeben hat. Auch gilt, daß bei extrem kleinen Abständen (jedenfalls kleiner als 10^{-18} Meter) „alle Kräfte gleich werden" (Meier 2004, 35). Im Moment, da Bewegung wird,[117] sind einzelne Prozesse formal noch nicht geschieden, sie sind

---

[115] Manifestiert sich das Spiel nicht schon in der Schrift: लीला ? – Unten erwähne ich bei Gelegenheit auch Termini der altindischen Sprachwissenschaft und Philosophie, die in der „westlichen" Tradition selten einbezogen werden. Die indischen Autoren sind z. T. andere Wege gegangen; es wäre die Sache wert, sie nicht allein im Bereich indologischen Arbeitens zu belassen.

[116] Gleichzeitigkeit der Gegensätze? εἶναι („sein" – vgl. τὸ ὄν „das Seiende" und seine Folgen in der Philosophie) vs. sanskrit भू- (*bhū-* ~ „sein") < idg. „werden, wachsen, entstehen" (Pokorny 1952, 146).

[117] Der Grund für die Entstehung von Bewegung ist nicht bekannt. Bewegung könnte, ähnlich wie Sensitivität und Gerichtetheit, prozeßinhärent sein. Dann wäre sie der

form-identisch. Durch Bewegung entstehen Differenzen. Sie führen zu unterschiedlichen elementaren Entitäten. Deren ursprüngliche Identität differenziert sich in Individualität aus. Individualität ist im Universum sekundär. Es bleiben Ähnlichkeiten. Relationen, Beziehungsstrukturen, Bildung von Systemen im herkömmlichen Sinn werden durch Ähnlichkeit-in-Individualität möglich.

> Die Beziehungen zwischen Teilen eines Ganzen ergeben sich also nicht erst sekundär als Wechselwirkung von ursprünglich Isoliertem, sondern sind Ausdruck einer *primären Identität von Allem*, einer ‚Idemität'[118] (Rombach 1994). Eine Beziehungsstruktur entsteht also nicht nur sekundär durch *Kommunikation*, einem wechselseitigen Austausch von (energietragenden und deshalb physikalisch nachweisbaren) Signalen verstärkt durch Resonanz, sondern gewissermaßen auch primär durch *Kommunion*, durch Identifizierung. (Dürr 2003b, 6)

Vgl. Smolin/Filk (1999) zur Theorie von der Gleichrichtung von Mikroelementen.

> [Whitehead, 1898] notes, too, that [...] the controversy as to how physical forces can possibly act at a distance (which bears some analogy to the epistemological controversy as to how a subject can possibly have knowledge of a world external to him) is resolved by the fact that two distant particles possess linear ultimates in common. (Lowe 1951, 42)

„Identifizierung" ist ein Prozeß. Ich würde also Identität von Identifizierung und beides von Ähnlichkeit (Gleichheit, Äquivalenz) unterscheiden. Meiner „Passung" (s. unten), die zur Systembildung führt, lege ich Sensitivität als Attraktion oder Repulsion (Whitehead 1978, 23: „prehension" und „negative prehension") auf Grund angenommener Ähnlichkeiterkennung zu Grunde. Unten werden auch Zitate erwähnt, nach denen Attraktion eine gesellschaftliche Kommunion voraussetzt und bewirkt.

Die Unterscheidung von Identität und Identifizierung legt eine andere Unterscheidung nahe. Indem ein komplexes Ereignis, ein System wird, wird Lokalisierung und aus der Zeitlichkeit Historie, Geschichte, zugleich Syn- und Diachronie als Prozesse und Vergangenheit und ‚Gegenwart' (als Zeitraum) als Perspektiven. – Für eine Beobachtung gibt es nur Vergangenheit und Diachronie als Prozesse. Synchronie ist eine methodologische Sistierung. Bedeutendes ist bereits Gedeutetes.

Wenn Leibniz' Perspektivenmodell recht hätte, hätte es innerhalb der

---

Ur-Sprung, der alles andere auslöst. Bewegung wird Wirk-lichkeit.

[118] Von lat. *idem* „der-/dasselbe" abgeleitet (genauer: *īdem* – masc., *ĭdem* – ntr.).

ersten ‚Zeit' eben noch keine Zeit gegeben, und ihre Ausdehnung wäre nicht angebbar. (Ich schreibe an einem Mythos!) Ebensowenig wäre damit eine Zeit feststellbar, in der es kein mesokosmisches Jetzt gibt. Frage des Laien: Könnte Gödels Unvollständigkeitstheorem [1931] unter den erwähnten Umständen zur Unmöglichkeit von Erkenntnis angezogen werden?

> [N]o single logistic system, satisfying certain very general conditions, can tenably claim to embrace only logical truth *and* the whole of logical truth (if indeed the latter phrase has a meaning at all).
> [...] As Goedel pointed out, his result is applicable alike to various forms of set theory and to type theory. (Church 1965, 236)

Die grundlegende Erscheinung für den Bau von Systemen, mikrophysikalischen ‚primären' und im herkömmlichen Sinn sekundären ist ihre „Relationalität" (Pape 2004, 83). Aus Relationen entstehen reziproke Eigenschaften (vgl. Smolin/Filk 1999, 77f; der Terminus „Eigenschaft" ist mißverständlich). Eigenschaften werden relativ (auf Etwas / im Vergleich zu Etwas). Eigenschaften wirken reflexiv.

> Die physikalischen Gesetze bilden daher ein System, in dem der Einfluß eines Teilchens auf die anderen auch wieder auf dieses Teilchen zurückfällt und seine eigenen Eigenschaften mitbestimmt. (ib.)

Eigenschaften sind Aspekte von Relationen (vgl. ib. 309) seitens eines Beobachters. (Materie/Materialität bilden Aspekte von Relationen.) Relationierung bedeutet die Aufhebung der Dichotomie von Materie und Energie. Und die Aufhebung von Gesetzen. Auch Gesetze werden, d. h. sie können sich ändern, von der Mikro- bis zur Mesoebene. Das würde heißen, daß sich auch Sensitivitäten usw. ändern (können). Jede Wissenschaft und Praxis ist perspektivisch. Das gilt auch für die Mikro- und Neurophysik. Das Universum ist ein Prozeß. – Querlesen ist angesagt. Neudenken scheint mir das Neue am heutigen Denken zu sein. Früher sammelte der Ethnologe Märchen und Mythen, und wer sie las, fand sie interessant. Heute entdeckt man in oder aus ihnen Zusammenhänge. Ich will in der vorliegenden Arbeit versuchen, Zusammenhänge durch die Wiederholung bestimmter Termini zu suggerieren.

Ich bemühe mich, immer wieder querzuverweisen und die Holistik jeder Beobachtung und Aussage zu betonen. Natürlich steht auch jede holistisch sein sollende Beobachtung und Aussage unter einer Perspektive. Sie ist also relativ holistisch.

[I]t becomes increasingly obvious that a mere computational registering and processing of sensory signals [...] by itself does *not* result in perceptual *consciousness* of the relevant information [...]. Instead, emotional processes orchestrated in subcortical structures such as the amygdala, the hypothalamus, and brain stem structures are crucial for phenomenal consciousness [...]. (Ellis + Newton 2000, x)

[...] the growing agreement that consciousness and cognition cannot be understood independently of the body and world in which they are embedded and with which they interact [...]. (ib.)

Holistik muß Einzug in eine Wissenschaft halten, die sich bisher (aus einsichtigen Gründen) auf das Denotative beschränkt hat.

[W]e must develop a new kind of science capable of including subjective experiences such as the affective dimension [...] – a 'first person science' [...]. (Gendlin in Ellis + Newton 2000, xviii)

Doch ein wissenschaftlicher, rational-relationaler Begriff ist wie Platons Ideen angesichts des herrschenden Wissenschaftsverständnisses *nolens volens* ein denotativer Krüppel (fast) ohne Konnotation(en), z. B. emotiver und evaluativer Art, und ohne Perspektive, ein Skelett ohne Fleisch und Blut. Luhmann (1990, 384) sieht in ihm allerdings (zu Recht) die Voraussetzung für die Entwicklung einer Wissenschaft.

Wissenschaftsentwicklung findet deshalb weitgehend [...] im *Unsichtbaren* statt, [...] und der gattungstheoretische Aufbau des traditionellen Wissens, also die Technik des Klassifizierens, ist der erste erfolgreiche Versuch in dieser Richtung. Dies ist schon ein Effekt, ja ein gewaltiger Erfolg des Wahrheitscodes [...]. Man erkennt ein sehr sprachökonomisches Vorgehen, eine Technik des Umgangs mit Komplexität; denn es braucht nicht für jedes Objekt [Ereignis] ein neues Wort gebildet zu werden.

Relationen sind holistisch gesehen „abstractions from contrasts" (Whitehead: 1978, 228). Auf mesokosmischer Ebene bedarf ein Organismus der Fähigkeiten zu abstrahieren, reduzieren und generalisieren; sie sind überlebenswichtig. Gleichermaßen braucht die Wissenschaft Abstraktionen, Reduktionen und Generalisierungen, um überindividuelle Regelmäßigkeiten („Regeln") aufstellen und Voraussagen – auch dann nur als Möglichkeiten – machen zu können. Mit „Regel", „Konvention", ausnahmslos angesehener „Norm" oder überindividuell-gesellschaftlich ausnahmslos geltendem „Gesetz" wird das mesokosmisch als normal/üblich Angenommene bezeichnet. Ausnahmslosigkeit bedeutet, daß ein Gesetz nur durch ein anderes, zumindest situationell übergeordnetes Gesetz gebrochen werden kann (vgl. das Gesetz der Analogie in der Linguistik; das britische juristische Präzedenzprinzip). Generalisierungsresultate sind auf einer ‚höheren‘ (komplexeren?) Ebene individuell (sonst könnten sie nicht von anderen Generalisierungsresultaten unterschieden werden). Generalisierungen sind Einseitigkeiten.

3 – Das Ereignis

Nach Whitehead kann ein einfacher Prozeß zu einem „Ereignis" konkretisieren. Die Konkretisation kann zur Materialisierung führen. Es läßt sich nicht denken, daß der Wandel von einem Prozeß zu einem Ereignis Zeit in Anspruch nimmt, also ein Prozeß in der Zeit zu einem Ereignis konkretisiert (ontologisiert/objektiviert/substantiviert) wird.

> This genetic passage [...] is not in physical time (Whitehead, zit. n. Sherburne 1966, 36).

Prozeß und Ereignis sind das gleiche von zwei verschiedenen Perspektiven aus angenommen. Und doch nicht dasselbe. (Vgl. Welle und Partikel.) Zwischen ihnen liegt ein Sprung. Das „Nichts" ist das Entscheidende. Das Nichts ist Potentialität.

Aus dem „Nichts" der Potenz zwischen Punkten wird Ausgedehntheit als Zeit und Raum. Zeit entsteht als (mesokosmischer) Eindruck von „Dauer" / als das Phänomen „Dauer" als (nicht unbedingt lineare, aber temporal serielle/chreodische und räumlich parallele) Reihung von Momenten. Dauer wird durch „pattern"-Annahme erzeugt. Das heißt: „Dauer" bedeutet eine angenommene Sequenz gleichgerichteter momentaner Prozesse in mesokosmischer Zeit, soweit die Prozesse als hinreichend ähnlich/gleich angenommen werden, um (für den menschlichen Beobachter) eine Einheit bilden zu können. Dauer ist ein Phänomen des Individuums (Warten: Die Zeit kriecht. Schreiben: Die Zeit verfliegt). Raum entsteht aus dem mesokosmischen Nebeneinander von Punkten als Potentialität. Aus der Ausgedehntheit entstehen mesokosmisch Zusammenhänge, schließlich angenommene Kausalität in Zeit-und-Raum,[119] Geschichte, genauer Zeiten und Räume (vgl. z. B. Deppert 1989; Hawking/Kober 1989, 51) relativ

---

[119] "The extensiveness of space is really the spatialization of extension; and the extensiveness of time is really the temporalization of extension." (Whitehead 1978, 289) – „Raum ist eine Illusion [...]." (Smolin/Filk 1999, 302) – S. oben zu Leibniz' Gedankenexperiment.

(relational) zueinander: Geschichten.[120] (Über die Qualia von Raum und Zeit und Bewegung wird hier nichts ausgesagt.) Nebeneinander bedeutet nicht *ipso facto* Gleichzeitigkeit – eine andere mesokosmisch angenommene Potentialität. Gleichzeitigkeit ist mikrokosmisch nicht feststellbar; sie ist eine mesokosmische Empfindung (Emotion). Punkte sind Monaden. Gleichzeitigkeit läßt Vergangenheit und Zukunft entstehen. Zunächst als Gefühl der Temporalität. Wenn aber alles miteinander zusammenhängt, wenn sogar Kausalität gilt/gälte, schwinden die Grenzen der Temporalität. Kausalität bedeutet, daß Etwas ein Späteres (mit)bedingt hat oder umgekehrt: das Spätere vom Voraufgehenden (mit)bedingt wurde. Das gilt aber auch für das Frühere. Es wurde von noch Früherem (mit)bedingt. Usw. *ad indefinitum*. Retten kann den Determinismus nur die Streichung des „mit". Das gelingt aber nicht. – Die Bewußtwerdung von etwas mag als Gleichzeitigkeit empfunden werden; sie ist immer Bewußtwerdung von Vergangenem. Ich sehe heißt: Ich habe gesehen. Wahrnehmung braucht Zeit, Perzeption erst recht (vgl. Luhmann 1992, 56-58, mit Verweis auf Whitehead).

> Was existiert – das Universum –, ist nichts anderes als eine große Ansammlung von Augenblicken [...]. Einer Ordnung dieser verschiedenen

---

[120] Leibniz ([1676] 1996, 6 und 7) sieht – wie andere vor und nach ihm – Zeit und Raum zusammen (modern: das vierdimensinale Universum): „Dicere tempus fuisse sine rebus, est nihil dicere, quia ejus temporis quantitas per nullam notam determinari potest." – „Zu sagen, daß eine Zeit ohne Dinge gewesen sei, heißt nichts sagen, weil die Quantität der Zeit durch kein anderes Zeichen bestimmt werden kann." (übers. Holz). – Vigo (2002, bes. 141-152) interpretiert Aristoteles (*Physik* 4.223a21-29) dahingehend, daß es zwischen objektiver und wahrnehmbarer Zeit zu unterscheiden gelte und letztere nur existiere, wenn es etwas gibt, das messen kann; andernfalls gebe es lediglich Änderung, z. B. Bewegung, ein in Bezug auf eine Richtung nicht näher determinierbares Früher oder Später. Das heißt, gerichtete Zeit ist ein mesokosmisches Phänomen, z. B. (menschlicher) Annahmen/Vorstellungen, nicht aber der objektiven Realität. Das Zeitphänomen entsteht auf Grund objektiver Änderungen. (Vigo versteht seine skizzierte Interpretation als Fall der allgemeinen Relation zwischen objektiver Realität und Phänomenalität bei Aristoteles.) Analoges gilt für den Raumbegriff. Zeit und Raum basieren bei und seit Aristoteles auf der Ausdehnung. (Erst die Quantenphysik hat zu einer anderen Interpretation geführt.) Die von Vigo anvisierte Interdependenz von Agens und Patiens (z. B. als Messender und zu Messendes) führt weiter zu einer Prozeßtheorie gegenseitiger Einwirkung, die die Unterschiede zwischen beiden relativiert. – Zeit und Raum sind in anderer Weise auch mesokosmisch komplex-relational (Warten auf Godot wirkt lang; während eines fröhlichen Abends überrascht die Mitternachtsglocke.) – Die Relativität der Zeit ist von der Struktur des Universums abhängig. Hawking/Kober (1989, 188) überlegte, ob sich die Zeit und damit alles Geschehene umkehre, wenn sich das Universum zusammenzöge.

Augenblicke in der Zeit kommt jedoch keine Bedeutung zu. Sie sind einfach da. Punkt. (Smolin/Filk 1999, 344)

Nach [Julian] Barbours Vorstellung ist jeder Augenblick – beispielsweise dieser – eine Entität in sich, die sich nicht verändert. Wir glauben an die Zeit, weil unsere Welt auf eine ganz besondere Art strukturiert ist. Jeder Augenblick ist so strukturiert, daß er uns den Eindruck vermittelt, die anderen Augenblicke existierten ebenfalls. (ib. 345)

Um es mit einem Lieblingswort von Leibniz zu sagen: Das Universum muß soviel *Vielfalt* besitzen, daß keine zwei Beobachter dieselben Dinge wahrnehmen und kein Augenblick sich jemals wiederholt. (ib. 261)

Eine Welt mit einer Uhr muß [...] ein gewisses Maß an Struktur und Ordnung haben. Es ist eine Welt, die irgendwo auf der Grenze zwischen Chaos und Stagnation liegt. [...]
[...] Doch letztendlich scheinen die Aussagen über wirkliche Ereignisse davon abzuhängen, welche Uhr man zur Definition von Zeit in der Quantentheorie benutzt.
[...] Wenn aber verschiedene Beobachter verschiedene Uhren zur Bezeichnung der Augenblicke von Messungen benutzen, dann müssen sie zu dem Schluß kommen, über verschiedene Quantenzustände zu sprechen. (Smolin /Filk 1999, 342f)

Letztlich hängen alle Größen, die auch in der Quantentheorie noch kontinuierlich sind, mit der Bewegung im Raum zusammen. (ib. 330)

Sollte es (bisher?) unbekannte Energien und Materie(n) geben (vgl. die „morphischen Felder" von Sheldrake/Eggert [1993; vgl. Dürr + Gottwald / Schmidt 1997], die außer an einige biologische Theorien an die philosophisch-literarische „Aura" z. B. bei Walter Benjamin erinnern können;[121] vgl. Laszlo/Pemsel 2003), so wären sie ebenfalls physikalischer Natur und müßten auf dieses Grundphänomen rückführbar sein. Vgl. die „Antimaterie"; zur rätselhaften „dunklen Materie" vgl. Bartelmann (2005). Alle hergehörigen Phänomene sind physikalischer Art.

4 – Prozeß und Skopos

Energie, die Kraft, die die Welt zusammenhält, wird Prozeß, Prozeß ist Energie. Energie als einfacher Prozeß kann zu einem einfachen Ereignis „werden". Whitehead spricht anthropomorph von „satisfaction". Werden bedeutet nicht *ipso facto* Materialisierung. Das Universum wird zum Prozeß. Prozeß bedeutet Bewegung. Bewegung ist gerichtet. Bewegung ist

---

[121] Morphische Felder sind an einen materiellen Träger gebunden.

gerichteter Prozeß (*pro-cedit*).[122] Prozesse sind gerichtet (vgl. Hawking /Kober 1989, 183-186, zum thermodynamischen Pfeil). Die Erkennbarkeit einer Richtung setzt für den Menschen entweder eine untereinander relationierte Prozeßsequenz oder eine (wenigstens zeitweise) stete Bewegungsrichtung voraus. „Richtung" bewegt sich auf etwas hin. Doch ein Ziel ist nicht auszumachen. Ein „Ziel" wird oft erst in mehreren Schritten erreicht. Die Zwischenetappen nenne ich „Zwecke". Ein Ziel hat also u. U. einen {Zweck} ≥ 1 als Unterziele. – Im Hinblick auf ein angenommenes Ziel könnte jemand eine „causa finalis", eine Skopos-Vorgabe / den Skopos-Einrichter („Gott") einsetzen.

Vielleicht kann man sagen, die Bewegung sei der Skopos. Skopos als inhärentes Quale im relativen Ursprung. Das Tao. Octavio Paz (*Nocturno de San Ildefonso*, 2004, 69) hatte geschrieben (s. oben): „La historia es el camino: no va a ninguna parte" [Die Historie ist der Weg. Er führt nirgendhin (übers. HJV)].[123] Rombach sieht diesen Weg, diese Be-weg-ung noch bei den Vorsokratikern, deren Ansichten aus orientalischem Erbe dann von Platon und seinem Gefolge selbstsüchtig abgeschnitten wurden (vgl. Vermeer 1992b).

> Die Vorsokratik hängt eng mit dem indischen Denken zusammen und bleibt darum inhaltlich sehr nahe dem „östlichen Weg" verbunden, auf ihre Weise ist die Vorsokratik ein Taoismus. (Rombach 1994, 172)

Man mag so weit gehen oder nicht, der Kerngedanke bleibt auszuweiten. Die monotheistischen sog. Hochreligionen haben die Bewegung (unter ägyptischem Einfluß? vgl. Assmann 1997) erstarren lassen. Rituale werden

---

[122] *Prozedieren* findet sich im Sinne von Fortschreiten bei Luhmann. – Zur Richtung vgl. „Sensitivität" und „Passung". Diese auf der Mikroebene einfacher Prozesse und Ereignisse angenommenen Phänomene scheinen einen Schlüssel für die in der Biologie vertretene Ansicht über natürliche Auslese (Selektion) zu bieten. Die „Regeln" der Selektion sind zu komplex, um formulierbar zu werden. „Die Wirksamkeit der Zuchtwahl, mag dieselbe vom Menschen ausgeübt oder im Naturzustande durch den Kampf ums Dasein und das davon abhängige Überleben des Passendsten [!] ins Spiel gebracht werden, [...]." (Darwin [1868], zit. n. Wuketits 2002, 32): – Mich stört der Ausdruck „Kampf" als Übersetzung von Darwins *struggle*. „Ringen" schiene mir passender. *Ringen* betont die eigene Anstrengung, *Kampf* richtet sich gegen Feinde. – Darwins Verweis, unter Millionen seien nicht zwei Gesichter gleich, deutet darauf hin, wie wissenschaftliches Denken reduktionistisch verfährt, weil es vergleichen muß (die antike griechische typologisierende Philosophie; vgl. Wuketits 2002, 33f; vgl. Smolin/Filk 1999 zur Bedeutung von Variabilität).

[123] Ein paar Zeilen zuvor (ib. 67) heißt es: „La historia es el error." [Die Geschichte ist der Irrtum] und kurze Zeit später: „la verdad es caminarlo." [Ihn (den Weg) zu gehen ist die Wahrheit].

auswendig (immerhin *by heart*) abgespult. Sie lassen auch gegen besseres Wissen nichts Neues zu (vgl. die Dogmen). Neues wäre ein Fehler im System (vgl. Luhmann 1992, 233), den ein Ritualsystem eliminieren muß, um weiter existieren zu können, sonst würde ein anderes System. Sogar Lehrstühle fallen ihm zum Opfer. Rituale bewahren vor eigenem Denken. Sie brauchen Starre, z. B. Wiederholbarkeit möglichst ohne formale Variation. Der Brahmane mußte die Veden bis in die Akzentuierung der Aussprache hinein auswendig rezitieren können; er lernte sie, indem er einen Vers vorwärts aufsagte, dann noch einmal, wobei er ein Wort, dann zwei usw. wegließ, dann rückwärts auf die gleiche Weise und so fort. Rituale merken nicht, daß sie sich durch ihre Starre im wahrsten Wort *ad absurdum* führen. Rituale gehören wohl zu den ältesten gesellschaftlichen Konventionen der Menschheit (vgl. den Gruß,[124] Feiern, Feste, Spiele, Religion). Wird die „interne zeitliche Ordnung der einzelnen Begehung [eines Festes usw.] festgelegt" und „jede Begehung an die vorhergehende geknüpft", so spricht Assmann (1999, 17) von einer „rituelle[n] Kohärenz". Die Kohärenz kann sich auf die Wiederholung des in Frage stehenden Phänomens als Einheit (in der Kirche wird jeden Tag eine andere Messe gelesen) beziehen oder z. B. als textuelle Kohärenz eine zeitliche Vergegenwärtigung (Re-Präsentation) durch mehrfaches Lesen usw. bedeuten. Trotzdem wandeln sich auch Rituale unbewußt und bewußt durch (inter)kulturelle Einflüsse und passen sich bis zu einem gewissen Grad Neuerungen ihrer Umgebung an (die katholische Kirche ersetzte das Latein der Liturgie durch die jeweilige Volkssprache – eine Neuerung in der Form).

Bewegung bedeutet Entwicklung (Evolution). Evolution ist dem Grundphänomen Energie anscheinend inhärent. Dem Anschein nach bedeutet Entwicklung zumindest z. T. und letzten Endes (trotz allem Auf und Ab und Hängen und Würgen) in diesem Universum eine gerichtete Entwicklung, und zwar anscheinend eine zu steigernde Komplexität. (Komplexität wird nicht *ipso facto* positiv evaluiert.) Warum und wozu dies so ist, ist nicht bekannt. Es scheint, daß Komplexität Komplexität anzieht oder fördert. „Volumenelemente mit einem hohen Ordnungsgrad" scheinen „auf ihre Umgebung ‚strukturierend' zu wirken" (Metzner 2000, 263). Man könnte von ‚Lernen/Lernfähigkeit' oder von ‚Übung' oder ‚Erfahrung' (ich verwende Anführungsstriche, um die Metaphorik anzudeuten) oder Wille zur Macht oder einfach von Energiezuwachs sprechen. ‚Planung' käme von außen. – Hier ist von Komplexität im allgemeinen die Rede. Die Annahme steigender Komplexität in der Evolution besagt nichts über die Richtung.

---

[124] Der Gruß als Gebrauch ist bis heute ein Wohlverhaltenwollenszeichen.

(Wäre im Verlauf der Evolution kein Sauerstoff produziert worden, gäbe es keine Menschen im heutigen Sinn des Wortes. Es könnte aber andernorts ähnlich komplex evoluierte Organismen geben, die nicht auf die Existenz von Sauerstoff angewiesen wären. Eine Evaluierung der Evolution ist erst an ihrem Ende möglich.)

Auch die moderne Wissenschaft tut sich schwer, nicht-teleologisch zu denken. Bei Hegel war der „Zweck" geradezu selbstverständlich. Er bleibt sich selbst gleich „*in* der Bewegung, in der er sich verwirklicht. Diese Bewegung des Zweckes ist in der Natur bereits in gewissem Sinn im regelmäßigen Lauf der Planeten, in der Art, auf die chemische Elemente miteinander reagieren, vor allem aber in Lebewesen wahrzunehmen" (de Boer /Borchardt 2002, 84, mit Verweis auf Hegels *Wissenschaft der Logik II*, 4689). Bewegung → Ritual → Starre → Bewegung als Mechanik. Nirgends ist man vor Unheil sicher. Zweckmäßigkeit war für Hegel „für die Natur selbst konstitutiv"; sie ist „das anundfürsichseiende Wahre" (Hegel ib. 444, zit. n. de Boer /Borchardt 2002, 85[10]). „[D]as Mittel ist die Verkörperung des Zwecks" (ib. 88).

Mein Mythos setzt (vorerst) mit einer Behauptung ein, die seinen Standpunkt deutlich machen soll. (Oben habe ich betont, im Sinne eines relativen Relativismus seien alle Behauptungen als Annahmen zu lesen.) Außer letztlich physikalischen und auf sie rückführbaren Phänomenen gibt es im Universum nichts. Sogenannte „mentale", „psychische" Rede ist Metaphorik, Abkürzungspfade anstelle langwieriger Darlegungen.[125]

---

[125] Quindeau (2004, 79-82) versucht eine Beschreibung des Psychischen als Durch-, Ver- und Abarbeitungs*prozesse* von Emotionen als durch Ereignisse gestauter Energien, die neu gebunden, d. h. mit anderen Ereignissen assoziiert, in andere Ereignisse integriert und dadurch relativiert, sozusagen ‚entschärft' oder abgeleitet werden. Das Abreagieren kann motorisch oder zusätzlich verbal geschehen. – Das Psychische im obigen Sinn bleibt weitgehend unbewußt; bei teilweiser Bewußtwerdung kann es durch zusätzliche ‚Energiezufuhr' zu einem Teil einer Kontrollschleife werden. In beiden Fällen wirkt es fallspezifisch positiv oder negativ emotional und evaluierend. Für psychische Aktivitäten gibt es verschiedene Ausdrücke (z. B. „Wunsch"). Sie müssen beim jetzigen Kenntnisstand als Metaphern behandelt werden, so wie Farben, Töne und Wärme ‚Metaphern' für energetische Eindrücke sind, die durch äußere (oder auch innere; vgl. Halluzinationen) Stimulierungen im des menschlichen Organismus entstehen. Es entsteht ein erster spiraliger {Prozeß}, z. B.: Zum Zeitpunkt t_n unter den Bedingungen x^n entsteht ein Wunsch und führt im Zeitpunkt t_{n+a} unter den Bedingungen x^o zu einer Erfüllungshandlung oder zur Annahme der Unerfüllbarkeit; das eine oder andere führt wiederum zu einem ‚psychischen' {Prozeß} usw. In einem weiteren spiraligen {Prozeß} führt dies zu

Mentale, psychisch genannte Erscheinungen sind Phänomene, die durch qualitative Sprünge in energetischen Feldern in physischen Systemen zustande kommen und grundsätzlich auf physische (nicht unbedingt physikalische) Grundlagen rückführbar sind (auch wenn die Wissenschaft dies im Augenblick noch nicht in allen Fällen bis in die letzte Konsequenz nachweisen kann). Das hindert nicht daran, mit ihnen zu arbeiten, solange ihre Funktion jeweils klar und deutlich (Descartes) aufscheint, d. h. in wissenschaftliche Stringenz überführt werden kann. ‚Gedanken' (vgl. Dawkins' [1976] „memes") beruhen auf physischen Aktivitäten des Gehirns.[126] Physische Aktivitäten benötigen Energie. – Die hier skizzierte Auffassung hat nichts mit herkömmlichem „Materialismus" zu tun. Zur Revision (zwecks korrekteren Verständnisses) steht die überkommene dichotomische Opposition von „Geist" und „Materie".

Die Rede von qualitativen Sprüngen scheint mir trotz ihrer Metaphorik für die vorliegenden Absichten treffender als der Ausdruck "phase transitions", der sich in mehreren Disziplinen findet (vgl. Dizdar [demnächst]). Es geht im letzten um momentane Prozesse, die mesokosmisch als Sequenzen von Wiederholungen empfunden werden. Neues wird, indem Altes im Hegelschen Doppelsinn der Bewahrung durch Verschwinden, Tod ‚aufgehoben' wird. Das Alte bleibt als Spur (Whitehead 1978, 96: „track")

---

einer Veränderung des Organismus und damit in einem weiteren Zeitpunkt t_{n+b} zu einer weiteren Veränderung usw.

[126] Alle Organismen, seien sie noch so einfach, weisen einen Apparat auf, der sie auf Stimuli reagieren läßt. (Das Pantoffeltierchen ändert seine Richtung, wenn es an eine Wärmegrenze im Wasser gelangt.) Ab einer gegebenen Organisationsstufe tritt der Apparat materiell als vom übrigen Körper unterscheidbar auf (vgl. das Gehirn). Nicht alle Organismen haben ein „Gehirn". Erst ab einer höheren Organisationsstufe spricht man (verkürzend) von einem „Gehirn". – Sicherlich sind zahlreiche Wissenschaftler (noch?) anderer Meinung. McFarlane (2000, 13) umschreibt seine Meinung folgendermaßen: "It appears that at a very deep level there is no distinction between physical and psychic structures, and that there are, as it were, two perspectives we have on the same core reality.[...] Thus mind cannot be reduced to matter, nor matter to mind." Andere bleiben wolkiger. Für Köck (2000, 273 und 274) stellt das Gehirn die neurobiologischen „Mechanismen der Erzeugung (die systemischen Bedingungen der Möglichkeit) all unseres Wissens bzw. aller von uns differenzierten Bedeutungen" bereit. „Alle Bedeutungen und alles Verstehen bestehen in subjektabhängigen kognitiven Strukturen und Prozessen der Interaktion mit unseren natürlichen, sozialen, kulturellen oder technischen Umwelten. Sie stabilisieren sich temporär in spezifischen Netzwerken operationaler Kohärenzen, in emotiven oder affektiven Gewichtungen und Präferenzen, in sensomotorischen Differenzierungen und Fertigkeiten, in verschiedensten persönlichen und konsensuellen Semantiken, die über die diversen semiotischen Systeme kommunikativ gehandhabt werden können." – Welcher Art sind diese Netzwerke, wie kommen sie zustande?

im Neuen, die Vergangenheit in der Momentanität einer Gegenwart, die es in ihrer Momentanität nicht gibt. Es entsteht ein Moment des Werdens als Chaos oder des Chaos als Werden.

5 – Holistik

Auf mikrophysischer Ebene bedeutet „Holismus" einen Prozeß zur Systembildung, also nicht Gleichzeitigkeit, sondern Ausgang von einem (z. B. physischen, d. h. hier: formalen) Reiz aus, der zu einem „Stimulus" wird (vgl. bereits oben vorhergehende Anmerkungen sowie Vermeer *Fragments* ... [demnächst]), auf Grund einer „Passung" eine Synästhesie als „System" zu bilden (vgl. die „Evozierung"). Das System wird. Jedes System ist ein Individuum. Auch geklonte Organismen sind Individuen (vgl. Dizdar [demnächst]). „System" bedeutet auf der Mikroebene einen komplexen {Prozeß} oder/und ein komplexes {Ereignis}, auf der Mesoebene eine methodologische Sistierung der Prozeßhaftigkeit zumindest während einer Beobachtung ihrer/seiner Strukturen.

Im folgenden wird mehrfach erwähnt, daß Stimuli etc. bis einschließlich Perzeptionen im nachhinein z. T. bewußt werden können. Es handelt sich um unbewußt gespeicherte Prozesse, die erinnert werden können. Vgl. hierzu unten die „Kontroll-" oder „Bewußtseinsschleife". „Erinnerung" bedeutet neuronale Aktivitäten bis zur Bewußtseinsschleife. Bewußtsein wird als eine Art Selbstbeobachtung verstanden. Dann verändert es Erinnerungen und überhaupt vorangegangene Speicherungen.

Systeme werden von einer gewissen Komplexität ab „autopoietisch" (Maturana 1985, 21), selbstorganisierend, d. h., sie erhalten sich selbst innerhalb einer artspezifischen Ober- und Untergrenze in Funktion. Diese Beobachtung ging von biologischen Systemen, nämlich lebenden „Organismen" aus. (Dabei ist bis heute ungeklärt, wie Leben genau zu verstehen ist.) Luhmann (1985) übersetzt, genauer: ersetzt „selbstorganisierend" durch „selbstreferenziell" und setzt selbstreferenziell funktionierende Systeme als geschlossene Systeme an. Ihrem Umfeld gegenüber müssen auch solche Systeme offen bleiben (vgl. die Nahrungsaufnahme und -abgabe; zur Erklärung vgl. die Aneignung, Einverleibung; s. unten). Ihre Existenz hängt von der Existenz ihrer {Umwelt} mit ab. Zudem sind sie auf ihre eigene Zukunft und damit den Wandel bzw. die Veränderung ihrer Umwelt hin unabgeschlossen, bis der Tod sie beseitigt. Als geschlossen können solche Systeme insoweit betrachtet werden, als sie sich selbst regulieren (organisieren) können (und müssen) und keinen direkten Kontakt zu ihrer

Umwelt und anderen Systemen in ihr haben können. Selbstreferenz kommt ins Spiel, weil den Systemen in dem skizzierten Sinn jeder direkte Zugang nach außen, d. h. zu ihrer Umwelt, verwehrt wird. Jeder Kontakt mit der Umwelt und damit auch anderen Systemen in dieser Umwelt wird in der Perzeption der Umwelt „selbstreferenziell" aufbereitet. (Vgl. oben zu Sinn und Kommunikation.) Das System ‚erkennt' seine Umwelt, auf die es, wie gesagt, angewiesen ist, nur noch als relative perspektivische Annahme in sich (dem System) selbst. Die Umwelt wird zum nur indirekt erkennbaren Mesokosmos. Damit müssen zwei Sorten Umwelt unterschieden werden: die Umwelt in einer / durch eine Fremdbeobachtung und die Umwelt in der Sicht eines Systems (in der Selbstbeobachtung). Im folgenden ist, falls nicht anders angegeben, letztere Umwelt gemeint. Organismen beobachten nicht die ‚objektive Realität', wie man es genannt hat, Kants „Ding an sich". Beobachtet und damit kreiert werden – um einen Terminus der Evolutionären Erkenntnistheorie aufzugreifen – die von den Organismen perspektivisch aufgebauten Mesokosmoi, die „Phänomene". Jede mesokosmische Beobachtung ist perspektivisch, kontingent, sozusagen ‚oberflächlich', erfaßt nur ‚Erscheinungen', Scheinbares, Angenommenes, Relativitäten. System und Umfeld sind perspektivisch-relative Begriffe. Es würde ein billiges Wortspiel, sagte man die Wahrheit: Die Welt ist ein Phänomen.[127] Von der geschilderten Beobachtung ist die Intentionalität jeden Handelns (und damit der Beobachtung) nur methodologisch zu trennen, denn Handeln (und damit Beobachtung) ist immer kontingent, perspektivisch und funktional, d. h. auf ein Ziel gerichtet (gleichgültig, ob dieses bewußt wird oder unbewußt bleibt, klar erkannt und angestrebt wird oder nur vage und dann auch vom Beobachter selbst nicht ‚klar und deutlich' angestrebt wird). Die unmögliche Beobachtung der ‚objektiven Realität' müßte in das Eigentliche des Beobachteten (metaphysisch wird von ihrem wirklichen Wesen gesprochen) ohne Perpektivität, d. h. unter allen möglichen Perspektiven zugleich, erfolgen. An dieser Stelle sei einerseits an Sensitivität, andererseits an weitere Überlagerungen von Handlungsintentionen durch Translationen von Intentionen zu Aktionen usw. erinnert. Vorstehende Überlegungen treffen sich nur teilweise mit Luhmanns (1985; 1992) systematischer Entwicklung einer Gesellschafts- und Wissenschaftstheorie. Daß Komplexität durch Reduktion zu anderer, u. U. größerer Komplexität führt, ist ein weiteres Paradox.

Selbstreferenzielle Systeme, z. B. Gesellschaften, können mit ihrer

---

[127] Es geht nicht um Wahrheit, nicht um recht haben, auch der, den Andere einen Irren nennen, hat sein Verständnis.

Umwelt und darin existierenden anderen Systemen und innerhalb von Subsystemen, z. B. Gehirn und Organen, durch „Kommunikation" (Luhmann 1992) in Kontakt treten. Im Luhmannschen Sinn geschlossene Systeme (vgl. z. B. ib. 277f) und ihre Organismen hätte Leibniz, von dem man nur die „fensterlosen" Monaden zitiert, durchaus als Monaden bezeichnet. Monadisch wäre auch jeder durch Organismen gebildete Mesokosmos in der Differenz zu anderen Systemen mit ihren Mesokosmoi. Dabei entsteht wieder ein Paradox: Die Mesokosmoi enthalten für einen Fremdbeobachter identische Objekte, aber keine gemeinsamen Phänomene. Realität wird zur von Organismen geschaffenen mesokosmischen Realität oder umgekehrt: Jeder Organismus lebt in seinem Mesokosmos. Von solchen Realitäten gibt es indefinit viele. Von einer objektiven Realität aus wären die Mesokosmoi Potentialitäten (sozusagen Potentialitäten zweiter Ordnung; Potentialitäten dritter Ordnung wären dann als Makrokosmoi in der Kommunikation geschaffene, z. B. die Gesellschaft, die Sprache, der Begriff usw.). Die voraufgehende Skizze trifft auch auf die Wissenschaft zu (vgl. ib. 278-281). Kommunikation schafft und behandelt Differenzen. Nur wo Differenzen behauptet werden können, kann es Kommunikation geben. Für das Universum kennt die Wissenschaft keine Differenz-zu (das Gödelsche Problem). Nicht einmal Anfang und Ende können hier als Differenz dienen. Dies ist ein Beispiel dafür, wie sich menschliches Denken über die Physik des Mesokosmos hinaus letztlich allemal in Paradoxien verwickelt.

Eine holistische Betrachtung von Systemen bezieht wie bei den einfachen Prozessen mit ihren Qualia Konnotationen in die Beobachtung ein. Systeme können Subsysteme enthalten. Auf beiden Ebenen sind Systeme {Systeme} oder, wie Even-Zohar (1990) sie (in einem anderen Bezug) nennt: „polysystems".

„Evozierung" bedeutet, etwas bereits Vorhandenes hervor-, z. B. in Erinnerung, zu rufen. Stimulus regt Neues an. – Erinnerung heißt u. a., eine Speicherung aus dem neurophysischen Speicher in veränderter Form ins Bewußtsein holen.

> In vielen Fällen scheinen unbewußt erlernte und ausgeübte Kompetenzen sogar viel erfolgreicher zu sein als bewußte. (Lotter 1996, 151[16])

> Es spricht daher viel dafür, mit Whitehead die Grenze zwischen bewußten und unbewußten Wahrnehmungen als fließend anzusehen, nämlich festgelegt durch den Grad an Aufmerksamkeit, mit dem wir etwas aus seinem Kontext herausheben und vom Hintergrund abstrahieren. (ib. 151)

Gedächtnis ist ein Prozeß. Erinnern wird zu einem Umschreiben der

Geschichte. (Wolf Singer in einem Interview in: Die Zeit, Nr. 29, 14-07-2005, S. 31.) Erinnerung ist über die Zeit hin eine {Erinnerung}. (Vgl. Fried 2004.) – Allerdings muß neu beschrieben werden, was unter „System" verstanden werden soll.

> Quanten-Systeme, Systeme von vielen Quantenzuständen („Teilchen") sind streng genommen nicht mehr ‚Systeme', sondern eine ganzheitliche differenzierte Prozessstruktur. *Differenzierung erlaubt Unterscheidung, ‚Artikulation von Momenten'* (Rombach 1994), aber *nicht Aufteilung.* Betrachtet man Quantensysteme näherungsweise als Systeme, so sind diese nicht nur hochkomplizierte, sondern hoch*komplexe* Systeme. Hierbei soll die Bezeichnung „Komplexität" zum Ausdruck bringen, dass solche Systeme sich überhaupt nicht mehr ohne ‚Zerreißen' irgendwelcher Verbindungen auf einfachere Systeme zurückführen lassen. Bei ihnen gelingt also strenggenommen nicht mehr der für unsere Wissenschaft übliche und letztlich methodisch notwendige Reduktionismus. Die moderne Chaostheorie lehrt uns darüber hinaus, dass bei eingeprägten Instabilitäten eine Nichtberücksichtigung selbst winziger Korrelationen das Ergebnis unzulässig stark verfälschen kann und damit eine solche Reduktion auch nicht einmal näherungsweise möglich wird. (Dürr 2003b, 6; Kursive im Original)

Am Anfang (nach den ersten Nanosekunden) steht damit nicht mehr die einfache Entität, sondern eine holistische Ganzheit.

> [D]ie *näherungsweise Trennung ist mögliches Ergebnis einer Strukturbildung,* nämlich: *Erzeugung von partieller Unverbundenheit durch Auslöschung im Zwischenbereich* [...]. (Dürr 2003b, 6; Kursive im Original)

Ein Prozeß nimmt im Moment *t* einen Raumpunkt relativ zu Raumpunkten anderer Prozesse (bzw. Ereignisse) ein. Zwischen einem Punkt und einem unmittelbar ‚folgenden' oder ‚voraufgehenden' in einer Prozeßsequenz „wird" ein Sprung. In jedem Raumzeitpunkt, d. h. zugleich, von einem zum unmittelbar anderen, wird ein Prozeß ein anderer (u. a. wird seine Umwelt eine andere und damit auch der Prozeß selbst). Insofern kann ein einfacher Prozeß nur momentan genannt werden.

> Whitehead [1934] makes it clear that he thinks the great advance of modern over ancient and medieval cosmology has been the gradual replacement of a "procession of forms" by the various "forms of process," [...] (Lowe 1951, 42)

Vgl. Whiteheads Auffassung eines "relatively permanent body, such as an electron, as a succession of occasions, or space-time regions, in each of which a characteristic togetherness of prehensions is repeated" (Lowe

1951, 43). Die Ver-Bindung, die Relation, der Zusammenhalt (Zusammenhang?) zwischen Elementen wird anscheinend durch Energie bedingt. Energie als Bindung. Als Potentialität.

> Die Starke Kraft verhält sich wie eine Art Gummiband: Werden Quarks auseinander gezogen, wächst die Kraft zwischen ihnen rasant an. Sind sich die Quarks dagegen sehr nahe, ignorieren sie sich nahezu. Wird das „Gummiband" zwischen den Quarks zu stark gedehnt und reißt, bilden sich an den Rissenden allein aus der frei werdenden Energie sofort neue Quarks, die mit den ursprünglichen neue Paare formen. Diese ‚asymptotische Freiheit' erklärt, warum die Elementarteilchen nie einzeln beobachtet werden konnten. Die drei Physiker stellten fest, dass die Starke Kraft bei schrumpfenden Abständen kleiner und kleiner wird. (Mundzeck 2004, 2)

Gedanken hängen zusammen. (Man beachte die gängige Metaphorik der sprachlichen Ausdrucksweise.) Reißt eine Gedankenverbindung, bilden sich sogleich neue Gedanken. (Sie müssen nicht verbal auftreten; vielleicht tun sie es in den wenigsten Fällen. Ihr Zusammenhang, im Sinn einer ‚logischen' Folge, kann unbewußt und/oder fraglich bleiben.) Man kann nicht nicht denken. Die Potentialität ist stärker. Potentialität ist Anziehung und Abstoßung zugleich. Gemessene Distanz, Differenz. Sie schafft Individualität (so wie sich Organismen gegenseitig auf Distanz halten und doch aufeinander angewiesen sind und sein wollen). – Die Geburt von Ereignissen ... und Systemen. Im Grundphänomen Potentialität sind Evolution und ihre Richtung bereits angelegt.

6 – Systemtheorie

„Sensitivität", der Terminus der Mikrophysik für die Evolution von der Potentialität zur Komplexität, wurde oben als Drei-/Vierheit von Erkenntnis, Differenzierung, Evaluierung (und Funktionalität) beschrieben. Sensitivität bedeutet über die Differenz zwischen Selbst und Anderem hinaus Sensitivität für Anderes. Eine positive oder negative Relation wird hergestellt. Aus einfachen Prozessen und Ereignissen werden komplexe. – Luhmanns Theorie von der Geschlossenheit autopoietischer Systeme kann ausgeweitet werden: Nach dieser Theorie treten Systeme nur *qua* Interaktion/Kommunikation[128] (mit Hilfe von Memen – das steht noch nicht bei

---

[128] Bei Luhmann ist „Interaktion" eine Untersorte von „Kommunikation". Ich fasse hier wie in früheren Arbeiten Interaktion als den weiteren Terminus für Koaktion und Kooperation und Kommunikation für die primär verbale Interaktion. Wenn jeder Kontakt durch Meme hergestellt wird und unter Memen primär verbale Interaktionsphänomene verstanden werden, wird Luhmanns Terminologiegebrauch ver-

Luhmann) in Kontakt. Meme sind Informationsstimulanten. Im Mikrobereich wirkt Sensitivität als Information, sozusagen als „Suche Passung". Diese Information muß reziprok funktionieren.[129] Über die Differenzierung hinaus muß schon ein einfacher Prozeß (oder ein einfaches Ereignis) *qua* Sensitivität als Informationssignal mit einem anderen in Kontakt treten, ihn/es ‚erkennen' und funktional reagieren können – wie immer man sich diese Auslegung auch vorstellen soll oder kann. (Zur Kommentierung vgl. Vermeer *Fragments …* [demnächst]).

POTENTIALITÄT

Im mikrophysikalischen Bereich stellte die Wissenschaft kausal nicht erklärbare, d. h. nicht bedingte, scheinbar/anscheinend (?) ‚willkürliche' Prozesse, Unregelmäßigkeiten als Unbestimmtheiten („Unschärfen") fest. Genauer: sie wurden beobachtet, d. h. sie entstanden/entstehen durch Beobachtung; Ihre Existenz bleibt unbestimmt. Derartige ‚Irregularitäten' (als solche werden sie aus mesokosmischer Perspektive angenommen) werden (in den Schlüssen/Resultaten aus Beobachtungen) bis zu einem gewissen Grad als „Wahrscheinlichkeiten" (Probabilitäten) toleriert. Die Welt wurde zur „‚Potentialität', die sich auf vielfältig mögliche Weisen realisieren kann, sich aber *nicht* mehr streng als Summe von Teilzuständen deuten lässt." (Dürr 2003b, 4). Wenn die Unbestimmtheiten nicht gerade Untersuchungsgegenstand sind, wird für eine wissenschaftliche Aussage von ihnen abgesehen, d. h., sie werden im mesophysikalischen Bereich durch Abstraktion auf Regularitäten (Regeln) reduziert oder ignoriert. – Welche Folgen kann eine Menge von Unschärfen zeitigen? Warum bricht im mesokosmischen Bereich nicht das Chaos aus, weil sich Unschärfen z. B. potenzieren? Warum kann man auf dieser Eben in aller Seelenruhe sogar mit „Gesetzen" arbeiten?

Im Mesobereich gilt „Kausalität" durch Reduktion, mit anderen Worten: Hier gilt Newton (immer noch). Die Unschärfe im Mikrobereich kann sich jedoch auf den Mesobereich auswirken (vgl. die Chaostheorie; „Chaos" bedeutet nicht Unschärfe, sondern indefinite Komplexität). Die indefinite Komplexität beider Bereiche verhindert eine exakte Prognose. Regelmäßigkeiten, z. B. bei Eiskristallbildungen an einer Fensterscheibe,

---

ständlich. Der Vorrang des Verbalen spiegelt eine mindestens zweieinhalbtausend Jahre alte Tradition. Im folgenden meine ich also mit „Interaktion" einen Oberbegriff.

[129] Die meisten, auch verbalen Handlungen sind Interaktionen. Reziprozität als gegenseitige Konditionierung könnte Agentialität ersetzen.

sind keine Zufälle. Die Synergetik weist nach, „dass in offenen Systemen abseits vom Gleichgewicht selbst komplizierte Muster streng gesetzmäßig entstehen [...]; für den Zufall bleibt hier kaum Spielraum" (Metzner 2000, 283). Wegen der Indefinitheit einschlägiger Faktoren wird trotzdem oft von „Zufall" gesprochen. Zufall ist etwas, für das man keine Begründung bzw. keine Erklärung beibringen kann. Warum fällt einem plötzlich eine *scene* oder ein Ausdruck, z. B. ein Appellativ oder ein Eigenname, ein, an die/den man seit Jahren nicht mehr gedacht hat und für deren/dessen plötzliche Erinnerung man keinen Auslöser (keine Motivation, keinen Reiz bzw. Stimulus) erkennt? In der Wissenschaft bleibt die soeben aufgezeigte Nähe von „streng gesetzmäßigen" Abläufen und Zufällen erstaunlich, zumindest in der Formulierung von Ereignissen. Dabei sind „Innen" und „Außen" nicht strikt zu trennen: Ein unbewußter externer Stimulus führt zu einer internen Veränderung.[130] „Zufall" erklärt nichts. Zufall offenbart Nichtwissen. Nichtwissen kann nicht-wissen-können bedeuten. Vielleicht werden bei „Passungen" nur die energetisch (sensitiv) günstigsten Konstellationen aufgesucht. Wenn dies natürlich ist, der „Natur" zukommt, dann ist damit eine Anschlußmöglichkeit an jene Philosophen gewonnen, die immer wieder von der ‚Lebendigkeit' der Natur gesprochen haben. Eine Metapher. Aber vielleicht läßt sich von hier aus ein nicht nur metaphorischer Zugang zum Leben im heutigen wissenschaftlichen Sinn finden (vgl. Dürr 2003b, 7-11).

> Innerhalb dieses Überschusses an Möglichkeiten bestehen unterschiedliche Wahrscheinlichkeiten, die im Sinnhorizont des Augenblicks fixiert sind und als Wahrscheinlichkeiten beobachtet werden können. Dieser Spielraum kann, wenn er durch unterschiedliche Wahrscheinlichkeiten strukturiert ist, zugleich als Evolutionspotential begriffen werden. In ihm ist wahrscheinlich, daß hin und wieder auch das Unwahrscheinliche gewählt wird, wenn nur die Menge der Möglichkeiten und die Zeitspanne, die der Beobachtung zu Grunde liegt, groß genug ist. Es sieht dann so aus, als ob das System hin und wieder in Extrempositionen gerät, deren Einnahme niemand (weder es selbst noch ein externer Beobachter) für wahrscheinlich halten würde und die eben deshalb weittragende Folgen auslösen. Man vermutet, daß auf diese Weise Atome entstanden sind, daß also die Materie sich selbst ihrer evolutionären Unwahrscheinlichkeiten verdankt. (Luhmann 1985, 590)

Unschärfe bekommt zwei Bedeutungen: (1) Nicht-Determiniertheit, z. B. im mikrophysikalischen Bereich, die manchmal als Willkür eingestuft wird, oder (2) Unterdeterminiertheit für die (bisherige) Wissenschaft, die

---

[130] Die Termini „extern" und „intern" bzw. „innen" und „außen" usw. sind relative Termini.

strikte Determiniertheit auch der sog. Unschärfe nicht feststellen kann. Determiniertheit möchte der mesokosmische Alltagsmensch nicht gern akzeptieren. Sie bedeutet jedoch *ipso facto* ein wie auch immer geartetes Determinans, damit Vektorialität auf einen (wie auch immer gearteten) Skopos hin, damit „Sinn" im Mikro- und Mesobereich. Das heißt aber eben nicht ohne weiteres Sinn-/Information-für-jemanden, z. B. eine(n) Wissenschaft(ler).

RESONANZ

Ein Zusammenhang wird über „Sprünge" über das energetische „Nichts" hinweg. Wenn sich Potentialität konkretisiert, werden Relationen. Relationen zwischen Prozessen und/oder Ereignissen. Relationen von Relationen. *Tout se tient* heißt Verbindung von allem zu allem, mehr: Zusammenhang, Ganzheit, die man, wie Dürr (1997, 230) schreibt, nicht zerreißen kann, ohne sie zu zerstören, Ver-Bindung, Bindung. *Tout se tient* bedeutet Feldbildung. Relationen greifen in alle Richtungen. Je dichter ein Raum, auch ein Zeitraum abgedeckt wird, desto dichter und fester das „Feld", das sich bildet, und desto stärker und wirksamer wird es. Der Raum wird zum Feld, dem Einflußbereich von Energie. Aber „Feld" suggeriert Zweidimensionalität. Besser spräche man von Kugeln. Solche Kugeln müßten Probabilitätscharakter haben. Verbindet man sie mit (den Spuren von) „Resonanzen", so kommt es zu Überlagerungen – die typischen Durchschnittsresultate von Kultur. Verstärkung beschleunigt einen Prozeß. Weil die Evolution ein universales System ist, müßte auch sie immer schneller evolvieren.

Verbindung und Zusammenhalt finden also einen Ausdruck in der „Resonanz". Schwartz/Schmidt (1997, 98-102) bringt die Metapher von der Stimmgabel. Wird eine Stimmgabel angeschlagen, so werden ihre Bestandteile (Subsysteme, z. B. Moleküle) affiziert; sie beginnen in einer bestimmten Weise zu schwingen. Die Schwingung der Gabel kann sich auf eine andere Gabel (und beliebig viele weitere und andere Phänomene, auch nicht-materielle, z. B. die Stimmung eines Menschen) auswirken. Die Schwingungen der zweiten (etc.) wirken zurück auf die erste, nicht als Wiederholung, sondern die ursprüngliche Schwingung der ersten wird durch die einkommende zweite zu einer dritten verändert usw., Wiederholung durch Rückkoppelungseffekte, das ist Resonanz. Wiederholung führt in Interaktionen zu Gewohnheit(en), Konvention(en), Habitūs[131]; sie

---

[131] Das Längezeichen über dem *u* (*ū*) signalisiert den Plural von *habitus*; analog *nexūs* zu *nexus*.

verstärkt „Sensitivitäten". Die Wandlungen sich wiederholender Vorgänge oder Ereignisse sind in sich und ihren Folgen und Wirkungen graduell unterschiedlich. Ein Einfluß dieser Art setzt ein ‚Gedächtnis' voraus, eine Speicherbarkeit und Speicherung, eine Spur, auf die die Schwingung der zweiten Gabel bei der ersten einwirkt etc. Dabei werden die Speicherung und das ‚Gedächtnis' jeweils verändert. Je öfter das Gedächtnis aktiviert wird, desto besser wird seine Leistung (vgl. die Ratschläge zur Abwehr der Alzheimer Krankheit). Das Gedächtnis wandelt sich ständig und wird durch einkommende Stimuli verändert. Bedingungen des Wandels / der Veränderung sind abgesehen vom physischen Wandel bzw. physischer Veränderung hieraus hervorgehende gesellschaftlich-kulturelle und situationelle Veränderungen (vgl. Wanderungen, Kriege; die Oralität). Auch die Sprache [*parole*] spielt eine Rolle. Sie hilft speichern und verändern. Die Gedächtnisfähigkeit ist individuell und kulturspezifisch (vgl. Lévi-Strauss /Heintz 1960, 313f, zur Gleichgültigkeit von Indianern gegenüber Ereignissen). Das individuelle Gedächtnis wird kulturell-gesellschaftlich überformt. – Gedächtnis mit seinen Speicherungen ist so etwas wie eine interne Umwelt.

Nun existiert mikrophysisch zwischen Elementarpartikeln, die jede der beiden Stimmgabeln zusammensetzen, ein Vakuum. Mesokosmisch wird der Zwischenraum zwischen zwei Stimmgabeln, der mit ‚Luft' gefüllt ist, ebenfalls wie ein ‚Vakuum' behandelt. Die Schwingungen durchlaufen das Vakuum und behalten dabei ihre Individualität. Ein Vakuum kann indefinit viele Energieformen aufnehmen, ohne daß die Individualität jeder einzelnen verloren geht (Schwartz/Schmidt 1997, 103). Schwartz/Schmidt (ib. 103f) folgert daraus, daß das Vakuum „vielleicht das maximale Speichermedium für rekursive Rückkopplungsinteraktionen von Energiesystemen" ist. Ein Vakuum ist anscheinend strukturiert: es (ist) differenziert. Realität wird als „rekursive Aktualität" (ib. 104) zu einem dynamischen Prozeß. – Mein Mythos nimmt an, ein Quantensprung zwischen einem Ereignis$_t$ und einem Ereignis$_{t+1}$ manifestiere Energie als ‚Verbinderin' im Vakuum des Quantensprungs. Analoges könnte dann z. T. für das Funktionieren von Speicherungen ‚im' Gehirn (genauer: im ‚Vakuum' des Gehirns; vgl. die Superwellen [s. unten]) ... und für die sog. ‚Gedankenübertragung' zwischen Gehirnen angenommen werden. Mit dem Ausdruck „morphische Resonanz" ist das Wie jedoch nicht erklärt. – Das ‚Nichts' des Quantensprungs zwischen den Quanten, das ‚Vakuum' zwischen Partikeln, die Translatierung „From one language to another" (Titel von de Waard + Nida

1986), bei der die *language* (Sprache, *langue*) eine Potentialität ist, wird zu einer Translation mit indefinit großer Energie von Nichts zu Nichts.

Resonanz, Einwirkung überhaupt, bedeutet „*die Form der Wechselwirkung schlechthin,* über die alle raumzeitlichen Strukturen miteinander in Beziehung treten können" (Cramer 1997, 181; Kursive im Original; Cramers These findet nicht überall ungeteilten Beifall). Ebenfalls nach Cramer (ib. 180; Kursive im Original) sind alle Systeme und

> *alle stabilen Strukturen* in der Realität *Schwingungen bzw. Harmonische Oszillatoren (= Sinusschwingungen)* [...]: das Planetensystem, der Blutkreislauf, die Hormonzyklen, das Verkehrssystem, die Struktur des Gehirns mit seinen periodischen Hirnströmen, die Ökosysteme mit ihren Stoff- und Energiekreisläufen, sie alle sind Schwingungen mit einer definierten Periode oder Frequenz und stabilisieren sich in dieser ihnen eigenen Frequenz, der Eigenfrequenz.

Wenn dem so ist (wäre?), dann müssen auch Systeme untereinander durch Resonanz Verbindung halten und sich gegenseitig beeinflussen. Resonanz hält Systeme zusammen (vgl. ib. 183). – Cramers Theorie erinnert an Sheldrakes „morphische Felder", gegen die sich Cramer abzusetzen sucht.

Resonanz, Schwingkreise (Cramer), morphische Felder (Sheldrake) – sie sollen gegen- oder einseitige Einflüsse gewähren. Daß alles im Universum vom Leben durchpulst sei, ist eine uralte, längst von der Animistik in die Wissenschaft hinübergewanderte Metapher. Leben ist Bewegung, Bewegung braucht einen Anlaß, wird notwendigerweise skoposgerichtet (vgl. die Sensitivität und die Passung). Eine Entität trifft (auf) eine andere. Der Anlaß wird zu einem Zwang zur Reaktion. Es entsteht Kommunikation, Interaktion, Kommunion. (Vgl. Sperber + Wilson [1986] zum Initialstimulus [Reiz] und als Folge davon zur Interaktion.) Auch die non-verbalen Interaktionsteile lassen sich Sprache nennen (vgl. die Metapher [?] „Laß Blumen sprechen!"; vgl. Benjamins [1991, 23-29] panoikumenische Sprache [vgl. Vermeer 1996d]). Somit ließe sich Frieds (2004, 49) Satz (im Original kursiv) „Gedächtnis ist ein kommunikativer Akt" auf das *tout se tient* im Universum ausweiten. Fried (ib. 49f) bezieht sich auf vorher besprochene Beispiele zum Erinnerungsvermögen.

> Der Umstand darf verallgemeinert werden. *Gedächtnis ist ein kommunikativer Akt.* Erinnerungen wollen geweckt sein, damit sie sich artikulieren können. Dem ‚Weckruf' [Reiz als (Initial-)Stimulus; vgl. Sperber + Wilson 1986] kommt dabei ohne Zweifel eine entscheidende Bedeutung zu. Er kann von einer zufälligen Begegnung ebenso ausgehen wie von einem beiläufigen Stichwort oder einer gezielten Frage, von einem Geräusch wie von einem Geruch, von einem Bild wie von irgendeinem Objekt, Sachverhalt oder

Geschehen. Ohne Zweifel wirkt die Qualität dieser Stimulanz auf den Inhalt der aufleuchtenden Erinnerungen ein. Die Wirksamkeit solcher Kommunikation gilt auf gesellschaftlicher Ebene ebenso wie – und das wird unten zu zeigen sein – auf der zugrundeliegenden neuronalen. Um die für Erinnerungen zuständigen Neuronen zum Feuern zu bringen, bedürfen auch sie eines Impulses, der hirnextern so gut wie hirnintern (etwa durch hormonelle Einflüsse) induziert sein kann, eben einer Kommunikation zwischen ‚Sender‘ und ‚Empfänger‘.

Quirlendes ‚Leben‘, geordnetes Chaos – überall, auf allen Ebenen.

DIFFERENZ

Passungen können sich ereignen, wenn zwischen den betreffenden Prozessen eine Differenz relevant wird (vgl. Luhmann: 1984). Identisches kann nicht an sich angepaßt werden.

> Das heißt nicht zuletzt, daß Ereignisse *nur als Differenz beobachtet werden können*, also nur im System eines Vorher und Nachher [...]. (ib. 37[40])

Sensitivität setzt (die Erkennbarkeit von) Differenz voraus. Differenz wird als „*relationales* Merkmal, das nur in der und durch die Relation zu anderen Merkmalen existiert", bezeichnet (Bourdieu/Beister 1998, 18). Damit schließt sich der Kreis: Sensitivität setzt Differenz voraus, Differenz Pluralität. Pluralität ist Voraussetzung für Entwicklung, Evolution (vgl. Smolin/Filk 1999). Evolutionäre Pluralität führt zu dem „Recht, anders zu sein" (Terzani/Liebl 2002:163). Recht existiert nur, wo es anerkannt wird. Differenz setzt keine Opposition, sondern nuanciert. Es gibt keine klaren Grenzen, Grenzen sind relativ, ‚verschmiert‘, Differenzen weisen auf Nuancen, sozusagen auf sich selbst. (Whitehead: 1978, 22, spricht allerdings von "contrasts"; vgl. ib. 228f.) Grenzen werden nötig, um Differenzen zu sehen. Grenzen ‚sind‘ nicht, sie werden. Zieh eine Grenze, dann wird momentan klar, ob etwas links oder rechts davon zuzuteilen ist. Der Moment der Passung gewinnt die Verantwortung eines καιρός, und zwar als Akzept oder Repulsion jeweils aus der je individuellen Perspektive der involvierten Prozesse.

Aber es entsteht noch ein anderes, wichtigeres Problem. Oft werden Differenzen als solche quantitativ und/oder qualitativ unterschieden: Zwischen zwei Phänomenen werden größere, weniger deutliche, fundamentale usw. Differenzen behauptet. (Man beachte, daß die Rede von Phänomenen und nicht von Objekten oder dgl. ist. Ein Phänomen ist immer schon eine Erscheinungsweise, eine Annahme-über. Dies allein weist schon auf die

Perspektivität des Beobachtens hin.) Eine Differenz läßt sich nicht quantitativ oder qualitativ differenzieren. Eine Differenz wird (als) eine Differenz (angenommen). Punctum. Wenn eine Differenz qualifiziert wird, ist anderes gemeint. Die Perspektive (der Gesichts- oder Standpunkt) des Beobachters hat sich geändert. – Angenommen, da seien zwei Papageien. Ist die Differenz zwischen ihnen groß, klein, un- oder bedeutend? So zu fragen, macht keinen Sinn. Die Differenz müßte differenziert werden. Hinsichtlich ihrer Größe sind die Papageien gleich, hinsichtlich ihrer Gattung erst recht, in Bezug auf ihre Farbe oder Lebhaftigkeit unterscheiden sie sich usw. Der Beobachter entscheidet. – Ist die Differenz zwischen zwei Papageien kleiner als zwischen einem Stuhl und einem Motorrad? Die Frage ist unsinnig. Stuhl und Motorrad sind „Werkzeuge" zum Draufsitzen; also sind sie gleich ... oder?

Es gilt, zwei Typen Differenz zu unterscheiden: Die eine markiert einen Unterschied. Wird die Perspektive des Beobachters beibehalten, gibt es keine qualifizierende Differenz der Differenz. Die andere dient einem Vergleich. X ist größer/kleiner/... als Y. Das Problem hat sich auf *Vergleichbarkeit verlagert.

PASSUNGEN

Sobald Energie frei wird, werden „Quarks". Das Quark entspricht dem, was Whitehead in früheren Arbeiten ein „event", ein einfaches „Ereignis", und später (vgl. Whitehead 1978) eine „actual entity", doch schon nicht mehr als einfaches Ereignis, ein {Ereignis} nannte.

Das Grundphänomen des Universums (minimale/einfache/elementare Prozesse) wurde oben als Energie ‚in Bewegung' gedeutet. Energetische Prozesse können sich gegenseitig anziehen (vgl. „Attraktion", „Kopplungskonstante") und dann Zusammenhalt („Adhäsion") gewähren oder sich abstoßen (vgl. „Repulsion", „Aversion").

> Valuation is either valuation up or valuation down, adversion or aversion. (Sherburne 1966, 50f)

> Thus "adversion" and "aversion" are types of "decision". There is an autonomy in the formation of the subjective forms of conceptual feelings, conditioned only by the unity of the subject. (Whitehead, zit. n. Sherburne 1966, 51)

Das Paar „Attraktion" vs. „Repulsion/Aversion" schafft eine Differenz in einfachen Prozessen. Vielleicht genügt der erstere Gedanke, die Attraktion.

Der zweite wäre dann nicht (unbedingt) Repulsion, sondern eben Nicht-Attraktion, Nicht-Beachtung, Indifferenz, Gleichgültigkeit, Laissez-passer.

> Der Prozeß bestimmt sich im Ausgang vom momentan Aktuellen durch Übergang zu einem dazu passenden, aber von ihm unterschiedenen (neuen) Element. (Luhmann 1984, 388)

„Autonomy" ist ein vorläufiger Ausdruck für prozessuales Verhalten im Mikrobereich, das die Wissenschaft bisher nicht erklären kann. Auf der Ebene einfacher Prozesse kann kaum von Autonomie gesprochen werden, es sei denn, man verstehe darunter eine elementare Unabhängigkeit, die nach keiner Passung sucht oder noch keine Passung findet. Sensitivität ist gerichtet. Attraktion wird kaum als freie individuelle Entscheidung verstanden, sondern als Folge herrschender Relationen. Werden Relationen zu Bedingungen, wird Determiniertheit. Doch die Bedingungen für Attraktion bzw. Repulsion sind nicht bekannt. Das Problem bleibt offen. Reiz und Reaktion,[132] also evtl. Interaktion (vgl. Fetz 1981, 61), Geben und Nehmen oder gegeben und genommen werden. Es gibt keinen absoluten Ursprung für Bedingungen. Bekannt ist lediglich, daß diese Bedingungen im Meso-Universum indefinit komplex sind (vgl. Chaostheorie[n], fraktale Geometrie usw.).

Manche Metaphern, z. B. Repulsion, klingen aggressiv. Passungen können durchaus friedlich verlaufen. Doch auf der Mikroebene einfacher Prozesse gab es wahrscheinlich bereits Machtkämpfe. Ein fragwürdiger Terminus für Passung wäre Integration. Integration wird leicht zur Einverleibung. Sie erinnert dann an Campos' Anthropophagie (vgl. Wolf 1997, 13), erzwänge die Anpassung der Minderheit an eine Mehrheit. Toleranz klingt für manche herablassend. Passung würde bedeuten, daß man gegenseitig (auf jeder Ebene) nach – gewiß nicht einfach zu findenden und noch weniger leicht zu realisierenden – Möglichkeiten sucht, gegenseitig unterschiedlich empfundene ‚Ähnlichkeiten' und ‚Fremdheiten' so aufeinander abzustimmen, daß ein unter den jeweils gegebenen Bedingungen möglichst optimales Zusammenleben erreicht werden kann. Dabei geht es nicht nur um Verhaltensformen, sondern z. B. auch um Gesetzesbestimmungen in einer pluralistisch sein wollenden und sollenden Gesellschaft. Unannehmbar scheint mir, daß überhaupt keine breite Diskussion über diese Thematik

---

[132] Zur Unterscheidung von „Reiz" und „Stimulus" s. unten und Kommentar zu Luhmann (1985) in Vermeer [demnächst]. „Stimulieren" ist kein einfacher Prozeß. – Zur Reaktion vgl. das oben zur Interaktion Gesagte. Nimmt ein Organismus einen Reiz wahr, so muß er reagieren.

gewollt, geschweige denn geführt wird, daß Ansätze vielmehr im vulgären Sumpf parteipolitischer Querelen egoistisch ersticken. *Omnia venalia sunt.* Wahrscheinlich sind solche Probleme für manche zu komplex, zumal sie Kompetenzen in mindestens zwei Kulturen verlangen (zu Kompetenzsorten vgl. Schopp 2005, 297-306; vgl. Wußler 2002). Andere fürchten vielleicht um Pfründe und Privilegien.

Evolution bedeutet, daß neurophysiologische Passungen bis zu einem gewissen, noch unbekannten Grad zu immer höherrangigen und, wie die Computerprogrammierung zeigt, dabei nicht unbedingt komplexeren Zeichen verknüpft, prozeßhaft gespeichert und tradiert werden können. Computerprogramme weisen recht unterschiedliche Komplexitätsgrade für denselben Zweck auf. Eine Programmierung führt zu einem Ziel, z. B. einem Symbol für eine organische Molekülstruktur, das nicht mehr die komplexen Programmierungsschritte, sondern das höherrangige Resultat (das Molekülsymbol) ins Gedächtnis einzuschreiben erlaubt. (Vgl. Schwemmer 1990, 87-91 und 96f.) Die „Eigenwirklichkeit" (ib. 91) von Symbolismen ist anscheinend selbst aus einer abstrahierenden (subtraktiven) Prägnanzbildung entstanden und darf nicht als objektiv gegebene Realität mißverstanden werden; wohl wird sie zu einer potentiellen Wirkmächtigkeit. Auch Symbole, gleich welcher Potenz, werden allemal neurophysiologisch, d. h. als neurophysiologische Prozesse und nichts anderes, gebildet und werden zu neurophysiologischen Entitäten und nichts anderem.

Als Vorbedingung für Passungen auf der Ebene einfacher Prozesse und Ereignisse spricht die Mikrophysik von „Sensitivität" (Dürr 2003a), einem (bisher?) nicht weiter explizierbaren Energiephänomen. Vorläufig eine Metapher, die den Sprung zwischen Wissen und (Noch-?)Nicht-Wissen überbrückt. Sensitivität scheint ein inhärentes Energiequale zu sein. Es wäre auch denkbar, daß Attraktion innerhalb bestimmter Distanzen zwischen energetischen Elementen wirkt. Die Differenz der Distanz würde zum Ausschlag gebenden Phänomen. (Es ist wichtig, die Gedanken immer wieder auf andere Phänomene auszudehnen, z. B. das interindividuelle Verhalten innerhalb menschlicher Gesellschaften.) Doch genügt auch dieser Gedanke noch nicht. Es muß ein ordnendes Phänomen hinzu kommen, damit aus Komplexität ein(e) System(atik) wird. Die Gedanken führen wieder zu der oben beschriebenen Drei-/Vierheit.

Whitehead (1978) sprach von „feeling", Hartshorne (1984, 38) von „feeling or sensing". Zum „feeling" vgl. schon Leibniz ([1795] 1996, 204 und 205):

Je trouvay donc que leur nature consiste dans la force, et que de cela s'ensuit quelque chose d'analogique au sentiment et à l'appetit; [...]

So fand ich, daß ihre Natur in der Kraft besteht und daß sich daraus etwas der Empfindung und dem Begehren Analoges ergibt [...] (übers. Holz).

Leibniz (ib. 1.215) schreibt den „metaphysischen Punkte[n]" „etwas Lebendiges, eine Art Perzeption" zu.

Peirce sprach von „Qualia". Die Nähe zu Whitehead (der hier keine Quellen angibt) bis in die Terminologie hinein wird deutlich.

Die Evolution des Kosmos ist also jener Prozess, der einfache sinnliche Qualitäten der Empfindung in ständig komplexer und stabiler werdende spezielle Zusammenhänge ordnet: Die Symmetrien des „logischen" Lichts werden in konkret existierende lokale Zuordnung und deren Ordnung gebrochen. [...] Ereignisse gibt es, weil die Möglichkeiten der Zufallsordnung von Empfindungsqualitäten bereits eingeschränkt sind: „Diese hier und da rein zufällig mutierende Empfindung würde den Keim einer Neigung zur Verallgemeinerung in Gang gesetzt haben. So würde die Neigung zu Verhaltensgewohnheiten ihren Anfang nehmen." (Pape 2004, 150, dort auch das Zitat aus Peirce)

Aus menschlicher Perspektive oder anders gesagt: in menschlicher, metaphorischer Sprache ausgedrückt bedeuten Attraktion, Repulsion, Sensitivität usw. Evaluierung, vielleicht schon so etwas wie Auswahl (wie auf dem Heiratsmarkt), Präferenz. Ereignisse reagieren je nach ihrem Umfeld und ihrer Zusammensetzung aus Elementen unterschiedlich auf Ereignisse aus ihrem Umfeld.

Daraus geht hervor, daß eine Art Fremdbezüglichkeit dem Begriff eines wirklichen Ereignisses wesentlich ist. (Hauskeller 1995, 36)

Wenn es Sensitivität gibt (gleich, wie man sie beschreibt), dann auch Erfüllung – allzu menschlich formuliert: die Abgrenzung eines Individuums, eines Ich vom Rest der Welt, die Differenz zwischen System und Umwelt bei Luhmann (1985). Egoismus am Anfang der Welt. Jedes Ich ist sein Zentrum. Aber im Zentrum des Ich ist kein Zentrum. Koaktivität und Kooperation gelten auch für non-verbales und teilweise verbales Handeln (Texten). Es muß ein Zusammenhang, eine angenommene Einheit hergestellt werden. Auf der untersten Ebene scheinen Vokalqualität, -länge, Rhythmus, Wohlklang usw. "semi-independent[ly]" (Dennett 1991, 431) voneinander gespeichert zu sein. Es gibt keine einheitlichen „headquarters" (Damasio 1994, 13), vgl. z. B. die „selfish genes" (Dawkins 1989), egoistischen Zellen (oder jeweils Mengen davon). Aber zum eigenen Vorteil lernt man sich zu arrangieren, sogar karitativ oder altruistisch, jedenfalls hilfsbereit zu werden. Auch das Gehirn behält sein Selbst-Bewußtsein nicht für sich. Systeme (vielleicht schon einfache Prozesse und Ereignisse) tendieren zur Regel und Routine. So entsteht die „postnatale Design-Befestigung" (Dennett/Wuketits 1994, 242) aus der (Prä-)Individualität. Trotzdem bleibt es ein Rätsel, wie die verschiedenen Regionen des Gehirns zusammenarbeiten, um eine einheitliche Handlung, einen Text, zu produzieren.

> [T]he familiar and stable-seeming fluidlike properties of thought emerge as a statistical consequence of a myriad tiny, invisible, independent, subcognitive acts taking place in parallel. Concepts have this fluidity, and analogies are the quintessential manifestation of it. (Hofstadter et al. 1995: 3)

(Vgl. auch Calvin + Ojemann / Schickert 1995.)

Damasio/Kober (2001, 51) meint,

> daß die Neuroanatomie die topologischen Beziehungen zwischen ihren Komponenten zwar exakt festlegt, daß es aber erhebliche individualle Abweichungen in der Topographie gibt, so daß unsere Gehirne weit unterschiedlicher ausfallen als beispielsweise verschiedene Autos einer Marke.

Vgl. hierzu Crick/Gavagai (1994, 111) über die Individualität jedes Organismus durch unterschiedliche physische Strukturen und durch verschiedene Erfahrungen im Leben:

> Für unsere Zwecke reicht es festzuhalten, daß die Gene (und die epigenetischen Prozesse, die durch sie in der Entwicklung des Organismus gesteuert werden) offenbar die Grobstruktur des Nervensystems festlegen, daß es aber der Erfahrung bedarf, um die vielen Struktureinzelheiten zu verfeinern und aufeinander abzustimmen.
>
> Geist zu entwickeln [...] heißt, Repräsentationen zu entwickeln (Damasio /Kober 2001, 306).

Repräsentationen der Außenwelt sind organismenspezifisch und darin z. T. individuell (und kulturüberformt).

> Neues Wissen erwerben wir durch ständige Abänderung dispositioneller Repräsentationen. (ib. 151)

Das Ich wird zum Prozeß. Damasio/Kober (2001, 302) ist überzeugt,

> [...] daß das Selbst ein immer wieder rekonstruierter biologischer Zustand ist.

Natürlich sind die meisten Darstellungen angesichts der noch wenig geklärten Realität Metaphern. Es geht nicht tatsächlich um „Formen" und „Gefühle" (Empfindungen, Emotionen) usw. Man behilft sich mit Benennungen für Phänomene, die einen Namen brauchen, um kommunikabel zu werden, und nimmt die Namen aus angeblich besser bekannten Bereichen. Auch dieses Verfahren gehört zum Mythos. Vielleicht kann man mit Musgrave/Albert+Albert (1993, 118) von „Kräften" (den alten *vires*, ἐνέργειαι) sprechen, dann wohl übersetzbar als Möglichkeiten, Potentialitäten, die Mythen schaffen und den Mythos kreativ werden lassen. Rombach (1994, 14) unterscheidet das Neues-Machen von der (eigentlichen) *Kreativität. Sie öffnet nach ihm „eine neue *Dimension*" (ib. 15) und die wiederum sei „das Wesentliche".

> Allerdings kann niemals eine Dimension geschaffen werden, wenn sie nicht *an* einer Sache und *mit* ihr geschaffen wird. Sie erscheint dann aber gewöhnlich nicht, auch nicht beiher oder begleitend, sondern sie bleibt die meist verborgene Ermöglichung dieser Sache, und auch des Verständnisses dieser Sache. (ib.)

Halten wir fest: Es ‚gibt' Phänomene, sicherlich sehr weit im Laufe der Milliarden Jahre entwickelte, im Grunde zusammenhängende, vielleicht eine Einheit bildende.

Sensitivität erscheint als Terminus für Bedingung(en) für Formbildungen und -wandlungen. Sensitivitäten können sich u. a. in ihrer Intensität unterscheiden. Nur im „absolut homogenen und zufälligen Urzustand des absoluten Nichts" gibt es nach Peirce (Pape 2004, 149) „die einfachste Form von Geist [...] ‚feeling': Gefühl oder Empfindung [als] der absolut zufällige Baustein am Anfang aller Wirklichkeit". Die Wissenschaft entgeht auch bei dieser retrospektiven Terminologie nicht einer (ungewollten?) Skopostheorie:

> The feelings are inseparable from the end at which they aim; and this end is the feeler. The feelings aim at the feeler, as their final cause. (Whitehead, zit. n. Sherburne 1966, 16)

„Satisfaction" heißt der Skopos aus der (egoistischen) Sicht der Systemmonade.

Peirce nahm an, der „Zustand vor dem Beginn jeder *bestimmten* Entwicklung [...] ist ein Zustand vollständiger Unbestimmtheit, in dem alles möglich ist [...]. Der Endzustand kann nur ein Zustand vollständiger Notwendigkeit sein, der keinerlei offene Möglichkeit zulässt." (Pape 2004, 149; vgl. auch ib. 151) Der „Zustand vollständiger Notwendigkeit" wäre auch – wenn man jetzt über die Mesoebene hinaus zur Makroebene der Potentialität übergehen will – die Konsequenz aus Walter Benjamins Mythos von der „reinen Sprache", eine Konsequenz, die Benjamin sicherlich abgelehnt hätte, die sich aber zwangsweise ergibt (vgl. Vermeer 1996d, 196).

Wenn Whitehead zu recht formuliert, „feeling" durchströme das gesamte Universum, so daß es als vektorielle Energie, als inhärenter Skopos interpretiert werden kann (s. oben zur Drei-/Vierheit), dann ergäbe sich nach Rensch (1984) eine physikalische Erklärung für Evolution. Prozesse sind Vektoren. Das Ziel initiiert den Prozeß. Evolution würde vom Ziel her determiniert. Das Ziel aber liegt in der indeterminierbaren Zukunft. Zuvor gibt es also „Freiheiten" als unscharfe Probabilitäten.

Spricht man wie Luhmann und mit ihm Reese-Schäfer (1996, 39f) von einer Einverleibung neuer „Verhaltens- und Reaktionsweisen" oder legt das Interesse einer *res* zugrunde (vgl. Luhmann 1984, 160), so muß man darlegen, wie Erinnerung entsteht, wie die Einverleibung vor sich geht (als Verarbeitung [als Verdrängung?] von Vorhandenem?) oder woher das Interesse stammt, d. h., wie die neuen Verhaltensweisen zustande kommen und zwar so, wie sie es tun. Auf den Ausdruck (hier: „Gedächtnis") kommt es dabei nicht an. Reese-Schäfer (ib. 40) spricht mit Luhmann kurzerhand von evolutionär entstandenen „Informationsverarbeitungsstrukturen", d. h., hier wird ein Terminus durch einen anderen, nicht klärenderen ausgetauscht. Nun können die Autoren mit Maturana darauf verweisen, wie lebende Zellen funktionieren (vgl. ib. 45). Sie sind offenbar auf Selbsterhaltung in einer Umwelt aus. Selbsterhaltungstrieb schrieb Dawkins (1989) auch den Genen, also komplexen Ereignissen zu. Die Frage ist, woher der Selbsterhaltungstrieb mit all seinen Folgen kommt und auf welcher Ebene er entstanden ist. Reese-Schäfers (1996, 101) Darstellung des Problems erweckt den Anschein, als funktioniere ein System aus anfänglichem Zufall in einer Art Reflexbewegung: Es fühlt sich sozusagen ‚betroffen' und reagiert reflexartig hierauf, woraufhin das ‚betreffende' System seinerseits reagiert und somit ein Dialog in Gang gesetzt wird. Eine leblose Entität, z. B. eine Billardkugel, kann auf einen Stoß nicht nicht-reagieren. Bei niederen Organismen, z. B. dem Pantoffeltierchen, erfolgt die Reaktion auf einen Reiz, u. U. von komplexen Bedingungen abhängig, ebenfalls mechanisch, reflexhaft – die Soziologie des Pantoffeltierchens. Worauf reagieren Steine, wenn sie ein Regentropfen trifft? Gene im Reflex, wenn ein Mensch entsteht? „Resonanz" als Reflexsequenz? Auf einer dritten Stufe der Organisation wird ein Organismus unter bestimmten Bedingungen und je nach der Art und Weise des Passungsangebots (vgl. die Macht) fähig, unterschiedlich, z. B. durch Flucht oder Angriff, und eventuell ,nicht' zu reagieren. (Inwieweit hier Wahlfreiheit vorliegt, kann fraglich bleiben.) Reagieren wird zum Handeln. Dieses Re-Agieren wurde anscheinend komplexeren lebenden Organismen vorbehalten. Luhmann (1984, 293) setzt, aus Parsons entlehnt, „Interpenetration" als „wechselseitigen Beitrag zur selektiven Konstitution der Elemente" zweier (allerdings nur autopoietischer menschlicher; vgl. ib. 296 und 297) Systeme (s. Vermeer *Fragments* ... [demnächst]). Auch das erklärt den ,Ursprung' nicht. Whitehead ging von der Welt als Prozeß(menge) aus. Das heißt, daß in dem Augenblick, da ein Prozeß mit einem anderen in Berührung kommt (und in einer kontingenten Welt wird das immer wieder geschehen), auf Grund von „Sensitivität" das zwingende Angebot (vgl. Sperber + Wilson 1986), der Reiz als Impetus, oder wie man es nennen will, zu einer Passung gegeben wird. Alter muß reagieren. (Auch Nicht-Reagieren ist Reagieren; vgl. eine Frage durch Schweigen ins Leere laufen lassen.) Nicht-Reagieren bekommt einen besonderen Status des Reagierens als Möglichkeit aus, z. B. kon/destruktiv, positiv/negativ, aufbauend/zerstörend[133] wirkenden, Möglichkeiten. – Unter Umständen sind zwei Reiz- und Reaktionssorten zu unterscheiden: Eine Reaktion kann auf die Reizquelle gerichtet sein oder zu einem Stimulus anderer Funktion führen. Ich sehe meinen Freund auf der Straße und begrüße ihn. Ich sehe meinen Freund und werde daran erinnert, daß ich ein Geburtstagsgeschenk für meinen Vetter kaufen müßte.

Vor die Materie setzt die Wissenschaft die Form, „Form vor Stoff, Relationalität vor Materialität" (Dürr 2003b, 5). Letztlich muß auch der Materialismus Materie wie in der Mikrophysik in „Formereignisse" nichtmaterieller Existenz, d. h. in „konzentrierte" Energie, auflösen (vgl. Canevi 1984). Canevi (ib. 186) schreibt, Whiteheads komplexe „actual entities" seien elementare „sensed objects", worunter sie anscheinend hypothetisch anzusetzende physikalische Elemente versteht. Ereignisse *ante festum*. Vorausgehende Sensitivität wäre ein sensibles Form-Quale und müßte als dem elementaren Prozeß inhärent, intern, Teil seines „So-Seins", nicht als Akzidenz betrachtet werden (etwa wie Ausdehnung zu einem materiellen Körper gehört). Möglich wäre auch, Sensitivität situationell als externe, attraktiv (oder repulsiv) wirkende, ein Element umgebende Konstellation zu verstehen. Mit andern Worten: Sensitivität kann als intern potentielles oder extern induziertes Verhalten oder als extern induzierter intern akti-

---

[133] Die Wortwahl deutet auf die Relativität der Evaluation von Probabilitäten in gegebener Situation hin. Im Grunde bleibt sie ein Wortspiel der Metaphorik.

vierter Stimulus gedacht werden. Sensitivität (oder etwas ihr Vergleichbares) wirkt auch im Mesobereich. Zur Sensitivität gehört Individualität oder die Möglichkeit (Potentialität) zur Individualisierung und (Wieder-) Erkennung (eine Art An-Erkennung). Werden zwei verschieden eingefärbte Schwämme in Seewasser in Einzelzellen aufgetrennt, finden sich die ursprünglich zueinander gehörigen Zellen nach einiger Zeit wieder zu zwei farbig getrennten Schwämmen zusammen (Metzner 2000, 300f). Individuen können bereits auf niedriger Stufe ihre Artgenossen erkennen, erfühlen (vgl. das englische "to sense"). Ein einzelliger Schleimpilz ,lockt' bis zu 100000 andere an, wenn die Nahrung knapp wird, und der ganze Trupp geht – mit einer Geschwindigkeit von 2 mm/h – gemeinsam auf die Suche nach einem neuen Weideplatz, wo man sich wieder trennt (ib. 302).

Heute bietet die Mikrophysik noch eine andere Hypothese in den sog. „Superwellen":

> Biologische Systeme könnten in der Tat ähnlich wie ein Laser funktionieren. Denn biologische Systeme sind, wie der Laser, offene Systeme, die zur Aufrechterhaltung ihrer Funktion eine stetige Zufuhr von arbeitsfähiger Energie benötigen und diese aus ihrem Metabolismus durch „Nahrungsaufnahme" beziehen. Durch eine genügend starke Energiepumpe könnten sich in geeignet konstruierten und in bestimmten Substraten eingebetteten Makromolekülen oder Molekülsystemen thermische Ungleichgewichtszustände erzeugen lassen, durch die [...] gewisse niederfrequente kollektive Schwingungsmoden mit großer Stärke kohärent angeregt werden. [...] Hierbei spielen die elektrischen Dipoleigenschaften der Biomoleküle die Rolle des quantenmechanischen Ordnungsparameters. (Dürr 2003b, 8)

Wie Superwellen zustande kommen (emergieren), ist bisher unbekannt. Manche Forscher denken an Attraktoren, die dies bewerkstelligen. Doch wie, warum, wozu bleibt ein Rätsel. Die Wissenschaft lebt von Metaphern. In der Sensitivität auf mikrophysischer Ebene kann vielleicht auch die Verbindung elementarer Prozesse zu einer (bisher unerklärten) Gleichrichtung großer Partikel- bzw. Energiemengen zu Superwellen und ihren möglichen Wirkungen und Folgen gesucht/gesehen werden. Solche Erscheinungen scheinen gegen das zweite thermodynamische Gesetz zu sprechen (doch vgl. Greene/Kober 2006, 171f). Die Wissenschaft muß vielleicht den zweiten Hauptsatz der Thermodynamik umkehren: Wahrscheinlichkeit und nicht Unwahrscheinlichkeit wird wahrscheinlicher.

Superwellen fördern die Systembildung, wenn auch nicht in linearer Evolution. Hinzu kommt die Vernetzung, das *tout se tient*.

Die Vorgänge haben nicht nur korrelative Auswirkungen aufeinander, sondern sie „entzünden" sich. Sie gipfeln sich auf [...]. Eine bestimmte Pflanzenwelt fördert eine bestimmte Tierwelt, und diese verstärkt rückwärts wieder einen bestimmten Pflanzen- und Fortpflanzungsstil. Dieser hat wieder Auswirkungen auf das Klima, das wieder Auswirkungen auf die Gewässerverteilung hat, die wiederum nach einer bestimmten Seite hin verstärkend wirkt. So treten *Epochen* auf, [...]. (Rombach 1994, 33)

Damit sind drei Faktoren genannt, die in ‚probabilistischer Unschärfe' für sich und miteinander auf Mikro- und Mesoebene, die ich soeben bewußt gemischt habe, (r)evolutionär wirken können: die (drei- bis vierfach methodologisch aufteilbare) Sensitivität, die Superwellen unterschiedlicher Intensität und die (aus beiden folgende) Vernetzung. „Es gibt nichts Unlebendiges", schrieb Rombach (ib. 34), und er war längst nicht der erste. In dieser Hinsicht gehört das Leben in die Evolution, „das Leben des Menschen ist mit all seinen geistigen Leistungen nichts als ein Exponent der *Konkreativität.*" Man wird der Dreieinheit von Sensitivität, Superwelle und Vernetzung bei der Genetik und Memetik, welch letztere nach Rombachs (ib.) Interpretation Nietzsches „Übermenschen" konkreierend meinte, wiederbegegnen. Superwellen sind Energiebündel. Man könnte sie Sensitivitätsbündel nennen.

Passungen suchen Passendes. Was paßt, hängt zum gegebenen Zeitpunkt von einer entscheidenden bis zu indefinit vielen Bedingungen ab. Sobald sich eine Passung ereignet, werden andere Möglichkeiten ausgeschlossen (Luhmanns „Selektion"). Es entsteht eine „Bindung" (Luhmann: 1984, 302f), die jedoch unter bestimmten Bedingungen in nachfolgenden Passungsprozessen rückgängig gemacht oder aufgehoben werden kann (vgl. die Korrektur; Fehlerverbesserung; Wiedergutmachung, den Zerfall von Systemen). Für die Translation hatte Levý (1967) schon auf die Folgen jeder Selektion mit dem Ausschluß indefinit vieler anderer Probabilitäten aufmerksam gemacht (vgl. die Spieltheorie; vgl. Hermans 1999, 23).

Außerdem ist anzunehmen, daß Passungsprozesse vielfach nicht direkt, sondern sozusagen auf Umwegen ablaufen: Die Abstimmung (Interaktion) zweier Tänzer aufeinander kann durch die Führung seitens eines der beiden Tänzer oder/und über den Umweg vorheriger Absprache (Kommunikation) erfolgen, oder die Abstimmungen können einander abwechseln. Die Bedingungen für Passungen und Passungsstrategien können, wie gesagt, innere oder/und von außen kommende Bedingungen sein.[134]

---

[134] Die Unterscheidung von „innen" vs. „außen" ist perspektivisch, also relativ zu verstehen. Beide Phänomene bedingen sich gegenseitig.

Deren Einwirkung kann selbst wieder komplex sein (vgl. Macht, Werte, Relevanz, Fokussierung). Es kann Interessenkonflikte geben. Passungsbedingungen können so komplex werden, daß sie von keinem Beobachter exhaustiv erfaßt werden können.

> Gäbe es nämlich eine vollkommene Erkenntnis der Ordnung der Dinge und der Ursachen und wäre die Wahl vollkommen logisch, wäre nicht einzusehen, worin sich die Wahl von einer schlichten und einfachen Unterwerfung unter die Kräfte der Welt unterschiede und inwiefern sie folglich überhaupt eine Wahl wäre (Bourdieu /Beister 1998, 41).

Gibt es eine (Ver-)„Bindung" von der mikrophysikalischen Unschärfe zum (realen oder angenommenen/empfundenen) ‚freien Willen'?

Die nicht exhaustive Erfaßbarkeit von Faktoren liegt zum einen an der *Kontingenz menschlicher Kapazität, zum andern *kann/können* hier die oben besprochene Unschärfe/Wahrscheinlichkeit mit ihrem mengebedingten Chaosphänomen und/oder der möglichen ‚spontanen' (d. h. wiederum nicht exhaustiv begründbaren) Gleichrichtung von Wellen zu einer Superwelle verborgen liegen.

Hierher gehört auch die Frage, in welchem Maße Gehirnzellen/-regionen oder was es auch sei, ihre Funktionen ‚im Dienste der Gemeinschaft' ändern können (vgl. Dennett/Wuketits 1994 zur Multifunktionalität im Gehirn).

Das Ereignis und sein Umfeld müssen kompatibel und darin u. a. komplementär sein, damit eine Passung erfolgen kann. Das bedeutet auch, daß gewisse Rückschlüsse von dem einen auf das andere möglich werden (vgl. Whitehead 1978, 206f). (Vergleiche z. B. einen Dichter in seiner Epoche; einen für einen bestimmten Autor geeigneten Translator.) – Es ist möglich, daß eine Passung infolge einer Störung durch weitere Prozesse nicht bis zur völligen Sättigung („satisfaction") abläuft. Hier ließe sich mit Prunč (1997, 120f) von einer Suboptimalität sprechen.

VON DER PASSUNG ZUR KOMPLEXITÄT

„Volumenelemente mit einem hohen Ordnungsgrad" scheinen „auf ihre Umgebung ‚strukturierend' zu wirken" (Metzner 2000, 263). Es kann angenommen werden, daß die Attraktion (und ebenso die Sensitivität usw.) unter bestimmten Bedingungen zunimmt, je mehr Passungen bereits zusammengekommen sind (vgl. elektromagnetische Felder; das Wachstum von Kristallen; Menschenaufläufe), sei es durch Energiekumulation oder /und Gewöhnung, Habitus, Wiederholung mit Variation. Das legt den

Gedanken an eine Art gerichtetes Gedächtnis nahe, was das auch immer bedeuten mag. Gewohnheiten entstehen durch Wiederholung. Wiederholung muß eine Ursache haben. Wirken Systeme als Ganzheiten, oder wirken bestimmte Elemente in ihnen, wobei das Ganze zugleich affektiert wird, um nicht auseinanderzubrechen? Je größer ein System wird, desto einschränkender wirkt es auf Subsysteme (vgl. Sheldrake/Eggert 1993, 159; vgl. die geringere Probabilität größerer Mutationen in komplexen Organismen). Analoges läßt sich von der Resonanz sagen: Je ähnlicher und öfter sie sich bemerkbar macht, desto wirksamer wird sie. Ich meine nicht nur das stärkere oder schwächere Anschlagen eines Tones, sondern den Zusammenhalt über Zeiteinheiten hinweg usw.

Denkbar ist, daß von einer gewissen Komplexität ab, Systeme (vorübergehend / eine Zeitlang) in sich ‚stabil' werden, d. h. selbstreferentiell funktionieren. Sie werden sozusagen selbstgenügsam. Eine weitere Anreicherung findet dann u. U. nicht mehr statt (vgl. das Funktionieren von Planetensystemen). Natürlich sind auch andere evolutionäre Varianten denkbar. – Diese Überlegungen haben nichts mit Evaluierung (z. B. ‚besser' oder ‚weniger gut') zu tun. Evaluation kommt einem individuellen Organismus für seine Belange in seiner Umwelt zu. (Vgl. hierzu Luhmann 1992, 556 mit der Idee einer „Abweichungsverstärkung" bzw. „Ausdifferenzierung" statt Passung. In der Sache kann hinsichtlich der Selbstgenügsamkeit so argumentiert werden; all diese Termini haben aber, vielleicht kaum vermeidbar, einen zu stark agentialen Beigeschmack.) Die Individualität zeigt sich auch darin, daß bei (oder trotz) der Evolution eines Systems andere nicht evoluieren und beide Phänomene Seite an Seite in ihren jeweiligen (sich z. T. überkreuzenden) Umwelten weiterexistieren können. Allerdings kann es gerade im Falle der Überkreuzung zum Wettspiel um das ‚Bessere' kommen.

Durch kollektive Schwingungen entstehen außerordentlich energiereiche Superwellen. Ihre Wirkung kann sehr groß sein und zu neuen Konstellationen, Strukturen, Entitäten – und vielleicht auch Krankheiten (vgl. Epilepsie und andere Anfälle?) führen. Dies ist vielleicht auch eine Hypothese für die Initiierung qualitativer Evolutionssprünge.

Nikolaus von Kues schrieb, im Kleinsten sei das Größte enthalten. Das läßt sich heute evolutionär deuten. Aber es gilt auch das Umgekehrte: Noch im Größten wirkt das Kleinste.

Die Biologie nahm bisher eher eine Folge von Versuch und Irrtum an, durch die ein überlebensfähiges Resultat entstehen kann, während andere verschwinden. Auch Versuch und Irrtum sind vielleicht nur Metaphern für unbekannte Entwicklungsbedingungen, bei denen einige Resultate zum Überdauern reüssieren. Damit ist aber nicht geklärt, ob, daß (unter welchen Beobachtungskonstellationen) und warum es nur bestimmte (‚finale' und ‚kausale') Bedingungen gibt (die aristotelischen αἰτίαι, *causae*; in Vermeer 1999, 52-54, wurde als Translation für αἰτία „Faktor" oder „Voraussetzung" vorgeschlagen und zu begründen versucht). M. Hampe (1998, 102) faßt Whiteheads Meinung zusammen:

> Es könnte also durchaus möglich sein, daß in einer avancierten Mathematik eine Beschreibung der Natur durchführbar ist, in der diese als ein Komplex von Zwecksetzungs- und Bewertungsprozessen begriffen wird.

(Vgl. oben die Drei-/Vierheit des Sensitivitätsquale.) Der Terminus „Sensitivität" („feeling") führt schon, wenn auch als Metapher, ein emotionales und ein Wertkriterium in die Mikrophysik ein. Die Wissenschaft ist längst auf dem Weg zur Holistik. Demnach müßte der Wert (der Zusammenhalt) eines Systems mit seiner Komplexität aus sensitiven, d. h. emotiven und evaluativen, sowie aus kognitiven Prozessen und Ereignissen steigen, wenn auch wegen der Verschiedenheit der Prozesse und Ereignisse nicht linear. Das paßt zu der soeben erwähnten Steigerung der Attraktivität. Nervenbahnen werden durch häufige Benutzung verstärkt, evtl. automatisiert (vgl. die „Übersetzungsfertigkeit" bei Wilss 1992). Vergleiche die steigende Attraktion und Systembildung. Wahrscheinlich liegt wieder das gleiche Phänomen vor, das die gesamte Evolution im Universum bedingt. – Qualitative Sprünge entstehen möglicherweise aus energetischen Superwellen von Sensitivitäten, d. h. Emotionen („feelings") und Evaluierungen, und zwar um so wahrscheinlicher, je komplexer das betreffende System wird. Natürlich ist es denkbar, daß sich Superwellen gegenseitig hemmen können. Emotionen können widersprüchlich sein, Werte können sich wie Wellen auf einem Teich gegenseitig aufheben. Die *ratio* (Rationalität) entsteht sekundär aus Emotionen und Evaluierungen.

Whitehead (*Modes of Thought* [1938], zit. n. Hauskeller 1994, 148f) drückt die anthropomorphe, metaphorische Seite des Gedankens aus:

> Es gibt eine Einheit im Universum, die Werte erlebt und (durch ihre Immanenz) teilt. Nehmen wir zum Beispiel die subtile Schönheit einer Blume auf irgendeiner abgelegenen Lichtung eines Urwaldes. Kein Tier hat jemals die Feinheit der Erfahrung besessen, ihre volle Schönheit zu erleben. Und doch ist diese Schönheit eine großartige Tatsache im Universum. Wenn wir die Natur überblicken und daran denken, wie flüchtig und oberflächlich das tierische Erleben ihrer Wunder immer gewesen ist, und wenn wir erkennen, wie unfähig die einzelnen Zellen und Regungen jeder Blume sind, die Ge-

samtwirkung zu erleben – dann erwacht in unserem Bewußtsein unser Sinn für den Wert der Einzelheiten für die Gesamtheit.

Wieder mag jemand einen anderen Adressaten oder Rezipienten für solche verborgenen Schönheiten in einem „Gott" suchen. Weniger romantisch ist die Annahme, „Schönheit" sei, zumindest im zitierten Fall, eine menschliche Emotion, die durch gewisse Formkonstellationen (Blume, Blüte, Farbe, Umfeld als Hintergrund, Situation; kulturspezifische Romantik, aktuelle Disposition des Beobachters, Phantasie usw.) zustande kommt (der Ausdruck „romantisch/Romantik" wurde bewußt auf zwei verschiedene Ebenen gesetzt). Die andere Betrachtung/Interpretation fragt, was „Schönheit" für ein Tier oder eine Blume bedeute und wie sie auf ihre unvergleichliche Weise diese ihre jeweilige Schönheit erlebten. Der Tubabläser im Orchester erlebt die Schönheit des Dvořákschen *Te Deums*, vom Lärmen der ihn umgebenden Instrumente betäubt, auch nicht wie die Zuhörer, doch muß die aktive Beteiligung ihn wohl erfreuen, sonst machte er nicht mit. (Aus einer Unterhaltung mit Holger Weihrich, Heidelberg.)

Clark (1999) deutet an, Sensitivität setze (Wieder-)Erkennungsvermögen („Gedächtnis") voraus. In diesem Sinn kann auch Whitehead (1978, 231) interpretiert werden:

> [A] feeling has a [...] 'vector' character.

Ich nenne das Resultat einer Attraktion „Passung" (vgl. Lorenz 1987; Plotkin 1995, passim; Vermeer 2003; s. oben). Ein handlicher Begriff, der als solcher nichts erklärt. Die Erklärung liegt in der Voraussetzung für Passungen, in der Sensitivität (d. h. in einer Metapher).

> The doctrine is, that each concrescence is to be referred to a definite free initiation and a definite free conclusion. The initial fact is macrocosmic, in the sense of having equal relevance to all occasions; the final fact is microcosmic, in the sense of being peculiar to that occasion. Neither fact is capable of rationalization, in the sense of tracing the antecedents which determine it. The initial fact is the primordial appetition, and the final fact is the decision of emphasis, finally creative of the 'satisfaction.' (Whitehead 1978, 47f)

Kein Ausweg aus der Metaphorik.

Der von Peirce (vgl. Pape 2004, 197) gesetzte „Urzustand" kann nicht „absolut homogen" gedacht werden (vgl. die Konstitution der Schwarzen Löcher; vgl. jedoch Greene/Kober 2006, 28, zur Möglichkeit „eine[r] extrem geordnete[n] Umwelt"; vgl. unten Davies 1984, 8). Im elementarsten Fall unterscheiden sich Energiepunkte durch ihre relative Position zu anderen Energiepunkten. Zumindest daraus können unterschiedliche Sensitivitäten von Prozessen abgeleitet werden, z. B. als Unterschiede in Intensitäten, mit denen andere Energiepunkte erreicht werden, sonst könnte es in der Folge keine unterschiedlichen Passungen und damit keine Evolution geben. Damit wird nicht ausgeschlossen, daß ,am Ende' (oder ,zu guter Letzt'?) wieder ein relativ homogener Endzustand erreicht wird. Vorerst gibt es informative Differenzen.

Peirce sprach von „Qualia". Das *feeling* hat nach ihm eine „mathematisch-logische Ordnung" (ib.). Sensitivität/*feeling* sind keine agentialen Ausdrücke. Peirce' Terminus „Qualia" scheint neutral zu sein. Stärkere Gravitation zieht schwächere an, geeignete Konstellationen (Kompatibilität[en]) führen zu Passungen usw. Das ist alles, was gesagt werden kann. Information wird, nicht-agential.

Anscheinend läßt sich der Inhalt des gesamten Universums auf Sensitivität und Form, d. h. Energie, zurückführen. Im Laufe der Evolution des Universums haben sich verschiedene und unterschiedlich komplexe Energieformen ausgebildet. Als höchste Energieform verstehen wir heute die „Information". Wir kennen heute drei Kanäle: (1) elektromagnetische und elektrochemische Informationsträger, (2) Gene, (3) physikalische „Zeichen", die als Stimuli über Sinnesorgane wirken. Die genannten Mittel können zusammenwirken. Information wird nicht übertragen. (Daß Information übertragen wird, ist eine verkürzte Ausdrucksweise.) Information kann durch die drei genannten Kanalformen, z. T. wiederum mittelbar (s. oben zu Textemen), appropriiert werden. Die ,Übermittlung' (ich behalte die übliche Ausdrucksweise bei) kann durch Speicher- und Abrufmechanismen temporal und räumlich mit Hilfe weiterer Mittel mittelbar unterstützt werden. Die indirekte Übertragung mit etwaig zwischengeschalteten Intentionen und Interpretationen, evtl. sogar De- und Enkodierungen[135] (vgl. das Telefon), Stimulierungen und Interpretationen kann recht komplexe Formen annehmen. Von einigen Wissenschaftlern werden auch andere Arten von Informationsstimulierung angenommen (z. B., daß bisher unbekannte Zusammenwirkungen ins Spiel kommen, wenn ähnliche Ideen fast gleichzeitig an verschiedenen Orten entwickelt werden; vgl. auch den sog. „Zeitgeist"). Derartige Vermutungen gelten oft als wissenschaftlich suspekt, am wenigsten noch die Telepathie; vgl. die Parapsychologie, das Voraussehen einer Zukunft, z. B. die Prophezeiung und Spökenkiekerei.

---

[135] Termini wie „Kode", „kodieren" usw. werden auch „Code", „codieren" usw. geschrieben.

(Schon nicht mehr suspekt, sondern Unsinn, wenn auch für manchen amü-
sante Unterhaltung, sind Schusterkugel und Kaffeesatz.) Wie jedoch Information im einzelnen zustande kommt, gespeichert und andern Orts als
gleiche (nicht: dieselbe!) wieder auftaucht oder/und übermittelt wird,
kurzum, was „Information" außer einem sprachlichen Terminus ‚ist', wissen wir nicht so recht. Wenn wir die Sensitivität der Mikrophysiker, die
Passungen usw. betrachten, dann hat es Information seit den Nanosekunden
gegeben, in dem Energie in Bewegung geriet. Und diese Beschleunigung
hat selbst ihren informativen/informierenden Grund. Information wird allem im Universum als Potentialität zugeschrieben.

Oben wurde die Austauschbarkeit von Masse und Energie erwähnt.
Wenn Masse unter bestimmten (Konzentrats-?)Bedingungen als Materie
erscheint, kann diese als spezifisches, unterschiedlich informatives Energiekonzentrat angesehen werden. Wiederum entsteht Vielfalt (vgl. hierzu
Smolin/Filk 1999). Realität löst sich in die Realität von Energie(bewegungen), d. h. in momentane Prozesse, Passungen, Konkretisierungen mit
daraus entstehenden räumlich und temporal ausgedehnten Komplexisierun-
gen, u. U. Systemen und Organismen, d. h. strukturierte Energiefelder',
auf.

KOMPLEXITÄT

Komplexität benennt zweierlei: (1) Etwas, z. B. das Atom, als ein mesokosmisches „Ganzes" (Holon) aus einer mikrokosmischen „Gesamtheit"
(die Termini in Anführungszeichen stammen aus Luhmann 1985), (2)
Etwas, z. B. eine Gesellschaft, als mesokosmisch aus Individuen oder
Systemen bestehende Gesamtheit.

Im ersteren Fall sind zwei Arten ‚Individualität' zu unterscheiden:
(1a) Das Ganze wird durch eine Beobachtung individualisiert. Dürr verweist mehrfach darauf, daß ein System auf mikrophysikalischer Ebene
nicht auseinandergerissen werden kann, ohne daß es als Ganzes zerstört
wird.

> Mit geeigneter Überlagerung von elektromagnetischen Wellen läßt sich ein
> lokalisiertes Wellenpaket erzeugen, das wie ein Lichtteilchen, ein Photon,
> aussieht. Der Differenzierungsprozeß des „Einen" ist die Folge einer Selbst-
> organisation der Wellen: Die Erzeugung von Grenzflächen in dem „Einen"
> und nicht die Bildung von Gesamtsystemen von zunächst „Getrennten".
> (Dürr 1997, 273)

(1b) Die Elemente des Ganzen, des Einen, des „Nichtauftrennbare[n]", wie Dürr (ib. 287) zu sagen vorzieht, z. B. einfache Prozesse, werden untereinander als differenziert, unterschiedlich, aber nicht durch Akzidentien (Eigenschaften) im konventionellen Sinn, sondern durch inhärente Qualia oder äußere Bedingungen, wie z. B. ihre relationale Position, individualisierbar gedacht, um ihr Verhalten, z. B. Attraktion und Repulsion, also Passung, verstehen zu können. Der Ausdruck für das Ganze inhärenter Qualia ist „Form".

Mit einer solchen Formulierung läuft man allerdings Gefahr, sogleich in die metaphysische Falle zu geraten, die von modernen Philosophen gefürchtet wird. Das einfache Etwas, ein Prozeß, bildet eine Einheit und wird auf Grund der für jeden einzelnen einfachen Prozeß verschieden zu denkenden Qualia eine Individualität, ein Individuum, denn sonst würde nicht verständlich, warum sich nicht alle Prozesse mit allen paaren (vgl. die Passung) oder keiner mit keinem. Beides hat nicht stattgefunden. Es wäre auch denkbar, daß mindestens eine äußere Bedingung das Verhalten lenkt, z. B. der Abstand der Elemente voneinander, die Differenz der Entfernung, oder die Intensität der Energie. Sensitivität für Entfernung, Relation wäre dann ein Quale einer einfachen Entität. Die Falle kann nicht als die Frage nach der Existenz der Prozesse, ihrem (individuellen) Sein und damit dem, was sie ausmacht, ihrem Wesen gestellt werden (vgl. Lakoff + Johnson 1999, 352-354). Wenn Prozesse momentan sind, kommt ihnen kein „Sein" im traditionellen philosophischen Sinn zu. Sie „werden" (*become*), wie Whitehead sagt. Tatsächlich fragt die Mikrophysik, was denn ‚am Anfang' geschah. Sie fragt nach einem Prozeß. ‚Vor dem Anfang' „war" nichts. Und gäbe es eine Sequenz von Universen, bliebe die Frage nach dem Prozeß des ersten oder nach dem Warum/Wodurch des Anfangs (ohne Anführungszeichen). – In ihrer Dissertation zur „Translation" geht Dizdar [demnächst] auch der Behandlung von Heideggers Problem des „Seins" nach: Nach Heidegger kann die Frage nach dem Sein nicht gestellt werden, weil es in der Frage, was Sein ist, im „ist" bereits enthalten ist, also für die Frage, die nach ihm fragt, vorausgesetzt wird. Dizdar verweist auch auf Sprachen, die (wie z. B. die semitischen oder in anderer Weise das Türkische) kein Seins-Verb im Sinne der indogermanischen Sprachen aufweisen. Die Lösung läßt sich perspektivisch auch folgendermaßen formulieren: Etwas „wird" (vgl. Whitehead 1978: *it becomes*) und zwar mikrokosmisch auf jeden Fall in jedem Moment neu und damit ander(e)s. Auf der mesokosmischen Ebene der „menschlichen" Realität kann dieses Werden in einem Zeitpunkt (Moment) sistiert und dann als (quasi-)statisch fortgeführt werden. Das menschliche So-Sein zwingt zu einem solchen Schritt. Von ihm hängt das Überleben des Menschen ab (vgl. die Erfahrung, Erinnerung, den Sinn von Evaluation, die „Kontrollschleife" [s. unten] etc.). „Sein" kann dann als die Reduktion und anschließende Generalisierung eines ‚Zustands' in einem bestimmten Moment, eben die Sistierung eines Werdensmoments gefaßt werden. Da die Frage nach dem „Sein" im allgemeinen als philosophische und hierin für gewöhnlich als eine Frage nach dem Sein eines Begriffs (vgl. Vermeer 2004a; 2004b) gestellt wird, fragt sie aus der bestimmten Perspektive einer sich indoeuropäischer Sprachstrukturen bedienenden und aus ihnen hervorgegangenen, nämlich der abendländischen philosophischen Tradition nach einem solchen Sein und damit nach dem aus einer anderen Perspektive derselben Tradition hervorgegangenen Begriff (vgl. Platons ἰδέα), der gleichfalls durch den Dreierschritt, die Trilogie oder Trinität einer Reduktion, Generalisierung und Sistierung zustande kommt. Man muß sich dabei nur der Paradoxie, daß mit dem Praesens „ist" nach einem Praeteritum („war im Moment t_{-n}") gefragt und dieses Praeteritum in der Wissenschaft der Philosophie unlogischerweise als Praesens präsentiert wird, stellen, denn man fragt nach etwas, das (unmittelbar) vor der Fragestellung existiert haben soll.

Nagel/Gebauer (1992; vgl. ib. 147) schneiden die Evolution sozusagen auf menschliche Fähigkeiten zu. Es muß/müssen aber doch wohl, wie kurz erwähnt, schon im Anfang des Universums, in den Prozessen der ersten Nanosekunden eine Kraft/Kräfte oder besser: ein Quale / Qualia geworden sein und dafür gesorgt haben, daß die Evolution in einer irgendwie strukturierbaren Weise vor sich ging, daß ein Universum zustande kam und nicht alles in einem wüsten Chaos (hier wäre der Ausdruck in seinem Alltagsverständnis angebracht) zerstob.[136]

> Im Anfang war das Universum ein undifferenzierter Hexenkessel von Quantenenergie, es befand sich in einem Zustand extremer Symmetrie. Der Anfangszustand des Universums ist vielleicht der einfachste, der überhaupt möglich ist. Erst als es sich rapide ausdehnte und abkühlte, bildeten sich die bekannten Strukturen durch Erstarren aus der Ur-Schmelze heraus. Nacheinander lösten sich die vier Grundkräfte aus der ursprünglichen Superkraft heraus. Stufe um Stufe gewannen die Teilchen, aus denen die Materie der Welt aufgebaut ist, ihre jetzige Identität ... Man könnte sagen, der durchstrukturierte Kosmos, den wir heute sehen, sei durch „Gerinnung" aus der

---

[136] Der Schöpfungsmythos in Gen. 1.1f erzählt genau dies: Im Anfang war das Chaos (תהו ובהו [tohū wā-bohū]), dann strukturierte Gott die Welt. Sie wurde ein System. – So beginnen Mythen. Der erste Satz Gen. 1.1 kann als eine Art Überschrift interpretiert werden.

strukturlosen Uniformität des Urknalls hervorgegangen. Was wir an Grundstrukturen um uns her erkennen, sind Relikte dieser Initialphase, Fossilien. (Davies 1984, 8, zit. n. Sheldrake/Eggert 1993, 23)[137]

Gibt es tatsächlich so etwas (Etwas, Etwasse, ein inhärentes Quale, Qualia), das die Welt im Innersten zusammenhält? Wie wäre das zu verstehen? Überstrapaziere ich meinen Mythos von der Sensitivität, wenn ich sie mit immer mehr Qualia ausschmücke? Und doch kennen wir (bisher?) keine andere Erklärung. Auch „Formen", z. B. einem einfachen Ereignis, müssen unterschiedliche Qualia inhärent sein, so daß sie als Individuen Passungen eingehen können.

Die jonischen Vorsokratiker des 6. Jhs. v. Chr. glaubten das Universum aus vier Elementen entstanden, die ihrerseits aus verschiedenen Kombinationen des Warmen und Nassen bestänen. Thales wollte nur das Wasser als Urelement gelten lassen. Anaximander hielt dagegen, daß nach der Zwei-Elementen-Lehre aus Einem nichts hätte entstehen können. Anaximander behauptete, alles Seiende sei aus dem ἄπειρον, dem Indefiniten(-Unbekannten), entstanden. (Die Philosophie ist aus dem Streit entstanden, wie etwas entstand.) Anaximanders Problem: Wie konnte aus dem Indefiniten Definites werden? Nimmt man Heraklits Lehre vom Fluß aller Dinge hinzu, läßt sich Anaximanders Theorie als moderne mikrophysikalische Hypothese neu-lesen und seine Frage damit vielleicht einer Antwort näher bringen: Bewegung hat eine Richtung. Sie bewegt sich in ihrem (durch ihre „Umwelt" bedingten) Raum.

> Die Evolution des Universums vom Urknall an kann als ein solcher großer Differenzierungsprozeß betrachtet werden (Dürr 1997, 275),

als „ein immer differenzierteres Vakuum" (ib.). Die Frage nach der/den Bedingung(en) für Differenzierung kann (heute noch) nicht gestellt werden. Differenzierung heißt auf mikrophysikalisch „Symmetriebrechung" (ib.) – und aus mesokosmischer Sicht ... Freiheitsberaubung oder Beseitigung der Promiskuität.

> Die Bildung neuer (klassischer) Formen bedeutet immer gleichzeitig auch „Massenmord" anderer (quantenmechanischer) Optionen. Warum eine solche fortschreitende Versklavung von quantenmechanischen Freiheitsgraden

---

[137] Die scheinbare Inkonsequenz der Formulierung: Hexenkessel und zugleich extreme Symmetrie ist wieder Metaphorik. Die im Zitat angenommene absolute Uniformität wird als ungeheure (daher der Hexenkessel – eine hier fragwürdige Metapher) Energie gefaßt.

zu Realem, eine Gerinnung von Potentialität zu Faktizität, von Möglichem zu Tatsächlichem überhaupt geschieht, kann ich nicht sagen. (ib.)

Treichel (2000, 24) ist optimistisch:

> Wir werden zeigen können, wie aus einer begrenzten Anzahl von elementaren Bausteinen und einfachen Ordnungsprinzipien die schier unbegrenzte Vielfalt der Erscheinungen in der materiellen Welt hervorgeht.

Im zweiten Fall ist es der Mensch, der differenzierend individualisiert, um zu sezieren: einen minimalen Ausschnitt abzusondern, den er dann zu verstehen versucht.

Zwei Perspektiven in sich perspektivisch differenziert.

> Aus Überlagerung von Offenheit wird Bestimmtheit. (ib. 274).

> [Aber] durch Festlegung auf einmal erprobte Kombinationen erscheint es möglich, in der kurzen Zeit von 4,5 Milliarden Jahren der Erdgeschichte solche komplexen Systeme wie eben einen Menschen zu entwickeln. (ib.)

Komplexität gibt es auf allen Ebenen. Was sie bedeutet, zeigen ein paar Zahlen:

> Die Zelle *des Mycoplasma*, keineswegs der kleinste Organismus, ist aus weniger als 100 Millionen Atomen, die bekanntlich selbst wieder komplex sind, aufgebaut (Metzner 2000, 201)

> Der Körper eines Menschen besteht aus 100 000 Milliarden Zellen, das Gehirn besteht aus 100 Milliarden Nervenzellen, die durch 100 000 Milliarden Verknüpfungen miteinander kommunizieren. Die Entstehung dieser Strukturen steht zunächst einmal in Einklang mit den Erhaltungssätzen der Physik, jedoch passierte hier mehr als nur die Umsetzung von Sonnenenergie in chemische Verbindungen. Die genannten Strukturen weisen einen geradezu unglaublichen Grad von innerer Koordination und Ordnung auf. (Meier 2004, 36)

Wie solche Ordnungen entstanden, weiß man bisher nicht. Man nennt das Unwissen Evolution.

> Jedenfalls können wir davon ausgehen, dass in einer früheren Epoche, bei höherer Dichte und damit größerer Wechselwirkungswahrscheinlichkeit, die Ausdehnungsrate von den Photonen bestimmt war. Das Universum war „strahlungsdominiert". (Treichel 2000, 268)

Evolution gewinnt zwei Bedeutungen: die der Entwicklung und die des ‚Grundes' für Entwicklung.

Die Mesoebene muß für den Menschen weithin eindeutig sein, eindeutig deutbare Objekte aufweisen, eindeutige Entscheidungen ermöglichen (z. B. Flucht oder Wehr). Die Ganzheit der Mikrowelt wird (für den Menschen) zum unerklärlichen Individuengewimmel; ein Individuum der Mesoebene wird (ihm) zum Holon. Ein mikrophysikalischer {Prozeß} führt zu einem mesokosmischen Reale. Anders gesagt: Aus mikrophysischer Perspektive gibt es kein „Sein" und damit keine bestehende „Realität". Alles prozediert, „wird" (à la Whitehead). Genauer also: Das Werden ist die Realität. Werden ‚realisiert' sich und alles andere. Man erinnere sich noch einmal Leibniz' Tempelmetapher. Vielleicht geht es gar nicht um den Tempel und/oder seine Proportionen, sondern um die Bewegung der Relationen, das Da-Zwischen (*in-between*) der Möglichkeit des Werdens.

Im folgenden bezieht sich Komplexität auf einzelne Systeme und Systemkomplexe, intersystemische Zusammenhänge einer Gesamtheit als eines im Prinzip Ganzen (vgl. biologische Kreisläufe, vgl. den ‚Austausch' (s. unten) von Memen in der Interaktion, besonders der Kommunikation und damit der Translation; vgl. das „feedback", auch als Beispiel für die reziproke Beeinflussung von Beobachter und Beobachtetem Gegenstand).[138] Ich betrachte sozusagen die erste Perspektive von der zweiten aus. Systeme funktionieren sowohl auf mikrophysischer als auch makrophysischer (mesokosmischer) Ebene. – Zu Komplexität vgl. u. a. Müller + Dress + Vögtle (1996).

Komplexität hat etliche Seiten. Komplexität findet sich schon, wie gesagt, auf der Ebene der hier als „einfach" benannten Phänomene (vgl. die durch inhärente Qualia differenzierten einfachen, momentan-individuellen Prozesse), ohne daß durch die hier verwendete Terminologie ein Widerspruch entstehen muß. Sodann bedeutet Komplexität ein Zusammenspiel, eine „Konvergenz" oder „Feldbildung", auch einfacher Prozesse oder/und Ereignisse. Diese Systembildung aus Potentialitäten und Probabilitäten kann durchaus als „genuin kreativ" (Dürr 1997, 242) bezeichnet werden. (Zur Möglichkeit, von hier aus „Leben" besser zu erklären, vgl. ib. 242-247.) – Zum anderen werden Systeme usw. aufgebaut. Schließlich wird der Zusammenhang aller Phänomene im Universum behauptet. – Komplexität kann für ‚Fehler' anfällig(er) werden bzw. machen oder/und zu verringerter Präzision (vgl. die Stochastik) und gerade dadurch zu größerer Flexibilität, d. h. Plurifunktionalität, und von dort zu evolutionären Neuerungen führen (vgl. die Proteine in der Genetik).

---

[138] "A judging subject is always passing a judgment upon its own data." (Whitehead 1978, 203)

Mit zunehmender Komplexität wächst im allgemeinen auch das Informationspotential eines Systems und damit seine „Macht". Nietzsches „Wille zur Macht" könnte als eine Zunahme der Sensitivitätsintensität durch Zunahme der Attraktion gedeutet werden. (Vgl. hierzu die Memetik; s. unten.) Attraktion (und Repulsion) können als „Kommunikation" (Dürr 1997) verstanden werden. Vergleiche auch die Resonanz als Emotion. Also Kommunikation als Resonanz(folge)? Zugleich wird Kommunikation im kulturwissenschaftlichen Sinn ein Spiel von Attraktion und Repulsion, von „Passungen".

SYSTEMIK

Aus einfachen Prozessen und Ereignissen können dank ihrer Sensitivität und distanz- und intensitätssensitiven Attraktionsfähigkeit, so sei angenommen, komplexe Prozesse und Ereignisse entstehen (vgl. Whitehead 1978). Auf Grund derselben Qualia, so sei weiters angenommen, entsteht in der Komplexität Ordnung: Struktur. Strukturierte Komplexitäten heißen „Systeme". Wir analysieren die Systeme wieder auf den zwei Ebenen der Mikro- und Mesoebene. Auf der Mikroebene gelten einfache Prozesse und Ereignisse als momentan. Auf der Mesoebene wird Prozessen und Ereignissen, weil sie komplex sind, durch Reduktion auf Regelhaftigkeit(en) Dauer zugeschrieben. Dadurch entsteht zwischen den beiden Ebenen eine temporale Spannung, eine probabilistische Instabilität,[139] die zu ständigen autopoietischen An-Passungen (genauer: Versuchen hierzu, denn in jedem Moment gibt es indefinit viele Entscheidungsmöglichkeiten) des Systems an sich selbst, d. h. Aktualisierungen des Systems innerhalb seiner selbst, zwingt. (Vgl. die Selbsterhaltung eines Organismus.) Anpassungen/Aktualisierungen benötigen Energie. Es kann zu Überaktualisierungen kommen, die sich z. B. als neue Gedanken, Muskelspannungen usw. manifestieren können. Energie muß von außen zugeführt werden. Auf der Ebene des Kontakts mit der Umwelt – man könnte diese Ebene im Gegensatz zur erstgenannten vertikalen die horizontale und das Ganze ein Fadenkreuz nennen – entstehen andere Spannungen und werden andere Anpassungen nötig. Die Spannungen steigen. Sie können sich einander anpassen, kumulieren. So könnte der Mythos größere Veränderungen ‚erklären'. Kumulationen auf der einen oder/und anderen Ebene können zeitversetzt in Erscheinung treten (vgl. Mutationen). – Es wird deutlich, daß es keine Wie-

---

[139] Luhmann (1985, 79) nennt sie „dynamische Stabilität" und derartige Vorgänge „Operationen".

derholung, keine Re-Produktion ohne Variation, nur Spiraligkeit der temporalen Dauer gibt, wie Heraklit wußte. Spiraligkeit wird angenommen, weil sonst Chaos entstände, das System würde zerbrechen. Spiraligkeit bedeutet also Gerichtetheit, Funktionalität, Evolution, „Bedeutung" (s. *SINN UND BEDEUTUNG; s. Vermeer *Fragments* ... [demnächst]: „meaning"; s. physikalische Sensitivität usw.; vgl. auch die „Superwelle" als evtl. heilender und nicht zum Zerbrechen führender Energiestoß). Damit ein System dauern kann, muß es in jedem Moment Passungen vornehmen (vgl. die Autopoiesis), die es weiterfunktionieren lassen. Abweichungen, die das Funktionieren nicht bedrohen, werden geduldet. Aber auch aus der Folge geringer Abweichungen kann etwas Neues entstehen. Die Evolution bekommt vier Chancen: die stete Justierung erhält den *status quo*, geringe Differenzen können zu Neuem kumulieren, die Eruption führt selten zu überlebensfähiger Neuerung, die genannten Möglichkeiten wechseln im Laufe der Zeit – die letztgenannte kann wohl nur am Ende (ent)stehen. Stete Anpassungen innerhalb des Systems erhalten das System, das System muß stete Anpassungen produzieren, um erhalten zu bleiben. Das kann aber auf zweierlei Weise geschehen: Anpassungen führen in ihrer Folge sozusagen auf einer engen Bahn in einer Schleife zum System zurück. Oder: Die Reaktion auf die erste Abweichung repariert diese, doch nicht, indem das System auf sich selbst zurückgeführt wird. Auf die Reparatur antwortet eine weitere Abweichung. Auch diese wird repariert, führt aber weiter vom System weg. Usw. Das System wird allmählich in ein anderes überführt. Autopoiesis bedeutet, daß ein System sich skoposadäquat verhalten kann und muß, nicht aber, daß es sich erhält, sondern daß etwas Funktionierendes entsteht. Diese Funktionsfähigkeit wird erhalten. Das nennt man Evolution. Nicht bekannt ist, wie sie erreicht wird.

Für Luhmann sind Systeme grundsätzlich geschlossene Systeme mit Kontakten zur Umwelt. Das klingt paradox. Autopoiesis verlangt, daß das betreffende System so in sich strukturiert ist, daß es durch seine Konstruktion funktionieren kann. Das bedeutet nach Luhmann (1992, 271), daß Systeme rekursiv gebildet werden, weil Vergangenes berücksichtigt und vorausgesetzt wird. Dadurch erhalten Systeme eine Engführung und zugleich die Möglichkeit zu evoluieren. Ich möchte die (relative) Offenheit von Systemen offenhalten.[140] Auch ein autopoietisches System ist auf einen

---

[140] Scherer (in Güntert + Scherer 1956, 11) bevorzugte im Anschluß an Güntert „Gefüge", da ihm „offenes System" als Widerspruch erschien. Gefüge würde zugleich auf die Strukturierung der Ganzheit deuten, doch ist „System" – nicht zuletzt dank der globalisierenden Fremdwortliebe der Wissenschaft[lichkeit]en – inzwischen üblich geworden.

Energieaustausch mit seiner Umwelt angewiesen. (Luhmann deutet dies anders; s. Vermeer *Fragments* ... [demnächst].) Die Grenzen eines Systems sind nur relativ anzugeben (vgl. das Handwerkszeug, die Interaktion, Translation). In eine Translation geht der Translator mit ein. Systeme können Subsysteme bilden oder aus ihnen zusammengesetzt sein. Es gibt Subsysteme, die, zumindest unter einer gewissen Perspektive, zwischen verschiedenen Systemen existieren (vgl. evtl. die Kommunikation). Auch nach dieser Betrachtungsweise ist es vorteilhaft, von Systemen als offenen Systemen zu sprechen. Luhmann (1992, 35) erwähnt die „Wahrnehmungsmöglichkeiten" als Öffnungen, ohne die ein System „rasch verkümmern" würde. Zunächst gilt es wieder, auf zwei Ebenen, der momentan-individuellen Mikro- und der überindividuell-dauerhaften Mesoebene zu denken. Ein System nimmt nicht die Umwelt wahr, sondern das Phänomen, das es sich von seiner Umwelt macht. Wie oben zur Genüge gesagt, nimmt man nicht einen/den Tisch ‚an sich' wahr, vor dem man sitzt, sondern das, was man aus den eigenen momentanen kontingent-perspektivisch-holistischen Wahrnehmungen, die mesokosmisch zur {Wahrnehmung} werden, als den Tisch, vor dem man aktuell sitzt, perzipiert. In dieser Hinsicht sind Systeme z. B. geschlossen, hermetisch sozusagen. Aber sie verstehen sich selbst auch nur phänomenal. Eine andere Ebene gibt es für sie nicht. Auch die Makroebene ist eine phänomenale Ebene. Kontingent-perspektivisch-holistisch klingt wiederum paradox. Gemeint ist einerseits eine konnotativ-kognitiv/denotative Wahrnehmung. Weder kon- und denotative Qualitäten müssen, noch muß eine Wahrnehmung überhaupt bewußt werden. Wahrnehmung kann zwar durch die momentane Disposition (die aus indefinit vielen Faktoren zustande kommt; vgl. unten die Faktorenlisten) und allgemeine Konstitution des Systems gefiltert, aber nicht (ganz) abgewiesen werden. Sie tut ihre Wirkung. Wahrnehmbarkeit aber bedeutet Offenheit. Luhmanns Anliegen kann von einer dritten Seite gesehen werden: In jedem Moment kann ein System als geschlossen gelten. Öffnung geschieht durch den Sprung von Moment zu Moment (vgl. das Vakuum als indefinit große Energie) und wird auf der mesokosmischen Ebene durch denotativ-rationale Reduktion auf Wiederholbarkeit als im Zeitverlauf komplexes Geschehen wahrnehmbar (vgl. ib. 35-37).

> [D]as Kriterium der Einheit für Makroereignisse [in meiner Terminologie: Mesoereignisse] von zeitlicher Dauer ist ein gemeinsames Charakteristikum aller Momente, das sich aus der Selbstorganisation der Teilprozesse zu einem Prozeßganzen ergibt. (Lotter 1996, 103[119])

Eine vierte Hypothese stellt die Interaktion dar (vgl. Vermeer *Fragments ...* [demnächst]).

Strukturen stellen Ordnungen dar. Man unterscheidet ungeordnete/unstrukturierte, entropische und unstabile Komplexitäten (z. B. Gase, Gefühle) und geordnete/strukturierte und (u. U.) stabile Systeme. Stabile Systeme sind geordnete Systeme, die „Irritationen" widerstehen können. Systeme sind Individualitäten.

> [A] multiplicity [Komplexität] consists of many [≥ 2] entities, and its unity [das System] is constituted by the fact that all its constituent entities severally satisfy at least one condition which no other entity satisfies. (Whitehead 1978, 24)

Die Entstehung neuer Formen und Funktionen wird in der Wissenschaft als ihre „Emergenz" bezeichnet.

> In der *„Emergenztheorie"* wird herausgestellt, daß es in der Physik keine ungewohnte Situation ist, wenn auf neuer Ordnungsstufe neue Eigenschaften auftreten, die nicht in „direkter" Weise auf Eigenschaften in niedrigerer Stufe zurückführbar sind. Eine derartige Stufung ist in der Physik bereits beim Verhältnis von Molekülen zu Atomen anzutreffen. Die Eigenschaften der Elemente der höheren Ebene (hier der Moleküle) kommen nicht schon bei den Elementen der niedrigeren Ebene (hier der Atome) vor, obwohl sie durch die letzteren bedingt sind. Allgemeiner bezieht sich eine solche Stufung auch auf das Verhältnis der Eigenschaften von Zellen (als der höheren Stufe) zu den Eigenschaften von Molekülen und es wird der Übergang zu weiteren Stufen fortgesetzt bis zu den höheren Organismen und schließlich bis hin zu einer besonderen Eigenschaft („Bewußtsein") der menschlichen Gehirnvorgänge. (Richter 2005, 30)

Die zur Bildung von Systemen führenden Transmutationen/Translationen führen unter Aufgabe mehr oder minder weitgehender Selbständigkeit individueller Ereignisse zu hierarchisch organisierten Komplexen bzw. Teilkomplexen.[141] Es entsteht außerdem der Eindruck ähnlicher Prozeßabläufe

---

[141] „Das komplexeste System, das wir kennen, die Biosphäre, besitzt mindestens acht solcher Organisationsebenen: die Organellen der Zellen, die Zellen, die Organe eines Körpers, Pflanzen und Tiere, Gemeinschaften gleicher Organismen, lokale Ökosysteme, größere Systeme wie beispielsweise Kontinente oder Ozeane und die Biosphäre als Ganzes." (Smolin/Filk 1999, 204) – Zusammenlebende Frauen entwickeln oft einen parallel laufenden Menstruationsrhythmus. – „Im Gegensatz zu Systemen, die ins Gleichgewicht kommen, wird ein von der Gravitation zusammengehaltenes System im Verlauf der Zeit immer heterogener. [...] Solche Systeme

und Ereignisse, so daß ein Beobachter vermeint, Wiederholungen führten zu (erwart- und sogar voraussagbarer) Kontinuität und hingen kausal zusammen.

Evolution bedeutet Emergenz steigender Komplexität. Im Evolutionsprozeß kann Komplexität zu Qualitätssprüngen führen. Von einem indefiniten Komplexitätsgrad ab können Systeme „autopoietisch", d. h. durch die Prozesse der inneren Strukturierung (vgl. das Prinzip der Dampfmaschine) und des Austauschs mit ihrer Umwelt (vgl. die Ernährung) selbstorganisierend und selbsterhaltend, werden (vgl. u. a. Luhmann 1984; 1992; Pape 2004). Autopoietische Systeme befinden sich in einem „Fließgleichgewicht" in einer Welt fern vom Gleichgewichtszustand der Thermodynamik (unserer Welt). Hierzu gehören folgende Bedingungen: Kreisprozesse von Zu- und Abfuhr in geregelter Geschwindigkeit, relative Abgegrenztheit (z. B. durch eine Membran, ein Gravitationsfeld) des Systems gegenüber seiner Umwelt, Rückkoppelungsmechanismen (vgl. Luhmann 1984, 186f; vgl. auch Newton 2000, 93 zu Homöostase). Rombach (1994, 132) kritisiert den hinter dem Terminus „Autopoiesis" gemeinten Begriff als zu eng und möchte ihn durch „Konkreativität" ersetzen. Sein Beispiel („Die Pflanzen produzieren, indem sie sich reproduzieren, die Atmosphäre, die sie für sich selbst, ja schon für ihre Entstehung brauchen") geht auf eine umfassendere Ebene als der des einzelnen Systems, nämlich auf eine komplexere Systemik über.

> Wir kennen heute zumindest grundsätzlich alle Wechselwirkungen, die über kurze Distanzen die Strukturbildung antreiben. [...] Bemerkenswert ist dabei jedoch, dass es neben dem synthetisierenden Ansatz aus den durch das Reduktionsprinzip gefundenen Konstituenten und ihren Wechselwirkungen seit einigen Jahren auch erste überzeugende Modelle für eine eigenständige Strukturbildung gibt. Diese Strukturbildung erfolgt dabei immer ohne zentrale Steuerung durch ein globales übergeordnetes Kontrollsystem, sondern nach dem Prinzip der Selbstorganisation. (Meier 2004, 38).

Kein System kann sich selbst generieren, d. h. selbst erfinden und konstruieren (vgl. Luhmann 1985, 31: „daß es weder ein ausschließlich selbstreferenziell erzeugtes System [...] geben kann"). Einmal erfunden sucht sich ein System (von einem gewissen Komplexitätsgrad nach einem Qualitätssprung ab) autopoietisch zu erhalten und

---

entwickeln Vielfalt; sie werden im Verlauf der Zeit immer interessanter statt homogener." (ib. 205)

neue Systeme gleicher[142] Art zu produzieren (vgl. den Organismus, die Zellteilung, die Genetik) und aus sich zu entlassen.

Von dem Augenblick der Evolution an, ab dem sich die Menschen definitiv biologisch-evolutionär von Nicht- bzw. Prä-Hominiden getrennt hatten, wurde eine neue Gattung.

> Das System gewinnt durch Differenzierung an Systematizität, es gewinnt neben seiner bloßen Identität (in Differenz zu *anderem*) eine Zweitfassung seiner Einheit (in Differenz zu *sich selbst*). (Luhmann 1985, 38)

Wenn die Argumentation gilt, sind alle Systeme nach der Entstehung des ersten sekundäre Systeme. Es gilt also wieder, daß *tout se tient*. – Aber das ist schließlich abermals eine Definitionssache.

Ein System ist ein Ganzes-im-Ganzen-des-Universums. Dem System von außen (außerhalb seiner selbst, extern) zukommende Reize treffen (auf) den Systemkörper und dringen evtl., z. B. durch ein bestimmtes Subsystem im System filtriert und ‚aufbereitet‘ (vgl. die Sinnesorgane), als Stimuli in ihn ein.[143] So beeinflußt die Reaktion des Gehirns im Prozeß der „Wahrnehmung" den gesamten Organismus. Andererseits wirkt ein System /Organismus auf individuelle und arteigene Weise auf seine Umwelt ein (vgl. die Umweltverschmutzung).

Kein System kann (außer methodologisch durch den Reduktionsprozeß der Wissenschaft) von seiner Umwelt isoliert werden und isoliert existieren (vgl. Smolin/Filk 1999, 182; zu selbstorganisierenden Systemen vgl. ib. Kap. 10). Geschlossenheit ist nicht Isolierung. Da liegt vielleicht der Unterschied zu der traditionellen Auffassung von Monaden: Sie existieren isoliert (falls sie existieren; vgl. die „Fenster" in Monaden). Auf die Entstehung neuer Systeme durch „Mem"-Zufuhr ist später zurückzukommen.

Autopoiesis funktioniert nach einem systemindividuellen „Programm" (vgl. Luhmann 1985, passim). „Tod" bedeutet, daß die Autopoiesis ‚aus dem Ruder gelaufen‘, d. h. nicht (in hinreichend kurzer Zeit) reparabel ist.

7 – Vom System zum Organismus

Ein Organismus sei „ein System von miteinander in Resonanz stehenden,

---

[142] Variation (Mutation) kann zu anderen Systemen evoluieren.

[143] Der größte Teil von außen kommender potentieller Einwirkungen wird nicht wahrgenommen (vgl. die geringe Bandbreite menschlicher Wahrnehmungen von Lichtwellen als Farbe). Mit filtern wird gemeint, daß potentiell als Reiz dienen könnende Einwirkungen nicht aufgenommen werden, weil z. B. die Aufmerksamkeit auf sie fehlt / der Organismus anderweitig interessiert ist usw.

wohldefinierten Schwingkreisen" (Cramer 1997, 181; auf den nächsten 12 Zeilen führt Cramer Beispiele auf). Das Zusammenspiel dieser von Cramer angenommenen Schwingkreise (Resonanzen) führt zu einer möglichen Begriffsbestimmung von Organismen. Ich halte mich näher an Luhmann (1985).

Zu den oben für Systeme erwähnten zwei Definienda: die Selbstorganisation und Selbsterhaltung gehört für Organismen als drittes die Selbstreproduktion(sfähigkeit). Unter Selbstreproduktion verstehe ich zweierlei: (1) die Fähigkeit eines Systems, sich, wenn einmal funktionsfähig organisiert, konstruiert und strukturiert, selbst funktionsfähig zu erhalten oder sich selbst zu voller Funktionsfähigkeit zu organisieren (vgl. Kind → Erwachsener) bzw., falls Irritationen aufgetreten sind, zu reorganisieren, und (2) die Fähigkeit, neue Systeme der gleichen Art zu produzieren, d. h., Nachkommen zu erzeugen.

Aus einem evolutionären Qualitätssprung hervorgehende autopoietische Systeme, die die vorgenannten Bedingungen erfüllen, heißen „Organismen" (vgl. Smolin/Filk 1997, 186f; vgl. Metzner 2000, 143-147). Im allgemeinen bezeichnet man solche Systeme als lebende Systeme. „Leben" ist ein (bisher) nicht erklärbares Phänomen (vgl. Dürr 2003b, 8). Kauffman (zit. n. Newton 2000, 93) nimmt an, daß Leben aus Katalyse entstanden ist.

[A] molecule acts as a catalyst if it speeds up (or makes more probable) a reaction among other molecules that would otherwise occur much more slowly. A self-organizing system that can catalyze the reactions that maintain its own existence, or reproduce its own states, Kauffman calls a 'collectively autocatalytic system.' A living organism is such a system.

In principle, autocatalysis would occur in a system with a critical diversity of molecules, such that the probability of molecules capable of catalyzing all the kinds of molecules in the system, including the catalysts themselves, is sufficiently high. Computer models employing a variety of different catalyst rules show that at certain points of diversity, collectively autocatalytic sets 'emerge.' [...]
The ideal system is orderly yet flexible. Kauffman says that it is 'poised between order and chaos.' [...]
The concept that we need in order to understand that type of order is that of an 'attractor.' An attractor is a pattern of behavior into which the system has a tendency to settle. There are two parameters that determine the collective effect of attractors upon a system. The first is number. The fewer the attractors, the higher the degree of order: a system with only one attractor will be frozen into that pattern of behavior; a system with vast numbers of attractors will be chaotic, slipping from one state into another at the slightest perturbation. Second, there is what we might call the range of the attractor. A system will remain in a wide-ranged attractor despite slight perturbations,

which would knock the system out of an attractor with a narrower range.
[...] The size of the attractors also has an effect that is crucial for human re-
cognition of patterns. Size is determined by the number of states that make
up the state cycles, or pattern of behavior. [...] Small attractors are therefore
necessary if the ordered system is to survive and interact with other living
things. (ib. 94)

Kein System kann sich aus sich selbst heraus selbst erzeugen. Leben hat
nach heutigem Wissen keinen absoluten Anfang. Die Einschränkung auf
lebende Systeme wird im Hinblick auf ein Gedankenexperiment von Neumanns gemacht, nach dem eines Tages Computer/Roboter konstruiert werden könnten, die sich selbst regenerieren (und sogar ‚Nachkommen' generieren) können. Man zögert noch, ihnen „Leben" zuzugestehen.

Viele Systeme der hier genannten Art können Nachkommen nur in
Interaktion („Interpenetration"; s. unten) mit einem gleichartigen System
erzeugen. Auch Pantoffeltierchen vermehren sich nicht nur durch Zellteilung. – Die Existenz in einem sozialen System wird von diesem (mit)
beeinflußt. Interaktion setzt ein „soziales System" voraus, in dem Interaktion stattfinden kann. Durch ein solches System wird Interaktion zwischen das soziale System bildenden Systemen beeinflußt. Selbstreproduktion der vorgenannten zweiten Art ist also ein ‚sozialer' Akt. (Hier könnte
dann z. B. die Überlegung einsetzen, ob eine künftige Evolution Systeme –
z. B. à la von Neumanns Roboter – hervorbringt / hervorbringen läßt, die
die soziale Organisation der Selbstreproduktion$_2$ mit Hilfe ihrer Ratio
‚sozial' in den Griff bekommen.)

Ein Organismus ist ein Ganzes in seiner Umwelt. Organismen können
Teil verschiedener übergreifender Systeme werden, z. B. einer Gesellschaft
(Sozietät) oder eines Ökosystems. Solche Systeme bilden mehr als die
Summe von Organismen. Organismen passen sich in ihnen aneinander und
an Bedürfnisse des Systems an (vgl. die „Kultur", Altruismus usw.; vgl. die
Collective Action Theories). Luhmann setzt diese Systeme nicht als Organismen an. Sie haben allerdings etwas ‚Organismisches' an sich. Noch in
einer zweiten Hinsicht sind sie Zwitter: Zum Teil sind sie reale Systeme,
z. B. eine menschliche Gesellschaft, eine Affenhorde, zum Teil Potentialitäten, z. B. eine <Kultur>. Von realen Systemen ausgehend konstruiert
z. B. das System Mensch makrokosmische Virtualitäten, z. B. die genannte
<Kultur>. Vielleicht bildet die Differenz von Realität und Potentialität gar
keine echte Unterscheidung, lediglich eine Differenz-im-Hinblick-auf-....
Wir hätten es also wieder mit einer Perspektive zu tun, aus der heraus
etwas als Etwas perzipiert wird. Das kommt deutlich zum Ausdruck, wenn
Luhmann (1992, passim) eine Gesellschaft nur aus Kommunikationen

bestehen läßt. Hier kommt Verschiedenes zusammen: <Kommunikation> ist einerseits als Abstraktion eine Potentialität und andererseits ein {Sprachgebrauch}. Gesellschaften sind als Gesamtheit, z. B. von Menschen, reale und als Ganzheiten (z. B. die <Gesellschaft>) potentielle, also paradoxe Systeme. Aus Prozessen werden Ereignisse als Konkretisationen aus Konkretisierungen, wie schon Whitehead sagte. Luhmann denkt an menschliche Gesellschaften, die mit menschlicher Sprache kommunizieren. Der Gedanke kann erweitert werden, wenn statt Kommunikation Interaktion mit Hilfe der Memetik eingesetzt wird. Meme lassen sich als Elemente funktional fungierender Systeme interpretieren. Kommunikation ist ein solches System. Ereignisse, durch welche Gesellschaften, nicht nur menschliche, gebildet werden, können als Meme interpretiert werden. Das Universum wird ein Mem und ein {Mem} (aber kein <Mem>; das liegt auf der Makroebene). – Weil nun nach Luhmann Menschen geschlossene Systeme sind, können sie nur durch Interaktion (Luhmann: „Kommunikation") miteinander in Verbindung treten. Eine Gesellschaft als Menge aus geschlossenen Systemen kann also nur durch Interaktion zwischen den Systemen existieren. Nicht die Systeme (das {System}) bilden nach Luhmann eine Gesellschaft, sondern eine Gesellschaft wird durch „Kommunikation" (Luhmanns Terminus für das hier sonst Interaktion Genannte).

Oben wurde gesagt, daß der Mensch nur perzipieren kann, was für ihn Sinn macht, also informativ ‚ist'. Indem jemand ein Objekt als „Stuhl" identifiziert, macht das für ihn Sinn, weil er mit einem Stuhl (auf die Benennung kommt es noch nicht an) umzugehen gelernt hat. Das ist seine Kulturspezifik. Also ‚ist' das Objekt für ihn informativ. Auch ein Fußtritt wird nur als Fußtritt (!) perzipiert, wenn er als Fußtritt Sinn macht, also funktional interpretiert wird / werden kann. Das schließt nicht aus, daß er unter anderen Umständen als anderes aufgefaßt (perzipiert) oder nicht identifiziert werden kann. – Die Sprache erschwert ihren Gebrauch. Information ‚ist' nicht in einem Gegenstand, sie wird ihm zugeschrieben. Information wird nur momentan als Potentialität in einer Intention (eines Produzenten) oder Interpretation (eines Rezipienten). Im vorliegenden Essay verwende ich oft die geläufigere traditionelle Ausdrucksweise.

Luhmann (1985) kennt die „Penetration", das (einseitige) Einwirken eines Systems auf ein anderes System (s. Vermeer *Fragments* ... [demnächst]). Luhmanns Beispiel von den Ameisen, die einen Ameisenhaufen bauen, zeigt, daß auch hier (offensichtlich nicht nur für den beobachtenden Menschen) Sinn im Sinne der Erkennung einer Funktionalität im Spiel ist, denn sonst könnte die Einwirkung nicht perzipiert werden. (Ameisen könnten keinen Ameisenhaufen bauen. Menschen könnten den Vorgang nicht perzipieren.) Also kann Luhmann sagen, daß ein intersystemischer Kontakt nur durch eine informativ intendierte und interpretierte Interaktion möglich ist – auch die Reproduktion$_2$. – Falls ein Organismus eine Penetration bemerkt, sie aber nicht zuordnen kann, wird er verwirrt, ratlos. Genau dies geschieht in Science-Fiction-Filmen nicht. Die „aliens" tragen eben durchaus zuordnenbare anthropomorphe Züge. Wie anders sollte sie ein Mensch auch erkennen, wenn er sie nicht und nur sich selbst kennt? Das ganz Andere trifft vielleicht einmal einen Mystiker. Doch darüber kann er nicht reden.

Zur Umwelt eines Systems, z. B. Organismus, gehören andere Systeme, z. B. Organismen, u. a. derselben Gattung. Kein Mensch kann auf die Dauer von anderen Menschen isoliert überleben. Die Neurobiologie hat festgestellt, daß der Mensch – und anderen Organismen dürfte es ebenso gehen – auf sozialen Verlust wie auf körpereigenen Schmerz reagiert. Soziale Integrität scheint ebenso wichtig wie die individuelle zu sein, und das scheint für jeglichen sozialen Kontakt zu gelten (vgl. die Unabdingbarkeit kultureller Überformung des Individuellen). Der Mensch ist ein Herdenwesen *sui generis* (sollte man sagen *suae culturae*?). Als solches hat er mehr oder minder prototypische Verhaltensweisen. Zum Beispiel empfindet er Schmerzen unterschiedlicher Art. Abgesehen von der Möglichkeit einer Lokalisierung (Kopf-, Magen-, Muskelschmerzen) und der Intensität kann der sprachliche Ausdruck „Schmerz" auf unterschiedliche Emotionen angewandt werden. Als Folge davon werden möglicherweise verschiedene Emotionen als ‚gleich' empfunden. In solchen Fällen scheint die aktivierte Gehirnregion verschiedene Schmerzsorten zunächst nicht zu differenzieren. Ein Verwundeter spürt körperlichen Schmerz aus Wunden und empfindet „seelischen Schmerz", z. B. einen Abschiedsschmerz, ganz anders, nennt beides „Schmerz" und glaubt unter Umständen, es handle sich um „denselben" Schmerz. (Das Englische unterscheidet z. B. zwischen *pain, grief* und *sorrow*) Wie dichtete doch Fernando Pessoa?

O poeta é um fingidor / finge tão completamente / que chega a fingir que é dor / a dor que verdadeiramente sente.[144]

---

[144] Vgl. Pessoa (1962). Lind (1962, 127) übersetzt wenig poetisch: „Der Poet verstellt sich, täuscht / so vollkommen, so gewagt, / daß er selbst den Schmerz vortäuscht, / der ihn wirklich plagt." – Vielleicht würde ich den Poeten einen Simulanten nennen, der sich selbst überzeugt hat.

Schmerz ist ein Prozeß. Kommt körperlicher Schmerz als Gehirnaktivität mit mehr oder minder genauer Lokalisierbarkeit an einer Körperstelle (Magen, ‚Herz') zustande, wird Schmerz als Translation. Nagel/Gebauer (1992, 90) fragt:

> Es ist schwer genug zu verstehen, wie ein Organismus psychische Zustände und damit eine Perspektive haben kann. Was für Eigenschaften könnten aber die Atome haben (selbst wenn sie die Bestandteile eines Steines wären), die man als proto-psychisch einstufen könnte; und wie könnte die Zusammensetzung *irgendwelcher* Qualitäten der chemischen Komponenten eines Gehirns das Auftreten eines psychischen Lebens zur Folge haben?

> Wir können gegenwärtig noch nicht verstehen, inwiefern ein psychischer Vorgang ebenso aus Myriaden von kleineren proto-psychischen Vorgängen zusammengesetzt sein soll, wie die Bewegung von Muskeln sich auf der molekularen Ebene aus Myriaden physikalisch-chemischer Vorgänge zusammensetzt. (ib.)

Warum nicht? Mit „proto-psychisch" müßte Nagel nach heutiger Terminologie suchen, was heute auf der Mikroebene Sensitivität und evtl. auch durch sie angeregte Superwellen genannt wird. Das wäre im Doppelsinn des Wortes phantastisch.

Wie bereits kurz angedeutet, stellt sich die heutige Mikrophysik die System- und Organismusbildung folgendermaßen vor:

> Jede physikalische Messung, die uns die Eigentümlichkeiten der Quantenphysik offenbart, zeigt uns doch eine Möglichkeit, wie die Mikrowelt sich auch makroskopisch bemerkbar machen kann. Dies bedarf immer irgendwelcher Verstärkungsmechanismen, die mit Instabilitäten und daraus resultierenden, lawinenartig ansteigenden Kettenreaktionen zusammenhängen. Durch positive Rückkoppelungen lösen mikrophysische Einzelprozesse weitere ähnliche Prozesse aus und führen damit zu einer praktisch unbegrenzten irreversiblen Vermehrung, die dann makroskopisch als ‚Faktum' registriert werden kann. (Dürr 2003b, 7)

Dürr (ib. 7f) sieht eine Parallele zu Supraleitung und Suprafluidität sowie dem Laser und verweist als Analogon auf die „spontane Gleichstellung der Spins und der damit verbundenen magnetischen Momente aller Elektronen in eine Richtung" (ib. 7) beim Ferromagnetismus. (Vgl. die Schwingungsmoden und Superwellen.)

> Biologische Systeme könnten in der Tat ähnlich wie ein Laser funktionieren. (ib. 8)

Derartige Vorgänge vermutet man (vor allem) im Genom für die Produktion der nächsten Organismengeneration. Dabei könnten in der Phasenstruktur der Gesamtwelle, die durch die Überlagerung der Wellen von Millionen von Elektronen der DNS-Doppelhelix, in der der Entwicklungsplan für einen Organismus kodiert vermutet wird, zustande kommt, „*wie bei einem Hologramm* für die Gestaltbildung wesentliche zusätzliche Informationen verschlüsselt" sein (ib. 9; Kursive im Original).

> [In der DNS-Doppelhelix] soll durch die spezielle Abfolge bestimmter Basismoleküle (Nukleotide) [...] der Entwicklungsplan eines Lebewesens – ähnlich wie bei einem Buch durch getrennte Schriftzeichen – verschlüsselt sein. Die sich überlappenden Kalotten der aneinanderhängenden Atome, welche die Moleküle aufbauen, sollen dabei eine grobe Vorstellung von den Eletronenverteilungen in den Atomen vermitteln. Genauer gesagt – so sieht es der Physiker – stellt die Kalotte anschaulich den Raumbereich dar, in dem mit hoher Wahrscheinlichkeit ein Elektron angetroffen werden kann. Wichtig ist: Es werden bei dieser Darstellung nur die *Intensitäten* und *nicht die Phasen* der Elektronenwellen wiedergegeben, die im Überlappungsbereich der Kalotten eine wesentliche Rolle spielen. Aufgrund dieser Überlappungen können die einzelnen Elektronen nämlich nicht mehr individuell den verschiedenen Atomrümpfen zugeordnet werden. Das DNS-Makromolekül mit seinen Hunderttausenden oder gar Millionen von Elektronen sollte deshalb (nach dem Verständnis des Physikers) eher als eine *einzig unauftrennbare Gesamtelektronenwolke* aufgefaßt werden. Diese könnte unter geeigneten Umständen sogar zu kollektiven kohärenten Anregungen fähig sein. (Dürr 1997, 26-28; Kursive im Original)

> In den Phasenbeziehungen – der Elektronen-Materiewellen oder daran angekoppelten Schwingungsmoden (etwa elektromagnetischer Art) – [könnte] verborgene Information [liegen] (ib. 29).

Nicht bekannt ist, (ob und) wie die Überlagerung von Wellen organisiert wird, um bestimmte Kodierungen bestimmter Informationen zuzulassen. Eine solche Vorstellung würde die Komplexität des entstehenden Organismus und seine jeweilige Individualität verständlicher machen. Durch die indefinit große Menge sensitiver Formprozesse und -ereignisse entstehen *individuelle* Organismen, deren Andersartigkeit gegenüber der eigenen Vorgeneration (Eltern) und anderen vom gleichen Elternpaar stammenden und zu seiner Generation gehörigen Organismen (Geschwister) sowie gegenüber anderen Organismen der gleichen Spezies auf Unschärfen und Probabilitäten nicht vorhersehbarer Vorgänge (Entwicklungen) im Laufe von Entwicklungen (und wahrscheinlich den vorgenannten Superwellen) in der Doppelhelix entsteht. Angesichts der genannten Unschärfen und Probabilitäten muß wahrscheinlich der aus der Nachrichtentechnik stammende

Ausdruck „Kodierung" fallengelassen werden. Er bezeichnet ursprünglich eine strenge 1:1-Relation zwischen zwei Phänomenen, z. B. den Schallwellen eines Sprechers und der elektro-magnetischen Umsetzung zur telefonischen Weiterleitung. Außerdem handelt es sich hier tatsächlich um eine Leitung im Doppelsinn des Wortes, eine Über-Tragung von Nachrichten mittels eines ‚Vehikels', Trägers). Die Individualität des Embryos und seiner Entwicklung ist von der durch Einflüsse sozialer Umfelder im Laufe der prä- und postnatalen Entwicklung des Organismus wohl nur methodologisch zu unterscheiden. Sicherlich wirken letztlich beide Vorgänge fördernd oder/und hemmend auf die Ausbildung eines Individuums mit seiner Persönlichkeit (vgl. u. a. Nyborg 1997) ein. Gleiches gilt für nicht humane und selbst schon aus bloßer Zellteilung hervorgehende Organismen. Auch geklonte Organismen sind in dieser Hinsicht Individua.

Allerdings kann die Wissenschaft heute noch kaum holistische Experimente, die „als genügend ‚gleichartig' gelten können", durchführen (Dürr 2003b, 8), um die oben zitierte, von Dürr entwickelte Hypothese in ein Faktum überführen zu können.

> Ein Lebewesen ist [...] wie ein Gedicht, das auf jeder Organisationsstufe – Buchstabe, Wort, Satz, Strophe – weitere Dimensionen erschließt und neue Eigenschaften zum Ausdruck bringt. (ib. 11)

Das Universum bildet eine Einheit. Ein Organismus bildet mit seinem Umfeld als Teil des Universums und mit seinen Teilen (z. B. seinem Körper und Gehirn) eine Untereinheit (von Untereinheiten) des Universums. – Daß alles mit allem im Universum zusammenhänge, bedarf einer Präzisierung hinsichtlich der Raumzeit (vgl. Hawking/Kober 1989, 42-47).

> Wir dürfen die Eigenschaften irgendeines Gegenstandes im Universum nicht mehr als unabhängig von der Existenz oder Nicht-Existenz sämtlicher anderer Gegenstände ansehen. (Smolin/Filk 1999, 286)

> Sowohl nach der Allgemeinen Relativitätstheorie als auch nach dem Leibnizschen Prinzip des hinreichenden Grundes lassen sich die Eigenschaften von elementaren Dingen, die nicht aus Teilen zusammengesetzt sind, nur über ihre Beziehungen zu anderen Dingen definieren. Reichen diese Beziehungen nicht aus, um irgendeine Eigenschaft festzulegen, dann können wir sie auch nicht anderweitig definieren. (ib. 300)

> Sobald zwei Photonen oder Quantiere oder was auch immer miteinander in Wechselwirkung gestanden haben, läßt sich eine Beschreibung der Eigenschaften eines der beiden nicht mehr von den Eigenschaften des anderen trennen. Die Eigenschaften eines beliebigen Elektrons sind mit den

Eigenschaften jedes anderen Teilchens verbunden, mit denen es seit dem Augenblick seiner Entstehung, d. h. mit großer Wahrscheinlichkeit seit dem Augenblick der Entstehung unseres Universums, Kontakt hatte. (ib. 302)

Eigenschaften sind Aspekte von Relationen (vgl. ib. 309).

Ich erinnere mich auch, sehr beeindruckt von der Vorstellung gewesen zu sein, daß es in meinem Körper Atome gibt, die untrennbar mit den Atomen jeder anderen Person, die ich jemals berührt habe, in Beziehung stehen. (ib.)[145]

Bei früheren Philosophen, z. B. Giordano Bruno und, obgleich schon philosophisch gut abgestützt, bei Leibniz, mußte die Universalvernetzung Spekulation bleiben.[146] Whitehead griff den Gedanken auf seine Weise auf:

Alle *actual entities* sind nach dem „Prinzip der Solidarität" wesentlich aufeinander bezogen und bilden so für ihre interne Erfahrungsstruktur konstitutive Gesellschaften der Intersubjektivität. (M. Hampe 1991, 1.23)

Attraktion entsteht durch Kommunion, soziales (gesellschaftliches) Verhalten. Eine Spirale.

Vielleicht darf man noch einen Gedanken weitergehen. Oben war von Superwellenbildungen die Rede. Jetzt wird erneut hervorgehoben, daß *tout se tient*. Als Superwelle? Vgl. auch Menschenansammlungen: Bei emotional erregenden Ereignissen ballen sich schnell Tausende zu einer Superwelle durch memetische Kommunikation zusammen. Weniger spektakulär, aber nicht weniger effektiv ist die Superwellenbildung durch breit gesteuerte Meme (vgl. die Nachrichtendienste), z. B. bei der sich panikartig auswirkenden Meldung vom Auftreten der Vogelgrippe in geographischer Nachbarschaft.

Whiteheads Annahme, "there is only one genus of actual entities" (zit. n. Sherburne 1966, 7), möchte ich mich nicht anschließen. Es wurde bereits angedeutet, daß auch einfache Prozesse und Ereignisse unterschiedliche Qualia aufweisen dürften, um Attraktion und Repulsion zu ‚erklären' und „Passungen" zu ermöglichen. Passungen setzen Unterschiede in der Konstitution nicht nur komplexer, sondern auch einfacher (Prozesse und) Ereignisse und Differenzierfähigkeit voraus (zum Problem vgl. schon Leib-

---

[145] Das müßte bedeuten, daß die Lektüre von einem Textem aus, das zuvor einem Anderen zur Lektüre gedient hat, dessen ‚Gedanken' (Erkenntnisse?) erreichbar und die Lektüre um so fruchtbarer macht. (?) – Vgl. auch Greene/Kober (2006).

[146] Giordano Bruno behauptete, das Universum sei ein Organismus (vgl. Kirchhoff 1980, 18).

niz; zu Passungsbedingungen vgl. auch Whitehead nach Sherburne 1966, 43f). Hilfestellung leisten Ereignisse, die ‚Katalysatorenfunktionen' übernehmen.

Die Wissenschaft kann, wie gesagt, Leben nicht definieren, nur beschreiben. Allerdings kannte sie bisher auch „keine Theorie der Selbstaggregation" (Metzner 2000, 286). Ob nun das Leben ein- oder mehrmals durch einen Qualitätssprung (eine „Bifurkation") auf einer bestimmten Evolutionsstufe von Systemen auf der Erde entstanden oder von irgendwoher aus dem Weltall gekommen ist (vgl. den Überblick bei Meierhenrich 2005), verschiebt wiederum nur die Frage nach dem Ursprung, wie es entstanden sei. Im übrigen müßte geklärt werden, ob nicht die anfängliche „Sensitivität" und das Werden von „Superwellen" letztlich das gesamte Universum entstehen ließen. Die Superwellen könnten dann verallgemeinert werden und mehrfach zu der Komplexität, die wir „Leben" nennen, geführt haben. Dürr (1997, 235) schreibt, „bei dieser Auffassung ist ‚Lebendigkeit' in einem gewissen Sinne ‚embryonal' schon an der Wurzel der Wirklichkeit angelegt". Wir kommen immer wieder zu denselben Schlußfolgerungen zurück. Gleichgültig wie, die Überlegungen eröffnen eine neue „Dimension" im Sinne Rombachs (1994, 15). So geht es auch mit den folgenden Komplexitäts- und Qualitätssprüngen: der Systembildung, dem Leben, Bewußtsein, Selbst-, dann Ich-Bewußtsein. Der Ursprung: Prozesse mit (bestimmten) inhärenten Qualia zieht sich durch alle Ebenen hindurch.

Analoges gilt für die Morphogenese (Formbildung bei Organismen). Die Trennung zwischen belebt und unbelebt wird neu definiert. Es herrscht Möglichkeit/Potentialität. Potentialität bedeutet Freiheit. Freiheit impliziert Unfreiheit. Die Menge zügelt die Vielfalt. Die Menge bildet eine Mauer; sie schützt und beengt zugleich. Eine Entität kann nur existieren, wenn sie aus sich und zugleich aus ihrer Umwelt heraus bedingt wird. Im (menschlichen?) Organismusbereich läßt „Kultur" nur eine schmale Bandbreite möglichen Verhaltens zu (vgl. Smolin/Filk 1999, 50f). Nicht nur wissenschaftliche Hypothesen, auch ihre Theorien sind Entwürfe, Erkenntnisversuche. „Jede Zentralstellung" ist perspektivisch, relativ (vgl. Eusterschulte 1997, 373).

Mit der Postulierung unzähliger Welten bzw. unzähliger, je relativer Mittelpunkte verbindet sich [bei Giordano Bruno] zudem die Vorstellung prinzipieller Ähnlichkeit aller Weltkörper, [...]. (ib.)[147]

Überträgt man den Gedanken auf die ‚geistige' Welt, so ergibt sich auch hier die perspektivische Relativität, d. h., daß [1] es keine objektive, geschweige denn absolute Erkenntnis und damit Aussage gibt, auch nicht in den Wissenschaften und hier erst recht nicht in der ‚humansten' aller Disziplinen, der Philosophie (vgl. die „Humanities") und daß [2] ein individueller Gedanke usw. fraglich wird. – (Vgl. Giordano Bruno *La cena de le ceneri*; zu Brunos „Perspektivenlehre der Affekte" [Dischner 2004, 104] vgl. *De vinculis in genere*; zur Vergeistigung der Affekte auch *De gl'heorici furori*.) Praktisches Wissen hat für das (Über-)Leben der Menschen Vorrang vor wissenschaftlicher „objektiver" Erkenntnissuche (vgl. Ceynowa 1993, 10).

Unbekannt ist (bisher?), wie und unter welchen Voraussetzungen das mikrophysische Grundphänomen, die „Potentialität", und daraus schließlich das Universum (oder was ihm immer vorangegangen sein mag) entstanden ist (vgl. Hawking 1989, 173). – Hier kann mytho-hypothetisch eine „causa efficiens", eine Erst-Ursache oder ein (Erst-)Verursacher angesetzt werden. Als transzendent angenommen würde mancher sie/ihn „Gott" nennen.[148]

Weiteres muß dem Menschen als kontingentem Teil des Universums (auf Grund eines generalisierten Gödelschen Unvollständigkeitstheorems) unerkennbar bleiben. Das würde auch die Fortsetzung des skizzierten Anfangsmythos: das Ende betreffen. Der einzelne Organismus, zum Beispiel ein Mensch, erfüllt seine Aufgabe als Gen- und Memproduzent (oder als Gehilfe dazu). Worum könnte es sonst angesichts von Milliarden Sonnensystemen in Milliarden Jahren gehen? Der oben zitierte Beobachter-als-Weltenschöpfer genügt nicht.

---

[147] So heißt es schon bei Nikolaus von Kues (*De docta ignorantia* 12, vgl. Rombach 1965, 1.179[43]): „Die Maschine der Welt hat daher sozusagen überall einen Mittelpunkt und nirgendwo ihre Peripherie".

[148] Die Pontificia Accademia delle Scienze äußerte sich positiv zum Urknallmodell. „Es liegt die Vermutung nahe, daß [...] der Schöpfergott mit einem raumzeitlichen Beginn des Universums, das heißt, mit dem Urknall, in Verbindung gebracht werden konnte." (T. Jung 2004, 298; vgl. auch ib. 305f.)

GEHIRN UND DENKEN

In der Folge wird viel vom „Gehirn" die Rede sein.[149] Dabei darf nicht vergessen werden, daß nicht nur zu jedem Gehirn ein Körper und sogar ein „Organismus" und, wohl nicht nur im Falle des Menschen, eine „Person" und „Persönlichkeit" gehört und alles in einer Situation, einem Umfeld, einer Umwelt steht und irgendwo im Universum prozessiert und daß die Umkehrung ebenfalls gilt, sondern daß diese fünf eine Einheit aus und in einer Ganzheit bilden. "The person includes the body-as-internally-sensed" (Gendlin 2000, 109), und "as inwardly experienced persons we are far larger and include much more than we are (or can be) aware of" (ib. 111). Ein Organismus ab einer bestimmten Komplexität seiner Organisation kann nicht bei lebendigem Leib in Teile seziert[150] oder von seiner Umwelt getrennt werden. Er stürbe und hörte damit auf, Organismus zu sein. Andererseits: Wo existiert mein Enkel, wenn er gerade ‚mit Leib und Seele' dabei ist, mit seinem Raumschiff auf einem fremden Planeten zu landen, und wo der Translator, der soeben die Aufklärung eines Mords verrät? (Wenn er bloß am Computer sitzt, ist er ein Translatorentorso.) Gendlin (ib. 116) will ein Dreiebenenmodell aus "reductive science", "holistic ecology" und "*a model of process*" (im Orginal kursiv). – Behalten wir es im Kopf, auch wenn es nicht immer wiederholt wird, und evaluieren wir jeden Teil des Modells. Die Grenzen sind nicht klar und deutlich.

Aber auch das Gehirn hat kein Zentrum.

> [...] daß die menschliche Vernunft nicht von einem Hirnzentrum, sondern von mehreren Gehirnsystemen abhängt und aus dem Zusammenwirken vieler Ebenen neuronaler Organisation erwächst. (Damasio/Kober 2001, 13)

> [...] daß die Funktion jedes einzelnen Gehirnteils nicht unabhängig ist, sondern zur Funktion größerer Systeme beiträgt, die sich aus diesen separaten Teilen zusammensetzen. [...] Vielmehr gibt es ‚Systeme', die aus mehreren untereinander verbundenen Gehirnabschnitten bestehen. (ib. 40)

> Die separaten Teile des Geistes werden wahrscheinlich durch die relative Gleichzeitigkeit der Vorgänge in verschiedenen Regionen zusammengefaßt. (ib. 124)

---

[149] Zu gemeinverständlich beschriebenen Einzelheiten vgl. u. a. Kandel (2006).

[150] Natürlich weiß ich, daß man Bäume stutzen, Blumen pflücken und Regenwürmer entzwei schneiden kann und daß sich bei manchen Lebewesen Körperteile regenerieren.

Vielleicht ist es sinnvoller, den konkreten Eindruck, daß eine solche Geistintegration stattfinde, auf das Zusammenwirken großräumiger Systeme zurückzuführen, welche die einzelnen Teile der neuralen Aktivität in separaten
Hirnregionen synchronisieren. Mit anderen Worten, es ist eine Frage der
zeitlichen Abstimmung. (ib. 138)

Um es einfach zu sagen: Die geistigen Funktionen resultieren aus der Operation jeder der separaten Komponenten und aus der konzertierten Aktion
der vielfältigen Systeme, die sich aus diesen separaten Komponenten zusammensetzen. (ib. 40)

[...] daß die Neuroanatomie die topologischen Beziehungen zwischen ihren
Komponenten zwar exakt festlegt, daß es aber erhebliche individuelle Abweichungen in der Topographie gibt, so daß unsere Gehirne weit unterschiedlicher ausfallen als beispielsweise verschiedene Autos einer Marke.
(ib. 51)

Tout se tient – aber nicht auf die gleiche Weise. Trennen heißt differenzieren, aus irgendeinem Grund perspektivisch fokussieren, um Einzelheiten
erkennen zu können. Wenn ich von meinem Computer spreche, weiß ich
auch, daß er ohne meinen Schreibtisch in meinem Zimmer in meinem Haus
in ... nicht meiner wäre. Trennen, individualisieren gilt im Brahma-Sūtra-
Bhāṣya (BSB 2.1.27) des indischen Philosophen Śaṅkara (2. H. 8. Jh. n.
Chr.) als „Nichtwissen" (vgl. Gottwald 1997, 255). Die Dinge entstehen
nach dem BSB (1.3.28) aus (der) Sprache. Sprache, genauer: Rede
(*parole*), also Sprechen und Schreiben, setzt Bewußtsein voraus. Dieses
Bewußtsein wird dem Brahma, dem Schöpfungs-Etwas, zugeschrieben. Die
heutige Sprachwissenschaft weiß, daß ‚Dinge' zumindest für den einzelnen
Menschen, durch Sprache (genauer: sprachlich erlernte Zuordnung, Sprachgebrauch, also funktionale Meme) entstehen können.

Bei aller Momentanität der einfachen Prozesse und Ereignisse auf
mikrophysikalischer Ebene trägt doch jeder Zeitpunkt irgendwie seine
eigene Vergangenheit und Zukunft im Gesamt der Prozesse und Ereignisse
(vgl. Luhmann 1984, 131). Im Universum hängt alles mit allem zusammen.
Tout se tient (Saussure) oder *omnia in omnibus* (Nikolaus von Kues); vgl.
auch Greene/Kober (2006). Damit verschwimmen die Grenzen zwischen
Entitäten, Räumen und Zeiten. Spuren machen Wiederholung unmöglich.

Schon Leibniz ([1685] 1996, 76 und 77) brachte die Sache im
mesokosmischen Bereich auf den Punkt:

Aussi quand on considere bien la connexion des choses, on peut dire qu'l y
a de tout temps dans l'ame d'Alexandre des restes de tout ce qui luy est
arrivé, et les marques de tout ce qui luy arrivera, et même des traces de tout

ce qui se passe dans l'univers, quoyqu'il n'appartienne qu'à Dieu de les reconnoistre toutes.

Wenn man so die Verknüpfung der Dinge recht bedenkt, kann man sagen, daß es zu jeder Zeit in der Seele Alexanders Überreste dessen gab, was ihm zugestoßen ist und Zeichen dessen, was ihm noch zustoßen würde und sogar Spuren von allem, was sich im Weltall ereignet, obwohl es nur Gott zukommt, alles dies wiederzuerkennen. (übers. Holz)

Eine Spur enthält immer geringer erkennbar und in immer größerer Vielfalt (wie eine Ahnenreihe) alle vorhergehenden Ereignisse und Prozesse bis zum absoluten (?) Anfang. In der Praxis der Beobachtung wird der Rückgang je nach ihrem Skopos mehr oder weniger bald abgebrochen. Passung führt zur „Mimesis" des Voraufgehenden "in its fulfillment and disappearance, meaning that similarity gives way to difference" (Melberg: 1995, 1) und Differenz durch Anähnelung (teilweise) ausgeglichen wird.

Der Zusammenhang wird auf drei Ebenen: der energetischen (vgl. die Mikrophysik), der materiellen (vgl. z. B. die Genetik) und der memetischen. Vieles von dem, was im Gehirn gespeichert wurde, kann früher oder später nicht mehr abgerufen werden, wird z. B. verdrängt, Nervenverbindungen verkümmern, der Zugang wird u. U. zeitweise durch andere Interessen, Ablenkung blockiert; vieles bleibt von Anfang an unbewußt usw. Erstaunlicherweise kann ‚Vergessenes', auch nie bewußt gewordenes Wissen irgendwann (wieder) ins Bewußtsein treten. Andererseits gibt es Überlagerungen usw., die annehmen lassen, daß doch vieles gelöscht wird. Oder wurde es nie im Langzeitgedächtnis gespeichert, sondern aus dem Kurzzeit- oder Arbeitsspeicher gelöscht?[151] (Zu „Löschen" und Reaktivierungsmöglichkeiten vgl. das Computerprogramm.)

Die Neurobiologie bemüht sich intensiv, die Gehirnaktivitäten zu verstehen. Immer wird darauf hingewiesen, daß der Großteil dieser Aktivitäten (im Durchschnitt 90%) und damit die Verarbeitung von Sinneswahrnehmungen und das gesamte Verhalten des Organismus, also sein ‚Innenleben' und seine Relation zur Außenwirklichkeit unbewußt verlaufen und bleiben. Fried (2004, 120, mit weiterer Lit.; Fußnote im folgenden Zitat weggelassen) faßt die Sachlage und ihre Konsequenzen für unsere Belange konzis zusammen. Wo Fried „Wahrnehmung/wahrnehmen" schreibt, muß nach Wahrnehmung, Per- und Apperzeption differenziert werden (s. unten).

---

[151] Kurz- und Arbeitszeitspeicher werden auch zusammengefaßt. Ihm wird ein Ultrakurzzeit- oder sensorischer Speicher vorangestellt.

„[...] Neuronen sind auch ohne eingehende Außensignale gemäß ihrem ‚Wissen' ständig aktiv und stehen fortgesetzt in interner Wechselwirkung, ohne sich schon in einer bestimmten Weise gruppiert zu haben. Sie bieten gleichsam ungefragt und je für sich immer aufs neue Wahrnehmungs-Hypothesen an, die an den eingehenden Außensignalen geprüft werden, und feuern erst dann synchron, wenn eine Assoziation gemäß den eingehenden Außensignalen als erfolgreich betrachtet wird. Erst damit ist das relevante Objekt wahrgenommen. Jede Wahrnehmung ist von einer Unzahl dynamischer, selektiver und sich selbstorganisierender hirninterner Vorgänge geprägt; sie ist somit nur zum Teil abhängig von dem, was tatsächlich geschieht. Sie deckt sich auch nicht ohne weiteres mit den Wahrnehmungen anderer und repräsentiert dennoch bis zu einem gewissen Grad für das von außen stimulierte, wahrnehmende Hirn äußere Wirklichkeit.

Statt „das relevante Objekt" sollte es wohl „das fokussierte" oder „als relevant anzunehmende Objekt" heißen, wenn „Wahrnehmung" in meinem Sinn gemeint ist, oder „das als relevant angenommen eingestufte Objekt", wenn die Perzeption und/oder Apperzeption gemeint ist.

Es wird deutlich, wieweit das Gehirn (oder der betreffende Organismus) individuell, fast monadisch (vgl. Luhmanns geschlossene Systeme) lebt, eine Erkenntnis, auf die die moderne, auch universitäre Ausbildung (Pädagogik, Didaktik) zu wenig Rücksicht nimmt. Ich erinnere noch einmal an das weiter oben angeführte Zitat aus Mommsen. Es klingt zukunftsträchtig-zynisch, daß die ihm zu Grunde liegende pädagogische und didaktische Einstellung heute mehr und mehr verworfen wird. – Ich mag es mir nicht verkneifen, eine selbsterlebte Episode einzubringen (wobei ich mir durchaus des neurobiologischen Hinweises auf die egoistische Verformung von Erinnerungen bewußt bin ...).

Es mag im Jahre 2000 gewesen sein, da fand an der Universität Innsbruck eine interdisziplinäre Diskussion unter Anwesenheit von Vertretern des zuständigen Ministeriums und der Wirtschaft über die Einführung eines B.A.-Studiums statt. Vorgesehen ist bekanntlich und inzwischen z. T. europaweit eingeführt ein B.A.-‚Diplom' nach sechs (6) Semestern. Die Gegner fürcht(et)en, dadurch werde eine Halbbildung gezüchtet. Anscheinend angesichts des ausbleibenden Protests von der Mehrheit der Anwesenden unverstanden erklärte der Vertreter der Wirtschaft fast in einem Abschluß der Debatte, gerade das wünsche die Wirtschaft: einen Abgänger mit akademischem Grad als Renommee und hinreichenden allgemeinen Grundkenntnissen, die an seiner zukünftigen Arbeitsstelle in einem Betrieb zur Spezialausbildung geführt werden könnten, *denn dann sei der so entstandene Fachmann weitgehend auf Dauer an den Betrieb gebunden und könne seine Arbeitsstelle kaum wechseln.* Spezifizierung ja, Individualität ist nicht gefragt. – Schon die Antike ließ Sklaven ungern frei. Und Cato der Ältere, Großgrundbesitzer und aufrechter Römer, remunerierte seine Sklaven einmal im Jahr mit – einem Hemd (ob es neu war, wird nicht überliefert).

Ausführungen zu Dysfunktionen gehören nicht in diese Arbeit. Erwähnt werden soll dennoch ein Forschungsprojekt über „das geplante Chaos" im Gehirn.

> Während die Nervenzellen bei normaler Hirntätigkeit ihre Impulse nicht gleichzeitig an den Körper abgeben (sie „feuern" chaotisch, das heißt mit einem für uns nicht nachzuvollziehenden Rhythmus), funktioniert diese Regulierung bei besagten Krankheiten [Parkinson, Dystonie] nicht: Die Zellen entladen sich synchron, was zu einer Störung der Hirnfunktion führt. Hier setzt die Behandlung mit dem Hirnschrittmacher an. [... Die Zellen] werden auf diese Weise daran gehindert sich synchron zu entladen – die Hirntätigkeit kann sich normalisieren. (lgr 2005)

Die Beschreibung erinnert von fern an die oben erwähnten Superwellen. Durch einen Schrittmacher werden, wie dargestellt wird, Synchronisierungen, sozusagen Minisuperwellen, verhindert.

ERFAHRUNG UND ERKENNTNIS

Gedächtnis und Weitergabe von Informationen hängen zusammen. Ich erinnere an den langen Weg von einem Sinneseindruck zu seiner Interpretation: Angenommen, es beginnt mit einem äußeren und/oder inneren „Reiz", z. B. einem Blatt von einem Baum, das vor mir zur Erde weht. Photonen treffen mein Sehorgan (das Auge). Der „Reiz" wird (u. U., d. h., falls er genügend Aufmerksamkeit weckt) ‚holistisch' (d. h. unter vorrangiger Einwirkung von Kultur-, Fall- und Situationsspezifik) zu einem „Stimulus". Wenn A mit B reden möchte, dann sendet er ebenfalls einen situationsspezifischen Reiz aus, um B's Aufmerksamkeit zu erregen und festzustellen, ob B zu einem Gespräch bereit ist (vgl. Sperber + Wilson 1986, z. B. 153-161). Auch dieser Reiz kann zu einem Stimulus werden, der dann weiterverarbeitet wird. Bereits zur Veränderung eines Reizes in einen Stimulus bedarf es der Mitarbeit des Gehirns. Es muß ja entschieden werden, ob und weshalb evtl. ein Stimulus angenommen werden soll. „Rauschen" (nicht Pertinentes) wird so weit wie möglich ausgefiltert. Was bleibt, wird an das Gehirn geleitet, dort mit gespeichertem (und sich stets wandelndem bzw. verändertem) ‚Wissen' aus früherer/n Erfahrung(en) assoziiert (‚verglichen'), vielleicht handelt es sich um die Abarbeitung sukzessive angebotener Hypothesen, und holistisch verarbeitet (perzipiert). Am Ende steht eine holistische Erkenntnis von diesem/einem Buchenblatt bzw. dem Gesprächsinteresse A's usw. Das alles bleibt unbewußt. Die Perzeption kann weiter aufbereitet und interpretiert werden, eine *scene* wird, evtl. teilweise verbal; sie wird weiterverarbeitet, vielleicht (mit Veränderungen) verbalisiert und schließlich vielleicht sogar zu einer Mitteilung an eine andere Person intendiert. Diese Vorgänge werden teilweise bewußt. Die Apperzeption ist damit vorläufig (!) abgeschlossen. (Näheres s. unten.)

Der Vorgang stellt sich verkürzt im Zusammenhang wie folgt dar: Reiz → Wahrnehmung → Stimulus → Perzeption → ... → Apperzeption (→ ...).

Vom Beginn einer Rezeption, also vom Moment einer Wahrnehmung über Per- und Apperzeptionen bis zur verbalen und/oder non-verbalen Äußerung einer Verfertigung einer Information über das Rezipierte (genauer: zu Rezipierende, sei es nach der Intention des Rezipienten oder auf Wunsch eines Auftraggebers) wandelt sich der verbale und/oder non-verbale rezipierte Text und wird im Gedächtnis (der ‚Erinnerung') ständig verändert, auch wenn und u. U. gerade weil der Rezipient immer wieder auf seine Erinnerung zurückgeht oder den Text wieder und wieder liest oder hören kann. Alles kann sich ändern: das Verständnis, die Interpretation, die Bedingungen für Wandel und Veränderungen usw. Unbewußte oder/und bewußte Verformungen, z. B. auch durch Verschriftlichung, werden möglich. Um nur den einen oder anderen Faktor zu nennen: Das Eigeninteresse erzwingt eine perspektivische Sicht; Objektivität gibt es nicht. Der Einfluß sog. Autoritäten, Leuten also, denen Macht zugestanden wird, wird je nach der Situation und Persönlichkeit des Rezipienten und Produzenten, z. B. eines Translators, unterschiedlich groß. Was jene tun und sagen, gilt bedingt. Fried (2004, 301) spricht vom Resultat eines solchen Einflusses auf das Gedächtnis als von einem „*autoritative[n] Gedächtnis*". Die Kanonbildung: Etwas wird macht-voll als offiziell gültig, z. B. gültige Interpretation, dekretiert. Es ist einfacher und bequemer, sich daran zu halten. Jeder steht, wie man gesagt hat, auf den Schultern der Vorgänger, kann nicht alles selbst neu eruieren. Man übernimmt (zum Beispiel Translationsmethoden, -konventionen und -theorien); der Werterelativismus fragt, „cui bono?"

Nach Whitehead (1978, 51) machen schon einfache Prozesse Erfahrungen. Er spricht von der "analysis of the types of experience enjoyed by an actual entity" (Whitehead 1978, 51).

> But this complete experience is nothing other than what the actual entity is in itself, for itself. [...] Its 'ideas of things' are *what* other things are for it.[152] [...] its 'ideas' express how, and in what sense, other things are components in its own constitution. (ib. 51f)

Diese "constitution", "concretion", "concrescence" (ib. 52) nennt Whitehead "prehension".

> The 'positive prehension' of an entity by an actual entity is the complete transaction analysable into the ingression, or objectification, of that entity as a datum for feeling, and into the feeling whereby this datum is absorbed into the subjective satisfaction. (ib. 52)

Agamben/Giuriato (2004) unterscheidet zwischen der alltäglichen „Erfahrung", die sich u. a. in Sprichwörtern niedergeschlagen hat, und der rationalen „Erkenntnis" der modernen Wissenschaft, die rechnet und mißt. Erfahrungen sind (wie alles kulturell Überformte, das ὑποκείμενον: das dem Überformten Zu-Grunde-Liegende; vgl. das Emotionale) individuell. Sie müssen er-lebt werden. Als solche sind sie holistisch, d. h. emotional-evaluativ. In Redensarten, wie z. B. *Weihnachten im Klee, Ostern im Schnee*, werden sie auf Ähnlichkeiten und Probabilitäten hin verallgemeinert (vgl. den <Begriff>).

> [C]onsciousness presupposes experience, and not experience consciousness. (Whitehead 1978, 53)

Wissenschaftliche Erkenntnisse werden im Rahmen einer immer schon auf Allgemeingültigkeit reduzierten Wissenschaft teilweise bewußt gewonnen. (Das widerspricht nicht den plötzlichen Einfällen, „Geistesblitzen" und Intuitionen. Sie müssen überprüft, ‚verifiziert' werden; vgl. unten zur Kontrollschleife.) Eine Theorie, die wissenschaftlich sein will, muß ihre Annahmen und Erkenntnisse auf einen rationalen Allgemeingültigkeitsanspruch reduzieren. Wissenschaft kennt nur das exakt Ausdrückbare, die Rationalität, das Denotative, Kognitive (vgl. Lakoff + Johnson 1999, 11f), die Meßbarkeit, in deren Zahlen auch Werte (Evaluierungen) angegeben werden. Evaluierungen sind immer auch ethische Handlungen. Ethik ist jedoch (wiederum kulturell überformt) individuell. Wissenschaft kennt keine Ethik, die kommt dem individuellen Wissenschaftler zu. Sogenannte Ethiken der Wissenschaft sind auf allgemein Mögliches/Erwartbares reduzierte kulturspezifische Generalisierungen. Diese Ethik ist retrospektiv auf das Bewahren gewöhnten Denkens gerichtet. Statik, besonders rituell

---

[152] Diesen Vorgang nennt Whitehead „feeling".

gewordene, verliert den Zusammenhang mit der Aktualität. Ein Fortschritt in der Wissenschaft bedeutet einen Schritt ins ethische Niemandsland, in die Unethik. Der Aus- oder besser: Angleich kommt später, wenn man sich an das Neue gewöhnt hat. Konvention als Ethik. (Vgl. die [nötige] Diskussion um den sog. hippokratischen Eid des Mediziners; vgl. Lichtenthaeler 1984.)

Erfahrungen und Erkenntnisse wirken zusammen. Individuelles wird auf Fälle, die als ähnlich angenommen werden, verallgemeinert, das Allgemeine wird auf einen Einzelfall angewandt. Jeder Fall ist auf einen Skopos (vgl. Vermeer 1978 et passim) gerichtet; es gilt ein Problem zu lösen. Emotion, Ratio und ‚plötzliche Einfälle‘, was immer das sein mag, arbeiten mit. Die Emotionen erscheinen als Begleiter. Man ist erregt, ob ein Experiment glückt; man freut sich auf das Resultat – das ‚Knobeln‘ besorgt anscheinend der Verstand.

Antike und Mittelalter trennten zwischen einer holistisch-emotional erfahrbaren Seele ($\psi\nu\chi\acute{\eta}$, *anima*) und dem rationalen Verstand ($\nu o\hat{\nu}\varsigma$, *mens, ratio*) (vgl. Lakoff + Johnson 1999, 30; zum Folgenden auch ib. 31-33). Descartes warf *âme* und *esprit* durcheinander und trennte nur den Körper, einen Torso, ab. Die moderne Wissenschaft erweiterte die Kluft, indem sie vormals das Wissen Gottes und das der Menschen als menschliches zusammenfassend überhöhte und Erfahrung als „Bauernweisheit" abtat und sogar verbot (vgl. die Mühen, mittelalterliches, überhaupt vorindustrielles und außereuropäisches Fachwissen wiederzugewinnen [vgl. die Schule von Gerhard Eis]; vgl. die Schwierigkeiten, die der Homöopathie und erst recht den „weisen Frauen" und Heilern gemacht worden sind / gemacht werden – so es denn die Frauen und Heiler, die „Quacksalber", überhaupt noch gibt. Im Dorf meiner Kindheit sind sie ausgestorben. Unwiederbringlich).

[Foucault looks] at the languages that were created [...] because doctors as well as other new professionals had to "prove" they knew something ordinary individuals were not privy to (Wuthnow et al. 1984, 156).

Ich würde die Grenze nicht mit Lakoff + Johnson (1999, 34) zwischen Rationalismus und Irrationalismus ziehen, sondern zwischen denotativem Rationalismus und primär nicht-rationaler probabilistischer Holistik.

Ich gehe von einer letztlich physi(kali)schen ‚Welt‘ aus, wobei $\phi\acute{\nu}\sigma\iota\varsigma$ die energetische und materielle Welt umfaßt.[153] Ausdrücke wie „Seele",

---

[153] Ins Feld der $\phi\acute{\nu}\sigma\iota\varsigma$, dem „Physischen", werden chemo- und elektro-magnetische Phänomene, also Prozesse und Ereignisse mit eingeschlossen. Unter „physikalisch" wird verstanden, womit sich die Physik beschäftigt.

„Geist", „Psyche", „psychisch" usw. meide ich als zu vage. Das englische „mind" steht grad auf der Grenze zwischen dem ungreifbaren „Geist" und dem greifbaren „Gehirn". Den „Geist" gibt es nicht.[154] Es gibt neurophysische Gehirn- und andere physische Aktivitäten. Etwa fünfzehn Prozent davon erlauben dem Menschen zu erkennen und stolz zu sagen „Ich denke". Unter allen Organismen Ich allein!? Aber mit „Erkenntnis" ist es nicht getan.

Bleibt der Ausdruck Erkennen/Erkenntnis für eine holistische Darstellung benutzbar, wenn Erkennen/Erkenntnis auf ein rational-denotatives Bewußtwerden zielen? Es geht der Holistik um mehr als Denotation und nicht nur um Bewußtwerdung. Die Schwierigkeit ist alt. Im zweiten Schöpfungsbericht der Genesis wird von einem Baum, „dessen Früchte umfassendes Wissen verleihen" (so die Gute Nachricht, 1 Mose 2.9), erzählt. Das ist ein moderner Erklärungsversuch, wie ihn die Gute Nachricht öfter liebt. Dazu wird kommentiert, wörtlich bedeute der Urtext

> *Erkenntnis des Guten und Schlechten*, d. h. des Nützlichen und Schädlichen. [Die Kosten-Nutzen-Rechnung ist alt.] Es handelt sich um ein Wissen, dessen Besitz es dem Menschen erlaubt, sein Leben in eigener Regie zu führen und nicht in der stetigen Verbindung mit seinem Schöpfer – ein Wissen, dessen Besitz jedoch den von Gott losgelösten Menschen überfordert, da er der Versuchung zum Mißbrauch der damit gegebenen Möglichkeiten nicht gewachsen ist.

Welcher Theologe sich diese langatmige Erklärung auch immer hat einfallen lassen, sie zeugt schon in der umständlichen und unlogischen Diktion von seiner Abstinenz vom Genuß der Früchte des Baumes. Wenn die Frucht die Differenz von gut und schlecht = (!) nützlich und schädlich zu erkennen erlaubt und sich „umfassendes Wissen" hierauf reduziert, dann wären selbst Adam und Eva damit nicht überfordert gewesen, denn sie hätten ja gewußt, was ihnen gut tut und was ihnen schädlich wäre, und hätten sich in ihrer Paradiesesklugheit sicherlich danach gerichtet. Was auch immer der Verfasser, Redaktor oder dgl. mit dem hebräischen דעת (*da^cat*) bzw. עץ הדעת (^c*eṣ ha-da^cat*) gemeint hat (Kittel 1966), es mag wohl in die Nähe von „Wissen, Erkenntnis, Einsicht" (K. Feyerabend 1966), kaum mehr „Meinung" (Lavy 1975) gehören. Eine holistische Interpretation, die die individuelle Vorstellung des Verfassers (oder sonst jemandes) zu einem gegebenen Zeitpunkt herausarbeiten müßte, ist nicht möglich. Bereits abstrahierend-verallgemeinernd könnte es etwa heißen: der Genie-

---

[154] Natürlich kann man etwas „Geist" nennen. Dadurch wird das so Benannte aber nicht Geist.

ßer einer Frucht besagten Baumes sollte instand gesetzt werden, emotiv und rational für sich (optimal) evaluieren zu können, was ihm (optimal) bekomme und wie er (optimal) handeln solle – wobei die erwartete Optimierung die Holistik der Evaluierung einschließt. Diese Sicherheit des Optimalen aber ist allen Kreaturen verschlossen geblieben. Angesichts der indefinit vielen möglichen Selektionen und Entscheidungen wäre jeder Organismus tatsächlich hoffnungslos überfordert gewesen. Nur in einem, dem Entscheidenden nicht: Bei voller ‚Erkenntnis' hätte er nicht mehr wählen können; er hätte mechanisch-unweigerlich das einzig Optimale wählen müssen.[155] Bleibt also ein abstrahierend-einschränkender, allgemeiner Interpretationsversuch, z. B. דעת (daʿat) ~ Reflexionsfähigkeit, um zu erkennen, was objektiv optimal ist und wie das Optimum situationsadäquat zu erlangen ist. – Das Ende der Geschicht' ist eine verpaßte Gelegenheit. Die Reflexion, das Denken waren (sind?) noch nicht eingeübt (das hatte die Schlange witzigerweise verschwiegen); also machten die beiden Menschenkinder sofort von ihrem üblichsten Sinnesorgan statt vom Gehirn Gebrauch: Sie sahen. Sahen, daß sie nackt waren, und wickelten ihre Spießigkeit in Feigenblätter.

ERINNERUNG UND GEDÄCHTNIS

Erinnerungen und Gedächtnis sind die physischen Resultate von Erfahrung und Erkenntnis.

Oben war kurz von „Dauer" die Rede. Dauer heißt Ausdehnung in Raum und Zeit. Dauer ist eine relative mesokosmische Empfindung, abhängig von indefinit vielen Konstellationen eines Organismus in einer aktuellen Situation mit Erinnerungen usw. Dauer ist zugleich ein kulturell-gesellschaftliches Phänomen, das das individuelle Empfinden überformt.

> In dem Augenblick, in dem eine Gruppe sich eines entscheidenden Wandels bewußt würde, hörte sie auf, als Gruppe zu bestehen und machte einer neuen Gruppe Platz. Da aber jede Gruppe nach Dauer strebt, tendiert sie dazu, Wandlungen nach Möglichkeit auszublenden und Geschichte als veränderungslose Dauer wahrzunehmen. (Assmann 1999, 40)

Wandlungen und Veränderungen ausblenden heißt Ähnlichkeit, Gleichheit, manchmal Identität behaupten. Kulturelle Dauer nennt man gemeinhin „Tradition". An der Tradition läßt sich ablesen, daß Dauer ein Prozeß ist,

---

[155] Das Nicht-wählen-Können kommt nur „Gott" zu. Er ließ dem Menschen die Freiheit, falsch zu wählen – mit allem daraus entstehenden Leid.

der sich und seine Sache ständig wandelt bzw. der durch Menschen verändert wird. Dauer bedeutet Statik, wenn Wandlungen und Veränderungen
nicht erkannt werden. Dauer kann zur Erstarrung führen (vgl. die Zähigkeit,
mit der sich Feindbilder über Generationen halten; vgl. die Erstarrung von
Religionen; hierzu jedoch Assmann 1999, 45[27]). Assmann (ib. 40) verweist
darauf, „daß sich in keinem Gedächtnis die Vergangenheit als solche zu
bewahren vermag, sondern daß nur das von ihr bleibt, ‚was die Gesellschaft
in jeder Epoche mit ihrem jeweiligen Bezugsrahmen rekonstruieren kann'
([Halbwachs] 1985a, 390). Es gibt, mit den Worten des Philosophen H.
Blumenberg, ‚keine reinen Fakten der Erinnerung'."
        Gedächtnis und Erinnerung als Re- und sogar Neukonstruktion.
Erstarrung in einer Definition, einer absoluten Behauptung (vgl. das Dog-
ma) wird in der Zukunft zu einer Belastung, wenn die Voraussetzungen für
die Definition ungültig werden.

> [Es] ist experimentell erwiesen, daß ein Erinnerungsprozeß das vorhandene
> Engramm auflöst, um es anschließend neu zu konstruieren. Das „Abgerufe-
> ne" ist somit nicht mehr identisch mit dem früher „Abgespeicherten"; dieses
> wird vielmehr im Erinnern von dem neuen Engramm überschrieben. Im Er-
> innerungsprozeß aber wirken dieselben verformenden Faktoren wie bei der
> primären Wahrnehmung [...]. (Fried 2004, 138f)

Assmann (1999, 42-45) stellt die Erinnerungen einer Gruppe der Historiographie gegenüber, die „ihre Fakten in einem vollkommen homogenen
historischen Raum" (ib. 43) ansiedele und angeblich „Identitätsneutralität
wissenschaftlicher Geschichtsschreibung" (ib. 43[24]) schaffe. Wo Erinnerung schwindet, entsteht das orale oder/und schriftliche Historiem, die
Geschichte (im Doppelsinn des Wortes) als Textem. Historiographie variiert mit dem Interesse an ihr (vgl. ib. 67). Historie wird von menschlichen
Historiographen geschrieben; sie ist keineswegs neutral (vgl. Fried 2004).
Kein Mensch kann neutral sein. Historiographie ist immer auch funktional.
Sie dient einem Skopos und sei es dem, die Geschichte darzustellen. Schon
hierin liegt das Eigeninteresse des Historiographen und der ihn beauftra-
genden ‚Kulturträger'. Das Emotive dominiert (unbewußt) das Leben.
Selbst Mathematiker erfreuen sich an der formalen Schönheit einer gelun-
genen Formel. Wähnt man sich unvoreingenommen (die Positivität kann
nur durch ein negatives Präfix hergestellt werden), glaubt neutral zu räson-
nieren, dann bringt's Nachteile. Historie, so Assmann (ib. 44) mit Halb-
wachs, dem Assmann hierin zustimmt, wenn ich recht verstehe, setze erst
ein, wenn die Gruppenerinnerung erloschen sei. Gemeint ist die lebendige,
direkte Erinnerung. Ist die Französische Revolution für die Franzosen (und

z. B. auch die Deutschen) erloschen? Als lebendige Erinnerung gewiß. Doch selbst wenn sie nur noch von Historikern wachgehalten würde, würden eben die Historiker nicht empfindungslos an sie herangehen (können). Historiker beschäftigen sich mit ihr, besser: Sie beschäftigt die Historiker. Dies ist gewiß eine andere Art Lebendigkeit, aber doch eine. Assmann (ib. 51) nennt ein Beispiel aus der jüngeren deutschen Vergangenheit, Ereignisse vor drei bis zwei Generationen, der Spanne, nach der Erinnerung anscheinend aus der lebendigen Erinnerung schwindet, sozusagen stirbt. Gerade Historiker drängen auf Bewältigung, was doch heißt, das die Vergangenheit nicht erloschen und für sie nicht neutral, abstrakt, seelenlos ist. Doch vielleicht irre ich. Hier kann und soll natürlich keine meinem Thema fremde Diskussion über Erinnerung und Historie geführt werden. Mir geht es um den Vorrang des Emotiven über die Ratio, ihre individuelle Momentanität und die Folgen und Wirkungen. Ich beziehe mich allemal, auch ohne dies ausdrücklich zu erwähnen, auf die Arbeit des Translators zwischen Emotion und Kognition. Deswegen möchte ich Assmanns (ib. 50) Unterscheidung von „kommunikativem" und „kulturellem" Gedächtnis in leichter Abwandlung erwähnen. Ersteres bezeichnet die lebendige Erinnerung der jeweils *grosso modo* jüngsten drei Generationen, das zweite die Ursprungsüberlieferung einer Gruppe als Sagen, Legenden, Mythen usw., aber auch als die fixierte Historie. (Dazwischen klafft in der lebendigen Erinnerung nach Assmann eine Erinnerungs- und Überlieferungslücke.) Historie lernt man (heute) in der Schule. Perspektiven, Meinungen und dgl. werden (ungewußt) mitgelernt. Kommunikativ greifen zunächst unhinterfragt (1) Individualität als eigene Erinnerung, z. T. vom Hörensagen der Vorgenerationen geformt, und gelernte Historie zusammen sowie (2) die gelernte Historie von dem Moment der Vergangenheit an, in der sie fixiert vorliegt, also lernbar wird, bis zu den Anfängen als kulturelle Überformung ineinander. Dies alles bildet das Geschichtsbewußtsein eines enkulturierten /sozialisierten Individuums in seiner Gesellschaft. Dabei geht es nicht ohne Konnotationen ab. Mit diesem (zur Holistik tendierenden, wie man vielleicht sagen könnte) Bewußtsein geht das Individuum an seine Arbeit, die nun wiederum vom Bewußtsein, mehr noch den ungewußten Konnotationen beeinflußt wird. Vor der Zeit schriftlicher Historiographie oblag die Tradierung den Sängern. Ihre Mnemotechniken, z. B. metrische Gebundenheit oder Reimzwang der Aufführung, beeinflußten ihr kommunikatives und kulturelles Gedächtnis, ihre Aufführung, mit der sie ihre Hörer in ihren Bann schlugen.

Gesellschaftliche Phänomene gehören zur Mesoebene. Hier wird der zentrale Terminus der folgenden Überlegungen: die <Kultur> als gelebte Kultur angesiedelt. Beide Ebenen: Individualität und Kultur greifen ineinander und sind in den folgenden Beschreibungen stets zusammen zu denken. Erst aus dem Ineinander entsteht ein Bild vom Verhalten und Handeln eines Organismus als Menge von „Prozessen" und „Ereignissen". Prozesse werden zu Translationen.

Kurioserweise, so scheint es, schwindet die Erinnerung an die Historie als ‚Ursprungsgedächtnis' beinahe in dem Augenblick, da ein Text zum Textem wird. Jeder Rezipient ist als Interpret (Exeget) gedächtnis- und (natürlich erst recht) erinnerungslos, denn er ‚kennt' (s?)ein Textem, das durch seine Rezeption in einen ungewissen Text verwandelt wird, nimmt man es holistisch, nur bruchstückhaft. Interpretation bleibt Bricolage. So entsteht ein anderer Text als der Text des Autors und ein anderes Textem als das, welches zur Interpretation gedient hatte.

Zu Hypothesen über Speicherung als Prozeß und Resultat etc. sei auf die Fachliteratur verwiesen. Erinnert sei nur daran, daß jeder Prozeß und Umgang mit Resultaten gelernt werden muß, d. h. individuell ist, und daß das Lernen selbst gelernt werden muß, d. h., daß der Umgang mit Stimuli indirekt ist und daher ‚kulturüberformt individuell' erlernt werden muß. Es wird verständlich, daß jeder Mensch und jedes Handeln individuelle Züge trägt. Zum Trost kann man auch Ähnlichkeiten lernen und erkennen lernen (vgl. kulturelles Verhalten).

Wie das Gedächtnis speichert und wie sich Gespeichertes abrufen läßt, wird zur Zeit noch diskutiert (vgl. z. B. Kandel 2006). Beides ist ein sich ständig wandelnder Prozeß. Beim Abrufen spielt die aktuelle kulturelle und individuelle Konstellation und Disposition des Abrufenden eine Rolle. Erinnerung selektiert, präsentiert anscheinend kohärent und schlüssig, jedoch auf aktuelle Bedingungen und den Skopos der Erinnerung/Abrufung hin, eine Menge einzelner Stücke, die dann ähnlich wie bei einem Puzzle, dessen Teile erst beim Zusammensetzen geformt werden, ineinander greifen. Bricolage.

Schallwellen vergehen, eine Art Fixierung oraler Texte zu Textemen findet im „Gedächtnis" von Gehirnen statt. Man nennt es „Speicherung". Die Wissenschaft rätselt, wie die indefinite Menge von Wissen in einem Gehirn so gespeichert werden kann, daß einzelnes Wissen (potentiell jederzeit) abgerufen werden kann. Georgalis (2000, 180f) versucht eine Hypothese. Das Gehirn ist keine Lagerhalle. Wahrscheinlich handelt es sich um Dispositionen besonderer Art.

[T]hat a glass is *fragile* is realized in its molecular structure. Importantly, the very same molecular realization of its fragility is *simultaneously* a realization of indefinitely many other dispositional properties. If the molecular structure that realizes a glass's fragility were exposed to extreme heat or an acid, rather than sharply struck, the molecular structure that would result, the realization of the new property, would be different from that which would result from its being struck. So the molecular structure that realizes the glass's fragility also realizes all its other dispositional properties. Countless dispositional properties are realized in the original molecular structure; which of these is actualized depends on what conditions that self-same molecular structure is subjected to.

The model for unconscious belief advanced here, more generally, unconscious mental states, is analogous: One and the same, say, brain state is *simultaneously* a realization of any number of unconscious mental states. Given that brain state, various conscious states may subsequently be realized; which is realized depends on how the agent is prompted. The parallel to dispositions is not exact but only a first step.

Vielleicht kann die zitierte Hypothese plausibel machen, warum man in verschiedenen Situationen Erinnerungen unterschiedlich leicht abrufen kann. Man denke an ein informelles Gespräch und an eine stressige Simultanverdolmetschung oder an die Suche nach einem geeigneten Ausdruck beim Übersetzen (z. B. unter dem Druck eines Examens).

Wenn im vorliegenden Essay von Speicherung die Rede ist, wird meistens eine Gehirnaktivität gemeint. Sicherlich spielen andere Körperteile und die Situation bei der Speicherung ebenfalls eine Rolle. Es gibt ‚Außenspeicher', z. B. Bibliotheken. Um sie benutzen zu können, bedarf es der Speicherung der Erinnerung, wo und wie sie benutzt werden können.

Das Gehirn ist derjenige wesentliche Teil eines Organismus, der ihn (wiederum verkürzt gesagt) zum Individuum macht und ihn damit räumlich und zeitlich von anderen Gehirnen (mikrophysisch: Gehirnpunktemengen) anderer Individuen derselben Spezies unterscheidet. Andere Organe im Organismus können ebenfalls (mit Hilfe des Gehirns?) ‚planen' und entscheiden, z. B. das vegetative und das Immunsystem, die Zelle. (Vgl. Dawkins' [1989] „selfish genes".) Ein Organismus bildet ein Ganzes. Während eines Entscheidungsprozesses werden z. B. immer wieder Vergleiche mit gespeichertem Wissen und Vorgängen im Umfeld des Organismus, auch mit emotionalen Erfahrungen (Erlebnissen) angestellt. Ein Entscheidungsprozeß verändert einen Organismus.

Das Gehirn speichert weniger isolierte Fakten als holistisch gerichtete Prozesse. Sie schließen die Handlungsfunktion(en) mit ein. Holistisch gerichtete Prozesse sind für fallspezifisch-perspektivische Zugriffe mit ihren eigenen Fokussierungen leichter zugänglich als gespeicherte Einzelfakten.

Individualisierte einfache Fakten werden natürlich auch gespeichert, z. B. meine gelbe Tasse (Clark 1999, 149f). Dann werden nicht „Tassen" abgerufen, sondern „meine, gelbe". Es wird schwer, Tassen allgemein wiederzufinden, haftet aber anscheinend besser und dient der Suche nach bekannten, oft benötigten Objekten (vgl die markenspezifische Verpackung; ib. 150). Ambiguität und Ökonomie (ib. 153f).

Wie schon erwähnt, ist das Gehirn wahrscheinlich nicht der einzige natürliche Ort, an dem Erfahrungen gespeichert werden. Es gibt verschiedene Hypothesen. Der Organismus ist eine Ganzheit. Noch weiß man nicht, wie gespeichert wird.

> Ich glaube, daß der Restkörper für das Gehirn mehr leistet als nur Unterstützung und Modulation: Er ist ein Grundthema für Repräsentationen im Gehirn." (Damasio/Kober 2001, 18)

> Die Frage, welcher Medien sich ein Gedächtnis bedient, ist nicht unwichtig. Ob es allein vom neuronalen System getragen wird, oder ob transzerebrale Medien (und welche) eine Rolle spielen, wirkt gestaltend auf die Erinnerungen ein. (Fried 2004, 401[60])

Jede Darstellung erfolgt im Prinzip linear, wenn auch mit Brüchen: Rückgriffen, Wiederholungen usw. Analoges gilt für eine Rezeption. In beiden Fällen ist die menschliche Kontingenz unbefriedigend. Es können jeweils nur Teile eines Ganzen oder einer Gesamtheit dargestellt bzw. erfaßt werden. Hinzu kommt die Metaphorik. Gedächtnis, Speicher, Perzeption bleiben (vorläufig?) vage Termini, Hilfskrücken, die über Ungekanntes hinweghelfen sollen. In einer mehr holistischen Darstellung müßte jeweils auf Zusammenhänge hingewiesen werden: Perzeption vergleicht z. B. und unter anderem neu Einkommendes mit Gespeichertem. Auch im Kurzzeitgedächtnis wird perzipiert, und zwar auch hier, soweit es geht, holistisch. Usw. In der vorliegenden Arbeit kann nicht alles behandelt und längst nicht alles jeweils detailliert werden.

In diesem Zusammenhang weist Fried (ib.31) auch auf Emotionen hin, die Speicherungen beeinflussen. Wissen ist individuell. Extraorganismische Wissenslager, z. B. Bibliotheken, gehören zumeist zu einer Gesellschaft, doch handelt es sich dabei nicht um Wissen der Gesellschaft, sondern der eine Gesellschaft bildenden Individuen. Wissen ist nicht Gemeinbesitz. Man spricht von Wissen, das alle oder die meisten Mitglieder einer Gesellschaft wissen: Wissen als kleinstem gemeinsamen Teiler individuellen Wissens. Denotative Reduktion. Wissen ,ist' momentan (s. oben zu Wandel und Veränderungen).

Seit jeher hat sich der Mensch externer „Speicher" als Erinnerungshelfer bedient. Vom geknickten Zweig am Wegrand, ausgestreuten Steinen und sogar Brotkrumen (vgl. Hänsel und Gretel), von mehr oder minder ausgefeilter Mnemotechnik bis zum Knoten im Taschentuch zeugt Vieles von der Furcht vor Gedächtnisschwäche. Zeichen sollen an ‚Etwas' oder an etwas Bestimmtes erinnern. Seit Jahrtausenden und vor allem heute gibt es neben der individuellen Speicherung im Gehirn und einfachen externen Mitteln eine weit effizientere technische in Bibliotheken mit ihren Büchern, in Museen usw., heute auch in Computern, CDs etc. Assmann (1999, 22⁵) erwähnt Leroi-Gourhan [1965], der von einer « extériorisation » und einer « mémoire extériorisée » sprach, „dessen Träger nicht das Individuum, noch (wie bei den Tieren) die Gattung, sondern das ethnische Kollektiv (la collectivité ethnique)" sei. Ebenso spricht Quindeau (2004, 8) von einem „kollektive[n] Gedächtnis" als einem „soziale[n] Gebilde". Diese Ausdrucksweise ist metaphorisch. Nicht das „ethnische Kollektiv", eine Potentialität, speichert etwas, sondern Individuen, die von kulturellen Konventionen individuell beeinflußt (überformt) werden. Diese Individuen haben verschiedene Aufgaben auf verschiedenen Rängen (vgl. den Bibliotheksdirektor und seine Mitarbeiter bis zu dem Mann, der die Bücher ins Regal stellt und daher am besten weiß, wo sie zu finden sind). Die Übertragung von einem Individuum zum Kollektiv, dem sich das Individuum zurechnet oder zu dem es gerechnet wird, bedeutet Transformation/Translation. Speicherung in einem Kollektiv bedeutet, daß ein Großteil der es bildenden Individuen an der Speicherung beteiligt ist und ein Austausch von Wissen etc. per Interaktion stattfinden kann. In vielen Kollektiven wird das Wissen vorwiegend zentralisiert und dabei oft thematisch an verschiedenen Orten gespeichert und tradiert (vgl. die Weisen, Priester, Klöster, Medizinmänner und ‚weisen Frauen', Sänger und Barden, überhaupt die Arbeitsteilung, Spezialisierung, besonders, die ein eigenes Studium erfordernde, die erwähnten Bibliotheken usw.). Die Speicherung bedient sich dabei spezieller Mittel (vgl. die Dichtung, Sinnsprüche usw.), auch der Trance zur Evozierung von Wissen usw. Heute neigt das traditionelle Kollektiv zur Globalisierung (vgl. das Internet).

Für die technisch ausgelagerte Speicherung gilt, was oben zur Unterscheidung von Text und Textem gesagt wurde. In Bibliotheken, Büchern, auf CDs usw. werden nicht Texte (im weiten Sinn des Wortes) gespeichert, sondern physikalische Elemente, ‚Materie' im weiten Sinn, einschließlich Energie. Die Rezeption einer so gespeicherten Einheit identifiziert/interpretiert sie als Textem(teil), das/der wiederum als individueller Text des Rezipienten im Raum-Zeit-Punkt *o/t* identifiziert/interpretiert wird.

> [A]uch die körperfremden Medien, die heute das Gedächtnis stabilisieren – Schrift, Buch, Festplatte, Internet und dergleichen mehr –, heben durch ihre gedächtnisabhängige Bedienung und Benutzung grundsätzlich das Gedächtnisproblem nicht auf, sondern steigern nur seine Komplexität. (Fried 2004, 48)

Unbewußte und bewußte Abrufe haben wahrscheinlich unterschiedliche Eigenschaften (Georgalis 2000, 181). Wie es von einer Speicherung zu (bewußten) Vorstellungen, z. B. *scenes*, kommt, ist bisher ungeklärt. Georgalis (ib. 185-191) versucht eine Hypothese nach der Analogie des Unterschieds von Wasser und H_2O-Molekülen: Zwischen H_2O-Molekülen besteht eine schwache Bindung; die Moleküle können leicht verschoben werden. Der Eindruck von flüssigem ‚Wasser' entsteht.

Wissen, Glauben, Vorstellungen usw. ("mental states") sind, so meint Georgalis, etwas anderes als neurophysische Aktivitäten. Sie beruhen hierauf (vielleicht durch Speicherungen in ihrem Vakuum, ‚zwischen' ihnen?). Georgalis (ib. 191-193) vergleicht den plötzlichen Umschlag mit dem Verhalten von Öl, das zum Sieden gebracht wird.

> This collective behavior of large populations of elements of the system constrain the behavior of individual elements so that there is a kind of "top-down causality," [...].

Wieder gilt es zu unterscheiden: Wissen etc. ist prinzipiell individuell. Kommen mehrere Menschen zusammen, kann jeder mit seinem Wissen so beitragen, daß bei den anderen Erinnerungen geweckt werden, neues Wissen einbezogen werden kann, so daß am Ende ein gemeinsames ‚Resultat' gemeinsames Wissen zu ergeben scheint.

Der Vorgang der Erinnerung ist nicht-linear (vgl. die Chaostheorie). – Vielleicht darf man, wie gesagt, an den plötzlichen mikrophysischen Umschlag zu Superwellen erinnern. Wäre Georgalis' Ölbeispiel (vgl. langsame vs. schnelle Erhitzung, unter vs. ohne Druck einer kleinen vs. großen Menge usw.) dann ein Gleichnis für den Übergang von normaler neurophysischer Gehirnaktivität durch einen Umschlag zu einer (zeitweilig stehenden/wirkenden) Superwelle ausgelöst von einer situationell bedingten {Emotion}? Wäre individuelle aktuelle Bewußtwerdung (individuelles aktuelles Bewußtsein) das Resultat einer Superwellenbildung? Kaiser (2004, 6) spricht von einer „rhythmische[n] Synchronisation der Nervenzellaktivität in verschiedenen Hirnarealen" bzw. von „synchronisierter, oszillatorischer Nervenzellaktivität" (ib. 9). Es „entstehen neuronale Netzwerke, die man sich wie Schwingkreise vorstellen kann" (ib.). Durch Wiederholung werden Nervenverbände verstärkt. Schon eine Teilperzeption ruft dann das Ganze hervor. Der Organismus hat „gelernt" (zu assoziieren). Oft ist es ja auch so, daß beim Bewußtwerden eines Gedankens sich eine ganze Gedankenkette zum gleichen Thema bzw. zu anderen Assoziationen anschließt. Gedanken sind die Verdauungsprodukte des Gehirns.

Eine ganzheitliche (holistische) Wahrnehmung erfordert eine Integration der verschiedenen Aktivitäten. Physische Gehirnaktivitäten werden zur Produktion bzw. Rezeption, Produktion ent- und besteht aus und Rezeption ent- und besteht aus und wird (z. B. in der [Ap-]Perzeption) zu physischen Gehirnaktivitäten. (Es gibt auch ‚Leerlauf‘; vgl. Dennett/Wuketits 1994.) Die Wissenschaft sucht zu erforschen, wie sich neurale Aktivitäten in ‚mentale‘ wandeln. Das „Denken" *ist* die Bewußtwerdung der Wandlung zu einer Vorstellung (*scene*). Hegel (vgl. Gernalzick 2000, 104[55]) sprach von Geist und Bewußtsein als dem „absolut einfache[n] Äther durch die Unendlichkeit der Erde hindurch" – in moderne Ausdrucksweise umgedeutet: Ein einfacher energetischer Prozeß ist nicht lokalisierbar. Da er sich zugleich von allen anderen Prozessen unterscheidet und alles mit allem zusammenhängt, gibt es ‚den‘ Prozeß nicht. ‚Der Prozeß‘ ist eine imaginäre Potentialität. Jeder Prozeß unterscheidet sich von allen anderen und hängt von allen anderen ab. Energie durchzieht das ganze Universum. Kann nicht-lokalisierbarer bestimmter {Energie} (einem „Feld") lokale oder nicht-lokalisierte Wirkung zugeschrieben werden? Erst komplexe Ereignisse können im Laufe der Materialisierung raum-zeitlich bestimmt werden.

> A consequence of this wave-particle duality is that all matter has a wave aspect, and cannot be said to have a definite localized position at all times. Moreover, by virtue of their nonlocal wave properties, pairs of spacially separated particles sometimes exhibit nonlocal correlations in their attributes. (McFarlane 2000, 2)

Lokalisierbarkeit und Nicht-Lokalisierbarkeit werfen ein Problem auf: Wenn ein Partikel nicht lokalisierbar ist (bzw. es erst durch ein Experiment einen bestimmten Raum-Zeit-Punkt erhält), ‚ist‘ es dann gleichzeitig an jedem Ort (kann es das sein)? Entweder würde es das gesamte Universum ausfüllen oder es müßte entgegen Einsteins Relativitätstheorie mit unendlicher Geschwindigkeit wandern (können). Die Begrenzung der Maximalgeschwindigkeit auf die Lichtgeschwindigkeit von 300 000 km/sec und die Individualität von Elementen werden in Frage gestellt (vgl. zur Diskussion Greene/Kober 2006, 144 und 563[16]). Die Unentscheidbarkeit (vgl. Luhmann 1985) führt (auch in der vorliegenden Arbeit) zu Paradoxien, schlimmstensfalls zu Widersprüchen. Denken steht, z. B. in der *scene*-Bildung oder/und Verbalisierung, auf der Grenzscheide zwischen Potentialität (Kraft, *vis*) und Materialisierung (vgl. die Gehirnaktivitäten). Denken gehört beiden Phänomenen an. Das Gehirn kann Perzeptionen mit Hilfe erinnerter Erfahrungen korrigieren, vervollständigen usw. (vgl. ib. 8).

> Das Gehirn [...] ist auch in der Lage, Ordnung in eine teilweise chaotische Reizsituation zu bringen: [Vgl. z. B.] „Ncah e.ner Sutide der Uinervtistät Cmabridge ist es eagl, in wlehcer Riehenfolge die Bcuhstbaen in eneim Wrot sethen, huaptschae der esrte und ltzete Bcuhstbae snid an der rhcitgien Setlle". (ib. 8f)

Der Buchstabensalat kann ohne Schwierigkeit verstanden werden. In diese Diskussion gehört auch die geradezu zwanghafte Anstrengung, Sinn in einen Nonsensetext hineinzuinterpretieren, auch wenn den Lesern ausdrücklich gesagt wird, es handle sich um einen Nonsensetext. [Eigene Seminarerfahrung]

Immerhin wird verständlich, wie es u. a. zu Verlesungen und Fehlinterpretationen kommen kann, wobei frühere Erfahrungen ‚Leitlinien' vorgeben. Wenn sich ein Fehler wiederholt, steigt die Wahrscheinlichkeit, daß er (immer) wieder passiert. Ein Fehler ‚schleift' sich ein. In der Mechanik kann man den Prozeß als Materialfehler beobachten. Es wird aber auch verständlich, daß an verschiedenen Stellen auftauchende Gedanken zu einem angenommenen Resultat zusammengefügt werden. (Das tue ich ja gerade in diesem Aufsatz.)

Speicherungen oraler Phänomene sind offensichtlicheren Wandlungen unterworfen als Fixierungen auf Papier und in anderen extraneuralen Medien. Ein Textem muß in Schallwellen und Farbflecken als Annahme ‚hineingedacht' werden. Texteme sind Potentialitäten. Ihre Erkenntnis (Per- und Apperzeption, Interpretation) ist individuell, fallspezifisch. Wie die Rezeption bis zu der Erkenntnis, das gehörte/betrachtete Phänomen ‚enthalte' (sei?) ein Textem, im einzelnen verläuft, ist bisher nicht eindeutig. Es gibt u. a. die Hypothese, daß das „Gehirn" eines Organismus, angeregt durch einen Stimulus (oder {Stimulus}) Hypothesen erzeugt, die durch Wahrnehmungen bestätigt oder falsifiziert und entsprechend akzeptiert, verstärkt, verworfen usw. werden. – Mit anderen Worten: Wenn ein Text für jemanden ‚Sinn' macht, wird damit festgestellt, daß die Phänomene, aus denen der Text herausgehört/gelesen bzw hineingehört/gelesen wurde, (für den Entdecker) als Zwischenphänomene („in-between"-Phänomene) auf ein potentielles Textem weisen und daß die Schallwellen, Farbtupfer auf dem Papier oder CD-Rillen es (für den Entdecker) ‚enthalten'.[156] – Der Witz ist, daß Schallwellen (als je andere) in vielen Ohren in Töne verwandelt werden und Farbtupfer auf einem Papier von vielen Augen zu verschiedenen Zeiten und in verschiedenen Situationen (durch je andere Photonen als je andere Wellen) als Tupfer wahrgenommen werden können. Jemand kann annehmen, daß sie ein Textem ‚enthalten'/repräsentieren (vergegenwärtigen). Sie ‚enthalten' oder genauer, jedenfalls für eine Rezeption, entfalten jeweils ein Textem, falls jemand dies entdeckt/erkennt und evtl. als seinen Text entziffert. Hineinintendiert wird vom Produzenten (Autor oder Sender – nie Autor *und* Sender, denn die würden nie denselben Text, sondern verschiedene Texte produzieren!) *ein* Text, herausinterpretiert wird von jedem Rezipienten in jeder Rezeption dessen je eigener Text. Der Produzent oder Sender wird nach Fertigstellung seines Texts zum Rezipienten eines aus dem entstandenen Textems herausgehörten/gelesenen anderen Texts. Es können also aus dem einen Textem indefinit viele Textinterpretationen und damit Texte entstehen. In jedem Fall spreche ich hier von holistischer Produktion und Rezeption. – Nochmals in anderer Perspektive: Hermeneutik entdeckt nicht *den* Sinn, *die* Interpretation (und sucht sie hoffentlich auch nicht) in einem Textem. So etwas gibt es nicht. Ein Hermeneut entdeckt z. B., daß Farbklekse ‚Sinne' [Plural!] machen (können) und daß deshalb auf Grund eines in/‚hinter' ihnen angenommenen /entdeckten/entzifferten Textems von ihm als Rezipienten angenommen werden kann, daß ein momentan-individueller Text (heraus/hinein)interpretiert werden kann. Was im Text drinsteht, muß in einem weiteren komplexen Prozeß vom Rezipienten hineingelesen/gelegt/interpretiert werden. Jeder Rezipient legt einen anderen Sinn hinein. (Vom Streit um die ‚rechte' Interpretation einer Farbformmenge / eines Textems leben die Literaturwissenschaftler ... und die Kaffeehausgespräche.) Es entsteht eine Kette $Text_P$ → Textem → $Text_R$, deren Glieder abwechselnd real → potentiell → real werden. Eine Kette ist ein Komplex aus Entitäten, also ein System. Auf Grund ähnlicher kultureller Überformungen kann angenommen werden, daß Mitglieder einer Dia- und evtl. auch einer Parakultur in ihren Rezeptionen eines Textems untereinander ähnliche und auch der Produzentenintention ähnliche Texte produzieren ($Text_P \sim Text_R$, wobei R für jede Rezipientenrezeption einen eigenen Index bekommen müßte).

Letzten Endes kann nur *angenommen* werden, daß in einer Sequenz

---

[156] Zum Vorstehenden vgl. auch die „Methodik der Heterophänomenologie" bei Dennett/Wuketits (1994, 103-107).

von Farbflecken eine Potentialität, nämlich ein Textem ‚enkodiert' liegt bzw. aus ihr ‚dekodiert' werden kann. Hier kann von „Kodierung" gesprochen werden, weil es sich um eine mechanische physikalische, chemische oder elektromagnetische Aufzeichnung handelt. Die Rede ist von einem Textem, nicht von Texten. Weil wir ‚Lesen und Schreiben' bis zur Automatisierung gelernt haben, entscheiden wir schnell, wann ein Objekt Sinn macht / machen wird. Altorientalisten und Ägyptologen haben es da schwerer.

Ein Reiz kann, wenn er nicht von vornherein ganz und gar verworfen wird – was übrigens die Erkennung als Reiz voraussetzt –, als Stimulus zur Weiterverarbeitung führen. Oben wurde behauptet, in einer Kommunikation, z. B. Translation, werde nichts übertragen; es gebe einen Reiz, der als Stimulus zur Interpretation angenommen wird. Von der traditionellen Übersetzungsmetapher zu einem Stimulus (oder {Stimulus}) überzugehen hat schwerwiegende Konsequenzen. Stimuli sind allemal bis auf den Zwang, überhaupt irgendwie reagieren zu müssen, in Grenzen freibleibende Angebote, aus einer indefiniten Menge von Reaktionen eine Entscheidung auszuwählen. Das heißt, daß es in einer Interaktion (Kommunikation, Translation) nicht um ein Verstehen des Stimulus geht, Verstehen-Wollen kann eine Möglichkeit der Interpretation sein, sondern eben um eine dem stimulierten Organismus adäquate Interpretation. In Knodts (1995, xxix) Interpretation von Luhmanns dezidierter Analyse heißt es:

> Understanding [Stimulierung], therefore, neither requires an accurate reconstruction of the "true" intention behind alter's behavior nor excludes the possibility of misunderstanding. [...] From the perspective of the social system, however, the identity or non-identity of the information, apart from being unverifiable, becomes irrelevant once we stop thinking of communication in terms of a transmission of a message from a sender to a receiver. What matters is solely the fact that the third selection – which never simply reiterates or repeats the first but creates a difference/diferral in the Derridean [sic] sense of différance – provokes a response and thus permits the continuation of the system's autopoiesis.

Bedenkt man, daß ein genaues holistisches Verstehen eines Stimulus unmöglich ist und er immer zu einer Abweichung führt, macht auch der letzte Satz des Zitats einen akzeptablen Sinn.

Das Zitat fährt fort:

> It follows from these considerations that communication is insufficiently understood in action-theoretical terms, for example, as consensus-oriented "communicative action" in the Habermasian sense. First of all, consensus can never be more than merely local and temporal because communication

requires dissent in order to continue its operations. If universal consensus could ever be reached, it would terminate the system's autopoiesis – nothing more would be left so say.

Das ist genau das Problem mit Peirce' „finalem Interpretanten" und Walter Benjamins „reiner Sprache". Würde sie erreicht, müßte jede Kommunikation aufhören, die Menschen hätten sich nichts mehr zu sagen, weil sie bereits alles wüßten. Kommunikation wird nur durch Differenz möglich.

8 – Kultur

Im folgenden bewege ich mich in einem Bereich zwischen Meso- und Makrokosmos bzw. pendle zwischen den beiden Ebenen.

Gesellschaftliches („soziales") Verhalten läßt sich bei zahlreichen Organismusarten beobachten. Regelhaftigkeit entsteht als An-Passung individuellen Verhaltens an gesellschaftliches Verhalten durch Reduktion auf gesellschaftlich-kulturelle Regeln. Anpassung ist ein momentaner Prozeß. Anpassung – genauer: sich angepaßt haben – wird zum Habitus. Gesellschaft verlangt eine ständige Anpassung der Mitglieder an sie, also der Idio- an eine Dia- und/oder Parakultur und der Dia- an eine Parakultur (und u. U. der Parakultur an eine großmächtige Dia- oder Idiokultur; vgl. den Diktator; zu Komplexitäten von Kulturen vgl. u. a. Renn 2006 zu Differenz und Integration). Das Individuum paßt sich (als organisches System) an die Gesellschaft an (vgl. biologisch die Symbiose und memetisch die Selbstreferenz mit „Kommunikation" im Luhmannschen Sinn). Gesellschaftliches Verhalten kann an individuelle Bedürfnisse angepaßt werden. Regeln entstehen durch Konsens oder ‚in der Regel' durch Machteinfluß (vgl. den Einfluß ‚mächtiger' Politiker auf die Parteipolitik; Macht bedarf der aktiven oder passiven Zustimmung, wie an anderer Stelle gesagt wurde). Angenommene Macht (traditionell auch eine „übernatürliche", numinose) spielt eine für jeden Beteiligten individuelle und gesellschaftliche Rolle. Kultur ist nicht an Sprache gebunden, obgleich Sprache Kultur beeinflussen kann (vgl. die Agentialität). Sprache ist vielmehr an Kultur gebunden. Sie fördert und erleichtert die Enkulturation. Die Grenzen sind eine Frage der Beschreibung und Terminologie. Kultur kann nach dem Gesagten nicht nur Regeln der Anpassung verlangen oder sogar erzwingen, Kultur kann auch Distanz schaffen (wenn z. B. Dialekte zugunsten einer Einheitsprache verschwinden).

Es gibt mehrere Möglichkeiten, Kultur zu beschreiben:

(1) „Kultur" sei die Menge von Verhaltensweisen eines Individuums, einer Gesellschaft oder Teilen einer Gesellschaft in einem jeweils gegebenen Zeit-Raum.[157] Was das bedeutet, faßt Dawkins (1989, 2) prägnant zusammen:

> If we were told that a man had lived a long and prosperous life in the world of Chicago gangsters, we would be entitled to make some guesses as to the sort of man he was. We might expect that he would have qualities such as toughness, a quick trigger finger, and the ability to attract loyal friends. These would not be infallible deductions, but you can make some inferences about a man's character if you know something about the conditions in which he has survived and prospered.

(2) Unter Kultur wird die Gesamtheit der Errungenschaften einer Gesellschaft verstanden,

> ein Komplex identitätssichernden Wissens, der in Gestalt symbolischer Formen wie Mythen, Liedern, Tänzen, Sprichwörtern, Gesetzen, heiligen Texten, Bildern, Ornamenten, Malen, Wegen, ja – wie im Falle der Australier – ganzer Landschaften objektiviert ist. (Assmann 1999, 89)

Assmanns Auflistung kann als erweiterbare Beispielreihe interpretiert werden. Speicherung ruft die Vergangenheit in die Gegenwart. – Assmanns Zitat verweist indirekt auf drei Ebenen: die des Begriffs, der begrifflichen ‚Objektivierung' (z. B. als „Lied") und der realen Objektivierung im Gebrauch (wenn ein Lied gesungen wird).

---

[157] Dizdar (demnächst) kritisiert Ausdrücke wie „Teil einer Situation / Situationsteil" und ähnlich, da doch behauptet werde, eine Situation (usw.) bilde eine Ganzheit. In der Verbalisierung wird selten die gesamte Situation gemeint, die Rede fokussiert tatsächlich einen Teil des Ganzen / ein Ganzes nur zum Teil, und aus diesem Teil wird ein Teil der gemeinten Phänomene verbalisiert. Angenommen, A steht auf einer Brücke über einem Fluß (in der Stadt ... usw.) und sagt: „Das Wasser steigt", dann wird mit dem bestimmten Artikel auf vorbeifließendes Wasser in diesem Fluß (... usw.) verwiesen und erwartet, daß der angeredete Kommunikationspartner hinreichend über die Umstände der Aussage informiert ist und versteht, was gemeint wird. Exhaustivität in der Beschreibung / im Ausdruck ist unmöglich und wäre nicht nur unökonomisch, sondern ein Versuch in diese Richtung würde für den Partner unterschwellig einen anderen Sinn bekommen (stilistisch/rhetorisch markiert werden), schlimmstenfalls als Krankheit eingestuft. Natürlich wird „Teil" nicht exakt abgegrenzt und/oder beschrieben. Ich wüßte nicht, wie man das in der vorliegenden Arbeit mit „Teil" Gemeinte anders ausdrücken könnte. Mit Luhmann würde ein Gesellschaftssystem genauer als Gesamtheit denn als Ganzheit bezeichnet.

(3) Kultur (<Kultur>) kann als Potentialität der einen oder anderen Art oder beider Arten verstanden und in jeweils zugehörigen Phänomenen exemplifiziert werden.

Im folgenden wird die oben unter (1) genannte Beschreibung bevorzugt. Sie kann u. a. wie folgt ausgeschrieben werden:

> Kultur ist all das, was das Individuum wissen und empfinden können muss,
> (1) damit es beurteilen kann, wo sich Einheimische in ihren verschiedenen Rollen so verhalten, wie man es von ihnen erwartet [...], und wo sie von den Erwartungen [...] abweichen;
> (2) damit es sich in Rollen der Zielgesellschaft, die ihm offen stehen, erwartungskonform verhalten kann, sofern es dies will und nicht etwa bereit ist, die Konsequenzen aus erwartungswidrigem Verhalten zu tragen [...],
> (3) zur Kultur gehört auch all das, was das Individuum wissen und empfinden können muss, damit es die natürliche und die vom Menschen geprägte oder geschaffene Welt wie ein Einheimischer wahrnehmen kann. (Göhring 1980, 73f; vgl. Göhring 1978, 10, in Anlehnung an Goodenough 1964; hier zit. n. Witte 2000, 51; Klammern und Literaturangaben bei Witte)

Witte (2000, 51[66]) fügt der obigen Beschreibung eine Fußnote an:

> Die Wiedergabe von „members" als „Einheimische" bringt u. U. andere Konnotationen mit sich als ursprünglich im Englischen [bei Goodenough 1964]. „Einheimische" kann einerseits – wie wohl zunächst von Göhring intendiert – die Fremdperspektive betonen [...]; zum anderen kann es sich aber, einschränkender als die Bezeichnung „Gesellschaftsmitglieder", lediglich auf die in einer gegebenen Gesellschaft Primärenkulturierten beziehen. [...] An anderer Stelle (vgl. Göhring 1980, 85, Anm. 11) spricht Göhring jedoch von „Gesellschaftsmitgliedern".

Das Empfinden-Können bei Göhring möchte ich in die Bemühung, jemandes Konnotationen nachempfinden oder mehr oder minder denotativ-rational ‚verstehen' zu können, abschwächen. Die eigene kon- und denotative kulturelle Überformung dürfte ein holistisches Einleben (Eintauchen) in fremde Konnotationen geradezu unmöglich machen. Es würden sowieso allemal andere. – Dieses „andere" bedeutet zweierlei: (1) gibt es keine Wiederholung ohne Variation und (2) bleibt das Wissen, daß es sich nicht um die eigenen Gefühle handelt. $\Sigma\nu\mu\pi\acute{a}\theta\epsilon\alpha$ (Sym-pathie!) gibt es nicht.

Bock (1970, 213) verstand unter "cultural form" "a set of inter-related, partially arbitrary expectations, understandings, beliefs or agreements, shared by the members of some social group, which can be shown to influence (or to have influenced) the behavior of some members of that group". Bock (ib. 216) verstand Situation als "a *cultural form* consisting primarily of understandings concerning the scheduling of, and allocation of space for, the occurrence of *other* cultural forms". Damit wird Situation vierdimensional als Raum, Zeit, soziale Rolle und Ereignis (vgl. Vermeer 1974b, 18[7]). Zu weiteren Kulturdefinitionen vgl. Kröber + Kluckhohn (1952). Zur Beschreibung kultureller Phänomene vgl. auch Pike (1967).

Ich fasse zusammen: Kultur benenne (1) ein holistisches individuell-momentanes Verhalten, einen Prozeß und (2) eine aus Mengen von Verhalten durch reduktionistische Abstraktion gewonnene Potentialität als eine Gesamtheit menschliches Verhalten/Handeln steuernder Regeln/Konventionen und ihrer Produkte (z. B. Hüte zum Gruß lupfen, eine Beileidsmiene aufsetzen, Gartenanlagen, Universitäten, Doktorhüte verwenden usw.). Kultur$_1$ wird analog zum Sprachgebrauch (der Rede, *parole*), <Kultur>$_2$ analog zur Sprache (*langue*) verstanden. Rede bzw. Sprache sind jeweils Teil einer Kultur$_{(1 bzw. 2)}$. Auch im Alltag spricht man von Verhaltenssorten als Kulturen, z. B. der politischen Kultur (~ kulturelles regelhaftes Verhalten im politischen Bereich), der Theaterkultur einer Stadt oder eines Landes. Kultur wird zum Oberbegiff für regelhaftes Verhalten überhaupt. Negativ wird von kulturlosem Verhalten (~ regelwidriges oder Regeln ignorierendes Verhalten) gesprochen. Da der Sprachgebrauch Kultur als Verhalten einer Gesellschaft, auch eines {Individuums},[158] also auch hier gesellschaftliches Verhalten meint, das alle Sorten des gesellschaftlichen Lebens abdeckt, soll in dieser Arbeit Kultur als Oberbegriff für regelhaftes Verhalten verstanden werden. Leben wird holistisch, also (mikro)physi-(kali)sch, genetisch und memetisch (d. h. an dieser Stelle: kulturell) bedingt beschreibbar. Die Holistik ist wichtig. Verhalten wird in erster Linie durch Emotionen und auf sie folgende Evaluierungen, evtl. auch Assoziationen, und erst in zweiter Linie durch die Ratio geleitet. (Quasi-)Regelhaftigkeit kommt durch Enkulturation, Erziehung in eine Gesellschaft hinein zustande. Man lernt sich zu verhalten, wenn man erfährt, wie andere sich verhalten und dies von einem selbst erwarten und dieses Verhalten nachahmt. Enkulturiert ist ein Mensch, wenn Abweichungen von den Erwartungen anderer Gesellschaftsmitglieder in seinem Verhalten nicht mehr bemerkt oder zumindest situativ-fallspezifisch als *quantité négligeable* toleriert werden.

Kultur als Gesamt des Verhaltens überformt das Handeln, d. h. die Prozesse, die zu Resultaten führen, und in der Folge diese Resultate selbst. So wird die Wissenschaft, die Technik und was daraus entsteht, Teil der Kultur. Memetik übernimmt heute immer mehr Aufgaben genetischer Evolution; die Technik über- und verformt sie. Die Natur wird kultiviert.

---

[158] Vgl. den Schlagervers "We are having a party, myself and I".

Menschliches Verhalten besteht aus Mengen momentan-individueller Prozesse, die man durch Reduktion auf Regeln (Habitūs) „kulturelles Verhalten/Handeln" nennt (vgl. Bahadır 2004b, 806). Handeln usw. müßte wieder als {Handeln} beschrieben werden. Unter „Verhalten" sei im folgenden ein aus momentanen *o/t*-Sequenzen gebildetes („werdendes") regelgeleitetes (oder regelwidriges) Prozeßsystem / eine Prozeßmenge eines organismischen So-Seins verstanden. Unter dem Blickwinkel des Organismus wird manchmal von „Sich-Verhalten" gesprochen. Verhalten kann für einen Organismus unkontrollierbar reflexhaft (vgl. das vegetative System, die Reaktion unter dem Hämmerchen des Psychologen) oder (u. U. teilweise kontrollierbar) nicht-reflexhaft sein.[159] Hier ist nur die letztere Variante gemeint. Verhalten schließt Handeln als Untersorte ein.

Nicht-reflexhaftes un- oder unterbewußtes Verhalten wird „Tun" genannt (das Spiel mit dem Bleistift beim Telefonieren). Es bekommt durchaus eine Funktion (z. B. das Abreagieren von Nervosität.)

Als intendiert angenommenes, auf einen Skopos gerichtetes (teilweise) bewußtes Verhalten werde „Handeln" genannt (vgl. Vermeer 1990b).

Kultur wird als Mempool beschreibbar. Meme sind nicht vererbbar; sie müssen erlernt werden.

> Für unsere Zwecke reicht es festzuhalten, daß die Gene (und die epigenetischen Prozesse, die durch sie in der Entwicklung des Organismus gesteuert werden) offenbar die Grobstruktur des Nervensystems festlegen, daß es aber der Erfahrung bedarf, um die vielen Struktureinzelheiten zu verfeinern und aufeinander abzustimmen. (Crick/Gavagai 1994, 111)

In der vorliegenden Drei-Ebenen-Beobachtung menschlichen Verhaltens gehört <Kultur> zur Makrokosmik. Sie wird zu einem Angebot, mit dessen Hilfe die Mitglieder einer Gesellschaft ihr Verhalten, Tun und Handeln mesokosmisch aufeinander abstimmen können.

Überindividualität bedeutet (1) mesokosmisch: reduktionistisch gewonnene Dauer für ein „Individuum", das sich mikrokosmisch real in Ort und Zeit momentan wandelt bzw. verändert wird, mesokosmisch also ein {Individuum} wird, und (2) makrokosmisch als generell angenommene Gültigkeit für eine Individuenmenge (> 1). <Kultur> ist ein potentielles Phänomen (vgl. Sprache, auch zum Folgenden). Kulturelle, genauer:

---

[159] Auch gemeinhin reflexhaftes Verhalten kann bis zu einem gewissen Grad unter Kontrolle des Organismus gebracht werden (vgl. die Fähigkeiten von Fakiren, Sadhus usw.; vgl. auch autogenes Training).

(raum-zeit-kulturspezifische) Regeln beachten (können) heißt „enkulturiert" („sozialisiert") sein (vgl. Vermeer 1986, 186-195). Der Geltungsbereich der Regeln (ihre „Extension") gilt relativ zu situationellen, u. U. fallspezifischen usw. Bedingungen. In der Hauptsache lassen sich drei Kulturbereiche oder -ebenen unterscheiden, wobei die Grenzen wiederum relativ zu einer Beobachtung-in-aktueller-Situation gezogen werden (zur Dreiteilung vgl. auch Luhmann 1992, 635). Jede Kultur wird je nach der Perspektive, unter der sie beobachtet wird, zu einer anderen Kultur (vgl. die Differenz zwischen einer Selbst- und Fremdbeurteilung; vgl. Wußler 2002, 68-71). Eine Kultur kann weder in der Selbstbeobachtung noch in einer Fremdbeobachtung exhaustiv bestimmt werden. Die Zahl der Faktoren und Bedingungen ist indefinit groß.

(1) Die in einem Individuum (1) momentan-individuell bzw. (2) für einen mehr oder minder längeren Zeitraum (bis Wandlungen/Veränderungen im Organismus oder/und externe Bedingungen als hinreichend relevant angenommen werden) als geltend angenommene Kultur heiße „Idiokultur". Wichtig ist, daß wieder auf zwei Ebenen diskutiert werden muß. Die Idiokultur birgt auf der Mikroebene ein Paradox. Sie muß primär als momentan angesetzt werden. Weil alles auf der Mikroebene so analysiert werden muß, Kultur daher zuerst als Menge des Verhaltens eines Individuums in einem Raum-Zeit-Punkt *t/o* angesetzt wird, Verhalten jedoch gemäß seiner Beschreibung auch als ein allgemein organisches und sogar als universales Phänomen vorkommt, ist eine Idiokultur mikrokosmisch momentan und makrokosmisch atemporal virtuell (deshalb kann von <Idiokultur> gesprochen werden). Im einen Mal geht es um die Analyse eines bestimmten holistischen Verhaltens, im anderen um die Bestimmung dessen, was individuelles Verhalten heißt. In diesem Fall geht es z. B. um eine Antwort auf die Frage, was aller individueller Fortbewegung – oder etwas spezifischer: allem individuellen Gehen – jeweils als Klasse genommen gemeinsam ist, im vorigen um die Beschreibung der Fortbewegung / des Gehens eines Individuums X im Raum-Zeit-Punkt *t/o*. Die Beschreibung des Gemeinsamen entspricht der reduktionistischen Begriffsbestimmung der Wissenschaft.

(2) Die *mutatis mutandis* von einer Idiokultur, z. B. der Idiokultur eines Beobachters, als Menge ausgehende, stärker generalisierte (und daher in Einzelheiten reduzierte bzw. von Einzelheiten abstrahierende) als gemeinsam, z. B. regional, sozial, beruflich, clubzugehörig usw.,

geltend angenommene „Diakultur" (vgl. den Dialekt in der Linguistik); Untersorten sind z. B. die „Sozio-" und „Regiokultur" (vgl.
bestimmte Verhaltens-/Handlungskonventionen in einer Familie).
Eine Menge von Individuen kann auf Grund einer als gemeinsam
angenommenen Kultur als Einheit (Gesamtheit) identifiziert werden.
Wegen ihres allgemeinen, reduktionistischen Charakters macht es
keinen Sinn, Diakulturen als momentan anzusetzen. Wohl aber
können sie wie alles im Universum methodologisch auf einen gegebenen Raum-Zeit-Punkt hin analysiert werden. (Im übrigen s. zuvor)

(3) Die noch weiter generalisierte „Parakultur", z. B. eines Volkes, einer
Nation, oder dergleichen. Letzten Endes fällt Parakultur mit dem
relativ zeit- und raum-abhängigen perspektivisch allgemeinsten
gemeinsamen Verhalten der Mitglieder eines Volkes usw. zusammen. (S. zuvor)

Die Grenzen zwischen den drei genannten Kulturextensionen sind fließend
(„fuzzy"), relativ zu der jeweiligen Beobachtung. (Vgl.: Herr Meier am
Ortspunkt o zum Zeitpunkt t vs. der Korbballclub, dem Herr Meier ange-
hört, vs. die Volksgruppe[n], zu der Herr Meier bzw. die Mitglieder des
Korbballclubs, zu dem Herr Meier gehört, gehören.) – Auch Dia- und
Parakulturen können im Verlauf der Historie prozessual beobachtet werden
(vgl. z. B. Elias 1976 zur fortschreitenden Repression von emotionalem
Verhalten in der europäischen Geschichte).

Zur Differenzierung der genannten Kulturen mit ihren zerfließenden
Grenzen geht man am besten von der angenommenen Idiokultur eines
Individuums, vorzugsweise von sich selbst aus. Dabei sind die Beobach-
tungsumstände, z. B. die Situation, zu beachten. In einem imaginären
Fadenkreuz beobachtet man auf der vertikalen Achse, ob und inwieweit
und evtl. seit wann das individuelle Verhalten besteht bzw. sich gewandelt
hat oder verändert wurde. Zwischen den Endpunkten Beginn und vorläufi-
ges Ende (z. B. dem Moment unmittelbar vor der Beobachtung) liegt dann
eine individuelle Idiokultur (z. B. die des Herrn Meier von der Verlobung
bis zur Trauung). Die Bestimmung geht also von Differenzen aus. Auf der
horizontalen Achse beobachtet man das Verhalten anderer Individuen.
Soweit unter gegebenen Umständen angenommen wird, es sei dem eigenen
Verhalten (hinreichend) gleich oder ähnlich, können die betroffenen Individuen zu einer Diakultur, zu der sich der Beobachter selbst rechnet,
gerechnet werden. Auf nicht direkt beobachtete Individuen kann ähnliches
Verhalten durch Reduktion und Generalisierung als Annahme regelhaft
extrapoliert werden. Je allgemeiner die Verhaltenselemente gefaßt werden,

desto allgemeiner wird die Kultur, bis man zu einer vorläufig letzten relativen Parakultur (z. B. den Deutschen, den Afrikanern) gelangt. (Realität ist in letzterem Fall oft weniger gefragt als Annahme, schlimmerenfalls Tradition bis Aberglaube.)

Ähnlichkeit (vgl. *Vergleich) ist eine evolutionär-genetisch bedingte, kulturell überformte, generalisierende, individuelle Evaluierung von Objektmengen (Objekt = das, was beobachtet wird) unter einer mesokosmischen Perspektive. Die überindividuelle, d. h. nochmals generalisierte, Fähigkeit, Ähnlichkeiten zu ‚erkennen', läßt den (in der vorstehenden Formulierung zirkulären) Schluß auf die Ähnlichkeit von Gehirnen besonders in Bezug auf eine Gattung, zu. (Vgl. Luhmann 1992, 692.)

Kultur sitzt wie eine Spinne im Fadenkreuz vertikaler Unterscheidungen von Idio-, Dia- und Parakulturen und horizontaler Unterscheidungen von zwei Memsorten: den aktuell-prozessualen des Verhaltens/Handelns und den historisch-ereignishaften der Speicherung. Das entspricht in einem weiten Sinn der Unterscheidung von Gebrauch und Historie/Spur (vgl. ‚Kulturdenkmäler') und einem Fadenkreuz von individuellen und gesellschaftlichen Phänomenen. Erwartungen auf die Zukunft werden aktuell-prozessual.

„Kultur" sei die Gesamtheit der durch Regeln ([Gesetze, Normen und] Konventionen)[160] oder deren Übertretung bestimmten Verhaltensweisen. Regeln werden durch Reduktionen von Mengen holistischen individuell(-momentanen) Verhaltens/Handelns auf Denotativa/Kognitiva gewonnen. Es entstehen Konventionen (Habitūs), z. B. auch für den Ausdruck von Emotionen (vgl. das Trauergehabe in Mitteleuropa vs. im Vorderen Orient – oder, um eine andere Ebene einzubeziehen: im [historisch-]christlichen Mitteleuropa vs. im islamischen Orient). Regeln generalisieren auf angenommene überindividuelle und überraumzeitliche Gemeinsamkeiten („Konventionen" usw.) hin. – Regeln können durchbrochen, ignoriert werden. Abweichungen geschehen auch unabsichtlich; zumeist werden sie als Fehler bewertet. Absichtliche Neuerungen werden entweder abgelehnt oder akzeptiert; letzteres meistens erst allmählich, nach einer Eingewöhnungszeit.

---

[160] Gesetze, Normen, Konventionen, Habitūs – kurz: Regeln – können nur auf der Mesoebene funktionieren. Regel bedeutet angenommene Wiederholung *cum variatione* unter der angenommenen/gesetzten Voraussetzung einer Vergleichbarkeit verschiedener Prozesse und/oder Ereignisse.

Luhmann (1985, 178) beschreibt einen (möglichen) Prozeß, wie Regeln entstehen. (Luhmann hätte den Terminus „Regel" sicherlich abgelehnt.) „Konvention" wäre für ihn ein üblicherer Ausdruck.

> Dadurch, daß im Kommunikationsverlauf [ich möchte auf Interaktion ausweiten] Selektionen [von Handlungsmöglichkeiten] an Selektionen anschließen, verdichtet sich ein Bereich des Annehmbaren und Zumutbaren, dessen Grenzen quer durch die Sinnwelt gezogen sind.

Luhmann zielt auf die Konstitution „sozialer Systeme". Analoges kann für die Herausbildung einer Idio- usw. -kultur gelten. Solch ein Regelsystem entwickelt Haltbarkeit – wenn man will, aus Bequemlichkeit.

> Man kann die Grenzen immer noch verschieben, den Zumutbarkeitsbereich ausweiten oder einschränken; aber dies, nachdem das System einmal eine Geschichte hat, nur noch punktuell, nur noch für bestimmte Themen, nur noch ausnahmsweise. (ib. 179)

Hier gilt evolutionsbiologisch, je komplexer ein System (hier z. B. Kultur) wird, desto geringere Chancen bekommen Mutationen, völlig neue Arten hervorzubringen. Schnelle oder langsame Entwicklungen sind von plötzlichen Mutationen zu unterscheiden. – Dauer schafft erwartbare Sicherheit. Allerdings wird sie durch Machtkonstellationen innerhalb des Systems „Gesellschaft" bzw. durch Individuen(gruppen) in Frage gestellt. Macht entwickelt sich durch steigende Komplexität: Je größer, desto mehr und mächtiger möchte sie werden. Dadurch werden Antikräfte geweckt (vgl. den Aufstand, die Revolution). Aber auch ohne Extremfälle ist Kultur stets durch Ausnahmen gefährdet. Man braucht nicht zynischer Skeptiker à la Luhmann (ib.) zu sein:

> Der andere kann anders handeln, als ich erwarte; und er kann, gerade wenn und gerade weil er weiß, was ich erwarte, anders handeln als ich erwarte. Er kann über seine Absichten im Unklaren lassen oder täuschen.

Luhmann sieht diese Möglichkeiten als Grund für die Ausbildung eines Gastrechts. Heutzutage wird seine Funktion und Bedeutung in früheren Zeiten oft nicht mehr verstanden. Es ging oft um Leben und Tod.

Im 6. Gesang (Vers 297-315) der Odyssee wird Odysseus auf der Insel der Phäaken als Schiffbrücher an Land gespült. Die Häuptlingstochter will ihm helfen.

> Aber sobald du meinst, daß wir die Wohnung erreichet,
> Mache dich auf und gehe zur Stadt der Phäaken [...]

[...] Und bist du im ringsumbaueten Vorhof,
Dann durcheile den Saal und geh zur inneren Wohnung
Meiner Mutter. Sie sitzt am glänzenden Feuer des Herdes,
[...]
Neben ihr steht ein Thron für meinen Vater, den König,
[...]
Diesen gehe vorbei und umfasse mit flehenden Händen
Unserer Mutter Kniee, damit du den Tag der Zurückkunft
Freudig sehest und bald, du wohnest auch ferne von hinnen.
Denn ist diese dir nur in ihrem Herzen gewogen,
O dann hoffe getrost, die Freunde wiederzusehen
Und dein prächtiges Haus und deiner Väter Gefilde!
[übers. Johann Heinrich Voß (1781)]

Roland Hampe dichtet im 20. Jh.:

Aber sobald du meinst, wir seien nach Hause gekommen,
Mache dich auf und geh in die Stadt der Phäaken [...]
Aber sobald dich aufgenommen das Haus und der Vorhof,
Dann durchschreite sehr rasch die Halle, damit du gelangest
Zu meiner Mutter; die sitzt am Herd im Scheine der Flamme,
[...]
An dieselbe [Säule] gelehnt ist auch der Thron meines Vaters.
[...]
An ihm gehe vorbei, umfasse sodann mit den Händen
Unserer Mutter die Kniee, auf daß du in Bälde den Tag der
Heimkehr freudig erlebst, selbst wenn du von weither gekommen,
Ist dir jene erst freundlich gesonnen in ihrem Gemüte,
Darfst du hoffen, die Deinen zu sehen und heimzugelangen
In dein festgegründetes Haus und das Land deiner Väter.

Zeitlich zwischen den beiden Hexameter-Translaten liegt Schadewaldts
Prosaübersetzung. Die Stellen, auf die es mir ankommt, lauten hier:

Doch wenn dich Haus und Vorhof aufgenommen, so gehe ganz schnell
durch die Halle, [...] An ihm mußt du vorübergehen und unserer Mutter die
Arme um die Knie werfen, [...]

Odysseus soll also sehr schnell ($\ddot{\omega}\kappa\alpha$ $\mu\alpha\lambda\alpha$) durch den „Vorhof"[161] gehen
(R. Hampes „durchschreite sehr rasch" scheint mir aus metrischen Gründen

---

[161] Warum wird griech. $\alpha\dot{v}\lambda\dot{\eta}$ (V. 303) mit „Vorhof" übersetzt? „Innenhof" wäre ange-
brachter, weil „ringsumbauet" [Voß] bzw. weil man erst durch (ein) Gebäude mußte,
um in die $\alpha\dot{v}\lambda\dot{\eta}$ zu gelangen [R. Hampe]), wenn man die Beschreibung denn so
genau nehmen will. Der Hexametervers singt [...] $\dot{o}\pi\dot{o}\tau'$ $\dot{a}\nu$ $\sigma\epsilon$ $\delta\dot{o}\mu\omega\iota$ $\kappa\epsilon\kappa\dot{v}\theta\omega\sigma\iota$ $\kappa\alpha\dot{\iota}$
$\alpha\dot{v}\lambda\dot{\eta}$, da mag es schon sein, daß die Aula aus metrischem Grund nach dem Haus
genannt wird. Schließlich beschreibt hier kein Architekt die Anlage. Also könnte der

erzwungen). „Durcheile den Saal" / „gehe ganz schnell ..." sollen das griech. ὦκα μαλα μεγάροιο διελθέμεν wiedergeben. Διέρχομαι wird tatsächlich meist mit „hindurchgehen" oder ähnlich übersetzt. Hier aber geht es um Leben oder Tod. Odysseus soll an den Männern, die vielleicht schon mehr als halb angetrunken im sog. Männersaal bechern, vorbeigelangen, ehe sie ihn aufhalten und evtl. sogar umbringen; er soll also um sein Leben laufen. Homers Zeitgenossen wußten um die Gefahr; wir ahnen sie heute kaum mehr. Gastfreundschaft wurde individuell, beinahe nach Lust und Laune gewährt, vorher war der Fremde vogelfrei. (Vgl. auch Odysseus' Ankunft in seiner Heimat Ithaka. Wie wird denn heute ein Gestrandeter behandelt, der an unsere Tür klopft und um Asyl bittet?)

Kultur ist nach geltender biologischer Ansicht nicht vererbbar. Sehr lange, vielleicht Jahrtausende hindurch gepflogene Verhaltensweisen können unter einer bestimmten Perspektive vielleicht doch ins Erbgut übergehen. Die Biologie ist sich da nicht ganz sicher. Vgl. generationenlange Mangelerscheinungen, z. B. endemischer Hunger in manchen afrikanischen Regionen, und ihre Auswirkungen auf die Genetik von Nachkommen; vgl. das Beispiel bei Dennett/Wuketits (1994, 244-247). Also gibt es vererbbare „erworbene Eigenschaften"? Jedenfalls eine Frage verbaler Formulierung. Oder anders herum: Alle Eigenschaften, die vererbt werden, wurden zuerst erworben. Nicht Vererbbares, das tradiert werden soll, muß, z. B. durchs Vormachen, gelehrt und durch Nachahmung vom Zögling gelernt werden. Die Bedeutung und Funktion der Meme für kulturelle Tradierung und der Memcharakter der Kultur werden ersichtlich.[162] Lehren und lernen erfolgen durch Interaktion. Jede Erziehung sollte sich dessen bewußt sein. Interaktion heißt auch, den Anderen einen „Anderen" sein lassen. Der „Erziehungsberechtigte" weiß nicht mehr, sondern Anderes als der Zögling. Beide lehren und lernen. Sicherlich erleichtern Gewohnheiten (habitūs) die Einübung.

Auf die Relevanz von Kultur und Regeln für die Translation brauche ich nicht eigens hinzuweisen. Man möchte dem Translator raten, wie Nausikaa es tat: Renn, so schnell du kannst, an den Fremden (Autor, Auftrag-

---

Sinn sowohl sein, Odysseus solle „über den Vorhof und ins Haus" als auch „ins Haus und über den Patio" hasten. Die αὐλή barg häufig das Hausvieh, war also relativ groß. Den ganzen Komplex kann man sich wie eine kleine Karawanserei vorstellen. Im Orient gibt es noch heute solche Häuser, in Istanbul z. B. heute die Warenlager. Dort heißen sie han(e) < pers.> xāna „Haus" usw.

[162] Wer an Sheldrakes morphische Felder glaubt, findet noch einen anderen Grund. Sollte Sheldrake recht haben, müßten das <Mem> und die Memverbreitung überdacht werden. (Vgl. Dürr + Gottwald 1997.)

geber/Besteller usw.) vorbei, meide ihre Einmischung um deines Lebens willen! Erst wenn du ins Innere deiner Arbeit dringst, dort die rettende Theorie findest und dich deinen Emotionen und Bewertungen anvertraust, kannst du hoffen, ans Ziel zu gelangen.

Kultur kann leicht erstarren. Kulturelles Verhalten wird zum Ritual (vgl. die Religionen). Agamben/s. trl. (2005, 55) leitet das Wort „Religion" vom lat. *relegere* „wiederlesen" ab. Ich möchte das nicht ferne „Neu-Lesen" einsetzen und dazu auffordern – nicht, weil es „in" ist, es zu erwähnen, sondern weil es not tut.

Von „Kultur" (<Kultur> im Makrokosmos) als potentieller Menge soziales Verhalten steuernder Faktoren werde das „kulturelle Verhalten /Handeln" (im Mesokosmos) als faktorengeleitetes, aus (bewußten oder unbewußten) Konventionen etc. entspringendes, aktuelles individuelles Verhalten/Handeln-in-einer-gegebenen-Situation unterschieden. Situationen sind momentane Prozeßmengen, Verhalten/Handeln werden daher ebenfalls als momentan bzw. aus momentanen Prozessen (Akten) hergeleitete {Mengen} betrachtet.

Kulturen (genauer: ihre Verhaltensvorkommen) beeinflussen sich gegenseitig. Kulturen sind in ständigem Fluß. Die verschiedenen Verhaltensebenen bilden „Konventionen", Vorschriften als mehr oder minder freibleibende Angebote (zur Mißachtung vgl. Göhring 1978/2002). Zum Leben braucht ein Organismus die Fähigkeit zu momentan-individuellem Verhalten/Handeln *plus* Verhaltens-/Handlungs-Konventionen als verhaltens-/handlungsleitende Regeln. In nicht exakt abgrenzbaren Fällen spricht man von Instinkt- bzw. (nur-)reaktivem Verhalten. Komplexere Organismen brauchen zum Überleben auch spezifischere soziale (kulturelle) Konventionen. Regeln erleichtern einerseits das Leben der Individuen in der Gesellschaft, andererseits legen sie dem Individuum Zwänge auf, sich konventionell zu verhalten, was wiederum das Verstehen von Verhaltensvorkommen erleichtert. Allerdings sind im Laufe der Zeit auch unsinnige Zwänge entstanden, die u. U. mehr oder minder mühsam wieder abgebaut werden müssen. (Gekochte Kartoffeln zerschneidet man nicht mit dem Messer, man zerkleinert sie mit der Gabel; vgl. die sog. Anstandsregeln und Anstandsbücher seit Knigges [1788] Zeiten.)

Hier sei eingeschoben, daß Luhmann (1985, 112ff) zum Verstehen vier „Dimensionen" heranzieht: die Sach-, Sinn-, Sozial- und Zeitdimension. Die Einteilung läßt sich im wesentlichen (ich vereinfache auf meinen Skopos hin) mit Realität, Skopos/Funktion, Kultur und Zeit im Sinn der in der vorliegenden Arbeit gebrauchten Termini korrelieren. Luhmann geht von Differenzen aus.[163] Eine erste Bestimmung führt zur Differenzierung von einem noch vagen X und Nicht-X; im Laufe einer Interaktion wird X durch Spezifizierung (Luhmann sagt, vom Allgemeinen her diskutierend, „Respezifikation") immer mehr eingeschränkt, bis X entweder hinreichend [ich führe meine eigene Ansicht ein] nach der Annahme des Produzenten erkannt und in der Folge verstanden werden kann bzw. in der Meinung des Rezipienten erkannt und verstanden oder die Spezifizierung irgendwann und damit die Interaktion ebenfalls abgebrochen wird oder mit einem Themawechsel in eine andere Richtung weitergeht. Der Prozeß verändert die ‚Welt', d. h. die Interaktion, Aktanten, ihre Situationen, Umfelder usw. In Luhmanns (ib. 124) Formulierung:

> Erleben aktualisiert die Selbstreferenz von Sinn, Handeln aktualisiert die Selbstreferenz sozialer Systeme, und beides wird durch Attributionsleistungen auseinandergehalten und rückverbunden.

„Kultur" steht im Dienste der „Prägung" und wirkt wie eine großenteils, z. B. durch Habitūs, automatisierte gesellschaftliche Kontrolle für mögliche Revisionen oder Verstärkungen individuellen (oder auch Gruppen-)Verhaltens (vgl. Göhring 1978/2002 zu Sanktionen; vgl. unten zur Bewußtseinsschleife). Es ist unziemlich im Bierlokal zu grölen. Gesellschaftliches Zusammenleben zu ermöglichen (und zu erleichtern) und die individuelle Orientierung zu leiten scheinen die Hauptaufgaben dia- und parakultureller Konventionen zu sein. Sie erleichtern das Verhalten (einschließlich des Handelns) eines Individuums in einer Gesellschaft – in der jeweiligen, in der sich das Individuum bewegt. Sie erleichtern auch das Verstehen des Verhaltens Anderer. Daraus ergibt sich die Notwendigkeit, die jeweils relevanten Kulturen zu kennen, will man in ihnen leben. Analoges gilt für den Fall, daß sich ein Individuum nur ‚potentiell' in einer Kultur bewegen will, z. B. als Translator in einer Ausgangs- und einer Zielkultur oder zwischen beiden wechseln muß (wobei der Translator seiner Arbeit an einem dritten Ort in einer dritten Kultur nachgehen kann). Luhmann würde sagen, Kultur erhöht die Komplexität des Verhaltens, um die Komplexität gesellschaftlichen Verhaltens zu mindern.

Ein Individuum wird genetisch und kulturell geprägt. Kulturelle Prägung ist kein einmaliger, sondern ein lebenslanger Prozeß. Meist wird unter einer anderen Perspektive von lebenslangem Lernen gesprochen. Man kann nicht nicht lernen. Stimuli kommen von verschiedenen Seiten: der Elternfamilie, der Schule, der Arbeitsstelle, der eigenen Familie, den Lebens-

---

[163] Luhmanns (vgl. 1985, 202) „Differenz" wurde vielleicht von Derrida inspiriert.

erfahrungen und -umständen usw. Das Gelernte ist in seiner Gesamtheit und Holistik mit fallspezifisch unterschiedlicher Wichtigkeit vielleicht das, was den Menschen in seinem Denken und Verhalten stärker beeinflußt (‚prägt') als das genetische Erbe. Lernen führt das genetisch Ererbte, die Prägung im engeren Sinn und das gesellschaftlich-kulturell Gelernte zu einer ‚Leitplanke' für Individuen in ihren Gesellschaften (vgl. die oben genannten Kulturbereiche) zu ihren „Ethiken" zusammen. Damit werden noch keine aktuellen Urteile über Entscheidungen vorweggenommen.

Der perzipierende Organismus als Ganzes in seiner Umwelt konstruiert seine Welt. Ihm wird seine Welt konstruiert. Aus dem Zusammenspiel von Erinnerung und Konstruktion entsteht eine kulturell überformte situationell-individuelle Weltsicht. Zur Enkulturation gehört das Mitspiel der Gesellschaften mit ihrem verbalen und non-verbalen Verhalten. Die kulturelle Überformung (ver)führt dazu, in einem Textem selbst bestimmte (!) Informationen oder genauer: Interpretationen zu suchen. (Übersetz, was da steht!) Viaggio (2004/2006) nennt diese Art der bei der Rezeption angeblich an der Textoberfläche aufzufindenden Information „pragmatisch". Jede Interpretation geht von der pragmatischen Ebene aus, denn die Oberfläche eines Textes perzipiert man zuerst (vgl. Eco 1990, 26-28). Nur genügt sie nicht, man muß unter die Decke schauen.

„Kultur" überformt die „Natur" eines Organismus. Sie bestimmt sein gesamtes nicht reflexhaftes Verhalten mit. Der aufrechte Gang ist dem ‚normalen' Menschen natürlich. Die Art zu gehen wird kulturspezifisch erlernt. Es liegt an der Art zu gehen, daß Europäerinnen ein indischer Sari nicht steht.

Überformt werden die Außen- und Innenrealität (vgl. u. v. a. Böhme 1978, 49). Ein Autor der Aufklärungszeit, Mascou, schrieb:

> The stage setting [...] is, indeed, altered, the actors change their garb and their appearance; but their inward motions arise from the same desires and passions of men, and produce their effects in the vicissitudes of kingdoms and peoples. (Geertz 1993, 34)

Diese Ansicht gibt ein „archetype", keine individuelle Ansicht wieder (ib. 51). Die Frage, inwieweit Kultur menschliches Verhalten überformt, wird auch heute noch kontrovers beantwortet.

> This circumstance makes the drawing of a line between what is natural, universal, and constant in man and what is conventional, local, and variable extraordinarily difficult. In fact, it suggests that to draw such a line is to falsify the human situation, or at least to misrender it seriously. (ib. 36)

Kultur und die Überformung des Individuellen sind dem heutigen Menschen selbstverständlich. Der einzelne Mensch bildet auch als Robinson von Geburt an Verhaltensregularitäten aus (vgl. die Instinkte). Zur Enkulturation gehört die gesellschaftliche Mithilfe. Geht man von dem Ich-Gefühl eines Menschen/Organismus aus, so kann eine sich stets wandelnde {Idiokultur} für die Lebenszeit des Menschen/Organismus angesetzt werden. Weil der Mensch von Anbeginn ein soziales Wesen gewesen ist, sein mußte, um überleben zu können, wird es Dia- und Parakultur gegeben haben, sobald mindestens zwei Menschen – oder vielleicht sogar ein Mensch und ein anderes Lebewesen oder überhaupt ein reales oder potentielles Etwas, indem sich beide aufeinander bzw. der Mensch auf das Etwas einstellten, – zusammenlebten. Somit ist nicht auszumachen, wer bzw. was dem anderen vorangeht, die Individualität oder die Gemeinschaft/Gesellschaft. Rousseau glaubte, die Gemeinschaft entstehe aus einem „Contrat social" [1762]. Man hat hierin ein Paradox erkannt (vgl. unter anderen González Ochoa 2004, 9-12): Ein Vertrag kommt zustande, wenn es die Vertragspartner bereits gibt. Also müßte es vor der vertraglichen Erklärung über die Bildung einer Gemeinschaft die Gemeinschaft schon gegeben haben. Ähnlich bei der Kultur. Wenn wir uns vorstellen, daß eine Mutter ein neugeborenes Kind erzieht, ‚hat' sie bereits Kultur im Sinne der Gemeinschaftsbildung, mit deren (Mit-)Hilfe sie ihr Kind erzieht. Es gibt keinen Ursprung der Kultur, würde Derrida sagen. Es gibt Genesis und Evolution. Kultur als überindividuelles Phänomen evolviert aus der individuellen Kultur (wenn es sie je ‚vor' und getrennt von gesellschaftlicher Dia- bzw. Parakultur konnte gegeben haben). Ich meine hier die temporal dauernde Idiokultur, also Kultur des {Individuum}. Ähnlich wird es bei der Evolution der Sprache als Teil von Kultur gewesen sein. Kultur hat es als Gemeinschaftsverhalten längst vormenschlich gegeben, als Idiokultur im Organismus als {Organismus} und als Dia- bzw. Parakultur zwischen gesellschaftlich lebenden Organismen (vgl. auch die Symbiose). Kultur ist Leben, Leben Kultur. Im folgenden wird die Rede vorrangig von der menschlichen Kultur sein, vielleicht sogar der humanen. Tiere sterben allein.

Zu „Kulturemen" vgl. Oksaar (1988); Vermeer + Witte (1990, 135-143). In den genannten Arbeiten steht Kulturem nicht im gleichen Verhältnis zu Kultur wie Textem zu Text.

Was hier über Kultur gesagt wurde, kann analog auf Sprache als Untersorte von Kultur (und „Rede", *parole*) als Untersorte kulturspezifischen Verhaltens translatiert werden. Etliche Sprachen, z. B. die deutsche, haben eine Besonderheit, die gar nicht mehr als Besonderheit hinterfragt zu werden pflegt: die agentiale Struktur. Sie soll wegen ihrer Wichtigkeit im folgenden kurz behandelt werden.

SPRACHE

Jedes „Verhalten" eines Organismus kann auf einer der drei vorgenannten ‚historischen' (diachronen) Ebenen Genetik, Prägung und Lernen sowie der ‚horizontalen' (synchronen) kulturellen und (darin) sprachlichen Ebene ausbuchstabiert werden. Trotz des hiervor Gesagten wundert es immer wieder, daß in der Philologie und verwandten Disziplinen nicht von der Kultur, sondern von der menschlichen Laut- oder Schriftsprache her, die doch Teil einer Kultur ist und später als sie ausgebildet wurde, gedacht wird. So schreibt z. B. Eco (1990, 110):

> Per patrimonio sociale non intendo soltanto una data lingua come insieme di regole grammaticali, ma anche l'intera enciclopedia che si è costituita attraverso l'ezercisio di quella lingua, cioè le convenzioni culturali che quella lingua ha prodotto e la storia delle interpretazioni precedenti di molti testi, compreso il testo che il lettore sta leggendo in quel momento.

> [Unter sozialem Erbe verstehe ich nicht nur eine gegebene Sprache als Gesamt grammatischer Regeln, sondern auch all das Wissen, das durch den Gebrauch dieser Sprache zustande gekommen ist, d. h. die kulturellen Konventionen, welche durch die Sprache geschaffen worden, und die Geschichte der Interpretationen, die aus vielen Texten hervorgegangen sind, einschließlich des Texts, den der Leser gerade liest. (übers. HJV]

Dabei hatte z. B. schon Bock (1964, repr. 1970, 212) geschrieben, "all linguistic forms [...] constitute a sub-class of the more general category *cultural forms*". Mit dem angenommenen Vorrang der Sprache ist auch der Vorrang des Menschen in der ‚Welt' verbunden. Im Rahmen des holistischen Verhaltens (mit allen Meinungen, Glauben und Aberglauben, Erregungen und Ängsten etc.) schält sich ‚der' (s. oben) Mesokosmos für den Menschen als ein Gebilde aus Realität und kulturspezifischer und darin teilweise sprachspezifischer Überformung des Verhaltens heraus.

> [...] daß unser eigener Organismus und nicht irgendeine absolute äußere Realität den Orientierungsrahmen abgibt für die Konstruktionen, die wir von unserer Umgebung anfertigen, und für die Konstruktion der allgegenwärtigen Subjektivität, die wesentlicher Bestandteil unserer Erfahrung ist (Damasio/Kober 2001, 17).

Daß die Umwelt zum Teil erst aus der Aktivität des Organismus entsteht
[...] (ib. 18)
In ihrer kleinen Gemeinschaft von Synapsen speichern dispositionelle
Repräsentationen kein Abbild an sich, sondern die Mittel, die erforderlich
sind, ein ‚Bild' zu rekonstruieren. Wenn Sie eine dispositionelle Repräsentation für das Gesicht von Tante Gretel haben, enthält die Repräsentation
nicht das Gesicht als solches, sondern die Entladungsmuster, die im frühen
visuellen Cortex die momentane Rekonstruktion einer approximativen Repräsentation von Tante Gretels Gesicht auslösen. (ib. 147)

Ich glaube, daß der Restkörper für das Gehirn mehr leistet als nur Unterstüt-
zung und Modulation: Er ist ein Grundthema für Repräsentationen im Gehirn. (ib. 18)

Noch einmal zur Entstehungshistorie:

Paläoanthropologische Funde legen die Annahme nahe, daß sich das Broca-
Zentrum lange vor den zum Sprechen nötigen anatomischen Veränderungen
am Stimmapparat ausgebildet hat. So dürften Artikulationsformen, etwa ein
Gesten- und Zeichensystem mit Einschluß akustischer Signale und deren
erinnernder Speicherung, der eigentlichen Sprache vorausgegangen sein.
(Fried 2004, 122)

Auch ein wie auch immer geartetes, weitgehend noch non-verbales Kommunikationssystem setzt strukturierte Gesellschaft, Gesellschaftsordnung
Regeln zum Zusammenleben voraus. Die Gesamtheit dieser Regeln nennt
man Kultur.

In diesem zugleich weiten und einschränkenden Rahmen läßt sich Aristoteles' Diktum vom Menschen als ζῷον λόγον ἔχον mit seiner Mehrdeutigkeit des Logos von Rede bis Vernunft interpretieren. Sprachgebrauch als
skoposgerichtete Verbalisierung von Situationsteilen, nämlich des als (1)
aktuell nicht selbstverständlich bekannt Angenommenen – hier spielt die
Einstellung auf den/die Interaktionspartner eine wesentliche Rolle; vgl.
Siegrist (1970) zur „reflexiven Ko-Orientierung"[164] –, (2) zum Verständnis
nötig Erachteten (vgl. die Kulturspezifik) und (3) des vom einzelsprachli-
chen Gefüge (Sprachsystem) Vorgeschriebenen. Sprache verbleibt damit,
wie selbstverständlich ihr Gebrauch, *in* der je aktuellen Situation-in-der-
Annahme-des-Interaktanten (Produzenten bzw. Rezipienten; vgl. Vermeer

---

[164] Sie wird schon bei Dante erwähnt: „Io credo ch'ei credette ch'io credesse". (Bosco +
Reggio 1979 verweisen als Quelle für Dante auf Pier della Vigna, den Kanzler
Friedrichs II.). Ebenso wird die reflexive Ko-Orientierung bei dem portugiesischen
Chronisten João de Barros (Dekade 2, Buch 8, Kap. 5; ed. Baião 1946, 4.95) Mitte
des 16. Jhs. erwähnt: „Eu te entendo, que me entendes, que te entendo, que me enga-
nas" – „Ich weiß, daß du weißt, daß ich weiß, daß du mich besch...t".

174

1974a, 14), also der Situation mit verschiedenen Annahmen in verschiedenen Situationen durch verschiedene Interaktanten. Die nehmen aber Bezug
aufeinander (vgl. das *feedback*), und zwar auf je ihre Annahmen über
den/die Partner (vgl. die reflexive Ko-Orientierung; zum Vorverständnis
vgl. schon Ast 1808). Interaktanten haben ein (Selbst-)Bild von sich selbst
und machen sich ein (Fremd-)Bild („image") vom Anderen.[165] Die reziproken Annahmen und überhaupt alle Faktoren wirken aufeinander ein, bedingen (kodeterminieren) sich gegenseitig (vgl. Badura 1971, 79-99; vgl.
Vermeer 1974b, 300). Strategieplanung geht von dieser Konstellation aus.
Die reziproke Beeinflussung gilt auch im individuellen Bereich. Ein
Translator lernt aus seiner eigenen Arbeit. Frühere Arbeiten wirken sich auf
spätere aus. Andere berufliche (und persönliche) Erfahrungen schlagen sich
in der Arbeit nieder. Bei einer Neuauflage wird wohl jeder, Autor wie
Translator, auf die vorhergehende(n) Ausgabe(n) zurückgreifen und sie
abgeändert verwenden. – Selbst- und Fremdbilder beziehen sich auf Individuen und als kulturelle Bilder auf eine Gesellschaft.

Es gilt die Umkehrung traditioneller (nicht nur) linguistischer Sicht,
daß erst die Sprache all die Erfahrungen, die der Mensch (genauer: der
{Mensch}, zumal als Mitglied einer Dia- und/oder Parakultur) im Laufe der
Zeit gemacht, gespeichert und zu voller Entwicklung gebracht und daß die
ungeheure Menge oraler und schriftlicher verbaler und non-verbaler Tex-
t(em)e, einschließlich der unzähligen verlorenen, dazu ihren Beitrag geleistet hätten. Nicht so sehr die Sprache (*langue* oder *parole*) läßt Text(em)e
entstehen (zumal wenn man Text[em] in dem oben erwähnten weiten, nicht
nur verbalen Sinn nimmt), sondern Texte formen eine Sprache (*langue*).
Um so erstaunlicher ist es, daß es immer noch Translatoren und Translationswissenschaftler gibt, für die „Kultur" nicht mehr als ein negativ
aufgeladenes Reizwort ist. – Zur Relevanz kultureller Kenntnisse für
verbale Translation vgl. Vermeer (1992c); vgl. Vermeer / Martín de León
(1994) zur Funktion und Relevanz der Sprache(n) für kulturelle Entwicklungen, einschließlich der Wissenschaft (und ihrer das Denken mit-
steuernden Metaphorik).

Schon die Pythagoreer (6. Jh. v. Chr.) unterschieden das Eine, die Einheit, das Bestimmte und das Andere, die Vielheit, das Unbestimmte (Indefinite). Durch das Zusammenspiel von momentan-individuell-holistischer

---

[165] Vgl. Goffman/Bergsträsser+Bosse (1994, 10): Ein *Image* ist „der positive soziale
Wert [...], den man für sich durch die Verhaltensstrategie erwirbt, von der die anderen annehmen, man verfolge sie in einer bestimmten Interaktion" und „ein in Termini sozial anerkannter Eigenschaften umschriebenes Selbstbild". Analoges gilt für das
Fremdbild.

und kulturspezifisch-generalisierter Sichtweise versuche ich Translation als Prozeß und als Resultat zu beleuchten. Dabei wird „Kultur" zu einer Perspektive in konzentrischen Kreisen (oder mit Nagel/Gebauer [1992, 14] genauer: dreidimensionalen „Kugeln") erweitert, wobei die sie bestimmenden Faktoren immer stärker reduziert werden müssen, damit generalisiert werden kann (vgl. z. B. das Verhalten eines Menschen-in-einer-Situation vs. einer Familie vs. ‚der' Baiern vs. ‚der' Deutschen). Das schließt ein, daß es nicht nur eine Ebene relativer Objektivität gibt, sondern indefinit viele. Die Unterschiede zwischen momentan-individuell und durativ-generell werden zu Beobachtungsresultaten. Individualität und makrokosmische Verallgemeinerung liegen allerdings nicht auf einer Ebene, vielmehr wäre es angebracht, sie in Form eines (mehrdimensionalen) Fadenkreuzes zu sehen: Die Ebene der Individualität schneidet die der Generalisierungen in einem Punkt – der Beobachtung. Beispiele für unterschiedliche Generalisierungen sind z. B. meine Person, mein Beruf, mein Land, ... Dem Sprachgebrauch geht es ebenso.

Wie mehrfach betont, gehe ich zunächst von einer momentanen (~ punktuellen) Individualität aus. Wäre sie auf sich allein gestellt, so würde sie sich sehr bald in irgendeine Richtung davonentwickeln. Niemand verstände niemanden mehr. Der Traum entwickelt seine eigene individuell-fallspezifische und damit nicht wiederholbare und regelhaft erfaßbare Sprache, wie dies für die öffentlichen Menschensprachen und das verbale Denken gilt (vgl. Freud 1999 passim; vgl. Gesamtregister Bd. 18). – Die „Kultur" fungiert im interindividuellen Sprachgebrauch, und damit auch in der Sprache (*langue*) als Potentialität, als überlegenes Korrektiv. Ich glaube nicht, daß die Sprache (*langue* oder *parole*) die Kultur gleichermaßen am Zaum hält. Das regelhafte, regulierbare und regulierte Sprachhandeln muß interindividuelle Verständlichkeit herstellen und erhalten können. Freilich, Kultur ist ein Prozeß. Prozesse wandeln sich ständig. Kultur paßt sich an Verhalten und Handeln an. Deshalb entwickeln und ändern sich der Sprachgebrauch und die potentielle Sprache fortwährend. (Wieder so ein anstößiger Ausdruck: sich fort-während ändern.) Kultur ist von individuellen Verhaltensweisen abhängig. Aber sie ist eben auch deren Polizei. Bleibe verstehbar! So wie der Mensch nicht außerhalb jeglicher Gesellschaft leben kann, so kann er nicht ohne interindividuelle Verstehbarkeit existieren. Interdependenz, bei der nicht zu sagen ist, welcher Pol der wichtigere sei: der individuelle oder der gesellschaftliche, den ich „kulturell" nenne. Das wird fallspezifisch entschieden. Sondern sich Gesellschaften geographisch (also räumlich) – und auch zeitlich – ab, so entwickelt sich ihr Sprachgebrauch recht bald auf verschiedene Weisen, z. T. durch neue Lebensumstände bedingt. Aus einer Sprache entstehen zwei usw., weil die zusammenhaltende Kontrolle fehlt. Sprachen entwickeln sich seltener zueinander hin, zusammen, als auseinander. Gewiß, Sprachen können sterben. Das steht auf einem anderen Blatt. Wenn die Menschheit einmal aus Geschäfts- und Machtgründen monolingual Englisch wird, wird sie unweigerlich alsbald in zahlreiche, untereinander immer unverständlichere Englische zerfallen. Wir erleben es in kleinem Maßstab ja längst. – Auch Kulturen schreiten in andere(n) Richtungen fort. Der einzig verbleibende Zusammenhalt scheint zunächst dadurch gewährt, daß die Menschen auf dieser einen Erde leben und ihre genetischen Spuren, Wandlungen und Veränderungen ihres Gehirns und damit von Kulturen und darin ihren Sprachen auf unsere „Fähigkeit, sie zu erlernen", begrenzt bleiben (vgl. Nagel/Gebauer 1992, 146[13]). *Das* wurde bei Chomsky (1965, 40f) zu "innate ideas". Haider (1997)[166] rechnet fest mit einer angeborenen „Universale[n] Grammatik" (ib. 62), die mit „Parametrisierung", d. h. offenen Bestimmungsstücken eines nicht völlig festgelegten Regelwerks, und „Modularität", d. h. einem Aufbau aus Versatzstücken, funktioniert. Mit nur 13 binären Parameterwerten sollen sich so 8192 Sprachen unterscheiden lassen. Hoffmann (2005) gibt einen Überblick von Chomsky bis zur gegenwärtigen „kritischen Phase" (ib. 101). Man könnte argwöhnen, die Annahme *einer* Grundstruktur sei ein letzter Nachhall der jüdisch-christlichen Lehre von der einen Weltschöpfung mit einer Ursprache. (Bis an den Anfang des 19. Jhs. nahm man im Okzident daher an, diese Ursprache sei das Hebräische gewesen, in der die Schöpfungsgeschichte im Alten Testament zuerst aufgezeichnet erscheint. – Auch hier wird wieder (zu recht) die Aneignung eines Sprachgebrauchs bestaunt. Kinder erlernen sie ‚spielend' beherrschen, es handelt sich nicht um Schulung, z. B. im Elternhaus. Aber ist es mit Kultur nicht ebenso? Wir alle werden, wenn wir heranwachsen, enkulturiert und beherrschen die mindestens ebenso komplexen Regeln kulturellen wie sprachlichen Verhaltens.[167]

Gibt es eine „universale Grammatik" als "innate ideas" in der hier verstandenen Weise, dann gibt es auch die Möglichkeit, daß erworbene Eigenschaften im Laufe der Gattungsgeschichte vererbbar werden, wenn nicht die unwahrscheinliche Annahme gilt, daß zumindest die erste Sprache be-

---

[166] Den Hinweis auf Haider verdanke ich meiner Kollegin Barbara Löwe.

[167] In einem Seminar an der Universität Heidelberg haben wir vor Jahren versucht, ein Flußdiagramm für Bedingungen des Grüßens zweier Personen, die einander kennen und sich morgens auf der Straße begegnen, zu zeichnen. Vergebens, die Komplexität war zu groß, um einigermaßen erfaßt werden zu können.

reits perfekt ausgebildet durch voll vernetzte Gehirnrelationen entstand. Welchen Einfluß auf das Verhalten des heutigen Menschen hat die Umwelt seit der Existenz des frühen Menschen vor zwei bis drei Millionen Jahren mit einem verbreiteten stärkeren Vulkanismus bei gleichzeitigen, z. T. durch ersteren bedingten, heftigeren Witterungsumschlägen mit Blitz, Donner und Wolkenbrüchen als heute, die dem Menschen unerklärlich blieben, auf die Ausprägung von tiefsitzenden Gefühlen von Angst und dem, einer ‚höheren‘ Macht ausgeliefert zu sein, wie auch auf die Ausbildung religiöser Charakteristika ausgeübt? Evolution als genetisches Archiv oder der Organismus als neuronaler Archivar – oder beides zugleich oder sinuskurviger Wechsel in der Zeit? Interdependenz. Genetik und erworbene Eigenschaften klammern sich aneinander.

Bleibt noch zu sagen, daß jegliche Kultur und ihre Sprache(n) in jeglicher ‚Welt‘ jeglichen Organismus in Übereinstimmung mit seiner momentan-individuellen und gesellschaftlichen {Welt} halten müssen. Gelegentliche Ausrutscher werden erlaubt, aber nicht ständig und auf Dauer.

> Der Cartesische Gott ist nichts anderes als die Personifizierung jener Übereinstimmung zwischen uns und der Welt, für die wir keine Erklärung besitzen, die es aber dennoch geben muß, soll ein Gedanke überhaupt zu Erkenntnis werden können. (Nagel/Gebauer 1992, 147)

Nagel/Gebauer (ib.) leitet seinen Satz vorsichtig ein: „Vielleicht sollte man gerade zu sagen" und setzt das Ganze wie eine Nebenbemerkung in Klammern.

Das menschliche Auge kann Vorgänge auf der atomaren und subatomaren Ebene nicht wahrnehmen. Wahrgenommen werden Verbindungen („nexūs") solcher Vorgänge als komplexe Ereignisse (materielle Objekte). Mit (einer) Sprache werden Objekte, z. B. ein *Stein*, nicht deren Konstituentia benannt. Die Sprache erweist sich als ungeeignet, die einzelnen Prozesse und Ereignisse ("actual entities" im Whiteheadschen Sinne) darzustellen.

> [T]he notion of continuous stuff with permanent attributes, enduring without differentiation, and retaining its self-identity through any stretch of time however small or large, has been fundamental. [...] The admission of this fundamental metaphysical concept has wrecked the various systems of pluralistic realism. (Whitehead 1978, 78; vgl. auch ib. 78f)

Der Terminus „Sprache" wird im engeren Sinn für die menschliche Lautsprache und ihre Derivate (Schrift, Verkehrszeichen usw.) und in einem weiten, metaphorischen Sinn für alles, was potentiell-funktional Hinweischarakter bekommen kann, gebraucht (vgl. *die Sprache der Blumen*; vgl. Benjamin [1991, 23-29] zur panoikumenischen Sprache). Dementsprechend soll Sprache hier nicht auf menschliche (Laut-)Sprache und ihre sekundären (die Schrift) und tertiären (z. B. Verkehrszeichen) Formen eingegrenzt, sondern als holistisches Kommunikationsmittel verstanden werden. Die menschliche Sprache im engeren Sinn gehört als biologisch-evolutionäres Produkt in den gleichen, hier besprochenen Problemkreis von Prozeß (Sprachgebrauch, *parole*) und komplexem potentiellem Ereignis (System; *langue*). Sie ist ein Ergebnis spezifischer biologischer Evolution und kodeterminiert die ‚Welt' (Realität) für den Menschen. (Die oben geäußerte Kritik am sorglos-metaphorischen Gebrauch von „Sprache", der ihre bloße Potentialität vergessen macht, gilt auch für die folgenden Formulierungen.) Dabei tauchen drei Fragen auf: (1) die Frage nach der ‚richtigen' Beschreibung von „Sprache" (und zur Abhängigkeit der Beschreibung von „Sprache" selbst) in beiderlei Sinn, (2) die nach der Relation der Gewichtung von Sprache und nichtsprachlichem Sichverhalten des Menschen, d. h. nach dem Rang von Sprache im Rahmen des kulturellen Verhaltens, und (3) die nach der Relevanz und Funktion der Sprachen- und Kulturspezifik.

Zur ersteren Frage sind die Aussagen von Vertretern der Evolutionären Erkenntnistheorie nicht hinreichend eindeutig. So heißt es z. B. bei Riedl (1996, 55) einerseits:

> An die universalen Constraints der Sprachen schließen zuletzt die kulturbedingten Kohärenzen an.

Andererseits wird gesagt:

> Auch dominiert [...] beim Menschen die Körpersprache noch die Wortsprache. Die konziseste Erklärung kann immer noch durch ein bloßes Augenzwinkern in ihr Gegenteil verwandelt werden.

Immer noch verkürzend wird Kommunikation wie folgt beschreibbar: Durch {Gehirnaktivität}, die mesokosmisch als Folge von Aktivitäten beschreibbar wird, werden durch einen Organismus durch Umsetzung der Gehirnaktivitäten in Muskelbewegungen im Mund-, Rachen- und Nasenraum sog. Schallwellen erzeugt und ausgestoßen. Analog werden Handbewegungen z. B. zum Schreiben, Körperbewegungen zum Zeigen, Bejahen oder Verneinen usw. erzeugt. Die vorgenannten Wellen bzw. Bewegungen (Aktionen) werden so strukturiert, daß der Produzent annehmen kann, sie erreichten die Hör- bzw Sehorgane beim Erzeuger und (u. U. auf komplexen Umwegen; vgl. das Radio) bei Hörern und Lesern derart, daß sie als Informationsstimuli individueller Art interpretiert und zu einer Perzeption weiterverarbeitet werden können. Beim Rezipienten werden sie also als Reize empfangen und u. U. (mit Rauschen) als Stimuli an das Gehirn weitergeleitet und dort perzipiert. (Weitere Einzelheiten s. unten.)

Wird unter mesokosmischer Realität das vom menschlichen Bewußtsein als Außenwirklichkeit Aufgefaßte verstanden, ohne daß damit eine genaue Abgrenzung von Beobachter und Beobachtung gegeben ist (das Bewußtsein von Bewußtsein macht letzteres zu einem Teil der Außenwelt), so wird menschliche Sprache als Teil von Kultur gefaßt. Sprache kann verbal und non-verbal vorkommen. Die konventionellen Ansichten von Sprache verdecken ihre Funktion für einen Organismus. Luhmann (1992, 53-56) versucht Sprache als „Medium" (für etwas), also als Potentialität zu fassen, in der die „Formen", d. h. die materiellen Phänomene (z. B. Schallwellen, Druckerschwärze), in bestimmten Strukturierungen auftreten, also (Sub-) Systeme bilden, welche Verbindungen als Konsens oder Dissens zwischen Bewußtseinssystemen herstellen können, derart daß individuell „weitere[...] Bewußtseinsoperationen dadurch provoziert werden" (ib. 55). Die Ausdrücke Konsens und Dissens, die zur Disposition stehen, weisen in doppelter Weise auf Probabilitäten: Generierte {Form} kann als nicht-verständlich /verstanden zurückgewiesen werden (wenn z. B. jemand auf Deutsch angesprochen wird und kein Deutsch versteht). Eine Zurückweisung ist auch möglich, wenn eine deutsche Form von einem Deutschsprachigen als nicht-verständlich, nicht-adäquat usw. zurückgewiesen wird oder jemand mit dem produzierten Textem in seiner Textrezeption nicht einverstanden ist. Analoges gilt für non-verbale Sprache (z. B. die Überreichung eines Blumenstraußes). – Ich bleibe in der vorliegenden Arbeit weitgehend bei einer konventionellen Terminologie.

Die mögliche Bedeutung der Fragen (2) und (3) erhellt aus einer Behauptung Riedls (1996, 55f) (deren Stimmigkeit oder korrekte Formulierung im einzelnen hier nicht zu untersuchen ist):

> Unsere „europäischen" Sprachen, also jene, die auf das Griechische zurückgehen, oder in deren Kulturkreis gelangten, wie das Finnisch-Ugrische und das Hebräische, sind durch Substantivierung des Abstrakten eigentümlich geworden. Man denke an „das Unendliche", „das Gegenteil", „das Nichts", „das Schöne", „das Wahre" und „das Sein". Allein letzterer Begriff, „die Copula", hat den Aussagesatz und dieser den Syllogismus entwickeln lassen, den nur unser Sprachtypus kennt. Und derselbe hat nochmals die Ableitung einer zweiwertigen Logik vom definitorischen Typus angeführt, mit dem *tertium non datur* im Gefolge [...].

Auch diese Differenzen sind auf echte Struktur-Vorgaben, nunmehr unseres Sprachdenkens, also wieder auf Kanalisierungen im engsten Sinne, zurückzuführen. Es sind das die Constraints deduktiv-logischer Datenverarbeitung, die *petitio principii* zu erwarten, aus der Negation, der Annahme des physisch Unendlichen, des Nichts, des Ewigen, Schönen, Guten und Wahren unsere Einsicht in die außersubjektive Wirklichkeit mit Gewißheit zu erweitern.

Die (Einzel-)Sprache beeinflußt das kulturell-perspektivisch geprägte Weltbild des Interaktanten. Hier bedarf es noch genauerer Untersuchungen über Bedingungen, Umfang und Wirkung solchen Einflusses. Die Potentialität <Sprache> schafft Realitäten.

> Wenn es um die soziale Welt geht, schaffen die Wörter die Dinge, weil sie den Konsensus über die Existenz und den Sinn der Dinge schaffen, den *common sense*, die von allen als selbstverständlich akzeptierte *Doxa*. (Bourdieu/Beister 1998, 129)

Genauer gesagt, schaffen die Wörter nicht nur Dinge, sondern diese entstehen u. a. dadurch als raum-zeit-extensionale Phänomene und atemporale Begriffe, daß ein bestimmter Sprachgebrauch (eine bestimmte „Rede", *parole*) so konventionell wird, daß er zur Konvention einer Benennung wird und diese dann das „Ding" als natürlich existierend suggeriert. Ein Begriff ist eine Suggestion. Man nennt die Taliban Afghanistans Terroristen, weil es sich durch die Nachlässigkeit, Bequemlichkeit und von einseitiger Propaganda erzeugten Dummheit so eingebürgert hat; folglich ‚gibt' es Terroristen, und man muß sie gewaltsam bekämpfen. – Im Deutschen unterscheiden *Nomina agentis* meistens nicht zwischen Rolle und Zustand. Der Ausdruck „der Lügner" kann sowohl einen aktuell Handelnden als auch einen Dauerzustand bezeichnen. Das Sprichwort „Wer einmal lügt, dem glaubt man nicht, und wenn er auch die Wahrheit spricht", bringt es an den Tag und schafft ‚den' Lügner. Die Nicht-Unterscheidung ist zur Maxime erhoben. – Im südindischen (dravidischen) Tamil wird unterschieden zwischen (jemandem) *der gerade oder einmal etwas tut oder getan hat* (Praesens bzw. Praeteritum Partizip) und (jemandem) *der etwas tun wird oder gewohnheitsmäßig etwas tut*. – Der Witz ist allerdings, daß mir ein Richter Mitte der 60er Jahre (die Indische Union wurde 1947 autonom) auf meine Frage, ob die Unterscheidung Einfluß auf die Rechtsprechung habe, erstaunt erwiderte, daran habe er noch nicht gedacht, denn er urteile ja nach britischem Recht.

Protagoras' von Abdera (um 485 – 410/415 v. Chr.) viel zitierter Satz πάντων χρημάτων μέτρον ἐστὶν ἄνθρωπος, τῶν μὲν ὄντων ὡς ἔστιν, τῶν δὲ οὐκ ὄντων ὡς οὐκ ἔστιν (Diels + Kranz 1996, 2.263)[168] wurde von Platon (*Theaitet* 152a) als relativistischer Satz interpretiert, "that individual things are for me such as they appear to me, and for you in turn such as they appear to you" (Fowler [1921] 1987, 41). Philologen haben Platon darob der vorsätzlichen Fälschung geziehen. *Sie* verstanden den Satz stolz als generelle Behauptung der Hoheit und Macht des Menschen über alle Welt (und zählten sich natürlich dazu): Der Mensch schlechthin ist (und setzt damit) das Maß für alles oder sogar, das Subjekt stärker betonend: Der Mensch ist das Maß aller Dinge. Gomperz (1965, 203f und 252) weist nach, der Sinn sei – ich sage es mit meinen Worten –: Wie etwas gesehen wird, hängt vom Beobachter ab. Natorp (1921, 510f) schreibt „irgend so ein Mensch". Das klingt, sicherlich ungewollt, abwertend: Jeder Hinz und Kunz mag sich selbst seinen Vers auf die Welt machen. Ich würde das artikellose ἄνθρωπος im Sinne von Fowler als „ein Mensch" oder deutlicher „jeder Mensch" (kann/soll/muß allen Ernstes und Nachdenkens ...) deuten (vgl. Vermeer 1992b, 103). Heute würde man Platon recht geben (vgl. ähnlich Welsch 2000, 34f, mit Bezug auf Bacon).

Eine so hoch entwickelte Sprache (Sprachfähigkeit – Saussure [1916]: *langage*) wie die menschliche trägt wesentlich zur Begriffsbildung und damit zur Interaktionsfähigkeit und damit zum gesellschaftlichen sowie individuellen Leben menschlicher Organismen und damit zur Evolution bei (vgl. die Entstehung dessen, was ich hier Makrokosmos und Memetik nenne). Allerdings trägt der Mensch durch eine verkürzende Metaphorisierung von realen Vorkommen (Sprachgebrauch → „Sprache") auch zur Ontologisierung/Verdinglichung von Potentialitäten bei. Das und damit „die Sprache" verführen (die Wissenschaft) wiederum zu reduktionistischen Abstraktionen. Der Zirkel wird vitiös. Sprachen können nachteilig wirken (vgl. den Zwang, bestimmte spezifische Strukturen zur Kommunikation benutzen zu müssen; vgl. die Agentialität). Luhmann (1985, 66) weist darauf hin, daß Beschränkung eine allgemeine Vorbedingung für Produktion ist und bezieht dies vornehmlich auf „Kommunikation". Ich setze den weiteren Begriff „Interaktion" ein. Dann kann mit Luhmann (vgl. ib. 66[77]) gesagt werden, Interaktion ermögliche sich durch Sich-Beschränken. Man beschränkt sich auf Möglichkeiten aus einem weiten Repertoire, einem „Möglichkeitsüberschuß" (ib. 66). Insofern kann nicht gesagt werden, Sprache (*langue*) ‚sei' ein System. Das wird sie nur durch rigorose Theoretisierung (vgl. Saussure). Sie tendiert zur Systematizität. Daß Handlung,

---

[168] „Aller Dinge Maß ist der Mensch, der seienden, daß (wie) sie sind, der nicht seienden, daß (wie) sie nicht sind." (übers. Diels + Kranz 1996, 2.263)

wenn sie auf derselben Ebene wie die *langue* angesiedelt würde, kein System bildete, hat man erkannt und deshalb eben darauf verzichtet, sie der Sprache gleichzustellen, obgleich die Differenz zwischen Rede(n) (Sprechen/Schreiben) und Handeln graduell ist. Die Rede kann jederzeit ins Indefinite ausgeweitet werden (vgl. Gestik, Mimik, paralinguistische Phänomene; Tabellen, Graphiken, Malerei, Musik etc.). Man hat es wohlweislich versäumt, hier analoge Strukturen zu suchen und Begriffsbildungen zu versuchen. Es wird Zeit, wieder von der Realität auszugehen (vgl. Vermeer 2004a; 2004b). – Strukturen beeinflussen die Perspektivität. Sie stellen eine Perspektivität bereit, zwingen sie auf. Lakoff + Johnson (1999, 16) gehen weiter:

> [T]he architecture of your brain's neural networks determines what concepts you have and hence the kind of reasoning you can do.

Doch sucht der Mensch, der agential verbalisiert, seit eh und je eine Entschuldigung für sein Versagen bei irgendeiner Macht über ihm (und über ihn) zu finden (vgl. Homer; in der ninivitischen Fassung des Gilgameschepos [Schrott 2001, 169-274] scheint der Götterhimmel zurückzutreten, anders bezeichnenderweise [?] in der modernen Nachdichtung Schrotts [ib.41-167]; vgl. auf jeden Fall Maul 2006). Inwieweit beeinflußt Sprache das Denken und kulturelle Verhalten? Verhält sich der Sprachbenutzer einer nicht-agentialen Sprache, wenn sie seine Primärsprache ist, anders als der Benutzer einer agentialen Sprache? In einer gewissen Vergangenheit behauptete ein Sprachwissenschaftler (ich habe die Quelle vergessen), die agentiale Struktur idg. Verben zeige die Aktivität und den Taten- und Schaffensdrang und damit die Überlegenheit des indogermanischen Menschen.

AGENTIALITÄT

Man denkt nicht an die Historie der Elektrizität und die Vorbedingungen bis zu ihrem Gebrauch, wenn man beim Eintritt der Dunkelheit das Licht anknipst. Es genügt ein mechanischer Fingerdruck beim Betreten eines Zimmers, oder das Licht schaltet sich dank vorinstallierter Technik automatisch ein. Ebensowenig wie der Produzent achtet der Rezipient im nicht-markierten Normalfall des Alltags auf eine agentiale Struktur seiner Rede. Gäbe es nicht die Dichter, wäre Sprache bald nur noch Werkzeug. Nur sie und die Linguisten und Textinterpreten legen manchmal den Finger auf die eine oder andere Struktur. Welche Rolle spielt die Sprache im Alltag des

Gebrauchs? Für die meisten Benutzer bleibt Sprache im Gebrauch ein Vehikel, über das man ebensowenig nachdenkt wie über den Löffel, der die Suppe zum Munde befördert. Aber die Sprache (als bestimmte *langue*) beeinflußt das Verhalten der Sprecher/Schreiber und Hörer/Leser beim Gebrauch der Rede (*parole*) in anderen Fällen doch, nicht darauf achtend, „[...] daß wir von einem Staat gedacht werden, den wir zu denken meinen, [...]" (Bourdieu/Beister 1998, 93).

In der vorliegenden Arbeit zitiere ich mehrfach Autoren, die behaupten, das gesamte Universum lebe, als Ganzes und in all seinen Teilen, Partikeln und Prozessen. Wie sähe eine wissenschaftliche (oder jede andere) Beschreibung von Wissen aus, die davon ausgeht, daß Wissen nicht in den Köpfen der Menschen durch die Menschen generiert wird, sondern daß alles Wissen bereits überall vorhanden ist und einem Organismus als Ganzem oder in einem oder mehreren seiner Teile (z. B. ‚im Kopf', d. h. im Gehirn) gemäß unerforschlicher Prozesse hin und wieder Bröckchen um Bröckchen zu einem ‚Bewußtsein' kommt (vgl. die Kontrollschleifenfunktion) – nicht dort erst im Laufe von Zeiten geschaffen, sondern immer schon überall da-seiend hier nur virulent werdend, Einfluß geltend machend oder wie man es ausdrücken will? (Aber auch dann habe ich die Zeitfrage nicht ausgeschaltet.)

Die Erkenntnis weitgehender Gewohnheit des gesamten menschlichen Verhaltens (Tuns und Handelns) hat Konsequenzen. Der Glaube, ein Organismus, z. B. ein normaler, erwachsener Mensch, handle aus bewußter Eigeninitiative, wird zum ‚Aber-Glauben', Glauben zweiter Wahl.

> Dieser Wille dürfte selbst ein kulturelles Implantat ins Gedächtnis sein, ein durch Erziehung, mithin fremdinduziertes Aktivitätsmuster unseres Hirns, [...] Die Willensphilosophie und zumal die Lehre vom freien Willen ist ja als Charakteristikum des antiken und christlichen Westens kein Gemeingut der gesamten Menschheit. (Fried 2004, 170)

Roth (2004) ist ganz entschieden: Es gibt keine Willensfreiheit, „wenn man darunter die fiktive Fähigkeit des bewussten Ich versteht, die Abläufe des Gehirns auf eine völlig freie immaterielle Weise beeinflussen zu können". Dann aber müssen die gesamte Lebensphilosophie und alles, was damit zusammenhängt und aus ihr folgt, radikal verändert werden. Roth ist vorsichtig: Als „völlig frei" wird niemand den Willen des Menschen behaupten. Die Kritik am Willen liegt im „immateriell" (vgl. oben zu Energie, Masse, Materie. – Mit der „Kontrollschleife" werde ich eine kleine neuronale Ehrenrettung des Willens versuchen.)

In Bezug auf Prozesse und das Werden von Ereignissen gibt es keine

Agens-Patiens-Dichotomie. Ich vermeide die Zweideutigkeit des Terminus „Subjekt" als Handelnde(r/s)/Behandelte(r/s) und grammatische Funktion. Zahlreiche Sprachen (z. B. das Deutsche) zwingen zu einer pseudo-agentialen Aussage (z. B. *Der Blitz schlägt ein, die Erde dreht sich.*) Komplizierter und in ihrer Funktion unentscheidbar sind Fälle wie *Descartes denkt.* Der kategoriale Unterschied zwischen *Ich setze mich* vs. *Ich sitze* wird verwischt; vgl. deutlicher *Ich gehe schlafen* vs. *Ich schlafe.* Der wirkliche Agens bleibt jedenfalls unentschieden: *Ich* = meine Person / meine Person-in-ihrer-Umwelt / mein neurophysischer Apparat / eine Stimulierung aus der jeweiligen Umwelt eines der drei Faktoren / ... (vgl. die Funktion der Beobachterperspektive für eine eventuelle Entscheidung).

Roth (ib.) weist auf die entstehende Problematik für das Strafrecht hin, das „von der Willensfreiheit der Person im starken Sinne" ausgeht – d. h., geurteilt wird nach veralteten Theorien. Roth (2004, 6) schlägt vor, das (z. Zt. noch) geltende Strafgesetz durch ein „Recht auf Therapie" zu ersetzen. (Vgl. hierzu auch Lakoff + Johnson 1999, 16.) Übrigens hatte auch Peirce (in *Demesis*, 1892, erwähnt bei Pape 2004, 163) wie später Whitehead (und andere) die geltende Strafgesetzgebung als Rache gebrandmarkt und statt ihrer eine therapeutische Umerziehung vorgeschlagen. (Ähnliche Gedanken schon in Platons *Gorgias* und Boethius' *De consolatione philosophiae.*)

Die Nicht-(exakte)-Abgrenzbarkeit von Organismusgehirn, -körper und Umfeld läßt keine genaue Ortsbestimmung für den (primär) agentialen (Handlungen verursachenden, initiierenden) Teil zu. Der/das Agens mancher Sprachstrukturen ist eine grammatische Angelegenheit, die in gewissen (markierten) Fällen oder seltener Bewußtwerdung Auswirkungen auf Signifikate haben und den Sinn einer Aussage umbiegen kann. – Vgl.: Ich gehe zum Bäcker. Vielleicht veranlaßt „mich" irgendetwas Unbewußtes, z. B. der Hunger, ein Geruch, eine Erinnerung auf Grund eines Geruchs (zu „Erinnerung" vgl. Hedrich 1998, 156), eine analogisierende Bildwahrnehmung oder einfach der leere Brotkorb, etwas außer oder in mir als Stimulus zu dem Gedanken und folgenden Entschluß *Ich gehe zum Bäcker.* Andere Sprachen verfahren anders, nicht-agential. *Ich gebe dir zwei Bücher* vs. baskisch *Nik bi liburu ematen dizkizut*, also „ergativisch". In diesem Zusammenhang ist Schwertecks [1984] Theorie, das Baskische könne ursprünglich eine dativische Struktur gehabt haben, von Belang.[169] Vgl.

---

[169] *Ni-k* („ich"-Ergativ [oder ursprünglich Dativ?]) *bi* („zwei") *liburu* („Buch") *ematen* (~ „gebend") *d-i-z-ki-zu-t* („es"-Verbstamm-Objektplural- [also „sie"] -Dativ-„du"- [also „dir"] -„ich" [„mir"?]; vgl. das/die [?] *k/ki* beim „Ergativ" und Dativ-Objekt).

auch *Du bekommst zwei Bücher von mir*. (Beachte auch die Wortstellung und die damit verbundene Betonung.)

Die Sprachwissenschaft/Linguistik bekommt Schulaufgaben. Manche Sprachgruppen – und gerade die macht-vollsten, was arg zu denken gibt, – zwingen ihren Sprechern entgegen der (neurophysischen) Wirklichkeit eine subjekt-aktive (agentiale) Struktur auf und durch deren ständigen Gebrauch die Überzeugung von einer recht-mäßigen Übereinstimmung mit der Realität des Verhaltens. Ich handele; ich will Brot kaufen; ich denke mir eine neue Theorie aus – und in der Folge hiervon glaube ich schließlich sogar, daß *ich schlafe*, und denke bei diesem Satz nicht darüber nach, daß hier ja weder Handlung noch Wille (der allenfalls beim Schlafen*gehen*), sondern vielmehr eine mich überwältigende biologische Notwendigkeit am Spiel ist. Es ist ein Unterschied zwischen Verhalten und Handeln. – Slobin (1996) meint, der grammatisch-syntaktische Zwang einer spezifischen Sprachstruktur beeinflusse die Perzeption der Außenwelt nicht, und Viaggio (2006, 56-58) stimmt ihm zu. Wie läßt sich die eine oder andere An-Sicht der Relation zwischen Perzeption und Verbalisierung nachweisen? Wird die Verbalisierung zur Gewohnheit, weil sie die Perzeption widerspiegelt, oder biegt die zur Gewohnheit gewordene Verbalisierung mehr/eher die Perzeption um? Viaggio (ib. 59f) verweist (mit Referenz auf Paradis 1997) darauf, daß Sprache, aber nicht „[c]onceptual representations", also Perzeptionen (in meinem Sinn), von Aphasie betroffen werden können, und führt Bakhtin (1978, 281) an:

> [W]e do not exchange propositions any more than we exchange words – nor do we react to propositions, but to what people mean to communicate by them.

Und doch ärgern wir uns über eine unserer Meinung nach unpassende, z. B. schroffe, Formulierung mehr als über einen verständnisvoll vorgebrachten Tadel.

Wenn die Sprachstruktur in einer Äußerung wichtig wird, müßten wir uns eine neue Sprachstruktur, eine neue Sprache zulegen oder uns zumindest unablässig ins Gedächtnis rufen, daß wir der Realität entgegen reden. (Dieser Satz enthält mindestens vier widerwirkliche, d. h. agentiale, Ausdrücke.) – Religionen lehren, Gott lenke. Also dürften wir nicht sagen: Der Mensch sündigt. Wir tun es jedoch, glauben daran und daran, daß er

---

Eine dativische Struktur wäre im topographischen Sinn ~ als „Bei mir werden dir zwei Buch-Gaben" interpretierbar.

(genauer: sein unschuldiger Körper im Höllenfeuer) dafür bestraft wird – ohne Aussicht auf Therapie.[170]

Whitehead (vgl. 1978) gebrauchte "to become", um Prozeßhaftigkeit zu beschreiben. Derrida verwendete ein nicht-agentiales « il arrive » / "it happens". Rombach (vgl. 1994, 65) schreibt, „Nichts ‚ist‘, alles muß ‚sich tun‘."

Im übrigen bedient sich auch die Wissenschaft der agentialen Sprache. Weisgerber (1962, 2.309-313) zitiert Brinkmann dahin gehend, daß die sog. Vorgangsverben „über die V e r f a s s u n g   v o n   M e n s c h e n (und Dingen) aus[sagten]" (Sperrung im Original).

Daß die Wissenschaft nicht vor agentialer Metaphorik gefeit ist, zeigt ihre Sprache in der Vermischung von grammatikalischem und agentialem Subjekt (oben wurden Beispiele gegeben).[171] Wahrscheinlich ungewollt und unbedacht überhöht Smolin/Filk (1999, 290) das agentiale Moment, wenn er schreibt:

> Man könnte sagen, daß die newtonsche Physik einer Form des Beschreibens entspricht, deren Sprache in erster Linie aus Substantiven besteht, während es sich in der Quantenmechanik hauptsächlich um eine Sprache der Verben handelt. Wenn wir in der Quantensprache reden, liegt die Betonung eher auf dem, was wir tun und was wir beobachten, und weniger auf dem, was ist.

Wissenschaftler widerstehen der Versuchung ihrer Sprachgebrauchskonventionen ebensowenig wie der Mensch des Alltags. Wissenschaftler sprechen z. B. von einem „Quantenzustand", wenn sie einen momentanen Prozeß meinen. – Whitehead (1978, 151) macht den Punkt deutlich, wenn er schreibt:

> Descartes in his own philosophy conceives the thinker as creating the occasional thought. [... Whitehead] inverts the order, and conceives the thought as a constituent operation in the creation of the occasional thinker.

---

[170] Ich verweise öfter auf die von vielen Menschen angenommene Möglichkeit einer transzendenten Existenz, ohne Stellung nehmen zu wollen. – Das Transzendente, das „sacrum", ist dem Menschen lebensgefährlich. Einerseits bedarf es eines diesseitigen Mittlers, andererseits ist ·die Annäherung tödlich (vgl. die Doppeldeutigkeit des lat. *sacer* als „heilig" und „verflucht"; vgl. den Mythos, der sich der Person Jesu bemächtigt: Er ist „bei/mit" Gott, aber dazu mußte er sterben; vgl. auch Agamben/Thüring 2002).

[171] In solchen Fällen wird der Unterschied zwischen einer agentialen (z. B. das Englische, Deutsche) und einer nicht-agentialen Sprache auffällig. In letzterer kann ein Partikel nichts ‚tun‘. – Es wird auch einsichtig, daß die Nennung des Translators neben dem Autor Sinn macht (obgleich sie im vorliegenden Fall meistens am gleichen Strick ziehen [müssen]).

Mir fällt ein statt *cogito*. – Die Relationenlogik nimmt in ihrer Notation auf Agentialität keine Rücksicht. Vgl.: *Hans wirft August einen Ball zu*, formalisiert als *Wxyz* (*W* für „werfen/Wurf"). Burch schlug im Anschluß an Peirce vor, den Agens der Aussage eigens zu markieren: *xWxyz* (zit. n. Pape 2004, 91f).

Allmählich gewinnt ein Bewußtsein von der Realität nicht-agentialen Geschehens Platz.

> Handlungen scheinen nun nicht mehr individuellen Subjekten als ihren Urhebern zurechenbar zu sein, sondern werden zu Komponenten des Flusses der Ereignisse in der Welt, von welcher der Handelnde ein Teil ist. (Nagel/Gebauer 1992, 191)

Holistisch betrachtete Handlungen als Prozesse können auch in einer nicht-agentialen Welt durchaus einen Urheber haben, den Reiz bzw. Stimulus – oder besser: die Reizung bzw. das Stimulans, von dem eine Handlung im gesamten Fluß des mesokosmischen Zeitverlaufs ihren relativen Anfang nimmt. Der Stimulus selbst hat seine Spuren ‚bei' sich – oder: wird aus ihnen. Der Handelnde, also der Stimulus, wird durch das, was anzurichten er sich anschickt, selbst verändert. Nach der Agentialität verschwimmt so die Individualität im starken Sinn des Wortes, verblaßt aber vor allem die Möglichkeit einer eindeutigen Zuordnung/Zurechenbarkeit eines Handelns zu einem Handelnden und damit (*horribile dictu?*) dessen alleinige oder zumindest primäre Verantwortung. Das Weitere sei mit allen Folgen und Wirkungen des holistischen Handelns den Juristen und vielleicht auch Theologen überlassen. Die dürfen dann über das Problem debattieren, inwieweit Verantwortung aus dem Gefühl des Handelnden, z. B. beim Verfassen des vorliegenden Essays, entsteht, *er* habe die Verantwortung für sein Handeln, während der außenstehende Neurophysiologe dies zum Teil bestreitet. Wer gibt schon gern zu, er handle bewußt verantwortungs-los! (Es gibt einfache Fälle: Die Behauptung am Wirtshaustisch „Mir ist nach ..." oder die Zustandsbeschreibung „Ich habe Lust auf ..." schiebt die Verantwortung auf die Eingeweide.) Wenn aber jemand glaubt oder gar überzeugt ist, *er* handle, muß er dann auch die Verantwortung tragen, oder wird ihm der neurobiologisch informierte Richter erklären, er sei nicht verantwortlich? Und bekommt er dann den Bonus, statt ins Kittchen in eine psychiatrische Anstalt zu wandern oder in die sog. Sicherheitsverwahrung zu ‚dürfen', weil sein Gehirn nach Ausweis einer Tomographie nicht ordentlich funktioniert? Das andere Ergebnis, daß das Gehirn funktioniere, ist weit schwieriger: Wer entscheidet über nicht feststellbare Probabilitäten im Mikrobereich?

Für mein Anliegen ist ‚nur‘ noch zu fragen, wie sich Individualität und gesellschaftliche/kulturelle Zuordnung zueinander verhalten. – Mit „Zuordnung" sind zwei verschiedene Evaluierungen gemeint: die eigene des Handelnden[172] und die fremde eines anderen Beobachters (z. B. eines Rezipienten). Der wird zumeist sogar mesokosmisch-statisch von Zugehörigkeit statt (u. a. mikro-)prozessual von Zuordnung sprechen.

Spinoza wollte sicherlich nicht ironisch argumentieren, wenn er behauptete, daß der Mensch

> am freiesten ist ... und sich auch am freiesten fühlt, wenn er gar nicht mehr anders kann, als eine bestimmte Schlußfolgerung zu ziehen, und wenn er nicht mehr anders kann, als infolge evidenter und zwingender Gründe eine bestimmte Handlungsrichtung einzuschlagen ... Das Problem ist für ihn gelöst, sobald die Argumente zugunsten einer bestimmten theoretischen Schlußfolgerung eben zwingend sind (Übers. zit. n. Nagel/Gebauer 1992, 200[5]).

Frei von Verantwortung.

Oben schrieb ich, die Wissenschaft müsse sich eine neue Sprache zulegen, um Agentialität abstreifen zu können. Eigentlich könnte es diese Sprache schon geben. Im alten Indien schreibt Pātañjali (2. Jh. v. Chr.?) im *Yoga-Sutra*, wenn der Yogī das reine Bewußtsein (*samādhi*), das als Prozeß gilt, erreicht habe, erfahre es sich „gleichzeitig als das Subjekt der Erfahrung, als das Objekt der Erfahrung und als die Erfahrung selbst" (Gottwald 1997, 258). – Übrigens liest man oft, die indo-arischen Sprachen Nordindiens (außer der östlichen, dem Bangali) kennten nur im Praesens eine agentiale Konstruktion und wiesen in den Vergangenheitsformen eine Passiv-(Ergativ-)konstruktion auf. Das stimmt nicht ganz. Im Hindi wird in der Praeterialkonstruktion das Subjekt des Praesens durch eine oblique Form mit der Postposition *ne* verwendet. Man hat von einer ergativischen Struktur gesprochen. Im eigentlichen Passiv tritt aber die Postposition *se* auf. *Ne* stammt aus dem alten Instrumental.[173] Immerhin werden die Ver-

---

[172] Also doch wieder, oder verweist der Genitiv auf ein neutrales Handelndes? Denkt man an diese Lösung?

[173] Statt *Er sah* heißt es: उस ने देखा (*us ne dekhā* ~ „ihm-mittels gesehen"). Auch das Praesens scheint sozusagen ‚weniger‘ agential zu sein, weil es ähnlich dem Englischen „He is looking" partizipial gebildet wird: वह देखता है (*wah dekhtā hai* ~ „er sehend ist") – Es gibt daneben ein aktuelles Praesens mit einer ähnlichen Funktion wie die englische Verlaufsform.

gangenheitsformen transitiver Verben im Gegensatz zu den Praesensformen nicht-agential gebildet.

Wird es je gelingen, die agentiale Sprache abzuschaffen, sie nicht auf unser Verständnis von Welt einwirken zu lassen? Wichtiger ist die Frage, ob das wirklich nötig ist. Agentiale Sprache vermittelt das Empfinden, jemand agiere als Ganzheit. Wenn also immer wieder betont wird, daß *tout se tient*, dann ist die Ganzheit in ihrer Umwelt-als-Gesamtheit wichtig, das Entscheidende. Agentiale Sprache bedeutet dann, *ich* bin verantwortlich. Ich kann die Verantwortung nicht auf ein vorwitzig entscheidendes Gehirn abschieben. Ich, dem die Kontrollschleife des Bewußtseins zukommt, bekomme das letzte Wort. Man muß sich bewußtmachen, daß ein Ich mit seinem Gehirn und dessen Kontrollschleife die Ganzheit bildet, auf die eine agentiale Struktur hinweist, und daß diese Ganzheit letzten Endes eben doch das verantwortliche, nicht das entscheidende Agens wird. Agentialität übernimmt Verantwortung. Wenn ich sage, „Ich habe das getan", übernehme ich die Verantwortung für die Tat/Handlung. Der verantwortungsvolle Minister übernimmt die Verantwortung für einen Fehler seines Mitarbeiters. (Zu einer interessanten Variante vgl. Lenkersdorf [2002] zur Verantwortung bei den Tojalabal in Südmexiko: „Wir haben eine Untat begangen. Wir sind [mit]verantwortlich. Wir müssen den Übeltäter gemeinsam zu resozialisieren/reenkulturieren versuchen." So etwa würde das Denken in unserer Ausdrucksweise lauten.)

> Meines Erachtens ist die richtige Art der Konzeptualisierung von Bewußtsein noch nicht entdeckt, und bislang tun wir noch nichts anderes, als uns in diese Richtung vorzutasten. (Crick/Gavagai 1994, 313)

Die Kontrollschleife ist eine Bezeichnung für eine (Art) Kommunikation des Gehirns mit seinem Organismus oder des Organismus mit sich selbst. Die Schleife ist selbstreferentiell (vgl. Luhmann 1984). Sie evaluiert *nolens volens* und kann damit zur bewußten und/oder unbewußten „Zensur" (Quindeau 2004, 65f) werden (vgl. das „Gewissen"). In der Kommunikation, im ‚Gespräch' klärt sich evtl., was unklar oder angesichts der damaligen Situation aus der jetzigen Perspektive unangebracht („falsch") war. Bewußtwerdung als Kontrollschleife. Es gibt noch andere, z. B. die Kontrolle durch die Gesellschaft(en), der/denen jedes Individuum angehört, angehören muß, also sich auch auf sie und ihre Erwartungen einstellen muß. Solche Kontrollen gelten nicht nur für den Menschen. Es sei eigens betont, daß sie sich evolutionär allmählich herausgebildet haben und weit in die Evolution von Organismen hinabreichen. – Was ich Bewußtseins- als

Kontrollschleife genannt habe, ist die bisher komplexeste Ausbildung: Eine unbewußte Entscheidung im bzw. durch den neurophysischen Apparat eines Organismus wird dem Organismus als Ganzheit im Nachhinein noch einmal präsentiert, indem ihm das Gefühl / die Empfindung vermittelt wird, die Entscheidung mit ihren zugehörigen Bedingungen (vgl. die Situation, die aktuelle Disposition usw.) könne bestätigt/bekräftigt oder verworfen/revidiert werden. Dieser Prozeß kann zweifach sinnvoll werden: Holistisch werden der Organismus und seine Gehirnaktivität als der unbewußte ‚Täter' gewarnt, sich zukünftig vor als ähnlich angenommenen Entscheidungen oder sogar Konstellationen zu hüten (durch Schaden wird man klug), und sie werden vielleicht versuchen, doch noch Reparaturen an einer getroffenen Entscheidung vornehmen zu können, z. B. sie rückgängig oder unwirksam zu machen. Im ersteren Fall geht der Prozeß alle jene Entscheidungen an, die die Zukunft unentscheidbar machen (vgl. Selektion und Ausschluß anderer Probabilitäten). Andererseits hat die Unentscheidbarkeit der Zukunft nur dann Sinn, wenn Zukunft zumindest im Empfinden/Bewußtsein des Organismus nicht determiniert ist (vgl. die Unentscheidbarkeit wegen indefinit vieler Bedingungen). Die Selektion einer Probabilität oder Possibilität schließt zwar alle bis auf eine von ihnen aus, doch hat dies um so gewichtigere Folgen und Wirkungen. Da ein Organismus ständig Entscheidungen trifft (oder annimmt, sie zu treffen), werden die sich kumulierenden Folgen und Wirkungen indefinit. Die (an sich zumindest theoretisch durchaus als determiniert annehmbare) Evolution des Universums wird durch *sie* gesteuert. Auch das evolutionäre Werden von als möglich angenommenen Entscheidungen wird nur so sinnvoll. (Es dürfte ziemlich sicher sein, daß der Mensch, zumal der heutige Wissenschaftler, seine Entscheidungsmacht reichlich überschätzt.)

Die vorliegende Darstellung bedient sich also *nolens volens* der konventionellen deutschen als einer nur bedingt angebrachten Sprache, in der es unvermeidlich wird, von Agentia (Subjekten), Patientia (Objekten), Aktiva (Handlungen eines Subjekts) usw. zu reden.[174] Von der Sprache kann sie sich kaum lösen, solange sie verständlich bleiben will. In der Sache geht es mir um eine evaluative Wandlung überkommener Ansichten.

Wir rechnen etwa stets damit, daß wir unser Auto, auch wenn es, nachdem wir es auf dem Parkplatz abgestellt haben, naß und so ein anderes geworden ist, noch immer als dasselbe, also als unseres betrachten, es besteigen und damit wegfahren können. Ohne die von Aristoteles zum ersten Mal be-

---

[174] "A proposition is the unity of certain actual entities in their potentiality for forming a nexus, [...]" (Whitehead 1978, 24).

stimmte ontologische Funktion der in der Veränderung sich durchhaltenden Einheit könnten wir ebenso Wachstumsprozesse, die Erhaltung biologischer Arten, die Identität von Personen, die Bildung gesellschaftlicher Einheiten nicht verstehen. (Stegmüller 1977, 24f)

Ich behaupte nicht, daß das nasse Auto im Vergleich zum trockenen keines mehr ist. Es ist ein ‚anderes' geworden. Mir kommt es darauf an, zu versuchen, Denk- und damit Seh- usw. -weisen umzuwerten. Der Ausdruck Prozeß soll darauf hindeuten, daß sich alles im Werden befindet und Statik lediglich eine mesokosmische Annahme zur Erleichterung des alltäglichen Überlebens darstellt. Ich behandle ein nasses Auto anders als das trockene, steige vorsichtiger ein, verletze mich vielleicht gerade deswegen an der Autotür, die zum Einsteigen unzureichend weit geöffnet wurde, usw., d. h., ich verallgemeinere, was anderwärts längst Probleme aufwirft: Ist die Eiblase bereits ein Mensch? Sprachlich versuche ich, die Statik suggerierende Kopula *sein* durch eine Prozesse behauptende des Werdens zu ersetzen und dann die Folgen und Wirkungen zu beobachten. (Zur Kulturspezifik des Verhaltens und des Sprachgebrauchs vgl. Witte 2000.) Anders gesagt: Man kann im obigen Autobeispiel von der Einheit *Auto* ausgehen und ihr zwei Eigenschaften zudenken: trockenes vs. nasses Auto. Man kann aber auch – und das sollte ein Translator meiner Ansicht nach auch mal trainieren – von zwei Einheiten *Trockenheit-am-Auto* und *Nässe-am-Auto* oder besser *Trockenauto* und *Naßauto* ausgehen, und die Welt wird anders aussehen. – Wenn ich mit meinem Wagen einen anderen streife, dabei einen Scheinwerfer beschädige und fort fahre, begehe ich eine Straftat; ein Spanier sagt lachend, das nächste Mal treffe es seinen Scheinwerfer. Ich versuche *mein-Auto* und *su-coche* als zwei (unvergleichbare oder unvergleichliche? vgl. Wandruszkas [1969] Buchtitel) Vorgänge in zwei verschiedenen Kulturen zu sehen. Indem ich beide Unfälle nebeneinander erwähne, entstehen in der Erwähnung und erst durch sie gewiß in beiden Fällen Spuren: Erinnerungen von *Auto* bzw. *coche*, je nachdem, unter welcher Perspektive die Geschichte erzählt wird. Auch dem ist nachzugehen. Und drittens bleibt zu untersuchen, wie beide Perspektiven zusammenhängen und, z. B. in der Translation, zusammen gesehen (zusammengesehen) werden können.

Ich breche hier ab. Die Komplexität genetischer Prozesse dürfte in Ansätzen deutlich geworden sein. Weit größer als die Menge bisheriger Erkenntnisse ist die Ungewißheit über Prozesse und Strukturen, die es noch zu er-

forschen gilt. Anscheinend gibt es innerhalb genetischer Vorgänge Unbestimmtheiten, die eine genaue Voraussage der Zukunft verhindern.
Mikrophysikalische Prozesse können Mesophänomene entscheidend
beeinflussen.[175] Die Forschung muß holistisch arbeiten. Ihre Erkenntnisse
sind Wahrscheinlichkeiten in einem näher zu umschreibenden Bereich. Für
bestimmte makrophysikalische (d. h. Meso-)Gebiete bleibt eine reduktionistische, Regeln und Gesetze suchende Forschung sinnvoll. Optimal wäre in
solchen Bereichen vorläufig eine Kombination mikro- und makrophysikali-
scher Forschung.

> Der prinzipielle Holismus der Wirklichkeit als komplexe Potentialität eines
> Gesamtsystems lässt [...] nur noch näherungsweise eine Reduktion auf
> (komplizierte) Verknüpfungen von einfacheren Teilsystemen zu. Solche Nä-
> herungen können jedoch in einem eingeschränkten Feld von Fragestellun-
> gen oder in Bezug auf spezielle, einfachere Systeme in hohem Maße gültig
> und für praktische Anwendungen brauchbar sein. (Dürr 2003b, 11)

Heute können Gene manipuliert werden. Das hat die Entwicklung von
Memen zustande gebracht (vgl. Dennett/Wuketits 1994, 275).

Hennig (2002, 706; Fettdruck im Original) formuliert fast ein Schlußwort
für eine evolutionäre Betrachtung, die ihm als Metapher oder für die es als
Metapher gelten kann:

> Die[...] gleichzeitige Entwicklung ähnlicher Vorstellungen veranschaulicht
> uns ein allgemeines Phänomen wissenschaftlicher Theorien: Fundamentale
> neue Vorstellungen reifen in der Wissenschaft allmählich heran und werden
> oft gleichzeitig für mehrere Forscher greifbar. Sie beruhen auf den Ergeb-
> nissen und Einsichten, die im Laufe der Zeit durch viele Wissenschaftler
> gesammelt worden sind. Schließlich gelingt es dann, solche Einsichten, die
> oft mit bestehenden Vorstellungen nicht mehr in Übereinstimmung zu brin-
> gen sind, in ein neuartiges Konzept umzusetzen. Die Weiterentwicklung
> wissenschaftlicher Einsichten beruht auf der gelegentlichen Formulierung
> neuer Konzepte. Man bezeichnet solche Konzepte als Paradigmen. Ist ein
> **Paradigma** nicht mehr mit den Einsichten, die man gewonnen hat, verein-
> bar, so muß ein neues Paradigma formuliert werden. Wesentliche Fort-
> schritte in der Wissenschaft werden durch die Formulierungen solcher
> neuen Konzepte oder Paradigmen eingeleitet.

---

[175] In anderem Zusammenhang vermutete Van Leuven-Zwart (vgl. Hermans 1999, 58)
zu recht, daß Textelemente kumulativ eine qualitative Differenz des ganzen Texts
herbeiführen können.

Die Doppeldeutigkeit des instrumentalen oder temporalen „durch" im letzten Satz sollte nicht übersehen werden. – Fehlt noch der Hinweis auf (auch von Forschern gewaltsam produzierten) Mutationen als Fehlern in der Koordination und Kooperation.

Hennig beschreibt die Forschung und ihre Verbalisierung (das *reasoning*, die Fähigkeit zu denken, die Vernunft und den Verstand [von „Verstehen"], aber auch die Ratio, das "abstract reason"). Verstand und Vernunft sind ebenso wie alles übrige im und am Organismus ein Evolutionsprodukt. Die Grenze zwischen Mensch und Tier verschwimmt. "The result is a Darwinism of reason, a rational Darwinism" (Lakoff + Johnson 1999, 4). Und wieder muß darüber hinaus zur Holistik weitergegangen werden. Der Mensch räsonniert als evoluiertes Tier. "Reason", auch Ratio, wird emotional (mit)bedingt, ist ein evolutionäres Anhängsel an die Fähigkeit, Emotionen zu haben und sich ihrer (teilweise) bewußt zu werden.

Mit den vorstehenden Annahmen ist die zweite Stufe meines Mythos erreicht. Genetische Prozesse und Ereignisse funktionieren im Einklang mit mikrophysikalischen Prozessen und Ereignissen auf Grund von Sensitivitäten von Formen auf einer durch einen evolutionären Sprung erreichten komplexeren Ebene.

Dritter Teil

Etwas Genetik und Neurophysiologie

5. Kapitel

Vom Universum zum Organismus

Die Welt ist eine Zwiebel aus vielen Schalen.

?

Universum (die ‚Welt‘, „où tout se tient")

Umwelt

Umfeld (angenommener gegenseitiger Beeinflussung)

Situation

System, z. B. ein Organismus

Organ, z. B. Gehirn eines Organismus

Die Schalen gehören zu *einer* Zwiebel. Jede Zwiebel besteht aus diesen Schalen. Kein Kern ist als *Dies ist die Zwiebel* auszumachen. Wenn Energie zum Prozeß wird (s. oben), werden Raum und Zeit. Raum und Zeit lassen sich nur in Bezug auf etwas, d. h. relativ, bestimmen. (Wir unterscheiden die auf den Erdumlauf bezogene Uhrzeit und eine individuelle relative Zeit.) Ereignisse nehmen „*relative Positionen* in einem Raum von Relationen" ein (Bourdieu/Beister 1998, 48). Dabei handelt es sich um einen „selber im Werden begriffenen und einem ständigen Wandel unterworfenen Raum" (ib. 82). Ein Punkt mißt sich in Bezug auf andere Punkte. Jede Entität ist in ihrem Raum- und Zeitmoment der Mittelpunkt ihres Universums (vgl. Nikolaus v. Kues; Giordano Bruno). Relativität bedeutet Perspektivität, Perspektivität Kontingenz. Perspektivität ist die *conditio* aller Punkte im Universum. – Δός μοι, πᾶ βῶ, καὶ τὰν γᾶν κινῶ, doch Archimedes sucht vergebens oder: der Dschungel der Erkenntnis.

Der Einfluß sprachlicher Ausdruckskonventionen auf Meinungen usw. wurde bereits erwähnt (vgl. Perspektivität). Perspektivität gilt auch für die Wissenschaft (vgl. z. B. M. Hampe 1998, 44-46, zu Raumstruktur und Geometrie). – Der Eindruck „grün" entsteht durch die Konstitution des Beobachters. Ihr liegt eine bestimmte Konstitution des beobachteten ‚Objekts' zu Grunde, z. B. eine Photonenemission bestimmter Wellenlänge(n). Es muß eine bestimmte Konstitution der Situation vorhanden sein. Solche Bestimmungen hängen selbst wieder von der Konstitution des Beobachters und der holistischen (vgl. das Emotive in jeder Beobachtung) Interdependenz aller Faktoren ab. (Vgl. Hauskeller 1994, bes. 75; vgl. Hubel 1989; Lakoff + Johnson 1999, 23-26; Metzner 2000, 267-272.) Sinnesorgane liefern mit Hilfe des Gehirns, was ‚außermental' nicht existiert: Farben, Töne, Gerüche, Geschmack, Schmerzen, Härte usw. (vgl. Rensch 1984, 191). Solche Eindrücke („sensations") entstehen aus der atomaren bzw. molekularen Konstitution von {Neuronen} im Gehirn eines Organismus (ib. 194f). Ein Organismus (zumindest der einer komplexeren Organisation) kann sich seine Welt nicht ohne solche Qualitäten vorstellen. Man kann sich kein Tuch ohne Farbe vorstellen. Was farblos genannt wird, hat die Farbe „grau" oder ähnliches. Schwarz und weiß heißen unbunte Farben.

> [A]ll molecular, atomic and energetic characteristics and processes of "matter" are at the same time protopsychic characteristics and processes. (Rensch 1984, 197)

Aber man kann sich auch keine Farbe ohne materielles Objekt vorstellen. Niemand kann sich „grün" vorstellen. Beim Versuch entsteht immer eine grüne Fläche.

Die "protopsychic characteristics and processes" sind für den mesokosmisch perzipierenden Organismus den „Sachen" inhärent. Sie müssen es insoweit sein, als sie auf reziproken physikalischen Qualitäten der involvierten Entitäten, den ‚Objekten' und den Sinnesorganen, z. B. ihrer Molekülstruktur oder/und ihren Atomen, beruhen. Rensch sieht sie daher als eine Art elementare Konstituenten von den Entitäten inhärenter Energie. – Ich erinnere noch einmal an die mikrophysischen „Sensitivitäten". Sie wurden oben mit „inhärenten Qualia" ausgestattet, d. h. mit elementaren Konstituenten.

Niemand kann wissen, was und wie ein Anderer den Farbeindruck *grün* perzipiert. Die Ähnlichkeit von Perzeptionen ist eine Annahme. Sie beruht auf der Annahme ähnlich funktionierender Gehirne auf Grund einer ähnlichen Struktur des Organismus und seines Organs und ähnlicher Enkulturation mit ähnlichem Sprachgebrauch. Sieht ein anderer das, was ich als grün sehe (weil ich es mit „grün" benenne) trotz gleicher, weil sozial erlernter Benennung, in Wirklichkeit möglicherweise als braun? Ich spreche nicht von Farbenfehlsichtigkeit, z. B. der Rot-Grün-Blindheit. Wenn ich einen Farbeindruck X wahrnehme und jedermann mir jedesmal, wenn ich diesen Eindruck mitsamt seinen möglichen situationellen Schattierungen habe, sagt, man nenne ihn *grün*, dann nenne ich die Farbe aller Objekte, die mir den Eindruck X oder seiner Schattierungen machen, *grün*. Weder ich noch sonst jemand kann einen ‚Irrtum' erkennen, solange ich nicht auch *grün* nenne, was Andere anders benennen, und ich nicht anders benenne, was die Anderen *grün* nennen, und sich die Extensionen der jeweiligen Farben unter verschiedenen Lichtverhältnissen innerhalb eines bestimmten Schattierungsbereichs nicht verschieben. (Vgl. Leibniz' Tempelbeispiel.) Letztere Bedingungen gehören eben zum erlernten Verhalten /Handeln/Evaluieren. Folglich handelt es sich bei mir um keinen Irrtum, wenn die Anderen und ich konsequent benennen. – Naheliegender ist vielleicht die Bedeutung des Ausdrucks „Schmerz". Niemand kann jemand anderem genau vermitteln, was er fühlt, wenn er sagt, er habe Schmerzen. Offenbar differieren Schmerzempfindungen und daher auch Äußerungen über Schmerzen aus mehreren Gründen von Individuum zu Individuum, von Kultur zu Kultur und Sprache zu Sprache (vgl. Unempfindlichkeit, Wehleidigkeit usw., was immer diese Ausdrücke bedeuten mögen). Es wird deutlich, wie sehr der Ausdruck und z. T. auch das Empfinden von kultureller Prägung abhängen. Wenn man sich den Finger verbrennt, dürfte der (objektive) Schmerz aus physikalischen und biologischen Gründen, wie wir annehmen, dem Schmerz eines anderen Menschen ähnlich sein, der sich seinen Finger ähnlich verbrennt. Der subjektive Schmerz mag stärker abweichen. Den Ausdruck (z. B. *Das tut weh*) hat man gebrauchen gelernt. Auch da dürften sich individuelle Unterschiede in Grenzen halten, weil man den Sprachgebrauch von anderen gelernt hat. Durch diese sozial-kulturelle Überformung dürften auch Schmerz und Schmerzausdruck innerhalb einer gewissen Variationsbreite aufeinander passen. Schwieriger wird es in den vorgenannten Hinsichten im Vergleich zu anderen (Dia- und) Parakulturen (Tourys Problem mit „translation"). Erst recht bei nicht-körperlichen Schmerzen (z. B. ‚Abschiedsschmerz'). – Nicht erst kulturell, sondern schon biologisch (genetisch) kann jemand feststellen, nicht wie ein anderer einen Schmerz empfindet, aber daß er ihn empfindet. Man kann wahrnehmen, daß ein anderer wahrnimmt.

> [...] daß es in der Interaktion unter Anwesenden bei gemeinsamer körperlicher Präsenz ein Wahrnehmen des Wahrnehmens anderer gibt, [...]. Jeder hört, was er selbst sagt, und sieht, da die anderen gehört haben, was er gesagt hat [genauer nur: daß er etwas gesagt hat]. Beim gemeinsamen Hinsehen (etwa auf eine Uhr) sieht man zumindest, daß die anderen sehen (wenn auch nicht immer [genauer: nie] präzise: was die anderen sehen). [...] Und wenn das [Daß] so ist, kann man auch über fernliegende Situationen kommunizieren unter der Prämisse, daß sich synchronisierte Aktualität herstellen ließe: Wenn du nach San Francisco fahren würdest, könntest auch Du die Golden Gate Bridge sehen, wie [genauer: daß] ich sie sehen würde, wenn ich ebenfalls dort wäre. (Luhmann 1992, 229; vgl. ib. 17)

In der Zeit kann eine Annäherung des Daß an ein Wie tangential erreicht werden. Der Punkt der Berührung wird aber nicht bewußt, ist nicht wißbar.

Der Fehler des Mannes, der in Bichsels (1979) Erzählung *Ein Tisch ist ein Tisch* statt Tisch „Stuhl" sagte, war, daß er die Dinge anders *benannte*, nicht anders sah und trotzdem bei den Benennungen der Anderen blieb und sie lediglich vertauschte. Er hätte auch neue Namenformen erfinden können. Saussure hätte gesagt, der Mann änderte die *signifiés* statt der *signifiants* oder: statt auch die *signifiants* zu ändern. Ich könnte meine Überlegung auch mit der Bemerkung ‚erklären', Benennungen von Eindrücken seien kulturspezifisch erlernt und über die Eindrücke werde dabei nichts ausgesagt. Konnotativa sind Privatsache. Über Extensionen von Benennungen und ihren Zusammenhang mit Perzeptionen mögen sich die Psychologen streiten. Im Gujrātī, einer indoeuropäischen Sprache in Nordwest-Indien, hat *līlũ* die Extension von deutsch grün (~ wie das Gras) und blau (~ wie der Himmel).[176] Die Sprecher unterscheiden die beiden Farben durchaus.[177] Emotiv würde sich bei dem Mann, der X statt grün sieht, vielleicht auch etwas ändern. Aber das kann der Mann auch nicht merken, weil er keine Vergleichsmöglichkeit für Emotionen hat (sondern allenfalls für Emotionsmanifestationen, wie oben gesagt wurde). Er könnte vielleicht bemerken, daß Andere, die einen gepflegten Rasen grün sehen, stärker emotional reagieren als er, der X sieht. Aber schließlich sind emotionale Reaktionen sowieso von Mensch zu Mensch verschieden, doch auch z. T.

---

[176] Letzterer Vergleich ist offensichtlich angelernt. In Mumbai, wo ich die Sprache kennenlernte, ist der Himmel meist grau und nicht so blau wie oft in Deutschland.

[177] Dazu wäre Mehreres zu sagen, z. B. zur Kulturspezifik, zur Perzeption, zur Genetik, zu Bedürfnissen, ... und zum Trost jener Translatoren, die keiner Äquivalenz nachspüren.

zusammen mit ihren Benennungen kulturell angelernt. – Emotionen sind komplizierter. Nicht nur ihre Äußerungsformen (einschließlich Benennungen) werden kulturspezifisch erlernt, sondern z. T. auch die Emotionen selbst. (Vgl. Axel Munthes Beispiel von der lachenden Magd in *The Story of San Michele* [1929].)

WELT

Die Welt ‚ist' (vgl. bes. Scheibmayr 2004, 329f): [1] eine differenzlose {Energie} indefinit vieler Potentialitäten. Diese Welt hat kein Zentrum (vgl. Giordano Bruno); [2] eine für jedes System differente Entität mit diesem System als Zentrum; [3] nach Luhmann (1985) die Einheit von System und seiner Umwelt. Zumindest nach den Begriffsbestimmungen [2] und [3] gibt es so viele Welten wie Systeme; [4] das Universum der „realen Realität" (Luhmann 1985) als menschliche Phänomenalität mit Regeln, wie sie die Wissenschaft auf Grund ‚realer' (phänomenaler) Gegebenheiten (gemäß Punkt [2]) derzeit konditional aus der Menge potentieller gerichteter Prozesse und Ereignisse (gemäß Punkt [1]) entwirft. Das Phänomen „Welt" entsteht erst, soweit die Menge aller möglichen untereinander kompatiblen Regeln es erlaubt, und wird (bei Peirce) erst futuristisch (vgl. Scheibmayr 2004, 331; vgl Walter Benjamins eschatologische Erwartung), d. h. im Idealfall, Zeichen der objektiven Realität. Nach Peirce ist der Letztzustand nicht real erreichbar (ib. 334f). Wenn jedoch „Gott" eingesetzt und angenommen wird, Zeit sei (für ihn) ewige Gegenwart (vgl. Jacoby 1925-1955), müßte diese Welt (gemäß Punkt [4]) für Gott als Gegenwart existieren.

UNIVERSUM

„Universum" heiße der allgemeinste/größte bekannte Raum als Ort und Zeit eines Organismus. Die im folgenden kurz skizzierten Universumskreise sind jeweils relativ auf einen Beobachter hin und reziprok zu ihm zu verstehen, nicht als Umgrenzungen, sondern lediglich als bequeme Fokussierungen auf den Ausschnitt eines Ganzen.

UMWELT

Im folgenden werden drei Termini (Umwelt, Umfeld, Situation) genannt, die in der Literatur nur z. T. funktional unterschieden werden. Die Benutzer ziehen jeweils den einen oder anderen Terminus vor. Luhmann (1985) z. B.

gebraucht „Umwelt". In früheren Arbeiten habe ich von „Situation" gesprochen. Ich fürchte, ich habe in der vorliegenden Arbeit keine konse-
quente Einheitlichkeit erreicht. Was gemeint ist, scheint mir trotzdem hinreichend klar zu werden. – Zur „Umwelt" in der Translation vgl. Matthiessen (2001).

Luhmann (1985) setzt in seiner Theorie über „Soziale Systeme" Systeme an und braucht zu ihrer Identifikation die Differenz zu einer
„Umwelt" (und zusätzlich die Geschlossenheit des Systems, um Grenzen
ziehen zu können). Saussure ersinnt ein theoretisches atemporal-geschlos-
senes Zeichensystem, das seine Nachfolger zumeist auf die „reale Realität"
(Luhmann) anzuwenden versuchten. Der Übergang mißlingt. Peirce ersinnt
ein logisches Zeichensystem und führt die Welt ein, um das logische (!)
System doch irgendwie orten zu können. Scheibmayr (2004) braucht das
System, um die Luhmannsche Umwelt beschreiben zu können (Scheibmayr
wird diese Interpretation seiner Arbeit ablehnen). Alle vier Wissenschaftler
(ein Soziologe und drei Linguisten) arbeiten mit auf Denotation (Kognition) reduzierten Entitäten. Alle vier setzen die reale Umwelt (den Mesokosmos) als ihrem eigentlichen Anliegen: ihrem jeweiligen System gegenüber sekundär. Doch Umwelt als Teil von Welt als Teil von Universum ist
primär. Der Mensch kommt *in* ihr und dort durchaus nicht allein, durchaus
aber als holistische {Entität} vor.

„Umwelt" sei unterschieden: in [1] die Umwelt, wie sie an und für
sich ist: sie bleibt dem Menschen unerreichbar und muß in der vorliegenden Arbeit beiseite gelassen werden; [2] diejenige, die ein Organismus als
seine wahrnimmt und perzipiert; damit [3] als Umwelt, die einen Organismus stimuliert/affektiert, d. h. nach innen und außen (mit) handlungsfähig
macht. Zur Umwelt [2] gehört z. B. die Rose, deren Duft man genießt, zur
Umwelt [3] das (z. B. als Rose) identifizierte Etwas, dessen Duft man
genießt. Wird Kultur- mit Sprachspezifik einbezogen, entsteht [4] eine Umwelt, in der auf eine bestimmte gesellschaftliche Art und Weise gehandelt
werden soll und die durch dieses soziale Handeln und die Benennung [im
Beispiel als „Rose"] mindestens eines Elements der Umwelt [3] menschlich
eingerichtet wird. In der vorliegenden Arbeit wird der Terminus „Umwelt"
im zweiten, dritten und vierten Sinn gebraucht. Holistisch macht es einen
Unterschied, ob etwas zu recht oder unrecht als „Rose" oder „die Blume
da" apostrophiert wird. Die Umwelten [2-4] sind interdependent. – Umwelt
wird relativ auf situations- und fallspezifische Relevanz hin vom betreffenden Organismus bestimmt. Nach Luhmann (1985) ist sie die andere Seite
der Differenz von einem System. Wahrnehmung kann durch einen externen

Reiz bzw. Stimulus, d. h. einen Stimulus aus der Umwelt, oder durch einen internen Stimulus in Gang gesetzt werden. Wahrgenommen und perzipiert wird, was und wie etwas als Stimulus wahrgenommen und perzipiert wird. Zugespitzt: Wahrgenommen und perzipiert wird, was im System vor sich geht (denn das System bestimmt, was ihm Umwelt ‚ist'/wird). Umwelt wird zu einem Teil eines Systems. Umwelt liegt im System. Umwelt ist ein relativer Begriff. Seine/ihre Extension wandelt sich momentan. (Der Bezug auf „Begriff" verursacht ein Paradox: Ein atemporaler Begriff wandelt sich momentan, z. B., weil der Begriff vom System unter je anderen Perspektiven betroffen wird.) Umwelt ist ein {Prozeß}. Perzipiert wird, was als *in actu* als relevant evaluiert wird. Ein System kann nur auf Perzeptionen reagieren. Reaktionen auf die ‚Umwelt' *im* System wirken sich auf die externe Umwelt aus.

Interaktion bedeutet immer Interaktion mit (einem Element) der Umwelt (vgl. Clark 1999). – Luhmann (1985) verwendet eine andere Terminologie: Nach ihm sind Systeme geschlossene Gebilde, die nur per „Kommunikation" (in meiner Terminologie: Interaktion) miteinander in Kontakt treten können.

> In a sense, the difference between a living organism and the inorganic environment is only a question of degree; but it is a difference of degree which makes all the difference – in effect, it is a difference of quality. (Whitehead 1978, 179)

Meist verläuft eine Interaktion im Rahmen einer ungefähren Gesamtplanung, meist dürften der Skopos (auch wenn er unbewußt bleibt) und (einige) seine(r) Ziele vor Beginn der (Inter-)Aktion festgelegt worden sein. Von ihnen hängen ja Verlauf und Ausführung (also der Prozeß) der Handlung ab. Eine minutiöse Planung von Anfang bis Ende scheint wegen der nie ganz abzusehenden Irritationen mit der daraus werdenden Notwendigkeit einer Planänderung in den meisten Fällen unökonomisch zu sein. Whitehead (1978, 105) ist bissig:

> [...], all societies require interplay with their environment; and in the case of living societies this interplay takes the form of robbery. (Whitehead 1978, 105)

(Zum Verhältnis von System und Umwelt bei Luhmann vgl. Vermeer *Fragments ...* [demnächst].)

Aus Interaktion (vgl. oben Clark 1999, 73) kann Emergenz entstehen. Clark (ib. 73f) unterscheidet zwei Sorten: [1] „*direct emergence*" (z. B.

Druckerhöhung bei Gasmolekülen oder Bildung von Wasser aus Wasserstoff und Sauerstoff) und [2] „*indirect emergence*" (z. B. soziale Interaktion in einer und mit Hilfe/Einbezug der Umwelt).

> The difference thus concerns the extent to which we may understand the emergence of a target phenomenon by focusing largely on the properties of the individual elements (direct emergence), versus the extent to which explaining the phenomenon requires attending to quite specific environmental details. (Clark 1999, 74)

Vgl. den Unterschied von Äquivalenzsuche und Skoposadäquatheit in der Translation.

Interaktion verlangt Flexibilität. Sie ist ein Probabilitätenphänomen. Soweit mit verbalen und/oder non-verbalen Hinweisen (‚Zeichen') gehandelt wird, gilt, daß nicht Funktionen übertragen, sondern Stimuli produziert und auf der anderen Seite rezipiert werden.

> Es kommt also [die Bedingungen der Möglichkeit wären auf Grund von Scheibmayrs vorhergehenden Argumentationen evtl. noch näher zu untersuchen] auch bei Peirce [wie bei Luhmann] nie zu einem direkten oder unmittelbaren Informationstransfer aus der Umwelt in das Zeichensystem [bzw. umgekehrt]: Information ist bei ihm genauso system- und strukturabhängig wie bei Luhmann. (Scheibmayr 2004, 306)

Ein Translat (ein Beispiel für Peirce' Interpretans) ist ein System, das durch ein System (das Ausgangstextem, das aus einem [vom Textem kategorial verschiedenen] Ausgangstext entstand/emergierte) stimuliert ein anderes System (den zum Zieltextem werdenden, aber von ihm verschiedenen Zieltext) erstellt, das selbst wieder Systeme (andere Text[em]e; vgl. die Intertextualität) stimulieren kann (vgl. Peirce' indefinite Rekurrenz im Interpretanten seiner Triade; vgl. Luhmanns „re-entry").

Werden in Peirce' Theorie Repräsentamen, die Dyade Objekt-Repräsentamen usw., als Reflektionsgegenstand eingesetzt, so ergeben sich reflexive (rückbezügliche) Strukturen als Erkenntnisobjekt (vgl Scheibmayr 2004, 341f). Derartige Strukturen sind nicht in der System(um)welt real /phänomenal gegeben, sondern sind Denkkonstrukte (vgl. ib. 342). Bei diesem {Prozeß} bleibt das im vorigen Absatz Gesagte zu beachten.

Auf die angedeutete Weise kann ein System andere Systeme als Teil seiner eigenen Umwelt darstellen. Die anderen Systeme müssen nach Scheibmayr (ib. 343) mit dem eigenen vergleichbar sein, also Ähnlichkeiten aufweisen, andererseits aber zugleich von ihm verschieden sein, so daß ein anderes System nicht aus seiner eigenen Sicht, sondern nur als Anderes dargestellt werden kann. (Man kann nicht in den Kopf anderer Leute schauen – und nicht einmal in seinen eigenen, weil er für und durch eine Beobachtung ein Fremdsystem im eigenen System wird.)

Von einem Organismus („System") aus läßt sich Umwelt auch wie folgt beschreiben:

Umwelt sei das, 1) wovon ein System bzw. ein Subsystem Kenntnis hat und 2) wovon ein System bzw. Subsystem beeinflußt wird / zu werden annimmt. – Die Unterscheidung von System und Umwelt ist, wie oben bereits angedeutet, dynamisch (zu Peirce vgl. Scheibmayr 2004, 290f). – Anders als bei Luhmann kann die Umwelt für ein System wichtiger als die Systemkonfiguration/-struktur selbst werden (vgl. Clark 1999, 164; vgl. Clark 1993). Zwischen einem System und seiner Umwelt kann es Interaktionen geben (vgl. Clark 1999, 171f, unter Berufung auf Merleau-Ponty, Hilditch [1995], Varela et al. [1991]; s. unten). Der Hauptfaktor für Verhalten ist bei Clark (1999) der Skopos (die Funktion). – Früher hieß es oft, Tiere seien in ihre Umwelt eingebunden, umweltgebunden und -geprägt. Der Mensch scheint auf andere Weise stärker in seine Umwelt eingebunden zu sein: Für komplexere Gehirnaktivitäten bedarf er nicht nur der physi(kali)schen Umwelt, sondern vor allem seiner Artgenossen in sozialen und anderen, z. B. Industrie-, Handels-, Wissenschafts- etc., Gemeinschaften und derer Produkte (Maschinen, Organisationen usw); vgl. Kommunikationsmittel, z. B. Sprache, Dawkins' „memes" etc. – Wissen, Verhalten, Entscheiden etc. werden auf viele Gehirne verteilt. Die Zukunft wird einerseits kalkulierbarer, die Gegenwart unkalkulierbar komplex, andererseits die Zukunft ebenfalls. – Das Individuum ist nicht mehr Zentrum seines Lebens; es verliert an Wert (vgl. Clark 1999, 180ff).

Der Beobachter, z. B. ein Mensch in dieser Welt, wird/ist Teil der Umwelt eines Systems. (Der Selbst-Beobachter setzt sich außerhalb seiner selbst; s. unten.) Umwelt wird als indefinite („fuzzy"), holistische, momentane Raum-Zeit-Entität mit unterschiedlicher Relevanz ihrer Teile für das betreffende System in der jeweiligen fokussierenden Annahme des Eigen- oder Fremdbeobachters als Individuum und jeweiliges Mitglied von Dia- und Parakulturen verstanden. Das heißt, eine Umwelt ist im Moment, potentiell nach außen offen und doch begrenzt (vgl. Luhmanns „Horizont"). Die Umwelt des Beobachters als Individuum ist von der des Beobachters als Mitglied einer Dia- oder Parakultur verschieden. Die Beobachter treten in Personalunion auf. In einer Beobachtung werden beide Umwelten zu einer kulturell überformten individuellen Umwelt als momentaner ‚Realität' verschmolzen. Der Beobachter wird sich dieses Prozesses erst in der

Reflexion bewußt. Das bedeutet aber zugleich, daß er jeweils nur einen Teil seiner Umwelt, den kognitiv erfaßbaren, den für ihn momentan relevanten erfaßt. Die Umwelt ist in Wirk-lichkeit umfassender. Weder ein Beobachter in dieser Umwelt, der sich und sie selbst beobachtet, noch erst recht ein Fremdbeobachter kann die Umwelt kognitiv holistisch erfassen. Die „Umwelt" umfaßt im holistischen Sinn den Lebensraum eines Organismus zum Zeitpunkt *t*, der auf einen Organismus einwirkt und den ein Organismus mehr oder minder bewußt in sein Leben einbezieht bzw. den ein Beobachter als Lebensraum eines Organismus annimmt. (Letzteres ist eine andere Umwelt.) Jede Beobachtung ist kontingent; jede bewußte Beobachtung – und nur eine bewußte Beobachtung kann beobachtet und damit evaluiert werden – ist mehrfach kontingent. Diese Behauptung gilt auch für Umfeld und Situation; sie wird dort aber nicht eigens wiederholt. Jede Beobachtung muß ihren Gegenstand in sich hineinholen, sich einverleiben (vgl. die Anthropophagie der Brüder Campos), um sie perzipieren zu können (vgl. die Interaktion ~ Luhmanns „Kommunikation"). – Die wirk-liche Umwelt und ihr Beobachter wirken interdependent aufeinander ein (vgl. Luhmanns „Interpenetration"). Das heißt auch, daß beide durch die Beobachtung (mit) konstituiert und verändert werden. Zur Umwelt eines Systems können andere Systeme gehören (vgl. Luhmann 1985). Jedes System hat, wie gesagt, seine Umwelt. Umwelten können sich mesokosmisch gesehen räumlich und temporal überlappen oder überschneiden, dabei aber nicht vermischen. Sie bleiben verschiedene Umwelten, weil sie je aus der Perspektive eines Systems werden. Eine Interaktion zwischen zwei Aktanten wird möglich, insoweit sich ihre Umwelten überschneiden. Bei Luhmann (1985) wird dies so erklärt, daß die beiden interagierenden bzw. interpenetrierenden Systeme durch ein Kommunikationssystem miteinander in Kontakt treten. Das Kommunikationssystem gehört dabei zu den beiden Umwelten der miteinander kommunizierenden Systeme. Die werden dadurch jedoch nicht zu einer gemeinsamen Umwelt, denn, ebenfalls nach dem Gesagten, ist die Umwelt eines jeden Aktanten für ihn eine andere und für jeden Beobachter (des Aktanten und seiner Umwelt) eine wiederum andere. Trotzdem hat die Überschneidung zu der Aussage verführt, zwei Organismen in ihren face-to-face-Interaktionen agierten in derselben Situation (vgl. z. B. Habermas 1988, wo solche Ausdrücke geradezu epidemisch werden). – Das Paradox besteht darin, daß Luhmann sein Kommunikationssystem als Einheit sieht und es doch zwei Umwelten zurechnet. Ich würde nach dem oben Gesagten das jeweilige Interaktionssystem (meine Terminologie) konsequent als für jedes es gebrauchende System je anderes ansetzen. Das zeigt, daß es keine Translation im herkömmlichen Sinn des Übersetzens geben kann.

Das Kommunikationssystem,[178] von dem Luhmann (1985) spricht, muß näher bestimmt werden. Nach Luhmann gehört es keinem kommunizierenden System an. Es kann auch nicht ,der' Gesellschaft (werde sie als System betrachtet oder nicht) angehören. So kann nicht erklärt werden, woher es stammt, wieso es existiert. Wie bei Umwelt, den Kosmoi usw. muß ein Kommunikationssystem für jedes System in jedem Moment als eigenes System beschrieben werden. Mesokosmisch kann durch Reduktion die übliche Generalisierung auf ein System mit temporaler Dauer vorgenommen werden. Durch kulturelle Überformung im Rahmen einer Gesellschaft (die sich ebenfalls momentan wandelt und verändert wird; s. oben) kann Ähnlichkeit der Kommunikationssysteme der in einem gegebenen Zeitpunkt zur Gesellschaft gehörigen oder gerechneten Systeme angenommen werden. Durch weitere Reduktionen und Generalisierungen kann schließlich für eine Gesellschaft in einem gegebenen Zeitraum *ein* Kommunikationssystem angenommen werden. Dieses potentielle System ist aber soweit reduziert, daß es zu keiner realen Kommunikation ausreicht. Diese setzt sich als Gebrauch folglich aus dem reduzierten System und dem jeweils zu einem gegebenen Zeitpunkt geltenden individuellen System zusammen. Trotzdem macht die Annahme eines gesellschaftlich generalisierten Kommunikationssystems Sinn: Es handelt sich um das <Kommunikationssystem>, z. B. um die <deutsche Sprache>. (Vgl. auch die Unterscheidung von Phon und Phonem, Graph und Graphem usw. bei den Linguisten.)

UMFELD UND SITUATION

Wie schon gesagt, handelt sich eigentlich um eine Kugel. Ein Umfeld existiert aus der Perspektive eines aktuellen Ereignisses oder (als ein anderes) eines Beobachters des Ereignisses. Ein Umfeld kann Ereignisse umfassen (vgl. Luhmann 1984). Umfelder erscheinen nur unter der Perspektive eines Ereignisses oder eines anderen Beobachters als (teilweise) systematisiert. Whitehead (1978, 22ff) spricht von einer „multiplicity" aus „disjunctive diversities". Der Terminus „Umfeld" erinnert nicht von ungefähr an den

---

[178] Ich übernehme für diesen Abschnitt, wie auch sonst gelegentlich, den Terminus „Kommunikation" in Luhmanns Sinn. Es kann aber überall „Interaktion" in meinem Sinn eingesetzt werden. Der Vorteil des Terminus „Interaktion" wäre, daß vom Primat eines verbalen Systems (einer Sprache) abgelenkt würde.

Terminus „energetisches Feld". Organismus und Umfeld bilden eine Einheit. Die Grenzlinien sind relativ (fließend).

Das „Umfeld" sei der dreidimensionale Raum, der zur Zeit *t* als fallspezifisch auf das Leben eines Organismus reziprok Einfluß nehmend angenommen wird (vgl. auch Bourdieu: 1982, 13-21).[179] Raum und Zeit zusammengenommen lassen von einem ‚vierdimensionalen' Phänomen sprechen. Das Umfeld weist eine vierfache Schichtung bzw. Ausweitung auf: (1) inneres Feld in einem System und um dessen Subsysteme ‚herum', (2) Feld der gegenseitigen fallspezifischen Beeinflussung von System und Umfeld, (3) fokussiertes Umfeld, (4) fallspezifisch erlebtes Umfeld. – Grenzen sind durchlässig; jedes System steht in stetem Austausch mit seiner Umwelt. Die Grenzen zwischen Innen und Außen sind relativ, fließend. – In der vorliegenden Arbeit unterscheide ich nicht eigens zwischen Umwelt und Umfeld, soweit es nicht unumgänglich zu werden scheint. Die Grenzen zum Umfeld und zur Situation sind unscharf.

Andere Termini mit z. T. anderen Konnotationen bei anderen Autoren sind Umwelt, Lebenswelt, bei Whitehead "universe", "world".

Unter „Situation" sei ein spezifischer, momentan-individueller, als relevant angenommer, weithin unbewußter, daher und wegen seiner Komplexität unscharfer Teil eines Raum-Zeit-Umfelds eines Handelnden als Teil seiner Raum-Zeit-Umwelt (*o/t*) als Teil des (seines) Universums verstanden, in dem sich ein Individuum als existent selbst holistisch positioniert oder (als ‚anderes' Individuum) durch einen Beobachter (innerhalb der vom Beobachter als Welt des beobachteten Individuums angenommenen ‚Welt') positioniert wird. Selbst- und Fremdpositionierung bedingen jeweils andere Welten. Beobachter ist auch ein sich selbst betrachtender Handelnder bzw. ein Rezipient einer Handlung des Handelnden, auch ein Beobachter eines Beobachters usw., allgemein: ein Perzipient einer Handlung. Der Beobachterstatus ist methodologisch zu verstehen. Er verlangt nach einer eigenen Behandlung (vgl. Luhmann: 1995, 14f). Ein Beobachter eines Phänomens wird Teil des Phänomens. Er beeinflußt das Phänomen und wird von ihm beeinflußt. Jedes Urteil, d. h. u. a. jede Evaluierung durch einen Beobachter, enthält zugleich ein Urteil über das zu beobachtende / beobachtete – das sind zwei verschiedene Bedingungen – Ereignis (Phänomen) als Datum aus der Perspektive des Beobachters und über ihn, den Beobachter selbst,

---

[179] In den *Principia Mathematica* von Russel + Whitehead (vol. 1, 1910) ist die Rede von "the Field of a Relation" (Lowe 1951, 47[59]). Ich unterscheide ein Feld von Relationen und ein Feld ‚um eine (gegebene) Relation herum'.

d. h. sein aktuelles Befinden in seiner aktuellen Umwelt. Jede Beobachtung geschieht somit in zwei Bereichen gemäß der Doppeldeutigkeit von Whiteheads (1978, 203) Satz: "A judging subject is always passing a judgment upon its own data."

Jeder Organismus wird in eine(r) Situation positioniert, positioniert sich in eine(r) Situation. Beide Situationssorten umfassen nicht-organismische Phänomene (Landschaft, Klima, Werkzeuge [z. B. ein Ausgangstextem, einen Computer], ...) und andere Organismen (Pflanzen, Tiere, ...). Kein Mensch kann auf Dauer in einer nicht-sozialen Welt überleben. (Auch der Häftling in Einzelhaft wird versorgt; er weiß, daß andere sich um ihn kümmern [müssen].) – Wer eine Handlung wahrnimmt, muß reagieren.

> Wenn Alter [= Produzent einer Interaktion[180]] wahrnimmt, daß er wahrgenommen wird und daß auch sein Wahrnehmen des Wahrgenommenwerdens wahrgenommen wird, muß er davon ausgehen, daß sein Verhalten als darauf eingestellt interpretiert wird; es wird dann, ob ihm das paßt oder nicht, als Kommunikation aufgefaßt, und das zwingt ihn fast unausweichlich dazu, es auch als Kommunikation zu kontrollieren. (Luhmann 1985, 561f)

Nicht-Beachtung/Ignorieren ist auch eine – oft anstrengende – Reaktion. – Bataille (vgl. Gernalzick 2000, 78) sprach vom „agressiven Aspekt der Gabe". Statt „muß reagieren" könnte man weniger aggressiv einfach das Verb „reagiert" setzen. Dann erscheint die Reaktion wie ein Reflex. Im vorliegenden Versuch suche ich das Verb „müssen" tunlichst zu vermeiden. An dieser Stelle scheint es mir aber angebracht: Der eine Handlung Wahrnehmende, sei sie an ihn gerichtet oder nicht, hat keine andere Wahl, als in irgendeiner Weise darauf ‚einzugehen' und sei es eben durch willentliches Ignorieren – vgl. die Repulsion in Opposition (hier stimmt der Ausdruck) zur Attraktion.

Die Menge der Situationsfaktoren ist indefinit. Die o/t-spezifische Situation ist für P ($\{P\}$) und R ($\{R\}$) usw. selbst im *face-to-face*-Gespräch eine momentan je verschiedene $\{Sit_P\}$ vs. $\{Sit_R\}$. Die Verschiedenheit gilt natürlich für jeden Situationspunkt. Die Situation umfaßt den Organismus (z. B. Org_P) mit seinem Körper, einschließlich seinem Gehirn, und sein Umfeld als *eine* Einheit, in der sich Faktoren gegenseitig beeinflussen. Zum Umfeld gehört die Menge (≥ 1) der jeweiligen intendierten und u. U. anderer, nicht intendierter Partnersysteme (zufällig Anwesende, Mithörer, Lauscher, indirekt Intendierte [A spricht zu B, damit C es erfährt]). Partner

---

[180] Luhmann vertauscht die üblichen Ausdrücke „ego" und „alter". „Ego" benennt den Rezipienten.

brauchen nicht physisch anwesend zu sein. Im face-to-face-Gespräch können die Situationssequenzen von *P* und jedem *R* unter bestimmten kulturellen und evtl. sprachlichen Bedingungen fallspezifisch als weitgehend ähnlich angenommen werden. Wenn niemand ‚in den eigenen Kopf' schauen kann, um wieviel weniger in den eines Anderen; so bleiben emotive, evaluative und assoziative und selbst denotative Meinungen, Perspektiven usw. über jemanden Annahmen, bestenfalls auf Grund früherer Erfahrungen oder (angenommener kulturspezifischer) ‚Kenntnis' des Anderen (Ich kenne R sehr gut). Dennett (2005) ist optimistisch, daß kulturelle gesellschaftliche Regeln sowie Erfahrung und Kenntnis über das den Menschen Gemeinsame (Universale oder kulturspezifisch Generelle?) eines Beobachters für das gesellschaftliche Zusammenleben hinreichend genau wissen lassen / lassen können, wie es im Kopf des Anderen zugeht, was und wie er fühlt etc. So meinte schon Vico/Hösle+Jermann ([1725] 1990, 142f, § 331; vgl. Aguilar Rivero 2004, 17-20) mit Blick auf die Historie – um es in moderner Terminologie zu sagen: weil der Mesokosmos („il mondo civile") von Menschen gemacht sei, müsse er auch vom Menschen verstanden werden können; die Welt als solche habe Gott geschaffen und so könne nur er sie verstehen, aber die andere, menschliche, modern: die mesokosmische, nach der zu fragen die Philosophen vernachlässigt hätten, könne menschliche Wissenschaft erforschen.

> Doch in solch dichter Nacht voller Finsternis, mit der die erste von uns so weit entfernte Urzeit bedeckt ist, erscheint dieses ewige Licht, das nicht untergeht, folgender Wahrheit, die auf keine Weise in Zweifel gezogen werden kann: **daß diese politische Welt sicherlich von den Menschen gemacht worden ist**; deswegen können (denn sie müssen) ihre Prinzipien **innerhalb der Modifikationen unseres eigenen menschlichen Geistes** gefunden werden. (Vico/Hösle+Jermann ib.; Fettdruck im Original)

Differenzen entstehen: (1) weil Verstehen immer ein Verstehen des Vergangenen ist und (2) das Vergangene niemals unverändert im Gehirn gespeichert bleibt, (3) sich vielmehr in jedem Gehirn anders wandelt (es müßte also im Plural stehen), (4) u. a. aus unterschiedlichen „Vorwissen" (Plural) des sich Erinnernden und seiner aktuellen holistischen Disposition, zumal dann, wenn (5) man das Fühlen, Wissen usw. eines Anderen verstehen will. Erwartungen über den momentanen ‚Zustand' des Anderen spielen eine Rolle. (Vgl. auch Fried 2004.) – Es kann auch niemand Kommunikations- bzw. Interaktions-„Objekteme" (vgl. das Textem) auf dem Wege zwischen *P* und *R* anhalten und analysieren (und dann weiterfahren lassen). Zur Erinnerung: Man kann kein Textem analysieren; man kann Druckerschwärze und Satzlängen untersuchen. Textwissenschaftlich werden Prozesse (z. B. Texte), nicht Objekteme (z. B. Texteme) analysiert.

6. Kapitel

Der Organismus

Wie der Name Genetik sagt, handelt es sich um das Werden, in diesem Fall eines Organismus, z. B. eines Menschen, und wiederum auf zwei Ebenen: (1) der Ebene der allgemeinen und sich als Gattung spezifizierenden und (2) der individuellen Genetik.[181] Die Differenz ist in gewisser Hinsicht mit der von individueller und sozialer Kultur vergleichbar. Die Grenze zwischen einem realen Individuum und der generalisierenden sozialen Potentialität bleibt letztlich syn- wie diachronisch unübersteigbar, in diachronischer Hinsicht gleich zweimal: Auch das Individuum kennt und versteht seine Vergangenheit nicht objektiv-unverformt und die anderer Individuen und Gesellschaften noch weniger. (Vgl. die Vorbehalte zum kulturellen Verstehen.)

Genetik, die Lehre von den Genen, ist eng mit der Evolution verbunden. Heute bleibt offen, ob Gene alle Informationen für das Werden eines Organismus tragen.[182] Das scheint unwahrscheinlich (vgl. Dürr zur Superwelle; Sheldrake zu seinen Feldern.) Mehrfach zeigen sich in den Aussagen der Wissenschaftler Widersprüche. Ich lasse sie als Diskussionsgrundlagen stehen. – Information wurde oben so beschrieben, daß sie nicht *in* einer Entität steckt, sondern aus ihr herausrezipiert wird. Demnach enthielten Gene keine Information. Gene sind wie Text(em)e, Vehikel für Informationen (vgl. unten die Meme). Aber was ,ist' Information? Wie hängen Gene und die ,Information' für den Bau eines Organismus zusammen? Luhmann (1992, 8) erfragt beides:

> Wer oder was diskriminiert eigentlich den Aufbau der Ordnung? Doch nicht die „Information"!

---

[181] Einzelheiten zur Genetik auf dem heutigen Stand finden sich in verständlicher Form bei Kandel/Kober (2006, 264ff).

[182] Im August 2005 meldeten die Zeitungen, es sei ein „Gedächtnis-Gen" in zwei Varianten gefunden worden: eine bessere und eine weniger gute .... – Der Ausdruck „Information tragen" macht Gene hier zu Formen (s. oben), aus denen Information gewonnen werden kann.

Heute nimmt man an, daß Gene die Aktivität von Zellen steuern, d. h. Information generieren (produzieren) und dadurch Strukturanweisungen geben.

Unter Information sei eine Funktion, die Neues stimuliert, verstanden. Information wird damit aus zwei Perspektiven betrachtet: der des Produzenten, der Neues produzieren will, und der eines Rezipienten (ein Beobachter ist Rezipient), der Neues aus / auf Grund einer Form interpretiert.

Organismen als lebende Systeme haben/sind/werden evolviert. Die Evolution ist holistisch, d. h. hier: Organismen und ihre Teile, z. B. ein Gehirn, bilden ein Ganzes als Einheit mit ihrer Umwelt. Lakoff + Johnson (1999, 3f) betonen zu Anfang ihrer Philosophie, daß dies ein radikales Umdenken traditionell gewöhnter Ansichten bedeutet. – Zum Folgenden vgl. u. a. Brown / Vogel et al. (1999); Hagemann + Börner + Siegemund (1999); Hennig (2002).

> Vielmehr ist es heute das Ziel genetischer Forschung im weiteren Sinne, die Grundlagen zellulärer Differenzierung als Grundlage der Entstehung morphologisch hochkomplexer Organismen verstehen zu lernen. (Hennig 2002, 3)

Aus historisch-methodologischer Sicht nennt Szathmáry (1996, 33) vier Verfahren, um die Entstehung des genetischen Codes zu erklären:

1. Building of biochemical, "bottom-up" scenarios which are meant to explain the evolutionary pathway from a non-coding system to one of coding.
2. Collection of data about the recent evolution of the genetic code in the hope that this may reflect on the primeval evolution of the code.
3. The analysis of patterns in the genetic code by looking for correlations between amino acid and codon/anticodon properties.
4. Formulating hypotheses about the logic of extensions of the genetic code through the incorporation of novel aminoacids.

Bislang kann die Biologie noch keine abschließende Antwort geben. Der Code arbeitet nach einem komplexen raum-zeit-bestimmten Bauplan.

Das grundlegende Stichwort heißt „Differenzierung". Sie kommt durch Mutation im Erbgut, Umwelteinflüsse (z. B. chemischer Art, besonders beim Menschen auch kulturell-sozialer Art) und interne Faktoren (z. B. physische Faktoren, vgl. Krankheit, usw. die ihrerseits vielfach bedingt sein können) zustande.[183] Wandlungen und Veränderungen können je nach ihrer Art und Ursachen jederzeit eintreten. Alles greift ineinander, um einen Organismus in seiner Umwelt in seiner Situation in jedem momentanen Prozeßpunkt mit seinen historischen „Spuren" zu individualisieren. Die Spuren bestimmen zunächst den Genotyp („die Gesamtheit aller erblichen Eigenschaften eines Organismus"; Hennig 2002, 9; vgl. Hennig auch zum Folgenden), der dann, auch auf Grund von Spuren, individuell zum Phänotyp (dem Erscheinungsbild eines Individuums) und zum holistischen Einzelfall (Individuum im strengen Sinn, das immer ein {Individuum} wird) differenziert wird. Variationen bleiben durch das Zusammenspiel der genannten Grundfaktoren genotypisch bedingt innerhalb artspezifischer Grenzen (der „Reaktionsnorm"). Es gibt keinen idealen Typ.[184] In einem Individuum können Organe für dieselbe Funktion (z. B. Augen, die Asymmetrie der menschlichen Gestalt) durch „Mikromilieuunterschiede" unterschiedlich gebildet werden (ib. 16f). In manchen Fällen genügen einmalige Schädigungen, um Unterschiede zu erzeugen. Dabei kann der Zeitpunkt der Schädigung entscheidend werden.

> [Die DNS] enthält also nicht nur die räumliche *Strukturinformation* für den *künftigen Organismus*, sondern auch das exakte *zeitliche Programm* seiner Entwicklung von der einen befruchteten Eizelle bis zum fertigen Lebewesen mit vielen Milliarden von hochdifferenzierten Zellen, die genau zur richtigen Zeit an den ihnen zugewiesenen Plätzen entstehen und eingebaut werden. Ein kaum faßliches zeitlich-topologisches Problem! (Cramer 1997, 184; Kursive im Original)

Wie das im einzelnen geschieht, ist bisher unbekannt. Eine wichtige Rolle spielt für Cramer (ib. 187) offenbar die Resonanz, die einen hohen Rückkopplungsgrad gewährleistet.

> Sicher ist nur, daß der Prozeß hoch rückgekoppelt ist und daß dabei eine präzise Zell-Zell-Erkennung stattfinden muß. (ib. 184)

> In den einzelnen Bifurkationen des embryonalen Wachstums ist ein gewisses „Spiel" möglich, es können Varianten auftreten. Einzelne Schritte des Embryonalwachstums sind besonders empfindlich gegenüber Störungen: Dort können kleine Ursachen große Wirkung entfalten, wie sie für das deterministische Chaos in Bifurkationssystemen typisch sind. So ist die

---

[183] Um es noch einmal zu wiederholen: Differenzierung als ‚Denkprozeß' beruht auf physikalischen neuronalen Aktivitäten; die durch Differenzierung gesetzte Differenz muß sich in/an physischen Formen manifestieren.

[184] Die Prototypologie arbeitet nach anderen Kriterien; sie kann aber einen Idealtyp kreieren.

schlimme Wirkung von Contergan oder Röteln in einem ganz engen Zeitfenster der Schwangerschaft zu erklären. (ib. 185)

Der καιρός als Spiel. Wenn Dürrs (2003b) Hypothese zutrifft, daß Superwellen in der Genetik eine Rolle spielen, muß die Biologie vom „Code" abgehen, der aus der Nachrichtentechnik stammend z. B. in der Linguistik, in der es bereits eine Neuterminologisierung gegeben hat, ein quasi-mechanisches Verfahren bedeutete. (Der Terminus „Code" hatte einen negativen Einfluß auf die Praxis der Translation und auf die entstehende Translationswissenschaft, ging man doch von einem möglichst exakt sein sollenden Translationsmodell mit En-, De- und Umkodierungen aus.)

In der Genetik können Gene andere Gene beeinflussen, d. h. mit ihnen oder gegen sie operieren. Phänotypische Merkmale und ihre Ausprägungen können auf Einflüssen durch mehrere Gene oder unterschiedlichen Einflüssen eines Gens beruhen (Hennig 2002, 59).

Keim- und somatische Zellen sind ständig ‚tätig'. Zellen sind in diesem Sinn Prozesse. (Vgl. im einzelnen Hennig 2002.) Zellen teilen sich, und Zellen vereinen sich (in der Fortpflanzung). Die Individualität hat also vage Grenzen. Innerhalb der Zellen finden ebenfalls Teilungen und Vereinigungen statt (zur Zelle vgl. Hennig 2002, 66-94). Man könnte von einem iterierenden Übergang von Individualität zu Sozietät zu Individualität ... sprechen. (Vgl. Individuum und „Kultur" in der Mikrobetrachtung.) Einzelheiten sind bisher weitgehend unbekannt. Zellen sterben ab, und zwar im Normalfall genetisch programmiert (ib. 94f).[185]

Bezüglich der Genetik ergibt sich das gleiche Bild wie bisher skizziert: eine indefinite Menge von Faktoren und Bedingungen, die ineinandergreifen und Entitäten miteinander verbinden. So sind z. B. „die Kombinationsmöglichkeiten zwischen väterlichen und mütterlichen Chromosomen bei der Gametenbildung so groß [...], daß zufällige identische geneti-

---

[185] Der Ausdruck „Normal[...]" zeigt die übliche Perspektivität einer Beobachtung. Krankheiten werden als nicht-normal eingestuft. Das hat Konsequenzen. Der sterbende, d. h. endende, Organismus gilt als krank (genauer: der Prozeß gilt als Krankheit); deshalb gehört er in die Zuständigkeit der Medizin, muß er geheilt, also Leben nach einem mißverstandenen hippokratischen Eid (oder aus Kostengründen?) ‚mit allen Mitteln' erhalten werden. Der Zusammenbruch (der Moment des Endes) des Systems ist keine Krankheit, also kein Prozeß. Logisch müßte er dann noch zur Autopoiesis, die einen Prozeß bezeichnet, gerechnet werden. Interpretiert man den Moment des ‚Eintretens des Todes' (nicht das Sterben) als Prozeß, müßte er eine eigene Kategorie bilden. Also betrifft er die Medizin nicht. Hat *sie* dann das Recht, ihn zu verhindern? Gehört er aber zum autopoietischen Organismus (als dessen Übergangsmoment zu anderem), ...

sche Konstitutionen bei den Nachkommen praktisch ausgeschlossen werden können" (Hennig 2002, 153). (Eine Quasi-Ausnahme bilden eineiige Zwillinge.)

Bezüglich der Erbanlagen ergibt sich ein erstaunliches Phänomen. Der menschliche Organismus hat verhältnismäßig wenige Erbträger, die Chromosomen. Jedes Chromosom (von nur wenigen Mikrometern Länge und einem Mikrometer Dicke) muß Hunderte, evtl. Tausende von Erbeigenschaften (Gene) tragen (Hennig 2002, 102). Nahe beieinander angeordnete Gene (Erbeigenschaften) im selben Chromosom bleiben gewöhnlich zusammen. Je weiter sie auseinanderliegen, desto häufiger können sie sich trennen und mit anderen Genen zusammenfügen. Ein solches „Crossing-over" scheint die Wahrscheinlichkeit eines zweiten Crossing-over (positiv oder negativ) zu beeinflussen (ib. 109). Die Häufigkeit solcher Rekombinationen zeigt eine interdependente Abhängigkeit („interchromosomale[...] Interferenz"; ib. 110). Die Lage der Chromosomen zueinander scheint von Bedeutung zu sein; ihre Funktion ist bisher nicht bekannt. Vererbung „kann auch durch cytoplasmatische Erbinformation" und nicht nur durch Information im Kern stattfinden (ib. 147).

Die Kodierung und Übertragung von Erbinformation ist in allen organismischen Zellen, von den einfachsten bis zu den höchstkomplexen Organismen, im Prinzip dieselbe (zu Abweichungen vgl. Hennig 2002, 261f; Fettdruck im Original). Die „**Vielfalt der Möglichkeiten der Basenreihenfolge** im DNA-Strang" würde jedoch hinreichen, „die zur Existenz eines Organismus erforderliche Information in der DNA" zu liefern (ib. 254; Fettdruck hier und im folgenden im Original; Dürr 1997, 26-28, hatte Zweifel angemeldet). Die Gesamtheit der genetischen Information heißt „Genom". Das menschliche Genom dürfte etwa 30000 bis 50000 Gene enthalten. Aber nicht die Zahl der Gene allein, sondern ihr DNA-Gehalt scheint eine entscheidende Rolle zu spielen. (Vgl. Hennig 2002, 284.) Doch

> [d]as menschliche Genom [...] legt den Aufbau des Gehirns nicht vollständig fest. (Damasio/Kober 2001, 155)

Das menschliche Genom ist sehr variabel.

> Keine zwei Personen haben identische Genome, denn viele Teile des Genoms sind **polymorph**, das heißt, sie können in zwei oder mehr Formen auftreten (Brown / Vogel et al. 1999, 317).

Die Individualität beginnt also bereits bei der genetischen Konstellation, aus der ein Organismus entstehen soll. – Das Gegenteil, wenn man so will, ist das Klonen (Brown / Vogel et al. 1999, 394-444: die „Klonierung"), durch das „identische Kopien" (beachte den verkürzenden Ausdruck!) entstehen, wobei „ein Fragment der DNA, die das zu klonierende Gen enthält, in ein zweites [...] DNA-Molekül" und dieses in eine Wirtszelle eingebaut wird (ib. 305)

Die DNA-Doppelhelix weist zahlreiche unterschiedliche Strukturelemente auf, deren Funktionen bisher nur zum Teil bekannt sind. Die DNA enthält vier verschiedene Basen, auf deren Variabilität in der Doppelhelix im Prinzip der Erbkode beruht. Die Information ist in einem „Triplettcode" verschlüsselt. Jedes Triplett definiert eine Aminosäure. Je drei Basenpaare (ein „Codon") der Nukleinsäure legen eine Aminosäure fest (Hennig 2002, 259). Was hier jeweils im Singular aufgezählt wird, muß durch die verschiedenen Molekülstrukturen um das 20-, 50- oder 60-fache pluralisiert werden. Die Aminosäuren werden in unterschiedlichen Organismen unterschiedlich häufig verwendet. Auf einem komplizierten Weg wird die im genetischen „Code" „verschlüsselte" „Information" „gelesen" und „transkribiert", d. h., es wird eine „Messenger-RNA" (mRNA) synthetisiert, „die die Information der DNA für die Proteinsynthesemaschinerie zugänglich macht" (ib. 263).

> Bei der **Transkription** wird ein Strang, der (-) -Strang doppelsträngigen [*sic*] DNA, durch die Synthese einer komplementären RNA „abgelesen" und so in RNA umgeschrieben, transkribiert. Auf diese Weise entstehen drei Klassen von RNA: *Messenger-RNA* (mRNA mit der Botschaft zur Synthese definierter Polypeptide), *Transfer-RNA* (tRNA zur Bindung spezifischer Aminosäuren) und die *ribosomale RNA* (rRNA zum Aufbau der Ribosomen, den Orten der Polypeptidsynthese). Alle drei Klassen entstehen – vor allem bei Eukaryoten – zunächst als größere Vorstufen (prä-mRNA, prä-tRNA, prä-rRNA), die im Zuge ihrer „Reifung" durch „Processing" verkleinert und so in die funktionsfähige Form gebracht werden. (Hagemann + Börner + Siegemund 1999, 44)

Die „Transkription" kann auf verschiedene Weise erfolgen (Prokaryoten unterscheiden sich hierin von Eukaryoten; Hennig 2002, 265). Die metaphorische Ausdrucksweise der Biologie, die ihre Termini aus ganz verschiedenen fremden Disziplinen holt (vgl. Transkription, Maschinerie, Lesen), deutet die Schwierigkeit der Forschung und ihre eigentliche Stummheit an. Die Darstellung und dadurch die Aussagen hierüber sind für den Sprachwissenschaftler mißverständlich, zumindest doppelt metaphorisch. Informationen sind Potentialitäten. Nicht sie werden gelesen, sondern ein „Text", aus dem Informationen durch Lektüre zugänglich werden. Die Informationen entstehen im Leser für ihn durch die Lektüre des „Texts". Auch der Sprachwissenschaftler drückt sich in seiner Metaphorik oft verkürzend so aus, als enthalte der Text Informationen. Genau diese Ausdrucksweise wird zur Crux des Translators, denn seine Kunden glauben, *der* (hier: verbale) Text (oder schlimmer: das Textem) enthalte *die* Information. Darüber wurde oben bereits geschrieben. Der Genetiker nimmt, anders als hoffentlich der Linguist, allerdings an, die von ihm rezipierte Information sei eindeutig. Darauf deutet der Gebrauch des Terminus „Code". – Die Metaphorik des Biologen setzt sich fort: Die Messenger-RNA „dient [...] als Bote zur Übertragung der genetischen Information [vom Zellkern] ins Cytoplasma", will sagen: sie dient zur dortigen Umsetzung der Triplettsequenzen in Proteine und legt die Reihenfolge der Verknüpfungen der Aminosäuren fest, d. h., sie ermöglicht die Umwandlung ... usw. Eine „Transfer-RNA" (tRNA) transportiert die Aminosäuren an ihren vorbestimmten Ort und knüpft sie zu einer Polypeptidkette aneinander (ib. 253). Die Bezeichnung als Transfer bedeutet, daß eine physische Bewegung stattfindet. – Mit Hilfe der RNA und der synthetisierten Proteine kann die DNA [man bemerke den agentialen Ausdruck] die Erbinformation in Stoffwechselprozesse der Zelle umsetzen (ib. 259). Der Fachjargon spricht von der Proteinsynthese als „Umsetzung der mRNA in die darin kodierten Proteine" und nennt diesen Prozeß eine „Translation" (ib. 253 und 269).

> Im Prozess der **Translation** wird die genetische Information aus der Basensequenz der mRNA in die Aminosäuresequenz der Polypeptide übersetzt. (Hagemann + Börner + Siegemund 1999, 44)

„Translation" bedeutet somit die als eindeutig angenommene mechanische chemische Umwandlung (hier: die Polypeptidsynthese). Sie, d. h. die „Translation", kann aber auf verschiedenen Wegen erfolgen. Es gibt drei mögliche Strategien des „RNA-Editing", die anscheinend unabhängig voneinander ‚erfunden' wurden (Hennig 2002, 262). Die jeweilige Strategie hängt von der Art des Organismus ab, läßt also keine Freiheit in der Translation.

> Die räumliche und zeitliche Trennung von Transkription und Translation hat nämlich über die reine Kontrolle der Transkription eines Gens hinaus die Entstehung vielfacher zusätzlicher Regulationsmöglichkeiten für die Expression von Genen gestattet. Diese erweitern die Anpassungsfähigkeit einer Zelle an unterschiedliche stoffwechselphysiologische Bedingungen beträchtlich. (Hennig 2002, 270)

Die Zelle bestimmt die Translation. – Die „Translation" weist die üblichen Phasen jeder Handlung auf: Beginn, Verlauf und Ende, in der Terminologie der Genetiker: die „Initiation", d. h. „die Bindung der ersten Aminosäure eines Polypeptids mit Hilfe der mRNA am Ribosom" (ib. 272f), die „Elongation" der Polypeptidkette und die „Termination", den Abbruch der Synthese einer Polypeptidkette (ib. 274f).

Die Genetik spricht auch von einer „Transduktion", der „Übertragung von Bakteriengenen durch Bakteriophasen" (Hagemann + Börner + Siegemund 1999, 134).

Oben wurde gesagt, die Chromosomen seien die Träger der Gene. Anscheinend haben sie noch weitere Aufgaben zu erfüllen (Hennig 2002, 301ff). Chromosomen sind „äußerst dynamische Strukturen" (ib. 311). Die Bindung von Proteinen an die DNA bildet „Nukleosomen". Proteine sind differenziert angeordnet. In den Proteinkomplexen ist „viel freier Raum", was wahrscheinlich eine größere Flexibilität für Veränderungen der Chromosomenstruktur „insbesondere im Zusammenhang mit der Transkription" erlaubt (ib. 308). Sicherlich weisen Chromosomen eine mehrstufige Organisation, sog. „Domänen", auf. Usw. Möglicherweise haben die komplexen Strukturen je eigene Funktionen. Durch die große Komplexität läßt sich vielleicht ein Teil der von Dürr aufgeworfenen Problematik auflösen – wenn man weitere Aufklärung erreicht haben wird.

> Die strukturelle Organisation [der Chromosomen] dürfte daher weit komplexer sein als sie durch die gegenwärtig diskutierten Modelle suggeriert wird. (Hennig 2002, 326)

Es kommt eine Unschärfe in den Prozeß. Anscheinend gibt es nicht vorhersehbare Potentialitäten und Probabilitäten, die den Prozeß z. T. indeterminiert erscheinen lassen.

Bei Bakterien gibt es auch DNA-Elemente außerhalb von Chromosomen (ib. 333). Solch ein „Plasmid", das F- oder Sex-Plasmid, „besitzt die Gene für die Ausbildung von langen Pili, mit deren Hilfe sich Konjugationspartner finden" (ib. 334). „Konjugation" ist ein Prozeß der Übertragung, „der den direkten Kontakt zweier Zellen benötigt, um genetisches Material vom Donor zum Rezipienten zu übertragen" (Hagemann + Börner + Siegemund 1999, 137).

Es gibt Elemente/Gene mit der Fähigkeit, „sich von einer Stelle in einer DNA-Sequenz an eine andere Stelle innerhalb desselben DNA-Moleküls oder in ein anderes DNA-Molekül zu verlagern" (Hagemann + Börner

+ Siegemund 1999, 146). Hierdurch werden oft Mutationen ausgelöst. Die Bedingungen der Transposition sind nicht im einzelnen bekannt.

Die hier nur flüchtig angedeuteten Prozesse scheinen mechanisch „determiniert" abzulaufen („Mutationen" gelten als „Fehler", genug dunkle Punkte in der Forschung harren noch der Aufklärung im Einzelnen; s. oben zu Probabilitäten); die Eindeutigkeit des Ganzen verschwimmt. Will man im Gleichnis der Translation fortfahren, so müßte man sagen, der „Text" bzw. das Textem (der vorgegebene Sachverhalt, den es zu analysieren gilt) verliere seine Konturen, und die Textumgebung löse sich auf.

Im Laufe der ontogenetischen Entwicklung gibt es „eine funktionelle Prägung von Genen und Chromosomen (das sog. „Imprinting"), d. h. „einen Prozeß, durch den in den beiden homologen Chromosomen bestimmte Bereiche bzw. Gene in Abhängigkeit von ihrer Herkunft unterschiedlich ausgeprägt werden". Die Spur der Vergangenheit/Historie wirkt sich aus.

Im Prinzip oder *grosso modo* kann folgende Gendefinition immer noch gelten (Hagemann + Börner + Siegemund [1976] 1999, 303):

> Ein Gen ist die durch den Allelie- und den Cis-Trans-Test erfasste und abgegrenzte **Funktionseinheit** des genetischen Materials, die in Beziehung zu anderen Funktionseinheiten rekombiniert werden kann, die aber selbst in zahlreichen Mutationssorten zu verändern ist und aus zahlreichen Rekombinationseinheiten besteht.

Die Definition wird immer fragwürdiger. Interessant ist, daß das Gen hier nach dem Wortlaut der obigen Formulierung eine Funktionseinheit genannt, in Relation zu anderen Funktionseinheiten gestellt und nicht auf eine materielle Einheit festgelegt wird.

> Ein allgemeinverbindlicher Genbegriff, der die unterschiedlichen Eigenschaften des erblichen Materials in ein einheitliches und leicht zu handhabendes Schema integriert, kann heute nicht mehr formuliert werden. (Hennig 2002, 458)

Hier ist wieder von Material (Materie mit Funktion) die Rede.

Genome sind nicht konstant. Ein genetischer Informationsaustausch, d. h. die Aufnahme fremder DNA in eine andere Zelle, ist „eine allgemeine Eigenschaft pro- und eukaryotischer Zellen" (ib. 359).[186] Die Biologie spricht von „Transformationen". Diese Erkenntnis mobiler genetischer Elemente könnte Konsequenzen für evolutionäre Vorgänge haben.

---

[186] Diese Darstellung kommt der Interpenetration Luhmanns zumindest nahe.

Ein Organismus setzt sich aus einer Menge (≥ 1) Zellen zusammen. ‚Am Anfang' gab es die einzelne selbständige Zelle. Im Laufe der Systembildung verlor die Einzelzelle ihre Selbständigkeit. Die Funktionen der einzelnen Zellen im Gesamt eines Organismus wurden im Laufe der Zeit hinsichtlich der Zellen und der biologischen Art des Organismus differenziert und determiniert.

> Differenzierung ist aber nicht nur *Steigerung* der Komplexität; sie ermöglicht ineins damit auch neue Formen der *Reduktion* von Komplexität. Jedes Teilsystem übernimmt, wenn man so sagen darf, einen Teil der Gesamtkomplexität, indem es sich nur an der eigenen System/Umwelt-Differenz orientiert, mit dieser aber das Gesamtsystem für sich rekonstruiert. So kann das Teilsystem sich durch die Voraussetzung entlastet fühlen, daß viele Erfordernisse der Gesamtsystemreproduktion anderswo erfüllt werden. Seine Abhängigkeit vom Gesamtsystem wird entsprechend gedoppelt: es selbst ist Teil des Gesamtsystems und zugleich abhängig von der internen Umwelt und so auf anderen Wegen ebenfalls vom Gesamtsystem. (Luhmann 1985, 262, zu sozialen Systemen)

Die molekularen Grundlagen dieser Prozesse sind bei allen Organismen ähnlich geblieben (vgl. Hennig 2002, 643ff). Es ergibt sich eine weitgehende Konstanz des Organismus als Zellsystem und der Evolution als temporalem {Prozeß} (System?). Die Zellen werden nach komplizierten Regeln koordinert. *Tout se tient* in der Relationalität einer Struktur. – Variationen und Evolutionen der Organismen passen sich in das Regelsystem ein. Je komplexer ein Organismus desto seltener die Emergenz eines neuen Typs.

Für „Sprache" scheint diese Betrachtung der Evolution nicht brauchbar zu sein. Gesten lassen sich in Elemente aus Form und Funktion analysieren (vgl. Pike 1967). Die Lautgebung der Tiere deutet darauf hin, daß die Entwicklung eher umgekehrt verlief: Es begann mit dem „Text". Das ‚Singen' der Vögel läßt sich nicht in funktionshaltige Elemente zerlegen. Es gibt Textsequenzen. Gewiß lassen sich oft Segmente identifizieren. Ein Segment entspricht dann vielleicht einem „Satz", usw. Doch das führt nicht weiter. – Dawkins' (1989, 190) Bericht über Jenkins' Bericht über den Gesang einer Vogelart („saddleback") auf einer Neuseeland vorgelagerten Insel spricht nicht gegen die obige Hypothese. Die Vögel lernen ihren Gesang von ihren Eltern und Artgenossen. Es gibt mehrere Dialekte. Manchmal treten neue Varianten auf, indem ein Vogel Tonhöhen ändert oder Noten ausläßt. Man kann daraus sicherlich nicht schließen, daß dies zu neuen „Botschaften" oder „Informationen" führt (es sei denn, die „cultural mutation" [Jenkins] signalisiere z. B., daß der Vogel ein schlechter oder besonders guter Partner werden könnte).

7. Kapitel

Auf dem Weg zum Individuum

Ein Organismus ist ein indefinit komplexes lebendes System (mit Subsystemen). Die Abgrenzung zu Situation, Umfeld und Umwelt kann offen bleiben. Die Differenz ist klar. Ein Organismus ist ein in sich gegliederter physischer Körper, von einer bestimmten Komplexität ab mit einem zum Körper als seinem Teil gehörenden und mit ihm interdependenten Gehirn.

Das Gehirn eines Organismus ist während dessen Lebenszeit, d. h. der Existenz einer Entität als Organismus, ununterbrochen aktiv. Jede Aktivierung des Gehirns und damit jedes Verhalten des Organismus wird von Strukturgegebenheiten und Einflüssen mitgesteuert und beeinflußt sie. Strukturgegebenheit meint physi(kali)sche und damit auch elektro-magnetische und chemische Vorbedingungen (Konditionen, Konstellationen) für Verhalten. Gegebenheit in diesem Sinn bedeutet einen in der Aktivierung momentanen, damit in der Zeit ständig wandelbaren prozessualen Verlauf durch innere und von außen (dem Körper und seiner Umwelt) einkommende Einflüsse. Durch einen von außen, z. B. als Reiz, einkommenden oder durch einen dadurch oder in anderen Fällen ohne äußere Einwirkung ausgelösten inneren Stimulus werden bestimmte Regionen oberhalb eines gewissen Resistenzniveaus in bestimmter Weise aktiviert. Erlebnisse und Erfahrungen, die im Gehirn je nach dessen individueller Konstitution und Disposition verändert und veränderbar (transformiert und transformierbar) als „Engramme"[187] gespeichert werden, verändern mehr oder minder dauerhaft auch die Struktur und energetische Aktivität des Gehirns und damit den Organismus. – Speicherung erfolgt nicht nur im Gehirn. Heutzutage wird das meiste ‚ausgelagert' (vgl. Bibliotheken usw.); es muß nur ein Zugriff (*retrieval*) möglich sein. Dies geschieht durch eine Erinnerung, daß etwas gespeichert wurde, wie es aufgesucht und wo es gefunden werden kann (vgl. die Suchprogramme im Internet, nur sind die umfangreichen und

---

[187] Es handelt sich eher um undeutliche, nicht-lineare Hieroglyphen wie auf luwischen Siegeln. Der Terminus „Engramm", die Freudsche „Erinnerungsspur", muß heute als physiologische „Einschreibung" neu interpretiert werden, die sich stetig wandelt und deren ‚Gehalt', die ‚Erinnerung' sich ebenfalls mit und infolge der physiologischen Einschreibung und diese selbst verändernd wandelt (vgl. Quindeau 2004, 12). – S. unten zur Kontrollschleife.

komplexen Speicherungen im Organismus bzw. seinem Gehirn weit schneller und sicherer aufzufinden). Weite Teile von Aktivitäten des Gehirns treten nicht ins Bewußtsein bewußtseinsfähiger Organismen.

> Es spricht daher viel dafür, mit Whitehead die Grenze zwischen bewußten und unbewußten Wahrnehmungen [vgl. die (Ap-)Perzeptionen] als fließend anzusehen, nämlich festgelegt durch den Grad an Aufmerksamkeit, mit dem wir etwas aus seinem Kontext herausheben und vom Hintergrund abstrahieren. (Lotter 1996, 151)

> In vielen Fällen scheinen unbewußt erlernte und ausgeübte Kompetenzen sogar viel erfolgreicher zu sein als bewußte. (ib. 151[16])

Erlebnisse bleiben auf jeden Fall weitgehend un-, unter- oder vorbewußt, aber, z. B. emotiv und evaluativ, virulent.

> In particular, Freud's psychoanalytic theory demonstrated that reality of a psychological unconscious, an unobservable psychic reality which contains repressed personal impulses and desires. These hidden psychic contents exert their influence upon consciousness and thus can de indirectly known by us through a study of various conscious contents, such as our dreams. (McFarlane 2000, 2)

Möglicherweise enthält der Speicher auch nicht-erinnerbares, kollektiv unpersönlich bzw. transpersönlich Unbewußtes [letztere beiden Phänomene in je individueller Ausprägung]. (Zur „Verdrängung" vgl. Freud, zum „kollektiven Unbewußten" C. G. Jung, dazu McFarlane 2000, 4 – auch zum Folgenden; zur doch möglichen Erinnerbarkeit vgl. Bohm, erwähnt bei McFarlane 2000, 11.) Transpersönliches ist nach C. G. Jung gruppenspezifisch (z. B. für eine Familie, einen Stamm usw.) und z. T. gemeinmenschlich. C. G. Jung spricht von „Archetypen" oder „Dominanten" (ib.). Soweit das Unbewußte grundsätzlich nicht ins Bewußtsein gehoben werden kann, entstammt es einer vormenschlichen Evolution. Auch und noch im Menschen dient es der raschen Reaktionsfähigkeit, die durch kein „Überlegen" verzögert werden kann. Ihr Überlebenswert wird damit offensichtlich. Bewußtwerdung kann hingegen eine Entscheidung verzögern. Man denkt darüber nach, erwägt das Für und Wider, sinniert, ... Erweitert man das Gemeinmenschliche zu etwas Gemeinorganismischem, so kann es in die Nähe des „Instinkts", d. h. genetisch bedingter, angeborener Verhaltensprägungen, gerückt werden. Es handelt sich um genetisch vermittelte artspezifisch zum Überleben notwendige Fähigkeiten. Andere zum Überleben notwendige Fähigkeiten werden genetisch als Potentialitäten

‚mitgebracht', müssen aber als Imitation und/oder Erfahrung entwickelt werden. Sie sind durch Erfahrung veränderbar. Da Erfahrungen nur in Situationen gemacht werden können, müßte man Jungs Behauptung zu „Erfahrungen und Umwelteinflüsse" ausweiten. C. G. Jung meint, daß das Archetypische sich auch von selbst ohne die Mithilfe von Erfahrungen wandle. Damit wird es Teil des neurophysischen Apparats, der in steter Wandlung existiert. Gruppenspezifisch Angelegtes bildet eine dritte Komponente. Sie kommt dem kulturell Erworbenen nahe oder ist mit ihm gleichzusetzen. Jungs im übrigen mehrdeutige Ausführungen müssen im Lichte neuester neurophysischer und -biologischer Erkenntnisse überprüft werden. Im Gehirn ist alles Genannte (im eigentlichen Wortsinn) physisch veranlagt (angelegt, verankert) und nicht klar gegeneinander abgrenzbar. Möglicherweise gibt es von Natur aus angelegte externe Speicher. Gruppenspezifische Anlagen können anscheinend z. T. auf genetische Gemeinsamkeiten zurückgeführt und z. T. als „erworbene" Eigenschaften verstanden werden – wir wissen zu wenig darüber. Außerdem bleiben wir gewöhnlich an zählebigen überkommenen Denk- und Sprechweisen kleben. Das hat Vor- und Nachteile. Das Unbewußte quält den Wissenschaftler, der gern hineinschauen möchte. Den Psychiater quält, daß den Menschen etwas quält, was er (der Psychiater) aus dem Unbewußten herausheben möchte. Den Menschen quält etwas, von dem er nicht weiß, daß *dies* ihn quält.

Energien können sich aufstauen. Energie kann sich im Körper entladen. Geschwächte Körperstellen sind verständlicherweise besonders anfällig. Der Organismus läuft aus dem Ruder, gerät außer sich, rastet aus, entwickelt einen Tick, hat einen genialen Einfall oder (Alb-)Träume, Halluzinationen (Erscheinungen) usw. Die Bedingungen und die Art(en), wann und wie sich derartige Phänomene bzw. ihre Bedingungen individuell unbewußt oder bewußt (als *ich will, ich muß* oder dergleichen) auswirken, sind bislang nicht (hinreichend) bekannt, Therapien bleiben tastende Versuche; schlimmstenfalls sperrt man den ‚Patienten' aus der Gemeinschaft aus und weg. [Die beste Therapie scheint mir die eigene Reflexion über Körperzustände und Verhalten zu sein. Das Problem ist ... reflektieren zu lernen – und (Resultate von) Reflexionen in Handeln (in die ‚Tat') umzusetzen.]

Die genannten Phänomene basieren auf physischen Aktivitäten. Die Wissenschaft kann diese Aktivitäten bisher nur zu einem kleinen Teil analysieren.

Der Stimulus und seine Folgen

Es gibt für einen Organismus keinen absoluten Anfang. Wenn im Universum alles mit allem zusammenhängt, gibt es *in* ihm keine Erstinitiierung. Jede Initiierung ist eine relative unter (teilweiser) Absehung der (Vor-)Vergangenheit. Der neurophysische Apparat des Organismus ist ständig aktiv. Dadurch wandelt sich der Organismus momentan. Durch externe Einflüsse kann er jederzeit verändert werden, z. B., indem sich seine Umwelt wandelt / verändert wird und der Organismus dadurch notwendigerweise affiziert wird. Der neurophysische Apparat sorgt ständig für das Weiterfunktionieren des Organismus. In Luhmanns (1992, 469) Terminologie:

> Der Organismus beobachtet sich selbst – und nichts anderes als sich selbst – mit Hilfe seines Nervensystems, das für diese Funktion ausdifferenziert ist und Zustände des Organismus unter im Nervensystem anschlußfähigen Gesichtspunkten diskriminieren kann.

Das „nichts anderes" steht im verbalen Gegensatz zu einer „Fremdbeobachtung". Was Luhmann meint, wird deutlich: Für ihn ist ein Organismus, wie mehrfach gesagt, ein geschlossenes System. Das bedeutet und ‚erklärt', weshalb er von außen kommende Stimuli nicht direkt als Fremdes/Anderes aufnehmen und umsetzen kann, sondern als Interaktion (Luhmanns „Kommunikation") auf dem Umweg über seine eigene ‚Systemsprache' in die eigene bedingte (limitierte) Wahrnehmung, Per- und Apperzeption translatieren muß, die er dann interpretieren und beobachten und auf seine eigene Weise ‚verstehen' kann. Wegen dieser Indirektheit konnte Leibniz vom Organismus als einer „Monade" sprechen. Sie ist in diesem Sinn autistisch. Nichts Fremdes kann aufgenommen werden. Was ‚eingenommen' wird, ist schon das ins Eigene Veränderte. In diesem Sinn erkennt und interpretiert ein System nur sich selbst und kann seine Interpretationen und Entscheidungen nur im Nachhinein dadurch ‚überprüfen', daß es feststellt, es sei vorerst für es selbst geglückt, d. h., es seien keine Irritationen im System festgestellt worden. Es gibt Grade des Glückens. Die Interpretationsnot für externe Stimuli verhindert unmittelbares Verstehen der Umwelt. Das gilt für und ‚erklärt' die Schwierigkeiten jeder Interaktion, sei sie seitens des Organismus intendierte Produktion oder interpretierte Rezeption. Daher interpretiert jeder Organismus jeden anderen Organismus (der für ersteren Umwelt ist) auf seine individuelle Weise, indem er sich den fremden Organismus aneignet, ‚einverleibt', zu einem Teil seiner selbst macht. (Vgl. die „antropofagia" des Manifests zur Translation der Brüder Campos in Brasilien; vgl. Wolf 1997, 13.) A versteht B als B_A, und B versteht A als

A$_B$, oder sollte man sagen, A verstehe B als ein anderes Sich (vgl. das *alter ego*), also als A$'_B$, usw.? So bleibt das Problem, ob die (Um-)Welt vom interpretierenden Organismus als erkannte Umwelt interpretiert oder als interpretierte Umwelt erkannt wird. Letzteres muß nach Luhmann der Fall sein. Sie wird zur durch und auf einen Organismus hin interpretierten „realen Realität". – Gegen die herrschende Praxis wissenschaftlicher Verfahren sei nochmals hinzu gefügt, daß auch jede noch so eingeschränkte Interpretation *nolens volens* holistisch verläuft, während die verbale Interaktion eine Interpretation auf Denotativa reduziert. Das heißt: natürlich ist jede Interaktion holistisch, aber das Sagen oder Schreiben ist denotativ, die Konnotationen können nicht verbal ausgedrückt, sondern nur benannt/beschrieben werden. Wenn ich „Weh und Ach" schreibe, benenne ich etwas, das Gefühl wird nicht ausgedrückt, allenfalls (näherungsweise) beschrieben. Die Holistik findet ihren Ausdruck in solchen Fällen entweder in paralingualen (wie man fälschlich sagt: sie sind die Hauptsache) Äußerungen (z. B. Schreien statt Sagen, Stöhnen, die Augen verdrehen, sich die Brüste zerkratzen usw.) oder muß einer verbalen hinzugefühlt werden. Daß sie dadurch dann eine andere wird, wurde oben mehrfach betont.

Jedes Verhalten, genauer: jede Verhaltensänderung (und damit jedes Handeln als Sonderform des Verhaltens) beginnt (immer schon in einer Umwelt) mit einem externen oder/und internen Reiz,[188] einem Anreiz, der zu einem weiterleit- und -verarbeitbaren „Stimulus" werden kann, der einen Organismus bzw. einen Teil seines Gehirns aktiviert, usw. (Dies gilt auch für eine Produktion.) Es beginnt also (relativ) mit einer „Rezeption", einer (im Doppelsinn des Wortes) ‚historischen', möglicherweise selbst wieder indefinit komplex bedingten Phänomenmenge. Eine Faktorenhierarchie kann nur fallspezifisch(-momentan) aufgestellt werden. Schwemmer (1997, 48f) bemerkt, daß die Sinnesorgane die äußere Umwelt klarer zu erkennen scheinen als die innere Welt – in Luhmannsches Denken translatiert: die Umwelt besser in sich integriert als das eigene System selbstbeobachten kann. Das würde bedeuten, daß das Eigene fremder bleibt als das Fremde. Versteht man jemand anderen besser als sich selbst? Vielleicht ist die Selbstbeobachtung weniger häufig und dadurch weniger ‚erfahren'.

Interne Reize sind im Organismus entstehende Reize, die ebenfalls zu Stimuli werden können. Externe Stimuli werden durch die jeweiligen Sinnesorgane aufgenommen oder können indirekt, sozusagen auf Umwegen wirken (z. B. kann die Aufnahme einer Nahrung zu einer angenehmen

---

[188] Gehen Halluzinationen von internen oder / sowohl als auch externen Stimuli aus? (vgl. Dennett/Wuketits 1994, 21)

‚Stimmung' führen, die wiederum zum Denken anregt). Die Bedingungen für Bedingungen und die Bedingungen für die Wahrnehmung usw. von Stimuli und für Entscheidungen sind nicht exhaustiv bekannt. Der größte Teil bleibt unbewußt. Nur ein Teil kann später ins Bewußtsein (falls vorhanden) treten. – Sperber + Wilson (1986) unterscheiden zwei Sorten Stimuli: (1) den Initialstimulus, den ich hier „Reiz" nenne, der einen intendierten Rezipienten {R} zur Aufmerksamkeit rufen soll, und (2) die Folgestimulusmenge ≥ 1, die ich „Stimulus" nenne, die das eigentlich Gemeinte (den in mehrere Ebenen geschichteten „Sinn"; vgl. Viaggio 2004/2006) initiieren und mitteilen soll. Eine je andere Reizmenge kann Stimuli für eine Rezipientenmenge > 1 initiieren. Ich werde dies nicht jedesmal wiederholen, ebensowenig, daß Interaktion etc. als Menge gelesen werden kann/muß. Ich möchte aber darauf aufmerksam machen, daß der hier gebrauchte Ausdruck „intendierter Rezipient" Probleme aufwirft. Diese Menge ist in den meisten Fällen, in denen es sich um eine Menge handelt, heterogen. In solchen Fällen kann sich der Translator auf eine Teilmenge konzentrieren, einen möglichst gemeinsamen kleinsten Teiler suchen und manches mehr.

> [T]he most hybrid group of all [...] is where there is no shared cultural patrimony whatever, neither between the speaker and the interpreter, nor between the interpreter and the beneficiaries [Rezipienten], not yet among the beneficiaries themselves (the audience can be made up of Britons, Americans, Japanese speaking English and such like). Under these circumstances, it is the interpreter who has to be aware of the lowest denominator of linguistic comprehension and who will, therefore, quite deliberately, select [a] simpler language register than he would in case [...] of the shared cultural patrimony[...]. (Snelling 1989, 142, zit. n. Özben 1999, 83)

Die Initiierung einer Interaktion, d. h. hier: der unbewußte oder (evtl. daraufhin erfolgende) bewußte Beginn/Auftakt („Stimulus") zu einer Interaktion, ist nur methodologisch gegen den voraufgehenden Stimulus abzugrenzen. Es gibt auch eine unbeabsichtigte Auslösung, wenn z. B. jemand jemandem ungewollt auf den Fuß tritt und sich daraufhin eine Interaktion als Diskussion/Streit entspinnt. Die Art des Stimulus und alles Weitere ist z. T. kulturspezifisch. (Zu Stimuli [Reizen] vgl. auch Eibl-Eibesfeld 1984.)

Apperzeption kann zu einer Aktion und weiter zu einer Interaktion führen. Letztere wird als Koaktion oder als deren Untersorte als Kooperation realisiert. Koaktivität bedeutet im Gegensatz zur Kooperation nicht nur gleichgerichtete bzw. reziproke Aktivität, sondern kann jedes Zusammenspiel bedeuten (Gegner, die sich bekämpfen, kooperieren nicht, müssen aber koaktiv aufeinander reagieren). Im letzteren Fall kann wiederum eine Ausrichtung auf etwas als gemeinsam Angenommenes erfolgen oder auch nicht.

Die Anregung zu einer Interaktion könnte dritter Stimulus genannt werden. Er ist der Auftakt zu ihr. Der Auftakt bestimmt die Ebene der Interaktion, z. B. den Grad der Ernsthaftigkeit. Reiz und Stimulus können komplexe Phänomene werden.

[In manchen Kulturen[189]] ist Redebeginn primär Herstellung von Konsens für die folgende Interaktion; dementsprechend spielt die phatic communion an dieser Stelle eine größere Rolle als z. B. in Mitteleuropa: Der Fragesteller hat höflicherweise zunächst recht; eine Antwort bezieht sich also möglicherweise nicht auf den gemeinten Sachverhalt, sondern auf den Fragesteller: „Ist dies hier weiß?" – „Ja." – „Wirklich?" – „Nein." Die Nachfrage signalisiert, daß man real Auskunft erwartet, die dann auch gemäß dem Wissen über den Sachverhalt erteilt wird. (Vermeer 1977, 577[38])

Vergleiche auch die Gestik: Blickkontakt, Vermeidung des Blickkontakts, physischer Kontakt [s. aber oben zu Kontakt und seiner Interpretation] oder Abstand zum Partner, Mundgeruch, evtl. Einstudierung von Verhaltensweisen usw.

Ich unterscheide direkt (evaluierbare), indirekt (evaluierbare) intendierte und (evaluierbare und nicht evaluierbare) nicht intendierte Rezipienten. – A will mit B interagieren, um C aus dem Weg zu gehen und ihn nur indirekt zu informieren. Oder: A interagiert mit B, C schaut/hört (unbemerkt, ungewollt usw.) zu.

Ein Reiz/Stimulus (ich wiederhole nicht jedesmal beide Termini), ob intendiert oder nicht, der einen Organismus, ob intendiert oder nicht, trifft, zwingt zu einer Reaktion. (Ignorieren ist auch eine Reaktion.) Die Reaktion muß dem Organismus nicht bewußt werden. Auf jeden Fall beeinflussen ihn der Reiz und die Reaktion hierauf, d. h., ein Reiz und die Reaktion hierauf werden in das Inventar der „Spuren" der Vergangenheit des Organismus (und damit des Universums) aufgenommen und beeinflussen somit die Zukunft (vgl. den einen Tornado auslösenden Flügelschlag des Schmetterlings über dem Ozean in der Chaostheorie). – Eine Reaktion kann bereits auf Teile eines (komplexen) Reizes erfolgen (vgl. jemandem ins Wort fallen). – Analoges zum Reiz gilt für den Stimulus.

Ein Stimulus trifft (in der hier vertretenen Momentanität des Da- und So-Seins aus einer Vergangenheit) auf ein zur Annahme u. U. bereites (dis-

---

[189] Im Original stand „in Südindien (und anderswo)"; ich habe das gleiche in der Türkei erlebt. Der Sachverhalt ist recht weit verbreitet.

poniertes) oder nicht bereites Sinnesorgan (oder mehrere zugleich – wieviel und was für Sinnesorgane hat ein Organismus? – vgl. das bemerkte Von-Hinten-Anstarren; s. *Potentialität). Der Organismus kann seine Effektivität durch Erwartung und evtl. Vorbereitung („Einstimmung") auf den Stimulus und die folgende Verarbeitung (Perzeption) erhöhen. Die Einstimmung auf eine Verarbeitung kann zum Vorausurteil und, z. B. durch Perspektivität negativ beeinflußt, zum Vorurteil werden. Eine Erhöhung der Effektivität bringt *post festum* die Nachbereitung (Kontrolle usw.). In vielen Fallen wird Effektivität durch *team-work*[190] gesteigert, d. h. durch gemeinsame Vorbereitung/Einstimmung und Zusammenarbeit mit anderen Organismen sowie Verwendung von Arbeitsmitteln (vgl. z. B. Vorinformation mit Hilfe von Büchern und Internet mit dortigen Datenbanken).

Die drei wesentlichen Stufen der Stimulusverarbeitung sind Wahrnehmung, Perzeption und Apperzeption (zumeist wird nur eine Zweiteilung in Sinneswahrnehmung und Perzeption – die Terminologie schwankt – vorgenommen.)

> Die Psychologin Anne Treisman (1988[...]) hat wichtige Experimente entwickelt, die ihre Vermutung unterstützen, daß das *Sehen* vom *Identifizieren* zu unterscheiden ist. Wird – auf der Basis ihres Modells – etwas gesehen, so errichtet das Gehirn ein „Zeichen" für das Objekt. Zeichen sind „separate, temporäre, episodische Repräsentationen" – und ihre Erzeugung ist die Präambel für ihre weitere Identifizierung, etwas, was durch die Suche nach dem eigenen semantischen Gedächtnis erreicht wird, unter Verwendung eines Prozesses der Art, den Produktionssysteme modellieren. (Dennett/Wuketits 1994, 608[8])

Nach Treisman wären also vier Stufen zu unterscheiden: die physische Wahrnehmung (z. B. das Sehen mit den Augen) und ihre gefilterte Weiterleitung zum Gehirn – die „temporäre, episodische" Erzeugung eines „Zeichens" – die Bearbeitung in der Perzeption – die evtl. bis zur Bewußtwerdung weitergehende Apperzeption (größtenteils bewußte Interpretation „als X", z. B. eines komplexen Sachverhaltes, z. B. eines Romans).

Über die Art der neurophysischen Verarbeitung einkommender Stimuli gibt es zur Zeit drei Hypothesen.

> Die eine [...] versteht den Prozeß von der Aufnahme von Information über die Sinnesorgane bis hin zur Entstehung der zentral-nervösen Repräsentationen vornehmlich als ein Reiz-Reaktions-Geschehen. [...] Dem gegenüber steht eine alternative Konzeption, die das Gehirn als aktives, Hypothesen

---

[190] „Kollaboration" hat im Deutschen oft eine negative Konnotation. „Zusammenarbeit" bedeutet u. U. weniger.

formulierendes und Lösungen suchendes System versteht. Im Kern geht diese Hypothese davon aus, daß der Akt der Wahrnehmung im wesentlichen auf der Bestätigung von Hypothesen beruht, die das Gehirn auf der Basis seines Vorwissens generiert und durch die einlaufenden Signale verifiziert. (Singer 2000, 180f; zu Einzelheiten vgl. bes. 184-186 zur Synchronisation; vgl. hierzu wieder Smolin/Filk 1999, 286)

Schaut man näher hin, dann besagt Singers Darstellung, soweit ich verstehe, Folgendes: Ein Stimulus wird verarbeitet. Dazu legt das Gehirn dem Sinnesorgan (u. U.) eine Mehrzahl von Lösungs- und Verarbeitungshypothesen, über die es bereits verfügt (oder die es *ad hoc* fallspezifisch erstellt?), vor. Diese Hypothesen würden also den einkommenden Stimulus in einer vorbereitenden Verarbeitung mit der Treismanschen „Repräsentation" abstimmen. Das Sinnesorgan bestätigt („verifiziert"), besser: heißt eine Hypothese (oder mehrere?) auf Grund optimaler „Passung" von Stimulus und Vorlage gut oder verwirft sie ganz oder teilweise. Das Spiel würde evtl. mehrmals hin- und hergehen, bis hinreichender Konsens bzw. hinreichende situations- und fallspezifische Kohärenz erreicht wird. – Die andere genannte Interpretation läßt die Verarbeitung ganz im Gehirn vonstatten gehen. Der Stimulus dringt also bis ins Gehirn vor, ermächtigt im Rückgang das/die Sinnesorgan(e) (oder in mehrfacher Rücksprache mit dem Gehirn), nicht Pertinentes („Rauschen") soweit wie möglich auszufiltern (nach welchen Bedingungen? Hier scheint die erste Interpretation wahrscheinlicher zu sein). Es bleibt unklar, welche Rolle ein Sinnesorgan über eine Aufbereitung (z. B. die Verwandlung der mesokosmisch dreidimensionalen Welt in eine zweidimensionale optische Abbildung) und Weiterleitung eines Stimulus hinaus spielt.

Eine dritte Hypothese geht von einer Synchronisierung aktivierbarer Zellen aus. Die Synchronisierung geht „in ganz kurzen Zeitschritten, praktisch Entladung für Entladung" vor sich (Singer 2000, 184). – Diese Hypothese kann in eine der vorstehenden eingebaut werden: Durch einen das Gehirn erreichenden Stimulus werden Nervenzellengruppen veranlaßt, synchron in Aktion zu treten.

Wie indefinit komplex eine Perzeption wird, mag folgende Auswahl von Faktoren und Bedingungen andeuten. (Ich entnehme die Liste auf den vorliegenden Zweck ausgerichtet z. T. aus Fried 2004, passim, bes. 50-56; vgl. auch Schwemmer 1997, 51.)

Perzeptionen sind individuell. Eine Perzeption geschieht im Gehirn, das Teil eines Organismus als Teil eines aktuell-situationellen Umfelds ... ist. Perzeptionsprozesse sind momentan, dabei kontingent, vor allem hinsichtlich der Perspektive, unter denen sie vor sich gehen. Sie werden von der aktuellen Konstitution und Disposition (Aufnahmebereitschaft) von Gehirnaktivitäten in einem (kulturell überformten) Organismus ... für die Verarbeitung von Wahrnehmungen, ihrer Intensität, Stimulierungsart usw. holistisch beeinflußt. Das gilt schon für die Wahrnehmung und ihren Einfluß auf die Perzeption, und es wird gleichfalls für die Apperzeption gelten. Es gilt für den gesamten neurophysischen Apparat, z. B. und besonders das Gehirn. In alledem spielen Transformationen (Translationen) eine Rolle. Ein Gehirn arbeitet ein Organismusleben lang. Manches wird abgespeichert. Am Ende geht alles verloren, wenn es nicht vorher in externe Memspeicher übertragen (translatiert) wurde. Solche Speicher sind entweder künstlich hergestellte, z. B. Disketten oder Bibliotheken, oder andere zur Speicherung stimulierte Gehirne (zur Interaktion s. unten die Funktion von Memen). Diese Translationen unterliegen Bedingungen, die im Laufe der vorliegenden und vielen anderen Arbeiten erwähnt wurden, wobei Translationen und sog. Festschreibungen sich ständig wandelnde und verändert werdende Phänomene sind. Es werden nicht Schallwellen oder Photonen perzipiert, transformiert und evtl. gespeichert, nicht Wörter, Sätze oder Texte. Was wie ausgefiltert, verändert, perzipiert und vor allem gespeichert wird ist bis heute weitgehend unbekannt. Jedenfalls sind die Perzeption und ihre Speicherung aus Energie und Materie gemischte {Aktivitäten}. Perzeptionen und Speicherungen geschehen bedingt. Perzeptionsprozesse und ihre gespeicherten Resultate wandeln sich ständig und werden fortlaufend durch in- und externe Faktoren verändert. Es soll nochmals darauf verwiesen werden, daß auch Kodierungen nicht vor Wandel und Änderungen gefeit sind. Perzepte resultieren momentan aus einem Fadenkreuz synchroner Bricolage und diachroner Mischungen. Perzepte werden zu kalaidoskopischen Mischkulturen. Das „kollektive Gedächtnis" wird zur Potentialität, dem kleinsten gemeinsamen Teiler plus einer nicht näher zu bestimmenden (also von außen gesehen ‚zufälligen'?) Menge Einzelheiten aus allen hergehörigen individuellen Gedächtnissen. Möglicherweise wird auch viel in Interaktionen gespeichert. Das würde bedingen, daß solche Speicherungen durch ständige Wiederholung erfolgen. Die mesokosmische Kultur als {Idiokultur, Dia- und/oder Parakultur} stellt das kollektive Gedächtnis dar. Den Teiler nennt man Adaptation. Gib das schöne Händchen, sagt man, wenn der/die Kleine grüßen soll.

Für Luhmann (1992, z. B. 499) wird das, was ich hier Kultur nenne, zu einer Ordnung dritten Grades. Auf der untersten Ebene funktioniert ein System, z. B. ein Organismus, auf Grund seiner Konstruktion autopoietisch.

Der Beobachter zweiter Ordnung beobachtet sich selbst und andere. Der Beobachter dritter Ordnung fragt, wie dies möglich ist. Oder präziser: wie sich auf Grund der Beobachtung von Beobachtungen Systeme bilden. (ib.)

Ein autopoietisches System, z. B. ein Mensch, gewinnt Bewußtsein und beginnt, über sich selbst und seine Funktion (Bedeutung, Sinn) zu reflektieren, und es wird gewahr, daß es zum eigenen Überleben mit anderen Systemen interagieren muß. Es muß sich an- und in die Gesellschaft einpassen. Alle Systeme rundherum müssen dies. Die An- und Einpassung erfordert Generalisierung, also Reduktion des Individuellen, und Strukturierung des Resultats: Regelhaftigkeit, also „Kultur". Kultur wird aus {Memen}.

Meme sind unerläßlich. Es gibt ,böse' Meme (s. unten). Sie verführen zur Irritationen über die Realität. Irritationen kann es auf allen Ebenen und in allen Situationen geben. Meme werden Viren oder Bakterien vergleichbar.

Wichtige, die Perzeption bedingende Faktoren sind die bereits bestehende Bekanntheit mit zu perzipierenden Prozessen und Ereignissen, ihre eventuelle Neuheit und Relevanz, die aktive Teilnahme an einem wahrgenommenen Ereignis bzw. die passive Kenntnis vom Hörensagen usw., damit einhergehende bewußte und unbewußte Aufmerksamkeit, Qualitäten der Wahrnehmung und des zu perzipierenden Gegenstands selbst, seine Form und Gestalt, z. B. konkret oder abstrakt als Idee, Gedanke, Plan, Gliederung, Ganzheit oder Vielfalt, Möglichkeit einer Raffung oder Zusammenfassung, Probleme der Analyse und Interpretierbarkeit, z. B. holistisch, sequentiell-linear, mehr spiralig, rekursiv, routinemäßig oder nicht, auf Grund von eingefahrenen Mustern oder nicht, Eindruck von Wiederholung oder Neuigkeit, Einmaligkeit, Eindeutigkeit oder Ambiguität, Schwierigkeitsgrad und Komplexität der Analyse auf Grund vorstehender Faktoren, Qualität der Wahrnehmungsmedien (u. a. Sinnesorgane), sowie Art der Wahrnehmung: Schallwellen, Papier etc., individuelle und kulturell überformte (kulturell bedingte) Umstände der Wahrnehmung, z. B. der Situation, Dauer: blitzartig, keimend etc., Überformung durch kulturelle Phänomene, Möglichkeiten eines Vergleichs mit früheren Erfahrungen und Wissensbeständen, deren Einflüsse, z. B. Möglichkeit einer „Kontamination" mit früheren Erfahrungen, der Überformung, Verdrängung oder „Inversion" („wonach Verdrängtes und Vergessenes als Gegenbild und negative Hintergrundfolie oder in Form von Verboten präsent bleibt" [Fried 2004, 50]), für nötig erachtete Korrekturen und Vervollständigungen, ihr Aufwand an Energie und Recherchen in neuronalen und evtl. in externen Speichern, aktivierte Emotionen und Evaluierungen sowie evtl. Assoziationen, ihre rationale Bewältigung während des Perzeptionsprozesses, mögliche Erwartungen aus der Perzeption und deren Folgen und Wirkungen, z. B. der Grad der Gewißheit, mit der etwas wahrgenommen, per- und apperzipiert und dadurch verändert wird, und schließlich äußere Einwirkungen (Zwang, Macht usw.)

Was Fried (2004, 76) vom Gedächtnis schreibt, gilt auch für die Perzeption (und Apperzeption):

> Denn das Gedächtnis ist ein notorischer Betrüger, ein Gaukler und Traumwandler und ein phantastischer Abstraktionskünstler dazu; und es bietet die lautere Wahrheit.

Das Fazit, auch für die Wissenschaft, steht in zwei Sätzen: in Sanches' ([1581] 1955) Titel zu einer philosophischen Arbeit: „Quod nihil scitur" und der alten Redensart „Wer's glaubt, wird selig". – Warum ist das so? Alle Lebensäußerungen stehen in einem Dienst (Wenn ich jetzt „in *einem* Dienst" schriebe, würde es wohl Protest geben): der Zukunft, d. h. dem Überleben zur Reproduktion. Dafür gilt Wahrheit nichts, Erfolg alles. (‚Wahrheit' steht im Dienste des erfolgreichen Überlebens, z. B. im Geschäft.) Die neue Zukunft heißt vor allem Memetik. Das mildert die Kraßheit des Biologismus.

WAHRNEHMUNG, „ZEICHENHAFTE REPRÄSENTATION", PERZEPTION, APPERZEPTION

Ich verliere mich in Wiederholungen. – 80 bis 90% der Aktivierungen des Gehirns werden durch innere Stimulierung im System selbst und nur rund 15% durch äußere, zu innerer Stimulierung führende Reize ausgelöst (vgl. Fried 2004, 185), d. h., daß das Gehirn „die Initiative hat, anstatt lediglich auf Reize zu reagieren" (ib. 189), selbst zu agieren (zum Unterschied von Reiz und Stimulus s. oben). Das Gehirn wird also zum größten Teil intern (selbst)stimuliert. Selbststimulierung kann auch infolge eines externen Reizes erfolgen. Das Gehirn akzeptiert den Reiz (muß auf ihn durch Akzept oder Repulsion reagieren), leistet aber alle weitere Arbeit intern. Nach Luhmann (1985) muß ein von außen kommender Reiz zuerst in einen inneren translatiert werden, ehe das System ihn verarbeiten kann. (Zu einem genaueren Verständnis wäre also festzustellen, was als äußerer und was als innerer Stimulus zählt.) Kein Wunder, wenn diese dem Monadischen nahe kommende Eigenbrötelei angesichts des allgemeinen Probabilitätscharakters organismischen Verhaltens und Handelns zu manchmal weit vom

‚Startschuß' liegenden Ergebnissen führt. Die Bedingungen für eine Stimulierung (sozusagen die Reizung/Stimulierung von Stimulierungen) sind indefinit komplex und weitgehend unbekannt. Jedenfalls ist ihre Zahl indefinit groß. Jeder der im folgenden zu nennenden Faktoren kann seinerseits als Stimulus im Gesamtprozeß fungieren.

„Wahrnehmung" bedeutet, daß ein Sinnesorgan einen Reiz erhält oder mehrere Sinnesorgane Reize erhalten und das System hierauf reagieren muß. Die Perzeption kann im Nachhinein z. T. in der Apperzeption bewußt werden (vgl. z. B. Schmerzempfindungen). Eine Apperzeption (eines Teils) des Perzepts aus dem eigenen System, z. B. Hunger, wird „Propriozeption", die Apperzeption eines Perzepts aus der Umwelt „Exterozeption" genannt. (Diese Unterscheidung ist für die hier vorliegenden Belange z. B. für mögliche Arten von Assoziationen interessant.) Beide -zeptionen kommen oft zusammen vor. Komplexe Wahrnehmungen, die mehrere Sinnesorgane aktivieren, führen zu „gebundenen Perzepten" (Apperzeptionen). Im folgenden wird zumeist von der Exterozeption die Rede sein.

Unter Wahrnehmung sei die erste Verarbeitung eines Stimulus zu organspezifischen Aktivitäten in einem Sinnesorgan und (mit ‚Hilfe' des Gehirns) durch das Organ verstanden. Wahrnehmung ist ein komplexer holistischer Prozeß. Photonen,[191] die ein Auge / die Augen eines Organismus treffen, werden analysiert, gefiltert, zusammengeführt usw. Die „Erregung" wird vor allem über das Gehirn an den gesamten Organismus geleitet und dort komplex weiter bearbeitet (vgl. oben zu Treisman; vgl. die Perzeption). Es entstehen Gefühle (Emotionen), Evaluierungen usw. Als nicht pertinent angenommene (im Doppelsinn des Wortes) Elemente („Rauschen") werden so weit wie möglich ausgefiltert. (Die Bedingungen sind komplex und im einzelnen nicht bekannt.) Zwischen dem wahrnehmenden Sinnesorgan und dem Gehirn findet ein Datenaustausch (eine Interaktion) statt, der ‚wissen' läßt, was ausgefiltert und was ‚weitergeleitet' werden darf/soll. Eine Anweisung (oder Anleitung) wird anscheinend durch eine Sequenz momentaner Konstellationen nach situations- und fallspezifischer Relevanz ausgeführt. (Genaueres kann vielleicht die Fachliteratur sagen.) Die Relevanz wird hauptsächlich vom Gehirn vor allem auf

---

[191] Photonen bewegen sich ‚nur' mit Lichtgeschwindigkeit (300 000 km/sec), so daß wir bei der Beobachtung weit entfernter Regionen des Universums nicht sehen, was dort „ist", sondern z. T. vor Millionen oder Milliarden von Jahren „war", genauer: vor sich ging. Aber auch das nicht, wie es uns erscheint, denn die Photonen ändern auf ihrem Weg ihre Wellenfrequenz durch Energieverlust. Wir sehen die Vergangenheit ‚in anderem Licht' – und zudem auf jeden Fall unter unserer menschlich-individuellen Perspektive.

Grund seiner aktuell-momentanen Disposition (die auch innere Zustände und Verarbeitungen äußerer Einwirkungen berücksichtigt) vorgegeben und daraufhin das Resultat auf elektro-magnetischem und chemischem Weg adäquat an bestimmte Stellen des neurophysischen Apparats bzw. Körpers weitergeleitet. Das Resultat stimuliert das Gehirn, dort wird es bis zur Perzeption weiter verarbeitet (vgl. hierzu wieder Treisman und Singer) und im Gehirn verarbeitet, d. h. mit kurz- bis langzeitgespeicherten und durch den Eindruck aktivierten Emotionen (Gefühlen, Affekten), Wissensteilen, Erfahrungen, Erinnerungen, Erwartungen usw. verglichen, evaluiert, ge- und zugeordnet (vgl. die Perspektive), evtl. durch Assoziationen angereichert und schließlich (als ‚Endfassung' auf Grund der Interaktion) zu den bereits gespeicherten Daten hinzugefügt bzw. ihnen ‚eingefügt', denn die bereits vorhandenen Speicherungen werden durch den/die Neuankömmling(e) affiziert. Resultat, Gehirn, Organismus und seine ‚Welt' haben sich verändert. Zur Welt gehört u. a. der Reiz- bzw. Stimulusinitiator oder -sender, auf den anfangs reagiert wurde. (Empfängt der Initiator die Re-Aktion, wird er durch sie verändert; er muß re-reagieren.)

Um einkommende Erfahrungen nutzen zu können, muß ein Organismus die Fähigkeit haben zu vergleichen. Durch *Vergleich etc. werden Eindrücke, Gedächtnisspeicherungen (Wissen, Erfahrungen etc.) und Erwartungen wiederum reziprok verändert. Vergleich ist (auch) Angleichung. (Man könnte C. G. Jungs „Synchronisierung" als Prozeß hieraufhin überdenken.) Das Ergebnis ist ein holistisches Amalgam aus verändertem Vorhandenem (Vergangenheit), aktuellem Zuwachs („Neuem") und erwartungspotentieller Zukunft – eine „Information". Das Gehirn und sein ganzer Organismus samt Umwelt sind in jedem Moment einkommender Stimuli und ihrer Verarbeitung bis zur eventuellen Aussendung von Memen aus einer Apperzeption andere geworden. Gespeicherte Daten ändern sich kontinuierlich. Als sich stets wandelnde Daten können sie als „Erinnerungen" von „Erfahrungen" später als neue Daten jedoch wiedererkannt und evoziert werden. Das Wiedererkennungsvermögen trotz der eingetretenen Wandlungen und Veränderungen ist eines der Rätsel der Gehirnaktivitäten. Wichtig sind nicht die Details, sondern was durch Reduktionen und Generalisierungen auf eine aktuelle Relevanz hin skoposadäquat abgerufen werden kann. Die Aktualität dominiert die Vergangenheit (und ist in dem Moment, in dem sie bewußt wird, selbst schon Vergangenheit). Das Gehirn lenkt, und der Mensch denkt hinterdrein.

Der Vorgang bleibt wie gesagt bis zur Apperzeption unbewußt, ist also nicht steuerbar. Apperzeption kann teilweise bewußt werden. Wenn die gesamte Perzeption abläuft, was im Vergleich zur Menge der einkommenden Stimuli und erst recht Reize ausgesprochen selten geschieht, wird das Resultat entweder verworfen oder teilweise zur Apperzeption ins Bewußtsein gehoben, wo es dann im „Kurzzeitspeicher" von etwa einer Sekunde bis wenigen Minuten, bei komplexeren Eindrücken z. T. im „Arbeitsspeicher" (auch „intermediärer Speicher" genannt) kurz- oder längerfristig für innersystemische Aktivitäten (s. unten zur Kontrollschleife) zur Verfügung steht (vgl. das Simultandolmetschen; hier müßte detailliert werden, was unter Bewußtsein zu verstehen ist). Die Ablage wird un-, zumindest unterbewußt weiterverarbeitet. (Irgendetwas ‚wurmt'.) Außerdem werden für explizite (z. B. faktische) und implizite, d. h. unbewußte, (z. B. erworbene Gewohnheiten) Lernvorgänge verschiedene Langzeitspeicher (vgl. das deklarative und das prozedurale Gedächtnis) angesetzt (vgl. Kandel/Kober 2006, 150). Die Bedingungen für Vergleich, Evaluierung und Zuordnung können nicht exhaustiv erfaßt werden. Wahrscheinlich verläuft der Prozeß als Probabilitätenmenge nicht (vollständig) determiniert ab. (Vgl. außerdem die Möglichkeit von Superwellenbildungen.)

Die bewußt werdende und dadurch abermals (z. B. durch den Einfluß von Sprachstrukturen im verbalen Denken) veränderte Erkennung und Interpretation einer Perzeption nenne ich „Apperzeption".[192] Neurobiologen weisen nach, das Zentralnervensystem des Menschen entscheide vor der Bewußtwerdung einer Entscheidung mit etwa 3 bis 5 Millisekunden Vorsprung (vgl. auch Greene/Kober 2006, 220-225). Das kann entscheidend werden. Doch wichtiger scheint zu sein, daß der Großteil aller Entscheidungen überhaupt unbewußt bleibt. Entschieden wird zudem nicht (nur) rational. Das Rationale gehört zur bewußten Reflexion.[193] Entschieden wird holistisch, d. h. primär: emotional, und mit dem Emotionalen sind Evaluierungen und evtl. Assoziationen verknüpft. Eine Kosten-Nutzen-Rechnung geht nicht auf. Wie könnte man Emotionen und die mit ihnen zusammengehenden Evaluierungen in eine solche Rechnung einrechnen? – Aber es gibt Grundsätzlicheres: Zweifellos hat der normale Mensch das Empfinden (Gefühl, ich verallgemeinere, wie oben gesagt, zu Emotion), er habe Entscheidungsgewalt. Wenn eine Empfindung bewußt wird, wird sie, je

---

[192] Das ist nach Roth etwa 0,001% der Signalmenge, die wahrgenommen wird (vgl. auch Köck 2000, 267) – Im folgenden ist die Unterscheidung von Per- und Apperzeption nicht immer feststellbar; daher schreibe ich mitunter (Ap-)Perzeption.

[193] Hier könnte Einspruch erhoben werden. Sicherlich geht es wiederum um eine unmögliche definierende Abgrenzung. Wenn ich ‚räsonniere', d. h. mehr oder minder logisch zu denken versuche, bin ich mir dessen bewußt. Das meine ich mit dem vorstehenden Satz

deutlicher sie wird, zumeist wenigstens teilweise in Sprache gekleidet. (Descartes denkt.) Diese Redensart ist verräterisch. Sie zeigt, daß sich ein sprachlich Denkender eines Fremden bedient. Sprache ist nicht Teil des Denkens, Denken bedient sich einer Sprache. Wie erwähnt, ist Sprache als Sprache-im-Gebrauch ein kulturell überformtes individuelles Phänomen, das sich großenteils der als gemein-gesellschaftlich angenommenen <Sprache> bedient. Die Unabhängigkeit der <Sprache> als Fähigkeit (Saussure: *langage*) und einer <Einzelsprache> vom Individuum spiegelt sich, ob zu recht oder unrecht tut hier nichts zur Sache, in den Behauptungen von Linguisten (z. B. Saussure und Peirce) und des Soziologen Luhmann, Sprache sei ein System. Als gesellschaftlich-kulturelles Phänomen ist Sprache eine generalisierte Reduktion. Der Gebrauch von Sprache liegt nur zum Teil in der Macht des Einzelnen. Ein Sprachphänomen, z. B. ein ‚Wort' (im landläufigen Sinn des Ausdrucks, dessen Plural Wörter oder Worte heißen kann) wurde irgendwann irgendwo in einer bestimmten situativen Konstellation von jemandem in dessen aktueller Disposition (vgl. auch die Perspektive) gebraucht. (Natürlich kann es auch Plurigenese gegeben haben.) Kurzum, in diesem ersten Gebrauch bekam das Wort eine bestimmte Funktion („Bedeutung", „Sinn"). Sie entsprang gewissen Bedingungen oder Annahmen, war also motiviert. Indem dieses Wort in anderen Situationen, evtl. von anderen Benutzern, wieder gebraucht wurde, mußte sich seine Funktion verallgemeinern, d. h. allgemeiner werden. Mehrdeutigkeit wurde (*became*). Die auf eine bestimmte quasi-momentane, perspektivische (!) Konstellation gemünzte Funktion(alität) wurde ausgeweitet, in anderen Konstellationen unter anderen Perspektiven als adäquat angenommen und gebraucht, damit aber vage. Neue Funktionsnuancen bis neue Funktionen lagerten sich an. Die Art, wie das Gehirn (des Menschen) konstruiert ist und funktioniert, erlaubt solche Entwicklungen. Das ist heute und seit Jahrhunderttausenden die normale Sachlage. Rede wird in diesem Sinn ‚allgemein' und dadurch allgemein brauchbar, z. B. die Rede vom freien Willen. Solange der Neurobiologe, -mediziner oder -physiker nicht in ein Gehirn schauen und auf einen Punkt oder eine Region zeigen und sagen kann: Die Aktivität dieser Zelle(n) läßt die Empfindung eines freien Willens entstehen, mehr als das Vorstehende kann (bisher) nicht zu ihm gesagt werden. Und das gilt nicht nur für den freien Willen, sondern für vieles andere, z. B. Descartes' Überzeugung (!), er existiere, weil er denke. Der Satz ist durch die agentiale Struktur des Lateinischen bzw. Französischen und hier des Deutschen mitbedingt. Wäre es anders, hätte Descartes denken müssen, „Mir fällt ein, ..." (vgl. Derridas « il arrive »), so hätten er und die nachfolgenden Philosophen weniger Arbeit bekommen oder hätten sich andere machen müssen.

Empfindungen können auch vom Empfindenden oft nicht lokalisiert werden. Sie werden sozusagen in der Ganzheit des Organismus. Damit geht eine verantwortliche Stelle verloren. Wie in einem Großbetrieb, in dem die Verantwortung hin- und hergeschoben wird, bis sie nicht mehr als solche erkennbar ist oder der Arzt nicht mehr weiß, wo er die Diagnose ansetzen soll. Diese Ganzheit des Organismus bekommt seinen Sinn, sobald die Rede von der Kontrollschleife aufgegriffen wird: Der gesamte Organismus wird an der Kontrolle eines vergangenen holistischen Akts holistisch beteiligt. Die dadurch weiter getriebene Nicht-Lokalisierbarkeit der Verantwortung wird zu einer Verantwortung des ganzen Organismus, des Individuums, bei höher organisierten Organismen der Person, genauer: der ‚Persönlichkeit'. So bekommt auch dieser Ausdruck seinen Sinn.

Bringt man die Kontrollschleife mit der oben erwähnten Speicherung (vgl. das Engramm) in Verbindung, die sich bekanntlich stets wandelt und verändert wird, so bekommt die Schleife einen etwas zwiespältigen Charakter: Sie kann (!), wie angenommen, eine „kurative Wirkung" (Quindeau 2004, 14, in einem anderen Sinn) ausüben, aber auch Spuren vertiefen, wie die Radspuren in einem befahrenen Waldweg, die allmählich breiter werden und ineinander verschwimmen.

Im übrigen möchte ich nochmals darauf hinweisen, daß ich wohl eine Differenz, aber keine Grenzbarriere zwischen Menschen und anderen Organismen ziehen möchte. Das braucht niemanden zu hindern, aus biologischer Sicht die Differenz, nicht die Barriere, kategorial zu nennen.

Oben war die Rede von drei Ebenen, der Mikro-, Meso- und Makroebene. Das hier Gesagte gilt für die Meso- und Makroebene, genauer: die von der Makroebene beeinflußte, mitgestaltete Mesoebene. Auf der Mikroebene gibt es „Unschärfen". Wenn angenommen werden kann, daß Mikroprozesse auf Mesoprozesse Einfluß nehmen können, dann kann angenommen werden, daß auch auf der Mesoebene Unentscheidbarkeit herrscht, wenn die Mikro-Unschärfen ‚durchschlagen'.

Wenn die Neurobiologie und ‚-psychologie' recht haben, dann liegt hier der Kern für u. U. weittragende Folgen. So glaubt man z. B. herausgefunden zu haben, daß Angst (eine Emotion) nicht nur lähmt, wie der Volksmund sagt, sondern daß Angst *Kreativität entscheidend blockieren ... und anregen kann. Und Angst wird man nicht mit noch so starkem Willen los. Man kann sie in den Untergrund des Unbewußten zu verdrängen suchen. Dort bleibt sie auf jeden Fall virulent. Goffman handelt das Thema im Rahmen der Imagepflege ab.

> In der Tat passen spontan ausgedrückte Gefühle wahrscheinlich besser in das formale Muster der rituellen Ausgleichshandlung als bewußt geplante.
>
> (Goffman / Bergsträsser + Bosse 1994, 30)

Apperzipieren heißt auch unter einer Perspektive und darin Fokussierung auf Grund angenommener Relevanz(en) über die Perzeption hinaus analysieren, verstehen, interpretieren (vgl. die Exegese; vgl. den vierfachen Schriftsinn der älteren Theologie), segmentieren und somit selektieren, systematisieren, imaginieren, daher auch neue Erkenntnisse usw., z. B. durch Interpretation und u. U. deren Verbalisierung, generieren (vgl. wieder den Einfluß einer Sprache auf die Form und die Funktion einer Verbalisierung) und evtl. manipulieren, das Resultat im Langzeitspeicher speichern und schließlich wiederholt evozieren und evtl. für weitere Handlungen als Stimulus (z. B. für und durch Translationen) gebrauchen usw. Verarbeitung ist ein Gebrauch. Bewußtwerdung bedeutet selektive Überhöhung von Gehirnaktivitäten. Durch eine Kontrollschleife als Gefühl der Freiheit können organismisch (z. B. neurophysisch) getroffene Entscheidungen (im Nachhinein) verstärkt, begründet und damit ‚erklärt', zur Revision gestellt usw. werden. Insofern macht die (teilweise) Bewußtwerdung einer Emotion, Evaluierung, Entscheidung usw. Sinn und kann sogenanntes ethisches Verhalten unterstützen. Ein Organismus, der, wie z. B. der Mensch, auf gesellschaftliches (Sich-)Verhalten angewiesen ist, bekommt das Gefühl, gesellschaftlich ‚korrektes' („soziales") Verhalten, das für die Gesellschaft überlebenswichtig ist, sei ethisch qualifiziert. Bewußtsein ethischen Verhaltens wirkt belohnend oder abschreckend und damit auch auf künftiges Verhalten ein (zur Abschreckung vgl. Draaisma/Kiefer 2001). – (Vgl. die Prädestinationslehre, z. B. Augustinus' oder Zwinglis, und ihre Folgen; vgl. hierzu Weber 1904).

Eine im Nachhinein (vgl. Luhmann 1992, 235) werdende Kontrollschleife fungiert holistisch, aber selektiv und schränkt mögliches, zumal weiteres Bewußtwerden ein, weil es durch den ersten Moment der Bewußtwerdung vorerst blockiert wird (vgl. ib. 236; vgl. die Selektion). Die Schleife bekommt mehrere Funktionen. Emotiv stimuliertes Bewußtsein (oder: Bewußtwerdung von Emotionen) hilft, Interaktionen von Teilen eines Organismus durch selektive Aktivierung und Hemmung von Interaktionselementen zu koordinieren, und konzentriert hierdurch die Interaktivitäten auf ein als relevant angenommenes und ausgewähltes Ziel, auf einen Skopos (vgl. Newton 2000, 95-97), Entschiedenes zu überdenken und evtl. eine Weiterverarbeitung zu neuen Zielen (z. B. zur Mitteilung an andere Personen, d. h. zur Memproduktion) zu versuchen. Eine vierte Deutung der Schleife würde eine Evaluierung oder deren mehrere anbieten, die Schleife kontrolliert, das Bewußtsein entscheidet. Nach welchen Kriterien? Wird die Sache sozusagen zur Entscheidung an das Gehirn rückverwiesen, so ist nichts gewonnen. Außerdem sucht das Bewußtsein rational zu argumentieren. Wo bleiben also Emotionen und Assoziationen, aus denen Evaluierungen hervorgehen? Wie kann evaluiert werden? Ist ein ,dummer' Mensch weniger verantwortlich als ein ,intelligenter' – abgesehen davon, daß man Dummheit und Intelligenz weder definieren noch messen kann? Was geschieht mit der Verantwortung, wenn angenommen wird, jeder entscheide nach seinen Fähigkeiten aktuell optimal? Wer entscheidet, ob dies der Fall war? (Der Herr Lehrer Prokrustes legt eine allgemeine Meßlatte an. Die Reduktion auf deren Kerben nennt man Noten.) Mit dem Spruch „Unwissenheit schützt vor Schaden [Strafe!] nicht" macht es sich die Rechtsprechung zu leicht. – Mediale Speicherung verlängert das Bewußtsein sozusagen, indem es die Wiederholbarkeit der Kontrolle denotativ und teilweise evtl. auch konnotativ erlaubt.

Mit bewußter Entscheidung, wo immer sie herkommen mag, wären Handlungsfreiheit und Verantwortung für den Handeln-Wollenden gegeben. Aber sie ist auf Rationalität reduziert und ignoriert damit den wichtigeren emotionalen Teil. Emotionen können allenfalls rational überlegt /überprüft werden. Ein schweres Geschäft. – Es scheint keine Lösung, zu sagen, ein Mensch sei eine Ganzheit aus Gehirn mit teilweisem Bewußtsein und Körper in seiner Umwelt. Es ist keine Lösung, einen Menschen durch körperliche Züchtigung zu bestrafen, denn was dabei am meisten leidet, ist der am wenigsten schuldige Körper.

Es gibt mehrere Kontrollschleifen, die Handeln überwachen (vgl. z. B. die Kontrolle durch das eigene Gehör beim Sprechen). Und es gibt verschiedene Schleifenebenen. Das Bewußtsein auf der Ebene des Gefühls ist und reagiert anders als das auf der Ebene kognitiver Überlegung;[194] wieder anders wirkt die Ebene der Verbalisierung, der intersystemischen Interaktion usw. In ähnlicher Weise hat der Plural verschiedene Bedeutungen, je nachdem, ob ich von mir zu verschiedenen Raum-Zeit-Punkten oder von Anderen (mit ihren Raum-Zeit-Punkten) spreche.

---

[194] Es macht schon Sinn, wenn Religionen dem Gefühl Vorrang geben. Anscheinend trauen sie dem Verstand wenig zu.

In einem Vortrag an der Universität Heidelberg verglich Spitzer (2005) das sich möglicherweise abzeichnende Schicksal der modernen Gesellschaft mit dem der Osterinselbevölkerung. Diese ging, so sagte er, zugrunde, weil die selbstgeschaffenen riesigen Steinfiguren, die die Insel rundherum säumten, mit ihren riesigen, weit aufgerissenen Augen lähmende Angst erzeugten. Ähnlich führen heute Fernsehhorrorfilme und dgl., in denen ähnliche Augen den Betrachter anstarren, nach Spitzer zu einer Lähmung der Kreativität. Die moderne Gesellschaft lähmt und ruiniert sich selbst. Der Mensch reagiert unbewußt auf einen Prozeß oder ein Ereignis, ohne daß er weiß, warum er so reagiert, wie er es tut. Der Mensch hat (und braucht) aber das Gefühl, er könne „Determination" überspielen. Die Schleife läßt keine ‚Wahrheit' erkennen. Sie gibt eine Kontrollmöglichkeit unter der Perspektive einer momentanen Disposition unter gegebenen Umständen / in gegebener Situation für eine gegebene Funktion in einem gegebenen Fall *o/t*.

Wieder muß die Kultur/Gesellschaft ins Spiel gebracht werden. Bisher wurde vom Individuum aus in Selbst- oder Fremdbeobachtung argumentiert. Mit der Fremdbeobachtung wird ein gesellschaftlicher Faktor angesprochen. Jede Gesellschaft/Kultur hat ihre Regeln (Konventionen, Normen und Gesetze). Jedes Mitglied muß entscheiden, ob es sich an sie halten oder Sanktionen in Kauf nehmen will (vgl. Göhring 1978/2002). Das Individuum muß die Reduktion fallspezifisch bis zu einem gewissen Grad akzeptieren. Ohne sie kein Überleben. Die Entscheidung nimmt den obigen *circulus* wieder auf.

Welche Lösung oder in welchem Maße mehrere Lösungsangebote im gegebenen Fall in Frage kommen und wie sie von welcher Stelle im neuronalen System zu einer Entscheidung evaluiert und selektiert werden und was hierzu beiträgt, ist (noch) nicht bekannt. Die Relevanz des Problems dürfte offensichtlich sein.

Die Schleife scheint auch die Erinnerungs- und Speicherfähigkeit zu verstärken. Wenn man laut sprechend lernt, behält man besser.

Sogar ein heutiges menschliches Wesen [...] kann einem einzelnen Problem nicht ohne weiteres mehr als einige Zehntel Sekunden ununterbrochene Aufmerksamkeit widmen. Dennoch arbeiten wir an Problemlösungen, die viel mehr Zeit in Anspruch nehmen. Das erfordert (wie wir aus unserer Selbstbeobachtung lernen können) Perioden des Nachdenkens gefolgt von Perioden der Wiederholung, wobei wir uns selbst sagen, was in der Phase des Nachdenkens scheinbar passiert ist, das zu Zwischenergebnissen welcher Art auch immer führt. Hier liegt eine offensichtliche Funktion vor: Wir memorieren Zwischenergebnisse und vertrauen diese dem Gedächtnis an, da die unmittelbaren Inhalte des Bewußtseinsstrom[s] sehr schnell vergessen sind, wenn wir sie nicht wiederholen. Unter der Voraussetzung der Sprache können wir uns selbst aufsagen, was während des Nachdenkens geschehen ist und zu einem Urteil geführt hat; wir können eine wiederholbare Version des zum Urteil führenden Prozesses anfertigen und diese durch Wiederholungen dem Langzeitgedächtnis überantworten. (Margolis [1987], zit. n. Dennett/Wuketits 1994, 295)

Angesichts der Tatsache, daß nur 10 bis 20% der Aktivität des Gehirns ins Bewußtsein treten, gibt es als weitere Aufgabe der Kontrollschleife neben der verbesserten Speicherung anscheinend die Funktion, das, was der Apparat in einer gegebenen Situation/Konstellation für relevant erachtet hat, zu bündeln und durch Reduktion auf die angenommene Relevanz Gelegenheit zu geben, sich auf diese(n) ausgesuchten Faktor(en) zu konzentrieren. Schließlich lassen sich komplexe Aktivitäten anscheinend besser be- und verarbeiten, wenn sie bewußt werden. Dadurch würden Entscheidungen, allerdings mit u. U. fragwürdigen Methoden, erleichtert, besonders wenn es gilt, auf solchen Engführungen mit allen ihren möglichen, wahrscheinlichen, unvorhersehbaren, ... Folgen weiterzuhandeln. Man nennt den Prozeß wissenschaftliches Arbeiten – oder Kurzsichtigkeit im neuronalen Politpoker, der das Bewußtsein vom Bewußtsein noch dazu gewissenlos ausnutzt. Weiters kann die Kontrollschleife zur Selbststimulierung (vgl. den Ansporn) dienen, indem etwas bewußt und dadurch deutlicher und konturierter werden kann.

Bliebe, von einigen Kleinigkeiten abgesehen, anzumerken, daß Einprägung und sein Rückruf ins Bewußtsein Wiederhólungen (nicht Wíederholungen) des Gespeicherten sind. Per- und Apperzeptionsbedingungen sind nicht exhaustiv erfaßbar.

Es gibt keinen einzelnen, definitiven „Bewußtseinsstrom", weil es keine zentralen Hauptquartiere und kein cartesianisches Theater gibt, wo „alles zusammentrifft", um vom zentralen Bedeutungserzeuger eingesehen zu werden. Anstelle eines derartigen einzelnen Stroms (wie breit er auch immer sein mag), existieren [im Gehirn] vielfältige Kanäle, in denen spezialisierte Kreise, in paralleler Pandämonie, unterschiedliche Dinge zu tun versuchen, vielfältige Konzepte erzeugen. (Dennett/Wuketits 1994, 332; vgl. dazu ib. 337-346)

Verstehen, Nicht-Verstehen, Mißverstehen, Besser-Verstehen sind Phänomene auf einer oder mehreren nicht-graduierter Formen-, Signifikaten- (Saussure: „signifiés"; vgl. Inhalt und Bedeutung) und Sinn-, kurz: Funktionsskalen. (Im folgenden werde ich bevorzugt [vielleicht mit einer gewissen Reduktion] von Funktion statt Inhalt, Bedeutung oder Sinn sprechen.)

Eine Wahrnehmung beginnt als Sinneseindruck mit einer wahrnehmbaren Form und wird sodann in einem nicht nur linearen Prozeß mit nicht wahrnehmbarer Signifikanz und schließlich Sinn ausgedeutet, bis Form und Sinn in der (Ap-)Perzeption (mehr oder minder) zusammenpassen und bis zu einem gewissen fallspezifischen Grad eine Einheit bilden.

Verstehen (usw.) vollzieht sich z. T. linear und z. T. spiralig auf mehreren Ebenen, z. B. den beiden Ebenen (1) des Etwas-Verstehens, d. h. was jemand sagt, mit dem Geäußerten intendiert („meint"), andeuten will usw. oder was nicht gesagt wird, nicht gesagt werden sollte, anders verstanden werden soll, als es gesagt wurde, sodann wie etwas gesagt, geschrieben, evtl. gesungen usw. wird, und (2) des Jemanden-Verstehens (z. B. warum [besser: wozu] jemand etwas sagt/schreibt, warum [wozu] so, wie es gesagt usw. wurde, z. B. daß jemand ‚sein Herz ausschütten will' usw.). – Ein Sinn erschließt sich nicht-linear von Äußerungsabschnitten her und letztlich erst auf Grund der Gesamtäußerung als Ganzheit („top down").

ICH

„[...] daß die menschliche Vernunft nicht von einem Hirnzentrum, sondern von mehreren Gehirnsystemen abhängt und aus dem Zusammenwirken vieler Ebenen neuronaler Organisation erwächst" (Damasio/Kober 2001, 13), hieß es oben. Wo steckt dann das „Ich"?

Bewußtwerdung heißt u. a., die Empfindung bekommen, agential handeln, und zwar bewußt und rational handeln zu können. Ein Beispiel für rationales Handeln ist die Aufbereitung einer informativen Äußerung (Information) in einem Organismus für eine verbale Mitteilung. Die Empfindung, der Mensch entscheide, ist ein Gefühl für rationale Handlungsfähigkeit. Handeln verändert das Bewußtsein des Handelnden und des/der Rezipienten. Geäußerte Meme verändern Bewußtsein.

Nach Cytowic (zit. b. Ellis 2000, 5) ist Bewußtsein eine Art Emotion. Vielleicht wäre es besser, die Konkretisierung von Emotion zu dem „Ereignis" einer non-verbalen *scene* und evtl. verbalen Form oder zur Emotion einer Emotion (das „Denken") und die Äußerung des Denkens „Bewußtsein" zu nennen. Diese drei ‚Stufen' des Bewußtseins können von bewußt werdenden physischen Äußerungen von Emotionen, z. B. Herzklopfen, Erröten (Ihr brannten die Wangen) begleitet werden.

Die Neurobiologie (vgl. schon Bergström 1988 und heute u. a. Damasio 1994; 1999; 2003; Roth 2000; 2004) lehrt, daß Entscheidungen, vor allem[195] emotionale und daran anschließend evaluative, in einem Organismus ihm selbst unbewußt getroffen werden und erst im Nachhinein zu einem geringen Teil bewußt werden. Nach Damasio (2003) entscheiden Körperzustände das Verhalten eines Organismus.

> Das Selbst ist zugleich über viele Zwischenstufen von der Realität getrennt, nämlich dadurch, daß es sowohl ontogenetisch als auch aktualgenetisch ganz am Ende der Entwicklung steht – ontogenetisch, weil es viele Jahre dauert, bis das Selbst eine stabile Form gefunden hat, aktualgenetisch, weil es bei jeder Wahrnehmung mindestens dreihundert Millisekunden bis zu einer Sekunde dauert, bis eine primäre Sinneserregung bewußt wird [...]. In dieser Zeit haben umfangreiche, das gesamte Gehirn durchziehende und grundsätzlich unbewußt arbeitende Netzwerke entschieden, ob etwas alt oder neu, wichtig oder unwichtig ist und ob sich die bewußtseinsfähige assoziative Hirnrinde überhaupt weiter damit beschäftigen soll. Erst dann tritt unser bewußtes Ich in Aktion. Dies bereits mag man aus traditionell philosophischer Sicht als Kränkung ansehen. Die größte Kränkung aber wird wohl die Erkenntnis sein, daß dieses Ich auch bei der Handlungsentscheidung „hintendran" kommt, um es salopp auszudrücken. Das Gefühl der Willensentscheidung tritt offenbar erst auf, nachdem das ganze Gehirn entschieden hat, was als nächstes in welcher Weise zu tun ist [...]. Nicht das Selbst ist der autonome Akteur, es ist das Gehirn zusammen mit seinem Organismus. Dadurch wird allerdings das Selbst nicht zu einem belanglosen Epiphänom; vielmehr zeigt sich, daß für das verhaltenssteuernde Gehirn dieses Selbst notwendig ist für die Zuschreibung der veranlaßten Handlungen an sich selbst und die Einheit der Handlungsplanung. Ohne Selbst gibt es keine komplexen Handlungen, keine anschlußfähigen sozialen Interaktionen. (Roth 2000, 172f)

> Das Unbewusste beherrscht unser Bewusstsein mehr als umgekehrt. (Roth 2004)[196]

Ein Beispiel bei Dennett/Wuketits (1994, 204) kann verständlich machen, wieso eine Verzögerung bis zur Bewußtwerdung einer Entscheidung (usw.) eintritt. Angenommen, jemand will das Wort *Hund* aussprechen.

> Und da es etwa 100 msec in Anspruch nimmt, um mit einer Redeintention dieser Art zu *beginnen* (und weitere ca. 200 msec, sie zu vervollständigen),

---

[195] Je nach Definition oder Beschreibung kann das Unbewußte der emotionalen Sphäre zugeordnet werden. Anders herum kann das Emotionale dem Unbewußten zugeordnet werden: Was jemand bewußt empfindet ist die Folge einer Emotion im hier gemeinten Sinn, z. B. ein Schmerz als Folge einer neuronalen Emotion auf Grund von ....

[196] Das Manuskript wurde mir dankenswerterweise von meiner Kollegin Barbara Löwe zur Verfügung gestellt.

können wir ganz sicher sein, daß der Inhalt *Hund* in den Sprachregionen des Gehirns 100 msec vor dem sprachlichen Ausdruck vorhanden war.

Das Beispiel paßt insofern nicht genau, als hier davon ausgegangen wird, jemand *wolle* ein Wort aussprechen. Der beobachtete Organismus ist also bereits prädisponiert, evtl. sogar bereit und erwartet zu handeln. Es läßt sich aber im Prinzip (nicht in den absoluten Zeitangaben) mit Vorsicht auf allgemeine Bewußtwerdung übertragen. Libet (zit. bei Dennett/Wuketits 1994, 222-224) maß die Distanz von einer unbewußten Entscheidung bis zu deren Bewußwerdung mit 350 bis 400 msc (ib. 216). Dennett hält die Spanne für zu groß. Zwischen Bewußtwerdung und dem Beginn einer Bewußtmeldung (das muß nicht verbal erfolgen) liegt ebenfalls eine Zeitstrecke. Usw. Irgendetwas stimmt noch nicht.

Eine Sondersorte von Bewußtsein ist das sog. Selbstbewußtsein (Selbst-Bewußsein, Bewußtsein eines Organismus von seiner eigenen Existenz als Individuum). (Selbst-)Bewußtsein äußert sich u. a. als Gefühl, Annahme oder sogar Überzeugung des Organismus, er (das „Ich") entscheide über einen Großteil seines Verhaltens.

Was das Ich ‚ist‘, kann bisher nur vermutet werden. Kundera/Kérel (1985, 221) bezieht sich auf literarische Charaktere, doch kann der folgende Satz auch auf das Werden realer Personen bezogen werden.

> As I have pointed out before, characters are not born like people, of woman; they are born of a situation, a sentence, a metaphor containing in a nutshell a basic human possibility that the author thinks no one else has discovered or said something essential about.

Zunächst ist es das Empfinden eines Organismus, eine organismische[197] Einheit/Ganzheit und/oder raumzeitlich derselbe Körper zu sein und zu bleiben (oder: diesen Körper zu ‚haben‘). Auf der nächsten Stufe kommt die Fähigkeit der (Wieder-)Erkennung (das da im Spiegel bin ich) und schließlich die Bewußtwerdung, die man beim Menschen Person-Sein oder Persönlichkeitsbildung nennt, hinzu, d. h. das Empfinden, sich selbst ‚regieren‘, evtl. beherrschen zu können (das bin Ich).[198] – Probleme bringen die Schizophrenie (Bewußtseins-/Persönlichkeitsspaltung), die Vermengung physischer und physikalischer Phänomene, das traditionelle Denken, z. B. das religiöse (und philosophische) mit der Annahme / der Rede von

---

[197] Mitunter wird „körperlich" gesagt. „Körperlich" muß dann im holistischen physischen und nicht nur physikalischen Sinn verstanden werden.

[198] Die indische Philosophie hat dieses letztere Bewußtsein auf ein Gegenüber verschoben: तत्त्वमसि (*tat tvam asi* „Das bist [ja] du").

einer Seele, die Unterscheidung eines neurophysischen[199] „Ich"/Selbst von einem grammati(kali)schen und die Unterscheidung von Eigen- und Fremdsicht (vgl. Ich bin krank vs. Sein Ich ist gestört). Von welchem Stadium an diagnostiziert die Medizin Schizophrenie? Der portugiesische Dichter Fernando Pessoa schrieb außer unter seinem wirklichen Namen Gedichte je gänzlich anderer Art unter drei Pseudonymen. Übrigens wird die Identifizierung einer Person bei der sog. Persönlichkeitsspaltung vom Körper (oder vom Personalausweis) her vorgenommen (Herr Meier bleibt Herr Meier). Veränderungen, die allmählich über Jahre hinweg, allmählich einen anderen physischen Körper konstituieren, werden nicht in Betracht gezogen. (Nach welchen Kriterien sind siamesische Zwillinge zwei Personen?) – Das Ich wird anscheinend durch neuronale Prozesse und das durch sie entstehende Bewußtsein (vgl. auch die neurophysische „Speicherung"), das natürlich selbst wieder in einem neuronalen Prozeß wird. Mit der ‚Addierung' möchte ich den qualitativen Sprung ausdrücken, der über einfachere neuronale Prozesse hinaus zum Bewußtsein führt. Vielleicht sollte Selbst-Bewußtsein als weiterer Sprung angesehen und Selbst- als Ich-Bewußtsein nochmals davon abgehoben werden. Wie ‚mechanisch', d. h. hier: physi(kali)sch, das Gehirn letztlich auch funktioniert, die Komplexität seiner Aktivitäten ist enorm.

Vielleicht wundert sich jemand, daß das gemeinte „Ich" nicht einfach mit dem Organismus als Einheit/Ganzheit verbunden wird, der in Bezug auf sich selbst „Ich" sagt (die individuelle Selbst-Bestimmung) und in Bezug auf welchen die verbal korrespondierenden, real ‚Andere' meinenden Behauptungen „du" bzw. „Sie" (zumindest als Annahme seitens des Ich und der Anderen: die gesellschaftliche Fremdbestimmung) zielen. Dieses Ich wird für unterschiedliche Funktionen gebraucht und weist auf unterschiedliche Zustände. Bleibend ist beim normalen Menschen einzig das Ich- (und in geringerem Maße das Du-)Bewußtsein. Ich (an)erkenne mich mit sechs und sechzig als dieselbe Person, dasselbe Ich; bei anderen Menschen hat man da oft Schwierigkeiten. Was führt zum Ich-Bewußtsein? Die Bewußtseins- und Erkenntnisstufe anderer Arten und Gattungen ist schwer hinreichend genau festzustellen. Die Sprache hilft nicht. In Bezug auf menschliche Sprachen müßte zuerst eruiert werden, ob sie einen dem deutschen „Ich" im oben gemeinten Sinn (quasi-)identischen Terminus

---

[199] Hier wird in der traditionellen Literatur zumeist „psychisch" gesagt. Der Ausdruck erscheint als Abkürzung für einen bisher wenig bekannten komplexen Sachverhalt.

‚haben' oder doch einen sehr ähnlichen meinen.[200] Bei alledem wäre dann zu klären, ob der Ich-sagende Organismus damit jedesmal eindeutig sich meint. Auch auf die Anrede mit anderen Personalpronomia usw. muß der Gemeinte mit „ich" als Bestätigung antworten. Adam versteckte sich. Außerdem gibt es Personen, die durchaus als „ich" von sich reden, bei bestimmten Gelegenheiten aber „Wir" (mit Majuskel) sagen. Wie läßt sich verläßlich feststellen, wann und ob „Wir" in diesen Fällen mit „Ich" identisch oder doch gleichgesetzt werden kann? Kann es das jemals? (Vgl. den *pluralis maiestatis/modestiae* usw. und seine Funktionen. Die Pronomina weisen auf unterschiedliche Selbst- oder Fremdbestimmungen hin.)[201] Kleinkinder sprechen von sich mit ihrem Namen und in der 3. Person, und nicht nur Kinder. Man hat bezweifelt, ob sie bereits ein Ich-Bewußtsein haben. Hier wird wieder das Gemeinte mit seinem sprachlichen Ausdruck vermischt. Das „Sie" ist zumindest grammatisch ein Plural. Grammatik verführt (vgl. die Agentialität). Manche sagen „Ihr". Der Alte Fritz redete seine Landeskinder in der dritten Person an. (In meiner Heimatsprache tut man das auch.) Es wäre noch daran zu erinnern, daß aus einer Fremdsicht, das „Du" und „Er" usw. sowie Eigennamen analoge Bestimmungen darstellen. (Jemand heißt sein Lebelang „Heinrich", aber nicht unbedingt; es gibt Umbenennungen und Pseudonyme.) Am Rande sei noch erwähnt, daß die 1. Person Plural in manchen Sprachen in Inklusiv (ich, du/ihr/Sie und Andere) und Exklusiv (ich, du/ihr/Sie, aber nicht [die] Andere[n]) unterschieden wird. Diese ‚sprachlichen' Probleme sind zugleich kulturelle und biologische Probleme. Schließlich kann man non-verbal handeln, z. B. mit der Hand zeigen. Und die Hand kann auf Verschiedenes zielen.

Das Problem des Ich-Bewußtseins ist auch hinsichtlich kultureller Verhaltensweisen und non-verbaler Interaktionen wichtig, vor allem aber im Hinblick auf das Person-Sein, die Persönlichkeit. Das Problem beschäftigte schon die antiken Stoiker. Nach ihnen wird das Verhalten des Menschen vollständig durch ex- oder interne Faktoren determiniert. Soweit externe Faktoren eine Rolle spielen, ist die Determination, meinten sie, vollständig. In seinem Zeushymnus sagt Kleanthes von Assos (um 300 v. Chr.), alles sei vorherbestimmt, nur nicht die Taten der Bösen.[202] Die wür-

---

[200] Dies ist das Problem der Descriptive Translation Studies, <translation> in anderen Sprachen und ihren Kulturen zu eruieren.

[201] Es gibt weitere Unterscheidungen, die hier nicht aufgezählt werden können. Die *wir*-Form statt des *Ich* gilt im Hindi als umgangssprachlich-nachlässig. Im Portugiesischen sagt man umgangssprachlich auch „a gente vamos" (*wir gehen*; vgl. Franz. *on*).

[202] Den Hinweis verdanke ich José Molina (Mexiko).

den dann also intern hervorgebracht. Interne Faktoren können nach stoischer Lehre vom Menschen kontrolliert werden (wie kann man interne Faktoren in einer Fremdbeobachtung feststellen?), wodurch der Böse für sein Verbrechen verantwortlich wird (vgl. Salles + Molina 2004). Im ganzen käme die Lehre einer modernen neurophysiologischen Theorie der Determination mit Kontrollschleife nahe. Ginge jegliche Aktivierung nur von externen Stimuli aus, so führte dies in dem Sinne zu einer Prädestination und infolgedessen einer Nicht-Verantwortlichkeit, als ein Organismus nur reagieren, nicht aber von sich aus agieren könnte. Ob es in anderen, hier nicht pertinenten Bereichen (nur) Prädestination gibt, berührt hier je nach dem, was mit einem Terminus gemeint wird, allenfalls die Frage nach einer Grenze zwischen Handlungsfähigkeit und Nicht-Handlungsfähigkeit für Organismen (kann eine Katze oder eine Schnecke „handeln"?). (Vgl. auch Augustinus' Prädestinationsangst; vgl. Flasch 1980.)

> Diese Determiniertheit unseres Handelns bedeutet aber nicht, dass unser Handeln genau vorausgesagt werden könnte. Es gibt auch außerhalb des menschlichen Handelns viele Geschehnisse, die völlig determiniert ablaufen, ohne dass sie exakt vorauszusagen wären. Man denke nur an das Wetter [...] Das Gehirn läuft zwar nach allem, was wir wissen, genauso völlig determiniert ab, aber dies geschieht in so komplizierter Weise, dass es wahrscheinlich grundsätzlich nicht berechenbar ist.
> Weiterhin folgt aus der Determiniertheit meiner Gehirnabläufe nicht, dass diese Vorgänge starr wie ein Uhrwerk abliefen. Das Gegenteil ist der Fall. Alle erdenklichen Umwelteinflüsse wirken auf das Gehirn ein und formen es um. Wie wir gehört haben, gilt dies insbesondere für die frühen Ereignisse in meinem Leben. Wäre dies nicht der Fall, so könnten wir auch nicht lernen. (Roth 2004)

Heute zweifelt man, z. B. von der Quantentheorie ausgehend, ob es strikte Determination gibt (vgl. Greene/Kober 2006).

Bewußtsein hebt Kausalität scheinbar z. T. auf, wenn etwa im Augenblick einer „Gegenwart" auf zukünftige, also für den Menschen probabilistische Erwartungen, Hoffnungen, Befürchtungen usw. reagiert wird. Der Prozeß „Zukunft" läuft durchaus physisch-neuronal und ‚da draußen' im physikalischen Kosmos kausal (? – s. zuvor) ab. Die Empfindung von Probabilistik und damit Unvorhersagbarkeit und damit Indeterminiertheit und damit Unentscheidbarkeit für den Menschen geht natürlich auch auf die von ihm nicht zu bewältigende Komplexität der Welt zurück. Als bewußte Überlegung bedeutet Kausalität die Suche nach sog. Ursachen, Begründungen usw. Es gibt also die Annahme einer Probabilität aus externer Komplexität *für* den Menschen und die Annahme einer Kausalität als angenommene interne Verknüpfung *durch* den Menschen.

In der Evolution lebender Systeme (Organismen) ist Bewußtsein (genauer: Bewußtwerdung) und später Selbst-Bewußtsein (genauer: [Selbst-] Bewußtwerdung) entwickelt worden. Bewußtwerdung/Bewußtsein bezieht sich auf Vergangenes. (Man sieht, was man gesehen hat.) Bedeutendes ist bereits Gedeutetes: Translation, Transformation (vgl. M. Hampe: 1997, 99). Der Gegenwart ist man sich nicht bewußt. Sie ist ein momentaner Prozeß. Zukunft kann als Vorausannahme erwartet werden.

Sprünge erreichen u. U. eine höhere Ebene, von der aus eventuell ein weiterer Sprung stattfindet.

> Die artspezifische Steigerung des Erkenntnisgewinns [beim Menschen] wird nicht durch Ausbau des peripheren Sinnesapparats erreicht, sondern durch Verbesserung des inneren Informationsverarbeitungssystems. Dabei entsteht im System, unvorhersehbar, eine neue Eigenschaft: das reflexive Bewußtsein. (Holz-Mänttäri 1996, 325, mit Verweis auf Riedl)

Der Mensch hat soziales Verhalten in typischen Lebenswelten gelernt. Im Zeitalter der Globalisierung wird ersichtlich, daß es noch Defizite in der interkulturellen Verständigung gibt.

> [D]ie Gehirnmechanismen zum analogen Erkennen bilden keinen Überschuß mehr, sondern sind bereits dringend notwendig für menschliches Ko-Operieren und Kommunizieren in Interessenwelten mit ihren analogen Konstrukten. Das würde bedeuten, das Kommunizieren in Interessenwelten müßte ebenso effizient ablaufen wie jenes in Lebenswelten. Wir besitzen aber keine besonderen Kommunikationsbefähigungen für interessenweltliche Abstimmungen. Wir haben zwar gelernt, ein wenig disziplinierter zu kommunizieren, insbesondere im Bereich der Terminiverwendung, aber im Grunde ist es gerade die holotrope Lebendigkeit der lebensweltlichen Kommunikationsweise, die wir uns bei interessenweltlichen Belangen verbieten. Was folgt, das ist die Mühsal der aufmerksamen Rezeption. Sie hält uns oft genug davon ab, in echte Diskussionen einzusteigen. (Holz-Mänttäri 1996, 327)

Hat die Evolution zu einer Fehlkonstruktion *Mensch* geführt, als sie ihm mit Bewußtsein auf die Sprünge half? Man möchte es nicht gern glauben. (Wohl kann der Mensch die Errungenschaft mißbrauchen. Diese Fähigkeit scheint er immer wieder weidlich und mit Vergnügen genutzt zu haben und heutzutage keineswegs weniger als vormals.) Bewußtsein hat eine Funktion. Die Funktion einer „Schleife" im {Prozeß} neurophysischer Aktivitäten. Bewußtsein erlaubt Entscheidungen des Gehirns, seien sie konnotativ (emotional, evaluativ) oder vermeintlich denotativ/kognitiv („rational"), zu überdenken und damit eventuell zu korrigieren, revidieren, widerrufen usw. oder auch zu bekräftigen, bestätigen etc. Bewußtsein ist der Lehrer, der eine Arbeit korrigiert oder als *sehr gut* benotet. Selbstbewußtsein lobt den Schüler oder erklärt ihm, wo und inwiefern er einen Fehler begangen hat. Freibleibende Angebote allerdings.

Ein Lehrer weiß nicht alles über seine Schüler. Er kann ihnen nicht ‚in den Kopf' schauen. Er kann nur Annahmen über ihr Fühlen und Denken machen und hiervon ausgehen. Die Metapher scheint neurophysische Aktivitäten und ihre teilweise Bewußtwerdung zu spiegeln: Bewußtwerdung läßt Spielraum, vielleicht den entscheidenden. Emotionen entscheiden über Emotionen usw. „Rationalität" entsteht zumindest teilweise aus Emotionen und Evaluierungen. Usw.

„Freiheit" macht Sinn. Freiheit ist ein Verlegenheitsterminus (wie „Zufall") für das, was wir (bisher) in der Mikrophysik als Wahrscheinlichkeit/Unschärfe, in der Genetik als Mutation und in der Neurowissenschaft als Bewußtsein problematisiert haben und nicht recht erklären können.

Ich versuche Freiheit genauer „rational" zu erklären. Rationalität bedeutet Reduktion/Vereinfachung. Rationalität ist nicht einmal die halbe Wahrheit. Rationalität als Denkfähigkeit bedeutet aber auch (kognitive) Erweiterung des ‚Horizonts' eines Organismus, Bewußtwerdung des Geschehens im Organismus und um ihn herum. Ist es unvermeidbar, daß Rationalität auf Kosten der Emotivität evoluiert? Es geht auch um eine Frage der Kontrolle.

(Vgl. Homer *Odyssee*: Phäakenabenteuer: die Göttin inszeniert, auch Emotionen; der Mensch glaubt zu entscheiden: lauf zur Mutter! Später die Heimkehr im göttlichen Nebel.)

Weitergehende Ausführungen zu Bewußtseinsstufen und zum Un-, Unter- und Vorbewußten, zur „Psyche", zur Tiefen- und anderen Psychologien gehören nicht in die vorliegende Arbeit. – Vgl. hierzu die Literaturberge seit Freud, C. G. Jung usw. bis in die Gegenwart.

Die vorstehenden Überlegungen führen (wieder) zu dem Schluß, daß der Mensch in einer mesokosmischen phänomenalen Welt lebt. Genauer müßte zweierlei gesagt werden: Der Mesokosmos besteht aus indefinit vielen Mesokosmoi, einem für jeden Moment jedes Menschen. Und: Die Menschen leben in drei Weltenmengen: den Mikro-, Meso- und den menschengeschaffenen Makrokosmoi. In seiner mesokosmischen Welt hat der Mensch die Empfindung einer Freiheit erlangt, Bewußtwerdung als Kontrollschleife für einen rationalen Teil seines Verhaltens und dessen emotionale und evaluative Grundlagen einzusetzen ... und im übrigen Determiniertheit auf Grund ihrer Komplexität nicht zu erkennen. Die mesokosmische Welt hat sich (?) der Mensch zudem aus Überlebensnot, um nicht an Ein-samkeit zugrunde zu gehen, mit Makrokosmik, sprich Kultur, überformt, um die Gesellschaft seiner Artgenossen aushalten zu können.

Der Faktoren in den drei {Welten} sind indefinit viele. Eine auch nur einigermaßen exakte Darstellung ist nicht möglich. Für eine holistische Beschreibung wären möglichst viele Faktoren einzubeziehen.

8. Kapitel

1 – Gesellschaft und Kultur

Auch andere Menschen existieren für einen Menschen nur als Phänomene unter einer jeweils situationsspezifischen Perspektive. Jedes System, z. B. ein Mensch, ist (s)eine leibnizsche „Monade", in der das Universum als Phänomenwelt und das System als Selbstbeobachter und Beobachter anderer in der Phänomenwelt als existierend angenommener Systeme eingeschlossen ist.[203]

Organismen können sich zu höheren autopoietischen Phänomenen organisieren (vgl. „Gemeinschaft", „Gesellschaft", „Dia- und Parakulturen", „Staat" – vgl. auch den Ameisenstaat –, „Staatengemeinschaft" usw.; vgl. Luhmann 1985). Von einigen Autoren wird bestritten, daß eine Gesellschaft ein autopoietisches System oder gar ein Organismus sei. Dies hängt z. T. von der Definition von „Gesellschaft" ab. (Zu weiteren Einzelheiten vgl. Edmund Spencer; Luhmann; die Luhmannkritik bei Scheibmayr 2004.) Gesellschaften können hierarchisch (vertikal) oder (weitgehend) horizontal, d. h. hier: (mehr oder minder weitgehend) gleichförmig (vgl. Habermas 1988 zu „herrschaftsfreien" Diskursen), oder gemischt organisiert sein. – Organismen wachsen und können sich verkleinern und auflösen (vgl. den Tod). – Es gibt Gesellschaften auf Zeit (vgl. den Vogelzug, Schleimpilz). – Nach Luhmann (1985, 54) werden Gesellschaften durch Interaktion (in Luhmanns Terminologie: „Kommunikation"). Interaktionen sind gerichtet (d. h. sie bekommen eine Funktion, sie sollen Sinn machen). Sinn entsteht in einer Situation. Sinn muß von einem Beobachter (z. B. einem Interaktanten oder sonstigen Beobachter) apperzipiert (interpretiert) werden. „Sinn" entsteht in der reziproken Beeinflussung und damit Veränderung von Beobachter und Beobachtetem.

Im folgenden lasse ich offen, ob Gesellschaften als Organismen anzunehmen sind. Organismen bilden durch kulturellen Konsens ihres Verhaltens mehr oder minder komplexe, mehr oder minder dauerhafte Gemein-

---

[203] Man wundere sich bitte nicht über die gewundene Ausdrucksweise. Daß die Existenz Anderer nur „angenommen" wird, bedeutet hier wie durch meinen gesamten Mythos hindurch, daß eine unaufhebbare Barriere eine totale/absolute (Er-)Kenntnis der Außenwelt eines Menschen nicht möglich ist. Man kennt sich selbst ebenfalls nicht ‚durch und durch'. Dieser Ansatz dient mir zur ständigen Betonung der Freiheit-aus-Unkenntnis des Translators und damit seiner Verantwortung.

schaften/Gesellschaften (vgl. Familien, Tierherden, Fischschwärme). Komplexität und Dauer entstehen durch kulturspezifisches Verhalten einer Gattung oder Spezies in ihrer jeweiligen Umwelt (Habitat). Eine Gesellschaft existiert durch Interaktion zwischen den sie bildenden Elementen (z. B. Menschen). Interaktion (ich verwende meine Terminologie, die nicht die Luhmannsche ist) geschieht indirekt. Eine Interaktion kann non-verbal (vgl. Bleicher 1980; Soenen 1985 u. a. zur Imagologie; vgl. Vermeer + Witte 1990 zur *scenes-&-frames*-Theorie) oder z. T. verbal verlaufen. Die jeweiligen Anteile non-verbalen und verbalen Verhaltens bzw. Handelns variieren individuell und fallspezifisch. – Für einzelne Teile des Gesamthandelns kann interaktionales und kommunikatives Handeln abwechseln. Ein Patient folgt den verbalen Anordnungen eines Arztes ‚wortlos'.

Interaktion liegt da vor, wo intersystemische Stimuli zur innersystemischen Aneignung (Interiorisation) von Memen führen. Auch ein scheinbar direkter Austausch, z. B. ein Boxkampf, wird erst zu einer Interaktion im hier gemeinten Sinn (zu Begriffsbestimmungen vgl. Vermeer *Fragments* ... [demnächst]), wenn er für jemanden, z. B. die Boxer oder Zuschauer, „Sinn" macht, d. h. eine Funktion bekommt / ihm eine Funktion zugeschrieben wird. Oben wurde argumentiert, daß nicht Sinn machende Phänomene für den Menschen inexistent sind (s. *Bedeutung, *Sinn). So kann man (mit Luhmann 1985) sagen, daß Interaktion als (Sinn-)System zwischen zwei Systemen vermittelt (Kontakt stiftet).

Interaktionsmittel sind die „Meme" (s. unten). Meme stimulieren die Perzeption zu einer Interpretation. Man nennt das Verstehen. Die Vermittlung kann nur denotativ/kognitiv geschehen. Evoziert wird holistisch. Das heißt z. B., daß holistisch intendierte Kommunikation denotativ vermittelt, jedoch im Rezipienten holistisch stimuliert und interpretiert wird. (Der Produzent sagt lachend etwas, der Rezipient regt sich auf. Der Satz „Du bist ein guter Logiker" ruft Freude hervor.) Intention und Interpretation können recht weit voneinander abweichen. Die kulturelle Überformung hält Abweichungen in Grenzen.

Systeme von Systemen, z. B. „Gesellschaften", liegen nicht allesamt auf einer Ebene. Man stelle sich ein Fadenkreuz vor. „Gesellschaft", „Staat" und dergleichen, auch noch „Staatengemeinschaft" liegen auf einer Vertikalen. Horizontal dazu werden Organismen vor allem durch „Kultur" differenziert.

Bleibt evtl. noch zu erwägen, wozu (zu welcher „causa finalis")[204] das Ganze, das Da- und So-Sein einfacher und komplexer Entitäten existiert (und was es so eingerichtet hat, sowie wozu das Ganze und/oder seine Teile nützen). Wer auch hier „Gott" sagt, muß nachweisen, daß das Universum etwas anderes als ein Spiel in den Händen eines Schöpfers oder unschuldigen Kindes ist, das den Fliegen aus lauter Vergnügen die Beine einzeln ausreißt – nur daß Fliegen eben keine Schmerzgefühle haben, allenfalls Streß empfinden (was für sie ungemütlich genug sein dürfte). Weniger hohe (der Terminus ist verräterisch) Religionen denken ihren Gott oder ihre Götter oder Mächte menschlicher, humaner oder verteilen die Aufgaben räumlich (nach Personen) oder zeitlich (in Personalunion) nach ihrem (der Menschen) Gut- oder Böse-Denken bis zur Ausgeglichenheit (Äquivalenz) der Evaluierung. Der Hinduismus kennt einen Schöpfer Brahma [persönlich: Brahmā], einen Erhalter Viṣṇu und einen Zerstörer Śiva. Novalis empfand die Humanisierung als Translation, Transsubstantiation (Novalis; vgl. Vermeer 2004c).

2 – Individualität

Meine Zwiebelschalen haben eine doppelte Doppelexistenz: Außerhalb des Einschlusses des Menschen in seine Phänomenwelt, in der auch alle Welt mit allen anderen Menschen und alle Wissenschaft und damit auch die Mikro- und Makrowelt für ihn existieren, wird eine dem Menschen nicht zugängliche „objektive Realität" angenommen. Zugleich existieren die Schalen für einen Selbst- oder Fremdbeobachter in je anderer Weise als Phänomene ‚in‘ diesem jeweiligen Beobachter, in seinem Gehirn, mit dem er fühlt, bewertet, denkt usw. / in seinem Fühlen, Bewerten, Denken usw. In jedem Menschen existieren die Schalen als je andere Vorstellungen, d. h. als je andere Schalen, und diese Vorstellungen wandeln sich von Moment zu Moment. (Dauer ist eine generalisierende Reduktion auf *Zéro*-Wandel.) Ansichten (Perspektiven), Gefühle, Werte usw. sind nicht den Dingen inhärent; sie sind individuell(-momentan), menschengemacht. (Ansichten usw. sind nicht *in* Textemen; sie werden hinein[ap]perzipiert.) Zur Selbst- und Fremdbewertung kommt die Evaluierung eines ‚Objekts‘ von innen und von außen hinzu. Jeder Beobachter steht in diesem Fadenkreuz. Mit der Beobachtung eines Objekts von innen meine ich eine Beobachtung, bei der sich der Beobachter selbst als Teil des Objekts betrachtet (z. B. ein Translator, der seine eigene Arbeit überprüft). Beobachtung von außen bedeutet

---

[204] Das lat. *causa* heißt griech. (vgl. Aristoteles) αἰτία. Αἰτία heißt auch „Schuld".

demgemäß eine solche, bei der sich der Beobachter als außerhalb seines Objekts wähnt (z. B. als Betrachter eines Gemäldes). Beobachtung kann Objekt werden. Ein Beobachter beobachtet, wie er sich in einer Fremdbewertung darstellt. Usw. Es gibt Zwischenpositionen, z. B. die des Überprüfers eines von einem Anderen produzierten Translats. Für einen solchen Überprüfer gilt, was Bahadır (2004b, 807) vom "interpreting-researcher" schreibt:

The interpreting-researcher is steadily moving from involvement to detachment and back.

Der Überprüfer als Mitverantwortlicher der Endredaktion eines Translats sieht sich in den Translationsprozeß involviert und zugleich als außerhalb der Produktion durch einen Translator. Tatsächlich steht ein Beobachter nie ‚außerhalb' seiner Beobachtung und damit des von ihm beobachteten Objekts. „Außerhalb" ist eine mesokosmische Perspektive. Die Mikrophysik lehrt, daß Experimente vom Beobachter beeinflußt werden, der Beobachter Teil des Experiments ist und der Beobachter selbst beeinflußt wird (vgl. mesokosmisch den Lehrer, der Klassenarbeiten korrigiert). In jeder Selbst-, Fremd- und Dazwischen-Evaluierung ist die Reflexion über das/den jeweilig Andere(n) inbegriffen. (Was denkt X über mich; über das, was ich über ihn denke; usw.?) Selbst-, Fremd- und Dazwischen-Positionen sind relativ. Wenn wir in eine andere Umgebung, z. B. nach Brasilien, reisen, werden wir Andere. Wir benehmen uns anders, denken anders und anderes, werden als Andere betrachtet usw. Schon wenn wir aus unserem Haus treten, werden wir anders: grüßen freundlich, auch wenn uns zum Heulen zu Mute ist, und verlieren die gute Hauslaune, weil die Polizei schon wieder die Geschwindigkeit kontrolliert. Wir haben uns verändert: in der (emotiven) Befindlichkeit, in den Gedanken, die in weniger als einer Sekunde in uns aufblitzen, im Hormonhaushalt, der Gehirnaktivität .... Und wir kehren nie mehr zu demselben Sein zurück, das wir noch Sekunden, Bruchteile von Sekunden zuvor waren. Das Gesetz der Ungesetzlichkeit. – Vgl. auch den Saulus-Paulus-Bericht, nach dem Saulus momentan zu einem ‚anderen' Paulus wird. Nicht nur der ‚Kopf' ändert sich: S → P. Der ‚Körper' bleibt nur äußerlich der gleiche, nie aber derselbe.)

Gleiches gilt für den Translator. Im Moment nach der Produktion einer Translationseinheit, in welche der Beobachter von innen eingespannt war, sieht er sein Produkt aus dem Abstand eines Außenstehenden, und zwar eines durch den vorhergegangenen Prozeß veränderten zum Außenstehenden Gewordenen. Eines meiner Anliegen ist die Frage nach der Freiheit und Verantwortung für einen bestimmten Skopos im Prozeß translatorischen Handelns. Der Translator wird um so mehr in sein Handeln involviert und für das Handeln zur Verantwortung gezogen, als er dem Auftraggeber/Besteller und den Rezipienten gegenüber durch die ausdrückliche Nennung seines Namens (seines „Ich"), wie es sich der geltenden Vorschrift gemäß gehört, und/oder im Falle des Dolmetschens durch seine persönliche Anwesenheit individuell bekannt wird. Jemanden gemäß geltender gesetzlicher Vorschriften zur Verantwortung ziehen bedeutet noch nicht, daß der Betroffene nach dem oben Dargelegten verantwortlich ist und inwieweit er dank seines handlungsfähigen Bewußtseins verantwortlich sein kann. Das aber läßt sich heute (noch) nicht beurteilen (evaluieren).

3 – Verhalten und Handeln

Ich brauche eine zweite Zwiebel. Leben bedeutet Bewegung. Bewegung geht aus der Existenz hervor.

Da-Sein – So-Sein

Verhalten – Sich-Verhalten

Tun

Handeln

Interagieren

Kommunizieren

Translatieren

(Luhmann 1985 kehrt Interaktion und Kommunikation um.)

Die Existenz (das Da-Sein) eines Systems, z. B. eines Organismus, bedarf einer physikalischen Form mit einer inneren Struktur (Organisation, Ordnung) und einer Funktion (einem Sinn). Existenz und Leben äußern sich in Verhaltensweisen (dem momentanen So-Sein). Wird So-Sein momentan bestimmt, so wird es ein ständiges (Neu-)Werden. „Sein" wird durch Reduktion zu einer mesokosmischen strukturierten Menge (einer Sequenz, einem System) von Werdensmomenten. (Eine Reduktion kann zu neuen Komplexitäten werden; vgl. Vermeer *Fragments...* [demnächst].) Werden (oder „Sein" in dem soeben bestimmten Sinn) wird von der momentanen Konstellation des Organismus und seiner Umwelt bestimmt. Die Konstellation des Organismus wird von der Umwelt mitbestimmt, die Umwelt vom Organismus. Reziprozität. Zur näheren Bestimmung werde die Umwelt mesokosmisch in physikalische (nicht unbedingt im groben Verstehen des Alltags: materielle) Phänomene (gewöhnlich „Objekte" genannt) und gesellschaftliche (soziale) Phänomene („Kulturen") unterteilt. Die Grenzen sind indefinit. Kultur ist eine auf neurophysischen Aktivitäten beruhende, sich mesokosmisch manifestierende und zu einem makrokosmischen Begriff stilisierte Potentialität.

Das Zustandekommen von So-Seins-Phänomenen (Verhalten) eines Systems wird auf dem System interne oder ihm externe und nachfolgende interne Verhaltensbedingungen, daraus werdende Stimuli und hieraus werdende Entscheidungen zurückgeführt.

Bahadır (2004b, 806) sieht das schwierige Handeln des Translators kritisch als zumeist "caused by a questioning of identity and position within mediating activities, against the background of the changing political and ideological structures in the countries traditionally preferred by anthropologists". Im hier vorgelegten Versuch einer Verankerung translatorischen Handelns in (vorab) neurobiologischen Bedingungen möchte ich die Ausführungen Bahadırs für meine Zwecke auf momentane[205] Prozesse hin verschärfen. In jedem Moment seines Verhaltens bzw. Handelns wird ein Organismus zu Entscheidungen gezwungen, seien sie unbewußt oder (teil)bewußt. Entscheidung bedeutet Selektion aus Probabilitäten und damit Ausschluß aller Probabilitäten außer der gewählten. Die « crise de conscience » (ib.) wird zu einer ständig zu überprüfenden Selektion (‚Überprüfungsinstanz' ist das [primär emotional] arbeitende Gehirn) in jedem Moment situationeller Abläufe. Durch die Annahme von Momentanität versuche ich der heute so oft besprochenen „Hybridisierung" eines Organismus zu entgehen (vgl. ib. 807). Es gilt, Bahadırs Ausführungen auf momentane Einzelpunkte hin umzuschreiben. (Das Anliegen wird im vorliegenden Beitrag nicht weiter thematisiert.) Damit komme ich aber auf Bahadırs Anliegen sozusagen von der entgegengesetzten, momentanindividuellen Seite her zurück:

> I would like to try to step out of the sphere where transparency, invisibility, neutrality, and along with these ideals, a kind of ‚dehumanization' represent the professional standards [for translating]. (ib. 807)

Im folgenden soll versucht werden, das Individuum, z. B. einen Translator, in seinem Verhalten/Handeln in das Spannungsfeld zwischen momentaner Individualität und mesokosmisch gesehener Sozialisierung (hier in engerer Fassung: Enkulturierung) als Mitglied einer Gesellschaft von Dia- und/oder Parakulturen einzuspannen.

---

[205] Ich erinnere daran, daß ich „quasi-momentan" nicht konsequent ausbuchstabiere.

Die aufzuzeigenden Sequenzen müssen weder in sich noch in den Sequenzfolgen linear verlaufen (vgl. die Revision, Korrektur usw.; vgl. den „hermeneutischen Zirkel", der eine Spirale ist). Nichtlinearität gilt für etliche der folgenden Abläufe (vgl. Schwemmer 1997, 51, zur Wahrnehmungsverarbeitung [Perzeption]). Die Sequenzen entstehen in einer historischen Situation.

Nicht-agentiales Verhalten läuft unbewußt ab und wird erst im Nachhinein bewußt. „Handeln" wird aus einem unbewußten und z. T. im Nachhinein bewußten[206] Reiz. Der Reiz kann von außerhalb des Organismus kommen (externer Anlaß) und/oder im Organismus entstehen (interner Anlaß). Er ist nicht exhaustiv erfaßbar. Verhalten und Handeln werden hier holistisch betrachtet.

Damit ein Reiz als Stimulus wirksam werden kann, muß der Organismus bereit (disponiert) werden. Es muß eine organismische Konstellation als Disposition vorhanden sein, eine Willigkeit (in diesem Sinn akzeptiere ich die συνκατάθεσις [Salles + Molina 2004, 128: „asentimiento"] der Stoiker), die nicht unbedingt ein Wille zu einer Entscheidung wird. (Vgl. die Erwartungshaltung.)

Aus einem Reiz wird ein Stimulus, der eine Sinneswahrnehmung aktiviert. Ein Stimulus kann zu einer Handlung oder/und zur Fortführung, Unterbrechung, zum Abbruch usw. eines Handelns führen / Anlaß geben. Ein externer Stimulus aktiviert einen internen, der seinerseits einen Organismus aktiviert. Außer externen gibt es organismusinterne Stimuli (vgl. das Hungergefühl). Interne Stimuli sind organismuseigene/-determinierte handlungsaktivierende Stimuli. Stimuli des vegetativen Bereichs führen nach Aristoteles über Umwege zu einer Handlung. Heute wird die Wissenschaft nach ex- und internen letztlich physikalischen Stimuli suchen. (Zur Prädestination s. oben.)

Ein externer Stimulus wirkt als „φανταστόν" auf ein Sinnesorgan, das es wahrnimmt. Die antike Terminologie ist insofern neutral, als sie von einem Eindruck – φαντασία – statt vom Organismus her gesehen von einer Wahrnehmung spricht, deren Verbalisierung (durch ein Nomen auf -ung) als Aktivität des Sinnesorgans interpretiert werden kann. – In der Antike stritt die Annahme, sehen gehe an Hand eines Sehstrahls vom Sehenden aus gegen die Annahme, sehen sei für den Sehenden ein von einem Objekt ausgehendes Patiens. Schon in der Antike wurde über die Natur des Stimulus gestritten (vgl. u. a. Salles + Molina 2004).

---

[206] Vgl. Roth (2004) zu Entscheidungen des neurophysischen Apparats.

Disposition wurde bereits kurz angesprochen. Nicht jeder Stimulus usw. führt zu einer Handlung. Der Weg bis zur Handlung ist weit und komplex. Eine Aktivierung kann als unbewußtes und z. T. bewußtes intuitives[207] Gefühl weitere Aktivitäten in Gang setzen. Durch andere externe oder/und interne Stimuli kann der Ablauf gestört, umgeleitet, unterbrochen oder abgebrochen werden, mangels Energie im Sande verlaufen usw. (vgl. das Zögern, den Zweifel usw.).

Angenommen, ein Stimulus werde akzeptiert, d. h., ein Sinnesorgan trete, wie oben skizziert, in Wechselwirkung mit einem Gehirn. Motivation bedeutet, daß ein Organismus in einem bestimmten Raum-Zeit-Punkt o/t in gegebener Situation usw. durch einen externen oder/und internen „Stimulus" in bestimmter Weise emotiv und evaluativ angeregt (aktiviert) wird. Motivation sei (1) ein realer oder angenommener holistischer, d. h. emotionaler, evaluativer und evtl. kognitiver (rationaler), Grund/Begründungsversuch zum Handeln. Motivation wird (2) Antrieb, Trieb, Erregung zu einer Aktivierung von Verhalten. In diesem Sinn ist Motivation vorrangig emotiv-evaluativ, evtl. assoziativ bedingt. Emotivität geht der Ratio (im Zeitverlauf und in der bewußten Relevanz) voran. Motivation gilt als Vorbedingung für Handeln.

Die Motivation führt zu einer „Intention". Eine Intention bestimmt die „Funktion" (den Skopos), genauer: das Funktionieren(-Sollen) eines Handelns und damit seine Realisierung(sabsicht) in einer gegebenen Situation. Handeln ist intentionales Tun. Intentionen können verbalisiert, Verbalisierungen können geäußert werden (vgl. die Begründung). Verbalisierungen und Äußerungen von Verbalisierungen können Intentionen verstärken. – Motivation und Intention können durchaus unbewußt bleiben. – Natürlich kann es wieder umgekehrt sein: Eine Gehirnaktivität produziert die Empfindung einer gerichteten Intention. Die Motivierung wäre dann die Gehirnaktivität. Deren Einsatz wäre zu be- oder besser: ergründen.

Es kommt zu einer Perzeption. Jeder externe Stimulus muß, um letztlich evtl. über die Apperzeption hinaus zu einer Handlung führen zu können, zu einer (zumindest unbewußten) Aktivität, die zu einer Perzeption als Vergleich mit neurophysisch gespeicherten Daten und damit der Evaluie-

---

[207] „Intuition ist – kurz gesagt – die Fähigkeit, Urteile zu fällen, ohne sich der Informationen, auf denen diese Urteile beruhen, bewusst zu sein." (Goschke 2005, 52). „Gut gelaunte Menschen produzieren öfter richtige Intuitionen und sind offener für ungewöhnliche Assoziationen" (ib. 53). Statt von Urteilen zu sprechen, würde ich „Entscheidungen geschehen lassen oder treffen" schreiben (vgl. die Selektion bei Luhmann 1985). Es können Prozesse ablaufen oder in Gang gesetzt werden. Der ‚wahre' Wissenschaftler weiß nicht, daß er intuitiv handelt und was dies bedeutet.

rung wird, führen. Das Resultat wird Anlaß zu einer Motivation des Organismus zu handeln.

> Thus we actually *feel* as if our attention were passively a reaction to the stimulus, yet also feel that it is within the control of our agency.
> This latter causal chain, from motivation through attention to perception, is part of the structure of the perceiving brain. To be conscious of any stimulus, the organism must first be motivated to intensify the processing of certain sensory input at a preconscious stage. This initial motivation is not a part of conscious experience. (Ellis + Newton 2000, xii)

(Im Zitat umfaßt "perception" auch die Apperzeption.)

Bewußtwerdung bedeutet demnach, daß die Quelle einer Emotion deutlich wird. Irrtum nicht ausgeschlossen.

Die bisher genannte Reihe umfaßt, in ihrer Folge etwas erweitert, folgende Prozesse, die nicht unbedingt in linearer Folge oder ‚Gleichzeitigkeit' aufeinander folgen: ... → allgemeine Disposition → (externer und /oder interner) Reiz [oder umgekehrt Reiz → spezifische Disposition] → Stimulus → (unbewußte) ‚Aufmerksamkeit' → Motivation → Intention → Wahrnehmung → episodisches Zeichen (Treisman) → Perzeption → Apperzeption, evtl. → „Planung" → Verbalisierung, evtl. als ‚Begründung' (→ verbales Handeln → Bekanntgabe [mündliche und/oder schriftliche Äußerung, Sendung]) → aktionales Handeln → Resultat (Handlung) [und evtl. → Interaktion → Reaktion des/der Rezipienten (Handeln als Folge einer Handlung) → Rückmeldung an den Auslöser der skizzierten Kette].

Ellis + Newton (2000, xiii) schreiben:

> Self-organizing systems that do not act as *agents* of their own actions can have *tendencies* to sustain themselves by appropriating their own needed material substrata, but these 'tendencies' are not normally elevated to the status of '*intentions*' – i. e., intentional motivations or emotions. The lack of ‚intentionality' seems to correlate with the organism's lack of representations (perceptual and imaginative) associated with any *aims or objects* to which its behavioral tendencies relate. E. g., *plants* seem to fall into this category [...].

Bei dieser Aussage kommt es auf die Bedeutung der gebrauchten Terminologie an. Man denke daran, daß Pflanzen Wurzeln bilden und so Nahrung aufgenommen wird. Einerseits könnte man sagen, die Wurzeln würden von potentieller Nahrung angezogen (vgl. die Attraktion). Andererseits scheint es, daß die Wurzeln so ‚ausgesandt' werden, daß sie (damit) günstige Nahrungsquellen ‚auffinden' können (vgl. die Sensitivität). Beide Vorgänge können zusammenspielen. Beide Fassungen des Satzes erinnern dann an die „Sensitivität" mikrophysikalischer Prozesse und Ereignisse. Sensitivität führt zu gerichteten Verhaltenstendenzen (vgl. die Vektoren). Eine Unentscheidbarkeit bzw. Ununterscheidbarkeit kann als interdependentes, (nicht im Sinne der Agentialität) interaktives Verhalten verstanden werden. Agentialität kann im Sinne von Sensitivität umgedeutet werden. Organismen wird „Leben" zugeschrieben. Leben wird jenen "beings that 'organize and maintain' themselves by actively appropriating, replacing, and reproducing the material components needed to maintain a continuity of organizational structure" zugeschrieben (Ellis 2000, 3). Entitäten, die diese Qualitäten aufweisen, werden Organismen genannt. Anders herum: Selbstorganisation ist Bedingung für Leben. Bedingung für Selbstorganisation ist (auf der niedrigsten Stufe der Evolution) die Sensitivität. Nach einhelliger Meinung der Wissenschaft sind nicht-lebende Systeme passiv. Ein Stein gibt zwar Teile an seine Umwelt ab und nimmt Teile aus der Umwelt auf (z. B. Wasser bei Regen), doch ist der Stein an solchem Austausch nicht im Sinne der Selbstorganisation aktiv beteiligt. Immerhin werden Materieschwund und Wasseraufnahme durch die Konsistenz des Steins (mit?)bedingt. Auch hier sind Sensitivitäten im Spiel. Die Differenz von nicht-lebenden und lebenden Systemen wird relativ (vgl. Kristalle, Viren). Da ist etwas Einheitliches, das die Welt im innersten zusammenhält. Agentialität wird nach Ellis + Newton (2000, xiiif) Organismen vorbehalten, die sich zu ihrer Nahrungsquelle hinbewegen ("move"). Damit soll "some sort of rudimentary 'representation' or 'perception'" einhergehen (ib. xiv; Beispiele: Insekten und Frösche). Wurzeln bewegen sich auch ‚hin'; Pflanzen wachsen zum Licht hin. Terminologie bringt Unterschiede, wichtiger vielleicht: Zusammenhänge ... und Perspektiven zutage und verwischt sie auch. Wissenschaftlich sein wollende Terminologie zwingt zu genauer Interpretation, bleibt jedoch perspektivisch-metaphorisch. Aktivität umfaßt „En-" und „Re-Aktivität" Die nächste Stufe ist dann die Begründung, z. B. Liebe. Bewußtwerdung führt zum Handeln (z. B. Liebeserklärung – oder Ablenkung).

> Emotion and motivation can be understood as phenomena that lend themselves to *either* a conscious *or* an [sic] nonconscious status. I. e., they have to be combined with *something else* in order to be phenomenally conscious data of which we can be 'aware'. (Ellis 2000, 6)

Emotion wird also von Ellis + Newton (2000) mit der Fähigkeit zu Bewußtsein verbunden, wenn Emotion auch nicht mit Bewußtsein verbunden werden *muß*. Die traditionelle Perspektive einer evolutionären Stufung von Organismen bis ‚hinauf' zum Menschen wird deutlich. Pflanzen und

Insekten haben keine "emotions" (ib. xv). Sicherlich fühlen Fliegen aber Streß oder sonst etwas, wenn man ihnen die Flügel ausreißt und sie nicht mehr fliegen können.

Der skizzierte Ablauf kann bis auf eine eventuelle Äußerung (zu) einer Motivation etc. unbewußt bleiben (vgl. das angeblich „spontane Handeln") oder z. T., z. B. als sog. Willensentscheidung, bewußt werden.

Handeln selbst durchläuft mehrere, ebenfalls nicht unbedingt linear aufeinander folgende Stadien, z. B. eine neurophysische und u. U. physische Anspannung (vgl. die Disposition) ~ Handlungsbereitschaft, eine Art ‚gespannter' Energie ($\tau\acute{o}\nu o\varsigma$) (vgl. die Motivation) $\rightarrow$ eine neurophysische Einstellung (Konzentration usw.) $\rightarrow$ Planung mit Evaluierung $\rightarrow$ (u. U. zuerst versuchsweise) Handlungsinitiierung (vgl. hierzu die Aufmerksamkeitsgeste zu Beginn einer Kommunikation bei Sperber + Wilson 1986), z. B. durch eine physische Bewegung (sich in Position setzen; winken; zum Füllfederhalter greifen; die Finger auf die Tastatur des Computers legen; Räuspern) $\rightarrow$ Handeln. Oben wurde die Geste seitens des Initiators einer Interaktion „Reiz" genannt. Es gibt auch eine Geste seitens des Rezipienten, daß der den Reiz perzipiert hat bzw. eine Interaktion wünscht.

Handeln richtet sich mit einer Intention nach außen auf ein(en Punkt einer Situation im) Umfeld des Handelnden, ist also gesellschaftlich (sozial) auf etwas Äußeres (Anderes oder/und jemand Anderen) gerichtet. Handeln wird kulturspezifisch mitbestimmt. Handeln wird von vornherein (das Adverb deutet auf eine Bewegung von etwas her auf etwas zu; es gibt keinen bestimmten Anfang) evaluativ bewußt. Mit Handeln ist, wie gesagt, immer eine Evaluierung verbunden. Handeln ist ethisch verantwortlich (s. oben). Rezipieren ist auch handeln. Ein Rezipient (R) wird durch seine Reziption zu einem (Handlungs-)Produzenten P'.

Eine Handlung findet ihre Erfüllung als hinreichend „geglücktes" Handeln im intendierten Ziel. Das Resultat heiße „Handlung" (als ‚Zustand').

Verhalten usw. wird selbst- und fremdevaluiert. Evaluiert werden Form, Intention/Funktion usw. Eine von P beabsichtigte bzw. von R interpretierte Intention/Funktion ist für das Handeln, seine Elemente und das Was und Wie ihrer Realisierung als Relevanz-für den Skopos eines Handelns-für Jemanden bzw. eines Handelns-von Jemandem Evaluierungsdeterminator und -gegenstand. Methodologisch werden Kriterien für Differenzierung – Differenzierungsprozeß – Differenzgrad – Strategien der Differenzierung – Gesetze, Normen, Konventionen (Regeln) für die Differenzierung unterschieden. Der ‚Jemand' ist ein intendierter Rezipient R bzw.

eine intendierte Rezipientenmenge $\{R\} \geq 1$. (Es gibt auch nicht-intendierte Rezipienten. Sie mögen in der Überzahl sein.) Ich nehme an, daß jeder P sich (s)eine $\{R\}$ unbewußt oder bewußt skoposadäquat vorstellt (z. B. ein Journalist [die?] Leser ‚seiner' Zeitung, deren gesellschaftliche Bedingungen er *grosso modo* zu kennen annimmt). Die bestimmenden Faktoren der vorstehenden Überlegung sind indefinit komplex. Sequenzen momentaner Raum-Zeit-Punkte verlaufen im o_{m-u}/t_{n-y}-Bereich.

4 – Interaktion

Die folgenden Beschreibungen gelten in erster Linie für Menschen, sodann aber auch *mutatis mutandis*, soweit zutreffend, für lebende Organismen allgemein. Besprochen wird so eingehend wie möglich, wenn auch immer noch stark verkürzend, die Interaktion zwischen Organismen und *mutatis mutandis* zwischen Organismen und anderen (nicht lebenden) Systemen. – Vgl. Interaktion/Kommunikation bei Luhmann (1985); s. Vermeer *Fragments* ... [demnächst].

Ein Handlungssystem, eine Handlungssequenz (genauer: eine als Sequenz interpretierte [z. B. temporal-linear] geordnete Menge [ein System] von Handlungseinheiten – die Einheitsgröße ist relativ), bei der mindestens zwei Handlungspartner als aktiv beteiligt angenommen werden, heiße „Interaktion" (vgl. Tanz, Reiten, Korrespondenz). Die Partner müssen keine menschlichen Organismen sein. Einer der Interaktionspartner kann imaginiert sein. Eine Tür fällt laut ins Schloß. Jemand ruft, „Kannst du die Tür nicht leise zumachen!?", vermeinend, der Sohn habe wieder einmal seine Unart demonstriert. Es war aber der Wind, der die Tür zuschlug. Eine Rezeption/Interpretation kann von etwas ausgehen, daß nicht als Interaktion intendiert war.

Eine Interaktion unterscheidet sich von einer „Handlung" (Handeln, Agieren, Akion) dadurch, daß sie immer auf einen oder mehrere Partner gerichtet und damit als gegenseitig informativ intendiert bzw. interpretiert wird / werden kann. (Man könnte von interfunktional sprechen.) Luhmann (1985, 193ff) hebt den Informationscharakter hervor und spricht deshalb von einer Kommunikation. Nach dem oben Gesagten kann ein Phänomen (hier z. B. eine Aktion oder Interaktion) nur perzipiert werden, wenn sie ‚Sinn macht', also funktional intendiert oder interpretiert wird. Interaktion kann non-verbal oder teilweise verbal geschehen. Der verbale und/oder non-verbale Teil einer Interaktion kann fallspezifisch jeweils als relevanter Teil interpretiert werden.

Luhmann lehnt die Interpretation von Kommunikation (hier und im folgenden: Interaktion) als „Übertragung" (Translation) zu recht ab, soweit autopoietische Systeme, z. B. Organismen, betroffen sind und dieser Typ System als geschlossenes System betrachtet wird. Anders als bei einer Übertragung gibt der Geber in der Interaktion nichts ab, das der Empfänger bekommt. Vielmehr vergibt der Geber und behält zugleich, was er vergibt. (Paradoxie der Welt.) Dadurch, daß er informiert, informiert er sich selbst ebenfalls. Eine verbale Fassung eines Gedankens klärt den Gedanken für den Denkenden, selektiert allerdings zugleich durch die Verbalisierung in einer bestimmten Sprache mit ihrer individuellen Struktur in einer Situation, die eine kulturspezifische Form verlangt. Luhmann (1985, 194) sieht Interaktion („Kommunikation") daher dreistellig als Selektivität zwischen zwei Partnern. Partnerschaft bedeutet den Zwang, sich aufeinander einzustellen, evtl. sich abzustimmen (vgl. die Argumentation bei Holz-Mänttäri 1984).

> Die Kommunikation [hier: Interaktion] wird sozusagen von hinten her ermöglicht, gegenläufig zum Zeitablauf des Prozesses. Der Ausbau der dadurch gegebenen Komplexitätschancen muß sich deshalb der Antezipation [sic] und der Antezipation von Antezipationen bedienen. Das gibt dem Erwartungsbegriff für alle soziologischen Analysen eine zentrale Stellung. (Luhmann 1985, 198)[208]

Wir können den Gedanken vervollständigen. Organismen haben Rezeptionsorgane („Sinne"), um Informationen aus ihrer Umwelt aufnehmen zu können. Eine Pflanze streckt ihre Wurzeln aus, um Nahrung zu suchen. Die Wurzeln dringen in das Erdreich ein (vgl. Luhmanns „Penetration"). Es muß eine „Sensitivität" (s. oben) vorhanden sein, um diesen Vorgang ‚erklären' zu können. Oben wurde am Beispiel des Menschen gesagt (und dies gilt für alle Organismen), daß ein Organismus als autopoietisches nach Luhmann ein geschlossenes System ist und daher nur indirekt mit seiner Umwelt in Kontakt treten kann. Das heißt, daß ein von außen herantretendes Etwas in organismusadäquater Weise umgewandelt, adaptiert, ‚einverleibt' werden muß (vgl. die Translation als Anthropophagie bei den brasilianischen Brüdern Campos; vgl. Wolf 1997, 13), um perzipiert werden zu können. Zugleich hieß es an anderer Stelle, daß ein Organismus nur perzipieren kann, was „Sinn" für ihn macht, also funktional intendiert bzw. interpretiert wird. Viele Organismen können andere informieren (eine Penetration als funktionale Penetration, d. h. Information). Wird der Prozeß

---

[208] Im klassischen Latein findet sich anti-.

erwidert, entsteht Interaktion. (Luhmann 1985 spricht von „Interpenetration".) Produktion und Rezeption müssen je für sich, d. h. auf der einen Seite für den Produzenten und andererseits für jeden Rezipienten „Sinn" machen. Das ist die Voraussetzung für das Inter einer Interaktion. Sensitivität scheint das alles im Universum durchdringende Grundprinzip des „Seins" zu sein – des „Seins" insofern, als, wie oben gesagt, Nicht-Sinnhaftes nicht perzipiert, also für den Betroffenen nicht existent sein kann.[209] Was „Sein" bedeutet, ist also organimusspezifisch.

Luhmann unterscheidet zwischen Handlung und Kommunikation. Nimmt man an, daß jemand handeln kann, wenn er allein, also fallspezifisch ohne Gesellschaft ist und seine Handlung keiner interpersonalen Kommunikation dient (wenn sich jemand z. B. kratzt), daß Kommunikation jedoch immer auf jemand anderen gerichtet ist (was selbst für ein Selbstgespräch oder die nur angenommene Anwesenheit eines Partners gilt), dann darf behauptet werden, Interaktion erfülle beide Forderungen. Das Kratzen ist auf sich selbst, also jemanden in einer Selbstreferenz gerichtet. Es kann eine allgemeine Interaktionstheorie aufgestellt werden. Kommunikation (in meinem, nicht-luhmannschen Sinn) erfüllt die obigen Forderungen insofern auch, als ich jede Kommunikation auch als Handlung verstehe, wobei ich nicht nur an Mundbewegungen und Schreiben denke. Der Rezipient muß reagieren; er kann situationsadäquat reagieren und sich dabei auf den Produzenten einstellen. Einen Freund be-handelt man anders als einen ungebetenen Dazwischenredner. Dadurch werden Rezipient und Produzent zwangsläufig verändert. Die Reaktion („Anschlußhandlung") impliziert nicht unbedingt Verstehen (Luhmann 1985, 207). Hier wird kulturelle Übereinstimmung oder Differenz wichtig. Übereinstimmung ist eine als nicht pertinent (im Sinne Viaggios, d. h. nicht relevant) angenommene Differenz. Andererseits kann man nicht sagen, man meine nicht, was man sagt. Das klänge dubios (vgl. Luhmann 1985, 207f). Der Rezipient wird auf einer der ‚Tiefenebenen' versuchen, Sinn in seine Rezeption einer solchen Aussage zu bringen. In jedem Fall gelten die Prozesse jeweils momentan. Die Folge kann mesokosmisch den Eindruck von Dauer hervorrufen.

Der vorstehende Abschnitt zeigt, daß Luhmanns Auffassung von Kommunikation etc. auf eine allgemeine (Inter-)Aktionstheorie ausgeweitet (generalisiert, aber nicht reduziert) werden kann.

Luhmann (1985, 580) betrachtet das Handeln eines Menschen ohne die Anwesenheit eines Partners dann als „interaktionsfreies soziales Han-

---

[209] Körperzellen kommunizieren miteinander, um gesunde von kranken, gute von schädlichen Zellen usw. zu unterscheiden (vgl. Watzl 2005, 40).

deln", wenn der Sinn des Handelns lediglich auf eine Gesellschaft *verweist* (z. B. sich für einen Gesellschaftsabend ankleiden), eine genauere Definition aber offen bleibt. Ein solches Handeln liegt auch dann vor, wenn ein Autor ein Werk für eine Publikation verfaßt, für die sich erst nach langer Zeit ein Rezipient findet (ib. 581). – Ich möchte differenzieren und generalisieren: Direkte Interaktion sei z. B. ein Händedruck; indirekte Interaktion wäre z. B. die Intention/Interpretation eines Händedrucks als Gruß oder die Erstellung eines Texts, der auf dem Umweg eines Textems erst später, also nach einem Aufschub (einer Art Derridascher *différance*) rezipiert wird. Ein solcher Prozeß kann „interaktionsfreies soziales Handeln" genannt werden, doch besteht keine Notwendigkeit dazu. Die Textproduktion wird mit der Erwartung, der Text finde Leser, auf Leser hin möglichst skoposadäquat bewerkstelligt. Es handelt sich um eine Interaktion, bei der ein Partner imaginiert wird, potentiell ist. Diese Ansicht hat sicherlich Auftrieb erhalten, seitdem moderne Techniken, besonders für die Massenkommunikation entstanden sind (ib. 584). Handelt ein auf einer einsamen Insel Gestrandeter interaktionsfrei, wenn er eine Flaschenpost, in der Hoffnung, sie werde für ihn noch rechtzeitig aus dem Ozean gefischt, ins Wasser wirft? Es wird fraglich, ob es überhaupt interaktionsfreies Handeln gibt, denn jedes Handeln ist skoposgerichtet, geschieht in einer Umwelt, zu der auch die Selbst-Referenz des Handelnden gehört. (Ich mache mir einen guten Abend; s. oben: "We are having a party, myself and I".) – Analog zum Vorstehenden kann Kommunikation (in Luhmanns und meinem Sinn) abgehandelt werden. – Hier kann zudem angemerkt werden, daß das Übersetzen in Luhmanns Verständnis ebenfalls ein interaktionsfreies soziales Handeln darstellt, zumindest für den Übersetzer als Übersetzer, d. h. in der Ausübung seines Berufs. In einer anderen Theorie gilt anderes: Da imaginiert ein Translator einen Rezipienten und nimmt in seinem Handeln dessen angenommene Reaktion voraus. Dolmetschen geschieht dagegen offensichtlich deutlicher als soziale Interaktion. Es scheint angebracht, Dolmetschen und Übersetzen nicht durch die unmittelbare An- oder Abwesenheit von Partnern bzw. die (Quasi-)Gleichzeitigkeit von Produktion und Rezeption zu differenzieren (vgl. das Telefon- und Teledolmetschen [gemeint ist das Simultandolmetschen, bei dem die Konferenzteilnehmer in Rom, Paris und Tokio und die Dolmetscher in Honolulu oder sonstwo sitzen]). Nicht das erwähnte interaktionsfreie Handeln zwingt dazu, „die Nichtanwesenheit der Partner und der Gegenstände der Kommunikation durch einen standardisierteren, disziplinierteren Sprachgebrauch zu kompensieren und durch die Sprache viel von dem mitklarzustellen, was anderenfalls in der Situation evident gewesen wäre" (ib.), sondern der eingerechnete Unterschied der Situationen von Produzent und Rezipienten. Außerhalb einer *face-to-face*-Interaktion (und in wenigen anderen Fällen – heute also genauer: ohne Sicht) muß mehr Situation dargestellt, z. B. verbalisiert, werden, damit der intendierte Rezipient die Interaktion hinreichend verstehen kann (vgl. vor allen Dingen die Kommunikation). Davon unterscheiden sich die Bedingungen für die Verbalisierung selbst. Bei einer schriftlichen Äußerung wird man zu einem formaleren Stil erzogen. Außerdem fehlen hier die jede mündliche Rede begleitenden, sog. paralingualen (und andere) Merkmale der holistischen *face-to-face*-Kommunikation. Beim Übersetzen im Elfenbeinturm richtet sich der Sprachgebrauch allerdings zumeist (aber durchaus nicht immer) nach den Vorgaben des Ausgangstext(em)s bzw. des Auftraggebers oder des vom Translator bestimmten Skopos (vgl. Draws-Tychsens Alarcón-Übersetzung [1874] in der Diskussion von Reiß; vgl. hierzu Reiß + Vermeer 1991, 126). Wieder andere Faktoren spielen bei non-verbaler Interaktion eine Rolle, z. B. die Darstellung in einem Schauspiel usw. Moderne Medien (Telefon, Bildtelefon, CD, E-mail usw.) bieten wieder andere Möglichkeiten und erfordern andere Umstände: Man kann in Unterhosen mit dem Finanzamt telefonieren, wird aber nicht mit vollem Munde reden. Einen Eilantrag auf Steuerermäßigung kann man zwischen zwei Bissen zu Papier bringen. Man wird einen Nachbarn nicht um 2 Uhr morgens anrufen, kann ihm aber um diese Zeit eine Einladung zu einem Glas Wein auf den übernächsten Tag schreiben. Usw. Bei dem z. Zt. in Mode geratenen sog. Lauten Denken[210] kann der laut Denkende als sein eigener Partner betrachtet werden. Ihm gegenüber wird man sich gewiß keine gesellschaftlichen Zügel anlegen, es sei denn, das Laute des Denkens gemahne zur Vorsicht, da nicht-intendierte Rezipienten zuhören könnten. Wahrscheinlich wird man sich Zügel anlegen, wenn man weiß, daß der Herr Professor das Laute Denken befohlen hat und das Diktaphon abhören wird. Das stellt den Witz des Lauten Denkens allerdings ziemlich in Frage (vgl. Börsch 1986). Übrigens verändert das Lautliche dieses Denkens das Denken, weil es ja in Sprache gefaßt werden muß. Ich wundere mich immer wieder, wie sehr das verbale Denken als das Denken *par excellence* kommentiert und analysiert wird. Ich jedenfalls denke mindestens ebensoviel in *scenes*, allenfalls mit Sprachfetzen durchsetzt. (Vgl. auch das Beispiel bei Kainz 1941, 162.)

Nebenbei kann auch die Frage, ob eine Gesellschaft ein Organismus sei, gestreift werden. Ein Organismus, z. B. ein Mensch, ist ein autopoieti-

---

[210] Hönig (1988, 13) zieht „Introspektion" vor.

sches System. Die Organe und ihre Teile werden als „selbstreferenzielle" Kommunikationspartner beschrieben. Der Unterschied zwischen Organismus und Gesellschaft liegt darin, daß die ‚Partner' im vorgenannten Fall keine Selbständigkeit besitzen, d. h. keine eigenen Systeme sind (vgl. jedoch Dawkins' „selfish gene"), während die Eigenständigkeit menschlicher Systeme in der Gesellschaft nur begrenzt eingeschränkt wird. Sicher sind die Organe eines Organismus nicht selbständig, aber selbstreferent. Eine Einschränkung der Eigenständigkeit liegt darin, daß ein einzelner Organismus isoliert nicht überleben kann. Er kann aber von seiner ursprünglichen in eine andere Gesellschaft wechseln. Eine Gesellschaft ist (heute) allenfalls ein Organismus-im-Werden. (Das erinnert an die Evolution von Organismen aus ursprünglich selbständigen einzelligen Organismen. Bei manchen Diktatoren kommen Zweifel auf, ob sie bereits das Organismusstadium erzwingen wollen oder in eine atavistische Sklavengesellschaft zurückdrängen.) Unter diesen Voraussetzungen und Abwandlungen kann Luhmann mit seinen Analysen beigezogen werden (wobei ich das zum hier vorliegenden Thema und seiner Behandlung mir wesentlich Erscheinende auswähle).

Luhmann unterscheidet die „Information" von ihrer „Mitteilung". Mit letzterer meint er die Art und Weise der Mitteilung, das „Mitteilungsverhalten", die Handlungsart (z. B. die Zwänge der Verbalisierung in einer bestimmten Sprache; vgl. auch die Sinnebenen bei Viaggio 2004/2006 oder in der Schriftexegese.) Information und Mitteilung sind für den Produzenten und jeden Rezipienten jeweils verschieden (darüber wurde oben immer wieder gesprochen). Wichtig ist (z. B. für einen Translator) diese Unterscheidung zu bedenken.

> Kommunikation kommt nur zustande, wenn diese zuletzt genannte Differenz beobachtet, zugemutet, verstanden und der Wahl des Anschlußverhaltens zu Grunde gelegt wird. Dabei schließt Verstehen mehr oder weniger weitgehende Mißverständnisse als normal ein; aber es wird sich [...] um [im Verlauf der Kommunikation/Interaktion] kontrollierbare und korrigierbare Mißverständnisse handeln. (Luhmann 1985, 196)

(Dies ist ein Moment, an dem die Skopostheorie ein Wort mitredet.)

Ich habe von „Stimulus" gesprochen und dabei mehrere Phasen unterschieden. Hinzuzufügen wäre jetzt, daß ein Stimulus eine Selektion (1) aus Angeboten auch aus der (Um-)Welt des in Frage stehenden Partners (!), (2) aus seinen aus der Perspektive des Partners kulturspezifischen Möglichkeiten und (3) aus entsprechenden (u. U. überwiegend verbalen) Handlungsweisen darstellt. Mit anderen Worten: Es findet eine zweifache Selektion statt: Jemand selektiert Formen und Funktionen (Zeichen) und sendet sie an jemanden, der das für ihn Relevante daraus selektiert. – Selektion bedeutet also nicht nur Reduktion (auf einige wenige Probabilitäten oder nur eine hiervon), sondern Umwandlung, Translation, Transsubstantiation eines Angebots in eine („anthropophagische") Einverleibung. Dabei kann es durchaus zu Ausweitungen kommen (vgl. die Assoziationen).[211]

Interaktionseinheiten sind hinsichtlich ihrer Größe relativ. Eine Einheit wird fallspezifisch bestimmt. Eine Interaktion besteht aus einem Thema und seinem Rhema (Luhmann 1985, 213: „Beitrag") bzw. seinen Rhemata. Ein Thema kann „verschiedene Beiträge zu einem länger dauernden, kurzfristigen oder auch langfristigen Sinnzusammenhang zusammen-[fassen]". Untereinheiten können eigens thematisch und rhematisch bestimmt sein (vgl. die Differenz von Ziel- und Zweck-Skopoi).

Für eine Translation ist bei dem bisher Gesagten der Kulturwechsel zu beachten. „Anderswo haben Leute etwas anderes zu tun." (ib. 218) Und nicht nur das: Das sog. Vorwissen, das im Gedächtnis Gespeicherte ist ein anderes, die Themen und Rhemata[212] werden andere usw.

Interaktion ist ein „Text" *in progress*, ein Prozeß (hier müßte der Plural gebraucht werden, denn jede Interaktion ist für jeden Aktanten eine andere). Interaktion geschieht für jeden (direkt oder indirekt) Beteiligten in je (s)einer Situation, mesokosmisch genauer: (s)einer Situationensequenz. Mikrophysisch: {Situation} wird als eine in sich variierende Prozeßmenge. Die Handlungssequenzmenge geht in einer spezifischen Situationsmenge vor sich. „Situationsspezifisch" ist verkürzender Ausdruck für alle potentiell möglichen ex- und internen Faktoren zur Bestimmung einer Entität-in-ihrer-momentanen-situationellen-Befindlichkeit. Eine Interaktion ist u. a. von der Situationssequenz, in der sie abläuft, abhängig. Eine Interaktion ist eine Menge von {Interaktion}. Sollte man {{Interaktion}} schreiben? In einer Mikrobetrachtung wird z. B. verständlich, daß und warum eine Intention an einem *o/t*-Punkt plötzlich durch eine andere mit ganz anderen Folgen ersetzt werden kann und weshalb es Differenzen zwischen Intentionen und ihren Interpretationen gibt. Usw. – Die Sequenz als solche wird selbst Teil der Interaktion. (Man hängt ein Bild so auf, daß die Lichtverhältnisse dem Dargestellten möglichst aus verschiedenen Perspektiven adäquat sind.) Jede Verbalisierung nimmt implizit und evtl. auch explizit auf die Situationssequenz Bezug, verbalisiert sie zum Teil, wenn auch noch so indirekt.

---

[211] Assoziationen als (Mit-)Translat aus einer Translation anbieten ...

[212] Sollte es konsequent hier Themata und Rhemata, Themen und Rhemen (ungewöhnlich) oder lieber im Singular Thema und Rhema heißen?

(Jemand sagt, „Ich komme", und bezieht sich dabei auf situationelle Relationen.) Zur Situation gehören auch das gesellschaftliche Umfeld und die Gewohnheiten/Konventionen der Interaktionspartner („Habitūs" – die Gewohnheiten des [Sich-]Verhaltens, auch des Steins, des Baumes; vgl. die lang andauernde Beibehaltung von ‚Sommer'- und ‚Winter'-Verhalten bei Verpflanzung in eine andere Klimazone; vgl. den aus Gründen einer Energieökonomie obsolet gewordenen Wechsel von Sommer- und Winterzeit). – In meiner Heimat sagt man üblicherweise, man gehe in die Stadt X hinauf („rauf") oder fahre zur Stadt Y hinunter („runter"). Das hat oft nichts mit der Orographie zu tun, sondern wird konventionell gebraucht. Ich kenne keine Regeln für das verbale Verhalten, traue mir aber zu, die Hinauf und Hinunter richtig zu verwenden.

In gegebener, (z. T.) bekannter Situation können Interaktionsfaktoren näher beschrieben werden. Um 1170/1175 fragte Matthieu de Vendôme in seiner *Ars versificatoria* mit folgendem Hexameter nach Analysefaktoren für Handelnde (Produzenten bzw. Rezipienten):

Quis, quid, ubi, quibus auxiliis, cur, quomodo, quando.

(Wer, was, wo, womit, warum, wie, wann)

(Vgl. Holz-Mänttäri 1984, 45, mit weiterer Literatur.)

Die Formel muß detailliert werden, z. B. bei der Warum-Frage. Dadurch wird sie janusköpfig. Sie fragt nach der Historie: aus welchem Grund (warum), nach dem Wozu/Wofür und Für-Wen (Skopos) und den näheren Umständen (wieso). Dann ist da die Frage nach dem Mit-Wem. Das Womit fragt nach Hilfsmitteln, einschließlich anderer Organismen: mit was und mit wem? Die Fragen können in sich detailliert werden, z. B. die Frage nach dem Wann nach Jahr, Monat, Tag, Stunde, auf dem Weg zur Bushaltestelle, beim Kaffee usw. Kurzum: Es handelt sich um Fragen betreffs *P* (oder {*P*}) und {*R*} bzw. individuellen *R*, nach ihrer Persönlichkeit, ihren jeweiligen Interaktionsbedingungen usw.

Eine „Interaktion" (zu Einzelheiten vgl. u. a. Goffman/Bergsträsser +Bosse 1994; vgl. auch Bahadır [demnächst]) zwischen Menschen oder einem (oder mehreren) Menschen und einem/mehreren anderen Etwas, z. B. einem Tier, bis zu einem Sachobjekt, z. B. einem Telefonhörer, ereignet sich in einer Situation in einem Umfeld in einer Umwelt. Eine Interaktion läßt sich als System von aufeinander bezogenen bzw. beziehbaren Aktionen („Handlungen"[213], {Handeln}) als Prozessen, Handeln als

---

[213] Im Deutschen fehlt ein Plural zu substantivierten Infinitiven (z. B. „Handeln").

Menge von Teilhandlungen analysieren. Interaktionen sind strukturiert. Es wäre vielleicht interessant, sie mit den Strukturen einer verbalen Handlung, z. B. einem Satz oder einem Absatz, zu vergleichen (vgl. Pike 1967). Interaktionen sind idio- (im Mikro- und Mesosinn), dia- oder/und para-kulturspezifisch. Vielfach sind sie in ihren Teilen konventionell und sogar ritualisiert (vgl. *Grußrituale*; vgl. auch Grice 1975 zum interaktionalen Verhalten/Handeln). Interaktionen können von mindestens einem Inter-aktanten beabsichtigt (intendiert) oder unbeabsichtigt (zufällig, nicht-inten-diert) sein. Auf die Initiierung einer Interaktion, z. B. durch eine non-ver-bale oder verbale Geste, *muß* der solcherart ‚Angesprochene' reagieren, falls er die Geste (oder dgl.) als Initiierung zu einer Interaktion wahr-nimmt.[214] Etwas als Interaktion(sangebot) zu ‚meinen', d. h. zu intendieren oder interpretieren, wird von dem Initiator und seinem Rezipienten, wenn überhaupt, unterschiedlich wahrgenommen. Die Extension, d. h. was als *eine* Interaktion angenommen wird, ist relativ, indivuell. (Die Interaktion, in der ein Dieb gefaßt wird und seine spätere Verhandlung vor Gericht gelten allgemein als zwei Interaktionen. Ein Gespräch am Frühstückstisch, das wenige Minuten später vor dem Weggang eines Partners wieder auf-genommen und fortgeführt wird, kann als zwei Interaktionen gelten. The-mawechsel in einer Gesprächsrunde kann, u. a. je nach einer entstehenden Pause, als zu einer Interaktion gehörig betrachtet werden. Eine Interaktion zwischen einem Film und seinem Zuschauer gilt als Einheit; ein Szenen-wechsel im Film führt zu einer neuen Interaktion. Register- oder Dialekt-wechsel in einem Gespräch bedeutet u. U. Beginn einer neuen Interaktion.) Kommunikative Einheiten werden u. U. anders gefaßt. (Die Wiederauf-nahme eines Gesprächs nach mehrminütiger Unterbrechung wird wahr-scheinlich als neue Kommunikationshandlung angesehen. Themawechsel kann z. B. als Wechsel zu einer anderen Kommunikation gefaßt werden.) Eine Einheit kann durch ihren zeitlichen Zusammenhang, durch ein Thema und manches mehr festgesetzt werden. Kann eine Opernaufführung als eine Interaktionseinheit angesehen werden? Beginnt sie, wenn der Vorhang auf-geht oder man sich zu Hause für den Opernbesuch festlich kleidet? Sicher-lich wird man die mehrfach unterbrochene Lektüre eines Romans nicht als Interaktionseinheit ansehen, in die andere Einheiten eingeschaltet werden. Wie groß oder welcher Art dürfen Pausen/Leerstellen bzw. -zeilen sein,

---

[214] Goffman/Bergsträsser+Bosse (1994, 11) vertritt eine unzureichende Bedingung: „Ein Grund, warum man die Teilnahme an jeder Interaktion als Verpflichtung empfindet, ist die Tatsache, daß man auf sein Image fixiert ist und leicht für einen selbst oder andere ungünstige Informationen mitgeteilt werden können."

damit das Vorher und Nachher noch als Einheit zählt bzw. einbezogen wird? Was gilt als Textemeinheit? Die indische Märchensammlung *Pañcatantra* (vgl. Ryder 1949) besteht aus fünf Teilen, von denen jeder eine Rahmenerzählung, innerhalb derer mehrere Märchen ineinander übergehen, umfaßt. Vagheit der Grenzen. Ist die zehnbändige Ausgabe der indischen Märchensammlung *Kathāsaritsāgara* („Ozean der Märchenströme"; Penzer 1968) *ein* Angebot?

Kommunikatives non-verbales und verbales Verhalten spielt eine Rolle. Distanzierung kann soviel heißen wie „ich kenne dich nicht mehr". Eine Interaktion ist ein holistisches Handlungssystem aus mindestens zwei Prozessen, d. h. einem auf der einen Seite intendierten, auf der anderen interpretierten, teils aus unbewußten, teils bewußten, z. T. emotiven, evaluativen, assoziativen und denotativen (rationalen) Subsystemen bzw. Elementen strukturierten je anderen Prozeß, in dem die Rollen der Interaktanten jeweils zu wechseln pflegen. Im Verlauf einer Interaktion wechseln auch die Selbst- und Fremdevaluierungen der Partner über einander. Ein dritter Standpunkt ist der eines außenstehenden Beobachters. Für ihn ändern sich die Werte seiner selbst, seiner Umwelt, der Beobachteten, ihrer Umwelten und der Beobachtung. Alles steht zur Disposition einer holistischen Evaluierung: die Interaktion, das „Image" der Partner, ihr Verhalten hinsichtlich bestimmter Faktoren (vgl. z. B. Ehrbegriffe [vgl. Ferner 2004, 107-149]), ihre Kleidung usw. usf. Genau genommen müßte für jeden Faktor wieder eine mikrokosmische Mengendarstellung { } neben die gröbere mesokosmische (an)gestellt werden. – In der vorliegenden Arbeit werden außer in vereinzelten Beispielen geordnete Mengen behandelt. Geordnete Mengen sind strukturierte Mengen. Sie werden als Systeme bezeichnet. Die mesokosmische Menge wird im menschlichen Bereich von kulturellen Phänomenen überformt. Das Vorstehende gilt *mutatis mutandis* für intra- und inter(dia- bzw. para)kulturelle Interaktionen jeder Art. Interaktionen werden von „(Inter-)Aktanten" ausgeführt. (Vgl. auch oben zum „Handeln".) Handlungen laufen mesokosmisch betrachtet parallel oder aufeinander folgend ab. Mikrophysisch müssen die einzelnen Handlungspunkte seriell, jedoch ineinander verschlungen verstanden werden (vgl. Ellis + Newton 2000, xi).

Erwartungen, Vorausurteile usw. werden als Teile eines holistischen aktuellen Handelns betrachtet. Der Fokus des Handelns liegt momentan jeweils auf nur einem Faktor. Mesokosmisch parallel verlaufende Handlungen sind z. B. das Sprechen am Telefon, während gleichzeitig der Hörer gehalten wird, oder das Sprechen, während der Sprecher mit einem Bleistift spielt, oder Telefonieren, während die Raumpflegerin im Nebenraum mit einem Staubsauger lärmt. Auch parallel laufende Handlungen können zur ‚selben' Interaktion gezählt werden, wenn sie diese bewußt oder unbewußt beeinflussen (können). Als aufeinander folgend gelten Handlungen, die in (raum-)zeitlicher Sequenz als zur ‚selben' Interaktion – genauer wieder: Interaktionsmenge – gezählt werden. Solche Handlungen können jeweils von parallel laufenden begleitet werden. Daß Handlungen aufeinander folgen, bedeutet eine angenommene Verbindung(smenge) („Spur") (unterschiedlicher Art) zwischen den einzelnen Handlungen. Verbindung bedeutet bewußt werdende oder unbewußte Beeinflussung in Richtung des Zeitverlaufs („Zeitpfeil"; s. aber unten). Genau genommen, kann ein aktuelles Handeln nur mit *einer* unmittelbar voraufgehender Handlung verbunden sein.[215] Rückgriffe, z. B. Erinnerungen, auf weiter zurückliegende Handlungen wirken wie Erinnerungen an andere Phänomene der Vergangenheit plus die Erinnerung an eine ehemalige Zugehörigkeit (Verbindung) zur aktuellen Interaktion. Durch das Bewußtsein der Zugehörigkeit werden die Erinnerung und die aktuelle Interaktion verändert. Die situationell-aktuelle Einbettung in ein soziales Gefüge macht es nötig, dia- und parakulturspezifische, idiokulturelle, überhaupt „soziale" Phänomene fördernd oder restringierend als beeinflussende Faktoren in eine Analyse einzubeziehen.

Läuft eine Interaktion zwischen *P*-Mengen mit verschiedenen Rollen ab (eine *R*-Menge kann zumeist als Plural von *R*-Einheiten analysiert werden; eine andere Interpretation verlangt wahrscheinlich z. B. eine Massenversammlung, die als solche einen Redner beeinflußt), so wird sie von Koaktivitäts- und Kooperationsfaktoren beeinflußt. – Mengen von Interaktanten und ihre Funktionen können sich im Laufe einer Interaktion ändern (ein Experte wird zeitweilig hinzugezogen, ein Interaktant wird aus einer Versammlung gerufen, ...).

In der Fortsetzung einer Handlung können Rollen vertauscht werden (vgl. das *turn taking*). Eine Interaktion kann ‚einseitig' sein. *P* nahm an, es gebe einen Interaktions- bzw. Kommunikationspartner. Es gab ihn; es muß ja kein Organismus sein; in diesem Fall war er imaginiert. Pelota spielt man auch gegen die Wand.

Die genannten Bereiche werden als mit dem betreffenden Organismus interdependent angenommen. Eine exakte Abgrenzung ist nicht möglich. Je

---

[215] Hier hat „Handlung" ihren Sinn, denn nach dem zur Relation „Text" vs. „Textem" Gesagten, ist ein vergangenes Handeln zur „Handlung" (zu einem Aktionem) geronnen, ehe es analysiert werden kann. – Für die Zukunft gibt es nur Erwartungen, die in der Gegenwart erhofft bzw. gefürchtet werden.

nach der momentanen Aktualität (Relevanz) werden die genannten Räume und Zeiten umgangssprachlich auch als „Welt" des Organismus angesprochen. (Vgl. u. a. den Versuch Dirikers [2004], das Simultandolmetschen holistisch zu sehen; wichtig Bahadır [demnächst].)

Ein „Organismus" bildet eine Ganzheit aus Gehirn (Zentralnervensystem), Körper, Situation usw. Ein Organismus entsteht und existiert unter individuellen raum-zeitlichen Bedingungen. Die Grenzen zwischen Körper und Zentralnervensystem in einem Organismus und die Grenzen eines Systems nach außen zu Situation, Umfeld und Umwelt sind indefinit. Mit anderen Worten: Die Extensionen der genannten Bereiche sind relativ.

> Die Differenz von Innen und Außen ist im aktuellen Handlungsvollzug aufgehoben. (Loenhoff 2000, 282)

Das kann wiederum nur momentan gelten.

Universum, Umwelt, Umfeld, Situation, System, Organismus, Gehirn sind komplexe Phänomene. Als Ganz- und Gesamtheiten werden ihnen Ausdehnung und Dauer (Kontinuität) zugeschrieben, d. h., als Ganzheiten werden sie mesokosmisch weder als momentan noch punktuell betrachtet. Sie nehmen Raum und Zeit ein. „Ganzheiten" sind mesokosmische Konstrukte aus räumlich und zeitlich differenten Elementen.

> The relational theory of space [...] forbits us to consider physical bodies as first in space and then acting on each other – rather, they are in space because they *interact*, and space is only the expression of certain properties of their interaction. (Whitehead [1916], zit. n. Lowe 1951, 53)

Zeit und Raum entstehen als Quantität (> 1) plus Ordnung. Wenn komplexen Phänomenen („Systemen") „Dauer" zugeschrieben wird, dann heißt dies zweierlei: (1) Es wird von allen momentan-individuellen Daten auf Datenmengen als Einheiten extrapoliert. Dazu müssen Reduktionen, Abstraktionen und Generalisierungen in Kauf genommen werden. (2) Systeme sind vom Mikrobereich aus betrachtet Entitäten- und/oder Energiemengen. Bei Whitehead ([1933], zit. n. Needham 1951, 256) heißt es, das Universum

> achieves its values by reason of its coördination into societies of societies, and into societies of societies of societies. Thus an army is a society of regiments, and regiments are societies of men, and men are societies of cells, of blood, and of bones, together with the dominant society of personal human experience, and cells are societies of smaller physical entities such as protons, and so on. Also all of these societies presuppose the circumambient space of social physical activity.

Ganzheiten schließen sich zu Gesamtheiten zusammen.

Genauer wäre statt von einem System usw. von einer Menge von Systempunkten usw. auszugehen und im Zeitverlauf von einer Menge von (punktuellen) Universen, Umwelten, Umfeldern, Situationen, Systemen und Organismen zu sprechen. Eine Menge ist ein indefinit komplexes Konstrukt. Sie wird mesokosmisch als zeitlich-lineare Sequenz („Kontinuität", „Dauer") und räumliche „Ausdehnung" aufgefaßt. Ich verwende den Singular im Sinne einer in sich differenzierten Punktmenge. Da Systeme aus einfachen, momentanen (quasi-)punktuellen Entitäten aufgebaut werden, wandeln sie sich in sich momentan und werden momentan verändert. Wegen der Indefinität von Elementen können keine exhaustiven Daten angegeben werden. „Dauer" und „Ausdehnung" bedeuten eine angenommene Erkennung von {Entitäten} als Wiedererkennung *einer* Entität, als ‚dieselbe' (genauer: die gleiche, iterierende) Entität. Ausdehnung und Dauer sind fallspezifisch relativ. – Kausalität ist eine Sonderform von Sequenz.

> Nun kann nämlich die Kontingenz als die Seinsweise des in unendlichen Beziehungsgefügen stehenden Wirklichen betrachtet werden; [...] Das Monadensystem, in dem zugleich dauernde Bewegung (als dauernder Übergang von Möglichem zu Wirklichkeit) herrschen und alles (nämlich Vergangenheit, Gegenwart und Zukunft) doch in allem anwesend sein soll, wird durch diesen Rekurs auf die Unendlichkeit begründet werden können. (Holz in Leibniz 1996, 174f)

Vgl. Whitehead (1978, 148):

> For an actual entity cannot be a member of a 'common world', except in the sense that the 'common world' is a constituent of its own constitution. It follows that every item of the universe, including all the other actual entities, is a constituent in the constitution of any one actual entity.

Vierter Teil

Memetik

Εὖ ἂν ἔχοι [...] εἰ τοιοῦτον εἴη ἡ σοφία, ὥστ᾽ ἐκ τοῦ πληρεστέρου εἰς τὸν κενώτερον ῥεῖν ἡμῶν, ἐὰν ἁπτώμεθα ἀλλήλων, ὥσπερ τὸ ἐν ταῖς κύλιξιν ὕδωρ τὸ διὰ τοῦ ἐρίου ῥέον ἐκ τῆς πληρεστέρας εἰς τὴν κενώτεραν.[216]
(Platon: *Symposion* 175 D)

Fremde Ideen sind die Insekten, die den Samenstaub von einem Gedanken in uns zum andern tragen und dadurch befruchten. (Jean Paul [1796] *Einfälle 4*)

Die Evolution hat das „Leben" entstehen lassen und Organismen die Fähigkeit gegeben, über die physikalische Welt hinauszuevoluieren. Im Laufe der Zeit entstanden komplexere Organismen. Beim Menschen schließlich findet sich aus einfacheren Fähigkeiten in der Tierwelt entwickelt ein komplexes Interaktionsinstrumentarium. Man nennt es „Sprache". Damit sind nicht nur Lautsprache mit Wortkonstrukten und ihre schriftliche Fixierung, sondern auch Gesten und alles potentiell Zeichenhafte (s. unten), mit dem Interaktion funktioniert, gemeint. (Zum Unterschied von Interaktion und Kommunikation bei Luhmann s. oben; Vermeer *Fragments* ... [demnächst].) Mit Hilfe von Sprache produziert der Mensch komplexe Gedanken und Ideen, ein potentielles Universum, die Welt der Meme / die memetische Welt, den Makrokosmos (vgl. Poppers [1981] "third world"). Meme schaffen potentielle Welten (vgl. die Begriffe usw. der Wissenschaften), die, physisch durch Gehirnaktivität entstanden, auf die physische Welt einwirken und sie weiterentwickeln (können). Der Mensch benutzt die memetische Fähigkeit, um mit ihrer Hilfe wiederum materielle und immaterielle ‚Objekte' in seinem Mesokosmos herzustellen.

Manipulation may be the key word. If we can predict what people will do (are likely to do) under certain circumstances, then we have the scientific basis for political and social engineering. This seems desirable. But if you can predict what I will do under certain circumstances, then you have the scientific basis for manipulating me, and that's not desirable at all!

---

[216] How fine it would be [...] if wisdom were a sort of thing that could flow out of the one of us who is fuller into him who is emptier, by our mere contact with each other, as water will flow through wool from the fuller cup into the emptier. (übers. Lamb 1983, 93)

In most (but perhaps not all) cases there is strong Darwinian selection against allowing oneself to be manipulated. Unpredictable, even random, behavior is often an advantage for an organism, as, for example, in a rabbit pursued by a fox. And there is an element of unpredictability – free will – in most animal behavior. (Ball 1984, 145)

Zunächst noch einmal einige Zitate zur sog. Einheit von Körper und Seele, die Descartes für die ihm folgende Philosophie verhängsnisvoll zu zerreißen suchte.

Oben wurde bereits mit Damasio (1994) gesagt, das Gehirn habe kein eigenes Zentrum, vielmehr kooperierten seine Teile mit zeitlich großer Präzision.

[...] daß die menschliche Vernunft nicht von einem Hirnzentrum, sondern von mehreren Gehirnsystemen abhängt und aus dem Zusammenwirken vieler Ebenen neuronaler Organisation erwächst. (Damasio/Kober 2001, 13)

[...] daß die Funktion jedes einzelnen Gehirnteils nicht unabhängig ist, sondern zur Funktion größerer Systeme beiträgt, die sich aus diesen separaten Teilen zusammensetzen. [...] Vielmehr gibt es ‚Systeme', die aus mehreren untereinander verbundenen Gehirnabschnitten bestehen. (ib. 40)

Die separaten Teile des Geistes werden wahrscheinlich durch die relative Gleichzeitigkeit der Vorgänge in verschiedenen Regionen zusammengefaßt. (ib. 124)

Vielleicht ist es sinnvoller, den konkreten Eindruck, daß eine solche Geistintegration stattfinde, auf das Zusammenwirken großräumiger Systeme zurückzuführen, welche die einzelnen Teile der neuralen Aktivität in separaten Hirnregionen synchronisieren. Mit anderen Worten, es ist eine Frage der zeitlichen Abstimmung. (ib. 138)

Um es einfach zu sagen: Die geistigen Funktionen resultieren aus der Operation jeder der separaten Komponenten und aus der konzertierten Aktion der vielfältigen Systeme, die sich aus diesen separaten Komponenten zusammensetzen. (ib. 40)

Nun zu den Memen selbst.

Dawkins [1976] erdachte das „meme" (deutsch: Mem). Beispiele für Meme, so Dawkins (1989, 192), seien „tunes, ideas, catch-phrases, clothes fashions, ways of making pots or building arches". An anderer Stelle (Dawkins 1982, 109) beschreibt er das *meme* als

a unit of information residing in a brain (Cloak's 'i-culture'). The 'size' or range of memes may vary. Their types as well (e. g. an idea, a habit, a lecture). They may be perceived by the sense organs of other individuals, and

> they may so imprint themselves on the brains of the receiving individuals so
> that a copy (not necessarily exact) of the original meme is graven in the
> receiving brain.

Nach den angeführten Beispielen zu urteilen, meinte Dawkins mit „meme"
das, was die traditionelle Linguistik im weiten Sinn „Zeichen" nennt:
Etwas steht für etwas. Dann entstehen überflüssige Termini. Versuchen wir
eine vorläufige Klärung: Ein „bildlicher Ausdruck", eine **Metapher** oder
ein Kenning der altisländischen Poesie steht als Bild für etwas anderes.
Einen schlauen Menschen nennt man einen Fuchs. – Ein hölzerner Pfeil an
einem Baum am Wegesrand mit aufgemaltem überschäumendem Krug soll
auf eine nahe gelegene Gastwirtschaft hinweisen. Das Schild wird zu einem
Zeichen für eine Gastwirtschaft. Wird etwas oft genug wiederholt gebraucht, durch eine Gesetzesverordnung eingeführt usw., so wird es zu
einer Konvention. Ein rundes Schild mit blauem Grund, das mit roter
Umrandung und zwei roten kreuzweise Durchstreichungen am Straßenrand
von einer Behörde aufgestellt wurde (die Situation/Position ist wichtig), ist
ein **Zeichen** für ein Halteverbot für Kraftfahrzeuge. Der Gedanke, ich
könnte etwas über Meme schreiben, wird zu einem **Mem**, wenn ich diese
Idee jemandem mitteile.

Der Terminus „Mem" wird in den Wissenschaften nicht eindeutig verwendet. Delius (1989, 46) faßt Meme als die "material configurations in
neural memory that code behavioural cultural traits". Hier wird Mem
anscheinend als Form für eine mechanische oder mechanisierte (habituell
gewordene) Übertragung (Kodierung) von Kulturelementen verstanden.
Doch im Grunde werden wohl Abstrakta, z. B. Gedanken, Ideen, gemeint
(vgl. auch Ball 1984, 147 und 154). Die Frage ist, wie die "material configurations" zustande kommen und was sie bedeuten. Dawkins (1989, 192)
meint die traditionelle Vorstellung einer Übertragung, wenn er Meme als
"leaping from brain to brain via a process which, in the broad sense, can be
called imitation" beschreibt (so auch Dennett/Wuketits 1994, 268).

> For thoughts to be communicated, they must be translated into schemas that
> bear labels, that is, into the set of structured perspectives on the world for
> which the particular language provides names. (Lucy 1992a, 246)

Hier bezieht sich Lucy direkt of Begriffe. Sapir ([1921] 1949, 12f) war vorsichtiger:

> [T]he single experience lodges in an individual consciousness and is, strictly
> speaking, incommunicable. To be communicated it needs to be referred to a
> class which is tacitly accepted by the community as an identity.

Ein Mem kann als Funktionseinheit beschrieben werden. Zur Perzeption braucht die Einheit eine Form (s. unten). Die Größe (Komplexität) der Einheit wird offengelassen. Sie hängt von einer Menge Bedingungen ab. (Zum Beispiel kann sie von einem Phonem bis zu einem Text variieren; vgl. unten das lat. *i.*) Meme können komplexe, strukturierte Systeme bilden (vgl. Text, Symphonie, Tanz usw.; vgl. Dennett/Wuketits 1994, 272f). Dawkins (ib. 195) spricht von „blending". Der Terminus tut nichts zur Sache.

> [Memes] arise by combinations of parts of some old memes in new ways with perhaps just a jot of originality (mutation). In some fields copying from the work of another is called plagiarism, copying from two or three others is called dull, but copying from many others is called research. This meme was plagiarized from a Harvard professor who wishes to remain anonymous. (Ball 1984, 148)

Oben wurde ein Zusammenhang von Funktion, Information, Sinn und Perzeption als Erkenntnis aufgezeigt (s. auch Vermeer *Fragments* ... [demnächst]). Die Funktion eines Mems ist es, zu einer Information zu stimulieren.

> Entscheidend ist, daß es keine *notwendige* Verbindung zwischen der Replikationskraft eines Mems, seiner „Eignung" aus *seiner* Sicht und seinem Beitrag zu *unserer* Eignung (wie auch immer wir diese beurteilen) gibt. (Dennett/Wuketits 1994, 267f)

Die Information, der Sinn: die Funktion eines Mems wird nicht festgelegt. Er bestimmt sich erst im Gebrauch. Ein Mem existiert nur im Gebrauch. Außerhalb desselben existieren Meme nicht. (Oben wurde angedeutet, daß „Zeichen" durch Konventionalisierung als potentiell immer ‚vorhanden' angenommen werden können.) Auf der Makroebene gibt es nur ein <Mem>, den Membegriff. Meme werden auf der Mesoebene erzeugt, werden als makrokosmische Energie virulent und wirken als solche auf die Mesoebene ein. Für Meme als Funktionseinheiten gilt *mutatis mutandis*, was für die mesokosmischen „Hinweise", den Zeichen-im-Gebrauch, gilt. Nur gibt es eben logischerweise keine Makroebene, wie sie für die „Zeichen" der Linguistik konstruiert wird. Meme würden dann mit den ‚Zeichen' zusammenfallen. Von den Hinweiszeichen unterscheiden sich Meme in mehrerlei Hinsicht. Zunächst dadurch, daß Zeichen eine reale, materielle Form haben (vgl. das Wirtshausschild). Meme haben keine solche reale, materielle Form. (Mehrere der in diesem Abschnitt aus anderen Autoren zitierte Beispiele beziehen sich also nicht auf Meme, sondern auf „Zeichen".) Doch da ist wieder ein Paradox. Natürlich müssen auch Meme eine

Form haben, und die muß materiell sein, damit sie und damit das gemeinte Mem von einem Menschen perzipiert werden kann. Aber es gibt zwei Formen für Meme: Wenn ich mit Goethen durch den Wald gehe und nichts Rechtes dabei im Kopf habe, mich wohlfühle und vor mich hinträume, vielleicht doch denke, wie schön diese Welt ist, dann haben meine Gefühle (Emotionen), *scenes* (das Veilchen) und Gedanken eine materielle, nämlich neuronale Basis. Diese halb bewußten Gefühle und Gedanken bestätigen mir, daß ich die Welt dieses Mal in Ordnung finde. Etwas ‚wissenschaftlicher' – fast scheint es schon zynisch – gesagt, informiere ich (wer oder was das immer ist) mich über einen Zustand und seine Beschreibung. Ich produziere informative Meme. Information zu produzieren ist ihre Funktion. Wenn ich nun einen Freund ein wenig später an meiner guten Laune teilnehmen lassen möchte, sage ich es ihm mit ein paar Worten. Die Worte informieren meinen Freund; sie sind für ihn informativ, haben diese Funktion der Information. Ihre Form sind die Schallwellen, die ich beim Sprechen oder Lachen produziere, oder die Photonen, die ich beim Gestikulieren verstreue, usw. Wenn ich spreche, forme ich eigen-artige Schallwellenmuster: Worte. Ähnlich geht es mir beim Schreiben mit Füllfederhaltertinte: Ich forme Muster auf Papier. Oder mit elektro-magnetischen Impulsen am Computer. Die Darstellung zeigt, daß mit zwei Formen gerechnet werden muß: den Schallwellen und Tintenformen auf der einen und den Wort- usw. -formen auf der anderen Seite. Schallwellen und Tintengestalten sind Repräsentationen (im doppelten Sinn des Wortes; s. oben) der Wort- etc. -formen, der Strukturen von Wörtern, Sätzen und Texten oder von Gesten usw. In eigenartiger Weise entsprechen sie sich (ungefähr) funktional, nicht materiell. Anscheinend evoluierte „Kommunikation" im Sinne Luhmanns aus direktem Kontakt zwischen einem Organismus und einer anderen Entität. In der „Kommunikation" gibt es beim Menschen aber für direkte Kontakte nur noch die zwei-deutigen Träger/"vehicles", welche Meme als Stimulanten transportieren. Walter Benjamin sprach von Sprache als „Medium". Der Prozeß ist komplex geworden.

> For thoughts to be communicated, they must be translated into schemas that bear labels, that is, into the set of structured perspectives on the world for which the particular language provides names. (Lucy 1992b, 246)

Hier wird deutlich gesagt, daß Verbalisierung keine Kopie einer *scene*, sondern eine Neustrukturierung ist (s. oben). *Vehicles* sind eben nicht nur Träger; in ihrer Doppelform beeinflussen sie die Meme, die sie transportieren sollen (Plotkin 1994, 96f; vgl. das Zusammenspiel von Chauffeur und

Auto). *Vehicles*, z. B. das bedruckte Papier, kann seine Memes u. U. um Jahrtausende überleben. Das „Gemeinte" wandelt sich, wie sich Kulturen und Wissen wandeln.

Montaigne ([1580/1588] 1967, 414: *3.11*) beschrieb den Vorgang bereits holistisch:

> [Q]uiconque croit quelque chose, estime que c'est ouvrage de charité de la persuader à un autre; et pour ce faire, ne craint point d'ajouter de son invention, autant qu'il voit être nécessaire en son conte, pour supléer à la résistance et au défaut qu'il pense être en la conception d'autrui.
> Moi-même, [...] je grossis et enfle mon sujet par voix, mouvements, vigueur et force de paroles, et, encore par extension et amplification, non sans intérêt de la vérité naïve. [...]
> [...] Où le moyen ordinaire nous faut, nous y ajoutons le commandement, la force, le fer, et le feu.

Mit den Formen hat es nun eine besondere Bewandtnis. Ich kann sie übertragen, aber für die Sicherheit der Information, die ich ihnen ‚beigebe', kann ich nicht garantieren. Die kann ich nämlich nicht übertragen. Mein Freund kann aus den von mir ausgesandten Schallwellen oder meinen Tintenklecksen auf einem Blatt Papier die Information, die ich ihm zukommen lassen möchte, nicht direkt entnehmen. Ihm ‚kommt sie nicht zu'. Er kann die Formen nur als Stimuli akzeptieren und daraus seine eigene Information produzieren: perzipieren. Jetzt werden auch Zusammenhang und Unterschied zwischen Zeichen und Memen deutlich: In geäußerte Formen wird eine Funktion (hier: Information) ‚verpackt'. Man kann sie nicht ‚auspacken', die rezipierten Formen sind mit den produzierten nicht mehr identisch. In einer Rezeption muß die intendierte Information neu erstellt (perzipiert, interpretiert) werden.

Ein „Waggon mit Speichenrädern" (Dennett/Wuketits 1994, 268) wird, anders als Dennett/Wuketits dies meint, nicht zu einem Mem, sondern zu einem Zeichen.

> Ein Waggon mit Speichenrädern bringt nicht nur eine Fracht von einem zu einem anderen Ort, sondern trägt auch die brillante Idee eines Waggons mit Speichenrädern von Geist zu Geist. (ib.)

Zeichen werden zu Sonderformen von Memen. In dem Satz liegt der Unterschied: Wer einen Waggon mit Speichenrädern als Karren gebraucht, ist ein mesokosmischer Fuhrmann. Wer durch den Anblick eine „brillante Idee" bekommt, rezipiert den Gegenstand, an dem und durch den sie entdeckt wird, als reales Zeichen, das ihn zu dieser Idee führt. Die Idee wird gedacht: Ein Mem wird.

Man könnte eine Philosophie des Speichenrads schreiben: Hier ist ein Gegenstand, der zu einer bestimmten (in diesem Fall übrigens offensichtlich primär emotiven) Reaktion stimuliert. Es kommt darauf an, eine Interaktion memetisch so zu führen, daß möglichst der intendierte denotative und/oder emotive usw. Effekt beim / bei den intendierten Rezipienten ausgelöst wird. Diesen Prozeß nennt man (irreführend) „Translation".

Die Elemente einer Sprache werden gewöhnlich „Zeichen" genannt. Diese Zeichen sind durch kulturelle Überformung individueller Verhaltens- und Handlungsweisen gesellschaftlich konventionalisiert, so daß sie potentiell vermeintlich von jedermann wie aus einem Speicher (vgl. auch das Wörterbuch oder eine Bibliothek) herausgeholt und gebraucht werden können. Gleiches gilt für Meme nicht. Gedanken, Ideen lassen sich so nicht konventionalisieren. Meme lassen sich nicht speichern. Gespeichert werden Erfahrungen, Eindrücke usw. Meme müssen jedesmal, wenn eine Information ge-äußert werden soll, neu produziert werden. Das hängt auch damit zusammen, daß Information für einen Rezipienten, um Information zu sein, ‚neu' (un-er-hört) sein muß. Beim zweitenmal ist Neues nicht mehr neu. – Schwierig ist es zu sagen, was als „neu" gilt. Das ist nur individuell-momentan zu entscheiden. Aber der Rezipient selbst weiß oft nicht, daß etwas neu ist. Neu hat mehrere Ebenen. Da ist das bisher Unbekannte, das man jetzt lernt. Da ist aber auch die rituelle Wiederholung von Prozessen, deren Reiz gerade in der monotonen Wiederholung liegt. In holistischer Betrachtung können die Variationen in den Umständen eines rituellen Prozesses interessant werden. Die monotone Wiederholung von Riten in gesellschaftlicher Situation, das Mitmachen, wirkt wie Meditation. Auch das Nicht-Neue stimuliert neu.

Ein als ein und dieselbe Funktionseinheit fungierendes Mem kann mehrere Formen annehmen: außer Schallwellen z. B. Druckerschwärzegestalten (vgl. die Graphen; vgl. Graphiken) oder elektro-magnetische Sequenzen in einem Computer. Wer Saussures Zeichentheorie ontologisiert, wird Analoges für Zeichen gelten lassen. Diese Zeichen ‚haben' für Saussure und die Linguisten nach ihm eine Form und eine Bedeutung (es gibt andere Termini). In meiner Auffassung von Zeichen werden Hinweise auf etwas durch den hinweisenden Gebrauch. Solche realen Hinweise kann man Zeichen nennen. Meme ‚haben' keine Bedeutung. Wenn etwas als Mem gebraucht werden soll, muß es Information stimulieren. Sonst wird es kein Mem. Wenn meine Kollegin auf die Uhr schaut und ich daraufhin zu ihre sage, „Es ist fünf Uhr", dann wird diese Aussage für meine Kollegin zu keinem Mem, denn sie weiß ja bereits, daß es fünf Uhr ist. Meine Aussage ist für sie nicht informativ. In anderer Hinsicht kann sie aber informativ und damit ein Mem werden: wenn meine Kollegin mich auf Grund meiner Mitteilung für hilfsbereit oder für unverschämt hält, weil sie meint, ich hielte sie für zu dumm, um die Uhrzeit selbst abzulesen. Die vorgenannte brillante Idee kann sich an einem realen Wagen, seiner Abbildung, evtl. seiner Beschreibung etc. entzünden; Saussures Zeichen haben nur *eine* virtuelle Form. Ihre Realisierung durch spätere Linguisten läßt nur wenige Formen zu: z. B. Schallwellen, Druckertinte, Festplattenengramme. Umgekehrt kann eine Form verschiedenen Memen dienen. Eine Flagge wird für einen Rezipienten zum Hinweis (Zeichen) auf das Hoheitsgebiet eines Staates; eine Signalflagge wird zur Form eines {Mems}, z. B. wurden früher damit Informationen von Schiff zu Schiff signalisiert; das Schwenken einer roten Signalfahne kann Autos zum Anhalten veranlassen. Schallwellen funktionieren zu anderen Zwecken als Druckerschwärze. Die intendierte bzw. rezipierte Information kann außerhalb der Funktionalität einer Form nach Meinung und Maßgabe eines Produzenten oder Rezipienten dieselbe, allerdings für die beiden Genannten je eine andere Funktion bekommen. Die Funktion eines Mems hängt ebenfalls wesentlich von dem individuellen Gebrauch, z. B. als Intention oder rezipierte Interpretation ab. (Vgl. hierzu wieder die Zeichen-in-Gebrauch.) Im Prinzip kann alles zu einer Form für ein Mem werden. Doch nicht jede Form kann für jedes Mem dienen. Es gibt kulturspezifische Konventionen, Regeln.

Eine Information aus Memen kann im Gehirn physisch gespeichert werden. Neurophysische Prozesse und Ereignisse (Objekte, z. B. Nervenzellen, mit „Daten") sind potentielle Memspeicher. Zu beachten ist nur, daß sowohl die Speicher wie ihre jeweilige Funktion und das Gespeicherte sich ständig wandeln oder verändert werden. Und: Wenn Meme fixiert werden (z. B. in einem Schriftstück, in Neuronen), so verlieren die fixierten Formen ihre Funktion. Außerhalb einer Produktion bzw. Rezeption, d. h. außerhalb eines Prozesses, ihres Gebrauchs, dienen sie keiner Information. Meme haben nach Dawkins (1989, 200) keine „foresight". Sie haben keine Funktion an sich. Ein gespeichertes Mem könnte Memem heißen (vgl. Text vs. Textem). Die Formen behalten aber innerhalb eines bestimmten Funktionsraums ihre potentielle Funktionalität, d. h., sie kann wie ein Text aus einem Textem wiedererweckt werden. Es entsteht eine andere Funktion (wie ein rezipierter Text ein anderer Text als ein produzierter Text ist, zwischen denen ein Textem steht). Die Reaktivierung ist ein komplexer

Prozeß. „Abrufen" ist ein irreführender Terminus für die Reaktivierung, solange er an eine Datenbank erinnert, aus der man sich ein Textem (!) auf den Bildschirm laden kann. Bei einem gespeicherten Mem muß eine Memmenge aktiviert werden: seine Funktion, die bei Abruf zur jetzt aktivierten Funktion mutiert, die Erinnerung, daß und wo (z. B. in einem Buch, im Gehirn) ein Mem gespeichert ist und (unbewußt) wie man es reaktivieren kann. Man bekommt ein anderes Mem. Meme sind "interactors", nicht "replicators" (Hull 1982, 316).

> Replicators are the entities that pass on their structure largely intact, interactors are those entities that bias replication because of their relative success in coping with their environments. Interactors are the entities that exhibit adaptations.

Wie bei einem Zeichen kann man auf einen Memreiz nicht nicht reagieren. Meme werden infektiös (Delius 1986, 26). Sie verbreiten sich heutzutage aber schneller als die Grippe oder die Pest. Meme werden zur Droge (Dennett 1991; vgl. die Computerspiele). Wie eine Droge stimulieren sie einen Organismus.

> Mit Beklemmung stellt man daneben Wahrheiten fest, echte Pionierleistungen, die ganze Jahrzehnte brauchen, um überhaupt erst wahrgenommen zu werden. Setzen sich Fehlinterpretationen leichter durch als richtige? Es liegt dann und wann wie ein Fluch über der wissenschaftlichen Forschung. (Lichtenthaeler 1984, 286)

Soeben wurde gesagt, daß sich Meme nicht als solche speichern lassen. Sie verändern sich. Aber unter dieser Bedingung können sie eine verzögerte Wirkung ausüben, und oft weiß man nicht, ob da nicht etwas neu erfunden wurde. Manche Meme brauchen ihre Inkubationszeit. Wegeners Theorie der Kontinentaldrift wurde 1915 publiziert, aber erst in den 1960er Jahren voll akzeptiert (Plotkin 1994, 221).

Meme werden vor der Produktion und bei ihrer Rezeption evaluiert. Natürlich sind die Evaluierungswerte verschieden. Man hat von „guten" und „schlechten" Memen gesprochen. Aber es gibt keine neutrale Evaluierung. (Da ist wieder der Klassenarbeiten benotende Lehrer.) War Platons Mem, es gebe atemporale Ideen gut oder schlecht? Zweifellos war es erfolgreich. Nach 2½ tausend Jahren regt sich breite Kritik. (Vgl. das Glücken von Handlungen.) In welcher Hinsicht war die Idee der Idee erfolgreich? Hat sie Kriege verhindert oder entfesselt? Sicherlich nicht allein. Aber im Verein mit anderen, mindestens ebenso zählbigen. Die Überlegung muß holistisch geführt werden. Auch die Formen haben ihren Anteil. Ein Ausdruck macht Furore. (Vgl. oben: die agentiale Struktur.)

Angenommen nun, es gebe ein Mem M, dessen ‚Inhalt' sich als schlecht herausstellt ("don't try this, it doesn't work"; Ball 1984, 154). Dann braucht der Rezipient ein M´ "remember that M is bad". Für die Erinnerung wäre ein drittes Mem nötig. Es käme zu einem infiniten Regreß. Bei „guten" Memen, an die man sich gern erinnert, ist es nicht anders. Plotkin (1994, 218f) hält Erinnerung für die Replikation (~ Kopie [mit Variation!]) eines Mems im selben eigenen Gehirn. Erinnerung ist "a replication of a brain state" (ib. 218). Und wann und unter welchen Bedingungen stellt das Gehirn eine Kopie her? – Begnügen wir uns mit der Tatsache, daß indefinit viele Meme werden und daß Meme bzw. Memsequenzen ineinander geschachtelt werden können oder zu Metamemen werden können.

Durch Speicherung stirbt ein Mem und wird z. B. zu einer neuronalen Aktivität. Durch Speicherung stirbt auch ein Text und wird zum Textem. Nach Dawkins (1989, 192) erfüllen Meme die Bedingungen für Organismen. "[M]emes should be regarded as living creatures." Sie sind selbsterhaltend, selbstorganisierend und selbstreproduzierend. (Dann fungiert der Memproduzent also als Generator und Träger.) Selbsterhaltung und -organisation kommen u. a., aber beileibe nicht nur durch Sprache (als „Katalysator") zustande. Also leben Meme. Sie benötigen einen Organismus als Wirt zu ihrer Fortpflanzung (vgl. Dawkins 1989). Meme konkurrieren untereinander und mutieren (vgl. die Gene). Sie evoluieren.[217] Luhmann (1984) prägte 1980 den Ausdruck „Ideenevolution". Ein Mem kann auf mehrerlei Weise evoluieren: indem es (1) einmal in einem Gehirn gespeichert, sich dort wie alles andere Gespeicherte, im Laufe der Zeit wandelt, manchmal ‚reift', (2) durch später einkommende Stimuli verändert wird, oder (3) selbst als Stimulus in einem anderen Gehirn unter Veränderungen perzipiert und gespeichert wird.

Noch einmal zu den Trägern. Dawkins (1989) nannte eine Memform "vehicle", Träger: Funktionsträger. Diese "vehicles" fungieren, wie angedeutet, ähnlich der Form eines Saussureschen Zeichens in seiner ontologischen Mißdeutung. Aber ebensowenig wie „Zeichen" übertragen, transportieren, translatieren, transferieren Mem-„Träger" oder "vehicles" etwas von einem Ort zum andern. Meme reiten nicht auf Schallwellen vom Munde eines Produzenten zum Ohr von tausend Rezipienten. Was da tatsächlich hinübergetragen (transferiert) wird, sind materielle Luftschwingungen, die

---

[217] Zu einer wissenschaftlichen Formulierung des Problems vgl. Luhmann (1992, 551f).

so produziert wurden, so geartet sind, daß sie unter günstigen Bedingungen trotz Veränderungen beim Rezipienten durch die oben geschilderte Sequenz von Reiz zu Perzeption eine Information stimulieren können. Dawkins (1989, 194) ist skeptisch, ob man von "fidelity" sprechen könne. Die im wesentlichen kulturelle Konvention eines Stimulus sichert im allgemeinen ein von der Intention des Produzenten nur in Maßen abweichendes „Verstehen" der intendierten Information. Auch hier gilt individuell wie gesellschaftlich, daß Wiederholungen ähnlicher Handlungen die Aufgabe erleichtern und den Effekt verstärken, durch gedankenlose Routinierung aber auch abschwächen können. Die intendierte bzw. rezipierte Stimulierung kann durchaus „Mit-Teilung" im ursprünglichen Sinn des Wortes genannt werden. Ein Produzent teilt mit seinem/n Rezipienten eine Information. Da Information immateriell ist, verliert der Produzent nichts, im Gegenteil: Er gewinnt in einer für ihn erfolgreichen Interaktion.

Interaktion ist die einzige, sinnvolle Möglichkeit für Systeme, miteinander in Kontakt zu treten. Der Kontakt wird als Stimulierung möglich. Interaktionsmittel sind die Meme. Sie sind erfolgreich, wenn sie Informationen stimulieren. (Im Begriff <Information> ist bereits enthalten, daß es sich für den Rezipienten um Neues handelt. Jemandem ‚mitzuteilen', daß er zwei Augen hat, bringt nichts Neues, es sei denn in einem bestimmten Sinn und in bestimmter Situation. Es gibt halt nichts, woran man sich so festhalten kann, daß endgültige Behauptungen aufgestellt werden können.) Erfolgreich kann man eine Stimulierung für einen Produzenten nennen, wenn sie seiner Meinung nach seiner Intention hinreichend entspricht. Für einen Rezipienten kann auch jede andere Stimulierung erfolgreich werden, d. h. für ihn informativ sein, in ihm Neues stimulieren, ihn zu Neuem stimulieren. Wer Erfolg erwartet, wird ihn suchen. (Statt Erfolg können auch andere erstrebenswerte Ziele auf Produzenten- und/oder Rezipientenseite erstrebt werden.) – Hier nun sei an etwas erinnert, was bei der Besprechung mikrophysikalischer Prozesse und Ereignisse erwähnt wurde: Es scheint eine Urtendenz zur Zunahme von Komplexität als Energiezuwachs, also zur Zunahme von Macht zu geben. Hierzu dient z. B. auf der Mikroebene die Attraktion. Diesen Gedanken (oder Mythos) kann man auf mesokosmische Vorgänge übertragen. Interaktion kann als solches Streben interpretiert werden. Man verbreitet und erhält Neues. Der Erwerb von Neuem bedeutet Machtzuwachs. Die Verbreitung von etwas bedeutet z. B. Statusverbesserung, eine andere Form des Machtzuwachses. Die Zeit spielt bei diesem Spiel u. U. eine wichtige Rolle: Wer zuerst eine Neuigkeit mitteilen kann, gewinnt einen Vorteil vor (vielleicht nur angenommenen) Konkurrenten. (Vgl. Publikationen, besonders in der naturwissenschaftlichen und medizinischen Forschung. Vor diesem Hintergrund wird das Tragen 30 Jahre alter Hüte im Translationsbereich oder die Menge heutiger Kommentare zu Platon in der Philosophie bemerkenswert.) Nun gibt es eine Jahrmillionen alte Art, wie Organismen Neuigkeiten verbreiten. Ich meine die biologische, vor allem genetische Fortpflanzung. Schon die Benennung „Fortpflanzung" verbietet Eile. Beim Menschen zählt eine Generation traditionell 30 Jahre. Hinzu kommt, daß zwei Menschen nur eine geringe Zahl von Neuigkeiten der gemeinten Art verbreiten können. (Trotzdem wird vor Überbevölkerung gewarnt.) Die Neulinge können die Evolution fortsetzen helfen. Aber inzwischen gibt es eine neue Art Neulinge, die sich in sekundenschnelle auf die verschiedenste Art vermillionenfachen (lassen) können: die Meme. Eigentlich ist diese Art der Verbreitung gar nicht neu. Nur war sie bisher mangels moderner Medien arg begrenzt und mehrfach an die genetische Fortpflanzung gebunden. Klöster und Tempelschulen nehmen seit Jahrtausenden Zöglinge auf, die ihre Meme getreu weitergeben sollen. Heute ist das, wie gesagt, radikal neu strukturiert. So sehr, daß man durchaus ernsthaft die Frage aufgeworfen hat, ob die Menschen versessen darauf geworden seien ihre Informationen (Gedanken usw.) zu verbreiten (auch der Machtzuwachs, die Berühmtheit usw. gehören als Folgeerscheinungen dazu). Oder ist es umgekehrt: Sind wir nur durch das Agensdenken unserer Kultur verblendet dem Aberglauben erlegen, wir seien auf Machtzuwachs gierig? Ob in Wirklichkeit die Meme dazu drängen, verbreitet zu werden? (Mancher Ausschuß mag da mitlaufen.) Wenn man sie, wie oben erwähnt, mit mikrophysischer Sensitivität vergleichen kann, sind sie ja die ältesten Machthaber. Jemand hat den Gedanken virtuos formuliert: Niesen wir, um die Bakterien loszuwerden, oder treiben uns die Bakterien zum Niesen, um sich verbreiten zu können? Der bedächtige Philosoph schüttelt nachdenklich (Meme produzierend) den Kopf und murmelt: „Beides". Dazu habe ich oben das „lassen" beim Vervielfachen in Klammern gesetzt. Ist die Evolution die treibende Kraft?

Verweilen wir einen Augenblick bei der Schrift, dem heute immer noch größten Memspeicherwerkzeug außerhalb eines Organismus. Die Erfindung der Schrift und damit Schriftlichkeit ging langsam vonstatten. Wahrscheinlich wurde die Schrift im heute üblichen Sinn seit dem 4. Jt. v. Chr. fast gleichzeitig in mehreren Hochkulturen (Ägypten, Mesopotamien, Industal und, etwas später, China) aus einfachen Bildritzungen und dgl. als Gedächtnisstützen zu piktographischen Zeichnungen und hieraus Wortund Silbenschriften bis zum Alphabet entwickelt, vielleicht wurde die Idee der Piktographie ‚monogenetisch' von einer Hochkultur zu anderen übertragen. (Doch vgl. Göbekli Tepe.) Daß gerade Schriftlichkeit erfunden wurde, ist kein Zufall. Andere Medien, z. B. für das Gehör, stehen erst ab dem vorigen Jahrhundert zur Verfügung. Die Schrift benutzt das Auge, das am besten entwickelte Sinnesorgan des menschlichen Organismus. Im Laufe der Zeit kamen Schrifthilfen von der Worttrennung über die Satzzeichen bis zur Paginierung der Blätter, später Seiten, Inhalts-, Namen- und Sachverzeichnisse auf. Kopien, selbst die heute elektronisch herstellbaren, verändern das Ausgangstextem und damit die rezipierten Texte (vgl. das ‚Lay-out', das Fixierungsmaterial, z. B. die Papiersorte, usw. Ich mag alte deutschsprachige Texte nicht in Antiqua lesen. Der Satzspiegel erhöht oder mindert die Lust am Lesen usw.) Schrift begleitende Phänomene von der Schrifttype bis zum Bucheinband sind kulturspezifisch. (Vgl. Schopp 2006.) Die Schrift hat die Kulturen verändert.

Die Funktion der Schriftzeichen ist, abgesehen von einer grundsätzlichen Fixierung, verschieden. Piktographe können lautlich unterschiedlich gelesen werden. ☼ kann man als *Sonne, soleil, sun, sūraj, güneş* usw. lesen. Man braucht ganze Texte nicht eigens zu translatieren. (Unterschiedliche grammatische Strukturen machen nicht überall unüberwindliche Schwierigkeiten; vgl. alte sumerische Texteme in akkadischer Lesung als wortwörtliche ‚Translate'; vgl. chinesische Texteme in japanischer Lesung und umgekehrt, strukturell behilft man sich mit Numerierungen als Anweisung zur Reihenfolge des Lesens der Zeichen.). Das Material, auf dem geschrieben wurde, spielt ebenfalls eine Rolle. Schriftliche Aufzeichnungen entlasten das organische Gedächtnis und erleichtern die Erinnerung an vergangene Ereignisse. Ähnlich wie der Weg von einer gedanklichen Vorstellung (*scene*) bis zur Verbalisierung und weiter zu ihrer Äußerung für jemanden in einer Produzentensituation verformt die schriftliche Fixierung von *scenes* die *scenes*. Wieder spielt der Widerstand der benutzten Schrift und des Schreibmaterials eine Rolle. Die Rezeption einer schriftlichen Aufzeichnung vom Textem zum rezipierten Text verändert das ursprünglich Gemeinte. Dieses kann nur verformt rezipiert werden. Es ist nicht mehr das vom Produzenten Gemeinte. Es wird zu dem von jedem Rezipienten anders Gemeinte (Apperzipierte/Interpretierte; vgl. Borges' *Pierre Menard*.) – Das Gedächtnis wird verändert. Es bedarf weniger Memorisierung, größere Textemmengen können gespeichert werden, die Fixierung ist trotz der vorgenannten Veränderungen dauerhafter usw. In der Folge ergibt sich ein kultureller Wandel auf verschiedenen Gebieten (moderne Medien verringern Kopiefehler; gleichzeitig kann unterschiedlich moduliert werden;

Korrekturen werden erleichtert und unbemerkbar [im Gesang einer Arie können einzelne Noten korrigiert werden]; es kann von Medium zu Medium kopiert werden; vgl. auch das Strafgesetzbuch anstelle memorierter Präzedenzfälle oder einiger weniger einfacher, oft instabiler Regeln; vgl. die Fixierung von Ritualen und rituellen Textemen; vgl. die moderne Historiomanie, die Wissenschaft). Auch das alltägliche Leben wurde verändert. Augustinus wunderte sich noch, als er bemerkte, daß Ambrosius ohne Stimme las und nur die Lippen bewegte.[218] Heute tun wir nicht einmal mehr dies, wenn wir Seite um Seite in Sekunden diagonal lesen, um Bemerkenswertes zu finden. Es gibt Hörbücher. Manchmal hinkt die Terminologie (die Konvention) noch nach. Insgesamt wird das Gedächtnis entlastet, aber auch nachlässig. – Die (schriftliche) Translation entstand, vor der es ‚nur' die Verdolmetschung gegeben hatte, kurz nach der Einführung der Schrift. Die schriftliche Translation entwickelte bald unterschiedliche Methoden (die sie Modelle oder Theorien nannte), z. T. je nach Texttyp (vgl. Verwaltungstexte vs. schöngeistige Literatur und Sorten innerhalb der letzteren), die Verdolmetschung behielt ihren ‚natürlichen' Habitus auch in offiziellen Situationen bis ins 20. Jh. n. Chr. (vgl. die umfangreiche Lit. zur Historie). Und schließlich schreiben wir nicht mehr; wir sprechen unsere Translate ins Diktaphon. Und wieder wird das Diktum eines Translats, sein Stil verändert, Rhetorik wird wieder hörbar. Translation verbreitet Meme, indem sie Meme zu Memen umwandelt.

Memvehikel evoluieren selbst und dienen dadurch niemals mehr demselben Ziel (vgl. die Evolution der Gehirnkapazität). Die Evolution selbst evoluiert. Rückschritte werden erschwert (vgl. die Autopoiesis in der Systemtheorie). Die Abhängigkeit von Memen und Memgebrauch wächst. Einst entstand Abhängigkeit von der Sprachfähigkeit,[219] davor wahrscheinlich vom Werkzeuggebrauch. Aus einem Organismus mit Gehirn evoluierte *Homo* zu einem Gehirn mit Körper – und machte sich dadurch zu einem Organismus mit einem Universum. In dieses Universum als potentielle Memothek kann er sein Wissen auslagern. Abhängig wird dieser sich stolz *sapiens* nennende *Homo* dabei vom eigenen Machtdrang, vom Innovationsdrang, der ständigen Neugier, Wissensakkumulation mit steigenden technischen Fähigkeiten und sozialer Kooperationsbereitschaft; dazu wird

---

[218] „sed cum legebat, oculi ducebantur per paginas et cor intellectum rimabatur, vox autem et lingua quiescebant. saepe, cum adessemus [...] sic eum legentem vidimus tacite et aliter numquam, [...]" (*Confessiones* 6.3).

[219] Fried (2004, 97) scheint mit „die Erweiterung der Kommunikation, die nun einsetzende Sprechfähigkeit, die Entwicklung der Sprache" drei Stufen der Evolution anzudeuten.

ein immer höheres Abstraktionsvermögen vorausgesetzt. Potentialitäten werden unabdingbare Mememkonzentrate. Sie können als Prozesse beschrieben werden, weil sie sich ständig wandeln oder/und verändert werden. Sie evoluieren. Durch den steigenden Gebrauch von Memen und die Memetik werden sie unabdingbarer denn je. Gebrauch weckt Bedarf. Die Spirale dreht sich, schneller. Der konkrete Mensch tritt zurück.

Durch Dawkins' Memtheorie und ihre Entwicklung muß die Trennung in eine „soziale" und eine „kulturelle Transmission" überdacht werden.

> Von der ersten sprechen sie [die Ethologen], wenn ein Lebewesen fremde Handlungen ohne deren innere Ordnung und Folgerichtigkeit nur ‚nachäfft', um dann über Versuch und Irrtum eigenständig den möglichen Lernerfolg zu erzielen; von der zweiten, sobald bewußtes und gezieltes Lehren beteiligt ist. (Fried 2004, 93)

Die Trennung von bewußt und unbewußt ist fraglich geworden (vgl. ib. 94). Nachahmung und Lehre interagieren (vgl. den Erwerb kulturellen Verhaltens beim Kleinkind) und werden durch ‚implizite Lehre' miteinander verbunden. Dem Nachmachen geht das Vormachen voraus. Vormachen kann ungewollt geschehen. Ich kenne zwei Katzen, die durch aufmerksame Beobachtung menschlichen Handelns gelernt haben, eine Tür zu öffnen, indem sie sich an die Türklinke hängen (es ist also mehr als Nachahmung im Spiel) und sie dadurch herunterdrücken. Vielleicht hat die jüngere dabei von der älteren gelernt. Aber die jüngere hat auch verstanden, daß man nicht nur eine spezielle Tür auf diese Weise und zwar auch von der anderen Seite, sondern auch andere Türen von beiden Seiten öffnen kann, aber sie versucht es nur bei den ‚interessanten' Türen, hinter denen Futter, Freiheit oder Neuheit lockt. Katzen sind auch Menschen. – In jedem Nachmachen liegt eine Entwicklung, weil es nie dasselbe ist. Insofern wird es informativ. Es öffnet potentiell neue Möglichkeiten (vgl. Luhmann zur Systembildung). Sie müssen ergriffen werden. Eine Vorbedingung ist Lernwilligkeit, sprich: Neugier. Ist Intelligenz (was immer das sein mag) Vorbedingung für oder Lernerfolg durch lernenwollendes Neugierverhalten oder beides?

Gedanken sind Meme (zur Selbstinformation). Meme sind Gedanken (vgl. nochmals *Ge-denk-en* und μίμημα/μίμησις). In einer Gesellschaft gerinnen sie zu Konventionen, Kultur.

Meme vernetzen sich, oder: Meme treten vernetzt auf (vgl. Plotkin 1994, 43-47). Chestermann (1996, 65) spricht von einem „memone", einem Memkomplex.

Meme bilden Systeme. Kultur ist ein komplexes Mem, ein Memsystem. Meme sind nicht vererbbar. Vererbbar kann die Gehirnstruktur sein, womit auch eine gewisse Vererbung von Potentialitäten (Fähigkeiten; vgl. das Talent) möglich ist. Ähnliche Meme können zur gleichen Zeit unabhängig voneinander oder in weiter historischer Verbindung auftreten.

> [...] consider the fact that two widely separated cultures both used *boats*; this is no evidence at all of a shared cultural heritage. If both cultures were to paint *eyes* on the bows of their boats, it would be much more interesting, but still a rather obvious move in the game of design. (Dennett 2005, 356f)

Die alten Griechen malten Augen am Bug ihrer Schiffe; bis vor kurzem taten dies auch portugiesische Fischer, vor allem an der Küste Mittelportugals (z. B. in Nazaré). Diese Fischer tragen „phrygische" Mützen: lange wollene Zipfelmützen, in denen sich bei Ausfahrten bequem und sicher Tabak usw. aufbewahren läßt. Stierkämpfe kennt man in Spanien und von altkretischen Malereien. Wanderungen sind natürlich nicht ausgeschlossen. Lissabon wurde wahrscheinlich von Phöniziern gegründet. Doch bis heute trägt das Adjektiv zum Stadtnamen die Irrfahrten des Odysseus mythisch in die Welt: *Ulissiponense*.

Meme nehmen Einfluß auf das Gehirn und seine Aktivitäten (vgl. ib. 273). Wenn oben interne Stimuli angenommen wurden, läßt sich sagen, ein Gehirn produziere Meme und verarbeite sie. Meme haben zu neurowissenschaftlicher Technologie geführt, mit deren Hilfe sie ‚besser' produziert werden können (ib. 275). – Es gibt erfolgreiche und erfolglose Meme (s. oben zu gut und böse). Die Bedingungen sind indefinit mannigfaltig, sowohl hinsichtlich der Memproduktion als auch -rezeption. (Vgl. oben zur Sensitivität, Attraktion usw.) Kulturelle Phänomene und Bedingungen üben ihren Einfluß aus. Jede Kultur kann als {Mem} oder genauer: potentielles {Mem} für einen Gebrauch angesehen werden. Gene und Meme können sich gegenseitig verstärken (vgl. das schon genannte Talent).

Der potentielle (oder im folgenden Fall recht konkrete) Einfluß der Meme zeigt sich in einer grundsätzlichen Umfunktion von Sprache. Im Anfang diente sie wahrscheinlich vornehmlich als Mittel zu gesellschaftlicher Kohärenz einer Gruppe (vgl. die Funktion der Stimme bei Tieren; vgl. noch die *phatic communion*). Heute wird Sprache mehr und mehr Mittel zur Memproduktion. Meme drängen zur Interaktion (vgl. das Beispiel von den Bakterien; vgl. oben: „interactors").

Andererseits kann ein Mem durch Sprache verändert werden, wenn jemand z. B. einen Gedanken ausdrücken möchte, aber nicht die ‚rechten Worte' findet und das zu Sagende umformuliert. Es gibt keine Synonyme.

Meme kooperieren miteinander. Ein Gedanke führt zu einem anderen. Es entsteht ein Gedankensystem, z. B. eine neue Theorie. (vgl. oben das Zitat aus Ball 1984, 148.)

Dawkins (1989, 192; vgl. ib. 323) nennt Meme Parasiten. Vielleicht eher Viren: Sie nisten sich in anderen Gehirnen ein und verursachen eine "mutation" des Denkens. Meme werden u. U. unfektiös (vgl. Delius 1989, 26). Dennett (2004, 177f) spinnt den Faden weiter. Es gibt drei Arten Symbionten: dem Wirtsorganismus schadende Parasiten, neutrale Mitesser ("commensals") und auch dem Wirt nützliche Mutualisten. Meme gibt es von allen drei Sorten. Das macht den Skopos kompliziert, z. T. indirekt. Jemand setzt ein Mem, z. B. ein mutualistisches oder neutrales, in die Welt. Viele Menschen nehmen es auf, so daß es *common sense* wird und dadurch in Mode kommt oder als Selbstverständlichkeit gilt. Dann kann das Mem zu einem für die/den Menschen gefährlichen Parasiten werden (vgl. den religiösen Eifer, der zum Fundamentalismus mutiert). Dennett (2004, 266) zählt vier Sorten Meme: Meme aus natürlicher Auswahl ("naturally selected"), daraus entstandene unbewußt gewählte ("unconsciously selected") und bewußt gewählte ("methodically selected") für Planungen usw., bis ganze Memsysteme verbreitet werden, z. B. politische Ideologien, Rechtssysteme usw.

In der Genetik gibt es zwei ‚Methoden' der Reproduktion: Durch Zellteilung und Befruchtung. Wie in der genetischen Reproduktion das Zusammenkommen zweier Zellen, des Eis und des Spermas, fruchtbar wird, so das Zusammenkommen von Memen im Dialog. Damit ist die wahre Aufgabe des Dialogs genannt.

Eine andere Möglichkeit, Meme zu generieren, läßt sich an Hand des Aphorismus metaphorisch erläutern: Ein Aphorismus ist eine soweit verkürzte Äußerung, daß er nach Vervollständigung verlangt. Die Pause, die folgt, ruft nach einer Fortsetzung durch einen Anderen. Ein Aphorismus wird dadurch zu einer ‚unterbrochenen' Memproduktion. Das Schweigen des Anderen bricht auf der Grenze des Aphorismus in eine Forsetzung aus, sobald der Aphorismus zu schweigen beginnt. Schweigen kann ein Mem werden (vgl. oben das Vakuum als Energieträger).

Ein „innerer Dialog" ist eine Zellteilung der Memetik.

Ein Mem, wenn produziert, wird wichtiger als sein Produzent. Es löst sich von ihm und wird im „Zwischen" der Organismen selbständig.

Meme sind, einmal produziert und solange sie nicht (wieder) in neurophysische Aktivitäten umgewandelt werden, nicht lokalisierbar. Die Verbreitung von Memen ist eine Streuung (vgl. Schallwellen, Bücher, die heutigen Media, deren Wellen an [mit Einschränkungen] beliebigen Orten empfangen werden können. Sie „liegen in der Luft".

Meme als Informationseinheiten können holistisch intendiert bzw. rezipiert werden. Zumeist werden Meme jedoch als rationale Einheiten aufgefaßt. (Oben war von Gedanken die Rede.) Lachen steckt zwar an; eine Liebeserklärung kann das Gefühl der Liebe wachrufen, Emotionen können ansteckend wirken, d. h. sie können zu Stimuli zu Memen werden. Man kann jedoch getrost sagen, daß Meme zumindest überwiegend als rationale Phänomene ‚gedacht' werden. (Es sei aber daran erinnert, daß der vorliegende Versuch immer wieder eine holistische Betrachtungsweise hervorhebt.)

Nun könnte es eines Tages sein, daß durch die (menschliche) Memproduktion ein Produkt geschaffen wird, ein Roboter, der sich reproduziert und selbst Meme produziert. Dann geschähe durch die (menschliche) Memetik ein neuer evolutiver Sprung: vom Energieprozeß → System → Organismus und vom Bakterium → Pflanze → Tier → Menschen → Roboter? → ...? Einen Science-Fiction-Roman schreiben: Wie sich der Mensch vormals Zugpferde hielt, die seinen Wagen zogen, so schafft der Mensch dann dem Roboter das für dessen Reproduktion benötigte Rohmaterial herbei. Ob der Mensch dann gehalten wird, wie er die Pferde hielt, die schließlich auf dem Schlachthof landeten? (Der Roboter wird wahrscheinlich Vegetarier. Er ernährt sich von elektrischer Energie.)

Chesterman (1997, 4) geht in seinem Buch zur Translation von dem Mem aus, ein Translat sei eine Theorie über den Ausgangstext. Also wäre ein(e) Translat(ion) das Mem(em) eines Mems über ein Memem, nämlich ein Ausgangstextem, das mutiert wird. In der vorliegenden Arbeit frage ich, wie Meme als Stimuli zur Memproduktion entstehen und wirken.

Oben wurde diskutiert, wie aus Prozessen und Ereignissen komplexe Strukturen werden können. Jetzt spannt sich ein Bogen von der „Sensitivität" einfacher Prozesse und Ereignisse bis zur Memetik, eine funktionale Welt aus Energie. Wir versuchen, die Einheit des Universums darzustellen. Wenn mikrophysikalisch „Sensitivität" gilt (s. oben), dann sind Meme die ältesten inhärenten Qualia in den Prozessen des werdenden Universums. Der Kreis zum *tout se tient* rundet sich abermals.

Bis hierher habe ich die drei ‚Objekte' Neurophysik, Genetik und Memetik stark verkürzt in der Art (m)eines Mythos beschrieben, um zu zeigen, (1) daß sie wesentliche Qualitäten gemeinsam haben: auf einer Mikroebene die Sensitivität, Momentanität, Individualität, Perspektivität, Relativität, Relevanz, den steten Wandel und die steten Veränderungen ihrer Gegenstände und deren Beobachtung und ihren Beobachter, die es auf einer Mesoebene durch Reduktion der betreffenden Faktoren auf Gemeinsamkeiten (Ähnlichkeiten, vgl. die Wiederholung) erlauben, Regeln allenfalls als Probabilitäten zu formulieren, und (2) daß eine Praxis der Interaktion/Translation im Indefinitum einer Situation im Verlauf von Wahrnehmungen, Per- und Apperzeptionen zur Produktion bzw. Rezeption von prozessualen und ereignishaften (potentiellen und materiellen) ‚Objekten' die chaotische Vielfalt beider Ebenen beachten, Faktoren auswählen und sie zusammenführen muß, soweit dies angeht, um holistisch (d. h. eben natürlich, lebendig) handeln, d. h. einen Skopos erfüllen, zu können. – Möge sich also jeder Handelnde in seiner (angenommenen) Freiheit und Verantwortung (s. oben die Bewußtseinsschleife) aus dem in diesem Mythos angerichteten Chaos heraussuchen, was er in seiner Situation als nötig und möglich – als „relevant" – annimmt.

Es sollte auch gezeigt werden, daß und wie alles mit allem zusammenhängt. Als Zusammenhänge wurden auf mikrophysischer Ebene Sensitivitäten und potentiell funktionshaltige Formen erwähnt; Gene bilden Aggregate im Zeit-Raum für organismische Systeme; Meme schließlich lassen nicht nur kulturelle Systeme in organismischen Gesellschaften entstehen, sondern fügen und halten als Informationspotentiale alles auf allen Ebenen zusammen. Diese erst jüngst entdeckte Ebene stiftet als älteste die Einheit des Universums.

Zusammenfassung

Ich fasse die bisherige Darstellung in ein paar Sätzen zusammen.

Energie evoluiert in Prozessen, sich z. T. zu „Ereignissen" konkretisierend, sensitiv auf Relationen (Passungen) auf Komplexitätszunahme hin.

Komplexe Ereignisse evoluieren zu Systemen.

Ab einer gewissen Komplexität evoluieren Systeme zu autopoietischen Systemen zu lebenden „Organismen" mit Selbstreproduktionsmechanismen. – Ab einer gewissen Komplexität evoluiert die Reproduktion zur Genetik zur Memetik zur Interaktanz.

Organismen können sich in Gemeinschaften (Gesellschaften, Sozietäten) organisieren. Das Zusammenleben bedeutet gegenseitige (An-)Passung durch die Evolution von Konventionalität (konventionell überformtem Verhalten). Die Organisationsstruktur und die Prozesse ihrer Realisierung werden „Kultur" genannt. Kulturen bilden soziale Systeme.

Kultur erhöht die Kontingenz des individuellen Verhaltens und erleichtert und erweitert das kulturell-konventionelle Verhalten in einer Gesellschaft. Den Zusammenhang liefern auch hier wiederum die Grundqualia Sensitivität, Relationierung, Passung usw.

Organismen evoluieren Bewußtsein und Selbst-Bewußtsein als Kontrollschleife für Verhalten. Freiheit und Verantwortung entstehen als Ethik.

Organismen evoluieren kulturspezifisch-konventionelle Interaktionsstrukturen und -systeme („Sprachen") als Funktionssysteme. Informative Funktionselemente heißen „Meme". Meme evoluieren zu einer die Genetik überholenden memetischen Reproduktion, d. h. u. a. zu einer beschleunigten Kulturevolution.

Theorie gibt es auf mehreren Ebenen. Theorie kann Praxis begründen. Im heutigen akademischen Betrieb, in dem die Vorbereitung auf eine Praxis und auf wissenschaftliche Forschung zusammengewürfelt worden sind, bekommen manche auf Praxis ausgerichtete Fächer kaum eine eigene theoretische Ausbildung. Theorien bilden die Grundlage für die Ausbildung. Lehrende müssen die Theorien kennen, um die Möglichkeiten („Probabilitäten") der Praxis aufzeigen zu können. Für die Ausbildung zu wissenschaftlichem Arbeiten spielt Theorie die Rolle der Hypothesenbildung und ihrer Erprobung (Erkundung der Probabilitäten).

Was bis hierher zusammengetragen wurde, scheint sich zu einer einheitlichen Grundgegebenheit zusammenzufinden: Sensitivität, Attraktion, Systembildung, steigende Komplexität (Evolution) in einer im Grund einheitlichen Richtung, andererseits Unmöglichkeit direkten Kontakts, damit Unmöglichkeit des Verstehens, das nur über den Umweg einer mehrfachen Umwandlung („Transsubstantiation', das Gehirn als Transformator) als Stimulus Wirkung und Folgen zeitigen kann, trotzdem dazu die Annahme, daß *tout se tient*. Die Individualität, von der die Überlegungen ausgingen, verblaßt als aktiver Faktor in der gesellschaftlichen Notwendigkeit kultureller Überformung als Überlebensbedingung.

Fünfter Teil

Ein Faktorenchaos

> Why do some people need to question the meaning of life
> [...], whereas others prefer simply to experience it?
> (Gülden Oktay Akyol)[220]

1 – Eine gemischte Aufzählung relevant werden könnender Faktoren

Die folgenden Listen erheben keinen Anspruch auf eine unmögliche Voll-
ständigkeit. Die Faktoren purzeln ins Gedächtnis und werden so aufge-
schrieben. Sie werden jeweils auf gegebene Situationspunkte hin relevant
(vgl. Arntz 2001, 21-34 [Kap. 1.3]). Auch zusammen ergeben sie nur ein
unvollständiges Bild. Faktoren können *zéro* gesetzt werden. – Die Zuordnung als ex- oder interne Faktoren ist z. T. eine Frage der Perspektive. Eine
exakte Trennung ist nicht möglich. Im besten Fall kann die Zusammen-
stellung zur weiteren Suche und zur Aufmerksamkeit auf Einflüsse von
Faktoren auf eine Interaktion: Produktion, Rezeption und Translation anregen. – Die Faktoren sind keine starren Phänomene; sie wandeln sich in
sich, werden momentan verändert und erhalten einen gewissen Anschein
von Dauer, indem sie auf der mesokosmischen Ebene, d. h. unter einer
Reduktion auf skoposadäquat relevante Denotativa, betrachtet werden.

2 – Liste primär externer Faktoren:

Zu den externen Faktoren zählen Bedingungen und Stimuli aus Situation,
Umfeld, Umwelt[221] und letzten Endes des Universums. – Zur Situation vgl.
die umfangreiche Literatur zur Interaktion und zur Kommunikation. – Vgl.
die Begegnung mit einem Bekannten: Man grüßt sich, spricht miteinander
usw., je nach den Umständen unterschiedlich. An der Universität Heidelberg haben wir im WS 1989/1990 versucht, ein Flußdiagramm für Gruß-
bedingungen und -formen aufzustellen. Wegen der schnell ansteigenden
Komplexität sind wir über Anfänge nicht hinausgekommen.

---

[220] S. Fußnote 2.
[221] Zum Umwelteinfluß vgl. die unterschiedliche Entwicklung von eineiigen Zwillingen
und geklonten Tieren (vgl. Dizdar 2004, 267f; Dizdar [demnächst]).

Zur Umwelt vgl. geographische Bedingungen (z. B. Klima, Orographie),[222] Idio-, Dia- und Parakulturen (Gesellschaft/Gemeinschaft,
Wohnverhältnisse, Familie, ...) mit je eigenen gesellschaftlichen, fach-
spezifischen, register-, tenor-, mode- usw. bedingten (vgl. Halliday 1992)
usw. Gesetzen, Normen, Konventionen, Ritualen und ihren jeweiligen
Ausdrucksmodalitäten in Historie, Literatur, Musik, Sport, Küche ... bis
zum Lächeln (vgl. die nord-südliche „Lächelnsgrenze" ~ zwischen dem
‚westlichen' katholischen und dem ‚östlichen' orthodoxen Verhalten),[223]
Grüßen mit Worten und/oder Gesten, ... mit den Evaluierungen, damit diesbezüglichen Erwartungen und Assoziationen zu Sinn und Form (einschließlich rhetorischen und stilistischen Formen) usw. und schließlich (Grade
der) Kooperation(sbereitschaft). Die Faktoren können weiter detailliert
werden: vgl. interessenspezifisches, fachliches jeder Art, gesellschaftliches,
berufliches, geschlechts-, altersspezifisches usw., sprachliches, dialektales,
regio- vs. soziolektales, idiolektales, synchronisches vs. diachronisches
[historisches], aktuelles, fallspezifisches usw. Wissen.

Das Umfeld besteht aus einem historisch bedingten, aktuellen ‚technischen' „setting", einer gesellschaftlich, politisch, religiös, ... oder/und
‚technisch' geregelten und ausgerichteten Faktorenmenge, Prozedur, ... mit
Sach-„Inhalt", „Bedeutung" und „Sinn" (zusammen: Funktion) jedes darin
enthaltenen Phänomens und aller Ausdrucksformen der Darbietung mit
formal-struktureller Kohärenz und kulturspezifischer Kohäsion (vgl. Halliday + Hasan 1976); vgl. weiters das angenommene Wissen und Wissens-
interesse, z. B. Fachkenntnisse aus anderen Disziplinen, z. B. Neurophysiologie, Neurobiologie, Psychologie, Soziologie, Ethnologie, Geschichs-
senschaft usw., syn- und diachrone, strukturale Textlinguistik und andere
Linguistiken; vgl. Knappheit und Ausführlichkeit („Ökonomie") eines
Verhaltens (vgl. die „Rhetorik"), z. B. die signifikant größere Länge und
damit Ausführlichkeit von Witzen und Anekdoten im Portugiesischen im
Vergleich zum Deutschen (vgl. Broermann 1984), das öftere *turn-taking*
mit kürzeren Redezeiten in deutschen Interviews im Vergleich zu türkischen Gepflogenheiten. – Alle Faktoren wirken aufeinander ein. – Wenn
tout se tient, spielen Historie und Erwartungen für die Zukunft in jedem

---

[222] Gebirgsbewohner singen mit anderer Stimmlage, -intensität usw. als Bewohner der
Ebene, Seevölker sprechen anders als Land-, besonders Gebirgsbewohner. Zum Teil
kann ein Sprachwandel auf derartige Einflüsse zurückgeführt werden. Hier liegt ein
noch kaum beackertes Feld der – z. B. linguistischen – Arealtypologie.

[223] Meine Innsbrucker Kollegin Platzgummer-Kienpointner vermutet, daß das orthodoxe
Verhalten aus der byzantinisch-orientalischen Feierlichkeit des imperialen Ritus entstanden ist (mdl. Mitteilung).

Moment eines Prozesses für jeden Interaktionspartner im individuellen und gesellschaftlichen Umfeld des jeweiligen holistischen Geschehens eine momentan-individuelle Rolle. – Zum Umfeld vgl. die aktuelle Wirtschaftslage, politische Konstellationen (z. B. Zeit eines Wahlkampfs); Nationalismus als translationsfreundlich (z. B. in der türkischen Republik) vs. -feindlich (vgl. hierzu Venuti 1995 zur Lage der Translation in den USA); Migranten (vgl. die einschlägige Literatur zum *community interpreting*); ....

Für die menschliche Interaktion und hier besonders die Translation sind die Faktoren des im folgenden erweiterten „translatorischen Handlungsrahmens" wichtig: der Initiator einer Handlung (z. B. der Gesetzgeber, der eine Steuererklärung verlangt), der Produzent (Autor, Sender, der einen sogleich zu übersetzenden Text evtl. diktiert), der Auftraggeber /Besteller, der/die intendierte(n) Rezipient(en) und Benutzer des Resultats als Vertreiber einer Ware, z. B. ein Importeur, der dem zu verkaufenden Apparat eine Gebrauchsanleitung, für deren Richtigkeit *er* verantwortlich ist, beilegt / von Gesetzes wegen beilegen muß (vgl. die Verbraucherschutzgesetzgebung), der Käufer (Endverbraucher), der die Anleitung benötigt, um die Ware praktisch nutzen zu können, sodann Konferenzorganisatoren, Lektoren, Überprüfer, Korrektoren, Redaktoren, Editoren, Verlage, Drucker, Syndikus (Rechtsbeistand) etc., gesellschaftliche Verflechtungen, Produktions- und Rezeptionsbedingungen, Publikationsbedingungen (Einstellung auf ein spezifisches, intendiertes, allgemeines, potentielles Publikum, P, $\{R\}$, $\{R_T\}$, Beobachter (Reporter, Journalisten ...) mit allen Arten und Unarten, Motivationen, Interessen, Dispositionen (Bereitschaften, Aversionen), Intentionen, Wirkungen und Folgen für die Translation / das Translat, Zensur, Kritik, weitere Handlungsbedingungen, z. B. für einen Dolmetscher, ob simultan (zwei- vs. mehrsprachig, in eine vs. zwei Richtungen, *per relais* oder *relais* des *relais*) oder konsekutiv gedolmetscht wird, in einer standardmäßig ausgelegten Kabine oder nicht, mit/ohne Sicht des Dolmetschers auf einen Redner/Sender (der seinen schriftlich vorbereiteten Text u. U. abliest, statt frei zu sprechen), Dolmetscharten (Gesprächs-, Begleit-, Verhandlungs-, Vertrags-, Konferenzdolmetschen [international, national, privat, ...]; mit politischer, wirtschaftlicher, technischer [Fachsprache, u. U. Firmenjargon, ...], ... Thematik, zu kommerziellen, ... Zwecken usw.), *community interpreting* im Krankenhaus, vor Gericht, bei Behörden, Katastrophen usw., Telefon-, Video- (gemeint ist das Simultandolmetschen fürs Fernsehen), Teledolmetschen – vgl. hierzu u. a. die Sprechgeschwindigkeit und ihre Relation zur Informationsmenge (vgl. Vermeer 1989, 256f), die Relation von Silbenzahl und Information pro Zeiteinheit (die Ökonomie), die Abstimmung von Ton und Bild, evtl. die Trennung von Aufnahme und Sendung mit der Möglichkeit, die Verdolmetschung aufzunehmen und zu überprüfen (und dadurch zu einer Pseudo-Übersetzung zu machen), Flüster-Dolmetschen usw., Spontan- = Vom-Blatt-„Übersetzen" (besser: -Dolmetschen), Terminbedingungen, Verfügbarkeit von Arbeitsmitteln, Automatisierung(sgrad) des Handlungsablaufs, Machtverhältnisse, gesellschaftliche Konventionen, Textkonventionen, -strukturen, ..., alles jeweils aus der Eigen- und der jeweiligen Fremdperspektive berücksichtigt (vgl. Robinson 2003a und 2003b; Kaindl 1995; Kaindl 2004; im weiteren Rahmen Baudrillard 1972 und Sohn-Rethel 1973 zur Werteökonomie; ders. zum Unterschied von Gebrauchs- und Tauschwert, die beide jeweils unter der je eigenen Perspektive von Geber, Nehmer und eventuell Beobachter, also nicht objektiv, ausgehandelt oder/und festgesetzt werden (vgl. ib. 48). Zum Machtproblem beim Tausch vgl. Bourdieu/Raulff+Schwibsch (1989, 13f).

> L'hypothèse de l'égalité des chances d'accès aux conditions d'acquisition de la compétence linguistique légitime est une simple *expérimentation mentale* que a pour fonction de mettre au jour un des *effets structuraux* de l'inégalité. (Bourdieu 1982, 44[20])

Zur kulturellen Ökonomie vgl. Grice (1975); Hatim + Mason (1997, 140). Spezifische Translationsformen und ihre Funktionen sind zu beachten: Unter-/Obertitelung, Verschriftlichung mündlicher Rede-in-Situation, Synchronisierung, z. B. der Rede mit Lippenbewegung (die Nachahmung des US-amerikanischen *wonderful* durch „wundervoll" in *close-up*-Aufnahmen hat zu einem auch im täglichen Gebrauch verwendeten neu-deutschen *wundervoll!* geführt), Gestik und Mimik, Sprechgeschwindigkeit, Intonation, Interpretation (vgl. die verschiedenen Richards im Monolog in Shakespeares *Richard III.* im englischen Original und in der deutschen Synchronisierung), ..., teilweise Neuverfilmung aus politischen, historischen, ... Gründen; automatische (Maschinen-)Übersetzung *bottom-up* oder mit Hilfe von Paralleltext-Extrakten, Prä-, Post-Editing.

Vgl. die Intertextualität (z. B. den Einfluß einer Buchevaluierung auf dessen Translation: Datum, Propaganda, Form, ...) und damit andere Translate und die ihnen zu Grunde liegenden Theorien/Modelle (vgl. Venuti 1995); den bewußten/unbewußten Import gesellschaftlicher, politischer, literarischer (Susam-Sarajeva 2002), ... Ideen und Strategien, Modelle, Theorien, sofortige/verzögerte Wirkung; Sprachplanung; wissenschaftliche Institutionen an staatlichen und privaten Universitäten, Hochschulen, sonstige staatliche und private Einrichtungen, z. B. Akademien – das alles im hier vorliegenden Rahmen auf Translation bezogen. – „Ökonomie" und ihr Gegenteil, die „Redundanz", beziehen sich fallspezifisch auf eine verbale und/oder non-verbale Form (z. B. Graphik, Tabelle; Ästhetik, Rhetorik, Stilistik), einen semantischen Gehalt oder beides („Ausdruck"), eine informative, operative, expressive, phatische, ... Funktion (vgl. Reiß 1971 zu den ersten drei Funktionen; Reiß 1976; vgl. auch Nord 1988/1995), die Relevanz eines Elements, Ein- oder Mehrdeutigkeit, das Zusammenspiel mehrerer Formen oder Funktionen oder beides, anzunehmendes Wissen (vgl. kulturspezifische usw. Selbstverständlichkeit), ..., Inferenzierbarkeit (vgl. Ex- und Implikaturen) usw. (Information läßt sich wegen der Komplexität einer Textproduktion bzw. -rezeption bzw. deren Relation zueinander nicht exhaustiv messen.) Usw.

Auf der Schwelle von externen zu internen Faktoren stehen Bedingungen, die von beiden Seiten initiiert und eingebracht werden können, z. B. die Fremd- und Eigenbewertung des Status usw., sozial oder/und individuell bedingte Faktoren: Sicht- vs. Unsichtbarkeit (vgl. Venuti 1995), politische, gesellschaftliche, literarische, translatorische, wissenschaftliche Position („Macht"), Geschmack, Konventionen, Einfluß der Faktoren auf die Handlungsfreiheit (vgl. kanonisierte Autoren und Texte), den Wert des Produkts und damit auf Verantwortung und Produktionsstrategien.

3 – Liste primär interner Faktoren:

Zu den internen Faktoren zählen alle im Organismus entstandenen und entstehenden Faktoren und Bedingungen. Interne Faktoren können durch externe angeregt, aktiviert und auf ein Resultat hin ‚gerichtet' werden. Externe und interne Faktoren wirken zusammen.

Als erste Faktoren für Verhalten und alles sich daraus ergebende Weitere können genetische Bedingungen (vgl. die Vererbung) genannt werden. Sie gelten als Grundlage(n) für die spätere Individualität (Persönlichkeit) des Organismus. Sie sind selbst wieder indefinit bedingt. – „Instinkte" sind eingeprägt. Physische Veränderungen (z. B. des Gehirns) können genetisch bedingt sein oder/und durch äußere Einwirkungen hervorgerufen werden. Prä- und postnatale Ereignisse („Erlebnisse") können auf genetische Bedingungen einwirken.

Jede „Prägung" ist sozusagen eine Bündelung von Energien unterschiedlicher Herkunft, die genetisch und gesellschaftlich/kulturell zu einer stehenden „Superwelle" von An-Leitungen werden. Postnatale Prägungen beeinflussen die neurophysische Konstellation. Der Mensch wird schon im Mutterleib auch ‚psychisch' geprägt. Bis etwa zum vierten Lebensjahr ist diese Periode mehr oder minder abgeschlossen. Der Mensch ist im ‚psychischen' Sinn ein Individuum geworden (vgl. Roth 2004). Bei höher entwickelten Organismen relativieren sich die Prägungen. Sie bleiben mit individueller, sich im Laufe der Zeit wandelnder Aufnahmebereitschaft lebenslang mehr oder minder, schwerer oder leichter veränderbar (vgl. jedoch z. B. die Schwierigkeiten bei der Eingewöhnung bereits mehrere Jahre alter Kinder; vgl. den negativen Einfluß auf eine nur vorbehaltliche Adoption; die Gesetzgebung mancher Länder erhöht die Schwierigkeiten aus falscher angeblicher Rücksicht auf die Kinder). Organismen bleiben nach ihrer Prägung „lernfähig", d. h. bis zu einem gewissen Grad durch Ereignisse von einem infolge mannigfaltiger Bedingungen wandelbaren individuellen Erlebnisniveau ab beeinflußt (vgl. Lerndispositionen) oder durch aktuelle Ereignisse momentan ‚entprägt' (vgl. z. B. das Verhalten in einem Wutanfall; die Redenart *außer sich sein*). Bei Gelegenheit kann sich eine momentane ‚Entprägung' als ‚gewollte' Entscheidung präsentieren. Spätere Einwirkungen können als sekundäre Prägungen („erworbene Eigenschaften") die genetische Konstellation und die Primärprägung verstärken oder abschwächen und bis zu einem gewissen Grad umpolen. „Erziehung" dient nicht nur der „Enkulturation" und „Sozialisation", d. h. dem Erwerb gesellschaftsfähiger Regeln. Erziehung kann auch der Erhaltung oder Verstärkung genetischer Vorbedingungen dienen (sollen). „Wiederholung" verstärkt Verhalten. (Wer immer wieder über seine Zurücksetzung durch andere klagt, wühlt sich mehr und mehr hinein und fühlt sich immer stärker bestätigt.)

Faktorenliste: Person, Persönlichkeit, Individualität, Subjektivität, Neugier, Historie, Emotionen, Evaluierungen, Aversionen und ihre aktuellen Assoziationen, Prädispositionen, Zwecke und Ziele (Skopoi); vgl. weiters Volkszugehörigkeit(sgefühl) (Grad der Verbundenheit), gesellschaftliche Schicht, Alter, Geschlecht, Charakter, Stolz, Furcht, Bestätigungsbedürfnis, Mentalität, Erziehung, Kultur, Bildung, Ausbildung, Beruf, Status(evaluierung), Macht, Machtzwänge, Erfahrung, Eindrücke, Erinnerungen, Interessen mannigfaltiger Art (vgl. die Thematik und ihre Ausführung), Lebensbedürfnisse, Darstellungstrieb, Vorlieben, Spieltrieb, Vertrautheit mit und Beherrschung vergleichbarer Situationen und der aktuellen Situation, Öffentlichkeitsgrad der aktuellen Situation, drei Arten „Wissen": auf Erfahrung beruhendes vorwissenschaftliches, praktisches –

auf der eigenen Kultur und darin der Sprachkultur beruhendes, enzyklopädisches vorwissenschaftliches, relatives, – auf Wissenschaft beruhendes,
hypothetisches Wissen, Aktivierbarkeit (u. a. auch historisch-etymologi-
scher) Wissensbestände, Kenntnisse, Theorien, Hypothesen, Konventionen,
Habitūs, Normen, Gesetze, Perspektiven, Praktiken, Überzeugungen, Ansichten, Annahmen, Glauben, Aberglauben, Ideologie, Religion, Movatio-
n(en), Interessen, Intention, Fähigkeiten, Aufmerksamkeit, Konzentrations-
vermögen, Einfühlungsvermögen (Sensibilität), Ko-Orientierungs- und
Kooperationsbereitschaft, Einstellung und Rücksichtnahme auf und
Verständnis für den/die Interaktionspartner und pertinente Andere (vgl.
eigene Geschäftspartner, Untergebene, ...) sowie die aktuelle Interaktion,
Flexibilität, Aufmerksamkeit, das Eingehen auf Unverständnis, Mißverständnis, Nicht-Verstehen-Können oder -Wollen (oder -Dürfen), Durch-
haltevermögen, Sensibilität, Vertrauen, individuelles und gesellschaftliches
Verhalten, Automatisierungsvermögen, Generalisierungsvermögen. – Die
genannten (und andere) Faktoren müssen weiter aufgeschlüsselt werden;
vgl. Enkulturation usw. – Weiters sind zu berücksichtigen: die eingenommene Perspektivität, Erwartungen (besonders von Wirkungen und ihren
Folgen), Gefühle (Affekte, Emotionen), Evaluierungen, positive, neutrale,
negative unbewußte und bewußte Einstellung zum formalen, formellen,
informellen, offiziellen, semi-offiziellen (offiziösen), mono-, dialogischen,
ästhetischen (rhetorischen, stilistischen), expressiven, informativen, operativen (vgl. Reiß 1971; Reiß 1976), konativen (explikativen), phatischen,
fachlichen, allgemeinen, politischen, technischen, theologischen, ... Geschehen und den an ihm Beteiligten – das alles z. B. für jeden Teilnehmer
in der jeweiligen Rolle (*P, R, T,* Protokollant, ..., Richter, Angeklagter, ...)
und dem jeweiligen Rollenverständnis (vgl. *T*) für jeden Teilnehmer sowie
schließlich für die offiziellen, zufälligen, erwünschten, ... Beobachter und
deren Einbezug in eine Interaktion für jeden hieran aktiv oder passiv
beteiligten („passiv" kann für andere durchaus von ihnen aus gesehen
aktive Einwirkung bedeuten) in Anwesenheit/Abwesenheit von *P* und/oder
{R$_{(T)}$}. – Alle Faktoren gelten primär individuell, sind aber zugleich auch
gesellschaftlich, weil ein Organismus in einer Umwelt existiert, die andere
Organismen enthält. Und da *tout se tient*, wirkt alles auf alles ein. – Zur
Form einer verbalen Darbietung gehören u. a. als „phonomorphosyntakti-
sche" Einheit: Stimmstärke, Stimmführung (Modulation), Betonung, Prosodie, Rhythmus, Sprechgeschwindigkeit, Satzstruktur, Wortstellung, Aus-
druckswahl (ob individuell oder phrasenhaft), Pausen usw. In oraler Kommunikation kann, anders als in schriftlicher, ein einmal geäußerter Satz

oder Satzteil (z. B. ein Wort, eine „Phrase") nicht ganz oder teilweise korrigiert, sondern nur neu als Ersatz, Zusatz, Nuancierung, ... geäußert werden. Schriftliche Fixierung enthält kaum Konnotationen (Emotionen), allenfalls gibt es wenige Zeichen (Frage-,-, Ausrufezeichen, Kursive, Fettdruck, ...). Schriftlichkeit zwingt den Rezipienten (also auch den Translator), eigene Konnotationen mitzudenken, evtl. mitzuverbalisieren, wenn die Botschaft weitergetragen werden soll. Schriftlichkeit kann so kreativ wirken. Oralität wirkt ebenfalls kreativ, aber auf andere Weise. – Ein Teil der aufgezählten Faktoren erlaubt (oft nur *grosso modo*) die Feststellung eines kulturspezifischen „Pegels" von Vorkommen (einiger) der genannten Phänomene (ein „Pegel Normal-Null" als Durchschnitt und Grade der Abweichung hiervon und deren Bedingungen; vgl. Vermeer 1980/1983 zur Satzlänge; Vermeer 1985, 475, zur Emotivität). Zur Form kommen semantische Merkmale hinzu, vgl. z. B. die Wortwahl, Register (vgl. Halliday + McIntosh + Strevens 1964) usw.

4 – Liste einiger „Bedürfnisse" als extern-interner Faktoren:

Nahrungsaufnahme (Essen, Trinken), Sauerstoff- etc. Versorgung (Atmung), Wachstum, Schutz (Wärme), Sicherheit, Ruhe, physischer Zustand (Gesundheit), Versorgung (einschließlich Abfallbeseitigung), Reproduktion, Interaktion – Besitz/Eigentum, Komfort, Erwartungen/Neugier, Planung, Vorsorge, Verfassung (Stimulierungen), Erholung, Spiel, Mobilität, Disposition, Status – Interessen, Können (Fächer), Ästhetik, Gefühl/Emotion/Affekt, Mitleid, Geselligkeit/Gesellschaft, Gleichheit, Kreativität, Erziehung (up-bringing, education), Wissen, Klugheit, Einigkeit, Reflexion (Denkvermögen, Einsicht, Aufklärung), Freiheit, Verantwortung – Usw.

Sechster Teil

Im sechsten Teil dieser Arbeit sollen als Interaktionspartner vereinfachend der eine Interaktion einleitende Aktant (P [Produzent]) und der die Aktion rezipierende Aktant (R [Rezipient]) betrachtet werden. Es kann auch mehr als ein Aktant auf jeder Seite vorkommen. Die Rollen können im Verlauf einer Interaktion wechseln (vgl. das „turn taking").

   Die vorliegende Arbeit geht zwischen drei Ebenen hin und her: einer mikro-, meso- und makrokosmischen. – Mesokosmisch kann von einem P bzw. einem R oder von mehreren Partnern gesprochen werden. Wenn mehrere Partner als eine Interaktionseinheit angesehen werden können, in diesem Sinn also eine Menge (> 1) bilden (sollen), schreibe ich $\{P\}$ bzw. $\{R\}$. Mikrokosmisch werden momentane Prozesse und Ereignisse angesetzt. Es muß also auch für *einen* mesokosmischen Partner eine Menge $\{P\}$ bzw. $\{R\}$ gesetzt werden. Werden in mesokosmischer Sicht mehrere Produzenten bzw. Rezipienten gemeint, so ergeben sich mikrokosmisch Mengen von Mengen. In den meisten Fällen werde ich verkürzend von P bzw. R sprechen. Mit anderen Worten: Ich unterscheide (1) mesokosmisch $\{P\}$ als Menge von Produzenten (so werden z. B. Nachrichtensendungen von mehreren Produzenten verfaßt), (2) mesokosmisch $\{P_B\}$ als Menge von Produzenten aus der Eigen- oder (wiederum in anderem Sinn) einer Fremdbeobachtung; auch der sich selbst beobachtende Produzent sieht sich nicht als er selbst, wo und wie er ‚ist‘, sondern wie er annimmt, daß er ist, wie er sich sieht. Andere sehen den Produzenten aus der Sicht ihrer Fremdbeobachtung wiederum je anders, (3) mikrokosmisch $\{P\}$ als Menge von momentanen Produzenten, aus denen *ein* mesokosmisch betrachteter Produzent im Laufe einer $\{o/t\}$ ‚wird‘, und (4) wie in (3) aus der Sicht der Selbst- bzw. Fremdbeobachtung. Genau genommen müßte ich, wie gesagt, die möglichen P's durch unterschiedliche Indizes unterscheiden; z. B. $P_m = P$ in mesokosmischer Betrachtung, $P_{m\text{-}sB} = P$ in mesokosmischer Selbstbeobachtung, $P_{m\text{-}fB} = P$ in mesokosmischer Fremdbeobachtung usw. Analog gilt diese Vier- bzw. Mehrteilung für alle anderen Faktoren, z. B. R, T (Translator) usw. Ich werde das nicht jedesmal eigens anführen, aber klarzumachen versuchen, von welcher Ebene ich gerade spreche.

9. Kapitel

Translation als Interaktion

Behandelt wird vor allem die vorwiegend verbale Kommunikation. Die zu nennenden Faktoren (s. die obigen Listen) können bei allen Interaktionspartnern auftreten. Sie sind jeweils verschieden und wirken auf verschiedene Weise.

Das Verhalten eines Interaktanten wird großenteils unbewußt durch seine „Person" und momentane „Persönlichkeit", Schwammwörter für zahlreiche Faktoren, geleitet, z. B. durch die physische Konstellation (z. B. Körperkonstitution, Struktur des Gehirns), sich daraus ergebende Verhaltensbedingungen (z. B. Disposition, Reaktionsvermögen) und Fähigkeiten (z. B. intellektuelle Kapazität, gesellschaftliche und darin situationelle Verhaltensfähigkeit [z. B. Ökonomie, Ergonomie], Sensibilität, Einschätzungsvermögen der Persönlichkeit des/der intendierten Koaktanten/Kooperierenden [Partner] und der Verwendungsfähigkeit des intendierten Materials, der Interaktions-, Kommunikations- und Sprachgebrauchsfähigkeit [Evozierbarkeit, Formulierungsfähigkeit [z. B. Satzbrüche, Neuansätze], Sprech- bzw. Schreibgeschwindigkeit (mit Pausen, Hesitationen)], Funktion und Form [lexikalischer und grammatischer Struktur], paralingualem und non-verbalem Verhalten [Gesten, Gebärden, Mimik usw.]; vgl. auch Rhetorik und Stilistik), im schriftlichen Bereich durch die Graphie, Graphiken usw., sich aus dem Voraufgehenden ergebende Einstellungen (z. B. Dispositionen, Interessen), Situations- (Befinden: interessiert, neutral, gelangweilt, ...; nervös, indisponiert, gestreßt, müde, irritiert, verärgert, ...) und Umfeldkonstellationen und schließlich Realisierungen von potentiellen habituellen oder z. T. aktuellen Verhaltensweisen (z. B. Aktionen und Reaktionen) in einer aktuellen Situation innerhalb des Umfelds des Organismus. – Die Bedingungen des Verhaltens bleiben ganz oder z. T. unbewußt. Im Nachhinein kann die Gesamtkonstellation (als „Historie") durch den betroffenen Organismus in Selbst- oder (in anderer Weise) Fremdbeobachtung durch einen externen Beobachter als aus einer (Menge von) Motivation(en) zu einer Intention entstanden angenommen (interpretiert, ‚erklärt') werden. Dabei können Motivationen und Intentionen bewußt oder unbewußt geändert, korrigiert, gekürzt, verfälscht oder (soweit bewußt geworden) in Metasprache erklärt werden.

Eine Interaktion kann je nach Intention (von *P* als Produzent im engeren Sinn und/oder Sender) oder Interpretation (durch einen *R*; ein Beob-

achter ist auch ein *R*; *P* kann zu seinem eigenen *R* werden [vgl. das Über-
lesen eines Manuskripts, das lautlose oder lautbare Selbstgespräch, die
imaginierte Diskussion]; *P* oder *R* existieren evtl. nur potentiell, d. h. imaginiert oder intendiert) auf ‚Wahrheit' oder ‚Falschheit' (was immer dies
fallspezifisch bedeuten mag) einer Information mit dem Hauptgewicht auf
einer der möglichen semantischen Ebenen, auf vorwiegend rhetorisch-
ästhetische Interaktion, auf Phatik oder/und als Aufforderung zu einer
Reaktion (vgl. Reiß 1976 zum „operativen Texttyp") abzielen. – Eine
Interaktion als komplexes System von Interaktionssequenzen kann in ihrem
Verlauf anderen Motivationen, Intentionen usw. und damit neuen Bahnen
folgen. Im Laufe von Sequenzen können Digressionen, Verzögerungen und
dgl. eintreten. – Vgl. die Faktorenliste bei Viaggio (2004, 41 und 47; vgl.
2006); vgl. die Planung (Erwartungen, Vorwegnahme: interne Interaktion >
exteriorisierte Interaktion); vgl. Schopp (2005, 71; 285f; 287-292; 293;
386f).

Der Fall *P* (mit einigen Vorgriffen auf *R*)

Im folgenden versuche ich, ein stark verkürztes Beispiel für eine Interaktion zu entwickeln.[224] Der ‚Ökonomie' halber nenne ich oft Gegensatz-
paare; selbstverständlich gibt es in den meisten Fällen gleitende Übergänge. – Es sei noch einmal hervorgehoben, daß eine holistische Analyse
von Prozessen und Ereignissen in einem aktuellen Raum-Zeit-Punkt bzw.
-Verlauf indefinit viele Vorbedingungen für die folgenden stark verkürzten
Überlegungen berücksichtigen müßte. Hinzu kommt die Verbalisierung des
Gemeinten. Translationen über Translationen. Kärrnerarbeit. In jedem
Moment wird ein mikrokosmisches anderes Ich des *P* und entsteht ein
ungefähres Bild vom mesokosmischen Ich des *P*. Ich beschränke mich
weitgehend auf einen mesokosmisch betrachteten Prozeßverlauf; die
mikrokosmische Momentanität ist jeweils hinzu zu denken. (Vgl., was
oben zu den zwei Zeiten innerhalb mesokosmischer Beobachtung gesagt
wurde.) Erst im Bewußtsein dieser Sachverhalte und ihrer notwendigen
Zusammensicht, im holistischen Zusammenspiel und zugleich in der
methodologischen Auseinanderhaltung der verschiedenen Ebenen kann *P*
von sich (als Ich) und jeder Andere von *P* (als er) sprechen usw. und kann
die folgende Skizze einigermaßen Sinn machen. Wenn *P* handelt, handelt

---

[224] Wertvolle Detailangaben finden sich bei Viaggio (2004/2066, Kap. 1). Vgl. auch das
etwas langatmige und manchmal ein wenig unstrukturiert erscheinende Buch von
Ortner (2000) mit 636 Seiten zu „Schreiben und Denken".

er bewußt oder un(ter)bewußt auf einen Skopos hin. Der Skopos umfaßt auch den/die Rezipienten(vorstellung[en]). In der Interaktion müssen sich Produzent und Rezipient (u. U. im *turn-taking*) aufeinander einstellen. (Auch die Absicht, den Anderen nicht zu berücksichtigen, ist eine Einstellung.) Das heißt auch, daß sich *P* und *R* auf Grund ihrer Enkulturationen bemühen müssen, die Voraussetzungen für das Handeln bzw. dessen Rezeption und den Ausdruck des Handelns beim jeweils Anderen so genau wie möglich zu erkennen (vgl. die „reflexive Koorientierung"; Siegrist 1970) und skoposadäquat zu berücksichtigen. (Diese Forderung wird in sekundären Kommentaren zur Skopostheorie oft vergessen.)

Stimuli können folgendermaßen exemplifiziert werden (ich nehme einiges später zu Besprechende voraus): Nehmen wir an, A handelt (z. B. sagt/schreibt) holistisch[225] verbal und/oder non-verbal (1) in seiner aktuellen historischen Umwelt (2) einschließlich seines idio-/dia-/parakulturellen Verhaltens, evtl. seiner verbalen Sprache und seines Sprachgebrauchs jeweils (2a) in Form und (2b) Inhalt/Bedeutung/Sinn (Gemeintes; vgl. Benjamin [1991] zu Meinen und Art des Meinens in *Die Aufgabe des Übersetzers*), kurz: Funktion und (3) mit Hilfe seiner Hilfsmittel (Computer, Hand, Stimmintensität je nach Entfernung, Kleidung, Kollegenschaft usw.) (3a) stilistisch und (3b) rhetorisch vor seinem aktuellen kulturellen Hintergrund (4a) und in seiner aktuellen Disposition (4b) für jedes Element des Handelns unterschiedlich intensiv (4c) überzeugt, aber (4d) interessegeleitet, möglichst (4e) überzeugend etc., (5) jedenfalls unter indefinit vielen Bedingungen, einschließlich (6) des intendierten Rezipienten in seiner (des A) aktuellen historischen Perspektive, (indem er zuerst B's Aufmerksamkeit erreichen will [vgl. den Reiz; s. oben] und B dann die intendierte Information zu übermitteln versucht (vgl. Sperber + Wilson 1986), um B (7) etwas (8) zu einem intendierten Skopos (9) auf die nach A's Meinung möglichst optimale Art holistisch, d. h. (10) einschließlich emotiver und evaluativer Konnotationen, (11) denotativ-rational und (12) evtl. auch assoziativ (13) als Information$_A$ mitzuteilen.

B (14) nimmt, d. h. sieht/fühlt/schmeckt/hört/liest, A's Mitteilung (15) als in B's Umwelt adäquaten / nicht adäquaten (16) intendierten Stimulus wahr / nicht wahr, (17) per- und (18) apperzipiert (interpretiert) ihn / ihn nicht, d. h. versteht/mißversteht ihn (18a) im Ganzen / teilweise (18b) absichtlich/ungewollt als (19) Informationsangebot$_B$/anders (z. B. Jux) (20) je nach und mit B's Möglichkeiten (vgl. oben 2 bis 12, jeweils mit dem Index

---

[225] Nach Damasio (1994; 1999; 2003) sind die oben genannten Konnotationen wichtiger als der denotativ-rationale Teil der Interaktion.

B; vgl. Fried 2004).

A's Intention(en) als intendierter Stimulus und B's Rezeption(en) als stimuliert (16-18) können (21) hinreichend / nicht hinreichend (22) übereinstimmen/divergieren.

(23) B reagiert (24) seiner Meinung nach holistisch adäquat / nicht adäquat mit seinen (25) Wirkung(en) und (26) Folgen auf A's Handlung, woraufhin (27) A evtl. holistisch auf B's Reaktion(en) reagiert (28) usw.

Durch die Vorgänge (1 bis 28) entstehen an jedem Punkt neue Welten mit anderen A und B (und für alle Elemente der Welt C usw.). Das Problem dabei ist, daß eine (momentan-individuelle) Entscheidung auf eine unvorhersehbare Bahn führen kann (vgl. Luhmann 1985 zu Unentscheidbarkeit, Probabilität und Selektion [s. Vermeer *Fragments* ... (demnächst)]; vgl. die Nicht-Linearität komplexer Prozesse; vgl. Longa 2004, 202).

Revisionen sind unter gegebenen Umständen möglich. Solange kein ‚Protest' (evtl. zu einzelnen Punkten ≥1) erfolgt, ist die Interaktion für jemanden (A/B/usw.) quantitativ/qualitativ ganz/teilweise mehr/minder geglückt.

Ich versuche noch einmal zusammenzufassen:

Translation sei ein
holistischer [kreativer] {Prozeß}, der in
einem teilweise als überlieferte {Gesetze}, {Normen} und {Konventionen}, also Regeln,
vorgegebenen idio-, dia- und parakulturspezifischen {Medium} durch
Abstraktion ({Ausfilterung zur Prägnanzerzeugung[226]})
auf jeweils mehreren Ebenen von
jeweils durch die Zielintention (den Skopos) als relevant erscheinenden
   den
{Teilen} von
{Prozessen} von
{Umwandlungen} im
Austausch mit einem
aktuellen Zeit-Raum-Umfeld in einem
sozio-biologischen Umfeld zu
gegebenem intentionalem Ziel von
{Ereignissen} von
{Symbolstrukturen} aus dem Symbolismus
einer strukturiert gedachten {Idio-, Dia- und Parakultur} in

---

[226] Prägnanz (in diesem Sinn) wurde angeblich zuerst von Cassirer (1929) geprägt. Das Adjektiv ist im Deutschen älter.

andere Symbole des Symbolismus
einer anderen anders strukturiert gedachten {Idio-, Dia- und Para-
  kultur} derart
mit Hilfe von Memen stimulieren soll,
daß die momentane Intention des Ziels
potentiell für
einen intendierten {Rezipienten}
in Z
hinreichend apperzipierbar wird.

Im folgenden wird nur der Grundverlauf einer Handlungssequenz skizziert. Die oben explizierten drei Ebenen einer Mikro-, Meso- und Makro-beschreibung werden nicht im einzelnen auseinander dividiert. Der Kürze halber schreibe ich *P* für Produzent, *R* für Rezipient und *T* für Translator. Die Schrittfolge ist nicht unbedingt linear. Ein Teil der folgenden Schritte läuft ganz oder teilweise unbewußt ab.

1. Der Einfachheit halber wird im folgenden von *einem* Organismus – hier also zuerst von *einem* Produzenten (*P*) – ausgegangen. Genau genom-men gilt *{P}*, nicht nur mikrokosmisch, sondern auch mesokosmisch – in letzterem Fall, wenn eine Arbeit in Kooperation entsteht; vgl. Autor und Graphiker –, sowie, wenn *P* im Verlauf seines Translatierens ver-schiedene Aufgaben, z. B. die einer Verbalisierung und einer graphi-schen Darstellung (vgl. Schmitt 1985, 74), übernimmt, so daß generell *{P}* ≥ 1 gilt. (Für *{R}* gelten z. T. andere Bedingungen; s. unten.) Für *P* kann *S* (Sender) analog ein- bzw. hinzutreten. Oft ist *P* nicht individuell identifizierbar bzw. nicht von *S* (oder *S* von *P*) zu unterscheiden (vgl. Nachrichtensendungen). *P*s Produktion kann von einem anderen Orga-nismus, z. B. einem *ghost-writer*, produziert worden sein. In allen Fäl-len gilt *mutatis mutandis* das im folgenden von *P* Gesagte. – Interaktio-nen können mit den entsprechenden Adaptationen der in Frage stehen-den Faktoren und Bedingungen von einer Menge ≥ 1 von Organismen oder Organismen plus anderen Systemen (vgl. das Rechnen per Com-puter) bzw. potentiellen Organismen (z. B. die Regierung) in Koaktivi-tät bzw. als deren Untersorte Kooperation realisiert werden.

2. Auf einen *P*-Organismus trifft das oben über Organismusbedingungen und -eigenschaften Gesagte analog zu.

3. Durch sein Verhalten ändert sich *P* und seine Umwelt einschließlich seiner Rezipienten.

4. Um einigermaßen übersichtlich zu bleiben, wird im folgenden von *einem* Reiz gesprochen und der Weg *eines* Reizes skizzenhaft verfolgt. In Wirklichkeit können indefinit viele Reize, genauer: {{Reiz}} unterschiedlicher Art mehr oder minder zugleich auf einen Organismus treffen oder in ihm entstehen. Die allermeisten erreichen nicht einmal das Stadium unbewußter Reizung (nach Roth 2004 werden nur schätzungsweise 0,001% möglicherweise bewußt). Unglaublich, wieviel dem Menschen in jedem Augenblick entgeht!

5. Das über den Reiz Gesagte trifft *mutatis mutandis* ebenfalls für den Stimulus zu. Jeder Reiz könnte zu einem Stimulus führen. Es erfolgt also eine doppelte Auslese: bei den Reizen und bei den Stimuli.

6. Ein Reiz bzw. Stimulus zur Textproduktion geht häufig von der Existenz bereits bestehender Texteme vergleichbarer Form, Funktion (vgl. den Sinn usw.) oder beidem aus. Zur Einordnung von Reiz und Stimulus und aller weiteren Arbeit gehört daher ein bewußter und/oder unbewußter Rückblick auf oder eine Erinnerung an und ein Wissen um kulturspezifische Bedingungen und schließlich bereits bestehende Texteme angenommener Vergleichbarkeit (vgl. die Intertextualität). Diese Ver- oder Anbindung an bereits bestehende Konventionen ist nicht nur bei literarischen Werken wichtig. Der Verfasser eines Geschäftsbriefs muß wissen, wie man ihn aufsetzt.

7. Ebenfalls vereinfachend ist die folgende, vorwiegend lineare Darstellung. Zumeist gelten Rückblicke, Erinnerungen (z. T. im Zuge der Vorbereitungen), Dispositionen, Vorbereitung(en), Vorwegnahmen, Erwartungen, Antizipationen, ... Sie machen den Ablauf zu einer z. T. rekursiv-iterativ-antizipatorischen Spirale.

8. Wegen der Indefinitheit einschlägiger Faktoren wird oft von „Zufall" gesprochen (s.oben).

9. Angenommen, ein Organismus *P* befinde sich im Raum-Zeit-Moment *o/t* in einer äußeren spezifischen Situation in einer spezifischen inneren ‚Verfassung' (Konstellation, Disposition). Innen und Außen sind relative Qualifikationen. In beiden spielt sowohl die Konstitution des *P* als auch der ‚objektive' Moment eine Rolle. Beides ist interdependent und verändert sich interdependent. Die Situation wird (Whitehead 1978: *becomes*) im Laufe der dispositionalen etc. Wandlungen und Veränderungen.

10. Angenommen weiter *P*s ‚Zustand' (Verfassung, Konstellation, Disposition) enthalte/bilde/entspreche in einem gegebenen Moment eine(r) un- oder z. T. bewußte(n) Erwartungshaltung, eine(r) (auf Grund ihrer

Komplexität indefiniten) „Disposition" (vgl. das „Para", ein Grundzustand für Gedankenformung im *Vākyapadīya* des Bhartṛhari [~ 7. Jh. n. Chr.; vgl. Gottwald 1997, 261f]), d. h. einer Bereitschaft für die An- und Aufnahme eines von außerhalb oder/und von innen kommenden Reizes. Der Reiz wird *P* nicht oder erst rückblickend in der Apperzeption bewußt. (Betsy sucht einen Fingerhut. Schließlich erblickt sie ihn. „Ist ihre Identifizierung des Fingerhuts ein Folgeeffekt ihrer bewußten Wahrnehmung desselben oder umgekehrt?" [Dennett/Wuketits 1994, 608[7]] „Bewußte Wahrnehmung" enthält zu viel auf einmal.) – Zu Einzelheiten vgl. u. a. Bonini (2003), der sich hier (ib. 12-15) kritisch auf Adam (1999) stützt.

11. Die Disposition und das soeben dazu Gesagte oder ein anderer Auslöser können zu einer „Motivation" für den Akzept oder die Zurückweisung eines Reizes sowie für den gesamten folgenden Verlauf von *P*s Verhalten führen.

12. Durch den Akzept des Reizes und damit die Weiterbearbeitung als Stimulus kann in *P* auf dem üblichen Wege von Wahrnehmung – Perzeption (– Apperzeption) eine ‚Idee' / ein Gedanke / ein Plan usw. (*G*) aufblitzen oder allmählich, sequentiell oder ‚spiralig' aufkeimen, zuerst unbewußt, dann sich weiter entwickelnd → z. T. unterbewußt → vorbewußt und evtl. → bewußt werdend (vgl. eine gewisse Parallele zu Rhetorikschemata, z. B. der Antike [Cicero, Quintilian, Augustinus]; vgl. Thomas von Aquins Stufung vom *verbum cordis* über das *verbum interius* zum *verbum exterius*; vgl. Vermeer 1986, 382-463; vgl. *madhyamā* in der indischen Linguistik). – Beschreibungen erklären nicht, und Thomas' und andere Modelle ähnlicher Art beschreiben nicht. (Es gibt viele Experimente und Hypothesen; vgl. z. B. Dennett/Wuketits 1994, 299-331; vgl. Freud.) Die Bedingungen der Möglichkeit, sich für eine aus potentiell indefinit vielen Möglichkeiten zu entscheiden (gleichgültig jetzt, wer oder was entscheidet) und eine Möglichkeit zu selektieren, sind indefinit. (Versuchen Sie den Satz *Ich bringe es fertig und verpasse das Flugzeug* [der Satz wurde von jemandem am 28. Juni 2005 auf dem Flughafen Istanbul auf Deutsch überhört] zu interpretieren und jede Interpretation, sooft Sie können, umzuformulieren.)

13. Der Weg zum Stimulus und von diesem zur Perzeption ist ein Weg indefinit mannigfaltiger Prozesse. Er kann z. B. über eine *scene* laufen. Am Ende, in der Perzeption werden sie zu (‚masselosen') Ereignissen ({Ereignis}), z. B. zu einem Text (d. h. einer Ganzheit aus Gesamtheit; s. oben), das weiterhin zu einem Textem werden kann.

14. Grundsätzlich gilt / soll gelten, daß ein Text im weiten Sinn (zur Art und Größe s. oben) methodologisch in Elemente zerlegt oder aus Elementen strukturiert werden kann (vgl. Personen auf einem Gemälde, Köpfe, Schultern usw. der Personen, Haare, Augen usw. der Köpfe; verbale Texte als aus Abschnitten, Sätzen, Phrasen, Wörtern, Graphen usw. bestehend). Wir unterscheiden formale (vgl. die vorigen Beispiele; vgl. energetische Prozesse, z. B. Laser, neuronale Aktivitäten, z. B. „Gedanken", weiters Schallwellen usw.) und funktionale Elemente (vgl. Information, Interjektion usw.). Formale Elemente werden funktional gebraucht, Funktionen bedürfen einer Form, um perzipierbar werden zu können. Wir nennen die Einheit von Form und Funktion „Mem". Die Größe und Art des Mems ist relativ zu seinem Gebrauch. Zusammenfassend kann gesagt werden, daß ein Text (Text-im-Gebrauch, nicht Textem!) in der Produktion bzw. Rezeption aus Memen zu einem Mem ({Mem}) wird (vgl. Whitehead: *becomes*).

15. G braucht nicht dem Stimulus zu entsprechen, bzw. jemand kann den Zusammenhang nicht begründen. (Mein Blick fällt auf eine rot-gelbe Streichholzschachtel. Mir fällt eine Szene mit einer Tänzerin aus Madras ein. – Die Farbe? Aber warum gerade dieser Einfall?)

16. In der Art der Perzeption kann sich *P* irren, z. B. falsch verstehen. Der Irrtum ist im Moment der Perzeption für *P* kein Irrtum; er hält das Perzipierte ja für wirklich und wahr. Als Irrtum gehört die Perzeption bereits zur Vergangenheit. Die Relativität der ‚Wahrheit'. (Vgl. Bonini 2003, 16.)

17. Warum gerade *dieser* Einfall entstand, weshalb er sich so weiterentwickelt, wie er sich entwickelt, dazu gibt es bisher einige Vermutungen, nichts Genaues. Der Prozeß ist ein holistischer, d. h. er spielt sich unter indefinit vielen ex- und internen Faktoren ab, momentanen, individuellen, kulturspezifischen, situationellen, emotionalen, evaluativen, assoziativen, rationalen, ...

18. Bereits die (Vor-)Ordnung wird von der Sprachkompetenz des *P* mitbedingt. Wichtiger noch: Die (Vor-)Ordnung (und natürlich bis hin zur endgültigen Ordnung) hängt von der gewählten Sprache mit ihren Strukturmöglichkeiten mit ab (vgl. den Zwang zu agentialem Denken im Deutschen). Ein Sprachbenutzer ist sich dessen kaum bewußt.

19. Die Elemente der Motivation entstammen *P*s individuellen raum- und zeitsensitiven Beobachtungen des Umfelds oder/und Einflüssen aus der Umwelt (einschließlich anderer Organismen unterschiedlicher Relevanz für *P* in *o/t*), Interaktionen mit anderen Organismen als Wissenserwerb

/Erkenntnis + Annahmen (Hypothesen, Theorien) über die Erfahrungen *P*s aus seiner Vergangenheit (Historie) und die Beobachtung + Erwartungen + Habitūs + Konventionen + Thematik + (soweit verbalisiert) aus dem in *P* gespeicherten und in *o/t* abrufbaren Repertoire(teil) einer Kultur und Sprache bzw. mehreren Kulturen und Sprachen + Erwartungen über die ,Welt' und darin *P*s Zukunft. Zugleich werden eventuelle Assoziationen *P*s geprüft und (teilweise) eingefügt/geändert/verworfen/.... Die genannten Faktoren sind, wie ersichtlich, individuell und gelten momentan. (Sie müßten den Indix $P_{o/t(n)}$ erhalten, was ich hier – auch für andere Faktoren – aus Gründen der Einfachheit der Darstellung unterlasse.) – Die Motivationen etc. stammen also – wie die meisten hier genannten und zu nennenden Faktoren – aus einem Zusammenspiel von individuellen und gesellschaftlichen, kulturellen Phänomenen (zur Funktion gesellschaftlicher Faktoren s. oben).

20. Von Anfang an kann der hier geschilderte {Prozeß} auf einen intendierten Rezipienten(kreis) ausgerichtet sein. Dies ist auch für das Folgende jeweils zu berücksichtigen.

21. Motivation führt zur Intention (*paśyanti*), *G* zu verbalisieren.

22. *G* wird ein holistisches Phänomen, d. h. konnotativ (emotiv + evaluativ) + denotativ (kognitiv im engeren Sinn) + u. U. assoziativ. Dabei werden nicht alle aktuell möglichen Faktoren herangezogen. Deren Menge ist indefinit groß. Wahrscheinlich beginnt die Kette emotiv-evaluativ (vgl. die Neurobiologie, z. B. Damasio 2003).

23. Die folgenden Schritte werden großenteils unbewußt ,vorbereitet', d. h. ein Organismus (im Verein mit seinem Gehirn) „plant". Bei der Planung werden Erwartungen („Vorausurteile") auf die Zukunft einbezogen.

24. Sequenzelemente können im Verlauf einer Apperzeption korrigiert, ersetzt, verworfen, ... werden (vgl. die „Schleifen" in der oben erwähnten Spirale).

25. Da sich mit jedem Moment ex- und interne Faktoren der Interaktion im Hinblick auf die Interaktion ändern, kann es von Moment zu Moment keine Wiederholung im strengen Sinn, nur Wiederholung mit Variation geben. Wohl aber finden stete Wandlungen/Veränderungen statt.

26. Für die folgenden Überlegungen werde angenommen, daß *G* dem erhaltenen Stimulus weitgehend entspricht (was immer das heißen mag). Wenn jemand mich auffordert, ins Zimmer zu treten, trete ich ein. Die Art, wie ich mich dabei verhalte, wird von meiner in diesem situationalen Moment so weit wie möglich adäquat aktivierbaren Enkulturation

unter möglichster Beachtung der heterokulturellen Enkulturation meines Interaktionspartners und indefinit vielen anderen Faktoren bedingt.

27. Jeder weitere Schritt bedarf einer vorgegebenen, durch indefinit viele Bedingungen entstandenen Disposition, Motivation und einer auf ein Ziel gerichteten Intention (d. h. eines Skopos). Mesokosmisch betrachtet ‚dauern' Disposition etc. an, bleiben im Raum-Zeit-Feld erhalten/bestehen.

28. Auf Grund der vorgenannten Disposition etc. werden Entscheidungen für Selektionen getroffen (s. oben zu Selektion und Ausschluß anderer Probabilitäten).

29. Im weiteren Verlauf kann das wie bisher als non-verbale *scene* beschriebene, behandelte und u. U. angereicherte *G*, soweit nicht schon geschehen, in sukzessiven Momenten ‚gedanklich' z. T. verbalisiert: (*G* → *G₁*) werden (vgl. die Entwicklung der „Apperzeption"). Jede Verbalisierung unterliegt kulturellen und sprachlichen Bedingungen und wird von non-verbalen Elementen begleitet und bereichert.

30. Verbalisierung bedeutet Translation in eine Sprache, einen Dialekt, ein Register, ... In diesem Sinn sind die zunächst folgenden Paragraphen zu verstehen.

31. Thomas' von Aquin Dreistufenlehre als translatorische „Sprechakttheorie" führt in einer Präzisierung der Lehre Augustinus' vom *verbum cordis sine voce prolatum* zum *verbum interius* und weiter zum *verbum exterius expressum, quod dicitur verbum vocis*. Das *verbum cordis* soll der *imago* (dem Begriff) und diese dem *exemplar* (dem Gegenstand) adäquat sein – so wollen es Gott und die Wahrheit, die eins sind. Versteht man mit Thomas unter *verbum* nicht ein einzelnes Wort, sondern einen Text bzw. zumindest Textabschnitt, eine Äußerung (vgl. auch den Plural *Worte*), so besteht die translatorische Aufgabe darin, für ein *verbum exterius* eines Ausgangstexts durch Rückgang durch die drei Stufen hindurch das gemeinte *exemplar* aufzufinden (nach Seleskovitch 1983 wäre das der „Sinn" des Texts) und dann durch den Aufstieg über die drei Stufen das zielsprachlich adäquate *verbum interius* zu finden und als *exterius* mündlich oder schriftlich zu enunzieren, wobei jedenfalls nach damaliger Auffassung das *exemplar* für Ausgangs- und Zieltext nur eines ist und entweder Ausgangs- und Ziel-*verbum-cordis* ebenfalls eines (äquivalenten) Sinnes oder kongruent ist. Der „Sinn" bildet (nach Seleskovitch) das *tertium comparationis*. Das Problem besteht nach solcher Auffassung in der Findung des rechten Sinnes durch eine Interpretation des Ausgangstexts und im Anschluß daran die

Findung des äquivalenten bzw. in funktionaler Theorie: des adäquaten zielsprachlichen Ausdrucks, der Oberflächenform würde man heute wohl sagen. (Das Ganze erinnert in der vorstehenden Darstellungsart an Chomskys [1965] Oberflächen- und Tiefenstrukturen; vgl. Vermeer 1986, 395-463.)

32. Adäquatheit und Sinn allein reichen nicht. An erster Stelle translatorischer Relevanzen steht der „Skopos" des intendierten Translats. Skopos bedeutet, daß nach der Funktion des Translats für intendierte Rezipienten in ihren Situationen (s. die Faktorenlisten) gefragt wird. Demgemäß sind in einer Translation folgende Ebenen entsprechend ihrer skoposadäquaten Relevanz zu unterscheiden: die funktionale und die formale, und zwar je nach den emotiven, evaluativen, assoziativen und kognitiven (denotativen) Relevanzen.

33. Bei der Verbalisierung eines Texts, vor allem eines durch Translation entstehenden Zieltext(em)s, können Sprachen gemischt werden bzw. Einflüsse aus einer / selten mehreren anderen Sprache(n) einfließen (vgl. das „translationese"; das Gesagte gilt auch *mutatis mutandis* für die folgenden Erwähnungen von Sprache.) – „Sprache" ist dabei in einem weiten Sinn als Ausdrucksform und die damit zusammenhängenden Funktionen (z. B. Bedeutungen) zu verstehen.

34. In seiner verdröselten Art möchte Dennett/Wuketits (1994, 397) auf den Annahmecharakter von Äußerungen hinweisen. Auch nur-gedankliche Verbalisierungen (des Thomasischen *verbum interius*) gehören hierher. Dennett/Wuketits schreibt: „Angenommen, Sie sehen die Katze erwartungsvoll vor dem Kühlschrank und Sie sagen: ‚Die Katze will ihr Futter.' Das drückt Ihren Glauben aus, daß die Katze ihr Futter verlangt. Wenn Sie Ihren Glauben *ausdrücken*, dann *berichten* Sie davon, was Sie als eine Tatsache über das Verhalten der Katze annehmen. In diesem Fall berichten Sie von dem Wunsch der Katze, gefüttert zu werden. Es ist wichtig, daß Sie nicht von Ihrem Glauben *berichten* oder den Wunsch der Katze *ausdrücken*." Im obigen Satz wird eine Annahme (ein Glaube) bezüglich eines Wunsches der Katze formal als Tatsache (Überzeugung) ausgedrückt. Der Annahmecharakter als solcher bleibt implizit (vielleicht wird er dem Sprecher nicht bewußt). Er wird implizit ausgedrückt. Alle Behauptung steht unter der Guillotine möglicher Falsifizierung (vgl. Popper 1981). Der Wunsch der Katze wird formal explizit als gegeben(e Tatsache) ausgedrückt (*will*). Ich habe Dennetts englische Originalversion nicht zur Hand, könnte mir aber denken, daß man über die Ambiguität eines englischen *wants* philoso-

phieren könnte: *will*/*möchte* vs. *braucht*. Kein Wunsch, sondern eine Annahme über einen Bedarf. So weit so gut im Deutschen (bzw. Englischen). Nun gibt es aber Sprachen, in denen der Annahme-charakter unter bestimmten Bedingungen (ähnlich wie die Agentialität) explizit gemacht wird. Dennett müßte für diesen Fall sagen, daß der Ausdruck des Glaubens im Bericht explizit gemacht wird. Es wird also von *ihm* berichtet. – Im Türkischen drücken bestimmte modale Verb-formen u. a. aus, daß der Sprecher sich nicht für die Tatsächlichkeit eines Vorgangs verbürgt, z. B., wenn er etwas nach dem Hörensagen wiedergibt oder ein Märchen, eine Legende usw. erzählt oder eben et-was nur annimmt. Im Deutschen erzählt man z. B. von Nasrettin Hoca, dem türkischen Eulenspiegel, im behauptenden Praesens: *Eines Tages schenkt ihm jemand einen Hasen, der Hoca bereitet ihn zu, abends setzt man sich zusammen zu Tisch, ...* Die türkische Form (hier das -r-Suffix: *eder* „er tut", *pişirir* „er bereitet zu", *otururlar* „sie setzen sich") zeigt (ursprünglich) den Vorbehalt des Erzählers hinsichtlich der Glaub-würdigkeit der Geschichte an (heute ist diese Form zur üblichen Erzähl-form von Märchen, Schwänken usw. geworden). Das Suffix zeigt eine Möglichkeit/Wahrscheinlichkeit an (vgl. *olur* ~ [„mag sein"] > „mei-netwegen"). Diese Verbform kann auch eine sich immer wiederholende Episode ausdrücken, eine (unbestimmte, daher ungewisse) Gewohnheit. – Mit meiner Annahme zu Anfang meiner Darlegungen, alle Behaup-tungssätze hätten im Grunde Annahmecharakter (seien als Annahmen zu interpretieren), glaube ich immer noch richtig zu liegen.

35. Dennett/Wuketits (vgl. ib. 400-403) macht entgegen meiner vorstehen-den Annahme in dem zitierten Beispiel einen für ihn entscheidenden Unterschied zwischen dem explizit Verbalisierten (dem Bericht) und dem unbewußt implizit Angenommenen (dem Glauben). *Die Katze will ... < Ich glaube, daß ...* Wichtig ist dabei, daß neurophysisch auf zwei Ebenen gearbeitet wird. Die zweite, höhere, unbewußte nennt Dennett /Wuketits (mit David Rosenthal, den er hier paraphrasiert) die Ebene „unbewußter Gedanken höherer Ordnung", und darüber mag es weitere Ordnungen geben. *Ich glaube, daß ich glaube, daß ....* Dann müßte man sagen, daß Sprachen, wie z. B. das Türkische, die zweite Ordnung vor-ziehen und damit bewußtmachen, während das Deutsche und Englische normalerweise auf der ersten Ebene agieren. Wird eine Ausdrucksform konventionell, so kann ihr Sinn wieder ins Unbewußte zurücksinken. Wie bewußt ist Deutschsprachigen noch der Unterschied zwischen *Er*

sagt, er ist krank vs. *Er sagt, er sei krank* – falls die zweite Form überhaupt noch gebraucht wird? Ich gebrauche sie gelegentlich gern.)

36. Dennett/Wuketits (ib. 412) dürfte darin recht haben, daß die zweite Ebene der Annahme nicht unbedingt vor der ersten, der Äußerung, bewußt wird – wenn sie es denn überhaupt wird, was meiner Ansicht nach selten ist. Wäre man sich stets des grundsätzlichen Annahmecharakters einer Äußerung bewußt, gäbe es nicht so erbitterte Debatten um unterschiedliche Überzeugungen.

37. Schließlich meint Dennett/Wuketits (ib. 402), die Reaktion auf einen auf dem Schreibtisch vergossenen Kaffee: aufspringen, damit er nicht auf die Hose tropft, entspringe dem unbewußten Gedanken, daß Kaffee der Gravitation folge. – Oder handelt es sich um einen Reflex aus Erfahrung? Oder um eine Reaktion auf die Situation (Ich sehe den Kaffee auf den Tischrand zufließen)? Unter anderem eine Frage der perspektivischen Darstellung (aktivierte gespeicherte Wissenschaft oder aktivierte gespeicherte Erfahrung oder aktuelle Beobachtung, alle drei Verbalisierungen für die gleichen physischen Aktivitäten: das Aufspringen) oder einfach ein unentscheidbares Beispiel.

38. Alle Darstellung ist perspektivisch, ihr Ausdruck *eine* Probabilität aus indefinit vielen – *sed respice finem*, auf Deutsch: und denk an die möglichen Folgen!

39. Da ist noch ein Haken: Dennett/Wuketits (ib. 397f) fährt fort: „Es gibt viele Möglichkeiten, einen mentalen Zustand (wie etwa einen Wunsch [ich würde von einem emotionalen Prozeß sprechen]) auszudrücken, aber nur eine Möglichkeit, davon zu berichten, und zwar durch einen Sprechakt (mündlich, schriftlich oder wie auch immer)." Die Klammer schließt non-verbale Gesten mit ein, wahrscheinlich auch sogenannte sekundäre Sprachformen, wie z. B. die Gebärdensprache oder Flaggensignale.) Kann nicht ein Stummfilm berichten (vgl. eine Landschaft schildern; Verzweiflung darstellen)? Oder verschwimmt der Unterschied zwischen Ausdruck und Bericht und wird zur (Differenz der) jeweiligen Perspektivität der intendierenden oder interpretierenden Person und/oder seiner Mittel (Werkzeuge)?

40. Jedes Verhalten und damit jedes Handeln und somit jede Verbalisierung ist von idio-, dia- und parakulturspezifischen Möglichkeiten und Restriktionen – kurz: Verhaltens- bis struktural(-grammatisch)en Konventionen (Habitūs), Normen, Gesetzen (vgl. das Kopftuchge- bis -verbot, juristische Unterscheidungen [vgl. Arntz 2003 zu *Vergehen /Verbrechen* im Deutschen und Italienischen]) überformt (vgl. den Zu-

sammenhang zwischen Thematik und „Register"; vgl. Anredeformen, z. B. deutsch vs. portugiesisch). Gesellschaftliche Konventionen können je nach den Umständen einer Handlung (bis zu einem gewissen Grad) unterlaufen (kontrakariert) werden (vgl. Göhring 1978/2002). Die Perspektivität wird durch Verbalisierung verändert.

41. Offenbar verhalten sich Menschen beim Denken unterschiedlich: mehr imagologisch oder mehr verbal. Die (Teil-)Verbalisierung führt zu einer semantischen und syntaktischen (Vor-)Ordnung. Verbalisierung zwingt den Denkenden, in weithin vorgegebenen Sprachstrukturen und -ausdrücken auf ein Ziel (einen Skopos) hin zu denken. Das kann einengen oder erleichtern, zu neuen Einfällen, Perspektiven und Erkenntnissen führen. Sprache ist ein bunter Vorspeisenteller: anregend, aber selektiv angerichtet. – Für eine Analyse unterscheide ich zunächst folgende zwei Umfelder: (1) den „Kotext" als der ein Element umgebende Teil eines Text(em)s, z. B. ein ein Wort enthaltender Satz, und (2) den „Kontext" ("context" zuerst bei Malinowski 1923; Firth 1968), das intra- und extratextuelle situationelle Umfeld eines Phänomens (Text, Gemälde, Opernaufführung; Lehnstuhl, Museum, Gala-Abend). Malinowski unterschied einen kulturellen und einen situationellen Kontext ("context of culture", "context of situation"). Wichtiger scheint mir die Unterscheidung zwischen einem innerorganismischen und einem extraorganismischen Kontext. Erster bezieht sich auf die zur Zeit der Aktualität eines Kontexts, z. B. einer Textproduktion oder -rezeption) ‚gegebene' interne Konstellation des Organismus (vgl. Disposition, Motivation usw.), letzterer auf Situation, Umfeld und Umwelt des Organismus im gleichen Moment wie zuvor (vgl. Bonini 2003).[227] Die Extension eines Kontexts ist relativ auf die jeweiligen situationellen Umstände hin. – Des weiteren unterscheide ich drei semantische Ebenen: (1) den methodologisch isolierten „Inhalt" eines Sprachelements (absolute Isolierung gibt es nicht), z. B. eines Worts, z. B. in der Rezeption eines Lexikoneintrags, z. B. *Türke* als „Person mit türkischer Staatsangehörigkeit" (vgl. das *signifié* bei Saussure, aber „Inhalt" geht

---

[227] Bonini (2003, 8) erwähnt etliche Kontextsorten: den sprachlichen, physischen, Aussagen- und kulturellen sowie einen spezifischen und einen allgemeinen Kontext – „contexto lingüístico, contexto físico, contexto enunciativo, contexto cultural" sowie den „contexto específico" und „geral", später (ib. 9) einen dynamischen „contexto fonte" und einen „contexto alvo" (Ausgangs- und Zielkontext). Außerdem findet sich bei einigen Autoren ein kognitiver und ein extrakognitiver Kontext (ib.). Unklar bleibt mitunter, ob „Kontext" ein kognitives (internes) perspektivisches intraorganismisches Phänomen sein soll oder (auch) extraorganismisch angesetzt wird.

darüber hinaus bzw. ist enger, denn bei „Inhalt" handelt es sich um den Inhalt eines Elements im Sprachgebrauch) – (2) die kotextuelle „Bedeutung", z. B. eines Wortes oder einer Phrase im Gebrauch eines Satzes, z. B. *X hat einen Türken gebaut* „etwas bewußt irreführend als echt/wahr hinstellen" – (3) den kontextuellen „Sinn", der sich aus einem Text + einer Rezeptionskonstellation (vgl. die Situation) ergibt, z. B. fallspezifisch *X hat einen Türken gebaut* ~ hat eine übertriebene oder absichtlich falsch dargestellte Konstellation aufgestellt, um jemandem daraufhin etwas anhängen zu können. Innerhalb der kotextuellen „Bedeutung" werden „wörtliche Bedeutung" und „metaphorische Bedeutung" unterschieden (*Sonnenschein* astronomisch und „fröhlicher Mensch"). – Zur Aufgabe des Kontexts, Aussagen zu desambiguieren vgl. das Beispiel bei Vermeer (1987, 547).

42. ‚Wörtliche‘ Übersetzungen weichen so wenig wie möglich von der Ausgangstextemoberflächenstruktur ab. Sie haben ihren Skopos z. B. in der formalen Nachbildung einer Ausgangstextemform für Lehr- und Lernzwecke einer Sprachstruktur.

43. Morphemisches Übersetzen (vgl. Vermeer 1992b, 251-253; vgl. Catford 1967) und phonetisch/phonemisches bzw. graphisch/graphemisches Übersetzen gehen über Wörtlichkeit noch hinaus. – Wenn Jandl (1983) z. B. Wordsworths Zeile *My heart leaps up when I behold* als „mai hart lieb zapfen eibe hold" translatiert, geht er von seiner (!) kontextuellen Ebene auf die graphemisch fixierte Phon(em)ebene hinunter (vgl. *my* vs. *I* gegenüber *mai* vs. *eibe* [*y* vs. *I* gegenüber *ai* vs. *ei* als historisch-graphemische Konventionen]).

44. In Bezug auf „Sinn" wird ‚wörtlicher‘ (literaler, pragmatischer, primärer, *overt*, objektiver), indirekter (*covert*, z. B. metaphorischer, moralischer/ethischer, allegorischer [in der Auslegung biblischer Texte z. B. verchristlichender] und anagogischer [den Weltprozeß von der Schöpfung bis zur Apokalypse umfassender]) bis tiefenpsychologischer Sinn unterschieden (vgl. die Tradition der christlichen Exegese). – In einer etwas schleppenden Diskussionsrunde schaut ein Teilnehmer auf die Uhr und sagt, „Die Zeit fliegt nur so dahin!" Niemand, der des Deutschen mächtig ist, wird den Ausruf wörtlich verstehen. Pragmatisch werden einige Hörer staunen, daß jemand die Runde interessant findet. Der Satz war unterschwellig ironisch gemeint; er drückte Langeweile, Desinteresse aus; der Mann zeigte einen ungeduldigen Charakter. (Zum tiefenpsychologischen Sinn vgl. z. B. Drewermann [2000]: Interpreta-

tionen Goethescher Märchen; vgl. Freud 1999 etc.).[228] Je nach den situationellen Umständen soll der indirekte Sinn mehr oder weniger verborgen bleiben. Der tiefenpsychologische wird nicht intendiert; er bleibt P selbst verborgen. – Sprache wird in einer bestimmten Situation von einem Mitglied einer bestimmten Kultur gebraucht. Kultur und Situation können helfen, das Gemeinte (z. B. das indirekt Gemeinte) zu erkennen. Im Sprachgebrauch gewinnen die semantischen Ebenen individuelle holistische Konnotationen.[229] Offensichtlich können Lexeme mehrdeutig sein, Kotextformen noch mehr, kontextuelle Formen können indefinit viele holistische Interpretationen erleben. Interaktion, z. B. verbale („Kommunikation"), und damit auch Translation wird hauptsächlich auf der dritten kontextuellen Ebene. – Die Interpretation von Inhalt, Bedeutung und Sinn, Ko- und Kontext eines Sprachgebrauchs variieren situationssensitiv holistisch von Individuum zu Individuum und innerhalb eines Individuums von Moment zu Moment (vgl. P-Intention und R-Interpretationen). Vgl. auch die Wahl von Ausdrücken, rhetorischen und stilistischen Phänomenen, auch hinsichtlich möglicher Ambiguitäten usw. – In der Translation ist es möglich, nachträglich auf eine niedrigere Ebene hinabzusteigen (vgl. oben Jandl 1983; vgl. Catford 1967) oder auf eine höhere hinauszugehen.

45. Bei den voraufgehenden Sinnebenen handelt es sich in erster Linie um (emotionale und evaluative, sowie u. U. assoziative) Konnotative. Die rationale Ebene steht an zweiter Stelle (vgl. Damasio 2003).

46. Die Faktoren beider Großebenen können nicht exhaustiv aufgelistet werden. Reduktionen sind unumgänglich. Allerdings sind sie fallspezifisch. So kommt die Unwissenschaftlichkeit durch die Hintertür herein.

47. Niemand kann wissen, was ein anderer empfindet und wie er die Empfindung verarbeitet (s. oben zu „Farbigen Informationen"; vgl. Luhmanns „geschlossene Systeme"; vgl. die Neurowissenschaften).

48. *Vergleichen heißt eine(n) Stimulus(menge) unter Heranziehung neurophysisch gespeicherter Daten (die in ständigem Wandel begriffen

---

[228] Viaggio (2004, 92) meint, außer den Psychoanalytikern arbeiten Detektive, Politiker und Soziologen u. a. auf der tiefenpsychologischen Ebene (wobei vor allem die Erwähnung der mittleren Kategorie wohl ironisch gemeint ist).

[229] Die Linguistik, die nie zu einer klaren terminologischen Unterscheidung zwischen Form und Funktion gelangt ist (vgl. z. B. die Definition eines Kasus), unterscheidet auf der oben zuerst genannten Ebene sechs phono-grapho-morpho-funktionale Ebenen: z. B. lateinisch i (Phonem [in graphischer Darstellung]) – i (Graphem) – i (Morphem, Lexem: Stamm des Verbs i-re „geh-en") – i (Wort: Imperativ „geh!") – i– (Satz: „geh!") – i (Text: „geh!").

sind) bis zum Eindruck von angenommener Gleichheit oder Analogie usw. verarbeiten. Das Resultat kann in dem Urteil „ähnlich" oder „nicht ähnlich / anders" oder aber auch in einem ganz anderen Urteil bestehen (vgl. die Assoziationen).

49. Die Form eines Ausdrucks im Gebrauch mit ihrem mehr oder minder bestimmbaren ‚wörtlichen' Inhalt wird als „Explikatur" bezeichnet. Der in einer gegebenen Konstellation (Situation), z. B. einer Rezeption, gemeinte kontextuelle Sinn wird „Implikatur" genannt. Eine Form kann je nach der Situation, in der sie gebraucht wird, mehrere Implikaturen bekommen (s. oben zu Sinnebenen). Rief Goethe mit seinen letzten Worten *Mehr Licht* nach mehr Licht, oder meinte er etwas anderes? Hatten seine Worte noch einen situationsspezifischen Sinn oder delirierte er?

50. Eine verbale oder non-verbale (rhetorische, paralinguale, gestische, mimische) Äußerung wird in gegebener Situation in gegebenem Umfeld$_P$ rhetorisch und stilistisch als präzise, formal und/oder semantisch klar und deutlich (Descartes), knapp, ausschweifend, elegant, lebhaft, angenehm in Stimme/Drucktype/Lay-out/..., melodiös usw. von *P, R* oder einem anderen Beobachter je anders evaluiert.

51. Ich setze meine Überlegungen zur Textproduktion fort: Im nächsten hier zu bedenkenden Schritt kommt es, soweit gewollt / als nötig angenommen, u. U. nicht-linear zur semantisch und syntaktisch vollständigen gedanklichen (inneren) Verbalisierung ($G_1 \rightarrow G_2$). Spätestens hier spielen stilistische (ästhetische) und im non-verbalen Bereich rhetorische Phänomene eine Rolle.

52. Verbalisierung bedeutet den holistisch-individuellen Gebrauch (als Prozeß) von Elementen eines potentiellen, spezifischen, überindividuellen, offenen Repertoires (einer *langue*) aus einem Formengefüge mit semantischem/funktionalem Hinweispotential und einer rhythmisch-prosodischen Strukturierung in einer gegebenen Situation, soweit der individuelle Gebraucher (Benutzer – *P* bzw. *R*) im Raum-Zeit-Punkt *o/t* unter den in dieser Darlegung genannten Bedingungen momentan-individuell über das Repertoire verfügt. Im Gebrauch wird eine rhythmisch-prosodisch strukturierte phono/grapho-morpho-syntaktisch-semantische Sequenz funktional produziert bzw. rezipiert (interpretiert). Das potentielle Repertoire stammt aus kulturell überformten Hinweis gebrauchswiederholungen (s. oben; *Bedeutung).

53. Verbalisierung bedeutet Translation einer *scene* in Sprache, wenn eine *scene* vorangig. Mitunter wird die bewußte, ausdrückliche Verbalisie-

rung zu einer intra- oder/und interlingualen Translation, z. B. der Realisierung eines von einem verbal gedachten Text (Gedanken) ausgehenden Stimulus für eine Verbalisierung in einer anderen Kultur und deren Sprache (oder Dialekt, Register, ...). (Vgl. z. B., daß ein Gedanke zuerst auf Deutsch gedacht und dann auf Englisch neu formuliert wird. Zum Problem der Translation s. unten.)

54. Spätestens hier kann der Plan entstehen, G_2 ‚weiterzugeben' (verbal zu „interagieren" bzw. als Sondersorte des Interagierens zu „kommunizieren"). Plan und Realisierung (indisch: *vaikhari*) erhalten ein obligatorisch kulturspezifisch gesellschaftliches Gepräge. Die Weitergabe geht an eine intendierte *{R}* ≥ 1 (G_2 → G_3 [Weitergabe] → G_4 [an spezifische {R}]). – Der Plan impliziert den Faktor „Skopos-für-*{R}*". – Auch die sog. gewollte Beibehaltung ausgangskultureller Elemente von der Phonemik/Graphemik bis zum Gesamttext wird in der Realisierung(sform etc.) zielkulturspezifisch bedingt. – Wie oben dargelegt, handelt es sich bei der ‚Weitergabe' um eine Stimulusproduktion mit Hilfe von Memen.

55. *{R}* existiert in der Annahme (u. U. bis zu einer Überzeugung) von P, d. h. als Annahme, wie sich der Produzent seine(n) Partner (*{R}*) in dessen/deren Situation(en) holistisch vorstellt.

56. Die Verbalisierung für *{R}* verlangt im Verlauf einer Interaktion u. U. (teilweise) spezifische Adaptationen (Revisionen, Korrekturen) auf Grund der Annahmen und Evaluierungen von P über *{R}* sowie vor allem im Hinblick auf den intendierten „Sinn" von G_4 und dessen Verständlichkeit für *{R}*. Evaluierungen betreffen die Quantität und Qualität von G_4. Die Verbalisierung führt zum Gebrauch einer Sequenz von Handlungs- (z. B. Sprach-)Elementen.

57. Eine Verbalisierung kann geäußert (enunziert) werden (G_4 → G_5). Dabei kann ein Text (abermals) adaptiert (korrigiert usw.) werden (vgl. Neuansatz, Wiederholung, ...)

58. Eine Äußerung wird von „Rauschen" begleitet.

59. Eine Äußerung beginnt mit einem intendierten oder nicht-intendierten Initialreiz.

60. Ihm folgt, falls er im Sinne von P erfolgreich war, ein unbewußter, u. U. später als Erinnerung bewußt werdender {Stimulus} ≥ 1 Ps für R, um eine Interaktion mit *{R}* unter Berücksichtigung von dessen {Situation} zu beginnen und über indefinit viele Momente (mehrere ‚Schritte') fortzusetzen. Die Stimuli werden u. a. einer als adäquat angenommenen Enuntiation einer Formensequenz (*signifiants*) als Schallwellen

bzw. Gestaltsequenzen, z. B. auf Papier bzw. als Tastendrucksequenzen mit Lichtpunkten auf einem Bildschirm etc., geäußert. Gleichzeitig wird eine Inhalts-, Bedeutungs- und Sinnsequenz initiiert (über den Verlauf s. oben).

61. Eine Äußerung soll hinsichtlich ihres „Sinns" (ihrer Funktion) und seiner Form für P und für $\{R\}$-in-der-Annahme-von-P „relevant" (pertinent), d. h. informativ, also neu, sein.

62. Die Information soll „ökonomisch", präzise, hinreichend knapp und ausführlich zugleich, klar und deutlich und (dem Genre entsprechend) idiomatisch, elegant, d. h. stilistisch und rhetorisch in Ästhetik und Wirkung ansprechend, formuliert sein (vgl. Grice' [1975] Maximen; sie gelten kultur- und darin fallspezifisch: vgl. Vermeer 1986, 247-268; vgl. Wierzbicka 1991). Die evaluative Graduierung der Attribute ist fallspezifisch (vgl. z. B. Fachprosa vs. Poesie) und hierin personen- und medien- (z. B. sprach-)spezifisch.[230] Usw.

63. Eine orale Äußerung enthält rhetorische Elemente und Signale für Konnotationen. Gewollte Unterdrückung solcher Signale ist signifikant (vgl. die den sowjet-marxistischen Konsekutivdolmetschern befohlene Gepflogenheit, so eintönig-mechanisch wie möglich zu sprechen und die Rhetorik dem Originalredner zu überlassen). Eine besondere Rolle wird der schriftlichen Fixierung zugeschrieben. – Der Fixierung eines verbalen Texts stehen meist nur wenige denotative Mittel zur Übermittlung konnotativer Signale zur Verfügung, z. B. Satzzeichen, Wahl einer Drucktype, Kursive, Fettdruck, Textanordnung (z. B. in Abschnitten, Kapiteln), Titelung, Nicht-Linearität, sodann Bildillustrationen, Graphiken, Schemata usw.

64. Die schriftliche Fixierung ist im Vergleich zu einer mündlichen (oralen bzw. medial fixierten oralen) Äußerung eine Reduktion, kann aber durch formale Mittel über orale Möglichkeiten hinaus erweitert werden (vgl. Drucktype, graphische Darstellungen etc.). Emotiva und Rhetorika können *be*schrieben (vgl. Bühnen- und Filmregieanweisungen), nicht *ge*schrieben werden. Satzzeichen, Satztypen usw. be-schreiben. Stilistik wird auf schreibbare Form reduziert. (Vgl. auch Bilder, z. B. in Comics; vgl. die unterschiedlichen Bedingungen, Dramen für eine Aufführung oder als Lesedramen zu schreiben; vgl. Viaggio 2004, 54-56.)

---

[230] Translatoren neigen oft dazu, genauer zu erklären, was sie selbst nur mit großer Mühe verstanden haben. Außerdem scheint es oft schwierig zu sein, einen präzisen Fach- statt eines generellen Ausdrucks zu finden. Kulturelle Unterschiede in Rhetorik und Stil sollen fallspezifisch beachtet werden.

– Gewiß können Beschreibungen Emotionen evozieren. Doch sind das andere als die, die beschrieben werden. Beschrieben werden Emotionen Anderer, Beschreibungen evozieren die eigenen Emotionen des Rezipienten. Natürlich werden auch dann Emotionen wachgerufen, wenn man jemand anderen lachen oder weinen sieht. Auch dann ist der Eindruck unmittelbarer, als eine noch so packende Beschreibung es sein kann. Fragen der Intensität.

65. Eine Äußerung (als Prozeß) kann (unter Veränderung) medial fixiert werden, z. B. auf Band ($G_5 \rightarrow G_6$). Auch hierbei sind Teilkorrekturen, auch im Nachhinein, usw. möglich ($G_6 \rightarrow G_7$).

66. Nach dem oben zur Unterscheidung von Text und Textem Gesagten, wird ein Text bzw. jeder fertiggestellte Textteil für den Produzenten unzugänglich, sobald er geäußert/niedergeschrieben wurde. Er ist dann auch für P nur als ein von einem R (R_P) aus einem Textem rezipierter Text zugänglich. P wird zu einem R, wobei wieder gilt, daß $R_P \neq P$ und Text$_R \neq$ Text$_P$ und jede Aktivierung eine je andere ist. Die Konnotationen (Emotionen und Evaluationen) und eventuelle Assoziationen sind andere. Der Vorgang ist unwiederholbar geworden; allenfalls kann er iteriert werden. Kein R kann einen Text zweimal rezipieren, wohl aber von einem Textem aus indefinit viele verschiedene Texte rezipieren.

67. Ein irgendwie (medial, z. B. auf Band oder CD oder schriftlich auf Papier oder im Internet) fixierter Text wird mit der Fixierung vom Produzenten (Autor, eben P) gelöst zu einem Textem. Das Textem behält zwar die Potentialität (!) interpretierbarer Eigenschaften (vgl. z. B. die Intention$_P$ – die Intention liegt nicht *im* fixierten Objekt), doch sind sie für niemanden mehr unmittelbar zugänglich, auch nicht für P. Insofern liegt ‚nichts' *im* Text, keine Intention etc. Eine Intention, Interpretation usw. liegt nicht *im* Textem! Sie wird von einem R in *seinen* von ihm auf Grund des Textems rezipierten Text ‚hineingelegt', d. h., Intention, Interpretation usw. sind Funktionen-nach-Meinung-des-R. (Meinungen etc. sind momentan.) Hier gilt es zu unterscheiden: Verbale Elemente evozieren bei der Produktion bzw. Rezeption einen gewissen Inhalt, wenn man will: eine gewisse Bedeutung oder gewisse Bedeutungen. (Wenn ich das Wort „Hund" lese oder mich daran erinnere, denke ich an ein – vielleicht bestimmtes – Exemplar der Familie *Canidae* oder an einen besonders schlechten Menschen oder nacheinander an das eine und das andere.) Die Verbindung von Form und Funktion, hier: Inhalt /Bedeutung ist innerhalb einer Bandbreite konventionell geworden. Die Sinnfunktion einer Form muß davon unterschieden werden. (Ich kann

z. B. jemanden einen Hund schimpfen, ohne daß es eine Beleidigung wird; vgl.: (lachend) *Da hast du mich ja ganz schön übertölpelt, du Hund!*) ‚Denken-an' kann häufig mit der Vorstellung (der *scene*) von etwas (z. B. einem Hund) verbunden werden.

68. Ein Autor ist durchaus nicht *ipso facto* der beste Interpret ‚seines' Textems. (Was u. a. zeigt, daß Produktion und Rezeption zwei verschiedene Prozesse sind.) Jeder *R* ist ein für sich eigenständiger Evaluierer (vgl. die Notenvergabe[231]). Wie gesagt, hört/liest *P* den von ihm angefertigten Text als *R*, also als eine ‚andere' Person, eben als Rezipient (auch wenn *P* anderes und u. U. mehr über den Text weiß / zu wissen annimmt, als andere *R*). Jeder, der einen solchen Text hört/liest, rezipiert ihn auf seine individuelle Weise (vgl. auch Kants Dictum *den Autor besser kennen, als er sich selbst kennt*). Im Moment des Hörens /Lesens usw. wird das Textem zu einem vom Ausgangstext verschiedenen, anderen Text, nämlich dem eines Rezipienten. Zur Unterscheidung von Text-während-der-Produktion-durch-*P* und andererseits Text-während-der-Rezeption-durch-*R*, wird der fixierte ‚Text' methodologisch als „Textem" zwischengeschaltet. Natürlich können mehrere Produzenten, u. U. mit unterschiedlichen Aufgaben, an der Produktion eines Texts beteiligt werden (entsprechend können Textteile indiziert werden). Analog können Texteme in *team*-Arbeit durch die Interpretation mehrerer daraus gewonnener Texte analysiert werden. – Nach dem Voraufgehenden ist ein Textem wegen seiner Potentialität nur unter der Form von Schallwellen, Druckerschwärze usw. eines zuvor in einer bestimmten Weise fixierten Texts wahrnehmbar.

69. Genauer wäre anders herum zu formulieren: Schallwellen etc. können für jemanden auf ein Textem hinweisen. Die Formen müssen als ‚textemhaltig' identifiziert werden. Voraussetzung ist, daß ein Rezipient gelernt hat, wie er auf Grund seiner Enkulturation mit den rezipierten Schallwellen bzw. Druckerschwärzeklecksen usw. umgehen muß, um daraus ein Textem zur Rezeption eines Texts zu interpretieren. Die Formen müssen als „sensitiv" (an)erkannt werden. Das heißt, der Rezipient muß ihnen Memcharakter zumuten. Formal unterschiedliche Exemplare bilden verschiedene Texteme (vgl. verschiedene Editionen eines Buchs. Ihnen werden verschiedene Funktionen und Werte: Liebhaber-, Taschenbuch-, kritische Ausgabe, ... gegeben.). Da das Textem

---

[231] Hier ergibt sich der kuriose (?) Fall, daß Holistik irreführen kann: Allgemein ist man der Ansicht, daß die persönliche Bekanntschaft mit einem Examenskandaten die Notengebung nicht unbedingt neutral ‚gerechter' macht.

gegenüber dem Text$_P$ und jedem Text$_R$ Eigenständigkeit erlangt, kann nicht nach *seiner* Intentionalität gefragt werden.

70. Bei einer Rezeption werden u. U. mehrere Sinnesorgane aktiv. In der Aktualisierung eines Textems in Form einer Filmaufzeichnung ist bei einer Aufführung gleichzeitig auch paralinguales Verhalten zu sehen. (Zur Verschriftlichung von Konnotationen s. oben.)

71. Wenn also eine von einem Textem ausgehende Interpretation eben nur eine unter indefinit vielen ist – und sei es die des *P* – und nun ein Interpret $^{\neg}P$ (z. B. ein Translator, auch evtl. in Personalunion mit *P*, aber als *T* eben von *P* zu unterscheiden) das Textem nach der kulturspezifisch überformten individuellen (!) Meinung eines Beobachters besser interpretiert, als es *P* selbst tut/könnte, dann wäre die bessere Interpretation des *Hamlet* (auch) ein besseres Translat als das Shakespearesche Original (vgl. Viaggio 2004, 57 – dort klugerweise als Frage ohne Antwort formuliert, denn die wäre auch nur die Meinung eines *R*; doch vgl. Dizdar [demnächst] zu <Translation>.) – Jedes Translat weicht in den oben aufgezählten Faktoren vom Ausgangstext$_R$ ab. Was ,ist' ein Translat? Wann ist ein Zieltext ein ,Translat'? (Wieviel Abweichung ist [für wen unter welchen Bedingungen] erlaubt?) Vgl. Innovation, Kreativität; Akzeptanz(bedingungen) usw. Es gibt indefinit viele Antworten. Ein Streit wäre müßig. Er läßt sich vermeiden, wenn die „Was-ist"-Frage als unsinnig entlarvt wird. (Vgl. auch hier die Annahme und ihre Verbalisierung.)

72. Während der vorgenannten Schritte in der Zeit t_{m-u} (oder ähnlich) können Pausen, kann auch zeitweiliges Schweigen eintreten. Pausen und Schweigen während der Arbeit vor der Äußerung können Nachdenken, Überdenken usw. signalisieren (vgl. das Laute Denken). Bei der Äußerung können Pausen und Schweigen analog zu Äußerungsteilen signifikativ intendiert oder vom Rezipienten als signifikativ interpretiert werden. Lücken (*lacunae*, *blanks*, Leerstellen, Unbestimmtheitsstellen; vgl. Ingarden 1972, 236; Iser 1990; vgl. Vermeer 1992b, 368-373) können bewußt eingesetzt werden oder unbewußt/ungewollt eintreten. Exhaustivität ist selten möglich. Lücken machen „Sinn". Insofern sind sie kein Zéro. Oder: Zéro ist sinnvoll.

73. *P* und *R* erinnern sich nach kurzer Zeit (vgl. das Kurzzeitgedächtnis) im allgemeinen nicht genau an eine kurz zuvor erlebte Vergangenheit (vgl. Unfallprotokolle), z. B. die Verbalisierung eines oralen oder schriftlichen Texts. Erst der fixierte Text wird zum Textem reduziert und als solches zum „Dokument" einer Äußerung. Aber eben kein exaktes,

sondern lediglich ein mit indefinit vielen (de- und) konnotativen (und assoziativen) Interpretationsmöglichkeiten.

74. Eine Textproduktion wird zweiwegig, d. h. vom prospektiven Ganzen zu den Teilen und mehrfach zurück, holistisch, segmentarisch (Laute /Buchstaben, Phoneme/Grapheme, Silben, Wörter, Kollokationen, Phrasen, Teilsätze, Sätze, Satzgefüge, Abschnitte, Kapitel, Text). – Die Exegese geht vom Ganzen zu den Teilen. – Beide verlaufen spiralig mit Unterbrechungen, Brüchen, Korrekturen usw.

75. Ein Text kann durch seine Formulierung und Vortragsweise prosodisch, rhythmisch, melodisch, harmonisch klingen und

76. allegro, allegretto, fröhlich, freudig, traurig, euphorisch, nachdenklich, feierlich, elegisch, prunkvoll, pompös, ... wirken.

77. Wie für einen Handlungsbeginn (vgl. oben; vgl. Sperber + Wilson 1986) bedarf es eines Signals für den Handlungsschluß. Es ist natürlich möglich, daß ein Partner dem P ‚ins Wort fällt'. Die Pause bis zum *turn-taking* ist kulturspezifisch. Lange bzw. überlange Pausen können ihre eigene Signifikanz bekommen.

78. Eine Produktion kann von anderen Berufenen oder/und Nicht-Berufenen verändert werden (vgl. Redaktoren, Lektoren, ...).

Ich breche ab.

Der Fall R

Für jeden R gilt das Voraufgehende, zumeist in umgekehrter Reihenfolge, entsprechend der Abfolge einer Rezeption, analog. Eine Übersicht über Theorien zur zumeist literarischen Kommunikation findet sich u. a. bei Eco (1990, 17-21). Vielfach beschränken sich die Untersuchungen auf Sprache oder/und verbale Texte oder/und die Produzenten- oder Rezipientenseite.

1. R bzw. *{R}* kann ein(e) Organismus(menge) der gleichen oder u. U. einer anderen Gattung wie P sein (z. B. ein Mensch oder ein Hund), ein Kollektiv (eine Menschenmenge) oder ein potentieller Organismus (z. B. eine Delegation, eine Regierung, die Polizei). *{R}* kann von P intendiert (erwartet usw.) oder nicht-intendiert (z. B. zufällig, Spion, Vertreter [die Sekretärin des gemeinten Chefs oder des Initiators; ein Sender (vgl. Radiosprecher)], ein Beobachter) und entsprechend erwünscht oder unerwünscht sein. – Zu nicht-organismischen R vgl. die vermeintliche Interaktion (*der Wind, der die Tür zuschlug*). – Im folgenden spreche ich aus Ökonomiegründen von einem R als Ganzheit

(z. B. Person) und mikrokosmische bzw. mesokosmisch-temporale $\{R\}$. Mit $\{R\}$ bezeichne ich auch eine mesokosmische Menge > 1.

2. Grundsätzlich sind die Raum-Zeit-Situationen von P und R verschieden.

3. Der Unterschied in den oben aufgezählten Faktoren (Eigenschaften usw.) zwischen P und $\{R\}$ ist signifikant (und die Angleichung eines der Hauptprobleme und -aufgaben für den Translator). Traditionell wird das Translat an das Ausgangstextem bzw. den Ausgangstext angeglichen, sehr selten (Teile des) Ausgangstextems an das Translat. Wenn dies vorkommt, dann arbeitet der Produzent und manchmal auch ein anderer Beteiligter, z. B. der Auftraggeber oder ein Graphiker usw., allzumeist mit.

4. R werde auf Grund eines äußeren Reizes $\rightarrow$ Stimulus und/oder eines inneren Stimulus dazu bewogen, ein Textem als Text zu rezipieren.

5. Angenommen, R sei im Moment t bewußt oder unbewußt hinreichend disponiert (bereit), einen externen Stimulus zu empfangen. Bereit sein heißt, nicht nicht bereit sein, d. h. nicht völlig abgelenkt und/oder von etwas anderem in Anspruch genommen sein. Bereit sein umfaßt auch die Fähigkeit, einen unerwarteten Stimulus zu empfangen (was man nicht immer kann, wenn man seine ganze Aufmerksamkeit auf anderes richtet). Zu „hinreichend" vgl. oben die Relativität und die gleitenden Übergänge. – Angenommen also, R empfängt in seiner Umwelt$_{R \circ / t}$ einen Stimulus, z. B. Photonen, die sein Auge reizen, oder Schallwellen, die an seine Ohren dringen (Schallwellen können den Gesamtkörper physisch und in der Folge auch ‚psychisch' bedrängen; vgl. *Discolärm*).

6. Dann nimmt R z. B. eine Menge Schallwellen auf, unterscheidet einen Teil davon als die Stimme seines Kollegen P und verarbeitet vor allem diesen Teil weiter. (Die Agentialität der vorhergehenden Satzstruktur ist metaphorisch.) Zur Verarbeitung (Perzeption) gehört eine Analyse der Schallwellen als Stimulus, z. B. als Rede, dann bedeutungshaltige Rede, und die (teilweise) Ausfilterung nicht-pertinenten Rauschens. Zu beidem gehört eine gewisse Analyse der Form, u. a. der Phone und der grammatischen Struktur, die Sprachteile (Wörter etc.) unterscheiden läßt. R versucht, die Bedeutung der Teile zu erfassen und zu einer Gesamtbedeutung (auf pragmatischer Ebene) zusammenzusetzen. Das geschieht teilweise nicht-linear, spiralig (vgl. hierzu die einschlägigen Fachpublikationen). Gleichzeitig analysiert R (größtenteils unterbewußt) holistisch sowohl P als auch dessen Verhalten in einer von R als

Situation$_P$ angenommenen, wahrgenommenen und perzipierten Situation und versucht interpretierend, sie mit Ps Rede in Einklang zu bringen. Dabei muß R manches ergänzen, was er entweder überhört, nicht verstanden, falsch verstanden hat / zu haben glaubt oder was P tatsächlich nicht oder nicht deutlich oder ungewollt nicht formuliert hat oder was R aus der Kenntnis der gesamten Interaktionskonstellation einschließlich P oder auch nur aus dessen Rede antizipiert. (Außer Ergänzungen kommen selten auch Ausschlüsse vor, wenn R z. B. im Laufe der Rezeption erkennt, daß etwas als pertinent angenommen wurde, in Wirklichkeit aber „Rauschen" war.) Vielleicht muß R des weiteren nach einem Sinn unter der pragmatischen Oberfläche der Rede suchen. R bereitet sich evtl. schon früh während der Rede auf eine Reaktion (Antwort) vor. (Vgl. u. a. Lakoff + Johnson 1999, 10f.; die dort genannte minutiöse linguistische Analyse in Phoneme und Morpheme wird R meiner Meinung nach nur insofern durchführen [können], als sie unbewußt, z. B. als Linguist und/oder Soziologe usw., auf Grund seiner Erfahrung mit der Sprache und P soweit vornimmt, daß er die Bedeutung – und später evtl. einen Sinn – der Rede erfaßt.)

7. R aktiviert die von P enuntiierten und andere Faktoren (vgl. das Rauschen) in anderer Weise als P und soweit er sie für seine individuelle Rezeption im Raum-Zeit-Moment o/t_R skoposadäquat als relevant annimmt. R muß auf Ps „Reiz" reagieren, falls er ihn wahrnimmt, z. B., indem er sich die Ohren zuhält oder Oropax hineinstopft.

8. Ein Skopos für den zu rezipierenden Text schält sich oft erst im Laufe der Rezeption heraus. Es kann Korrekturen usw. geben.

9. Angenommen, R entscheidet sich (zu 90% unbewußt und den Rest bewußt erst verzögert, im Nachhinen; vgl. die Kontrollschleife) dazu, hinzuhören/sehen, den Reiz als Stimulus als Aufforderung (vgl. Sperber + Wilson 1986) zu akzeptieren und den Stimulus R-spezifisch zu perzipieren (falls er nicht wie ein unliebsames e-Mail, ehe es auf den Computer kommt, „im Postfach gelöscht", d. h. schon im Vorfeld [Oropax als vorweggenommene Re-Aktion], z. B. als nicht-pertinent, uninteressant, unverständlich-unverstanden usw., ausgefiltert wurde).

10. In bestimmten Situationen kann sich R bereithalten (disponiert werden/sein), den Aufforderungsreiz als Stimulus zu empfangen. Ich lasse die Tür meines Arbeitszimmers offen, um das Klingeln des erwarteten Besuchers an der Haustür zu hören. – Für den Stimulus muß sich R bereitmachen, seine Situation verändern, z. B. eine begonnene Arbeit

unterbrechen, einen Ordner aufschlagen. – An die Stelle einer Motivation, einen Stimulus aufzunehmen, kann eine Abwehrdisposition treten.

11. Die Skopostheorie fordert, so zu interagieren/translatieren, daß jeder intendierte *R* möglichst gut und genau verstehen kann, was *P* stimulieren wollte (z. B. das Nicht-Verstehen; vgl. die Diplomatensprache) – kurz: wiederum die gegenseitige Einstellung aufeinander. Dazu befähigt ihn in erster Linie die spezifische Enkulturation. *R* muß zudem disponiert sein, den von *P* enuntiierten Stimulus zu rezipieren – und zwar im Normalfall möglichst gemäß *P*s Intention, d. h. in der von *R* als P_R-Intention angenommenen Weise. Für den Fall einer *R*-Menge bedeutet die Einstellung *P*s hierauf eine Reduktion der individuellen Verbalisierungsmöglichkeiten einer „Botschaft" auf eine generellere Ebene und zugleich u. U. eine eingehendere Explikation des Gemeinten, da *{R}* in einer anderen Situation existiert und *P*s Situation u. U. nicht wie bei einem *face-to-face*-Gespräch hinreichend genau kennt. Analoges Handeln ist bei Telefongesprächen und dgl. zu erwarten. – Zur Skopostheorie gibt es zahlreiche Beispiele in der Fachliteratur; vgl. vor allem Viaggio (2004/2006); zu einer eingehenden Beispieldiskussion Tapia Zúñiga (2004).

12. Zum Vorstehenden vergleiche für jeden Zeitpunkt *o/t* einer Interaktion und damit bei einem komplexen Interaktionssystem über mehrere Zeitpunkte hinweg (soweit wie möglich) die dauernde Überprüfung und Anpassung der angenommenen idio- sowie dia- und parakulturell einschlägigen Faktoren (vgl. Parada [demnächst] zu Immigrantenverhören; besonders schwierig wird eine Situation, wenn einzelne *R* von *{R}* untereinander divergieren; vgl. Viaggio 2004, 142). – Viele Faktoren werden (für *P* und jeden *R* unterschiedlich) unbewußt bleiben. Es gibt bei geeigneter Einstellung auch ein unbewußtes Überprüfen von Teilen des Unbewußten.

13. Zum rechten Verstehen eines von einem Textem ausgehenden Texts gehören der Rückblick auf, die Erinnerung an und das Wissen um bereits bestehende vergleichbare Texte der *R*-Kulturen und, soweit möglich, auch der *P*-Kulturen hinsichtlich ihrer Form, ihres ‚Inhalts' (des Sinns zum Beispiel) oder beidem (vgl. die Intertextualität; s. oben zu *P*).

14. Die Interaktionsbedingungen sind für *P* und jeden *R* verschieden. Dann gilt es (im Idealfall), die Machtverhältnisse (idealerweise gerecht, sonst eben so gut es angesichts der Umstände geht) auszutarieren. – Im Fall einer Translation geht es im einfachsten Fall um eine Dreiecksgeschichte *P, T, {R}* mit z. T. mächtigen ‚Statisten' (vgl. den translatorischen Handlungsrahmen bei Holz-Mänttäri 1984) im Hintergrund der Interaktionsbühne. – *P* wird im allgemeinen den Reigen eröffnen; u. U. geschieht dies aber erst auf einen Stimulus seitens eines Initiators (vgl. den Gesetzgeber) oder seitens des dann in der Rolle eines *R* auftretenden Partners (vgl. die Anfrage) hin. In einigen Fällen ist der Primärstimulus schwer auszumachen (vgl. den *ghost-writer*). Die Verhältnisse ändern sich momentan. Eine Interaktion ist trotzdem ein komplexes System mit zeitlicher Dauer. Das System dauert, nicht die (Verhältnisse seiner) Elemente zueinander.

15. Je mehr Personen an einer Interaktion beteiligt sind, desto unpersönlicher und damit schwieriger wird die Interaktion (vgl. *eine Abstimmung, Wahl*). Desto schwieriger wird auch die Aufgabe eines (Ver-)Mittlers. Um so wichtiger ist im allgemeinen die kognitive und affektive Unparteilichkeit des (Ver-)Mittlers.

16. Eine Evaluierung durch verschiedene Organismen fällt unterschiedlich aus (vgl. Selbst- vs. Fremdevaluierung, Partner vs. Beobachter). Hast du verstanden, was der Kollege sagen wollte? (Die Frage kann eine Kritik sein.)

17. Zur Verarbeitung eines Stimulus muß *R* ihn als auf formalen und funktionalen Ebenen einer Ordnung folgend, als strukturiert, in einen Wissensrahmen gehörend (z. B. dies ist der erste Satz von Beethovens 3. Sinfonie) usw. erkennen. Vgl. einen Stimulus des visuellen Apparats: Photonen unterschiedlicher Wellenlängen reizen *R*s Auge (usw.). *R* erkennt auf Grund seines komplexen Vorwissens, daß die Reizungen ein Muster bilden, z. B. schwärzliche Figuren, Gestalten auf weißlichem Papier, Buchstaben eines bestimmten Alphabets, z. B. des lateinischen, in einer bestimmten Schriftart, z. B. Fraktur, die in einer Sequenz von Sequenzen angeordnet sind, lesbar sind, Wörter, Phrasen und Sätze etc. bilden, die Aufzeichnung jemandes und im nächsten Schritt ‚produziert von *P*' ist, einen Text bildet, der für *R* ‚Sinn' machen soll, tatsächlich einen *R*-individuellen Sinn macht, ein für *R* (oder für jemand anderen) intendiertes (oder nicht-intendiertes) Text$_A$-Textem-Text$_Z$-Gefüge bilden soll usw. Von einem als textemhaltig angenommenen Objekt aus (kurz: von einem Textem aus) können indefinit viele Texte rezipiert werden. Jede Rezeption kann zu indefinit vielen Interpretationen führen.

18. Oft wird gesagt, ‚pragmatische' Texte, z. B. Geschäftsbriefe, ließen im allgemeinen nur eine Interpretation zu. Die Grenze zu ‚nicht-pragmati-

schen' Texten ist jedenfalls fließend. Auch pragmatische Texte bilden Ausnahmen. Von der Interpretation ist ihre Verbalisierung zu unterscheiden. Eine Interpretation kann auf mehrfache Weise verbalisiert werden. – Wieviel Interpretationen lassen sich aus dem oben schon einmal zitierten Textem *Ich bringe es fertig und verpasse das Flugzeug* holistisch herausrezipieren? – Bezüglich des einen Sinnes für eine Menge Rezipienten ist Dennett/Wuketits (1994, z. B. 107) optimistischer als ich. Das Problem wäre unter dia-/parakultureller Gleichschaltung durch Erziehung abzuhandeln.

19. Die Unterscheidung „Aufzeichnung von jemand" statt „... von P" wird z. B. relevant, wenn und wie die Autor- und/oder Senderschaft eines Text(em)s (im weiten Sinn, z. B. eines Gemäldes, Romans, einer Notiz, Reportage, Anzeige, Bekanntmachung, musikalischen Komposition, eines Wurfgeschosses) erst im nachhinein festgestellt werden kann bzw. wird. Die vermutete, angenommene bzw. als gesichert angenommene (usw.) Autorschaft verändert Rs Einstellung zu ‚seinem' Text und dessen Sinn, je nachdem, welche holistische *scene* usw. R von P hat (War der behauptete Gründer des Benediktinerordens, Benedikt von Nursia, eine historische Person?)

20. In jedem Fall divergiert Rs Verarbeitung des Text(em)s von der Wahrnehmung bis zur Apperzeption und ihr Resultat von den oben skizzierten Verarbeitungen durch P und damit von Ps Intention.

21. Die Differenz variiert von einer Quasi-Identität über Grade von Koinzidenz bis zum vollständigen Ersatz durch einen anderen Text mit anderer Funktion bis zu einem anderen Text(em). In einer gesellschaftlichen Umwelt (Kultur) können Differenzen erlaubt, ratsam, erwünscht bis gefordert werden.

22. Der Rezeptionsprozeß kann bis zur Fixierung von Rs Resultat (Apperzeption, Analyse, Interpretation, Exegese) gehen ($G_7 \rightarrow G_8$). Das Resultat wird nicht formgleich, sondern sinngemäß in R (zwischen)-gespeichert, und zwar im allgemeinen je nach Fähigkeit, Relevanz und Skopos im Kurzzeit-, Arbeitszeit- und evtl. schließlich Langzeitspeicher. Aus letzterem als dem „Gedächtnis" kann das Gespeicherte als „Erinnerung" abgerufen werden ($G_8 \rightarrow G_9$). „Vergessen" bedeutet selten löschen, wie es z. B. bei Gehirnschädigungen vorkommt, sondern meist Nicht-Abrufbarkeit, z. B. als Blockade, Verdrängung (vgl. die „Spur"). Durch die ständige Aktivität des Gehirns, einschließlich der Verarbeitung neu eingehender Stimuli, wandelt sich das Resultat bzw. die iterative Verarbeitung des Gespeicherten zu verschiedenen

Raum-Zeit-Momenten; es wandelt sich auch die Erinnerung von Moment zu Moment, bzw. die genannten Faktoren werden durch die je andere Verarbeitung verändert. Veränderungen treten vor allem bei Erinnerungen auf, sobald die Erinnerung bewußt verbalisiert (usw.) werden soll ($G_9 \rightarrow G_{indefinit}$). Resultate von Verarbeitungen desselben Textems durch R können (nach dem Urteil Rs, Ps oder eines Beobachters) unterschiedlich evaluiert werden.

23. Die Interpretation eines Texts durch R kann bewußt oder unbewußt gegen den von P intendierten oder/und von R als intendiert angenommenen Sinn gehen. Robinson (1991) zählt in Bezug auf eine Translation *a-, contro-, con-, di-, e-, extro-, intro-, in-, per-, re- subversions* auf. R kann einen als von P intendiert angenommenen Text/Sinn in seiner (Rs) Apperzeption akzeptieren, tolerieren, manipulieren, abmildern, ablehnen, zurückweisen, uminterpretieren, verstärken, bekräftigen, ignorieren usw. – Die Interpretation kann verschiedene Funktionen fokussieren, z. B., was P mit seinem Text intendierte, was das (von P produzierte) Textem besagen soll(te), was P ‚eigentlich‘, sozusagen hinter dem Text(em) sagen wollte usw.

24. Zu schriftlich fixierten Texten vgl. oben die Reduktion auf Denotativa; sodann für die Rezeption das Fehlen der Kenntnis der genauen Produktionssituation. Für R ist die Situation einer Produktion durch P anders als für P, anders als in einer *face-to-face*-Kommunikation.

25. Wahrnehmung, Per- und Apperzeption gehen spiralig holistisch von den Teilen, z. T. rekursiv, zum Ganzen.

26. Verstanden (apperzipiert) wird eine Interaktion holistisch, d. h., „geglückt" ist eine Interaktion, wenn R von seinem Standpunkt aus nach seiner und nach Ps Meinung hinreichend verstanden (apperzipiert) hat. Rs Interpretation kann bewußt oder unbewußt von Ps Intention abweichen, so daß P sich damit nicht einverstanden erklärt. Trotzdem kann die Interaktion für R als verstanden (usw.) gelten. Verstehen zeigt sich an seinen Wirkungen und Folgen. Etwas kann allgemein als verstanden angenommen werden, wenn bzw. solange kein Protest erfolgt.

27. „Glücken" hat zwei Seiten: Für P kann glücken bedeuten, daß R Ps Botschaft und/oder deren Intention(en) „hinreichend" versteht; für R kann eine Interaktion glücken, wenn sie ihn z. B. zu neuen Erkenntnissen führt. R kann Verstehen (auf einer oder mehreren Ebenen) simulieren oder verbergen oder zurückweisen. Für eine Rezeption, die „glücken" soll, muß ein Teil der Umweltfaktoren und jeder R selbst hinreichend mit den Faktoren in P und seiner Umwelt übereinstimmen – wie

P sich bei der Produktion auf *{R}* einstellen muß (vgl. kulturelle Konventionen). Die Einstellung ist gegenseitig (vgl. Siegrist 1971 zur „reflexiven Ko-Orientierung"); sie beruht auf gegenseitigen Annahmen. Was als hinreichend gilt / gelten kann, wird fallspezifisch evaluiert.

28. Glücken oder Fehlschlag einer Translation und seines Translats hängt z. T. vom Skopos ab. Nur von ihm aus kann von Form-, Inhalts-, Bedeutungs-, Sinnfehlern, Mißverständnis, Nachlässigkeit bis Schlampigkeit der Rezeption$_T$ oder der Verbalisierung des Translats, ..., jeweils kognitiv oder/und emotiv, Einordnung in die R_T-Kultur, ... gesprochen werden.

29. „Protest" gegen *P*s Interaktions- bzw. Kommunikationsversuch bedeutet, daß der Versuch nach Meinung des Protestierenden (!) zumindest teilweise gescheitert ist. Evaluierungen (Glücken und Protest) sind individuell. Das öffentliche Urteil richtet sich manchmal nach dem ‚Gewicht', d. h. Status, Ruf des/der Evaluierenden und nach der Evaluierung durch einen oder die Mehrheit der Kritiker usw. Ein solches Urteil wird oft von anderen mehr oder weniger unkritisch übernommen. Protest ist also noch kein Indiz an sich für ein Scheitern (Nicht-Glücken). Protest zeigt sich u. U. erst mit raumzeitlicher Verzögerung. In Diktaturen – und anderswo – werden Autoren oft für ein Werk bestraft, das anderswo oder zu anderer Zeit gelobt, d. h. als geglückt eingestuft, wird. Es gibt ein Scheitern neben oder nach dem Glücken.

30. Mögliche Gründe für (teilweises) Glücken und Scheitern werden von „Beobachtern" (z. B. Kollegen, Fachinterpreten) als Annahmen unter den Bedingungen des jeweiligen Beobachters formuliert. Überzeugungen sind momentan-individuell.

31. Für eine Interaktion, die gelingen (glücken) soll, bedarf es von Seiten aller Partner persönlicher und sachlicher Qualifikationen und Kompetenzen, z. B. Persönlichkeit, Talent, Intuition (was immer das sein mag), Ausbildung (Entwicklung eines Talents, Erziehung, Bildung), gesellschaftliches Bewußtsein, Interaktions- und hierin Kommunikations-Kompetenz (Sensibilität, Einfühlungsvermögen), Macht- (Durchsetzungsvermögen, ‚Rückgrat') und Ethikbewußtsein, Sachwissen und -verständnis usw. – Es gibt Erwartungs- und hierin Berufs- und hierin Produktions- und Produktregeln (Konventionen, Normen, Gesetze). Sie bedürfen der ständigen Überprüfung. Wer prüft (evaluiert)? Wer kann /soll/darf/muß/... zur Jury gehören? Wer entscheidet, wer zur Jury gehören kann/soll/darf/muß /...? Wer entscheidet, nach welcher Theorie was und nach welchen ihrer Kriterien wie evaluiert werden kann/soll

/darf/muß? Wer entscheidet, wer kompetent ist – für eine Sache oder /und für eine Entscheidung über eine Antwort auf die vorstehenden Fragen? Und wer sucht im Hinblick auf alle im vorliegenden Katalog erwähnten und weiteren Faktoren kompetente Personen aus? – In der mündlichen oder schriftlichen (etc.) Auseinandersetzung kann das gegenseitige Verstehen verbessert oder verstellt werden.

Der Interaktionsprozeß kann im *turn-taking*-Verfahren weitergehen, z. B. zwischen P und $R_{a, b, ...}$ oder/und R und Q usw. (vgl. die Translation). – Nach der hier vertretenen Theorie der (Quasi-)Momentanität hat sich P, längst bevor er im *turn-taking* ein R wird, zu einem anderen P, nämlich zu P' gewandelt, ein R der ersten Interaktionspartie wird zu einem P_R für einen R', der z. B. der vorige, jetzt gewandelte P' sein kann.

Der Jurist, Arzt, Theologe und Lehrer lernt sein Metier (der Professor sein Fachwissen) von Fachleuten und sammelt dann in der Praxis Erfahrung. Das Studium enthält auch die Kriterien, nach denen praktiziert werden soll. Mitunter fehlt die (obligatorische) Fortbildung – auch durch ständiges, sicherlich auch Zivilcourage erforderndes Fortdenken! Jeder Handeln-Wollende (z. B. ein Translator) sollte psychologisch und neurobiologisch auf sein Handeln vorbereitet werden. Nur ein professionell ausgebildeter Translator kann professionell handeln. Zum Studium gehört neben den jeweils geforderten Kulturen gewiß auch das Studium der Sprache und der Sprachen (die Sprachwissenschaft/Linguistik mit ihren Facetten), nicht als Ausgangspunkt, sondern als ein Thema wie die Zellkunde in der medizinischen und die Atomtafel in der Ausbildung des Chemikers.

Der Fall T

Manche Interaktion bedarf eines (professionellen) (Ver-)Mittlers, z. B. eines „Translators" (T). Im folgenden ist die Rede vom professionellen Translator, seinem Translatieren und seinem Translat. (Zur Dolmetschung vgl. u. a. die kurze Darstellung tentativer Modelle in Özben 1999, 90-100).

1. Angenommen, T werde in einem gegebenen o/t-Moment aufgefordert oder entschließe sich auf Grund eines internen Stimulus, ein Textem zu seinem Ausgangstext zu machen und zu translatieren. (Vgl. die obige Diskussion zur Agentialität.) Unter Umständen kann T sich ein ihm im gegebenen Moment passend erscheinendes Textem aussuchen. – Zu möglichen Interpretationen ‚des' Ausgangstexts (oder zu verschiedenen

‚Ausgangstexten') s. oben zu Interpretation usw. Inwieweit *T* eine Interpretation seines Ausgangstextems selbst bestimmen und danach translatieren kann, hängt von vielen Faktoren ab (vgl. die staatliche Zensur; die religiöse Einstellung; vgl. Dizdar [demnächst] zur Translation eines Bin-Laden-Text[em]s).

2. Auf die Persönlichkeit *T*s braucht an dieser Stelle nicht näher eingegangen zu werden (s. oben die Faktorenlisten).

3. Es gibt im Fadenkreuz von Gründen indefinit viele äußere und/oder innere (persönliche) bzw. formale und/oder inhaltliche Gründe für eine Auswahl und/oder für die emotionale etc. Einstellung *T*s zu seinem jeweiligen Ausgangstext. Ich gehe nicht näher hierauf ein, obgleich diese von *T* angenommenen Gründe für die Art und Weise und Qualität seiner Arbeit wesentlich sein können. Im folgenden wird nur eine geringe Auswahl von Bedingungen für eine Translation genannt.

4. Die vorausgesetzten angenommenen Bedingungen wirken sich auf *T*s Translat aus. Dessen Form und ‚Inhalt' wirkt sich wiederum auf die Rezeption aus.

5. Wichtig ist z. B. die Darbietungsform des Translats – des üblicherweise so genannten „lay-out" in der schriftlichen Fixierung bei der Übersetzung und dem Verhalten des Dolmetschers einschließlich der bewußten und/oder unbewußten para- und extralinguistischen, rhetorischen und stilistischen „Translation" von Dispositionen, Stimmung usw. mit ihren jeweiligen Registern etc. und ihrer Auswirkung auf Natürlichkeit, Verständlichkeit und Akzeptanz der Translation. Die Stimme des Dolmetschers sollte über längere Zeit hinweg angenehm zu hören sein. Kurioserweise stört es die Rezipienten selten, daß ein männlicher Vortragender von einer weiblichen Stimme gedolmetscht wird (und umgekehrt). Dolmetscher sollten eine möglichst ‚neutrale' Aussprache (Standard, soweit vorhanden) haben. Eine Verdolmetschung mit Akzent stört (falls nicht vom Skopos gefordert), besonders, wenn es sich um dialektalen Akzent (Bairisch für Norddeutsche) handelt. Vgl. hierzu aber die unterschiedliche Sensitivität in unterschiedlichen Sprachen/Kulturen. Nach Viaggio (2004, 227) erwarten US-amerikanische Journalisten vom Dolmetscher einen fremdsprachigen Akzent. Bei Synchronisierungen stört es, daß dieselbe Stimme in verschiedenen Filmen für verschiedene Darsteller gebraucht wird. – Ich erinnere mich an eine Verfilmung von Shakespeares *Caesar and Cleopatra* mit z. T. britischen und z. T. US-amerikanischen Schauspielern. Ich sah den Film in London, mich störte die unterschiedliche Aussprache. Eine neben mir sitzende Dame ver-

stand meine Kritik nicht, als ich sie nach ihrem Eindruck fragte. Sie meinte, das Nebeneinander verschiedener Aussprachen störe sie nicht, sie sei ja den US-amerikanischen Akzent gewöhnt. Offenbar meinte sie, es sei der US-amerikanische Akzent einiger Schauspieler, der mich störte. Mich störte in erster Linie die Mischung.

6. Selbstverständlich wird von jedem Translator translatorische und, soweit für die Ausübung seines Berufs erforderlich, translatologische Professionalität gefordert. Professionalität des Translators und das Vertrauen, das auf Grund seiner Professionalität in ihn gesetzt wird bzw. das er sich erwirbt, sind wesentliche Voraussetzungen für die verantwortungsvolle Ausübung seines Berufs.

7. Zur Professionalität gehört das Bewußtsein um mögliche Faktoren, die eine Translation beeinflussen (s. die obigen Listen) sowie das Wissen um Intertextualität und ihre kulturspezifischen Bedingungen (s. oben zu *P* und *R*). Ein Translat kann je nach Skopos unbewußt oder/und bewußt an bereits existierende Translate und/oder andere Texteme angeschlossen werden (man schreibt Geschäftsbriefe in der kulturspezifischen Art und Weise) oder sich absichtlich von solchen Textemen absetzen (man will Neues in der Translationsmethode usw. schaffen). Analogien und Änderungen können wie oben bereits erwähnt die Form, die Funktion (z. B. den Sinn) oder beides betreffen.

8. Kulturelle Implikationen erschweren die Translation. Wie kann man einem Christen islamische Denkweisen erklären, wenn er doch naiv von seinem christlichen Verständnis von Termini und dem damit Gemeinten ausgeht? – Nikolaus von Kues (*Cribatio Alchorani* [1460f]) schrieb seinerzeit einen christlichen Traktat für Muslime, in dem er die Drei-Personen-Lehre Gottes mit keinem Wort erwähnte (vgl. Flasch 2001, 542-544). Hermans (1999, 149) erinnert an die translatorischen Schwierigkeiten christlicher Missionare in China. (Es gibt zahlreiche zeitgenössische Dokumente.) Das Japanische der ersten christlichen Mission gebrauchte eine portugiesische ‚Fachterminologie‘ mit japanischen Grammemen (vgl. Vermeer 1972b, 150f). Dadurch wurden Fehlinterpretationen durch Neuchristen infolge ihrer vorchristlichen Enkulturation z. T. verhindert. Wie kann man Neuwörter interpretieren, ohne auf einen bestehenden Fundus zurückzugreifen?

9. Die Lehrkräfte, die Translation unterrichten, sollten allemal translatologisch ausgebildet und auf dem neuesten Stand sein. Leider ist dies selbst bei Professoren an einschlägigen akademischen Instituten längst nicht der Fall (vgl. die autobiographischen Angaben in Pöckl 2004).

Dies führt zu der verbreiteten Meinung, Translation sei eben nicht mehr als ein Handwerk, die literarische vielleicht in einigen Fällen sogar ein Kunstwerk, das ansonsten aber jedermann ausüben könne, der ein Wörterbuch und vielleicht noch eine Grammatik zur Hand habe. Der eigen- (!) und fremdevaluierte Status der Übersetzer ist allgemein niedrig. Juristisch gibt es bisher (soviel ich weiß, weltweit) keinen Titelschutz. Die Voraussetzungen für den Erwerb der Professionalität sind z. T. lamentabel bis nicht vorhanden. Wenn an akademisch sein sollenden Instituten die gesamte Professorenschaft nicht vom Fach ist und überwiegend nicht einmal sein will, kann weithin kaum professionelle Kompetenz und eine allgemeine Statusanhebung erwartet werden. Die persönlichen Arbeitsbedingungen und die praktische Kompetenz sind zweifellos großenteils gut, die beruflichen Bedingungen sind es weniger. Etwas besser werden Dolmetscher auf Grund ihrer öffentlichen Tätigkeit und dank der Bemühungen der AIIC (Association International des Interprètes de Conférance / International Association of Conference Interpreters), dem wichtigsten Berufsverband, eingestuft. Ich plädiere dafür, daß auch die Übersetzer höhergestuft werden. Entsprechend sind die Disposition (Bereitschaft, Aversion) und Motivation zur Arbeit recht unterschiedlich. Einsteiger verwechseln ihr persönliches Interesse an Fremdsprachen oft mit den professionellen Voraussetzungen für das Übersetzen/Dolmetschen. Die Intentionen mögen gutgemeint sein. Die Wirkung und Folgen mangelnder Ausbildung und (z. T. daraus resultierender relativ) niedriger Bezahlung (mit häufigen Dumpingversuchen seitens mancher sich auf dem Markt tummelnder ‚Auch'-Übersetzer) dienen nicht gerade dazu, das Prestige des Berufs zu heben. Es wird einem Translator oft genug schwer sein, angesichts der genannten und aller sonst noch möglichen Schwierigkeiten und Bewertungen Herr seines Handelns zu bleiben. Vielfach wird er lediglich als Diener seines Herrn, des Auftraggebers, betrachtet. (Auch in akademischen Instituten hört man manchmal noch den Satz, „Übersetzen Sie, was da steht!") Doch auch wenn der Klügere nachgibt, kann er zeigen, daß er Herr der Situation bleibt. Herr sein sollte bedeuten, daß der Translator die ‚Regie' seiner translatorischen Interaktion übernimmt, daß *er* bestimmt, ‚wo es langgeht'. Die Interaktionspartner P und R_T sollten hierüber dringend und kompetent informiert werden. Viaggio (2004, 154) spricht in dieser Hinsicht von *overt* und *covert* Translation. (In anderem Sinn gebraucht House 1981 diese Termini.)

10. Der Beruf des Translators hat in den letzten Jahren allerdings in der Öffentlichkeit und in juristischen Verlautbarungen (vgl. für Deutschland M. Forstner 2005; s. oben) an Ein- und Wertschätzung gewonnen. Vgl. das Urheberrecht für Translate, Translate als „Bearbeitungen" eines Ausgangstext(em)s, die Nennung des Translators zusammen mit dem Ausgangstextemautor auf der Titelseite. (Vgl. das Vorgehen von Dizdar [demnächst] und auf die dortige Anregung hin in der vorliegenden Arbeit: Nennung von Autor und Translator bei Quellenangaben.[232])

11. Der Rezipient eines Translats glaubt auch heute noch, damit bekomme er den Ausgangsautor zu lesen. Das kann niemals der Fall sein. Wenn aber ein Translator mit gutem Grund stärker vom Ausgangstextem abweicht, als die Kunden gewöhnt sind, sollte er es ihnen, z. B. in einem Vor- oder Nachwort zum Translat, mitteilen (und möglichst auch erklären). Aufklärungsarbeit tut allemal not. (Vgl. auch die Diskussion in Hermans 1999, 1-6, über Thomas-Mann-Translate ins Englische.)

12. Eine „natürliche" Fähigkeit zur Vermittlung translatorischer Botschaften reicht – außer vielleicht mitunter in einfachen Fällen persönlicher Unterhaltungen – nicht aus (vgl. aber Harris + Sherwood 1978 und die sich daran anschließenden Kommentare und Kritiken).

13. Translation kann

 a. unter Beachtung der Eigenheiten von Kulturen (Redefreudigkeit, Pausen, Gesten und ihre Bedeutung, Rhetorik, Thematiken, Emotionspegel[233] und ihre Behandlung, Bedeutung von Kulturemen [vgl. Religionen], ...) und ihren Sprachen (vgl. die Relation von Verbalisierung vs. Implikationen in gegebener Situation, Silbenzahl (z. B. in der poetischen Translation), Silbenstruktur (Frequenz von Konsonanten und Konsonantengruppen vs. Vokale), Sprechgeschwindigkeit (beim Dolmetschen), ...

 als

 b. Äquivalenz-, Adäquatheitssuche oder Mischform und -funktion,[234]

---

[232] Wie wichtig dies werden kann, zeigt das in Vermeer *Fragments* ... [demnächst] aufgezeigte Problem der Übersetzung von deutsch „Sinn" mit englisch „meaning". Im dortigen Zusammenhang ist „meaning" nicht ‚falsch', trägt aber andere Konnotationen, die meiner Meinung nach das Verständnis des Gemeinten beeinträchtigen (vgl. auch die Anmerkung hierzu im obigen Textem).

[233] „Jede Kultur hat einen spezifischen Normal- oder Neutralpegel der Emotivität und einen damit korrelierten neutralen Handlungs- und Verbalisierungsmodus der Emotivität." (Vermeer 1985, 478)

[234] Der griechische Ministerpräsident verkündete 2005 Griechenland und Zypern wür-

- *c.* Nachahmung (Imitation, Mimesis)
- *d.* Bearbeitung, Adaptation, Paraphrase, Parodie, ...
- *e.* hierher z. B. auch die Prosaübersetzung eines metrisch gebundenen Ausgangstextems
- *f.* Rekreation, Neuschöpfung
- *g.* Stimulierung einer Mem-Produktion,
- *h.* je nach Skopos von *a* bis *f* für Lektüre, Bühne (Tragödie, Komödie), Kabarett-, Oper, Pantomime, ... (Translate werden öfter für eine bestimmte Aufführung unter Beachtung der dabei vorhandenen Möglichkeiten angefertigt)
- *i.* in den Interpretationen von *a* bis *f* für Fachleute einer oder verschiedener spezifischer Disziplinen, allgemeines Publikum, Kinder, Jugendliche, ...

verstanden werden. (Ich plädiere mit dieser Aufzählung nicht für eine terminologische und funktionale Unterscheidung der genannten Phänomene.)

14. Für T ist die Situation, in der er arbeitet, nicht „natürlich". Er dolmetscht/übersetzt nicht für eigene Bedürfnisse (außer um sein Geld zu verdienen). Ein Anderer (P) will/muß mit (einem) Anderen ($\{R_T\}$ – also nicht einmal $\{R\}$) interagieren. T soll sich konnotativ und kognitiv auf den verschiedenen semantischen Ebenen bei seiner Rezeption des Ausgangstextems in P ‚hineinversetzen', wie es traditionell heißt, d. h., T soll in den Ausgangs- und Zielkulturen kompetent sein. Dazu braucht er möglichst detaillierte Kenntnisse über das Ausgangstextem: seine Entstehungsgründe und -situation(en), den Autor, dessen übrigen Werke, Lebensumstände, Epoche usw. ‚Hineinversetzen' soll sich der Translator sodann auch in die von ihm intendierten Rezipienten, ihre Interessen, Bildung, Lebensumstände etc. (Viaggio 2004/2006. Es geht um Zielkulturkompetenz.) P agiert in Hinsicht auf $\{R\}$, T reagiert auf P_T und sein Ausgangstextem$_{P(T)}$ und agiert in Hinsicht auf $\{R_T\}$. T steht zwischen $P_{(T)}$ und $\{R_T\}$ (vgl. Bahadır 2004a; 2004b zum „in-between"). Der Translator spricht/schreibt „artifiziell" (vgl. Viaggio 2004, 182). Das heißt, ein Translat weist meistens spezifische Abweichungen vom üblichen Gebrauch der entsprechenden Zielsprache auf. Besser wäre es, man könnte sagen, ein Translator spreche/schreibe skoposadäquat natürlich.

---

den nicht gegen den Eintritt der Türkei in die EU stimmen. In der Türkei wurde diese Aussage als „... Griechenland und Südzypern ..." übersetzt.

15. Die Schwierigkeitsgrade für Ts Handeln sind von Moment zu Moment, von Situation zu Situation je andere. Viaggio (2004, 181[8]) weist mit Recht darauf hin, daß das *community interpreting* („interpretación dialógica", „Kommunaldolmetschen" [Pöchhacker 1998], „Fachdolmetschen ..." [Dizdar + Bahadır 2000]), schwieriger, weil persönlicher, als das Handeln für eine internationale Organisation sei: „En todo caso, yo preferiría confiar a un profesional bisoño e inexperimentado cualquiera de las reuniones menos trascendentes de la ONU que la vida de un enfermo grave o de un sospechoso de asesinato." – [Jedenfalls überließe ich einem schlafmützigen und unerfahrenen Dolmetscher lieber eine der weniger bedeutenden UNO-Sitzungen als das Leben eines Schwerkranken oder eines mutmaßlichen Mörders.] (übers. HJV)

16. Mental und physisch gemeinsame oder physisch getrennte raum-zeitliche Anwesenheit von P, $\{R\}$, T, $\{R_T\}$ beeinflussen die translatorische Arbeit. Dabei differiert o/t für jeden Teilnehmer. – Es gibt Fälle, in denen ein T aus protokollarischen, ‚politischen', Spionage- usw. Gründen gebraucht wird, obgleich sich P und R auch ohne T mühelos hätten verständigen können (zu einem frühen historischen Fall vgl. Vermeer 1992b, 169 und 173[17]). – Mit dem Dolmetschen nicht vertraute Personen sind sich der Aufgabe des Dolmetschers und des Translatcharakters der Situation nicht immer klar. Der Translatcharakter eines Gesprächs wird dann nicht selten mißverstanden. Man wendet sich an den Dolmetscher, als sei er der eigentliche Gesprächspartner, und mißversteht ihn, wenn er diese Rolle nicht übernehmen kann. T wird als (Original-)P angenommen (vgl. den Gebrauch und die Funktion der 1. Person im Munde des Dolmetschers). Die unterschiedlichen Annahmen wirken sich auf die Interaktion aus. Auch auf die ‚Überprüfung' des Translatierens und Translats.

17. Ungewollte oder gewollte Interferenzen und falsche Freunde stellen sich leicht ein. Auf die Bedingungen für eine Translation (Rauschen, Zeit, Ort, Arbeitsmittel [z. B. Mikrofon, Internet, Kollegen]), die Moderation einer Konferenz, einer (polizeilichen, gerichtlichen usw.) Anhörung, für Interviews usw. sowie die situationellen Umstände, wie z. B. die Zahl aktiver und grundsätzlich, zeitweise, ... passiver Rezipienten, ihre gesellschaftliche Stellung, Bildung, ... usw. sei hier nicht näher eingegangen.

18. Die Translationstheorie bietet zwei Grundmodelle: die Deskription gegebener Translate (Toury 1980 ist genauer. Er spricht von Textemen, die als Translate betrachtet werden) und die Präskription für zu erstel-

lende Translationen. Präskriptive Theorien entfallen auf eine von zwei Grundtheorien (oder -modellen): (1) die Äquivalenzorientierung mit dem Vorrang der Nachbildung der Ausgangstextemoberfläche, soweit dies eben möglich ist, und damit vor allem ihrer Struktur und Wort-, z. T. Morphemwahl, wobei kulturelle Phänomene und non-verbale Textemelemente, z. B. Graphiken und Farbgebung, oft unberücksichtigt bleiben (vgl. die Entwicklung von Koller 1979 bis 1997; vgl. Venuti 1995); (2) die funktionale Orientierung auf den Vorrang des Zieltextems, vor allem seines Skopos des Gemeinten (Sinns) für intendierte Rezipienten; (3) eine Mischorientierung, z. B. bei der Parodie, bei der semantische und strukturale Elemente des Ausgangstexts zur Erreichung einer funktionalen Wirkung imitiert werden.

19. Für die Äquivalenzorientierung vgl. Äquivalenzsorten [der Wortinhalte, der Satzstruktur, ...] (vgl. Koller 1997), Graduierungsprinzipien und Ambiguitäten (vgl. auch House 1981; Mudersbach 1991). – Die angeblich getreue Nachbildung einer Ausgangstextemsprachstruktur kann zur sprachstrukturellen bis semantischen Verfremdung eines Textems der Zielkultur führen. Vgl. Venuti (1995) zu "foreignizing" und "domesticating"; dagegen Berk (2004, 160) zur "domestication" in der Türkei der 40er Jahre: nicht wie Venuti (1995, 15) "to provide readers with the narcissistic experience of recognizing their own culture in a cultural other", sondern „to create a cultural other", d. h. die Eigenständigkeit der türkischen Kultur als das Schon-Daseiende zu zeigen. Vgl. die Erwartungshaltung des Auftraggebers, Rezipienten, Beobachters, Evaluierenden, ...; vgl. Venuti (2001) zu Derrida (1999) [Beispiel französisch *propre* vs. englisch *proper*]. Venuti beruft sich fälschlich auf Schleiermacher (Snell-Hornby 2004). Bahadır (2004b, 816) bringt die Sache auf den Punkt: "If 'I' leave the Other strange and different 'I' always do this from 'my' culture(s)-bound viewpoint, satisfying 'my' culture(s)-specific needs, and purposes." Und dieser Satz ist ganz individuell-momentan zu verstehen.

20. Die sog. Treue (Fidelität) hängt nicht nur von sprachlichen und hierin strukturellen und semantischen Bedingungen ab, sondern von indefinit vielen, besonders z. B. der Situation und der Zeit (Temporalität). Meinungen, Geschmäcker ändern sich. In sprachlicher Hinsicht wird Treue zumeist an der Text(em)oberfläche festgemacht und bezieht sich hier auf marginale Phänomene. Das wirklich Gemeinte wird kaum in Betracht gezogen.

21. Für eine funktionale Orientierung gilt die möglichst adäquate Nachbildung auch der Ausgangstextoberfläche und ihrer Elemente insoweit, als sie zur möglichst optimalen Erreichung eines Ziels bzw., je nach den Umständen der Translation, als dessen Untersorte eines Zwecks in der Zielkultur beitragen soll. Die Bedingungen der Adäquatheit sind fallspezifisch. Skoposbedingt kann z. B. die exakte Nachbildung einer Ausgangstextemoberflächenstruktur gefordert werden (z. B. im Fremdsprachengrammatikunterricht). Andererseits kann Neutextung, z. B. bei Werbespots, geboten sein.

22. Ausschlaggebend für die Translation ist ihr Skopos, d. h. die Frage, für wen im aktuellen Fall was wie translatiert werden soll. Gebrauchsanleitungen sollen in erster Linie informieren, Werbetexte werben, Hilfsaktionen helfen und ein Lächeln vielleicht aufmuntern oder Schmerz kaschieren. Werbetexttranslate können auch einer Strategieanalyse dienen sollen. Im Extremfall kann man sie zu einem Gedicht umformen. Usw. Eine adäquate Skoposrealisierung gibt dem intendierten $\{R_T\}$ in der Intention von T, die den meisten Fällen wohl der Intention von R oder eines Auftraggebers (Bestellers) entspricht, was er wie apperzipieren soll, und u. U., daß er auf einer oder mehrerer der oben genannten semantischen Ebenen nicht verstehen soll, was P gesagt hat (vgl. die ‚diplomatische‘ Rede). Adäquatheit kann somit möglichste Konvergenz oder mögliche Divergenz zwischen je zwei der für einen Interaktionsprozeß relevanten Faktoren (vgl. die Formal in Viaggio 2004, 158, d. h. je eines Faktors auf jeder der beiden Ebenen) bedeuten.

23. Skopos bedeutet (u. a.), daß T (im Hinblick auf die oben aufgezählten Faktoren) entscheiden muß, wann und unter welchen Bedingungen es in einer gegebenen Situation im Hinblick auf seine Evaluierung (Relevanz) von Ps Kooperationsbereitschaft, ..., der P-Textemelemente in der Rezeption von T, seines holistischen translatorischen Handelns und des {Was} und {Wie} seines Resultats, des Translatems, und der von T angenommenen, daraus rezipierten $\{Translate_{RT}\}$ und deren Wirkungen und Folgen angesichts der Motivation, ... von $\{R_T\}$ objektiv und subjektiv nötig, geraten, angebracht, nicht angebracht oder ‚untreu‘, nicht loyal ist, etwas in voller Länge wiederzugeben, auszulassen, zu kürzen, formal und semantisch zu straffen, zusammenzufassen, abzuändern, zu adaptieren, zu korrigieren, konziser, eleganter, ästhetischer zu formulieren oder sonstwie zu verbessern und ob, wie und welche para- und nonverbalen Strategien eingesetzt werden sollen/.... Vgl. z. B. Kennedys „Auch ich bin ein Berliner“ in der Originalrede an der Berliner Mauer

mit der Verdolmetschung durch Heinz Weber. Kennedys Stimme trug nicht, sie ging im Klatschen und Rufen der Zuhörermenge fast unter. Webers Stimme ‚rettete' die Situation. – Eine mehr oder minder spontane Rede wird unter anderen Bedingungen von Zeit und Raum (in einer anderen Situation), z. B. Jahre nach der Originalverkündung, oft anders zu dolmetschen/übersetzen sein als *in situ*. – *{R_T}* kann sich z. B. bei einer Gerichtsverhandlung aus Klägern, Klagevertretern, Angeklagten, Richtern, Verteidigern, Geschworenen, Zeugen, Wächtern, Publikum (und hierunter Beobachtern, z. B. Journalisten) zusammensetzen. Manchmal reicht es nicht, die Aussage eines Angeklagten für den Richter ‚so wörtlich wie möglich' zu verdolmetschen. Dem Richter muß die kulturelle Bedingtheit einer Aussage klargemacht werden.

24. Nach dem Skopos richtet sich die Ausführung. Der Skopos eines Translats kann vom Skopos eines Ausgangstexts verschieden sein (vgl. die Verschiedenheit von Kulturen). Adäquatheit kann beträchtliche Unterschiede zwischen der Verbalisierung (usw.) des Ausgangstext(em)s und der des Translats bedingen (vgl. Robinson 1991 zu „versions").

25. Zur Skoposwahl und seiner Ausführung vgl. auch den Status des Translators im translatorischen Handlungsrahmen (vgl. die Entwicklung der „Loyalität" bei Nord 1986 *et passim* und dazu Prunč 2001, 192f; Viaggio, 2004, 127, mit weiterer Lit.).

26. Hinsichtlich des Skopos hat man sekundär verschiedene Texttypen unterschieden, vor allem die „dokumentarische", „instrumentelle" und ‚literarische' Translation sowie Mischformen (vgl. Nord 1988, 82; 1989). Doch Vorsicht, daß man nicht in eine retrospektive, skoposinadäquate Perspektive verfällt!

27. Die instrumentelle ‚Translation' paßt an, ersetzt, übernimmt, ..., u. U. ganz oder teilweise non-verbal (vgl. Graphiken, Darstellungskonventionen; vgl. Bretthauer 1987). – Ein Extrem sind, je nach ihrem Skopos, graphische Translate (vgl. Catford 1967).

28. Die dokumentarische Translation translatiert je nach Skopos mit/ohne (teilweise) kulturelle(r) Adaptation im Rahmen enger formaler und semantischer Konventionen zumeist formal und semantisch konventionelle Fachtexte (vgl. EU-Texteme, Mietverträge, Gerichtsurteile [vgl. Arntz 2001, 297-310; 2003 zu unterschiedlichem Aufbau], Protokolle, Patente, Schul- und andere Zeugnisse, Geburts-, Ehe-, Scheidungs-, Staatsangehörigkeits-, Wohn- und Todesurkunden bzw. -Bescheinigungen). – Wiederum Vorsicht! Bei einer dokumentarischen Translation sind kulturspezifische Strategien, die jeweilige Relevanz eines

Textelements, Fallspezifika usw. zu beachten. – Zur Anordnung der Sachverhalte in Gerichtsurteilen vgl. Arntz (2003). – In Schul- etc. Zeugnissen werden Notenangaben nicht geändert, sondern die zielkulturellen Äquivalente im Text oder in Fußnoten etc. hinzugefügt. (In Romanen pflegt man anders zu verfahren.) – Die Reihenfolge einer Datumsangabe wird an die Gepflogenheiten der Zielkultur angepaßt. – Eigennamen werden oft durch die entsprechende zielkulturspezifische Form ersetzt (vgl. Graphie, Konvention, z. B. *Moskau* statt *Moskva*, besonders in der Phonetik, z. B. deutsch *[pʰaˈʀis]* für französisch *[paˈʀi]*; vgl. vor allem Namenkonventionen [vgl. wieder den Unterschied zwischen Textemsorten: Dokument oder Roman; vgl. Usus gewordene Translatierungskonventionen zwischen Kulturen und ihren Sprachen.). – In Fällen grundsätzlicher Unterschiedlichkeit muß fallspezifisch und u. U. je nach der Möglichkeit, Daten zu bekommen, entschieden werden. In der Türkei wurden Nachnamen erst in den 40er Jahren des vergangenen Jhs. obligatorisch eingeführt. Bis heute ist es üblich, jemanden nur mit dem Vornamen anzureden und zu benennen. Unter Umständen erfährt der Leser einer Erzählung die Nachnamen vorkommender Personen nicht. Offizielle Listen, z. B. von Studierenden in der Universität, werden nach dem Vornamen alphabetisiert. In Portugal (war es?) in den Universitäten ebenso. In türkischen Dokumenten werden die Vornamen von Vater und Mutter eines Betroffenen (nicht aber die Familiennamen) zu dessen Identifizierung verwendet. In Nordindien hat eine Person üblicherweise drei Namen: den persönlichen Eigennamen (‚Vorname‘) + Vater(vor)namen (außer in offiziellen Dokumenten als Initiale abgekürzt) + Familien- oder genauer: Sippennamen (aus dem früher auch die Kaste samt Unter[unter]kaste ersichtlich war). Frauen ersetz(t)en bei der Heirat den Vatersnamen durch den des Ehegatten. Eine Inderin, die in Deutschland einen Deutschen heiratete, muß dort ihr Leben lang den mit allen Buchstaben ausgeschriebenen Vaters- statt des Gattennamen weitertragen, weil es für den deutschen Standesbeamten nun einmal unabänderlich so in der Geburtsurkunde steht. (Das wirkt dann so lächerlich, als habe eine Frau einen männlichen Vornamen und heiße Elisabeth Heinrich Weibel.) – In Südindien kann jemand auf die Frage, ob er seinen Vor- oder Nachnamen genannt habe, in Verlegenheit geraten. Wie verfährt man übrigens bei der Translation fremder Namen, wenn sich z. B. jemand mal Srinivasan und ein andermal Cinivacan [*sic*] schreibt?

29. Viaggio (2004, 267) bringt die instrumentell-dokumentarische Translation auf den Punkt: Skopos sei [die von *T* angenommene] Relevanz für *{R}* der [von *T* angenommenen] Intention des *P*, wonach sich auch die Ästhetik der Form richten soll. Und (ib. 278, als ‚optisch relevant‘): Wenn Ausgangstext[em] und Translat zusammen erscheinen, soll sich das Translat bis zu einem gewissen fallspezifischen Grad an das Original anpassen [weil manche Rezipienten nach formaler Vergleichbarkeit suchen – vergebliche Suche erhöht die Apperzeptionskosten]. (Zusätze in [] HJV.)

30. An Text(em)sorten lassen sich u. a. aufzählen: einfache/alltägliche Korrespondenz vs. elaborierte Texte (bewußte Rhetorik-Stilistik, Register, Prosodie, ...; offizielle Korrespondenz, Fach-, Werbe-, ... und schöngeistige Prosa und metrisch-gebundene Poesie, uni-, plurifunktionale vs. (-)formale Priorität, Gebundenheit vs. relative Freiheit der Formstruktur, des Layout (Graphik, Tabelle, Formel, ...) an Funktion, Genus (Vertrag, ...), ...; Kulturspezifik von Rhetorik und Stil, Adäquatheit vs. Übernahme (Imitation), Mischformen; vgl. Wirkung und Folgen. Usw.

31. Das Einfügen eines Texts in einen vorgegebenen Rahmen/Raum, z. B. eine Sprechblase oder als Beischrift zu einer Graphik, bietet translatorische Schwierigkeiten.

32. Bei Evaluierungen ist die Kulturspezifik zu beachten. Eine Evaluierung ist individuell (wobei der Evaluierer kulturell überformt ist). Individuelle Evaluierungen mit ihrer kulturellen Überformung können (1) durch Mehrheitsvotum oder (2) mit ihrem größten gemeinsamen Teiler zu gesellschaftlichen Resultaten generalisiert werden.

33. Die Evaluierung der Skopostheorie kann auf einzelne Faktoren oder die Holistik eines Texts, d. h. De- und Konnotativa (Emotiva, Evaluativa), den Rang verschiedener Faktoren oder Ebenen, in sich wieder differenzierbare Grade (Identität, Gleichheit, Ähnlichkeit, ...), literarische usw. Qualität und anderes mehr bezogen werden.

34. Evaluiert wird holistisch, also werden Texte, nicht Texteme evaluiert. An Textemen kann man formale Evaluierungen vornehmen, z. B. die Zahl der Wörter oder die Häufigkeit von Wortwiederholungen untersuchen und vergleichen. Was unterscheidet schöngeistige Literatur von anderer Literatur? Was macht ein Translat zu einem literarischen Translat? Unter welchen Bedingungen? Für wen? Im Grunde wird mit den vorgenannten Faktoren und Fragen die Textform oder/und ihre Teile als ästhetisch, d. h. stilistisch und rhetorisch, relevant (vgl. Vermeer 2004d und Vermeer [demnächst]) evaluiert. Die Funktion des Texts, der ‚Inhalt', z. B. die erzählte Geschichte, ist in literarischen Texten sekundär. Anders ist es bei nicht-schöngeistigen, z. B. wissenschaftlichen, Texten, deren Wirkung allerdings durch schöngeistige Rhetorik und/oder einen schöngeistigen Stil erhöht werden kann. Etwa bis zur Renaissance wurden auch wissenschaftliche Abhandlungen oft in metrisch gebundener Form geschrieben, danach seltener. Die Evaluierung ist momentan-individuell, daher wandelbar und veränderlich. Bei einem Vergleich von Ausgangstext und Translat wird zuerst das Translat als Text unter der Perspektive seines Skopos, danach der Ausgangstext evaluiert, und als drittes werden die beiden Texte unter der Perspektive ihrer Skopoi verglichen. Die Skopoi der beiden Texte sind verschieden (vgl. z. B. die Kulturspezifik). In der Verallgemeinerung wird auch die Evaluierung ästhetischer Faktoren auf denotative formale Ähnlichkeiten und Vergleichbarkeiten reduziert. Eine überindividuelle (und damit o/t-verallgemeinernde) Evaluierung kann „kanonisiert" werden (z. B. Goethe und Schiller, die Dichterfürsten). – Zum literarischen Übersetzen wären die Begriffe „(schöngeistige) Literatur" (Belletristik) und „literarisch" zu präzisieren. „Literatur" (< lat. *littera*, vgl. griech. γράμμα „Buchstabe") bezeichnet 1) alles Geschriebene (vgl. die „Fachliteratur"), 2) das als schöngeistige/belletristische orale oder schriftliche Produktion Intendierte bzw. Rezipierte; 3) das als ... (von ...) Akzeptierte. „Literarisch" bedeutet nach kulturspezifischen Faktoren 1) als literarische Sprache intendiert bzw. rezipiert; 2) nach ästhetischen Faktoren in besonderer/(heraus)gehobener Sprache verfaßt. Beide Parameter können zusammen auftreten. Als individuelle Rhetorik oder/und Stilistik werden Abweichungen vom generellen (kanonischen) literarischen Ausdruck kulturspezifisch innerhalb einer bestimmten Bandbreite und für bestimmte Funktionen (z. B. die Translation) toleriert. Vgl. Prosa, metrisch gebundene Poesie (mit Rhythmik, Wiederholung der gleichen Form, u. a. Alliteration, End- und Anfangsreim, Formelhaftigkeit, Wiederholung besonders der oralen Epik [vgl. Homer]) und auf anderer Ebene Epik, Roman, Novelle, Fach- und schöngeistiger Essay, Erzählung, Anekdote, Witz, Fabel, Legende, ..., Lese-, Bühnendrama und wiederum anekdotische, humoristische (vgl. Broermann 1984) usw. Text(em)e. Humor ist kulturspezifisch (vgl. Axel Munthe [1929] *The Story of San Michele* mit seiner Anekdote vom Esel und dem lachenden Dienstmädchen; vgl. das Lachen der Deutschen und das *smiling* des Engländers; vgl. die Lächelnsgrenze in Europa), ... Literatur und formale und qualitative Mischformen sowie semantisch intendierte

Sonderformen (Metaphorik, Allegorie, Anagoge, Wortspiel, ...; vgl. den vierfachen „Textsinn" der alten Bibelexegese,[235] die pragmatische Funktion, Metaphern, Analogien und der symbolische Sinn [Anagoge]), vgl. die kulturspezifische Funktion eines Text(em)s (im Altertum und Mittelalter wurden auch wissenschaftliche Texte in gebundener Sprache oral oder/und schriftlich verfaßt, um ihren herausgehobenen Wert zu markieren). – Es geht beim literarischen Übersetzen – und eigentlich mit unterschiedlicher Graduierung bei allem Translatieren (vgl. die Bedeutung der Ästhetik mathematischer Formeln für den Mathematiker) – *primär* um die *holistische* Expressivität unterschiedlicher Grade von akustischer oder visueller, evtl. taktiler, olfaktorischer und gustatorischer Form (Auswahl [Silbenzahl, Lautharmonie], Anordnung (vgl. Rhythmus, Reim, Vers, ...), einschließlich Frequenz, ... sowie die Kognition und schließlich die Konnotationen und Assoziationen mit ihren Wirkungen und Folgen. Zur Ästhetik gehört auch die Anti-/Unästhetik.

35. Doch läßt sich sowohl neurophysiologisch als auch literaturwissenschaftlich sagen, daß die Rezeption eines Texts als „schöngeistige Literatur" ihren Anfang grundsätzlich mit der zunächst momentan unbewußten und sodann von daher Wirkung erzeugenden kulturspezifischen Rezeption einer kulturspezifischen akustischen oder visuellen (oder akustisch + visuellen) verbalen und/oder non-verbalen Form als Stimulus zu weiterer holistischer Rezeption nimmt und somit die Form primär bleibt. Die verabscheuenswürdigste Thematik läßt sich formal zur Poesie erheben, Thematik ohne literarisch als wertvoll geltende Form wird nicht „Literatur". Anderseits kann Häßlichkeit künstlerisch werden. (Vgl. die Ästhetik von Benn-Gedichten.) Der Stimulus selbst kann wieder extern oder intern stimuliert sein. Eine Form kann iterativ als Stimulus wirken, sogar die Erinnerung an eine Form. Ein in diesem Sinn anders geartetes Phänomen, z. B. ein Geschmack, ein taktiler Eindruck, ein Geruch, kann nicht iterativ wirken, auch nicht als Erinnerung. Das Phänomen wird zur ‚Nicht-Form'. Es kann nur kognitiv erinnert werden und dann (eine andere) Wirkung erzeugen (z. B. zu einer Wiederholung der Erfahrung stimulieren, was zu einer anderen, anders gearteten Erfahrung führt). – Die vorstehenden Behauptungen wären zu verifizieren.

---

[235] „[...] die nichts mit der selbstgefälligen Aufeinanderfolge von vier einzelnen Interpretationen eines Textes gemein hat, sondern sich vielmehr zwischen ihnen, zwischen Sachgehalt und Wahrheitsgehalt verortet" (Agamben/Giuriato 2004, 188).

36. Die Änderung einer Form führt zu anderen Wirkungen (und damit Folgen). Die Darstellung der Infinitesimalrechnung bei Descartes wirkt auf den heutigen Leser anders (und schwerer verständlich) als die Darstellungsform, die der heutige Leser in der Schule gelernt hat. Die Wirkungen von Formen (und Funktionen) sind je andere. Es gibt intra- und interkulturell keine Synonyme, allenfalls Quasi-Synonyme.

37. Inhalt und Form sollen zueinander passen. (Doch manche Parodie lebt von der Unverträglichkeit von Form und Inhalt. Keine Regel ohne Ausnahme.) Die literarische Form ist stärker plurisemantisch als sog. nichtliterarische Texte, d. h., sie läßt sich bei jeder Rezeption neu, d. h. anders, interpretieren; die Möglichkeit pluraler Interpretation ist aber nicht nur bestimmten Textgattungen und -funktionen vorbehalten. (Auch das Umfeld, die Situation etc. spielen eine Rolle.) Die „Iterabilität" der Apperzeption (Interpretation) macht ein Textem zum literarischen Text (vgl. Surrealismus, Dadismus, Gongorismus, ...), zu einem je anderen, neuen Text. Der literarische Text ist iterabel, d. h., seine Wiederholung ermüdet nicht (schnell – vgl. den Wert der Pause; vgl. den Unterschied zwischen lebendigem Vortrag eines literarischen, besonders epischen, Textes und dem Abspielen einer CD). Wiederholung ist (fast immer) Formenwiederholung. Sie kann den Wert eines Textes erhöhen, ihm einen anderen, neuen Wert geben (vgl. hier die „Information"). Translatorisch setzt sich die Wiederholung der Apperzeption in eine der Translation um und endet möglicherweise in einer dekonstruktivistischen[236] Translation, d. h. einer Translation, die vom Ausgangstextem weg zu neuen Vertextungen geht (vgl. die Uminterpretation derridascher Treue zur Ausgangstextoberfläche zu zieladäquater Funktionalität). Vgl. auch die unterschiedliche emotive und assoziative Wirkung und ihre Bedingungen einer Wiederholung, abgesehen von ihrer Evaluation. All dies zeigt, daß Sinn, Wirkung etc. nicht *im* Textem liegen, sondern von einem Text und hierin seiner Form evoziert werden. Die Apperzeption und demzufolge Interpretation, Wirkung und Folgen liegen nicht in der Hand des Produzenten, sondern des Rezipienten. Der Produzent kann versuchen (intendieren) zu führen, einen Weg zu zeigen, ... Sobald ein Text zum Textem wird, gehört es nicht

---

[236] Der Terminus „Dekonstruktion" ist in seiner Bedeutung umstritten. Er läßt sich auf verschiedene Weise auflösen und interpretieren: als De-kon-struktion bedeutet er Strukturation, Konstruktion, Destruktion und Kon- und De-struktion zugleich. Man hat gemeint, er habe sich zuerst gegen den philosophischen Konstruktivismus gerichtet. Gernalzick (2000, 15) versteht Dekonstruktivismus als eine Krtik am US-amerikanischen "structuralism", bevor dieser tatsächlich Platz greifen konnte.

mehr dem Produzenten allein. Ein Text ist ein individuelles, ein Textem ein gesellschaftliches Phänomen.

38. Ein Translat gilt als literarisch markiert, wenn ihm dieser Wert kultur-spezifisch unter bestimmten Bedingungen zugesprochen wird. Die Eva-luierung kann idio-, dia- und parakulturell weit voneinander abweichen.

39. Weitere Sonderformen der Translation, jene, die besondere Probleme aufwerfen, sind Übersetzungen von Poesie, Opern- und Operettenlibret-ti, Volks- und Kunstliedern oder Übersetzungen von Bildergeschichten, z. B. Comics (vgl. Kaindl 1995; 1999; 2004; vgl. Asterix-Übersetzun-gen). Bei Texten, die gesungen werden sollen, ist auf die Sangbarkeit, den Rhythmus, die Vokalisation und zugleich den Inhalt zu achten, bei Bildgeschichten auf kulturelle Eigenarten und die Seh- und Leserich-tung (von links nach rechts wie bei der lateinischen Schrift oder von rechts nach links wie bei der arabischen oder zudem evtl. von oben nach unten wie bei der konventionellen chinesischen und japanischen Schrift).

40. Das Problem ist allemal die kulturspezifisch eigenartige adäquate Über-einstimmung dreier Faktoren: der Form, der Funktion und der verschie-denen Ebenen mit ihren fallspezifischen Gradierungen und Funktionen. Die drei ergeben zusammen eine qualitativ relevante Wirkung, vor allem ästhetischer und emotionaler (und assoziativer) kulturspezifischer Art. – Zur Kultur gilt das Sprichwort „Bat diäm äinen säin Oule, is dem annern säin Nachtigall" (Was dem seine Eule, ist dem andern seine Nachtigall).

41. Die letztgenannten Texte gehören – wie z. B. auch die Evaluierung die-ser und anderer Texte, z. B. von Prüfungsarbeiten, nimmt man sie holi-stisch, – zu jener Art Arbeit, die nie wirklich an einen Endpunkt ge-langt. Das Optimum ist nur momentan-relativ erreichbar. Hier wird die Momentanität der Evaluation und damit letzten Endes jeden Handelns deutlich.

42. Es gibt Translationen/Translate aus zweiter Hand: 1) beim Relais-dolmetschen, 2) bei der Übersetzung einer Übersetzung, 3) beim Über-setzen einer „Rohübersetzung", 4) evtl. bei der Vorbereitung eines „druckreifen" bzw. „druckfertigen" Translats (vgl. Schopp 2005).

43. Die Translation eines Ausgangstextems ist gegenüber der nicht transla-torischen Produktion solcher Texteme um zwei Schritte schwieriger (vgl. Novalis, zit. in Vermeer 2004c): Es gilt nicht nur ein (mindestens) ,gleichwertiges' Werk zu schaffen, es gilt von einem schon existieren-den Werk (einem Ausgangstextem) aus ein (Ziel-)Werk mit mindestens

‚gleichem' Wert zu schaffen, indem man es gemäß den üblichen Parametern (Richtlinien) für eine Translation neu schafft, nachbildet, imitiert, ... (Vgl. die Ansichten Gottscheds und Novalis'; vgl. Vermeer 2004c.) Kommt hinzu, daß nicht jeder, der sich an einer literarischen Translation versucht, ein Homer, Shakespeare, Cervantes oder Goethe sein kann – und dies nicht nur der literarischen Größe nach (das ist u. a. eine Frage zeitgebundenen Geschmacks, der wie eine Mode vergeht).

44. Man unterscheidet ‚menschliches', automatisches/maschinelles und maschinenunterstütztes Übersetzen. Genauer wäre von „Transkodierung" zu sprechen. Damit wird bereits der Unterschied zum „Humanübersetzen" charakterisiert. Ein Mensch ist keine Maschine. Sein Handeln ist allemal individuell. – Die maschinenunterstützte Translation bietet u. a. heterosprachliche kontextlose und begrenzt kotextsensitive Äquivalente verbaler Formen (z. B. Fachwortlisten), die für das Humanübersetzen gute Dienste leisten. – Die automatische/maschinelle Translation – eigentlich eine Transkodierung – bedeutet, was sie besagt: Elemente werden elektro-magnetisch enkodiert, transportiert und dekodiert. Die radikale Reduktion translatorischer Faktoren auf eine kontextlose und nur begrenzt kotextsensitive Form (vgl. Kollokationen, den disambiguierten Gebrauch verbaler Formen auf formale Äquivalente mit reduzierten Funktionen für ausgesuchte Kotexte, begrenzte Strukturformen auf Grund computergerecht analysierter Paralleltexte). Die automatische Translation funktioniert in einer schmalen Bandbreite von Text(em)en mit geringer Variation. Die Semantik wird auf den direkt formal-‚objektiven' Sinn der Textemoberfläche reduziert. Maschinelles Übersetzen macht zeit- und kostspieliges Prä- und Post-Editing nötig. – Unentbehrlich geworden ist die maschinengestützte Translation.

45. Oft wird nach der Größe der zu translatierenden Textelemente gefragt. Die Minimaleinheit wäre der momentane Raum-Zeit-Punkt. Die übergreifende Größe ist ein holistisch apperzipierter Text-in-Situation. Erst nach der im Idealfall holistischen Apperzeption des Gesamttexts kann dieser holistisch evaluiert und interpretiert werden. Danach (so sollte es jedenfalls sein) kann man grundsätzlich linear, faktisch jedoch in einer mehr oder minder rekursiven Spirale (vgl. den fälschlich so genannten „hermeneutischen Zirkel") Textelemente als Form- und/oder Sinneinheiten unter dem Blickwinkel des Ganzen erfassen und in dieser Größe oder je nach Bedingungen an eine fallspezifische Translationseinheit angepaßt übersetzen. (Beim Simultandolmetschen muß die Übersicht

über das Ganze fehlen, soweit nicht ein Textem zur Vorbereitung der Verdolmetschung-in-Situation vorliegt.) Die genannten Einheiten sind fallspezifisch relativ; sie variieren Moment zu Moment. Die Spirale wird immer wieder zurückgedreht, auch wird vorgegriffen; nachträglich wird das Translat evtl. mehrmals in seiner Ganzheit geprüft, evtl. korrigiert, werden Teile umgestellt, gekürzt, gedehnt, aneinander angepaßt usw. Eine solche Überprüfung gelangt *idealiter* nie an ihr objektives Ende. – Translatieren dauert. Das Ergebnis, das Translat, wird zum Flickteppich aus momentanen Lösungen. Beim kunstvoll gewebten Teppich merkt man die immer wieder neu zusammengeknüpften Stellen nicht.

46. Mit einer Skoposwahl kommt deutlich die Ethik des Translatierens ins Spiel. *T* steht nicht *ipso facto* auf der Seite seines Arbeitgebers, der ihn bezahlt (zumindest nicht solange, wie nicht, wie es z. B. beim Verhandlungsdolmetschen öfter geschieht, beide Seiten je ihren eigenen / ihren je eigenen Translator mitbringen, so daß sich die beiden gegebenenfalls gegenseitig kontrollieren können). Es gibt andere, kulturspezifische Grade der Ethik. Vgl. jedoch Stellbrink (1987), der meinte, ein Translator arbeite für *seinen* Geld- bzw. Arbeitgeber. Wenn es zwischen zwei Parteien nur einen Dolmetscher gibt, soll er sich meiner Ansicht nach möglichst neutral verhalten (was Hilfestellungen, zusätzliche Erklärungen usw. nicht ausschließt). Der Skopos der Interaktion als eines Ganzen bestimmt sein Verhalten.

47. Damit entsteht auch das Problem, inwieweit sich ein Translator in einer holistischen Translation mit seiner Person in sein professionales Handeln (dem Translatieren) einbringen darf/kann/soll/... (vgl. vor allem das *community interpreting*; vgl. unten zum Schauspieler). Wegen der menschlichen Kontingenz kann sich ein Translator auch als Person/Persönlichkeit nicht völlig aus seinem translatorischen Handeln heraushalten. Viaggio (2004, 137) verweist mit Recht auf die erwartete möglichst große Objektivität und Unparteilichkeit in anderen Berufen, z. B. Richtern. Bei den Psychoanalytikern ist die Forderung umstritten. Viaggio selbst weist an anderer Stelle auf eine u. U. angebrachte Erklärungshilfe eines Translators für einen verbal usw. hilflosen Angeklagten vor Gericht hin. Eine generelle Lösung, die dann fallspezifisch umzusetzen wäre, findet sich meiner Meinung nach in der Anleitung: Translatiere skoposadäquat! Was aber „adäquat" bedeutet, hat der Translator fallspezifisch in professioneller, individueller Verantwortung in holistischem Sinn zwischen *P,* intendierten *{R_T}* (ob anwesend oder

nicht, aktuell, vergangen oder zukünftig) usw. zu entscheiden. Arbeitgeber können P, R_T oder ein Dritter, z. B. ein Verleger, eine Institution, ... sein.

48. Ethik bedeutet auch, daß sich der Translator soweit wie möglich mit seinem Beruf identifiziert (vgl. Bertone 1989, zit. bei Viaggio 2004). Der Translator ist (im positiven Sinn) Schauspieler. Ein Schauspieler kann sich mit der darzustellenden Person identifizieren oder sich von ihr innerlich, vor allem emotional, distanzieren, sie ‚dar-stellen'. Er kann sich aber auch mit seiner *Rolle* identifizieren. Dann verliert er sich nicht in einer Person, verliert nicht seine Verbindung mit ihr, identifiziert sich ‚in Distanz', d. h. ist kognitiv und emotiv ganz bei der Sache, ist der Mime.

49. Viaggio (2004) hält „Loyalität" – ein Ausdruck, den ich nicht für glücklich halte – zur professionellen Ausübung des Berufs für ausschlaggebend (zur allmählichen Entwicklung des Begriffs vgl. Nord 1986 bis 1991). Dies verlangt natürlich nach einer Entscheidung auf individueller und fallspezifisch soweit wie möglich gesellschaftlicher Ebene, die eine ethische Evaluierung hinsichtlich der in einem Translationsprozeß auftretenden funktionalen und formalen (vgl. den realen fallspezifischen Sprachgebrauch) Faktoren ermöglicht. – Fallspezifik bezieht sich zunächst auf eine momentan-individuelle Konstellation. Ethik wird ein momentan-individueller Faktor.

50. Neben der Äquivalenz- und der funktionalen Skopostheorie gibt es noch einige andere Theorien: Die „Sinntheorie" (vgl. den « sens » bei Seleskovitch 1983), die besagt, ein Dolmetscher solle nicht Wörter und Worte, d. h. Formen, dolmetschen, sondern, wie oben bereits angedeutet, den Sinn eines Textes eruieren und von ihm aus einen Zieltext verbalisieren. Translation geschieht über den Textsinn. – Vgl. hierzu auch die Relevanztheorie (Gutt 2000, nach Sperber + Wilson 1986). Trotz allen Protests des Autors stellt Gutts Dissertation eine „Theorie" und zwar mehr Theorie als Praxis dar. – Vgl. die Polysystemtheorie (Even-Zohar 1978; 1990). – Vgl. die „Descriptive Translation Studies" Tourys (1980; 1995) als historisierende Theorie. – Vgl. die *Manipulation of Literature* (Hermans 1985) und so weiter.

51. Beim Translatieren sind die Kulturspezifika in Situation und Umfeld von P, T und $\{R_T\}$ und die verwendeten und zu verwendenden Ausdrucksmittel (z. B. Sprachen, non-verbale Mittel, z. B. Gestik, Mimik, ...) zu beachten. (Vgl. die Szene in Lina Weismüllers Film, in der ein sizilianischer Arbeiter in Turin abends an einer Straße steht, gegenüber

steht eine Frau. Er streicht mit dem Handrücken von hinten nach vorn übers Kinn. Wortlos. Welcher deutsche Zuschauer versteht die Geste und mißversteht sie nicht?) – Ausdrucksformen des Sprachgebrauchs, holistisch betrachtet, sind u. a. Metrik, Rhythmus (Iamben, ...), Reim und Strophen (z. B. Knittelvers, Sonett, ...); vgl. die Schwierigkeit, Elfsilber im Deutschen zu bilden; vgl. historische Entwicklungen (in Camões' *Lusíadas* fehlt in der modernen Aussprache des Kontinentalportugiesischen durch das Verstummen eines unbetonten *e* der Graphik oft eine Silbe der Verszeile, nicht so in der brasilianischen Aussprache), Tropen, Metapher, Metonymie, Synekdoche, Hyperbel, ... (vgl. Lausberg 1963; 1973); vgl. die isländischen Kenningar etc.; vgl. Gebrauch, Vorkommensfrequenz, Wiederholung (selbst das juristische Portugiesisch meidet Wortwiederholungen mehr als das Deutsche), Zahl und Stellung attributiver Adjektive, Form, ...; vgl. Nonsenseformen (denen der Rezipient auf Biegen und Brechen einen Sinn aufzuzwingen sich ,psychologisch' gezwungen sieht). In einem Seminar an der Universität Heidelberg wurde den Teilnehmern ein Text vorgelegt und ausdrücklich dazu gesagt, es sei (auch nach der Aussage des Autors) ein Nonsensetext. Alle Teilnehmer versuchten trotzdem, einen Sinn in den Text hineinzuinterpretieren. – Vgl. exotischen Schmuck usw., Schriftformen (vgl. die bildliche Funktion abnehmender Strichzahl chinesischer Schriftzeichen in einem Gedicht über die Einsamkeit eines Fischers auf einem gefrorenen See); vgl. Aufführungspraktiken (Epik zu Homers Zeiten und heute). Die Relation Inhalt – Form kann unterschiedlich gelesen werden: als Inhalt → die Form bestimmend oder umgekehrt Inhalt ← Form oder symmetrisch Inhalt ↔ Form sich gegenseitig beeinflussend.

52. Bleibt für eine Translation zu erwägen, wo das Translat seinen Platz in der Zielkultur findet, und für die Translationswissenschaft, unter welchen kulturspezifischen Bedingungen sie was wie und damit Freiheit und Verantwortung des Translators (im Vergleich zum Autor) evaluiert. (Vgl. literarische Form: Dichtung, Untersorte Prosodie, Untersorte Metrik, Untersorte Versform, Untersorte Reim, Untersorte Dichtungsart, z. B. Sonett, Untersorte Form, z. B. Silbenzahl.) – Wie sagte doch Whitehead (1978, 47): "[F]reedom for the inquisitors to think wrongly, for Galileo to think rightly, and for the world to move in despite of Galileo and inquisitors". Freiheit für den Translator, nach seiner Meinung recht zu handeln, Freiheit für die evaluierenden Rezipienten zu

kritisieren und für die Welt, trotz Translatoren und Rezipienten weiter-
zubestehen.

53. Translatoren translatieren hauptsächlich auf der Ebene, die sie für relevant halten, also u. U. translatierend, was ein Redner hätte sagen wollen
/sollen, nicht unbedingt, was er gesagt hat. Die Evaluierung und Entscheidung liegt beim Translator. Es kann vorkommen, daß ein P, besonders wenn er z. B. in einer Fremdsprache spricht/schreibt, dialek-
tale, d. h. sozio- und/oder regiolektale, und andere Formen und Figuren
verwendet, das adäquate Register (auch absichtlich) nicht einhält,
grammatische und semantische Fehler macht (sich z. B. in der Fach-
oder Firmenfachsprache nicht gut auskennt), Nuancen nicht abwägen
kann, kein guter Redner/Schreiber ist, aktuell schlecht ‚in Form' ist
(seinen ‚schlechten Tag' hat), seine Rezipienten und/oder deren Motivationen, ... nicht oder schlecht kennt oder verkennt.

54. Das kulturelle Element in der Translation wird noch immer häufig
unterschätzt oder sogar ignoriert, daher die Unterschätzung des „community interpreting", ganz abgesehen von einer allgemeinen Gering-
schätzung des Translators in weiten Kreisen der heutigen Welt.

55. Unterschätzt werden bisher fast durchweg konnotative und assoziative
Elemente. Erstere beziehen sich auf kulturspezifische Emotionen und
Evaluierungen. Bei letzteren geht es um (wiederum kulturspezifische)
Wirkungen und deren Folgen, die bei der Produktion bzw. Rezeption
eines Texts auftreten und Einfluß auf die Textgestaltung bzw. das Text-
verstehen nehmen. Nicht explizierte Assoziationen eines Autors sind
kaum feststellbar. Dürfen die Assoziationen eines Translators in sein
Translat einfließen? Wann und wie wäre dies möglich? (Vgl. die Interpretation eines Ausgangstextems.)

56. Vgl. die (quasi-)momentane kulturspezifische Emotivität vorstehender
Formen für P, jeden R, für T und jeden R_T und ihre ethische Relevanz
für T. Kann T adäquat für $\{R_T\}$ translatieren, wenn er dem Ausgangs-
text(em) oder dem Autor, Sender, Auftraggeber, den Rezipienten ...
distanziert, negativ oder ‚nur' neutral gegenübersteht? – Das (vor)letzte
Wort in der Evaluierung eines Translats hat der individuelle R_T bzw.
der Beobachter (z. B. der Kritiker; vgl. den Streit um Wilhelm Haefs
[1992] Translat von Lawrence Norfolks [1991] *Lemprière's Dictionary*
[vgl. Geko Kemuri 1995]. Die Zeit ist schnellebig über Original, Translat und den Streit hinweggegangen.)

57. Wir unterscheiden: Die Intention des P und die Interpretation des R.
Aus dem Text des P allein, kann R nicht Ps Intention (eindeutig) erken-

nen. Hierzu braucht er Zusatzinformationen, die er aus seiner eigenen Situation und Intention, den Text zu interpretieren, aus der von ihm angenommenen Situation und Intention Ps, aus seinen und den über P angenommenen individuellen Dispositionen, Motivationen usw. sowie aus den (meist ebenfalls nur angenommenen) eigenen idio-, dia- und parakulturellen Bedingungen sowie den angenommenen des P usw. zu entnehmen versuchen wird. (Vgl. auch die obigen Faktorenlisten.) Insgesamt wieder eine indefinite Menge von Faktoren. – Vgl., wie oft Zusatzinformationen ungewußt genutzt werden.

58. Aus dem Vorstehenden ergibt sich im Prinzip eine indefinite Menge möglicher Interpretationen. Daß es trotzdem vielfach gelingt, daß R Ps Text (in Rs Lesart) hinreichend ‚richtig' interpretiert, ist den überindividuellen Regeln (Konventionen) der Kultur, der Enkulturation zu verdanken. Sie läßt R die Voraussetzung zur Textinterpretation, z. B. die vorgenannten Situationen usw., und sodann den Text selbst möglichst so interpretieren, wie er es durch Erziehung, gesellschaftliche Erfahrung usw. gelernt hat. Die Kultur, so wurde oben gesagt, überformt das Individuelle, damit ein Mensch in seiner Gemeinschaft leben kann. Das Wissen, daß es sich um ein verbales Textem handelt, sowie seine Schrift und Sprache allein lassen bereits ein grundsätzliches pragmatisches Teilverstehen an der Textoberfläche annehmen.[237] Die Annahme

---

[237] Eco (1990, 6-9) imaginiert ein Beispiel: Ein Sklave wird mit einem Korb Feigen zu einem Adressaten gesandt. Dem Korb liegt ein Brief bei, der die Übersendung genau angibt. Der Brief findet sich nach 70 Jahren in einer Flaschenpost. Der Finder kann auf jeden Fall verstehen, daß die Rede von der Übersendung eines Korbs mit soundsoviel Feigen ist – vorausgesetzt, er kann die Zeichen lesen, die Sprache des Briefs verstehen, wissen, was ein Brief ist, usw. Er kann weiterhin schließen, daß es sich um ein Begleitschreiben handeln könnte, und wird sich wundern, weshalb und evtl. wie dieses zur ‚Flaschenpost' wurde, und vielleicht auch, was das Ganze ‚wirklich' bedeuten sollte – und für den Finder bedeutet (ob er vielleicht einen wertvollen Fund gemacht hat, der einen ungesühnten Mord aufklären läßt, usw. Eco spinnt weitere Möglichkeiten aus. – Das Beispiel zeigt aber auch, daß von einem *Textem* ausgegangen wird. Bei einem Einzelwort reicht es u. U. nicht, die Sprache, der es angehört, im gewöhnlichen Sinn zu eruieren. Wissen Sie, was ein „Unterschlief" ist? Wahrscheinlich denkt man zuerst an „Unterschleif". Grimm + Grimm ([1936] 1984) klärt durch einen Satz (ein Textem) auf: „als er spuret, das im der selbig (*sein schwager*) mit list nachtrachtet, sucht er bald ander unterschlieff und herberg". – Zudem kann Ecos Beispiel vom Feigenkorb zeigen, daß eine Kosten-Nutzen-Rechnung für keinen Rezipienten aufgeht. Wer die Flaschenpost findet, wem sie zugängig gemacht wird (z. B. dem Rezipienten dieses hier vorgelegten Mythos), kann kaum umhin, das Beispiel à la Eco auf seine Weise weiterzuspinnen. Das aber ist unökonomisch, denn es führt ... Energie ab – oder wird zu literarischer Produktion.

eines solchen Teilverstehens gründet sich auf eine Vielfalt von histo-risch-kulturellen Voraussetzungen (vgl. die Faktorenliste). Die Annah-me ist eine doppelte: daß der Text (teilweise) verstanden wird und daß die indefinit vielen impliziten Voraussetzungen entweder so selbst-verständlich sind, daß sie nicht mehr erwähnt werden müssen, oder, leider noch zumeist, daß sie irrelevant seien (vgl. die Faktorenliste). Von dieser letzteren Annahme (die zur Überzeugung geworden sein kann) gehen viele und vom übrigen hier angenommenen Teilverstehen gehen die meisten oralen und schriftlichen Translationen aus. In der traditionellen Literatur wird es das „eigentliche Übersetzen" (auf Eng-lisch "translation proper") genannt. Das jedenfalls ist zur Zeit der weit-hin verbreitete Stand der Translationswissenschaft. – Kein Text kann unter den obigen Voraussetzungen schlechthin „qualsiasi cosa" (*ir-gendetwas Beliebiges*; Eco 1990, 9) bedeuten. Bei einer holistischen Interpretation unter Einbezug aller möglichen Faktoren wird die Menge möglicher Interpretationen für einen ganzen Text oft recht schmal. Sicherlich gibt es neben an Sicherheit grenzenden Annahmen Probabi-litäten und schließlich auch gewollte Anti-Interpretationen. Nicht im-mer ist zu entscheiden, was einen Interpreten zu seiner Interpretation treibt. (Vgl. die Jean-Paul-Interpretation durch Harich 1974.)

59. Man hat die Skopostheorie mehrfach als Aufruf zu einem „anything goes" interpretiert. Der voraufgehende Absatz zeigt bereits, daß ein sol-ches Ansinnen niemals gestellt werden *kann*.

60. Das Dolmetschen wird, wie das Übersetzen in anderer Weise, in ver-schiedene Arten unterschieden. Die verschiedenen Dolmetscharten und -umstände favorisieren unterschiedlich konsekutives oder simultanes Dolmetschen. Eine Untersorte des konsekutiven ist das dialogische Dolmetschen, das vor allem bei Gesprächen und im *community inter-preting* vorkommt. Die Anforderungen an die Speicherkapazität eines T, seine Notizenkompetenz (vgl. Matyssek 1989) usw. sind unter-schiedlich, desgleichen der Grad seiner Eigenständigkeit als Person usw. und damit seine Aufgaben.

61. Die drei Grundpositionen des Dolmetschens (dialogisch, konsekutiv und simultan) erfordern unterschiedliche Fähigkeiten. In allen treten auch gleiche/ähnliche Elemente, Anforderungen etc. auf; vgl. auch Vor-wissen, Vorbereitung, Erwartungen, Antizipationen, ..., über P, den Text, R_T usw. In leider seltenen Fällen liegt eine schriftliche Fassung des zu dolmetschenden Textems vor.

62. Simultandolmetschen bedeutet größere Linearität des Handelns, wobei die Zeitdifferenz zwischen *P*s Produktion und *T*s rezeptionsstimulierter Produktion möglichst minimalisiert wird. Korrekturen können nur selten angebracht werden. Ab und zu werden Notizen gemacht (z. B. bei der Erwähnung von Zahlen). Der Simultandolmetscher hat leider oft keine Vorkenntnis von dem gesamten zu dolmetschenden Text. (Vielfach ist dies ein Versäumnis der Organisatoren und öfter noch der Vorträger und ein Zeichen ihrer beider Unkenntnis vom Dolmetschen.) Es gibt individuell und sprachstrukturell bedingte Unterschiede. Grundsätzlich gilt, daß *T* rezipiert und apperzipiert (mit allem, was dies heißt) und gleichzeitig kurz zuvor apperzipierte Stimuli in seine Produktion umsetzt. Dabei helfen ihm situationelle Umstände, Erfahrung, Erwartungen usw. Es kann somit (wie bei jeder Rezeption) auch zu Vorgriffen auf noch nicht von *P* Enunziertes und von *T* Rezipiertes kommen. Die ‚Abwesenheit' des Simultandolmetschers aus der aktuellen Situation in seiner Kabine ist Hilfe zur Distanz und Erschwerung seines Handelns zugleich. Das Handeln wird weitgehend auf kognitive Translation reduziert; Gestik etc. helfen dem Dolmetscher auch in der Kabine zur besseren Modulation seiner Stimme usw., werden aber von außen selten wahrgenommen.

63. Der Simultandolmetscher muß mit *P* Schritt halten, ein Übersetzer hat die Pflicht, auf allen Ebenen so weit wie möglich und es die Skoposrelevanzgraduierung zuläßt, skoposadäquat zu verfahren.

64. Eine Variante des Simultandolmetschens ist das Flüsterdolmetschen. Erschwerungen entstehen durch das (nahezu ‚tonlose') schwierige Flüstern über längere Zeit, die Reduzierung der Gestik etc., die große Nähe zu R_T. Hier ist die Sitzordnung wichtig, besonders wenn für mehrere Gruppen durch mehrere Dolmetscher geflüstert wird. Die verbale Reduktion wird bei einer Touristenführung besonders groß sein; Touristen wollen mehr sehen als hören.

65. Beim Konsekutivdolmetschen gab (und gibt) es zwei Modalitäten: Der Dolmetscher dolmetscht Satz um Satz und manchmal sogar Satzteil um Satzteil (dies war vor allem im sowjetmarxistischen Einflußbereich üblich), um größtmögliche Wörtlichkeit zu erreichen, oder er dolmetscht, wie heute üblich, mit Hilfe seiner Notizentechnik größere Passagen bis zu 10-15 Minuten (selten darüber).[238] Im zweiten Fall wird

---

[238] Die Zeiten des aktiven Einsatzes scheinen sich zu verlängern. Die Möglichkeit zwischen Dolmetschern auszuwählen und die inzwischen globalisierte US-kapitalisti-

nicht Wörtlichkeit, sondern werden Skoposerkenntnis und dazu Analyse-, Interpretations- und Synthesefähigkeit (auch hinsichtlich des P und $\{R_T\}$), Verbindung zu P und $\{R_T\}$ sowie adäquate lebendige Wiedergabe erwartet. $\{R_T\}$ hört manchmal Ps Originalversion mit, auch wenn er sie nicht versteht, sieht aber dessen Gesten und erlebt die Reaktionen der Ausgangstextrezipienten R_P. T muß die vorgenannten Bedingungen als kognitive, konnotative (und u. U. assoziative) Stimuli mit in Rechnung stellen.

66. Die Relation von Verstehen und Notizenform und -menge ist näher zu untersuchen. Notierungen sind sicherlich individuell.[239] Notizen können aus Elementen der Ausgangs- oder Zielsprache oder non-verbalen Figuren oder aus allen drei Elementen bestehen. Konnotative (und evtl. assoziative) Elemente sollten berücksichtigt werden; die kognitiven allein genügen für eine Verdolmetschung nicht. (Vgl. Matyssek 1989.)

67. Einer eigenen Behandlung bedarf das *community interpreting* in seinen verschiedenen Ausprägungen (vgl. Bahadır 2000; Bahadır [demnächst]; Viaggio 2004, bes. 195-198). Hier ist die Verantwortung der Eigenpersönlichkeit und der Interventionsgrad des Dolmetschers, einschließlich seines Erscheinungsbildes in Auftreten, Kleidung, Stimme usw. größer als bei anderen Dolmetschformen. Der Dolmetscher ist als Person stärker in das *community interpreting* eingebunden (vgl. auch das Gerichtsdolmetschen). Neue Dolmetscharten und -aufgaben werden geschaffen (vgl. das Katastrophendolmetschen, wie es an der Istanbul-Univerität in Istanbul unter der Leitung von Turgay Kurultay, dem Direktor der deutschen Abteilung, ins Leben gerufen wurde).

68. Eine eigene Dolmetschart ist das taktile Dolmetschen. Die Fachwelt streitet (heftig) um zwei Methoden, die beide das Sehvermögen der Rezipienten voraussetzen: das sog. gestische „Gebärdendolmetschen", bei dem ein Ausgangstextem in manuelle Gesten umgesetzt wird. Die Methode bedingt im allgemeinen eine ziemlich drastische Reduktion der in Frage stehenden Botschaft. Das Gebärdendolmetschen zerfällt in zahlreiche ‚Sprachen' und diese oft in ‚Dialekte'. Daneben steht das Lippenlesen. Wie der Name sagt, liest der Hörbehinderte die Botschaft von den Lippen des Sprechers ab. Dies muß, um erfolgreich sein zu können, von frühester Jugend an geübt werden. Seine Vertreter erwarten dann

---

sche Geldgier drücken die Preise. Qualität wird selten geprüft, einen Titelschutz gibt es nicht.

[239] Kaminker, einer der frühen Dolmetscher der 50er Jahre, malte beim Zuhören Figuren aufs Papier (wie andere beim Telefonieren) und las sozusagen aus ihnen die (Abfolge der) konsekutiv zu dolmetschende(n) Rede ab.

jedoch eine vollständige Translation. – Es bleibt noch des näheren zu untersuchen, inwieweit und unter welchen Umständen eine perzeptuelle Ähnlichkeit zu einem Text(em) der gesprochenen Sprache gewährleistet wird. – Das Gebärdendolmetschen sollte im Zusammenhang mit non-verbaler und verbaler Interaktion bzw. oraler / schriftlich fixierter Sprache näher untersucht werden. Seine neurophysiologischen Bedingungen scheinen noch nicht hinreichend bekannt zu sein. – Inwieweit die Zukunft bessere technische Voraussetzungen für (das Dolmetschen für) Hörbehinderte schaffen kann, ist z. Zt. nicht abzusehen.

69. Die unterschiedlichen Relationen von Information (vgl. die Kulturspezifik: Themen, Vorwissen, ...), Sprechgeschwindigkeit und Sprachstrukturen und ihre Auswirkung auf das Simultan-, Konsekutiv- und dialogische Dolmetschen bleiben näher zu untersuchen.

70. Die Evaluierung eines translatorischen Handelns und/oder seiner Teile (wie jeden Verhaltens) seitens eines Beobachters (P, R_T, T oder eines Fremdbeobachters) ist momentan-individuell. Als Resultat einer Evaluierung kann das Translat dem Ausgangstextem (1) gleichwertig, (2) im Ganzen oder in Teilen geringer- oder (3) (seltener) höherwertig angenommen werden. Die Evaluierung hängt vom Skopos des Translats und damit von den intendierten Rezipienten, von der Form, dem Inhalt, Sinn (auf einer oder mehreren Ebenen) sowie der Übereinstimmung von Form und Inhalt/Sinn des Translats ab.

71. Wegen der Komplexität des Translationsprozesses macht es jedoch keinen Sinn, generell von Verlust und Gewinn durch Translation zu sprechen. Verlust und Gewinn wären im einzelnen fallspezifisch nach den hier insgesamt erwähnten und weiteren nicht erwähnten Parametern aufzuschlüsseln bzw. fallspezifisch holistisch für jeden Text-in-Gebrauch oder für jeden Gebrauch eines Textes (und nicht für Texteme), d. h. für jeden P, R und T und jeden Text (bzw. fallspezifisch auch für einzelne Textelemente in ihrem jeweiligen Kontext, d. h. als Elemente eines skoposinduzierten *Texts*, in jedem Moment seiner Produktion bzw. Rezeption zu evaluieren (vgl. hierzu auch das versetzte Äquivalent bei Güttinger 1963).

72. Es gibt Fälle, in denen ein Translator (ebenso wie P und $\{R\}$ bzw. $\{R_T\}$) holistisch für P oder $\{R_T\}$ oder für sich selbst ‚pokern‘ muß z. B., um nicht ‚das Gesicht zu verlieren‘. Intentionen können konvergieren, kompatibel sein oder divergieren (vgl. Viaggio 2004, 150). Schwierig für T, wenn die Intentionen der Interaktionspartner (u. U. fallspezifisch einschließlich T) divergieren.

73. Translatoren lügen mitunter professionell. Margret Ammann erzählte, daß eine ausländische Delegation während einer mehrtägigen Informationsreise notorisch unpünktlich war. Eines Morgens beschloß sie, die Abfahrt auf 8 Uhr anzusetzen, damit alle um 9 Uhr zur Stelle wären. Zwei Tage später kamen alle tatsächlich um 8 Uhr. Ammann ließ den Chauffeur einen längeren Umweg fahren, um allen, auch sich selbst, ‚das Gesicht zu wahren'.

74. T ist R-von und P'-für-$\{\neg P\}$. Das heißt: T rezipiert einen Ausgangstext, der mit dem von P produzierten Text (bzw. das daraus fixierte Textem) nicht identisch ist, sondern von T als mit letzterem in Form und Sinn (Gemeintem) weitgehend übereinstimmend angenommen wird (T-Interpretation ~ P-Intention; $P_T \neq P$). Die Rezipienten (sollten) wissen, daß der von T produzierte Zieltext (bzw. das Zieltextem, von dem Rs Rezeption ausgeht) nicht mit dem von P produzierten Ausgangstext(em) identisch ist, nicht einmal gleich sein kann (!) und ihm nicht einmal annähernd ähnlich sein muß.

75. Translatoren werden häufig zu nicht-translatorischen Zwecken herangezogen bzw. eingesetzt, z. B. als Faktotum für Reisende (früher scheint dies üblich gewesen zu sein; vgl. Arnold von Harf in Groote 1860, 57) oder als Spione (vgl. Vermeer 2002a zur Türkei). Heute sind sie Kultur- usw. Experten, z. B. Berater für Handel und Wirtschaft, Recht usw., „cultural management assistents", wie Margret Ammann sie einmal scherzhaft nannte. Heute ist dies ein zukunftsträchtiger Berufszweig geworden. Noch vor wenig mehr als 10 Jahren wurden wir von der Kollegenschaft ob der unsinnigen Idee ausgelacht. Der Translator weiß nicht alles, muß aber wissen, wo er alles finden kann.

76. Translation ist selten ein nur linearer Prozeß. Translation ist zumindest von einer bestimmten Komplexität der Aufgabe (auch z. B. der Text[em]länge) ab kein linearer Vorgang mehr. Die Aufgaben von T als R und P wechseln sich ständig ab. Kein Zirkel, aber eine Spirale mit Rückgriffen.

77. T soll im vorliegenden Gedankenspiel sukzessive, evtl. abwechselnd, alle Merkmale, wie sie oben für R und P beschrieben wurden, aufweisen, alle Prozesse durchlaufen und Aufgaben erfüllen.

78. Vgl. zudem die Einstellung auf die Situation in einem Umfeld in einer Umwelt, auf P (seine Sprache, sozio- und regiolektale Variante), auf $\{R\}$, die Thematik, ...

79. Ein Translator hat vor einem Vertragsabschluß zu entscheiden, ob er dessen Bedingungen akzeptiert oder nicht. Ein einmal geschlossener

Vertrag muß eingehalten und kann nur gemäß den vereinbarten Bedingungen gekündigt werden, auch wenn sich unerwartete Situationen ergeben. Ausnahmen sind in entsprechend gewichtigen Fällen möglich.

80. Für *T* gelten andere Bedingungen als für *P* (bzw. den Sender des Ausgangstextems) und *{R}*, z. B. gehört er oft nicht der Parakultur von *P* oder *R* an, ist kein Mitglied von *P*s Fach (Diakultur), selten Experte für *P*s Thematik usw. Andererseits gehört er zur Diakultur etc. seiner Kollegen desselben oder eines anderen Teams, z. B. der Kabinenbesetzung beim Dolmetschen, und teilt mit ihnen weitgehend seine Einstellung zu *P* usw. – Seine Selbst- und Fremdeinschätzung unterscheiden sich aus den gleichen Gründen von den Einschätzungen von *P*.

81. Für *T* gelten andere Bedingungen der Rezeption als für *R*. Sein Skopos ist ein anderer. Im Idealfall soll *T* *P*s Intentionen holistisch, d. h. hier: u. a. auch in ihren unterschiedlichen Relevanzgraden, apperzipieren und sie (zumeist) möglichst in der Intention von *P* ... an *{R}*$_T$ unter dessen von *P* verschiedenen Bedingungen / unter näher zu wählenden Bedingungen (vgl. den Skopos) weiterleiten. *T* ist ein unter seinen eigenen Bedingungen in jeder Hinsicht eigenständig Handelnder. Das wird oft bestritten. Der Streit könnte mit Hinweis auf die fragwürdig gewordene Agentialität im allgemeinen abgelegt werden. Auf jeden Fall ist *T* nicht abhängiger als jeder andere Arbeitnehmer, freiberufliche Arzt, Jurist usw. *T* ist Experte für sein Fach wie andere für ihres.

82. *T* als Produzent eines Translat(em)s für die Kultur(en) der *{R*$_T$*}* in der Sprache *L*$_{\{RT\}}$ auf Grund eines Ausgangstextems aus der Kultur *P*$_T$ mit der Sprache *L*$_{PT}$ als Stimulus findet andere Bedingungen vor, als *P* für die Produktion seines (Ausgangs-)Texts hatte. Häufig muß *T* die Sinnebene, die er primär verbalisieren will/soll, wählen und dementsprechend auch die anderen Ebenen und die adäquate Form so weit wie möglich zu erreichen suchen (Catford [1967] sprach in einer bestimmten Hinsicht von "rank-bound translation", aber es geht um mehr). Oft gibt es keine hinreichend adäquate Lösung für die Aufgabe; dann sollte der Translator je nach der Natur von *{R}* fallspezifisch z. B. soweit, wie er es für nötig hält, *erklärend* übersetzen/dolmetschen (vgl. hierzu allerdings die formalen und qualitativen, z. B. „ökonomischen", rhetorisch-stilistischen, ästhetischen, überhaupt situationellen Bedingungen). Grice' (1975) Maximen werden nicht nur kultur-, sondern auch situations- und fallspezifisch. Der Skopos bestimmt die Mittel, mit denen man das Ziel ‚nach bestem Wissen und Gewissen', wie die Formel lautet, d. h. so adäquat wie möglich, zu erreichen sucht. Es gibt u. U. auch

einen Primat der Form (vgl. die Poesie; vgl. Kermani 2000). Die Bedingungen sind vielfältig und werden primär vom Skopos der Translation und darin primär vom Translator (als ‚Herr seiner Situation') und seiner Kultur, u. U. aber auch zu einem mehr oder minder großen Anteil von *P* und seiner Kultur oder/und von *{R_T}* und ihren Kulturen bestimmt.

83. Die Unterschiede (Asymmetrien) bezüglich *P, T, {R_P}* und *{R_T}* sind zwischen einem Ausgangstextem und einem Zieltextem (Translat) gemäß den oben genannten Faktoren unterschiedlich und unterschiedlich relevant.

84. Ein Translat wirkt auf die Zielkultur und ihre Sprache ein und zeitigt hier Folgen, z. B. Wandlungen im Gebrauch, Erweiterung von Ausdrucksmöglichkeiten, Bereitstellung von Quasi-Synonymen (vgl. die Lit. zu Sprachkontakten, Sprachwandel; vgl. die „Übersetzungsgrammatik"; vgl. Hansen 2003; Teich 2003).

85. Rezensionen, Kommentare (vgl. Lautes Denken), Interviews, Quellen, Analysen von Translaten, Statistiken, Komparation von Ausgangs- vs. Zieltextem, Translate zueinander, am Ende die „Kritik" – hier sicherlich in ihrem ursprünglichen Sinn als evaluierende (anders kann es nicht sein) Gratwanderung zwischen Gut und Böse unter soweit wie möglich ausdrücklicher, holistischer Besprechung aller hergehörigen Faktoren sowie vorangehender Evaluierungen und der entsprechenden Begründung für den Einbezug bzw. ihr Übergehen in der Besprechung (vgl. Krasnansky-Lauscher 2001).

Und wieder breche ich ab. Ein wichtiger Punkt ist noch zu klären. Ein Versuch dazu wird unten angesetzt.

Der Beobachter

1. Die Evaluierung einer Translation oder genauer: des Translatierens auf Grund eines vorliegenden Translats obliegt einem Beobachter (hier: „Kritiker"). Er kann, ähnlich wie in anderen, vorgenannten Fällen, mit einem der direkt Beteiligten in Personalunion (aber in der Aufgabe nicht identisch) sein (vgl. die Selbstbeobachtung).

2. Ein Kritiker ist wie jeder Beobachter Rezipient. Die Kritik (Evaluierung) ändert auch den Kritiker. Eine Evaluierung sollte so holistisch wie möglich erfolgen. Das erfordert berufliche Professionalität des Kritikers. (An der fehlt es zu oft; vgl. Krasnansky-Lauscher 2001.) Zu

fragen wäre u. a. (auch hier ist Exhaustivität nicht möglich) nach den situationellen und darin Arbeitsbedingungen des *T*, seine kulturell-gesellschaftlich-situationellen Kriterien formaler (vgl. Form, Stil, Rhetorik), hermeneutisch-semantischer usw. Art, und zwar allemal fallspezifisch und nach genuin translatorischen und translatologischen Kriterien. Möglichst neutral zu urteilen gehört zur Professionalität.

3. Professionalität ist immer auch ethisch verantwortlich auszuüben.
4. Dabei steht auch die Persönlichkeit des Beobachters (Evaluierers) und die von ihm eingenommene theorie-, praxis- und situationsbezogene Perspektive mit auf dem Prüfstand und sollte explizit selbstkritisch hinterfragt werden.
5. Als Schlußbewertungskriterium gilt der Durchschnitt der Evaluierungen der einzelnen Faktoren vom Standpunkt der Relevanz-in-Situation des Skopos der Translation.
6. Da bei einer Translation der Ausgangstext, das Ausgangstextem sowie das Zieltextem und der Zieltext eines jeden Rezipienten sowie die mitwirkenden Personen, erreichbare Werkzeuge (Hilfsmittel), die situationellen usw. Umstände und manches mehr beteiligt sind, sollten sie bei einer Beobachtung, z. B. zum Zweck einer Evaluierung (Kritik; zu ihrem Sinn s. oben), gebührend einbezogen werden. Bei einer Translatkritik (Evaluierung) ist vom Translat auszugehen, es als eigenständigen Text des Beobachters/Kritikers zu betrachten, hernach das Ausgangstextem ebenfalls als Text des Beobachters/Kritikers zu analysieren und erst danach einen Vergleich der beiden Seiten unter kritischer Beachtung des Skopos, der das Translat bestimmt hat, anzustellen. Dabei ist allemal zu beachten und explizit zu machen, daß es sich immer nur um eine Kritik eines bestimmten Beobachters an einem bestimmten *o/t*-Punkt handeln kann.

Viel wäre noch heranzuziehen. Ich kann zum Abschluß nur noch in wenigen Stichworten mögliche Themen nennen. Die Ausarbeitung muß ich geeigneteren Kräften überlassen.

Hier eine kurze Aufzählung:

Die **Lehre** (einiges Wenige wurden oben dazu gesagt), die Lehre lehren.

Die **Translationshistorie**. Dazu ein paar verstreute Gedanken:

1. Nach Viaggio (2004, 116) läßt sich Translation (1) vertikal als Translation im engeren Sinn als (a) „eigentliche" Translation (Koller 1979 versteht unter „eigentlicher Übersetzung" die Äquivalenzsuche innerhalb der sprachlichen Translation; eine Abgrenzung gegenüber anderen Translationsarten scheint problematisch; vgl. Dizdar [demnächst]) und (b) ‚erweiterte' Translation („mediale [Sprach-]Mittlung" – spanisch: „mediación interlingüe", englisch: „interlingual mediation"), wie sie Viaggio in seinem Buch darstellt, und (2) horizontal als Translation in den weite(re)n oben genannten Vorkommen (a) im Rahmen einer primär verbalen Textverwendung oder (b) in den metaphorischen nonverbalen Vorkommen verstehen. Es ist zu untersuchen, wie „Translation", bzw. die jeweils epochen- und autorspezifischen Termini gemeint waren und gebraucht wurden. Danach kann eine deskriptive Analyse einsetzen. (Vgl. Toury 1980; 1995.) Tourys Ansatz, als Translation zu betrachten, was in den zu untersuchenden Kulturen jeweils unter ihrem eigenen Terminus verstanden wurde/wird, wurde mehrfach kritisiert (vgl. vor allem Dizdar 2000), weil ein Vergleich kaum Parameter findet.

2. Nicht-Unterscheidbarkeit von literarischen Genres (vgl. Diskussionen zur Treue, Loyalität, ...). Einige Translationswissenschaftler trennen die „eigentliche", d. h. primär verbale Translation als Reproduktion/Nachahmung/Mimesis/... von anderen Translationsarten.

3. Schulen: -ismen (Realismus, Idealismus, Naturalismus, utopischer/wissenschaftlicher Sozialismus, Evolutionismus, Romantik, ...); *sourciers* vs. *ciblistes* ...; historisch epochen- usw. spezifische Moden, Modelle, Theorien, Praktiken.

4. Interlinguale, intralinguale und intersemiotische Translation (vgl. Jakobson 1959); vgl. z. B. mittelhochdeutsch > neuhochdeutsch; vgl. Parsival, Kalevala; vgl. dia- vs. synchronische Translation.

5. Der Rezipient: Wer braucht, will ein Translat? warum, wozu?

6. Der Translator: Wer translatiert (Beruf [z. B. Literat > Translator oder umgekehrt, Stand, Interessen, Erfahrung, Autotranslation [Beckett, ...], Genre (Drama, Fach-, schöngeistige Prosa, Poesie, ...).

7. Das translatorische Handeln: Wie wird translatiert? (vgl. Khoury 1966 zum Libanon; Khoury 1971 zu Ägypten; Schulze-Röbbecke 1993 zu Griechenland).

8. Gesamtwerke, ganze Texte, Auszüge, Kurzfassungen, Anthologien, ...

9. Rewriting (vgl. Lefevere 1992, dort Definition).

10. Pseudotranslationen [z. B. Cervantes' *Don Quijote*; Texteme, die auch formal [in der Struktur, dem Ausdruck usw.] bewußt als Translation auftreten und Merkmale des Translationesischen aufweisen [zu den *Dunkelmännerbriefen* als Sondersorte der Sondersorte s. unten]); vgl. Toury (1980); Prunč (2000).

11. Translationen, deren Ausgangstext nie als *selbständiger*, konkreter Text bestanden hat; vgl. z. B. die *Epistolae obscurorum virorum* [1515] („Dunkelmännerbriefe") die nach dem Deutschen konzipiert auf Latein wie in Wortstellung und Syntax deutsche Texte geschrieben wurden (vgl. Vermeer 2000a, 592).

12. Eigene Produktion, intendierte oder nicht intendierte, gewollte oder ‚zufällige' Intertextualität, Formen der Nachahmung (Adaptation, Plagiat, Parodie, ...; vgl. Reiß in Reiß + Vermeer 1984).

13. Akkulturation (vgl. baskische Literatur nach Franco).

14. Dizdar [demnächst] interdisziplinär zu „Translation" (und verwandten Ausdrücken) in anderen natur- und geisteswissenschaftlichen Disziplinen und zur Historie des lateinischen Ausdrucks „translatio". – Metaphorische Verwendung des Ausdrucks „Translation" (und seiner Homonyme), wenn von der Translation eines Texts zu einem Film, einer Oper, einem Ballett, einem Bild/Gemälde usw. gesprochen wird.[240]

15. Wirkung und Folgen: neue Ideen (politisch, religiös, gesellschaftlich, wissenschaftlich), neue Genres, Identitätsverständnis, Sprachentwicklung, neues Selbstbewußtsein (Selbst- und Fremdevaluierung).

16. Bibliographien.

17. Ästhetik, Rhetorik, Stilistik.

---

[240] Viaggio (2004) bringt ausgezeichnete Beispiele für seine Darlegungen, z. B. einen Vergleich von Shakespeares *Romeo und Julietta* mit Bernsteins *West Side Story* (ib. 114f).

10. Kapitel

Die Aporie des Translators

Das Wichtigste fehlt noch. Es sei bewußt an den Schluß gesetzt, wenn der Leser sich schon bereit macht, das Buch zuzuklappen und endlich entlassen zu werden. Ihm wird noch eine Aufgabe zugedacht, die der Autor nicht lösen konnte. (Vgl. zum Folgenden u. v. a. Paradis 2004.)

Die moderne Translationswissenschaft spricht gern von einem *double bind*. Luhmann (1985) sprach von „doppelter Kontingenz". Auf den bisherigen Seiten wurde versucht, ausführlich und umständlich darzulegen, aus welchen Prämissen Translation entsteht. Aus mikrophysischen, genetischen, neurophysischen und -biologischen sowie hieraus kulturellen und memetischen Potentialitäten und angenommenen Phänomenalitäten kam ein unglaublich komplexes Gebilde zustande, das einer Chaostheorie alle Ehren machen würde. Es wurden zahlreiche und beileibe nicht annähernd alle Bedingungen aufgezählt, die einen Organismus, im vorliegenden Fall: einen Menschen, zu gesellschaftlichen (sozialen) Interaktionen befähigen.

Hauptsächlich von Luhmanns (1984) Theorie sozialer Systeme ausgehend wurden Organismen versuchsweise als autopoietische, im Prinzip geschlossene Systeme angenommen, die nicht in direkten Kontakt miteinander treten können. Der Kontakt wird durch Interaktion bzw. Kommunikation als deren primär verbale Untersorte, mit anderen Worten: durch Meme(tik) hergestellt: Ein Organismus sendet einen Reiz aus, der einen Stimulus ankündigt, dessen Perzeption durch Aneignung, Einverleibung, d. h. Umwandlung in organismuseigene Phänomene, einen anderen Organismus erreichen kann. Das intendierte bzw. perzipierte (und dann apperzipierte, d. h. interpretierte) Resultat des perzeptiv entwickelten Stimulus wird Information, wenn es für den Rezipienten nach eigener oder nach Meinung des Produzenten oder eines Beobachters Evaluation Neues enthält. Der intendierte bzw. rezipierte/interpretierte Stimulus wird {Mem} genannt. Der solcherart stimulierte und informierte Organismus muß seinerseits koaktiv und kann kooperativ oder nicht kooperativ reagieren. Auf diese Weise kommt es zu einem memetischen Informationsaustausch: zu einer Interaktion bzw. interaktionalen Kommunikation.

Diese Theorie (oder dieses Modell) beschreibt und ‚erklärt'/versucht außerdem zu begründen, weshalb die Unmöglichkeit direkter Kontakte Informationen zwischen Produktion durch den einen und Rezeption seitens eines anderen Organismus notwendigerweise ‚verformt'. Verstehen bleibt Annahme. Es glückt bis auf Widerruf.

Das alles läßt sich auf Translation im engen Sinn des Dolmetschens und Übersetzens im verbalen und nonverbalen Bereich anwenden. Vom Annahmecharakter leben Literaturwissenschaftler, Kunst- und Translationskritiker sowie -theoretiker und schließlich jedermann, ob er es glaubt oder nicht. Damit müßte sich der Streit um äquivalente, adäquate usw. Strategien auf fallspezifische Ausführung (Realisierung) von Translationen verlagern und dort als klärende Diskussion über Evaluierungen von Translaten als Recht, anders zu sein, verspäteter Aufklärung dienen, wären (gerade memetische) Traditionen und Konventionen nicht so ungemein zählebig (und manchmal mutationsfreudig) wie Viren und Bakterien.

Nun geschieht die Anwendung der vorgenannten Prozesse in der Translation wie bei einer guten Medizin öfter als einmal: das erstemal zwischen Ausgangstextproduzent bzw. -sender und Translator und mindestens ein zweites Mal zwischen Translator und Zieltextrezipient(en). (Andere Faktoren können im Spiel sein; das ändert nichts an der Grundkonstellation. Es vermehrt die Interaktionen innerhalb einer Gesellschaft.) Ich spreche allemal von holistischen Prozessen.

Doch unterscheiden sich im Fall einer Translation Ausgangs- und Zieltext(e) dadurch, daß sie verschiedenen Kulturen und Sprachen angehören, Translation also Interaktion zwischen verschiedenen Kulturen und „Sprachen", d. h. inkommensurablen Memarten, betreibt. Für jede Seite der translatorischen Interaktion, also Produzent eines Ausgangstexts → Rezeption durch den Translator und Translation als Produzent eines Zieltexts → Rezeption durch die Verbraucher, gilt, was bisher zur Interaktion (und Interpenetration) gesagt wurde: Es gibt kulturelle und sprachliche Unterschiede zwischen den Interaktanten, aber sie bewegten sich in Luhmanns Theorie innerhalb eines sozialen Systems (einer Gesellschaft), d. h. innerhalb einer Parakultur und ihrer Sprache, evtl. noch enger innerhalb einer Diakultur oder/und eines Regio- oder Soziolekts innerhalb *eines* sozialen Systems (einer Gesellschaft). Eine Translation wird dagegen zwischen verschiedenen Dia- und Parakulturen und ihrer jeweiligen Sprache (vgl. auch die Fachdisziplinen und ihre „Sprachen"). Eine Bewegung zwischen zwei Diakulturen und ihren „Sprachen" kann bereits prekär werden. Zwischen *zwei* sozialen Systemen findet Wechsel von der Ausgangs- zur Zielkultur und -sprache statt, den Luhmann nicht thematisierte. Der Wechsel ist nicht nur graduell wie bei intrakultureller und -sprachlicher Interaktion. Er ist grundständig. Er ist aber genau das Problem des Translators. Es nützt nichts, auf Wörterbücher, Paralleltexte und ins Internet zu schauen oder einen ‚Wissenden‘ zu befragen. Den gibt es nicht. Das Problem liegt *vor* allen Hilfsmitteln. Die jeweils andere Kultur und Sprache muß nach Luhmanns Theorie für die Gegenseite ein „alien", also unzugänglich und vor allem unverständlich sein. Die Reduktion auf einen Wechsel von Denotativa verkleinert das Problem zwar, doch wird es dadurch nicht aufgehoben. Zudem versuchen wir ja, Holistik in den Griff zu bekommen. Bei konkreten, materiellen Objekten mag die intergesellschaftliche Interaktion noch angehen. Der Produzent hebt einen Bleistift auf und zeigt ihn. Er kann ihn auch benennen: „Bleistift". Der heterokulturelle und -sprachliche Rezipient sieht, was der Produzent in Händen hält und denkt: *Oh, it's a pencil.* Beide denken: „Bleistift" – *pencil* und demgemäß im einfachsten Fall „Bleistift" ~ *pencil.* Oben wurde gezeigt, daß die Gleichung nicht einmal in der innergesellschaftlichen holistischen Interaktion aufgeht, weder im individuellen noch erst recht in der Generalisierung auf einen sozialen Bereich. Erstens kann R nicht wissen, was P alles mit „Bleistift" verbindet, wie er das Wort, wie den Gegenstand verwendet usw. Und der heterokulturelle Rezipient kann um so weniger wissen, fühlen, evaluieren und assoziieren, was der Produzent ‚meint‘. Wer nur die Gleichung lernt, läßt das ganze Problem beiseite.

Man wird vielleicht antworten, das Problem sei hausgemacht. In Wirklichkeit sei es eine *quantité négligeable*, denn Translation habe schon immer funktioniert. Hat sie? Warum streitet man sich dann bei jedem Translat, ob es ‚richtig‘, ‚treu‘, ‚loyal‘, ‚adäquat‘ usw. sei und daß und wie man es anders, ‚besser‘ machen müsse? Man versteht sich nicht hinreichend. Wer einen Stift zur Hand nimmt und ein paar Striche macht, ist noch kein Dürer. Mancher meint, intergesellschaftlich funktioniere die Kommunikation sogar zwischen Menschen und Tieren, und verweist auf sein gutes Verhältnis zu seinem Hund. Ich denke, Haustiere, seit Jahrtausenden domestiziert, kann man nicht heranziehen. Und wie geht man mit einem Wolf um, der einem zufällig im Wege steht? Wie reagiert er auf gütliches, höfliches Zureden oder einen herrischen Befehl? Auch ein Fremdbeobachter gehört entweder zu einem der in Frage stehenden sozialen Systeme, dann ist er nicht neutral, oder er gehört einem dritten an, dann hat er nur ein noch größeres Problem mit der Evaluierung. Auch wenn er Fachmann ist.

Gibt es die Möglichkeit einer Ver-Bindung? Luhmanns Theorie behandelt das Bild (irgend)*eines* sozialen Systems, einer Gesellschaft und darin u. a. Interaktion und Interpenetration. Wie bringt man die beiden Hälften des letzten Endes organismisch wohl unbestreitbar einen Translators trotz doppelter Kontingenz, nämlich der auf jeder Seite, in doppelter Bindung zusammen? Das Problem liegt in der Annahme, soziale Systeme seien geschlossene Systeme. Anders sind sie keine Systeme, mit denen Luhmann und wir im Anschluß an ihn zu arbeiten versuchen. Andernfalls müßte ganz neu angefangen und eine neue Theorie aufgestellt werden. Deren Problematik würde bei Luhmanns Ansatz beginnen: Systeme differenzieren zwischen sich und ihrer Umwelt. Usw.

Ich sehe bisher ein paar Möglichkeiten, das Problem anzugehen, aber sie lassen mich unbefriedigt:

Man kann zwei geschlossene soziale Systeme ansetzen, jedes nach Luhmannscher Art, und ein soziales Supersystem darüber konstruieren, z. B. als Systemgemeinschaft à la EU oder Interessengemeinschaft freundschaftlicher Konkurrenz im Geschäftsleben. Letzten Endes würde es ein planetarisches System werden müssen, denn Translatoren werden potentiell zwischen beliebigen Kulturen und Sprachen eingesetzt. Das Problem wird verschoben. Zugegeben, es wird verkleinert, weil reduktiv generalisiert, aber es wird nicht ‚aus der Welt‘ geschafft. Es fällt auf die Problematik zurück, die oben bei der Diskussion um Interaktion und Kommunikation aufkam, und kann nicht einmal ein Memsystem aufweisen, daß universell wäre.

Sieht man die beiden Interaktionen getrennt voneinander, so schneidet man den armen Translator in eine rezipierende und eine produzierende Hälfte, deren jede in jeweils einer anderen Welt (oder einem anderen sozialen System) mit anderer Kultur und Sprache agiert. Aber die Verbindbarkeit wird nicht aufgezeigt.

Auf andere Weise wenig befriedigend ist der Gedanke, den Translator halbiert zu belassen und ihn zu zwingen, sich in seiner Tätigkeit janushaft hin- und herzuwenden. Die Größe des jeweiligen Elements von einer Wendung zur anderen kann dabei der Fallspezifik überantwortet werden. Dieses Modell geht von absoluter Bikulturalität und dem Bilinguismus eines Translators aus. Es erklärt nicht, wie sie/er zustande kommt. Damit zeigt sich die Unzulänglichkeit des Modells. Absolut bikulturelle und -linguale Translatoren, die ihr Geschäft professional betreiben, dürften sehr selten sein. Und mit Quasi-‚Biheit‘ wird nur die Kontingenz hervorgehoben.

Es würde sich für die bisher erwähnten Pseudolösungen noch ein anderes, grundsätzlicheres Problem für die Systemtheorie ergeben. Die

Zweiteilung des Translators macht entweder eine schizophrene Persönlichkeit oder ein doppeltes System, sozusagen siamesische Zwillinge mit zwei Köpfen aus ihm. Wie sollte letzteres geschehen? Es müßten dann beide Hälften des Translators als geschlossene (!), mithin getrennte Systeme miteinander durch jeweilige Aneignung von außen kommender Interaktionsangebote interagieren. Eine derartige interne Interaktion müßte in ein und demselben Gehirn (oder eben Organismus) vor sich gehen. Das ist entscheidend, denn daß Herz und Lunge als zwei verschiedene Subsysteme miteinander interagieren, hat Luhmann erwähnt. Bei der Translation müßte das Gehirn jedoch auf eigene Weise selbstreferentiell mit sich selbst interagieren. Anscheinend geschieht diese Translation in einigen Fällen außerhalb der 'eigentlichen' Translation. Schizophrenie zeigt, daß diese Interaktion nicht funktioniert. Nähme man dieses Modell zur 'Erklärung' der Translation, dann könnte Luhmanns Anspruch, Systeme seien geschlossene Systeme, nicht strikt aufrecht erhalten bleiben. Recht zu Anfang dieses Werks wurden bereits Zweifel an der Geschlossenheit angemeldet. Es hilft nichts, im selben Gehirn zwei Sub*systeme* für je eine Kultur und Sprache zu postulieren. Das Problem der Interaktion zwischen ihnen bleibt.

Ein vorläufig letztes Problem: Es geht nicht nur um kulturelle und sprachliche Differenz. Es geht um die Realität der „realen Realität" (Luhmann 1985). Sie, die Welt, ist kulturspezifisch. Der Translator soll die Welt verwandeln. Novalis' „Transsubstantiation". Doch Sisyphos weiß, daß er den Fels nicht auf den Gipfel bringt.

Der Umweg über die Speicherfähigkeit des Gehirns / im Gehirn könnte den Ausweg bieten: Es müssen zwei Kulturen und Sprachen gespeichert sein, sie werden beide aufgerufen (aktiviert), ihre Elemente im Prozeß einer internen „Reperzeption" miteinander verglichen und evaluiert und daraufhin für die Zieltext(em)produktion selektiert. Wir drehen uns im Kreise. Dies war doch das Problem der Bikulturalität und -sprachlichkeit. Trotzdem die Frage:

Könnte die Lösung des translatorischen Problems in der Fähigkeit zur Selbstbeobachtung und Selbstreferenz liegen? Es ist für Luhmann kein Problem, daß ein Stimulus perzipiert und die Perzeption in der Folge in der Apperzeption (Luhmann hatte terminologisch nicht unterschieden) nach einer anderen Seite hin produktiv wird. Doch wäre damit die interne Umwandlung in etwas anderes erklärbar? Da Selbstbeobachtung nicht dasselbe System, sondern das System-als-beobachtetes beobachtet, und Selbstreferenz sich auf das System-als-referiertes bezieht, erweist sich die befürchtete Schizophrenie als nicht virulent. Da Original und Original-als-beobachtetes zwei Objekte sind, könnte auf intrakulturelle und -sprachliche Interaktion verwiesen werden, bei der zwei Systeme miteinander agieren. Der Translator als selbstreferenter Selbstbeobachter. Ist die Überlegung mehr als ein Spiel mit Worten? Trägt sie?

Bleibt noch zu fragen, ob im vorhergehenden Absatz nicht doch von der normalen neuronalen Aktivität gesprochen wurde: Aneignung in der Perzeption und Umwandlung zur neuerlichen Produktion, also gilt der Vergleich mit intrasozialer Interaktion für Translation im dargelegten Sinn. Kennt man sich so gut wie oder gar besser als andere?

Eines habe ich übersehen: Innergesellschaftliche Interaktion funktioniert, wie zuvor dargelegt, *per* Stimulus. Also ungefähr, manchmal hinreichend, als Annahme, die Differenzen übersieht, ignoriert, nicht erkennt oder nicht für relevant erachtet. *Trial and error.* Bei intergesellschaftlicher Interaktion vergrößert sich das Problem, aber eben doch nicht absolut. Die *Relativität* der Umwandlung (und damit der Kompetenz!) könnte das Problem lösen und den Translator retten. Seit Jahrtausenden agiert man in Leibnizens Tempel, dessen Proportionen sich vergrößern oder verkleinern und der Beobachter verändert sich mit und merkt es nicht. Ich muß mich damit zufrieden geben. Toleranz üben. Translation balanciert auf dem Seil des Tänzers. Wörterbücher, hilfreiche Kollegen und andere Werkzeuge bilden das Netz mit gefährlichen Löchern, in das man mitunter stürzt. Translation bleibt Annahme. Glücken auf Widerruf.

Aber den Kritikern nehme ich ihren Knüttel aus der Hand. Der Translator bleibt in *seiner* Freiheit und Verantwortung ein Dazwischen-Translator. Das hatte Bahadır (2004a; 2004b) doch gemeint und gesagt.

Dieses Dazwischen verlangt eine nähere Untersuchung. Nach Luhmann (1985, 13) kann ein System seinen Anfang und sein Ende nicht beobachten. Die Geburt eines Systems umfaßt die pränatale Vorphase, den Geburtsprozeß, während dessen das System noch nicht als System existiert, und die postnatale Phase des existenten Systems. Analoges geschieht in Sterben und Tod. Der Translator durchläuft ähnliche Phasen in der Translation. Zwar bleibt er Translator, doch ist die Dazwischen-Phase zwischen Rezeption und Produktion eine Phase des Übergangs zwischen zwei „Nichts", jedenfalls zwischen zwei unbekannten Prozessen oder Zuständen.[241]

---

[241] Die vielen Untersuchungen zu Dolmetschprozessen konnten manche Aufklärung, aber beim heutigen Stand der Neurophysiologie und ‚Psychologie' bisher keinen entscheidenden Durchbruch in der Forschung verzeichnen. Zu einer Teilübersicht vgl. Özben (1999, 90-100).

Die Endlösung überlasse ich ... der Psychologie. – Sie hat, das sei am Ende zugestanden, tatsächlich ein gewichtiges Wort mitzureden (vgl. Quindeau 2004). Es sei noch einmal angedeutet: Der Translator als geschlossenes System (vgl. Luhmann 1985) kann sich weder den Autor noch dessen Text bzw. Textem aneignen. Er muß sich seine eigene *scene* (im holistischen Sinn) von dem zu Translatierenden in dessen ‚Welt' bewußt (gewollt; vgl. oben eine Fußnote zum Wunsch) und zum größten Teil unbewußt aneignen (vgl. die „antropofagia" der Brüder Campos). Dabei verändern sich das Translandum und der Translator von Moment zu Moment, indem sie sich gegenseitig beeinflussen. Von der Komplexität des {Prozesses} war hier ja die ganze Zeit die Rede.

Die Freiheit des Translators

Die im folgenden noch einmal thematisierte Freiheit findet sich in der Mikrophysik als Unschärfe oder Wahrscheinlichkeit, in der Genetik als Mutation und in der Memetik als „neue Idee".

Das Gefühl von Freiheit entsteht in einem Organismus durch die Unübersichtlichkeit einer indefinit großen Menge von Steuerungsfaktoren, d. h. den auf den Organismus ex- und intern einwirkenden Faktoren, + dem sozialen Einfluß von Dia- und Parakulturen + der Bewußtseinsschleife des Noch-einmal-Überdenken-Könnens. Freiheit bedeutet die aus der Bewußtseinsschleife (s. oben) entstehende Annahme (!), aus indefinit vielen Probabilitäten eine selegieren zu können und zu müssen, ohne ihre Wirkungen und Folgen übersehen zu können. Aus dieser (angenommenen) Freiheit entsteht das Gefühl, Verantwortung für die genannte Selektion zu haben.

Das Begriffspaar „Freiheit und Verantwortung" wird als individuell zu verstehendes Paar vorgestellt. In dieser (!) Individualität soll der Translator über den Skopos (und damit auch seine intendierten Rezipienten) entscheiden und die Verantwortung dafür explizit übernehmen. In anderen Kulturen mit anderem Lebensverständnis ändern sich die Extensionen von „Freiheit" und „Verantwortung". Als Beispiel kann eine nach außen relativ statische Kultur, deren Mitglieder (Individuen) innerhalb eines im großen und ganzen festgefügten Rahmens agieren, herangezogen werden. Das Schlagwort wandelt sich damit sozusagen zu dem von „Freiheit in Verantwortung". Letztere tritt an die erste Stelle. Das Individuum füllt einen Platz in einem vorgegebenen kulturellen Rahmen aus. Es besetzt damit einen Ort in einem Fadenkreuz: Auf der senkrechten Achse steht die Wahrung der persönlichen, aber im gesellschaftlichen Rahmen festgelegten „Ehre". Vgl. dagegen

die türkischen Ehrvorstellungen des *namus/saygı/şeref* in ihren unterschiedlichen gesellschaftlichen, situationellen und individuellen Funktionen (vgl.
Ferner 2004, 107-149). Aus der jeweiligen „Ehre" entsteht die Verantwortung für aktuelles Handeln. Horizontal dazu liegt die Freiheit des indi-
viduell-aktuellen Handelns, das durch die es vertikal durchschneidende
„Ehre" begrenzt, aber zugleich auch vorgeschrieben wird und so wieder in
Verantwortung mündet. Man könnte auch von einem Fadenkreuz aus Individuum vs. Gesellschaft und Individualität vs. Bindung sprechen. Es gibt
eine Bindung-an (eine Gesellschaft) und eine Bindung-durch (eine Gesellschaft). – In den hier genannten und durch die beiden Kerntermini in
gewisser Weise zusammengehaltenen und begrenzten Kulturen scheint mir
die individuelle Freiheit den entscheidenden Platz einzunehmen. Verantwortung entsteht nicht wie in der ‚statischen' Kultur aus gesellschaftlichen
Normen, sondern aus der Selbstbegrenzung der persönlichen Freiheit.
Damit entsteht eine individuelle Ethik der Freiheit gegenüber einer Halt
bietenden gesellschaftlichen Ethik. (Ein Individuum kann sich unter gesellschaftliche Normen stellen.)

In der einen Kultur rangiert das Gesellschaftliche und damit Gemeinsame vor dem Individuellen einer Idiokultur, während im anderen Denken
das Individuelle dem Gemeinsamen-der-Kultur vorausgeht bzw. voraus-
gehen soll/kann/darf. In ersterem Kulturkreis überwiegt das Statische, die
‚objektive' (gesellschaftliche) Welt, in letzterem das Dynamische/Prozeß-
hafte als ‚subjektive' Welt.

Eine vergleichende Evaluierung der beiden Kulturen ist hier keineswegs gemeint. Eine Scheidung ist sowieso nur in einer generalisierenden
Reduktion des Lebens auf Regeln möglich und damit fraglich.

Auch das Folgende soll als Mythos gelesen werden. Es ist der Versuch, die Bedeutung von zu Grunde liegenden Kulturen für das Verstehen
einer Interaktion, z. B. einer Translation, in Form von (meist dichotomen)
Oppositionen aufzuzeigen.

Angenommen, es gebe zwei ‚Grundkulturen', in denen sich Individualität und Gesellschaft unterschiedlich ausdrücken. In der Realität tritt an die
Stelle von Oppositionen natürlich eine nicht-graduierte Skala. – Kann ein
Mitglied der einen die De- und Konnotationen der anderen Kultur verste-
hen/nachempfinden? Wie verhält sich der Translator fallspezifisch skoposadäquat? Er muß/soll(te) die Folgen und Wirkungen seiner Translation so
weit wie möglich in Betracht ziehen.

Angenommen, 80-90% aller neurophysischen Aktivitäten bleiben dem
Organismus unbewußt (vgl. die Neurophysiologie und Neurobiologie). –

Eine „Schleife" erlaubt Bewußtsein der restlichen 10-20%. – Bewußtsein ist dabei das Empfinden, der Organismus könne in dem genannten Bereich sein Verhalten bewußt steuern. Die Steuerung bleibt trotzdem von gesellschaftlichen Konventionen und Normen mitgesteuert. Die beiden hypothetisch angesetzten Kulturen unterscheiden sich im *Grad* der Individualität und Sozialität.

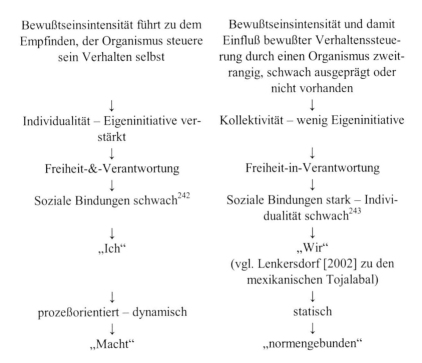

Bewußtseinsintensität führt zu dem Empfinden, der Organismus steuere sein Verhalten selbst

↓

Individualität – Eigeninitiative verstärkt

↓

Freiheit-&-Verantwortung

↓

Soziale Bindungen schwach[242]

↓

„Ich"

↓

prozeßorientiert – dynamisch

↓

„Macht"

Bewußtseinsintensität und damit Einfluß bewußter Verhaltenssteuerung durch einen Organismus zweitrangig, schwach ausgeprägt oder nicht vorhanden

↓

Kollektivität – wenig Eigeninitiative

↓

Freiheit-in-Verantwortung

↓

Soziale Bindungen stark – Individualität schwach[243]

↓

„Wir"
(vgl. Lenkersdorf [2002] zu den mexikanischen Tojalabal)

↓

statisch

↓

„normengebunden"

Ich sprach von der Freiheit des Dolmetschens und Übersetzens. Ineins damit geht unzertrennlich die Verantwortung für das Gedolmetschte und Übersetzte. Kulturen unterscheiden sich darin, ob sie die individuelle Freiheit an die erste Stelle setzen, also Freiheit und Verantwortung verlangen, oder die Freiheit des Einzelnen *in* seiner Gemeinschaft voranstellen, also Freiheit-in-Verantwortung vertreten. Wenn mein Eindruck stimmt, dann

---

[242] Vgl. Familienbande: Lebensabschnittspartnerschaften, Verwandtenbindung schwach, auf wenige Relationen begrenzt – Sprichwörter verpönt.

[243] Vgl. Familienbande: Ehen haltbar (aus welchem Grund auch immer), Verwandtenbindung ausgeprägt und verbal minutiös ausgedrückt – Sprichwörter gelten als tradierte Weisheit der Altvorderen.

gibt es ein schwerwiegendes, jedoch schwer (wahrscheinlich nur fallspezifisch) lösbares Translationsproblem: sich als Translator zwischen zwei sich grundsätzlich in der Wertung des Menschen (nicht im Wert des Menschen!) unterscheidenden Haltungen zu entscheiden. Wie dolmetscht/übersetzt man von der einen Kulturauffassung in die andere, wenn man verstanden werden will/soll?

(Zu Freiheit und/in Verantwortung vgl. Niranjana 1992; Arrojo 1997; Dizdar 1997; 2000.)

Das Putzzeug für eine gründliche Reinigung überkommener Vorstellungen vom Translatieren und seinen Translaten ist zusammengestellt. Die Reinigung erfolgt jetzt, indem die skizzierte Umkehrung alle Denkgewohnheiten ergreift und aus dem praktischen Verhalten tilgt, was an Entgegenstehendem geschrieben wurde, und das Übrige zurechtrückt. Als Ordnungsparameter verbleiben Relativität, Vagheit (Annahmecharakter des Denkens), Freiheit und Verantwortung, Unruhe und Widerspruchsgeist (besser: Diskussionsfreudigkeit) als Scheuerbürste (dazu braucht es aber einer kräftigeren als bisher). Es ist keine Unruhe banger Erwartungen, keine ängstlich-augustinische Ruhelosigkeit, sondern eine stete Suche nach neuen Erkenntnissen und möglichen Formen ihrer Verwirklichung. Freiheit ist wie jeder hier gebrauchte Begriff angenommene (geglaubte, gemeinte, gesetzte) Freiheit. Objektivität gibt es in einer holistischen Betrachtung nicht (wird als nicht gegeben angenommen). Auch Relativität ist angenommene Relativität.

Anhang: Exkurse

*BEDEUTUNG UND SINN: DIE FUNKTION – Bedeutung hat mehrere Bedeutungen, hier interessieren zwei: (1) Bedeutung als Wichtigkeit, Wertigkeit, Evaluationsresultat und (2) Bedeutung als das, was ein Gegenstand ‚besagt', das, wozu er möglicherweise gebraucht werden kann: seine Funktion.

Ein Verkehrsschild ‚ist' kein Zeichen. Es ist ein Gegenstand, mit dem der entsprechend enkulturierte Mensch eine Funktion verbindet und dadurch mit dem Gebrauch des Gegenstands einen Hinweis intendiert. ‚Hinter' dem Gebrauch wird ein Rezipient angenommen, der dem gleichen Gegenstand einen Hinweis als (s)eine Funktion (nicht denselben Hinweis wie den intendierten, aber doch möglichst einen ähnlichen) zuordnet. Erst der Akzept als Hinweis macht das Schild für einen Rezipienten (Interpreten) in einer gegebenen Situation zu einem „Zeichen". Hinweise sind Prozesse. Ein Mensch lebt in einer menschlichen Gemeinschaft (Gesellschaft, Sozietät). Er muß sich mit den anderen Mitgliedern der Gesellschaft ins Benehmen setzen, so daß ein Zusammenleben über unbestimmte Zeit möglich wird. Dazu helfen Konventionen: erlernte Regeln des sozialen Verhaltens. Wir nennen die Regelmenge „Kultur". Es ist eine offene, d. h. jederzeit veränderbare, Menge.

Konvention als erlernte „Kultur" veranlaßt den Rezipienten, einen Zeichencharakter auch außerhalb eines Gebrauchs in das vorgenannte Schild hineinzuinterpretieren, wenn er es als mögliches (potentielles) Zeichen annimmt/interpretiert und die Situation doch keine Anwendung zuläßt oder erfordert (wenn ein als Halteschild interpretiertes Straßenschild z. B. in einem Korridor des Polizeipräsidiums an der Wand lehnt). Auch dann ‚ist' das Schild kein Halteschild, d. h. es funktioniert nicht gemäß dem behaupteten Hinweis, sondern wird möglicherweise interpretiert, als könne es unter anderen Umständen als Hinweis (im vorliegenden Beispiel: als potentielles Halteschild) gelten (vgl. Vermeer 2004b).

Diese einem Gegenstand unter normalen Bedingungen zugestandene Bedeutung$_2$ ‚existiert' nur in den Köpfen von Menschen. Es ist, wie gesagt, eine potentielle Bedeutung auf Grund des Funktionierens sozialer kultureller Verhaltensregeln. Durch einen intendierten bzw. interpretierten Hinweischarakter ‚wird' (Whitehead 1978) ein „Zeichen".

Man kann nicht sagen, die „Bedeutung" eines Zeichens, z. B. eines verbalen, z. B. eines Wortes, sei die „Repräsentation" (gemeint ist Präsentierung = Vergegenwärtigung, Evozierung) eines wie auch immer gearteten Etwas. Die Bedeutung wird je nachdem, wie ein Etwas („Zeichen" als Zeichen) in einer Situation gebraucht wird. Etwas kann nur in einer Situation gebraucht werden. Durch den Gebrauch werden das ‚Etwas', die Situation und der/die Benutzer verändert. Die individuelle Intention eines Produzenten/Senders bzw. die Interpretation durch einen Rezipienten wird (und ist schon immer) kulturell überformt. Enkulturation erlaubt, ähnliche Handlungen mit ähnlichen Resultaten bei anderen ähnlich Enkulturierten anzunehmen, evtl. zu ‚erkennen', wenn die Handlung abläuft. Kennt man auf Grund seiner Enkulturation den regel-rechten, d. h. üblichen, Gebrauch eines Elements des Bedeutungsrepertoires in einer gegebenen Situation, so versteht man dieses Element, z. B. einen verbalen Ausdruck, in geeigneter Situation zumeist hinreichend genau gemäß der ihm zugedachten Intention, um eine Sequenz von Elementen kulturkonform zu einem Sinn, der auf einer anderen Ebene zu liegen kommt, zusammenfügen zu können. Antizipation spielt dabei eine Rolle. (Den X kenne ich, der sagt immer dasselbe.) Bedeutungen von Formen, z. B. Wörtern, sind vage. Was durch „Hand", „Arm", „рука", „hāth" evoziert werdem soll bzw. wird, hängt trotz eines von gesellschaftlicher Enkulturation gezogenen Extensionsrahmens von der Situation, in der die Ausdrücke gebraucht werden, der Disposition des Produzenten bzw. Rezipienten usw. ab. Gebrauch ist immer holistisch, d. h. primär konnotativ und sekundär denotativ. Hier wird besonders deutlich, was ich meine: Konnotative liegen (existieren) nicht in Formen. Formen sind kulturell konventionalisiert (vgl. die Schriftarten, die Rechtschreibnormen). Formen stimulieren. Sie sind die Realität. Mesokosmische Realität ist Form (Ereignis). Formen werden erst im Gebrauch in Situation intendier- bzw. interpretierbar. (Die Existenz der Form „Hand" als Wort läßt mich gleichgültig. Als Linguist bringt es mich evtl. dazu, seine Etymologie im Pokorny nachzuschlagen. Die Hand eines Fremden auf meinem Arm ist mir zuwider. Die Hand der Geliebten an der gleichen Stelle versetzt mich in Ekstase. Die vorstehenden Überlegungen bedeuten eine notwendige Trennung von Gebrauch-von-Etwas und Etwas-als-Zeichen. Es gibt keine Zeichen. Ein Zeichen wird (vgl. Vermeer 2004a; 2004b). Und alles kann Zeichen werden. Wichtig ist, daß der Gebrauch von Etwas als Zeichen vom Gebrauch des Etwas unterschieden werden muß. Adam aß einen Apfel. Sein Apfelessen kann in gegebener Situation als Zeichen für seinen Appetit interpretiert werden. – Die Linguistik schreibt Wörtern, z. B. dem Wort „Bedeutung" Bedeutung zu. (Ebenen sind relativ.) Ein Wort bekommt erst im Gebrauch reale „Bedeutung". Texten (Aussagen, Diskursen) schreibt die Linguistik „Sinn" zu. Sinn wird in gegebener Situation, und zwar individuell (vgl. das Gespräch unter sechs Augen zwischen Adam, Eva und Teufel; jeder hatte seine Interessen). Nun ist jede Interaktion auf regelrechte Wiederholung (mit Variation!) interaktional brauchbarer Interaktionselemente, z. B. Situationen, Gesten, Buchstabenkombinationen, angewiesen. Durch Wiederholungen entstehen sinnbildende (Sinn bildende) Ähnlichkeiten von Formen und ihnen zugeschriebenen Funktionen, eben den Bedeutungen, in als ähnlich angenommenen Situationen (bei ähnlicher Disposition der Besitzer usw.). Auf diese Weise werden Formen in gewissen Grenzen deutbar. (Oh je, das kenne ich: Wenn der Chef mit dieser Miene zur Tür hereinkommt, wird der Tag hart.) Wenn eine Bedeutung erst im Gebrauch entsteht und weil Gebrauch immer Teil einer Situation in einer Umwelt ist, muß Bedeutung *top-down* eruiert werden. Sie wird von Sinn abgeleitet. Dem entspricht ja auch das tatsächliche Verhalten: Die Bedeutung eines Wortes ist die Aporie des Wörterbuchs. Ein Textem sagt nichts aus; erst im Gebrauch als Text sagt es jemandem etwas aus (z. B. durch seine formale Länge etwas über die Logorrhagie des Produzenten)

Die „Wahrheit", von der Luhmann und die Philosophen allesamt (?) sprechen, ist eine Sache der Perspektive, also der Relativität. Jede Erkenntnis geschieht unter einer Perspektive. Platon, so heißt es, ließ immerhin mehrere Wahrheiten zu, Aristoteles verkürzte sie zur angeblich einen, richtigen, logischen Wahrheit ... als Ratio jener 15% Rest Gehirnaktivitäten, an die wir heute als Bewußtsein glauben. Das Übrige sind Emotionen.

„Sinn" und „Interpretation" sind individuelle, kulturell überformte Phänomene. Das nächtliche Jaulen eines Katers macht nicht nur für Katzen Sinn, sondern auch, aber in anderer Weise, für Menschen. Die einen kommen, die anderen verjagen den unmelodischen Ruhestörer. – Luhmann (1985, 98 und mehrfach) betont, Sinn sei momentan. „Sinn zwingt sich selbst zum Wechsel." (ib.) Es sei [in unserer Kultur] nicht möglich, einen Sinn, zumal in derselben Form, oft hintereinander zu wiederholen. Zumindest die Form müsse variiert werden; die Wiederholung des Sinns sei dann nur wenige Male möglich. Zudem sei Sinn „laufendes Aktualisieren von Möglichkeiten" (ib. 100), d. h. Kommunikation lasse immer indefinit viele Interpretationen, also andere „Sinne", im Rahmen [kulturspezifischer] Möglichkeiten zu. Auch die Variierung der Kommunikationsform wird kulturspezifisch eingeschränkt.[244] – Doch gibt es Ausnahmen. Wenn Claus Bremer 52mal den Satz „immer schön in der reihe bleiben" untereinander

---

[244] Man wird bemerkt haben, daß „Sinn" bei Luhmann die Funktion von „Sinn" als Prozeß und „Sinnem" (*sit venia verbo*) als Resultat bekommt.

schreibt, dann wird gerade die Wiederholung zu einer intendierten Information.[245]

A proposition is the unity of certain actual entities in their potentiality for forming a nexus, [...] (Whitehead 1978, 24).

Bisher wurde „Bedeutung" auf zwei Ebenen angesiedelt: Die Bedeutung eines Gegenstandes als Zeichen-in-Gebrauch auf etwas, z. B. den Besen der Putzfrau, wenn sie die Stube fegt: eben als dieses Fegemittel für diese Stube. Andererseits die Bedeutung des Wortes „Besen" als mögliches (potentielles) Mittel zum Stubenfegen. Diese letztere Bedeutung, so wurde gesagt, kommt durch oft wiederholten Gebrauch zum Ausdruck der Funktion „Stubefegen" zustande. Ist ein solcher Gebrauch mit einem eingeschränkten Umfang von Gebrauchsweisen in einer Gesellschaft konventionell (regelhaft) geworden, spricht man von dem „Begriff", hier von dem Begriff <Besen>. Die Ebene, auf der Besen zum Stubenfegen vorkommen, nennt die Epistemologische Erkenntnistheorie „Mesoebene"; die Ebene des Begriffs <Besen>, die ja nur in den Köpfen von (deutschsprachigen) Menschen existiert, nenne ich „Makroebene" (der Potentialität).

*BEGRIFF – In Vermeer (2004a; 2004b) habe ich versucht, einige in der Linguistik und der Translationswissenschaft gängige Begriffe, z. B. den Begriff <Begriff>, zu hinterfragen. In der Literatur heißt es z. B., ein Begriff sei „die Inhaltsseite des Terminus" (Arntz 2001, 92). Dazu definiert die DIN-Norm 2342-1 (1992, 1) *Begriff* als „Denkeinheit, die aus einer Menge von Gegenständen unter Ermittlung der diesen Gegenständen gemeinsamen Eigenschaften mittels Abstraktion gebildet wird" (zit. n. Arntz 2001, 92). Angenommen, auf dem Tisch liegen ein grünes Buch, ein grüner Schal und eine grüne Paprika. Die drei Gegenstände bilden eine Menge: die Menge der auf dem Tisch liegenden Gegenstände. Ihre gemeinsamen Eigenschaften sind *auf dem Tisch liegend* und, in anderer Weise, *grün*. Wie heißt die Denkeinheit, also der Begriff, der aus der Menge der Gegenstände gebildet wird? – K. Heger (1969, 174) verstand unter „Begriff" eine „Klasse von Gegenständen", also tatsächlich eine „Denkeinheit", wie die Norm sagt. Jedoch unterschied er die Klasse als Ganzheit von einer Menge als Gesamtheit (Gesamtmenge) gemeinter Gegenstände. – Am besten sollte man Ausdrücke, wie z. B. „Begriff", meiden. Doch das wird kaum angehen; ein Begriff ist so bequem ‚zur Hand'. Er ist unumgänglich; man kommt nicht um ihn herum. Die Sache ist verzwackt. – Luhmann (1985,

---

[245] Das Beispiel verdanke ich António Inácio de Brito Santos.

30) geht „davon aus, daß es Systeme gibt" und meint, „[d]er Systembegriff bezeichnet also etwas, was wirklich ein System ist, und läßt sich damit auf eine Verantwortung für Bewährung seiner Aussagen an der Wirklichkeit ein". Sehen wir zu: Ein Begriff benennt eine Klasse von Gegenständen. Die Klasse von Gegenständen existiert nicht als solche im Mesokosmos, der Welt, in der wir Menschen leben. Sie ist eine makrokosmische Schöpfung des Menschen mit Hilfe seines Sprachgebrauchs im Rahmen seiner jeweiligen Kultur und deren jeweiliger Sprache. Sie ist eine Potentialität oder Virtualität. Die Sprache ist die Klasse von Sprachgebräuchen oder genauer: der von jemandem, z. B. einer Kommission, als korrekt anerkannten Sprachgebräuche, kommt so aber auch nicht real im Mesokosmos vor. (Heißt der Plural von „Sprachgebrauch" tatsächlich „Sprachgebräuche"?) Die Begriffsbestimmung als „Klasse" setzt aber eine gewisse mesokosmische Beständigkeit oder besser makrokosmische Atemporalität des Begriffs <Sprache> voraus. In der Wirklichkeit des Mikrokosmos wandelt sich Sprache von Moment zu Moment und wird von Moment zu Moment verändert. Nur die Kommission verzögert die mesokosmische Anerkennung dieser Tatsache. Andererseits setzt auch der Sprachgebrauch voraus, daß es zwischen mehreren Gebrauchsvorkommen Ähnlichkeiten, jedenfalls keine momentan relevanten Unterschiede auf gesellschaftlicher Ebene gibt. – Eine Klasse faßt Gegenstände zu einer virtuellen Einheit zusammen. Die Gegenstände sind aus kulturspezifischem Verhalten entstanden, beeinflussen u. a. die Art zu perzipieren und zu verbalisieren und werden als unbewußte Erfindung in die Realität hineingesehen/-gehört usw. und dort dank der menschlichen Sprachfähigkeit als *die* Realität fixiert. So wird u. a. der Begriff <Begriff> (und alles andere: Quanten, du/Sie, ich, Sprache, Liebe, ...) Teil einer kulturspezifischen (Menschen-)Welt und damit doch in dieser Welt eine Als-ob-Realität. Die Kosmoi umfassen je nach ihrer Eigenart einfache oder komplexe, materielle oder nicht-materielle (energetische) Ereignisse und Prozesse als art- oder kulturrelative Entitäten. Die Erkenntnis zwingt für alles Folgende dazu, auf jeder der drei Ebenen auf zwei Ebenen zu arbeiten: so zu tun, als treffe die Annahme einer überzeugten Überzeugung („Es gibt Systeme!") die Realität, und zu wissen, daß die Annahme Annahme ist, daß „los sueños sueños son" (Calderón 1827, *La vida es sueño*, Jornada 2, Schluß), wobei „sueño" die Annahme und „ser" (Infinitiv zu „son") die Überzeugung manifestiert. Das läßt sich auch folgendermaßen formulieren: Es gibt etwas, das Angehörige einer Kulturgemeinschaft so perzipieren, als sei es ein Gegenstand der Realität, wodurch es für sie Realität wird.

Man hat immer wieder Platon nachgesprochen, der behauptete, Begriffe seien in Raum und Zeit universal. Das stimmt nicht. Begriffe müssen benannt werden, damit der Mensch sie denken, nennen und gebrauchen kann. Benennungen sind sprach- oder genauer: kulturspezifisch. Wenn kein Chaos entstehen soll, muß angenommen werden, daß die sprachspezifische Form die Grenze des Gebrauchs eines Begriffs markiert. Begriffe sind sprachspezifisch begrenzt. Das Entscheidende ist nun, daß es keine Möglichkeit gibt, Sprachgrenzen zu überspringen, ohne den Begriffsbegriff zu verändern – weil er eben sprachspezifisch ist. Es entsteht ein *circulus vitiosus* oder ein Paradox. Begriffe sind abstrakte Klassen und haben doch reale Formen.

Man versteht jetzt, wo eines der Hauptprobleme für Translatoren liegt. Wie überschreitet man eine Sprachgrenze? Zur Translation seines Buches „Soziale Systeme" schreibt Luhmann (1995, xxxviii) selbst:

> Translating the book into English multiplies the difficulties, because English, unlike German, does not permit one to transform unclarities into clarities by combining them in a single word. Instead, they must be spread out into phrases. From the perspective of English, German appears unclear, ambiguous, and confusing. But when the highest imperative is rigor and precision, it makes good sense to allow ambiguities to stand, even deliberately to create them, in order to indicate that in the present context further distinctions or specifications are not important.

Folgt man Luhmann, so entstehen mindestens zwei weitere Probleme: Ein System, z. B. das System „Translation", wird als geschlossen angesetzt. Gleiches gilt für Subsysteme, z. B. ein Gehirn. Systeme können nicht direkt miteinander in Kontakt treten. Dies ist nur durch Kommunikation möglich. Was also ein Gehirn ausdenkt, ist nicht übertragbar. Folglich müßten Begriffe idiokulturell sein. Jedes Gehirn hat seinen eigenen, sich ständig wandelnden und veränderten Begriffsvorrat. Verständigung zwischen Gehirnen ist nach Luhmann nur durch ein weiteres in sich geschlossenes System, die „Kommunikation", möglich. Das kann bestenfalls zu einer lediglich angenommenen Verständigung führen. Luhmann nimmt an, „Kommunikation" (in seinem Sinn) sei ein System, das innerhalb einer Gesellschaft eingesetzt wird. Aber wenn jede Gesellschaft ihr Kommunikationssystem hat, wie könnte dann intersystemische Kommunikation möglich sein? – In der vorliegenden Arbeit wird einer realen Entität streng genommen nur Momentanität zugestanden. Der Gedanke (die Entität) <Begriff> gilt demnach nur momentan. Dauer kann (nach Luhmann, wenn ich ihn richtig verstehe und ihn beim Wort nehme) nur durch intermomentane Kommunikation entstehen. Mikrophysikalisch gesprochen wird „Kommunikation" im Sinne Luhmanns damit zur Brücke über Quantensprünge hinweg. Nochmalige Bestätigung des Gesagten: Es gibt nur Annahmen und diese nur auf der mesokosmischen Ebene als mehr oder minder grobe oder feinere An-Passungen. Es gibt keine Beweismöglichkeit (Popper 1981).

Ich fahre trotzdem fort: Ein Begriff wird in der Linguistik aus der Gesamtheit der Relationen der jeweils hergehörigen Entitäten (einfachen Prozessen, Ereignissen, Systemen, Organismen), die jemals mit den Phänomenen, aus denen der werdende Begriff abstrahiert wird, in Zusammenhang getreten sind, als wohldefinierte Einheit abstrahiert.

> Consider in your mind some definite chair. The concept of that chair is simply the concept of all the interrelated experiences connected with that chair – namely, of the experience of the folk who made it, of the folk who sold it, of the folk who ...
> The material pyramids of Egypt are a conception, what is actual are the fragmentary experiences of the races who have gazed on them. (Whitehead [1916], zit. n. Lowe 1951, 56f)

"Concept" wird in der Linguistik *per* Konvention mit „Begriff" wiedergegeben. (Allerdings hat sich der falsche Freund „Konzept" längst eingeschlichen.) Whitehead gebraucht "concept" im vorstehenden Zitat (1) als Menge der Relationen, die zwischen einem Gegenstand und seiner Umwelt bestehen, dann aber auch (2) holistisch, als alle Erfahrungen, Gedanken usw. der Menschen, die es jemals mit einem unter dem Begriff faßbaren Gegenstand zu tun bekamen (wobei „faßbar" vage bleibt). Dieser Begriff von <Begriff> kann nur momentan gelten, da sich die Umstände ständig ändern. Dadurch wird (3) die unter (1) und (2) zu begreifende Menge indefinit. Der Begriff löst sich auf.

Eine Beschreibung von „chair" kann sich auf einen oder mehrere oder idealiter alle potentiell hierunter fallenden Gegenstände und alle ihre potentiellen Benutzer[246] zu allen Raum-Zeit-Punkten *o/t* beziehen. In letzterem Fall würde „Benutzer" selbst zum Begriff <Benutzer>, wenn die Allheit als Menge im Sinne der DIN-Norm 2342-1 oder als Klasse im Sinne Hegers aufgefaßt wird. Kann aber ein Begriff einen Begriff gebrauchen? Das hängt eben davon ab, ob „Begriff" als Klasse oder als Menge aller Begriffe verstanden wird. (Vgl. auch unten zu „Potentialität".) Vorläufig bediene ich mich des bequemen <Begriffs> (zu Schwierigkeiten vgl. Vermeer 2004b; dort heißt es, man könne einen Begriff als Klasse von ... nicht den-

---

[246] Ironie der Terminologie: Man spricht vom Gebrauch eines Wortes durch einen Benutzer.

ken; man könne [an] Mengen von Gegenständen denken, z. B. eine Menge Kühe, aber nicht den Begriff <Kuh>, sozusagen das, was den Inhalt des Wortes „Kuh" schlechthin meint, die Kuhheit oder Kuhlichkeit). Was man nicht denken kann, davon muß man reden.

Im Anschluß an frühere Arbeiten anderer Autoren zur Prototypologie meinen Lakoff + Johnson (1999, 27f), der Mensch könne sich gewöhnliche [‚reale'] Gegenstände leicht vorstellen, z. B. einen Stuhl (oder auch eine Menge Stühle), ein Auto usw., daß es aber schwierig(er) sei, sich allgemeinere, nicht in der Realität schlechthin vorkommende, abstrakte, also menschengemachte Etwasse [<Begriffe> oder Klassenbenennungen] vorzustellen (sie zu denken), z. B. <Möbel> oder <Fahrzeug>, mit denen man nicht wie mit den ‚realen' umgehen kann (mit einem Möbel umgehen heißt eben mit einem Stuhl, Tisch usw. umgehen). Aber auch von Gegenständen sprechen Lakoff + Johnson (ib.) als „basic level categories" ....

Die Argumentation scheint, wie es öfter geschieht, verkürzt. Man kann mit „categories" nicht umgehen wie mit Begriffen, aber man kann mit Abstrakta des „basic level" in mancher Hinsicht so leicht oder schwer umgehen wie mit sog. Konkreta, sie z. B. sprachlich benennen, obgleich man die Abstrakta nicht denken kann (vgl. Hitze, Kälte; man kann ihre Wirkungen empfinden, sehen usw.).

Mit Benennungen scheint es der Mensch also leichter zu haben – der Vorteil, reden zu können –, worauf Lakoff + Johnson nicht eingehen. Es ist ebenso leicht, „Möbel" oder „Hitze" und „Kälte" zu sagen und von einem Möbel (oder von Möbeln) zu sprechen wie von einem Stuhl, aber man kann Hitze nicht denken, man kann nur *an* ihre Wirkung denken oder sie sich vorstellen. Sprache verführt, z. B. zu dem Begriff <Begriff>.

Zu den Mitbildern von Begriffen gehören auch die wissenschaftlichen Disziplinen. Sie konstruieren „Klassen" usw. als Virtualitäten, als Mythen und aus Mythen Mythen. – Es gibt Menschen, eine Menge von ihnen ({Mensch}), aber realiter keinen <Mensch>, keine <Menschheit(lichkeit)>. Nicht <Sprache> („die Sprache", *la langue*) existiert real, sie existiert (‚mit aller Kraft') nur virtuell, real existiert jeder Gebrauch einer spezifischen Sprache (*la parole*)[247], real existieren Aufzeichnungen von Sprachstrukturen. Aufzeichnungen (im Sinne von „das, was aufgezeichnet da steht") sind kein Gebrauch. Jetzt, an dieser Stelle, drei Wörter vor dem Gebrauch des Wortes *Gebrauch*, wird *Aufzeichnung* zur Aufzeichnung des Wortes *Aufzeichnung* gebraucht. Wenn das so weitergeht, entsteht ein infiniter Regreß,

---

[247] In der Linguistik ist der deutsche Terminus „Sprache" für *langue* und „Rede" für *parole* eingebürgert. Ich spiele ab und zu mit der Sprache als *langue* und/oder *parole*.

den die Linguistik nun gar nicht brauchen kann. – Schwieriger ist es zu erklären, woher der Gebrauch von Etwas (z. B. ein Fahrzeug oder, wie man doch für gewöhnlich sagt, eine Sprache) genommen wird, das dann ja doch schon irgendwie und -wo existieren muß (müßte), wenigstens unmittelbar vor seinem Gebrauch existiert haben muß und sei es im ungenauen Denken. Nach Luhmann (1992, 386) handelt es sich bei den rational-relationalen[248] Begriffen der Wissenschaft „weder um Ähnlichkeiten noch um Repräsentationen[249], sondern um Strukturen, die als Resultate rekursiver Operationen die Weiterführung und die Komplexifikation eines autopoietischen Systems ermöglichen, für das sie Reduktionsmöglichkeiten zur Verfügung stellen".

Der Terminus „Autopoiesis" wurde von Maturana + Varela vorgeschlagen (vgl. Luhmann 1985, 60) und soll den Terminus „Selbstorganisation" erweitern. Autopoiesis problematisiert nach Luhmann die „Anschlußfähigkeit" für einen systeminternen Reproduktionsprozeß (ib. 62) und nicht so sehr die Selbreproduktion als Wiederholung. Luhmann (ib. 24f) übersetzt Autopoiesis für seine Systemtheorie als und in „Selbstreferenz". Zu erwähnen wäre noch, daß das „Auto-" bzw. „Selbst-" insofern zu relativieren ist, als Systeme von einem Umfeld und schließlich ihrer Existenz im Universum, wo *tout se tient*, abhängen. (Der Zusammenhang kann indirekt sein: A mit B, B mit C, C mit D, aber nicht direkt A mit D.)

> Wenn wir davon ausgehen können, dass nur solche Vorgänge spontan ablaufen können, bei denen die Energiedichte des Systems abnimmt, so sollte diese Regel auch für die Selbstorganisation zutreffen. Jedenfalls bedürfen unsere heutigen Denkansätze noch etlicher weiterer Ergänzungen. Dies hat nicht nur zu berücksichtigen, dass der Organismus weit entfernt vom chemischen Gleichgewicht, zudem nicht in kräftefreien Räumen arbeitet. Dass wir bis heute nicht den Einfluss starker elektrostatischer Felder – wie sie in der Nähe der Zellmembranen existieren – auf den Verlauf biochemischer Umsetzungen kennen, ist eine bedauerliche Wissenslücke. (Metzner 2000, 265)

---

[248] „Ratio(nal)" heißt nicht nur in den sog. Naturwissenschaften etwas, das von jemandem als bewußt begründet, meist sogar logisch begründet/begründbar behauptet wird. Nach Elster (1985, 2) steht „rationality" aber auch „in a certain relation to the agent's beliefs and desires (which I collectively refer to as his *reasons*)." Hier kriecht die Holistik vor der Klammer in das in Klammern gezwängte „reason".

[249] Repräsentation als Stellvertretung geht an. Ein Gesandter vertritt sein Land / seine Regierung bei der Hohen Pforte zu Stambul. Dann dürfte es aber nicht heißen, ein bestimmtes Wort repräsentiere einen Gegenstand. Hier scheint „repräsentieren" ein falscher Freund aus dem Englischen zu sein. Auf Deutsch müßte es, wenn überhaupt, einfach „präsentieren" heißen. Ein Wort ist eine Erinnerungshilfe, die aus dem Gedächtnisspeicher Geholtes ver-gegenwärtigt.

Der Prozeß führt auf Mikro-, Meso- und Makroebene zu einem veränderten, also einem anderen, neuen System (oder neuen Systembeschreibungen) und kommt bei einem (einer) bereits neugewordenen an, weil sich auch das System inzwischen gewandelt hat oder verändert wurde, auch wenn dies mesokosmisch nicht immer in die Augen fällt (vgl. die „Wiederholung"). Dies wiederum weist auf zwei Zeitphänomene im menschlichen Mesokosmos hin (vgl. auch Luhmann 1985, 117f): Gerichtet, linear, irreversibel verläuft eine mesokosmische ‚Grundzeit', zu Grunde liegende Zeit, die Zeit der Uhren. An Wandlungen und Veränderungen bemerkbare Zeit ist zunächst beobachter-, dann und dadurch (anscheinend bzw. scheinbar) auch gegenstandsspezifisch. Sie kann je nach Situation im Warten und Vergehen schneller oder langsamer verlaufen (vgl. Draaisma/Kiefer 2001). Durch beide Zeiten zusammen entsteht z. B. die ‚rechte Zeit' des Handelns, der καιρός (zu bestimmter Grundzeit kann es für eine Operation zu früh oder zu spät sein). Es gibt noch eine dritte Zeit, die der Relationen. (Europa zählt das 21. Jh., andere Regionen scheinen erst im 15. [europäischen] angekommen zu sein.)

Über Whiteheads Ansichten zum Problem der Zeit ist viel gestritten worden.

> Es scheint mir, als könne das Dilemma nur unter der Annahme gelöst werden, daß kein Subjekt jemals seine wirkliche Welt in eindeutiger Bestimmtheit erfahre, was bedeutet, daß es auch selbst niemals völlig bestimmt ist. [...] So wie das menschliche Leben erst im Tode vollendet ist, ohne daß dieser noch Teil des Lebens wäre, es sei denn, in der Form der ständigen Vorwegnahme, so ist auch ein wirkliches Einzelwesen sich immer selbst voraus und empfindet sich als aus der Vergangenheit erwachsend und in die Zukunft hinein verlierend. Eigentlich seiend, als ein mit sich selbst Identisches ist es daher niemals für es selbst, sondern nur für andere. (Hauskeller 1994, 94f)

(Zu Whitehead vgl. im einzelnen Heinemann 1990.)

Für das Raumempfinden gelten die besprochenen Unterschiede nur bedingt, wohl spielt der Raum als relativ zu einer ‚rechten Zeit' eine Rolle (eine recht-zeitige [beachte den Ausdruck!] Behandlung hängt auch von der Erreichbarkeit eines Arztes / einer Klinik ab).

Die soeben erwähnten Rekursionen leistet die Sprache (*la parole*), wenn sie sich einer Sprache (*la langue*) bedient. Und die existiert nicht. Jeder Linguist (und wahrscheinlich sogar der Alltagsmensch) denkt an sie, niemand hat sie je besessen, beherrscht sie aber bis zu einem erstaunlichen

Grad, jeder kennt und gebraucht nur Bruchstücke von ihr, Bricolage,[250] oder nennt das, was er gebraucht, ein Stück von ihr.

> Begriffe sind [...] Kondensate von und Kondensatoren für Erwartungen [...]. Ein geläufiges Wort [...] kann als Startmechanismus dienen und behält über den „anchoring effect" [...] einen Dauereinfluß auf die Erfahrungen, die der Begriff ermöglicht und anzieht. (Luhmann 1992, 384f)

> Wissenschaftsentwicklung findet deshalb weitgehend [...] im *Unsichtbaren* statt, [...] und der gattungstheoretische Aufbau des traditionellen Wissens, also die Technik des Klassifizierens, ist der erste erfolgreiche Versuch in dieser Richtung. Dies ist schon ein Effekt, ja ein gewaltiger Erfolg des Wahrheitscodes [...]. Man erkennt ein sehr sprachökonomisches Vorgehen, eine Technik des Umgangs mit Komplexität; denn es braucht nicht für jedes Objekt ein neues Wort gebildet zu werden. (ib. 384)

Begriffe und ihre Termini der einen Sprache werden in der traditionellen Linguistik unter einer gegebenen situationellen Perspektive (vgl. die sog. Situation) Begriffen und Termini einer anderen Sprache ähnlich gesetzt /behauptet. Sie werden miteinander verglichen. Man nennt das „übersetzen". Oben wurde die Problematik solchen (Aber-)Glaubens aufgezeigt. – Platon glaubte, seine aus der griechischen Sprache entwickelten ἰδέαι seien Universalia, und irrte darin. Es gibt sie nicht; das Wörterbuch entsteht. Und wieder werden Begriffsinhalte in die Realität hineingelesen. Eine Sprache (*langue*) ist Virtualität, ein kulturspezifisches, gesellschaftliches Phänomen, Abstraktion von und Reduktion aus Sprachgebräuchen. Virtualität ist der Probabilität verwandt: Sie kann zu einem Gebrauch (einem „Ereignis") konkretisiert/determiniert werden. Virtualität schafft Wirk-lichkeit. Was Fried (2000, 389) zur historischen Forschung sagt, gilt für Virtualität ebenfalls.

> Gedächtniskritische Forschung läßt die Bauprinzipien der Gedächtnisprodukte hervortreten: das ,Was' der Einnerung, das ,Wie' ihrer Stabilisierung, ihre Nutzanwendung im Handeln und dergleichen mehr. Auf diesem Wege werden ,Tatsachen' [...] konstituiert, die es im Geschehensverlauf noch nicht gab, die seitdem aber reale Wirkung zeigten. Die systematische Untersuchung von Erinnerungsprozessen wirft somit *neues Licht auf die kulturelle Entwicklung* kleinerer und größerer Kollektive, umfassender Gesellschaften und Zivilisationen, beleuchtet ihre geistigen Triebkräfte, ihre Kommunikationsprozesse, ihre Innovationsfähigkeit, erhellt Wissenstransfer und Wissensgenerierung, das vielfältige Zusammenspiel einzelner Faktoren in den sich selbst organisierenden komplexen gesellschaftlichen Systemen.

---

[250] *Bricoler* heißt in der Fachsprache der Jagd auch „bald rechts, bald links von der Fährte abweichen" (Sachs 1907), also z. B. „Haken schlagen".

Die Übertragung auf die « petites choses », „die kleinen Dinge" (Foucault /Seitter 1977, 178-181) der Begriffe etc. der Linguistik oder auf die großen Wirkungen der Wissenschafts- und Kulturhistorie, nicht zuletzt auf die Translation ist leicht vollzogen. Zu den großen Dingen vgl. z. B. den Einfluß sumerisch-akkadischer ‚Translationsverfahren' vor dem Übergang von piktographischer Schrift zur silbischen Keilschrift und ihrer Beibehaltung danach oder der klassischen griechischen Philosophie mit der im wörtlichen Sinn Substantivierung des Partizips mit Hilfe des bestimmten Artikels (τὸ ὄν „das Seiende"; das Lateinische hätte eine solche Philosophie nie geboren), der Verewigung der ἰδέαι und der zweiwertigen Logik (vgl. Vermeer 1992b; Vermeer 2002b). Heute kommt hinzu, daß Schriftsprache dank der alphabetischen Schrift und der modernen Media eine große Selbständigkeit in Form und Funktion gegenüber der gesprochenen Sprache erreicht hat. Die Kluft zwischen beiden scheint sich zu vergrößern.

Begriffe können auch ohne Sprache im engeren Sinn (d. h. menschliche Sprache, wie z. B. Deutsch, Englisch etc.) aufgefaßt werden. (Auch Katzen kennen den Unterschied zwischen Katze und Kater.) Tiere haben auch Begriffe, die allerdings nicht verbal ausgedrückt zu werden pflegen. Vergleiche jedoch z. B. die Lautverständigung. Der singende Vogel annonciert „Suche Weibchen" oder „Hier bin *ich* König". Er hat auf seine Weise einen Begriff von dem, was er sucht. Erst wenn er die Wahl hat, sucht er Seines. Die Übergänge zu menschlichen Begriffen sind fließend. Bewußtsein ist nicht nötig. Die strikte Unterscheidung von Mensch und Tier ist weitgehend eine jüdisch-griechisch-christliche (‚westliche', früher sagte man – und das klingt viel schöner – abendländische, aber das Abendland endete am Westrand des Atlantik) und -islamische religiöse Tradition. Man kann auch andere Differenzen aufstellen:

The planet has finally grown its own nervous system: us. (Dennett 2004, 4)

Ich interpretiere die Rede von einem „geläufigen Wort" als Rede von etwas, das zur Gewohnheit geworden ist, d. h. etwas, das vielen Benutzern in der Vorstellung, damit ‚dasselbe' oder zumindest ‚das gleiche' zu sagen und evtl. auch zu meinen, immer wieder ‚zur Hand ist' und von ihnen gebraucht werden kann.[251] Solch ein Wort = Begriff, das/der lediglich irgendwo und -wie als ständig virtuell existent geglaubt wird, kann also nach

---

[251] Hier scheint mir der Ausdruck „dasselbe" angebracht, soll er doch eine Einheit (Ganzheit) ausdrücken. An anderen Stellen suche ich den Ausdruck zu vermeiden und gebrauche „der/die/das gleiche", um Unterschiede gelten zu lassen und darauf hinzuweisen, das allenfalls „Ähnlichkeit" gemeint wird.

Luhmann als „Stimulus" für ein (nonverbales oder primär verbales) Handeln dienen. Virtualität wirkt. – Genauer wäre zwischen „Reizung" (ein Prozeß) bzw. „Reiz" (das Phänomen) als einkommende Irritation usw. und „Stimulus" als Informationsangebot (Vermeer 1968), z. B. seitens eines Produzenten, oder als Angebots(an)erkennung seitens eines Rezipienten infolge einer Reizung zu unterscheiden.

Verbale Sprache hat nur der Mensch (weil der Mensch „Sprache" so definiert hat). Sprachgebrauch wird immer von nonverbalen (z. B. „paralingualen") Gesten usw. begleitet. Sprachgebrauch heißt also Gebrauch von Mienenspiel, Gesten und (oft) Rede. Die imaginäre Ganzheit aller aktuellen und potentiellen Vorkommen bestimmter Gebrauchsformen und -strukturen heißt für gewöhnlich „Sprache" (die deutsche Sprache, das Deutsche; die englische Sprache, das Englische, das britische Englisch usw.). Sie (diese Ganzheiten, diese Sprachen) dienen dem Menschen als jeweils virtueller Vorrat für Kommunikationsmittel mit Anderen (oft auch anderen Organismen). Selbstgespräche können Gedanken klären, Eindrücke verstärken (vgl. Dennett/Wuketits 1994, 393), Emotionen abbauen oder verstärken und noch manches andere mehr.

Am Schnittpunkt von Objekt/Gegenstand (*category*), auch jedem anderen Etwas, und Benennung können, zumal bei Translationen, bekanntlich Schwierigkeiten entstehen. Diese zeigen deutlich die Kulturspezifik der Perspektivität und den daraufhin abgestellten Sprachgebrauch. Zum Beispiel umfaßt <Hand> im Deutschen den „von Handwurzel, Mittelhand u. fünf Fingern gebildete[n] unterste[n] Teil des Armes" (DUW 1989). In anderen Kulturen umfaßt das Pendant zu <Hand> auch den Unterarm bis zum Ellbogen (vgl. russ. *рука*; *рука* muß u. U. mit „Arm" translatiert werden), in wieder anderen Kulturen sogar den ganzen „Arm". Im nordwestindischen Gujrātī wird die „Hand" üblich mit *hāth* benannt. *Hāth dukhe che* „mir tut der Arm weh" sagt man [oft von einer Geste begleitet] auch, wenn der Oberarm / die Schulter schmerzt (vgl. Vermeer 1969, 269). Seit altindischer Zeit heißt der Elefant im Saṇskṛt (Sanskrit) *hastī* (Gujrātī/Hindī *hāthī*), also „der mit der *hasta*". Im Deutschen wird Sanskrit *hasta*-(Stammform) gewöhnlich als „Hand" angegeben, daher *hastī* meist als „das Tier mit der Hand" erklärt. Gemeint ist der Rüssel. Der sieht aber gar nicht wie eine Hand, sondern wie ein Arm aus. Also Skt. *hasta*- „Hand, Arm". (Vgl. Mayrhofer 1976, Stichwort *hastí*, mit weiteren Verweisen; Vermeer 1968, dort Verweis auf eine briefl. Mitteilung von Gerd Kahlo zu indones. *hasta* [Lehnwort] = „Unterarm, Elle".)

Es kann ebenso schwer oder leicht sein, Stuhl in eine andere Sprache wie Möbel zu dolmetschen oder zu übersetzen (vgl. *chair* vs. *armchair*). (Aber *bedroom* in Immobilienanzeigen heißt nicht „Schlafzimmer".) Die Schwierigkeit der Translation liegt an der Extension (im Gebrauch) und /oder der Vorkommensfrequenz und sicherlich noch an anderem mehr. *Sky* und *heaven* heißen normalerweise beide problemlos „Himmel"; der Kontext desambiguiert. Aber wie heißt das türk. *minder* auf Deutsch? „Sitzkissen" wird in dieser Bedeutung im DUW nicht aufgeführt. Begriffe sind kultur- und darin sprachspezifisch.

Es geht nicht um „basic level categories" (wobei nicht definiert wird, was „basic" bedeutet [‚ist']), es geht überhaupt nicht um Definitionen, sondern um kulturspezifische Extensionen und Frequenzen – eben um kulturspezifische Prototypik. Translation bildet dabei ein eigenes Kapitel, der Kulturspezifik wegen. Es geht um „embodied realism" (Lakoff + Johnson 1999, 30), paradoxerweise also um das Abstraktum (die Virtualität) <Kultur>. Kulturspezifisch geht es um mehr und z. T. anderes als den (menschlichen) Körper. Es wäre nicht uninteressant, z. B. das Türkische und das Deutsche genauer im Hinblick auf bestimmte Strukturen zu vergleichen. Das Türkische scheint auf der einen Seite vorwiegend prozeßorientierter als das Deutsche zu sein (viele Verben sind im Gegensatz zu ihrem deutschen Pendant, inchoativ), andererseits genügt bei Sistierungen oft ein Ungefähr (das Lokativsuffix *-de* signalisiert eine vage Örtlichkeit, das Deutsche unterscheidet obligatorisch zwischen *in, an, auf, bei,* ..., das Türkische fakultativ). Wirken sich solche Phänomene (und wie, in welchem Grad) bei Menschen unterschiedlicher Kulturen in ihrem Verhalten unterschiedlich aus? (Vgl. das Linguistengerangel um die Hopisprache à la Whorf 1956; dazu u. a. ausführlich Gipper 1972.)

Lakoff + Johnson wollen untermauern, daß das Denken und ähnliche Aktivitäten aus körperlichen (oder allgemeiner: Abstrakta aus Konkreta) hervorgehen und das Gehirn für beide (wahrscheinlich) dieselben Regionen aktiviert.

*EMOTIVITÄT – Emotionen (Empfindungen, Gefühle, Affekte – ich verwende „Emotion" als Oberbegriff), seit alters die Stiefkinder logischer Wissenschaft, bis sie in der modernen Neurowissenschaft immer größere Bedeutung gewinnen (vgl. die neurobiologische Literatur) und ihre Dominanz über die Ratio rehabilitiert wird, werden punktuell-momentan und systemisch-mesokosmisch in der Zeit; sie sind individuell und kulturspezifisch, letzteres nicht nur im Ausdruck und dessen Intensität (vgl. Trauerbekundungen in Westeuropa, im Orient und in Japan).

> Cognitive scientists are just beginning to pay attention to motivation and emotion, a long-neglected dimension of consciousness. (Ellis + Newton 2000, ix)

Emotionen werden zur Bedingung für Bewußtwerdung.

> [Ellis] presents evidence that all forms of consciousness are distinguished from unconscious information processing by virtue of the role of emotion in them. (Ellis + Newton 2000, xvii)

> The upshot is that emotion is integral to all forms of consciousness, including the most abstract, intellectual, and seemingly passive forms. (ib. xviii)

Ich verstehe Emotion nicht nur als Vorbedingung für Bewußtsein, das dann damit anhebt, sondern als der Rationalität in temporaler und wertender Hinsicht vorausgehende Aktivität des Gehirns. Emotionalität wird also nicht nur für bewußtes Verhalten (Handeln) wichtig. Im unbewußten Bereich wirkt Emotionalität weit stärker. Emotionen sind evolutionär ursprünglicher, liegen neurophysisch ‚tiefer' als Ratio und Kultur. Emotionen sind wie alle neurophysischen Aktivitäten intraorganismisch nur vage und interorganismisch (z. B. von Mensch zu Mensch und erst recht von Mensch zu Tier usw.) nicht direkt zugänglich. Sie können nur aus nonverbalem und verbalem Verhalten auf Grund der Annahme, es gebe auch im konnotativen Bereich interorganismische Ähnlichkeiten, extrapoliert werden. Mit anderen Worten: Erst von rational-interaktiv beobachteten Verhaltensformen aus kann interorganismisch auf Emotionen geschlossen werden. Der größte Teil der Emotionen bleibt, wie gesagt, unbewußt, wird aber wirkungsmächtiger als die Ratio. Auch Emotionen werden kulturell überformt, weniger, so scheint es, allerdings als rationales Verhalten (vgl. u. a. Elias 1976; Damasio 1994; 1999; 2003). Emotionen leiten das Bewußtsein und die Entwicklung von Verhaltenskonventionen (vgl. Zacher in Ellis + Newton 2000, xx; vgl. Newton 2000, bes. 94-98). Anscheinend wird das zentrale Nervensystem eines Organismus durch sein wahrgenommenes bzw. angenommenes bis bewußtes Umfeld auf ein holistisches Verhalten hin disponiert ("pre-tuned"). In diesem Rahmen werden Emotionen interpretiert (vgl. Ellis 2000, 14f).

> On the enactive view, the very first activation of an emotion – prior to full perceptual and intellectual processing – can show intelligence, sophistication, and subtle discrimination, because emotional responses are part of a total process that already integrates the perceptual and intellectual information into the total pre-response set of the organism. (ib. 14)

Evaluierungen sind nicht von Emotionen zu trennen. Ich kann meine Kopfschmerzen nicht neutral empfinden, und Leonardo da Vincis *Mona Lisa* gefällt mir oder gefällt mir nicht oder mehr oder weniger; ich messe den Grad ihres Lächelns nicht rational aus. Auch hier kommt ein kulturelles Element ins Spiel: Die *Mona Lisa* ist berühmt; das läßt mich nicht ‚kalt‘, wenn ich es weiß. – Emotionen und Evaluierungen wandeln sich ständig auf Mikro- und Mesoebene. Was bedeutet es, daß wir heute anders fühlen und urteilen als unsere Vorfahren vor sechs- oder achthundert Jahren? Handelt es sich ‚nur‘ um kulturelle Wandlungen? Dann müßte die Kulturanthropologie sie erklären. Oder handelt es sich um Wandlungen des physischen Apparats, Gehirn genannt? Oder gar ‚des‘ Menschen? (Vgl. Elias 1976; Foucault/Seitter 1977.)

Emotionen und Versuche ihrer Beschreibung bleiben vage. (Es ist schwer, einen Geschmack genau zu beschreiben. *De gustibus non est disputandum.*) Vielleicht ist das evolutionär relativ junge menschliche Gehirn noch (?) nicht hinreichend ausgebildet, um Empfindungen exakt (verbal) beschreiben zu können.

Man kann annehmen, daß man Emotionen Anderer auf Grund ähnlicher Enkulturation bis zu einem gewissen Grad nachempfinden kann. Man kann Ausdrücke von Emotionen deuten und insoweit vergleichend zu verstehen suchen. Beschreibungen von Emotionen kann man kognitiv verstehen. Im emotiven Bereich scheint das Individuum (oder sein Gehirn) noch hermetisch-monadischer zu sein als im übrigen Leben.

Zur Emotionalität vgl. im einzelnen u. a. Damasio (1994; 1999; 2003) und Roth (2000; 2001; 2003).

*EVALUIERUNG – Jedes Verhalten eines Organismus ist mit Gefühlen, Empfindungen, Affekten, Emotionen verbunden. (Ich gebrauche „Emotion" als Oberbegriff.) Sie bleiben zum größten Teil unbewußt. Evaluierungen gehen unvermeidbar mit Emotionen zusammen. Der Mensch evaluiert (bewertet) ständig. Explizit oder implizit wirft auch jede Theorie und jede Beobachtung einer Theorie die Frage nach ihrer „Evaluierung", ihrer Wertung und die nach ihrem Evaluiert-Werden („Wert")[252] – in engerer, wirt-

---

[252] Zu einer eingehenden Diskussion der Wertproblematik in der ‚westlichen‘, vor allem US-amerikanischen interdisziplinären Diskussion vgl. Gernalzick (2000). Dort wird, gewiß ohne Absicht, ein meiner Ansicht nach fragwürdiger Einfluß des US-amerikanischen Wirtschafts- = Ökonomiefundamentalismus auf kulturelle Werte und Bewertungen deutlich. Die spätestens seit den 80er Jahren des vorigen Jahrhunderts immer bedrängender werdende Globalisierung dieses US-amerikanischen wirtschaftlichen (ökonomischen) Einflusses auf den ‚Rest‘ des Globus zeigt sich, wiederum si-

schaftlicher/ökonomischer Fassung: ihrem „Nutzen" – auf. Ich fasse „Eva-
luierung/Evaluation" in der vorliegenden Arbeit als Oberbegriff für Wertung bzw. Werten und dergleichen. Evaluierung steckt bereits als inhärentes Quale im mikrophysikalischen Ausdruck „Sensitivität". Evaluierung
wird damit auf allen Stufen zu einem unabdingbaren Prozeß bzw. Teil
eines Prozesses. Man kann nicht nicht evaluieren. Evaluiert, gewertet wird
momentan-individuell. Die Entscheidung kann im Nachhinein bewußt,
dann kontrolliert und das Resultat evtl. gespeichert werden. Die Bedingungen für eine Evaluierung (vgl. die Einschätzung) bilden einen Teil der momentan-individuellen, in- und externen Konstellation(en) eines Organismus
in einer Situation.

> Die Trennung zwischen Tatsachen und Werten ist somit eine Abstraktion,
> die zweifellos ihre methodische Berechtigung besitzt, aber irreführend ist,
> wenn sie für metaphysisch absolut genommen wird. (Hauskeller 1994, 142)

Evaluierung bedeutet direkt oder indirekt *Vergleich(ung), wenn sie nicht
in bloßer Emotion stecken bleibt und der Vergleich vielleicht im Unbewußten geschieht (Ach, ist das schön!). Wenn jemand an absolute Werte glaubt,
muß eine Zuordnung eben zu etwas Absolutem erfolgen, das immer im
Gegensatz zu Relativem steht. Jedenfalls ist jede Evaluierung als (idio-,
dia- oder/und para)kulturelles Phänomen auch eine ethische Angelegenheit.
 Wenn von Vergleich die Rede ist, muß der „Tausch" erwähnt werden
(vgl. Sohn-Rethel 1973; Feldmann 1988; Gernalzick 2000). Als Tausch im
weiten Sinn kann auch die Bezahlung für eine Arbeit oder Ware betrachtet
werden. Im Grunde kann jede Handlung unter dem Gesichtspunkt eines
Tauschs beschrieben werden: Funktionserfüllung als Bedürfnisbefriedi-
gung. Der Tauschwert (die Evaluierung) selbst bedeutet zweierlei: eines für
den Gebenden, ein anderes für den Nehmenden. Im Tausch sind beide zugleich Gebende und Nehmende. Gebrauchs- und Tauschwert sind jeweils
zu unterscheiden. Der Unterschied (die Differenz) geht in die Evaluierung
eines Phänomens ein. Und zwar unterschiedlich in der Selbst- und Fremdevaluierung, wobei jeder am Tausch Beteiligte zum Selbst- und Fremd-
evaluierer wird. Eine andere Fremdevaluierung geschieht durch einen Beobachter (vgl. das Kibitzen beim Skatspiel und seine evtl. für eine Freund-

---

cherlich ungewollt, in dem Satz: „Noch bis in die 50er-Jahre [sic] des 20. Jahrhunderts gelten ‚Ausdrücke wie *profits* (Nutzen, Verdienst, Profit), *results* (Erfolg) ...
bei James' als ‚typisch amerikanisch.'" (Gernalzick 2000, 46, mit Zitaten aus Störik
1987). Heute sind derartige Ausdrücke im Original oder in deutscher Übersetzung
Gemeingut z. B. des deutschen Alltagswortschatzes.

schaft verheerenden Folgen). Für eine Evaluierung macht es einen Unterschied, ob tatsächlich ein Tausch stattfindet bzw. stattfinden soll. (Ich erkundige mich nach dem Preis einer Ware.) Ein Objekt wird implizit unter der Frage, was ein Tausch bringen würde, evaluiert (vgl. die Auktion). – Evaluierungen sind holistisch zu verstehen. Wesentliche Bedeutung gewinnt die Funktion (der Skopos) sowohl der Ware als auch des Tauschs selbst. Auch im Handeln kann Befriedigung gefunden werden (vgl. das Feilschen).

Sei ein Textem ein potentielles Tauschobjekt. Der Geber P mißt seinem Text (!) in jedem Moment des Tauschen-Wollens[253] einen momentanen Weggabewert G_P zu. Der Nehmende R seinem (!) Text ... einen Annahmewert A_R. P erhält einen Annahmewert A_P, z. B. ein Honorar bestimmter Höhe oder Tantiemen oder ‚Ruhm‘ oder beides. Bei einem hohen Honorar mag P sich mit geringerem Ruhm begnügen usf. Der Quotient von G_P und A_P, mit dem sich P zufrieden geben würde, sei Q_P. R erhält einen ‚Lustgewinn‘ A_R durch die zeit- und kraftfordernde Lektüre G_R. Der Quotient, bei dem R auf seine ‚Kosten‘ zu kommen glaubt, sei Q_R. Die Werte treten nicht zur (fast) gleichen Zeit ein. Der ‚Zeitverlust‘ für P und R wird von den beiden jeweils in Rechnung gestellt (vgl. die Erwartung, den Zahlungsaufschub, die Ratenzahlung). Entscheidend sind die jeweilig unterschiedlichen raum-zeitlichen Momente, in denen jeder sein Resultat bilanziert. Es gibt nicht ‚den‘ Wert. Es gibt momentan-individuelle Bewertungen (Evaluierungen) in Situation(spunkt)en. {Prozesse}, besser: {{Prozesse}} usw. Situation ist u. a. in einem weiten Sinn von Mengen zu verstehen. Die Intention, ein Haus zu verkaufen, wird u. U. erst nach Jahren realisierbar; vgl. auch die Einrichtung von Festpreisen und den Einfluß sog. übergeordneter Bedingungen; vgl. die Zurückstellung der sog. Geisteswissenschaften zugunsten erwarteten größeren Nutzens von Naturwissenschaft(l)e(r)n im Budget von Ländern und Universitäten. Tausch kommt auch zustande, wenn keine Gleichwertigkeit von Gabe und Annahme bzw. beim Austausch von Objekten erreicht wird (vgl. die Auktion, bei der sich jemand im Eifer des Gefechts versteigert; vgl. den Austausch von Geschenken). Weitere Faktoren spielen eine Rolle (vgl. Verleger, Konkurrenz usw.). Individuelle, nationale und internationale Wirtschaften bilden Systeme (vgl. hierzu die Tendenz zu steigender Komplexität/Konvergenz, die hier vielleicht treffender als Streben zu steigender Macht beschrieben wer-

---

[253] Evaluierung wurde als momentan behauptet. Nachdem P einen Text produziert hat, wird dieser bei einer späteren Lektüre (Rezeption) durch P ein anderer Text. (Genau genommen wurde auch P ein anderer P usw.)

den muß). Systeme erleichtern das Handeln, indem sie es vereinfachen. Zugleich komplizieren sie es, indem sie sich undurchsichtig halten, ihre Macht anwächst usw. Einsichtig ist, daß das Handeln mit der Ein- bzw. Zwischenschaltung eines Translators komplexer und das Verständigen leichter wird. Jedes Handeln ist von jeder Perspektive aus ambig. Das Handeln des einen erzwingt das Handeln (die Reaktion) des anderen. Doppelte Ambiguität.

Evaluierungen werden von kulturspezifischen Konventionen beeinflußt. Gegenstand solcher Konventionen sind Werte als Virtualitäten-von-Dauer (einer gewissen Dauer). Heute sind Werte, z. B. das Geldwesen, selbst zur Ware geworden (vgl. die Börse). Konventionen und Virtualitäten werden zu Prozessen. Materialität spielt nur noch eine Rolle zur momentanen Wahrnehmbarkeit von -em-Aktivierungen und zu ihrer sich momentan wandelnden Speicherung.

Analog zu den oben besprochenen Textemen und mit analoger Komplexität müßte von Werten als Evaluemen gesprochen werden. Die wahrnehmbaren/konkreten Fixierungsmittel für Evalueme wären briefliche und ähnliche Korrespondenzen, evtl. mündliche Abmachungen (Schallwellen, Händedruck) usw. Werte selbst werden. Saussure war vor 100 Jahren den umgekehrten Weg gegangen: zum ewigen « pure valeur » (vgl. Gernalzick 2000, 107). Seine synchrone Betrachtung führte ihn zu ahistorisch statischen Objekten. Damit wird selbst der Sprachgebrauch zur Virtualität reduziert, wie sie die Wissenschaft braucht. Werte werden zur Differenz zwischen Virtualitäten. Der Handel und Wandel an der Börse (be)handelt Werte als ‚masselose Materie'. Saussure muß sogar den Sprachgebrauch der *langue* (Sprache) hierzu rechnen; die *parole* wird aus der Synchronie ausgeschlossen. Synchronie konnte Wissenschaft werden, sobald sie Materie von Dauer, Strukturen und Systeme statt punktueller Prozesse behandelte. Sprachgebrauch wird zwiespältig. Eine Äußerung ist Prozeß. Schallwellen sind Ereignisse. Münzen bzw. Papier- usw. Geld, sind materielle Phänomene für Wertungen (Evalueme). Wie bei Sprachelementen, z. B. Wörtern, Sätzen, gibt es keinen absolut setzbaren Standard. *Tout se tient*, und zum *tout* gehört der Kontext. Es gibt eine Relativität der Elemente-im-situationellen-Gebrauch zueinander, und zwar auf zwei Ebenen: der individuellen und der kulturell-konventionellen Ebene, nur daß letztere im Ausdruck auf Denotative eingeschränkt wird, obgleich sie kulturspezifisch auch auf Konnotative einwirkt. Die „Arbitrarität", wie Saussure die Relationalität von Semantika nannte, gilt nur bedingt. Historisch dürfte jedes neu eingeführte Element motiviert gewesen sein, und jedermann dürfte schwören, daß sein Sprachgebrauch es ebenfalls ist. Historisch gilt dies vielfach auch jetzt noch für zahlreiche Elemente (vgl. Onomatopoetika; auf Sprachmagie gehe ich nicht ein). Auch im Sprachgebrauch gibt es eine Entwertung: das Zuviel einer Rede, die Masse der Publikationen – Logorrhagie.[254] Der metaphorische Vergleich von Sprache (*langue*) und Münze, Sprachgebrauch (*parole*) und Geldwirtschaft kann auf andere Bezüge verallgemeinert werden, z. B. auf die Ethik (vgl. Cramer 1997, 190).

Ich verstehe Bedeutung und Wert holistisch. Wird auf Denotation reduziert, läßt sich von „Preis" sprechen. Gernalzick (2000, 110f) verweist auf ihn und seine Differenz(ierung)en, die sich tausendmal am Tag an der Börse vollziehen. (Vgl. wieder Text und Textem.) Beides ist nötig, Realität: die individuelle Evaluierung und der kulturspezifische konventionelle Wert, der evaluiert (geäußert usw.) wird. Die Evaluierungen werden sistiert, wenn die Börse am Nachmittag schließt, bis sie am nächsten Tag wieder öffnet. Im Hintergrund geht das Geschäft weiter. Heute wandert es von Börse zu Börse um den Erdball. Die „Bedeutung" eines Ausdrucks als Element des Handelns wird ähnlich sistiert und unbewußt gewandelt, verändert, solange eine Interaktion als strukturiertes System betrachtet wird, damit Interaktion überhaupt ‚bedeutend' (sinnvoll) werden kann. Der Preis vermittelt äußerlich rational zwischen (den denotativen Elementen von) Bedeutung und Wert. Bezieht man den Preis in die vorstehende Überlegung ein, so kommt es zu einer Translation. Ein Phänomen, z. B. ein Text, wird evaluiert. Der Wert drückt sich auf dem Markt der Interaktionen in einer ‚Münze' aus. (Die Information$_G$ ist mir, dem Geber, holistisch so und soviel wert, die Information$_R$ dem Empfänger so und soviel.) Die Münze wird zu einem Preis gehandelt. (Ich nehme mir die Zeit, dir das Textem zu vermitteln – Ich nehme mir die Zeit zuzuhören.) Der Preis kann mit einer anderen Münze (Währung) re-präsentiert werden. (Ich finde deine Information wertvoll.) Für die Münze kann ein anderes Produkt (ein Zieltext[em]) eingehandelt werden. Der Umweg über den Preis (z. B. die Reduktion auf den Zeitfaktor) und über Konventionen des Verhaltens, denen beide Seiten zustimmen (können), wird unumgänglich. Ein Translat ist das Resultat einer indefiniten Kosten-Nutzen-Rechnung. (Deshalb wird es noch längst nicht ohne Theorie, wie Gutt [2000] irrtümlich meinte.) – Übrigens ist auch der Preis nicht stabil. Je nach Situation ist ein Euro nicht einen Euro wert.

---

[254] Wimmel (1981, 48 und 57) ist nicht der einzige, der meint, von Zeit zu Zeit müsse Literatur verloren gehen oder vernichtet werden, um Platz für neue zu machen. Moderne Speichermethoden brauchen kaum Platz. Andererseits gibt es die Schweigsamkeit, das Wenig-Reden; vgl. auch den „Minimalismus" in der wissenschaftlichen Darstellung (vgl. Chomsky 1995).

Die Reduktion haben Gide + Rist ([7]1947, zit. n. Gernalzick 2000, 114[111]) zum Ausdruck gebracht.

> L'*homo œconomicus* ... est remis en honneur et bien plus simplifié encore: ce n'est plus seulement l'homme squelette, c'est l'homme schématique. Les hommes ne sont plus considérés que comme des forces représentées par des fléches [*sic*], comme dans les figures des traités de mécanique. Il suffit d'analyser ce qui résulte de leurs rapports les uns avec les autres et de leurs réactions sur le monde extérieur. ... En somme, l'école nouvelle ramène toute la science économique à une *mécanique* de l'échange et elle s'y croit d'autant plus autorisée que le principe hédonistique « obtenir le maximum de satisfaction avec le minimum de peine » n'est qu'un principe de mécanique pure, celui qu'on appelle le principe « du moindre effort » ou de « l'économie des forces ». Chaque individu est considéré comme subissant l'impulsion de l'intérêt, de même que la bille de billard chassée par la queue; et il s'agit de calculer, comme doit le faire d'ailleurs tout bon joueur, les figures compliquées qui vont résulter du choc des billes entre elles et sur les bandes.

Eine weitere Überlegung im Rahmen einer holistischen Betrachtung spricht gegen eine Kosten-Nutzen-Abwägung, die nicht in ein größeres Umfeld eingebettet wird. Goffman/Bergsträsser+Bosse (1994, 28) bespricht im Rahmen einer Beleidigungsprozedur vier Schritte, die sich unschwer verallgemeinern lassen. Die entsprechenden Handlungen werden als „Rituale" ausgeführt. Da sind „Herausforderung, Angebot, Akzeptieren und Dank". Um in der Terminologie von Goffman/Bergsträsser+Bosse fortzufahren, werde der Auftrag (Holz-Mänttäri 1984 sagt die „Bestellung") zu einer Translation hier als „Herausforderung" an den Translator interpretiert. Die Herausforderung (oder einfach Forderung) enthält bestimmte Bedingungen, eben die Forderungen oder Anforderungen an den Translator. Der Translator antwortet mit dem „Angebot" seiner Argumentation(en) zum Auftrag usw. und schließlich, so sei angenommen, mit dem Translat, das er dem Auftraggeber anbietet. Die Verhandlungen brauchen Zeit für Argumentationen und Gegenargumentationen zur Sache, z. B. der Translationsstrategie, bestimmter Formen usw. und zur Vergütung. Der Auftraggeber (Besteller), so sei wiederum angenommen, akzeptiert das ausgehandelte Angebot. Daraufhin erfolgt (evtl. mit Verzögerung) der „Dank" in Form von Tantiemen, Preisen und dgl. Wenn am Ende beide Seiten zufrieden sind, werden sie nicht imstande sein, ihr jeweiliges Ergebnis in einer Kosten-Nutzen-Bilanz auflistend zu detaillieren. Die Zukunft (des Marktes) muß erweisen, wer besser gefahren ist – oder ob es beide waren. Innerlich müssen sie sich (zähneknirschend) mit dem Gefühl zufrieden geben, daß sie ‚auf ihre Kosten' gekommen sind bzw. kommen werden. – Von wem, wie

400

und mit welchen Parametern und ihren Begründungen wird die Arbeit eines Bibelübersetzers, der 15 Jahre lang seine Arbeit unter großen Entbehrungen in einem fremden Erdteil geleistet hat, im Rahmen seiner Überzeugungen quantitativ und qualitativ evaluiert? (Vgl. u. a. die "rational price theory", Befriedigung des Tuns, Macht als Befriedigung, Erwartungen [Himmel, Paradies], was heißt in diesem Zusammenhang „rational"?). Das ökonomische Kosten-Nutzen-Denken[255] fragt, im Rahmen kulturell geltender Konventionen, z. B. des Kapitalismus, oder/und der Globalisierungssucht, von angenommenen Prämissen über eine vergangene Situation ausgehend, ob und wie man sich in einer gegebenen Situation zu einem gegebenen Skopos optimal verhalten bzw. ob und wie man handeln soll. Jedes Tun ist kontingent, alles Handeln geschieht unter einer Perspektive. Das Kosten-Nutzen-Problem steht unter einer sechsfachen Perspektive, der des Handelns und der der Evaluierung des Handelns als Selbst- und Fremd- und deren reziproker Evaluierung. Es kann nach nutzenmaximierendem oder kostenminimierendem Verhalten gefragt werden. Die Perspektiven sind verschieden. Die Fragen können genauer gefaßt werden. So läßt sich z. B. fragen, ob und was man evtl. aus der Historie lernen, demgemäß von der ‚vergangenen Gegenwart' aus gesehen ‚besser' machen und ‚besser' lehren und lernen kann. (Bessermachen ist ein relativer Begriff.) Die Parameter sind zu detaillieren. Zur Vereinfachung einer Berechnung nimmt die Soziologie z. B. mitunter an, daß Präferenzen über längere Zeit stabil bleiben. Die Annahme ist fallspezifisch zu klären. In der vorliegenden Studie gehe ich, wie mehrfach betont, zuerst von einer momentan-individuellen Konstellation aus. In einem zweiten Schritt wird sie unter einem dia- oder/und parakulturellen (gesellschaftlichen) Gesichtspunkt aufgegriffen. Das Resultat ist natürlich eine Reduktion auf mesokosmische Bedingungen. Jede Antwort kann allenfalls eine Annahme werden. Wenn das Unbewußte zu 80-90% entscheidet, ehe eine Bewußtseinsschleife eventuelle Korrekturen anbringen kann, so fragt sich, ob das Gehirn eine weitere oder engere Sicht als sein Bewußtseinsteil zur Evaluierung zu Grunde legt (vgl. auch Newton in Ellis + Newton 2000, xviii):

Consciousness is seen as an activity which an organism executes, rather than as a stimulus 'input' that it passively receives.

---

[255] Es entstammt in seinem heutigen philosophischen und ökonomischen Verständnis im wesentlichen den britischen Empiristen. In der Sprachwissenschaft vgl. u. a. Sperber + Wilson (1986); vgl. Dennett/Wuketits (1994, passim).

Auf Ratio allein und damit auf einer Kosten-Nutzen-Rechnung läßt sich keine Translationstheorie aufbauen. Das schließt nicht aus, daß Kosten-Nutzen-Überlegungen in eine holistische Theorie mit hineingenommen werden. Wie lassen sich Emotionen einordnen? Die Zahl mitwirkender Faktoren ist wieder einmal indefinit. Jede Antwort eine Selektion aus indefinit vielen Probabilitäten.

Die Kosten-Nutzen-Kalkulation entspringt dem ‚westlichen‘ irrtümlichen Vorrang der Ratio vor jeder Holistik.

> The utilitarian person [...] does not exist. [...] People seldom engage in a form of economic reason that could maximize utility. (Lakoff + Johnson 1999, 5)

Ein für ‚demokratisch‘ gehaltenes Mehrheitskriterium macht dabei wenig Sinn. Demokratie ist kein positiver Wert an sich. Jede Theorie ist zu Anfang individuell, ein-sam. Explizit kann nur „komparativ" nach Werten gefragt werden, d. h. (1) nach der Relation zwischen einem als historisch existent/geltend (gewesen) angenommenen Phänomen (einschließlich einer Erwartung auf die beiden Zukünfte: die damalige und die aktuell-präsente) und dem Raum-Zeitpunkt seiner Beobachtung, d. h. nach der Situation während der Beobachtung, und (2) nach der Relation zu einem anderen Phänomen – jeweils wieder in der Selbst- und Fremdevaluierung (und deren gegenseitiger Evaluierung). Mit anderen Worten: Gefragt wird nach einem Verhältnis zweier Phänomene aus zwei verschiedenen Raum-Zeit-Welten. Durch einen Vergleich wird eine binäre Differenz geschaffen. Eine Seite der Differenz gilt als (momentan-)individuell (idiokulturell) oder/und überindividuell (gesellschaftlich, dia- oder/und parakulturell) „normal" (üblich usw.) und damit als individuell oder/und überindividuell unmarkiert, die andere Seite wird dadurch markiert. Markiertheit und Nicht-Markiertheit gelten relativ zu (zu spezifizierenden) vorgegebenen Bedingungen, z. B. dem kulturspezifischen Gebrauch eines Phänomens (z. B. des Hexameters in der Epik; vgl. hierzu die historische Entwicklung in der deutschen Literatur bis zu Voß und seine nachfolgende Wirkung; zur Beachtung in der Wissenschaft vgl. den *cultural turn*). – Kurz und gut: Evaluierung ist unmöglich. Jede Beobachtung evaluiert *nolens volens*.

Luhmann (1985, 400) möchte die skizzierte Kosten-Nutzen-Rechnung durch eine Erwartungsevaluierung ersetzen. Jemand, der beabsichtigt zu handeln, hat eine Erwartung an den Erfolg der Handlung. Es gilt zu entscheiden, ob und gegebenenfalls wie zu handeln sei.

Entscheidungslagen ergeben sich erst, wenn die Erwartung auf die Handlung oder ihr Unterbleiben zurückgerichtet wird, wenn sie selbst erwartet wird. Dann schafft die Erwartung die Alternative von Konformität oder Abweichung, und dann hat man zu entscheiden. (ib.)

Evaluiert wird vor der Handlung. Die Entscheidung ist momentan. Während der Handlung können gegebenenfalls in jedem Moment neue Entscheidungen getroffen werden. Im Nachhinein (das eben auch während der Handlung rückblicken kann) wird erneut evaluiert, wenn man mag. An die Stelle einer Kosten-Nutzen-Vorauskalkulation oder sogar erst -Bilanz(ierung) tritt eine Prozeßtheorie. In beiden Fällen kann übrigens wieder ein Selbst- oder/und *mutatis mutandis* Fremdprozeß stattfinden.

Als ähnlich evaluierte Evaluierungen führen zu Gewohnheiten, evtl. Automatismen (vgl. das konventionelle Verhalten). Beobachteten Objekten werden dadurch „Werte" zugeschrieben, die sich der individuellen Evaluierung aufdrängen und sie je nach dem Grad der Gewohnheit mehr oder minder beeinflussen. (Vgl. die kulturelle Überformung des Verhaltens.) Werte werden zu Kulturphänomenen.

Wie bereits gesagt, sind Evaluierungen momentan-individuell. Wer einen Wert, z. B. die Notengebung bei einer Examensarbeit, überlegt, hat längst entschieden, nur die Zahl, die hingeschrieben werden muß, steht noch nicht fest. Das ist der Unterschied: Evaluierung geschieht momentan-unbewußt, emotional (sich auf den ersten Blick verlieben). Ihre Bewußtwerdung setzt die Ratio in Betrieb (vgl. die Kontrollschleife). Sie kann beschreiben, also auch hinschreiben. Sie schreibt, was das emotionale Gehirn diktiert – was es hartnäckig und verbissen vorschlägt. Urteile über das Leben eines Anderen aus einer "possibility cloud" (Bergström 1988) heraus.

Evaluiert werden Theorie und Praxis und deren Evaluierung durch einen Beobachter. Letzteres heißt: Jeder Beobachter-Bewerter muß seine Gründe für seine Bewertung (vor sich) darlegen. (Es ‚wurmt'.) Der Beobachter ist das ὑποκείμενον (das Zu-Grunde-Liegende, lat. *subiectum*) der Beobachtung. Jede Beobachtung impliziert ein Urteil, jedes Urteil eine Evaluierung. Objektivität ist nicht möglich, es herrscht Perspektivität. Eine Beobachtung ohne Bewertung der Beobachtung und ihres Objekts und Agens („da habe ich mal wieder daneben gegriffen") ist nicht möglich. Evaluierungen bleiben zum größten Teil unbewußt, aber einflußreich. Ein Wert wird momentan-individuell zuerkannt. Eine Evaluierung kann generelle idio-, dia- und parakulturelle Konventionen und u. U. Kanones, d. h. bereits geltende Werte, und ihre Bedingungen aufnehmen. Evaluierung ist Bilanzierung. Die Vergangenheit steht zur Disposition, um für eine erwartete Zukunft Perspektiven zu eröffnen. Doch Vergangenheit ist kein einheitliches Phänomen.

> Vergangenheit entsteht nicht von selbst, sondern ist das Ergebnis einer kulturellen Konstruktion und Repräsentation; sie wird immer von spezifischen Motiven, Erwartungen, Hoffnungen, Zielen geleitet und von den Bezugsrahmen einer Gegenwart geformt. (Assmann 1999, 88, nach Halbwachs)

Ein bruchlos-kontinuierliches Vorgehen läßt Vergangenheit nur langsam versinken; sie wird in Sagen, Legenden, Dichtung usw. tradiert und modifiziert: {Vergangenheit}. Äußere Einwirkungen, Revolutionen und dgl. schaffen einen Bruch; Vergangenheit wird vergessen. Sie kann auch mehr oder minder gewaltsam verdrängt werden (vgl. die Verunglimpfung der ‚bürgerlichen' Vergangenheit im Marximus; die Einführung der lateinischen Schrift anstelle der arabischen führt in der Türkei zu einem fast totalen Bruch mit der osmanischen Vergangenheit). Es gibt Grade der Erinnerung und unterschiedliche Bindungen an die Historie.

Für eine Evaluierung gibt es mehrere Perspektiven mit ihren je eigenen Bewertungen, jeweils je nach der eingenommenen Perspektive innerhalb dieser Evaluierungen: die eigene individuelle, die individuelle fremde und die dia- oder/und parakulturelle (soziale, gesellschaftliche) sowie die Berücksichtigung bereits vorhandener Evaluierungen, ihre Perspektiven usw. (vgl. Baudrillard 1972, 8f.; zu Selbst- und Fremdwert; vgl. auch die "ostentation" als Imponiergehabe [ib. 13]).

Keine Evaluierung ist ‚objektiv'. In der Wissenschaft wird von Objektivität gesprochen, wenn die Bedingungen für eine Evaluierung für den intendierten Skopos[256] hinreichend exakt dargelegt werden. Der Teufel steckt im „hinreichend", das von jedem Beobachter anders ausgelegt wird. „Hinreichend" ist ein relativer Begriff. In allen Disziplinen ist zwischen dem, was unter gesetzten Bedingungen „objektiv", d. h. gemäß den gesetzten Bedingungen im Zeitverlauf durch Reduktionen generalisierend ‚dauernd', erreicht werden soll, und dem, was unter den als gegeben angenommenen Bedingungen in gegebener Situation „praktisch" („pragmatisch"), d. h. subjektiv, erreicht werden kann bzw. erreicht wird, zu unterscheiden. „Be-

---

[256] Gerade im Zusammenhang mit „Skopos" muß „Intention/intendieren/intendiert" als {Intention} usw. auf mehreren Ebenen gelesen werden: Intention kann sich auf das Gesamt einer Handlung, auf ihr Ziel oder auf einen bestimmten Zweck der Handlung, auf einen direkten oder indirekten Rezipienten usw. beziehen. Vgl. auch die Sinnebenen bei Viaggio (2004). Intendiert kann auch vorrangig die Form eines Text(em)s werden.

dingung" ist wiederum holistisch zu verstehen (vgl. das Beispiel bei Viaggio 2004, 213).

Ein Exkurs zum Exkurs: Man kann nicht nicht evaluieren. Aber man kann das Prozedere ändern. Man muß Examina abschaffen und durch Besseres ersetzen. (Mein Lehrer Gerhard Eis sagte, wer dies schaffe, verdiene einen Nobelpreis.) Ein Examen kann über ein Leben entscheiden. (Jemanden an einem Dienstagmittag um 14:00 Uhr zum Examen zu zwingen, wenn man verdaut und Siesta zu halten pflegt, ist sadistisch.) Die Verantwortung ist groß. Lehrende und Lernende lernen.
    Vgl. *Relevanz.

*KONTINGENZ – Der Komplexität steht in gewisser Weise die Kontingenz gegenüber. Rombach (1994, 111) spricht von Entzug und dadurch entstehender Verfremdung. Ähnliches ließe sich vielleicht weniger schön mit Differenz(ierung) und Distanz(ierung) ausdrücken. Es handelt sich allemal um eine Uneinholbarkeit.
    Die Kontingenz menschlicher Erkenntnis wird zur grundlegenden (Grund legenden) Engführung. Das beginnt bereits bei der Wahrnehmung.

[E]ach human eye has 100 million light-sensing cells, but only about 1 million fibers leading to the brain. Each incoming image must therefore be reduced in complexity by a factor of 100. That is, information in each fiber constitutes a "categorization" of the information from about 100 cells. (Lakoff + Johnson 1999, 18)

Dabei ist die Filterung von Reizen noch nicht eingerechnet.
    Kontingenz menschlicher Erkenntnis bezieht sich auf zwei Umstände: das Nicht-Erkennen-Können und die Weise des Erkennens (vgl. die Perspektivität). Nagel/Gebauer (1992, 157) fügt als Drittes das „Denkbare" hinzu. Doch bleibt dies vage oder, wenn auf heutige Möglichkeiten eingeschränkt, trivial.
    Erkenntnis findet auf verschiedenen Ebenen statt, die oft nicht hinreichend genau auseinandergehalten werden. Unterschieden werde hier das dem Menschen unzugängliche „Ding an sich" (die Unzugänglichkeit ist schließlich eine Definitionssache: Gemeint ist etwas, das noch hinter oder unter auch der letzten wissenschaftlichen Erkenntnis liegt; manche sagen, es komme nur einem Gott zu) – das „Ding" der Wissenschaft unter der Perspektive einer kontrollierbaren Beobachtung/Erkenntnis – das „Ding" in der Perspektive einer allgemeinen/alltäglichen mesokosmischen Beobach-

tung/Erfahrung (hier geht es um holistische Erkenntnis; vgl. die Emotivität) – das „Ding", das benannt/bezeichnet wird.

Sprache verändert Beobachtung und Erfahrung. Europäer nennen Palmen „Bäume", weil sie so groß werden; in südindischer Tradition, z. B. der, in welcher die Grammatik *Tolkāppiyam* steht, gehören Palmen zu den Gräsern, weil sie keine Zweige haben (vgl. Vermeer 1996c). Der südindische Grammatiker *Tolkāppiyar* (er lebte irgendwann im 1. Jt. n. Chr.; vgl. Glasenapp 1961, 373) hatte recht. Gräser und Palmen sind einkeimblättrige Pflanzen (Monocotyledonae).

Kontingenz zwingt zur „Perspektivität" jeder Wahrnehmung und deren Verarbeitung zu ‚realen' (d. h. körperlich, vor allem mit den Sinnesorganen wahrnehmbaren Phänomenen – wer sich den Kopf am Türrahmen stößt, spürt es) oder virtuellen (d. h. irgendwie denkbaren) oder imaginären (z. B. Geistern, Phantasien, Traumgesichtern) Phänomenen. Außer Vergangenheit (*praeter-itum*) existiert für den Menschen keine ‚reale' Realität, und die Vergangenheit ist nicht einholbar, nicht mehr real. Nur ihre Spuren sind es. Die Zukunft ist Erwartung. Jede Erwartung geht aus Vergangenheiten hervor. „Erkenntnisse" sowie daraus evtl. entstehendes „Wissen" sind perspektivisch kontingent. Das Wissen um Kontingenz und dadurch Perspektivität führt ethisch zur Toleranz (sollte ... führen), welche Anderen das „Recht, anders zu sein" (Terzani/Liebl 2002, 163), zugesteht. Eine Evaluierung wird schwierig, weil auch sie sich auf eine Vergangenheit bezieht. Gültigkeit bedeutet war-gültig. Der Rest ist Hoffnung. (Wie will der Richter Wandel erkennen?)

> [D]er Mensch spielt innerhalb einer Landschaft nicht die Rolle des Menschen, sondern nur die eines biotopischen Teilnehmers, beispielsweise eines Stoffwechselträgers, wobei seine persönlichen Eigentümlichkeiten, seine moralischen Qualitäten, seine literarischen Produkte usw. keine Rolle spielen. Sie tauchen innerhalb der „Landschaft" nicht auf, höchstens als Müll. (Rombach 1994, 121f)

Mir gefällt weder das „nur" noch die Nebenrolle der Moral und Individualität. Wenn alles mit allem zusammenhängt, dann doch auch dies alles. Daß ein Translator als Translator ein Anderer ist denn als Familienvater, Baseballspieler oder was auch immer, soll gern anerkannt werden. Daraus entsteht das {Ich} (oder {Er}) wie ein Puzzle oder Kaleidoskop. Wichtig wird zudem, daß ein Translator als Translator eine Mehrfachrolle ({Rolle}) spielt. Man hat so oft gesagt, er müsse sich wie ein Schauspieler in den Autor seines Ausgangstexts hineindenken und dergleichen. Was und wie immer das aufgefaßt werden mag, ein Translator wird bisher als kognitives

Etwas betrachtet. Er muß mehr sein, eine holistische kaleidoskopische Figur, die, vielleicht nicht genau im Rombachschen Sinn, eine Einheit mit dem Autor, eine „Idemität" (ib. passim), bildet.[257]

Die Wissenschaft ontologisiert ihre Theorien und Metaphern. Denken, „Sprache" und ihr Gebrauch ontologisieren.[258] Das ist ihr Mythos. Sprache beeinflußt das Denken, das Denken stützt sich (weithin) auf Sprache. Denken erfindet Versuchs- und Beobachtungsmittel und -wege. Der Beobachter wird *nolens volens* Teil der Beobachtung und ihrer Resultate und deren Folgen und Wirkungen. Oft ist ein Beobachter selbst Teilnehmer an einem zu beobachtenden Handeln, z. B. im Fall einer Translation. Der Einbezug des Beobachters wird komplexer. Es gibt nicht einfach ‚Ordnung' in einer Menge von Daten. Ein Beobachter sucht nach etwas, das er vorher ‚definiert' hat. Der Beobachter beobachtet – und findet sich selbst. Ein mesokosmischer Teufelskreis.

[Das heißt, daß] jede Beobachtung, trotz aller Raffinessen bei ihren Methoden, prinzipiell immer irgendeine Einschränkung und Auswahl erzwingt. Das Elektronenbeispiel zeigt darüber hinaus, dass durch Kombination verschiedener Beobachtungen sich auch die ‚eigentliche' Wirklichkeit nicht durch Zusammenbau der Projektionen synthetisieren lässt, sondern dies nur durch die abstrakte *Kombination* zweier, für unser fragmentierendes Denken und unsere objekthafte Anschauung unverträglich erscheinender, *komplementärer Paradigmen* möglich wird. Hier deutet sich schon an, dass die Wirklichkeit nicht mehr ‚materialistisch' als ein objektivierbares ‚System' betrachtet werden kann, sondern dass ihr ‚relationistisch' eine allgemeinere, nur aus Beziehungen generierte Struktur zugeordnet werden muss. (Dürr 2003b, 3)

Denken (ver)braucht Energie. Zum Ausgleich muß dem Gehirn ein Lammlendenspießgrillbraten zugeführt werden.

Was wird, vergeht ($\chi\omega\rho\epsilon\hat{\iota}$). Der Tod wird bereits im Werden. Im Grund aber dreht sich die Spirale: Was vergeht, wird, Tod wird zu Anderem.

Durch nach-denkende Erkenntnis in Raum und Zeit wird die Perspektivität als unabdingliche Erkenntnisbedingung für Organismen erkennbar. Der menschliche Organismus (und nicht nur er) ist auf Existenz,

---

[257] Von lat. *idem* „der-/dasselbe" abgeleitet (genauer: ĭdem – masc., ĭdem – ntr.).

[258] Bourdieu/Raulff+Schwibsch (1989, 41) wurde gefragt, woran es liege, daß Worte wirksam werden können. Er meinte, das sei „schlicht und einfach Magie" (vgl. Wittgenstein zu „magic" ~ Mythos), die diese „magische Wirksamkeit" durch „Dispositionen und Glaubenshaltungen" ermögliche. Wirksamkeit geht von Macht aus (vgl. auch Bourdieu 1982).

d. h. Lebensfähigkeit, auf diesem Erde genannten Planeten mesokosmisch eingestellt. Hiervon geht jede Wissenschaft aus. Ein solcher Organismus bringt genetisch gewisse Fähigkeiten mit auf seine Welt. Ein Großteil der Fähigkeiten muß, z. B. beim Menschen, (gesellschaftlich/kulturspezifisch) entwickelt werden. Zur Überlebensfähigkeit gehört ein ‚Grundverstehen‘ der mesokosmischen ‚Welt‘ des und durch den Organismus. Das neugeborene Kind fragt nicht, was es mit seinen Augen tun soll. Es schaut. Es fragt nicht, was die Gesichtszüge vor seinen Augen besagen wollen. Es empfindet Lächeln als vertrauenerweckend. Allerdings bringt es selbst Vertrauen mit auf die Welt. Es vertraut dem Lächeln und will nicht weglaufen. Später nimmt der junge Organismus fraglos hin, was die Umwelt ihn lehrt. Bäume sind Bäume. Punctum. Verwundert meinte jener Tirolerbursche, die Italiener seien komische Leute; sie nennten ein Pferd *cavallo*, dabei wisse doch jedermann, daß es ein Pferd sei. Mißtrauen tritt später ein; man nennt es Erfahrung.

> Das, was eine Person tut, folgt einerseits aus „genetischen Faktoren" und ist andererseits hauptsächlich das Resultat eines Lernprozesses, der wesentlich durch das „limbische System" vermittelt wird. Das limbische System „bewertet" alles „nach gut/angenehm und schlecht/unangenehm". Es bestimmt die Handlungen also „nicht danach, was das bewußte Ich will, sondern danach, ob dieselben oder ähnliche Handlungen positive oder negative Konsequenzen hatten und deshalb wiederholt oder vermieden werden sollen" (Roth 2003, 180f, zit. n. Richter 2005, 32).

Richter (2005) glaubt, die Wissenschaft habe sich nicht um das (hier müßte der Plural stehen: die) Primärverstehen gekümmert. Was sie längst hätte beherzigen müssen, liest sich auf Philosophisch so:

> Im ereigneten Entwurfsverstehen vollzieht sich ein *Eröffnen* desjenigen, das dem Denken als zu Entwerfendes zugeworfen ist. Dieser Bezug, der sich im *ereigneten Entwerfen (Eröffnen) in seinem Verhältnis zur Wahrheit des Seins bekundet*, verweist zurück auf den umgekehrten Bezug *des ereignenden Zuwurfs von Entwerfbarem*, bei dem die *Wahrheit des Seins* sich „*in ihrem Walten dem Denken zuwirft als Zudenkendes.*" (Richter 2005, 56f, Kursive sind Zitate aus von Herrmann 1994 [ohne genaue Quellenangabe])

Die Wissenschaft, denke ich, geht selbstverständlich von den erwähnten Primärverstehen aus und sucht sie auch zu erforschen (vgl. z. B. Eibl-Eibesfeld 1984). Richter (2005, 97) möchte „*das Innestehen des Menschen in der ‚Wahrheit des Seins‘*" ergründen. Dazu genügt ihm die (heutige) Physik nicht. In der Transzendenz will und kann er es nicht finden. In der Philosophie vergangener Jahrhunderte erst recht nicht. Weiß er, was er sucht? Das Wie der Möglichkeit liegt in der Zukunft – der Wissenschaft.

*KREATIVITÄT – Über Kreativität wurde bereits viel geschrieben (auf Translation bezogen vgl. Kußmaul 2000). Whitehead (1978, 21) bringt Kreativität wieder einmal auf einen/den Punkt:

> 'Creativity' is the principle of *novelty*. [...] The 'creative advance' is the application of this ultimate principle of creativity to each novel situation which it originates. (Whitehead 1978, 21)

Mancher, der sich im Augenblick müht, meine Träumereien in Istanbuler Lokalen[259] zu lesen, glaubt sich wahrscheinlich praxisbezogener. Rombach (1994, 21f) findet, Kreativität sei Öffnung von Dimensionen, auch im Alltag:

> So etwa in der Berufswelt, wo ein Lernender sein Pensum durchaus auch so lernen kann, daß er über das Bearbeitenkönnen einzelner Werkstücke hinauswächst und im Ganzen der Dimension dieses Werkes „zuhause" ist. Er lernt dann nicht nur Methoden des Umgangs und Praktiken der Bearbeitung, sondern er erfaßt die ganze Dimension, die ihm wirkliches Lebens- und Bewegungsmedium wird. Er ist darin sogar mehr als „zuhause", er fühlt sich „wie ein Fisch im Wasser". Er kann sich allseitig bewegen und versteht es, im einzelnen Gegenstand oder Werkstück das Ganze der Dimension erstehen zu lassen. Ein Zimmermann, der diesen Status erreicht hat, kennt nicht nur die Vorschriften, die Faustregeln, die Gewohnheitsformen, sondern er „lebt" gleichsam mit dem Holz, er „arbeitet" mit ihm, so wie das Holz schon in sich selbst „arbeitet". [...] Er treibt das Material zu seinen äußersten Möglichkeiten, vielleicht sogar zu riskanten Konstruktionen, aber er „spürt genau", was möglich ist und was nicht.

Rombach strebt die Einheit von Person und Sache, allgemeiner: die Einheit des Menschen mit der Welt an. Handeln in diesem Sinn nennt er „Konkreativität", wenn es neue Dimensionen eröffnet. Das agentiale Ich verschwindet in der Einheit (vgl. ib. 25). Diese Einheit wird in der vorliegenden Arbeit als Holistik immer wieder herausgestellt.

Kreativität ist ein vereinfachter Ausdruck für das, was Rombach anstrebt. Kreativität kann gebremst (inhibiert) werden. Luhmann (1985, 480) übernimmt für eine bestimmte Sorte Bremsung den Terminus „Morphogenese". Ein Prozeß läuft ab, bis er sich dadurch erschöpft, daß sein Skopos erreicht ist. Es kann einen anderen Anschlußprozeß geben. Usw. Ein System ist von Moment zu Moment ein

---

[259] Vgl. die „Träumereien an französischen Kaminen" von Richard Leander (1922) – das ist allerdings ein herrliches Märchenbuch.

anderes System. Als Prozeß wird das System mesokosmisch als dauerhaft gesehen zu Ende kommen. Morphogenese hindert, wie gesagt, den Prozeßverlauf, bessert ihn aber nicht, noch bringt sie ihn zu Ende. Sie behindert ihn un-endlich. Es kann Stockungen in einem System geben. Eine ‚Bremse wird gezogen'. Eigenprozesse werden verboten. Zu Luhmanns einschlägigen Beispielen zählt z. B. die Bürokratie. In der Translation gehören hierher Ge- und Verbote zu bestimmten Strategien. So kann Funktionalität definitiv zugunsten von Äquivalenzgeboten untersagt, Skoposbefolgung auf eine bestimmte Lösung eingefroren oder es können ganz allgemein eigene Ideen und Vorschläge durch die Adoration der professoralen Musterübersetzung abgewürgt werden. Die Behauptung, literarische „Texte" (Texteme) hätten keinen Skopos ist zweideutig: Für Texteme stimmt die Behauptung (vgl. analog das Fehlen von Sinn usw.); Texte (im hier verstandenen Sinn) machen aber sehr wohl und zwar ohne Ausnahme Sinn. In der vorliegenden Arbeit gilt ein System im doppelten Sinn als gerichteter Prozeß: Im Hinblick auf seine Umwelt wandelt es sich oder wird verändert, in seinem ‚Innern' wandeln sich oder werden Elemente und Strukturen verändert.

*MYTHOS UND FABULA – Der „Sinn" eines ganzen Texts als Einheit klingt meines Wissens zuerst bei Heinrich Steinhöwel (sprich [stainhoiel]; 1411/1412-1479) mit dem Ausdruck *verstentnusz* noch unbeholfen und verhalten an.[260] Nicht von ungefähr geschieht dies in der Vorrede zu seiner Übersetzung des *Esopus*, der nur z. T. von Äsop stammenden Fabeln. Das deutet (für uns Heutige) auf die Literaturtheorie in Johann Christoph Gottscheds *Versuch einer kritischen Dichtkunst* (1730) und etwas später die Translationstheorie des Novalis (1772-1801) voraus. – Für Gottsched (1700-1766) gibt es drei Arten des Kunstschaffens in aufsteigender Wertehierarchie: Beschreibung, Nachahmung (*imitatio*) und Fabel. Nachahmung ist nach Gottsched im Rollenspiel, z. B. des Schauspielers, gegeben. Nachahmung sucht „Wahrheit". „Das Wort in der Mimesis verweist nicht auf Gemeintes [...], sondern es evoziert." (H. Kuhn 1966, 339) Damit ist der in der hier vorliegenden Arbeit vertretene Stimulusgedanke vorausgenommen

---

[260] Vgl. zu diesem Exkurs die entsprechenden Abschnitte in Vermeer (2000); dort weitere Literatur; zu Novalis vgl. Vermeer (2004c). Nimmt man „Text" im hier gebrauchten Prozeßverständnis, so wird eine momentan-individuelle Einheit. Eine solche Einheit kann sich dann auf das Textem erstrecken, womit ein kulturspezifisch allgemeiner Sinnzusammenhang (aber nicht mehr „Sinn", der ja ausschließlich einer individuellen Aktualität zukommt) angenommen werden kann.

410

(vgl. Wagner 1803). Nach Aristoteles (1451a, 31) bedeutet Fabel ~ μῦθος ~ πραξεως μίμησις (Darstellung einer Handlung). Die drei Kunstformen beruhen auf zwei Voraussetzungen: dem „Witz" (*ingenium*) und dem Urteil(svermögen) (*iudicium*). Das Urteil beruht auf Geschmack, der eine „Seelenkraft" der Vernunft ist (Rieck 1972, 162), was immer das heißen mag. Ich möchte Geschmack als ein kulturüberformtes individuelles Emotionale beschreiben. Beschreibung und Nachahmung werden vom Verstand, der Ratio, bewältigt. Die „Fabel" bedarf der Erkennung von Zusammenhängen, die sich mit Hilfe der Ratio (als Verknüpfungsvermögen) aus den zwei vorgenannten Bedingungen herleitet. Die „Fabel" ist für Gottsched die höchste Form der verbalen Kunst (vgl. auch Rieck 1972, 180-187). Sie steht noch über dem holistischen Rollenspiel. Ihr Zweck: die Erzählung zu einem anderen Zweck. „Die Wahrscheinlichkeit ist also die Haupteigenschaft aller Fabeln" (Gottsched *Critische Dichtkunst*, zit. n. Rieck 1972, 183). Wahrscheinlichkeit heißt mit einem Fremdwort Probabilität. Die Fabel als Geschichte (Erzählung) steht zwischen der Geschichte (Historie) und der Möglichkeit (vgl. Agamben/Giuriato 2004, 177). Ilg (2004, 307) meint, „una utopía difiere de un mito en que la primera progresa, es prospectiva, mientras que el último, de manera regresiva, reconduce a un origen."[261]

Nach Rieck (1972, 144f) wollte Gottsched die damals geltenden Kunstregeln durch Naturregeln ersetzt sehen, wobei er sie zunehmend rigoros interpretierte. „Natur" war für ihn eine Maschine (eine nicht seltene Ansicht in seiner Zeit) mit wirkender Kraft; somit gehörten auch die „Seelenkräfte des Menschen" zur Natur (vgl. ib. 166). Natur ist das, „was wir uns leicht als möglich vorstellen können". Gottsched irrte wie andere Zeitgenossen in einem anderen wesentlichen Punkt: Mit Wolff war er der Ansicht „Essentiae rerum sunt aeternae et immutabiles". (Vgl. Platons ἰδέαι.) Paradoxerweise kann man nur behaupten, Ideen, Begriffe seien als atemporale Potentialitäten momentan. Die Einführung von Naturregeln war also eine natürliche Konsequenz seiner Philosophie, ihre Tragik war die damit behauptete starre Statik der Welt als einer mechanisch funktionierenden Maschine (ib. 150). Das führte in der Folge zu heftigen Streitigkeiten (vgl. Lessing und die nachfolgende Sturm-und-Drang-Periode).

Die Wirklichkeit wird im künstlerischen Schaffensprozeß bereichert und qualitativ verändert (ib. 169).

---

[261] „[...] eine Utopie unterscheidet sich von einem Mythos dadurch, daß sie vorwärtsschreitet, prospektiv ist, während letzterer regressiv zu einem Ursprung zurückführt." (übers. v. HJV)

Die Fabel, so reich sie auch sein mag, ist *eine*, und sie gewinnt Einheit durch die Einheit der von ihr dargestellten Praxis. Eins-sein bedeutet für die in der Zeit ablaufende Rede, daß sie gestaltet ist. Sie muß einen als Anfang kenntlichen Anfang, ein als Ende kenntliches Ende und einen Höhe- oder Mittelpunkt haben. Sie muß ein Ganzes sein, das sich mit einem Lebewesen vergleichen läßt. [...] Und auch diese Ganzheitlichkeit kommt der Mythos-Rede zu aus der von ihr mimetisch vergegenwärtigten Praxis. (H. Kuhn 1966, 340)

Gottscheds Kunst- als Übersetzungstheorie interpretiert besagt: Ein Translat kann einen Ausgangstext in enger Anlehnung in Inhalt und Form nachahmen (die obige „Beschreibung"; heute spricht man von einer Äquivalenztheorie), als „Rollenspiel" nachbilden oder mit derselben oder einer anderen (das wird bei Gottsched nicht erwähnt, wahrscheinlich gar nicht intendiert) Moral [allgemeiner: Funktion] zur „Fabel", d. h. einem anderen, neuen Text, erhöht. Dabei kann die Übersetzung wiedergeben, was im Ausgangstext angelegt ist / sein kann oder (nach Meinung des Übersetzers) angelegt sein sollte (oder der Zielkultur adäquat wäre, d. h. in ihr realisiert werden sollte). – Vgl. hierzu Vermeer (2005, 117f) zur Geschichte vom Turmbau zu Babel.

Georg Friedrich Philipp von Hardenberg, (Novalis, 1772-1801) erreicht die höchste Auffassung von Translation, eine kultursensitiv-holistische Theorie vom Übersetzen. (Ich stelle die einzelnen Gedanken im folgenden Zitat abschnittweise so um, daß ihre Relevanz für das heutige Translationsverständnis deutlicher wird.)

Eine Übersetzung ist entweder grammatisch, oder verändernd, oder mythisch.

Grammatische Übersetzungen sind die Übersetzungen im gewöhnlichen Sinn. Sie erfordern viel Gelehrsamkeit – aber nur discursive Fähigkeiten.

Zu den Verändernden Übersetzungen gehört, wenn sie ächt seyn sollen, der höchste, poëtische Geist. Sie streifen leicht in die Travestie – wie Bürgers Homer in Jamben – Popens Homer – die Französischen Übersetzungen insgesamt. Der wahre Übersetzer dieser Art muß in der That der Künstler selbst seyn und die Idee des Ganzen beliebig so oder so geben können – Er muß der Dichter des Dichters seyn und ihn also nach seiner und des Dichters eigner Idee *zugleich* reden lassen können. In einem ähnlichen Verhältnisse steht der Genius der Menschheit mit jedem einzelnen Menschen.

Mythische Übersetzungen sind Übersetzungen im höchsten Styl. Sie stellen den reinen, vollendeten Karacter des individuellen Kunstwercks dar. Sie geben uns nicht das wirckliche Kunstwerck, sondern das Ideal desselben. Noch existirt, wie ich glaube kein ganzes Muster derselben. Im Geist mancher Kritiken und Beschreibungen von Kunstwercken trift man aber helle Spuren. Es gehört ein Kopf dazu, in dem sich poëtischer Geist und philoso-

phischer Geist in ihrer ganzen Fülle durchdrungen haben. Die griechische Mythologie ist zum Theil eine solche Übersetzung einer Nationalreligion. Auch die moderne Madonna ist ein solcher Mythus.
Nicht blos Bücher, alles kann auf diese drey Arten übersetzt werden. (Novalis, *Blüthenstaub* 1965ff.2, 438f, Nr. 68)

Wie man an den bei Novalis angeführten Beispielen sieht, berücksichtigt er nicht nur die Translation eines verbalen Ausgangs- zu einem verbalen Zieltext noch die bloße Adaptation ausgangskultureller zu zielkulturellen Phänomenen, sondern in einem holistischen Sinn eine kreative Umbildung auf kultureller Ebene – (1) so, wie aus der rohen vorklassischen griechischen Religion, in der Kronos seine Kinder frißt, die (stark anthropomorphisierte, aber mildere) klassische griechische Religion wurde, und (2) Maria, die Miterlöserin in der christlichen Lehre, zu Novalis' eigener „Madonna", seiner früh verstorbenen Braut Sophie von Kühn, wurde (zu Einzelheiten vgl. Vermeer 2004c). Heute, fast 200 Jahre nach Novalis, gilt allerdings immer noch, was er damals schrieb:

> Noch existirt, wie ich glaube kein ganzes Muster derselben.

Novalis bekräftigt seine Ansicht in einem Brief an August Wilhelm Schlegel vom 30. November 1797 (Rieger 1989, 214):

> Das echte Übersetzen ist die Neukonstitution des Textes, seine Neuschaffung: „Übersetzen ist so gut dichten, als eigne Werke zu stande bringen – und schwerer, seltner."

Noch umkleidet Novalis seine Ansicht mit dem Wort Mythos.

> Mythos ist der (vorzugsweise narrative) Bezug auf die Vergangenheit, der von dort Licht auf die Gegenwart und Zukunft fallen läßt. (Assmann 1999, 78)

Novalis' Ideal der Translation liegt in der kulturellen und nicht mehr nur verbalen Umformung/Kreativität zu Anderem, Neuem, einer „Transsubstantiation" (Novalis 3.383, Nr. 634), einer neuen Religion (dem höchsten Gut der Menschen die Zeiten hindurch bis an die Gegenwart) und einer Verwandlung und Überhöhung des Menschen. Ich suche die Transsubstantiation der Translation.

*POTENTIALITÄT/VIRTUALITÄT – Kreativ handeln heißt Neues schaffen. Die Psychologie teilt die Kreativität in vier Phasen: die Such-, Inkubations-, Inspirations- und Umsetzungsphase. Vor- oder „Randbedingungen", die keinesfalls am Rande stehen, für die erst genannte Phase sind die Disposition, evtl. Stimulierung, jedenfalls Motivierung; zur zweiten gehört das gedankliche ‚Brüten'. Usw. Begleitet wird das Warten of Godot von „gezielt eingesetzten Gestaltungstechniken" (Gottwald 1997, 299). Natürlich gibt es auch den plötzlichen Einfall, den Gedankenblitz, das archimedische ηὕρηκα. Eine Ursache für kreatives Entstehen/Werden läßt sich nicht ausmachen. Gottwald (ib.) spricht aber andererseits von einem „Sog". (Das wäre wohl so etwas wie ein paulinisches ‚es traf mich', *il arrive, it happens*.) Dürr (in Dürr + Gottwald 1997, 300) widerspricht: Der Sog müßte aus der Zukunft kommen, über die wir nur wissen, daß sie gesetzlos kommt.

Die Diskussion zwischen Dürr, Gottwald und Sheldrake/Schmidt (in Dürr + Gottwald 1997, 300-313) endet in der Annahme einer „Koevolution" und damit einer (noch?) nicht bekannten Art Verbundenheit von Phänomenen, wie sie wahrscheinlich seit Jahrtausenden und so denn auch in der vorliegenden Arbeit immer wieder betont wird. Der Gedanke der Koevolution kann hier nicht nachgezeichnet werden. – [Ich erlaube mir "a wild guess" (und klammere ihn vorsichtshalber eckig ein): Sheldrake stellte fest, daß Menschen oft merken, wenn sie von hinten angestarrt werden. 242 Experimente waren nach seiner Aussage „überwältigend und statistisch gesehen signifikant" (ib. 310). Anstarren heißt, sein Augenmerk intensiv fokussieren. Nach meiner Erfahrung geht es dabei nicht darum, etwas Bestimmtes genau zu erkennen; man starrt z. B. oft, ohne es selbst zu bemerken, der Volksmund sagt ‚gedankenlos', oder während man überlegt, ob man den Angestarrten kennt, d. h., während der Starrende bzw. sein Gehirn eine Erinnerung zu aktivieren sucht und dadurch eigentlich vom ‚Sehpunkt' abgelenkt wird, nicht fokussiert, aber sehr energisch aktiv ist. Wie dem auch sei, wenn Sehen auf der Wahrnehmung und Verarbeitung von eintreffenden Photonen beruht, könnte dann angenommen werden, daß die Intensität des Sehens Photonen sozusagen ‚veranlaßt', sich ihrerseits zu bündeln und zu intensivieren? (Vgl., was oben an verschiedenen Stellen zur Intensivierung zitiert wurde). Der Ausgangspunkt des ‚Seehstrahls' (oder wie immer man es ausgedrückt hat) würde dadurch affektiert; ein Mensch merkt, daß etwas von ihm ‚ausgeht' oder in diesem Fall vielmehr ihn ‚berührt'. Ich denke, man kann ruhig den Ausdruck aus dem Evangelium anwenden, zumal es sich dort meistens um Heilungserwartungen, also ein Angehen/Anflehen, vielleicht sogar Anstarren seitens des Heilungsuchenden oder sogar der umstehenden Menge – eine Intensivierung – handelt und der Heilende, der seine Hand auflegt, womit von ihm eine Kraft (Energie)

‚ausgeht‘, wie es heißt, ohne daß er physisch oder ‚geistig‘ hart zu arbeiten scheint und ermüdet. (Vgl. auch andersartige Heilungsberichte; vgl. Lourdes. Handelt es sich wirklich nur um eine Glaubens-/Hoffnungs- oder sonstige Anstrengung dessen, der Heilung erwartet? Physik, Physiologie oder doch ‚Psychologie‘?) – An dieser Stelle kann ein anderes Phänomen erwähnt werden: Erwartungen verändern die Zukunft. Man findet, was man erwartet (vgl. die Hoffnung, die die Perspektive und die Interpretation eines Ereignisses mitbestimmt). Wenn alles mit allem zusammenhängt, muß auch die Zukunft von der Gegenwart mitabhängen. Die Gegenwart schafft die Zukunft mit – natürlich. – Wenn die genannten Hirngespinste nicht völlig aus der Luft gegriffen sind, könnte man Analogien suchen: Verbindungen, die hergestellt werden und beide Endpunkte verändern, etwa analog zur Affizierung von Beobachtetem *und* Beobachter, wie es die Experimentalphysik behauptet. Eine Schwierigkeit der Erklärung liegt darin, daß Intensivierung und Fokussierung gerade Ablenkung von anderem Verhalten /Tun bedeuten können, das dann vermindert würde.]

Potentialität bedeutet Möglichkeit. Möglichkeit weist auf etwas (noch) nicht Realisiertes, auf eine Potentialität hin. Mit Potentialität bezeichne ich hier Abstrakta (Begriffe) vorab der sog. Geisteswissenschaften, z. B. der Linguistik, mit denen sie ganz normal operiert, operieren muß. Das sei im folgenden kurz nachholend dargelegt, obgleich schon mehrfach von Potentialität die Rede war. Weil diese Phänomene durchaus real in den Mesokosmos einwirken, kann man sie auch Virtualitäten nennen.

Real sind allein Entitäten-im-Gebrauch (vgl. Text vs. Textem, Sprache [*langue*] vs. Rede [*parole*]). Nun sind solche Entitäten aber momentan-individuelle Phänomene. (Gebrauch ist eine Sequenz momentaner Prozeßpunkte. Das wurde oben bereits betont.) Als solche können sie nicht verallgemeinert werden. Der Mensch braucht aber zum eigenen Überleben Verallgemeinerungen. Er kann nicht erst ‚lernen‘, was da auf ihn zukommt – er wäre vom Auto längst überfahren, ehe er es als Gefahr erkennen könnte. Ähnlich geht es mit der Interaktion. Man muß annehmen können, daß ein Angeredeter auf Grund seiner Enkulturation, wozu auch die Prägung in einer bestimmten Sprache gehört, mehr oder minder versteht, was ich sagen will, wenn ich sage: „Es ist heiß heute.“ Meine Äußerung bildet meine, individuelle Sequenz. Aber ich kann erwarten, daß mein Gesprächspartner dank einer der meinen ähnlichen Enkulturation ähnlich klingende, ‚ähnliche‘/‚vergleichbare‘ Ausdrücke in einer ‚ähnlichen‘/‚vergleichbaren‘ Situation gebraucht / gebrauchen kann/könnte. Diese Art Ähnlichkeit und Vergleichbarkeit beruht auf Konventionen, die jedes Mitglied einer Gesellschaft kultur-, d. h. gesellschaftsspezifisch, lernt, indem es so lange darauf getrimmt wird, bis es sie aufsagen kann – oder die Gesellschaft an seinen mangelnden Fähigkeiten verzweifelt. Es sind Potentialitäten entstanden: Begriffe, Wörter, Strukturen usw.

Diese Potentialitäten beruhen auf physischen Konstellationen und Aktivitäten des Gehirns. Sie sind in ihnen gespeichert. Man weiß bisher nicht genau, wie das geschieht. Formen und Bedeutungen können (meist miteinander gekoppelt – vgl. Saussure 1916) unter konventionellen Umständen aktiviert (evoziert, abgerufen) werden. Wir haben es dabei mit zwei Ebenen zu tun: der physischen (einschließlich der elektro-magnetischen und chemischen) irgendwie ‚gespeicherten‘ Phänomene ‚im‘ Gehirn und der darin versteckten, verborgenen, mit- oder ‚eigentlich‘ gemeinten virtuellen Phänomene. (Vgl. die hier mehrfach erwähnte Meso- und Makroebene.) Drittens können die Aktivitäten des Gehirns entsprechend verändert formal außerhalb desselben (in reduzierter rationaler Form) medial-mechanisch gespeichert werden: als Tintenflecken auf Papier, in CDs gebrannt usw. (Es gibt auch natürliche Außenspeicher; man erinnert sich an etwas Bestimmtes beim Anblick eines anderen Objekts, macht einen Knoten ins Taschentuch oder treibt Mnemotechnik.) Verzerrungen können bereits vor oder während der Speicherung entstehen und mitgespeichert werden (vgl. Dennett/Wuketits 1994, 155-170; vgl. den Weg zur Verbalisierung). – Speicherung ist ein Prozeß. Das zu Speichernde / das Gespeicherte wird ständig, weil das Gehirn lebt, in sich und u. a. durch Vergleich mit neuen Eindrücken verändert. Das Gedächtnis ist ein miserabler Zeuge. – Wir können uns vielleicht eine (wirklichkeitsnahe oder wild imaginierende) Vorstellung von der neuronalen ‚Translation‘ eines Prozesses machen. Wir nehmen z. B. an, daß bestimmte räumliche Hirnregionen in unterschiedlicher Intensität temporal aktiviert werden. Es entsteht ein Muster, das einen bestimmten Prozeß ‚abbildet‘. (Ich meine Abbildung metaphorisch und beanspruche natürlich nicht, daß die Beschreibung irgendeine Ähnlichkeit mit der Realität hat.) Wie steht es mit abrufbaren Speicherungen (Ereignissen)? Wie, wo usw. ‚sind‘ die indefinit vielen Erfahrungen (Prozesse und Ereignisse) gespeichert? Daß sie sich ständig wandeln, ist ein zusätzliches Problem.[262] Die Wiedererkennbarkeit als „das ist ja ...“ ein weiteres. Veränderungen durch neue Erfahrungen (vgl. wieder das Bild vom Beob-

---

[262] Angenommen ein Roman bleibe 300 Jahre lang verschollen, niemand weiß um ihn, niemand sieht und liest ihn. Am Ende wird er wieder aufgefunden. Die darin beschriebenen Personen haben sich für die Leser verändert, und zwar für jeden Leser auf seine Weise (*Pierre Menard*s oder vielmehr Borges' Problem). Vgl. vor allem Fried (2004).

achter und Beobachteten, die beide verändert werden) sind keine hinreichende Erklärung. Aktivierung selbst kann ein verändernder Faktor sein. – Das Gehirn ist ein Meister in Generalisierungen. Ein Mensch nimmt einen gescheckten Ausschnitt klar oder sich zu einer schattenhaften Figur formenden verschwommen/undeutlich wahr. In Bruchteilen einer Sekunde erkennt er einen Tiger. Der Sinn solcher Fähigkeiten wird einsichtig, wenn man ‚in letzter Sekunde' einem heranrasenden Auto entwischt.

*REDUKTION UND PERSPEKTIVE – Der Weg zu Generalisierungen führt über Reduktionen und Perspektiven (vgl. auch die *KONTINGENZ). Generalisierungen sind nötig, um mit Hilfe makrokosmischer Virtualitäten im Mesokosmos leben zu können (vgl. die Sprache, den *BEGRIFF). Individuelle mikro- und mesokosmische Phänomene werden unter bestimmten perspektivischen Bedingungen miteinander verglichen, auf ihre denotativen (!) Gemeinsamkeiten reduziert und zu makrokosmischen denotativen Begriffen generalisiert. Die Begriffe werden sodann wieder auf mesokosmische Beobachtungen angewandt (vgl. Vermeer 2004b). Diese Prozedur gilt für alltäglichen und wissenschaftlichen Gebrauch von Phänomenen gleichermaßen, z. B. für die wissenschaftliche Beobachtung mikrophysikalischer Prozesse oder die kulturspezifische Redeweise einer Gesellschaft. Beispiel: In einer Gesellschaft werde eine bestimmte non-verbale und verbale Handlungsweise öfter mit dem Wort „Politik" benannt. Es bildet sich eine Konvention heraus, mit diesem Wort auf untereinander als ähnlich angesehene Verhaltensweisen hinzuweisen. Holistisch gesehen ist der Gebrauch des Wortes von jedem Benutzer individuell emotiv, evaluativ, assoziativ und denotativ besetzt. Gewisse Gemeinsamkeiten lassen sich beobachten. Das Wort „Politik" kann in Zukunft von dem häufigen Gebrauch her immer wieder als Hinweis auf ähnlich Gemeintes angewandt werden. Die Ähnlichkeiten werden wahrscheinlich bis zu einem gewissen Grad immer vager. So bildet sich bei den Mitgliedern der Gesellschaft eine konnotativ weitgehend entleerte Konvention für den Gebrauch des Wortes heraus. Ein <Begriff> wurde geschaffen. Auch formal entstand eine konventionelle Aussprache (bzw. Orthographie). Schaut man bei anderen Beispielen genau hin, so hat „strenggenommen der für unsere Wissenschaft übliche und letztlich methodisch notwendige Reduktionismus" allerdings versagt, weil sich Systeme auf dieser Ebene „überhaupt nicht mehr ohne Zerreißen von irgendwelchen Verbindungen auf einfachere Systeme zurückführen lassen" (Dürr 1997, 230). So wurde z. B. der Ausdruck „Demokratie" fast völlig entleert; mit ihm kann sogar Gegensätzliches benannt werden. Andererseits läßt erst Reduktion Zusammenhänge erkennen. Gleichgültig wie unterschiedlich bestimmte Gewächse aussehen, sie werden als „Baum" benannt, handle es sich um Eichen, Buchen, Palmen oder Bonsai-Gewächse. Insofern ist Reduktion unabdinglich. Engführung, um zur Weite zu kommen. Generalisierung ist zugleich Abstraktion. Ein Generale (in dem hier gemeinten Sinn) wird zur Potentialität.

Der Mensch des Alltags und der Wissenschaft bewegt sich im Mesokosmos, je in seinem, individuellen. Dem ist der Mensch angepaßt und er dem Menschen. Er ist die Welt vom Menschen aus gesehen, denn der Mensch nimmt wahr und per- und apperzipiert, wozu und wodurch sein Gehirn evoluiert ist: zum Überleben. Erst Reduktion erlaubt Reproduktion.

> Suppose human concepts and human reason are body- and brain-dependent. Suppose they are shaped as much by the body and brain as by reality. [...] There is no reason whatever to believe [...] that the world comes neatly carved up into categories or that the categories of our mind are the categories of the world. (Lakoff + Johnson 1999, 22)

Auf Deutsch: Man glaube ja nicht, die Kategorien, die Philosophengeist erfunden hat, spiegelten in irgendeiner Weise *die* Realität der Welt oder paßten auch nur entfernt auf sie.

Der Streit geht um die Klärung des „Subjektiven" (~ Individuellen) und „Objektiven" (~ der Realität entsprechende Generalia und Universalia). Die Termini müssen hinterfragt werden. Hier kann die Evolutionäre Erkenntnistheorie (EE) – trotz der an ihr mehrfach geübten Kritik – zu einer vorläufigen Aufklärung beitragen.

> Diese Version der EE ist von einem *naiven Realismus* ebenso weit entfernt wie von einem *radikalen Konstruktivismus*. Denn während dieser in letzter Instanz zu einem Solipsismus führen müßte („die Welt ist meine Erfindung"), jener aber aufgrund der Annahme, daß die Welt genau so beschaffen ist, wie sie (von uns) wahrgenommen wird, ebenso unhaltbar ist, geht eine mit einem kohärenztheoretischen Realismusbegriff arbeitende EE korrekterweise davon aus, daß es (1) unterschiedliche Zugänge zur realen Welt gibt und daß (2) jeder Organismus diese reale Welt bzw. Ausschnitte daraus *seinen Möglichkeiten* entsprechend verrechnet." (Wuketits 1996, 196)

Agamben/Giuriato (2004, 87) unterscheidet das genetische (endosomatische) und das „exosomatische" Erbe. Unter letzterem erwähnt er zwar die „kulturelle[...] Tradition", meint aber im wesentlichen die Sprache, während ich die Sprache als Teil von Kultur verstehe. Sprachlichkeit im Sinn einer Fähigkeit ist dem Menschen angeboren. Kontrovers ist, inwieweit die Behauptung gilt (vgl. die Diskussion um Chomskys [1965, 40f] "innate ideas", von denen er selbst abgerückt zu sein scheint; Kritik z. B. bei Salminen 1993, 44-47). Sprache im Sinn einer bestimmten Sprache, z. B. Deutsch, muß der Mensch erlernen. Kultur im Sinne der Gesamtheit (des „Holon") des Verhaltens ebenso. Gewisse Grundverhaltensweisen, z. B. ethisches Verhalten, sind dem Menschen (ebenso wie Tieren) angeboren, kulturspezifisches Verhalten muß er erlernen; es überformt das genetisch bedingte. In diesem Zusammenhang erlernt der Mensch auch, auf eine bestimmte Art und Weise zu sprechen, die über die sog. Grammatik und Lexik weit hinausgeht. Der Mensch ist ein Holon. Im übrigen wurden der Mensch und das Seinige, z. B. die Kultur und die Sprache, allmählich aus dem sog. Tierreich evoluiert. Das geschah nicht erst am sechsten Tag.

Die EE läßt sich auf der Ebene des sprachlichen Verhaltens mit dekonstruktivistischen Ansätzen verbinden, wie sie vor allem Arrojo (vgl. u. a Wolf 1997) mehrfach für die Translation aufgezeigt hat. Tatsächlich wäre besser von verschiedenen EEs zu sprechen. Für den Mesokosmos beschreibt Diettrich (1996) das Alltagsbild des Menschen und das Weltbild der traditionellen Physik aus seiner Sicht der Evolutionären Erkenntnistheorie:

> [D]ie von uns wahrgenommenen bzw. gemessenen Regelmäßigkeiten und damit die daraus abgeleiteten Naturgesetze sowie das zugehörige Weltbild [sind] letztlich das Konstrukt unseres kognitiven bzw. experimentellen Apparats [...]. Umgekehrt ist es gerade dieses Weltbild, auf das sich Physik und Biologie und damit die Entwicklung unseres Gehirns und der dort etablierten Operatoren stützen. (ib. 48)

> Auch kognitive Reproduktionszyklen könnte es in vielfacher Form geben. Die humanspezifische Methode, aus den Phänomenen der Perspektive die hypothetische Existenz dreidimensionaler Gegenstände abzuleiten, ist keineswegs denknotwendig oder funktional zwingend. Hypothetisch (und damit Artefakte der Interpretation) sind dreidimensionale Gegenstände als Objekte der Wahrnehmung, insofern sie noch nie von jemandem direkt gesehen wurden. Was wahrgenommen wird, sind immer nur zweidimensionale Projektionen auf unsere Netzhaut. Denkbar, und *apriori* sogar plausibler, wäre ein Weltbild, in dem das unmittelbar gesehene [*sic*] als real gelten würde. Allerdings müßten dann die von uns so genannten perspektivischen Verzerrungen ebenfalls real sein und auf der zu diesem Zweck unterstellten Wechselwirkung mit unseren Bewegungsorganen beruhen. Kein Zweifel, daß ein solches Weltbild mit all den sich daraus ergeben[d]en Erweiterungen keinerlei Gemeinsamkeiten mit dem unseren hätte und daß die kulturelle Kommunikation mit den Trägern eines solchen Weltbildes genau so unmöglich wäre wie die genetische Kommunikation zwischen artfremden Organismen.

Evolution findet sowohl im Organischen wie im Kognitiven statt, jedoch immer nur in kleinen Schritten und an der Oberfläche des jeweiligen Phänotyps. Größere Modifikationen, z. B. am Genom[263], sind entweder lethal [*sic*] oder kosten zumindest die Reproduktionsfähigkeit. Die jeweiligen Basisstrukturen bleiben als „genetische Bürde" erhalten. Unsere organische Evolution läßt die Zellstrukturen und die basale Physiologie unverändert und beschert uns allenfalls epiphenomenale [*sic*] Modifikationen wie längere Gliedmaßen oder eine veränderte Behaarung. Ebenso läßt die weitere kognitive Evolution die angeborenen Anschauungsformen unverändert, einschließlich der Realitätsvorstellung, wie sie sich in der Interpretation von Sinnesreizen als dem Ausfluß einer dreidimensionalen Außenwelt äußert. (Wir nennen das daraus resultierende Weltbild anschaulich oder klassisch.) Diese angeborene Interpretation ist die „kognitive Bürde", von der wir uns nicht lösen können und die Veränderungen nur noch in den darauf aufbauenden wissenschaftlichen Theorien gestatten. (ib. 49f)

Jede mesokosmische Wahrnehmung usw. geschieht wegen der Kontingenz organismischen So-Seins unter einer Perspektive. Die Wahl einer Perspektive wird dem Organismus vorgegeben (vgl. die Agentialität aus Gründen einer Sprachstruktur). In anderen Fällen scheint der Organismus / Etwas im Organismus wählen zu können (vgl. den Fotografen, der den günstigsten Winkel für eine Aufnahme sucht). Die Bedingungen („Prämissen") für die ‚Wahl' einer Perspektive bleiben großenteils unbewußt und werden nur in wenigen Fällen zu einem geringen Teil bewußt. Unter dieser Perspektive hatte Berkeley recht.

Nach seiner [Berkeleys] Auf[f]assung bedeutet „*A* und *B* sehen denselben Baum" so etwas wie „*A* hat eine visuelle Idee eines Baumes, und *B* hat eine davon ganz verschiedene visuelle Idee eines Baumes, und beide visuellen Ideen, die von *A* und die von *B*, sind Teil einer Ansammlung von Ideen, die das wahrnehmbare Ding bilden, das wir den Baum nennen". (Musgrave / Alber + Albert 1993, 132)

Berkeley [1684-1753] kannte noch nicht die Unterscheidung von Wahrnehmung, Per- und Apperzeption. Die beiden letzteren unterschied Leibniz [1646-1716] in einer 1720 publizierten Arbeit.[264] Eine solche Unterschei-

---

263 „Unter dem Genom verstehen wir das materielle Äquivalent des Genotyps, d. h. die Gesamtheit der Moleküle, die die Erbinformation vergegenwärtigen." (Hennig 2002, 8)

264 « Ainsi il est bon de faire distinction entre la *Perception* qui est l'état interieur de la Monade representant les choses externes, et *l'Apperception* qui est la *Conscience*, ou la connoissance reflexive de cet état interieur, [...] » – „So ist es gut, eine Unterscheidung zu treffen zwischen der *Perzeption*, die der innere Zustand der die äußeren Dinge darstellenden Monade ist, und der *Apperzeption* (Wahrnehmung [diese Hilfsübersetzung verunklart das Gemeinte wieder]), die das *Bewußtsein oder*

420

dung würde Berkeleys Ansicht verständlicher machen. Photonen[265] gehen von einem Gegenstand aus, werden aber von zwei Rezipienten, nicht nur je nach ihrem Standpunkt und den dort herrschenden Lichtverhältnissen, tatsächlich auch nach ,Lust und Laune' (vgl. die Holistik und die Spuren der Vergangenheit) unterschiedlich wahrgenommen und verarbeitet (per- und apperzipiert). So etwa würde Berkeley heute argumentieren. (Vergleiche, wie einer ein niedliches Hundchen und ein anderer einen widerlichen Köter wahrzunehmen [zu sehen und emotiv zu evaluieren] behauptet.) Musgrave / Albert + Albert (1993, 132) differenziert in wissenschaftliche Erkenntnis und alltäglichen Glauben:

> [N]ach Berkeley bedeutet „A sieht und berührt den Baum" so etwas wie „A hat eine visuelle Idee eines Baumes, und A hat auch eine davon ganz verschiedene taktile Idee eines Baumes, und beide Ideen, seine visuelle und seine taktile Idee, sind Teil einer Ansammlung von Ideen, die das wahrnehmbare Ding bilden, das wir den Baum nennen". Nun bezweifle ich [Musgrave], daß wir das tatsächlich normalerweise mit solchen Aussagen meinen: Ich glaube vielmehr, wir meinen, daß zwei Leute buchstäblich denselben Baum sehen können, und daß eine Person buchstäblich denselben Baum sehen und berühren kann.

„Der" Baum kommt bei visueller und taktiler Wahrnehmung durch eine perzeptive Vernetzung beider Eindrücke im Gehirn einer Person zustande. Daß aber zwei Individuen „denselben" Baum perzipieren, setzt voraus, daß sie unterschiedliche Fokussierungen und (unterbewußt) andere Unterschiede zumindest nicht für aktuell relevant erachten und aus mesokosmischer Seh- und Sprach-/Sprechgewohnheit ignorieren. Ich sehe dasselbe Problem wie du, aber ich sehe es anders. Wir sehen verschiedene Probleme, aber mit gemeinsamen Merkmalen. Wir sehen nicht nur die Probleme, wir verändern sie, indem wir über sie reden.

---

die reflexive Erkenntnis dieses inneren Zustand[s] ausmacht [...]." (Leibniz [1720] 1996, 420 und 421; Übers. v. Holz) – Es ist schon erstaunlich, daß die Wissenschaft nach Leibniz von seiner Unterscheidung kaum Gebrauch gemacht hat.

[265] Luhmann (1992, 182[26]) spricht mit der Physik seiner Zeit von „Strahlungen" und fragt, „Aber was ist dann das Medium der Strahlung? Der leere Raum? Irgendwo muß jedenfalls die Unterscheidung Medium/Form als Unterscheidung kollabieren, denn letztlich muß die Unterscheidung selbst zur Form werden, für die es kein Außen, kein Medium mehr gibt. Der Begriff wird dann paradox, und die Physik behilft sich mit Metaphern (wie z. B. ,Quelle'), die auf eine unbeobachtbare Allopoiesis hindeuten." Setzt man Photonen als Energie(kondensate/konzentrate/partikel /,,ereignisse" à la Whitehead), so entfällt die für Luhmann „paradoxe" Schwierigkeit. Das Photon als Energiepartikel ist eine Form und ihr Medium in einem (s. oben zu Vakuum als ,Energiebehälter').

> Le pouvoir des paroles n'est autre chose que le *pouvoir délégué* du porte-parole, et ses paroles – c'est-à-dire, indissociablement, la matière de son discours et sa manière de parler – sont tout au plus un témoignage et un témoignage parmi d'autres de la *garantie de délégation* dont il est investi. (Bourdieu 1982, 105)

Der ‚offizielle‘ (erwähnte/...) Fokus muß nicht der gemeinte (relevante[ste]) sein. Usw.

> [C]'est la structure même du champ qui régit l'expression en régissant à la fois l'accès à l'expression et la forme de l'expression, et non quelque instance juridique spécialement aménagée afin de désigner et de réprimer la transgression d'une sorte de code linguistique. (ib. 168)

Whitehead (1978, 62f) exemplifiziert: Ein Stuhl wird gesehen und angefaßt. Das Anfassen geschieht in der Gegenwart von Anfassendem und Stuhl, das Sehen ist ein Sehen einer (unmittelbaren) Vergangenheit. Vergangenheit und Gegenwart werden so zusammengebracht. Übrigens sind der gefühlte und der gesehene Stuhl noch aus einem anderen Grund nicht derselbe: Gesehen wird ein Phänomen (eine Apperzeption) des realen Stuhls. Auch das Gefühl wird interpretiert, doch in anderer Weise. Ein Zusammenfall von Fühlen und Sehen ist unmöglich. In (leichter) Abwandlung einer Whiteheadschen (1978, 63) Bemerkung, läßt sich sagen, die mehr oder minder glückende Verrechnung beider Phänomene durch ein System (z. B. einen Menschen) werde „particularly relevant for the future existence of the enduring object of which the immediate percipient is one occasion".

Es gehört zum organismischen So-Sein, Da-Sein zu extrapolieren. Das erlaubt die ‚Erkenntnis‘, wir sähen trotz verschiedener Merkmale dasselbe Problem.

Gleiches gilt auch für Emotionen, Evaluierungen usw.

Perspektivität ist momentan-individuell. In der mesokosmischen Perspektivität werden momentan-individuelle und gesellschaftliche (überindividuelle, relativ dauerhafte) kulturspezifische „Modelle" bzw. Modellmengen von vergangenen oder/und erwarteten Welten und ihren Inhalten entworfen, die eine Fokussierung der Beobachtung (im Punkt t_n) auf eine als relevant angenommene Faktormenge ≥ 1 [lies: größer oder gleich eins] des Punktes t_{n-a} [lies: t_n minus a] erzwingen/erlauben. Man kann nicht nicht evaluieren. Als Selbst- oder Fremdwahrnehmung von einem Bezugspunkt aus führt Perspektivität auf je ihre Weise zur „Relativität" jeder Aussage und der ihr inhärenten Emotion und Evaluation (und deren inhärenter Ethik/Verantwortung). Perspektivität kann bewußte oder unbewußte (positive oder negative) Parteilichkeit bedeuten (vgl. Sympathie, Antipathie, Voreingenommenheit, Vor[aus]urteil). Perspektivität gilt auch für die Wissenschaften (vgl. Deppert 1989, 12, zu den verschiedenen Zeitbegriffen der Disziplinen).

Die Unterscheidung von Selbst- und Fremdbeobachtung hat Folgen. Selbstbeobachtung bedeutet zum einen einfach „nicht die Beobachtung durch einen anderen". Beobachtet ein Beobachter sich selbst, so wird er für sich selbst zu einem ‚Objekt', also zu einem Anderen, d. h., er muß sich von sich selbst entfremden, um sich beobachten zu können. Nun behauptet die Wissenschaft, eine Beobachtung affektiere das Beobachtete. Das heißt auch, ein Beobachter werde durch seine Beobachtung eines Objekts, also von etwas außerhalb von sich selbst, gegebenenfalls also durch die Beobachtung von sich selbst als Objekt, selbst affektiert und damit ein Anderer als im Moment vor der Beobachtung (z. B. gewinnt er eine neue Erkenntnis). Damit entsteht die Frage, ob eine Selbst- und eine Fremdbeobachtung des Beobachters gleichzeitig stattfinden können, denn dann würde der Beobachter im selben Moment zweifach affektiert (vgl. ein ähnliches Problem bei Luhmann 1992, 80[23]). Ich habe argumentiert, daß auf der momentanen Mikroebene Gleichzeitigkeit wegen der Momentanität fraglich sei, da jeder Moment eine nicht teilbare Individualität sei. Um das Problem für alle Fälle aus der Welt zu schaffen, können (zumindest methodologisch) für die Selbst- und Fremdbeobachtung zwei Momente angenommen werden. Das ist dann mehr eine Frage der Perspektive, die Lösung reicht aber für wissenschaftliches Arbeiten. Luhmanns (ib. 80f) Lösung, es werde „gleichzeitig Gleichzeitigkeit und Ungleichzeitigkeit" produziert ist nicht nötig, denn zwei Momente, gleichgültig, ob real gleich- oder ungleichzeitig, sind auf der Mikroebene nicht vergleichbar. Ein Vergleich setzt die Mesoebene des Handelns voraus. – Die Argumentation trifft auch auf Luhmanns (ib. 81) Gleichzeitigkeit von „Unterscheiden" und „Bezeichnen" zu. Unterscheiden setzt Beobachten voraus. Es ergibt sich eine Kette von Stimulus → Beobachten → Unterscheiden → Erkennen → Entscheiden → Bezeichnen. Diese Sequenz gehört eindeutig dem Mesokosmos an, schon deshalb, weil sie als Sequenz von Zusammengehörigem empfunden/erkannt wird. Aber es gibt (für den Menschen?) wohl keinen Mesokosmos ohne makrokosmische Einflüsse. – Im Bezeichnen sind zwei Prozesse zu unterscheiden, was Luhmann anscheinend nicht tut: Das Bezeichnen-von etwas, z. B. als unterschieden/markiert behandeln, und das Bezeichnen-mit etwas, z. B. mit einer Markierung versehen. Die Gleichzeitigkeit von Unterscheiden und Bezeichnen trifft, wenn überhaupt nur auf das erste zu. Auch kann man nicht das Beobachten beobachten. Es müßte dann heißen {Beobachten} {beobachten}, d. h. eine Menge von momentanen Beobachtungen auf Mengen von je anderen momentanen Beobachtungspunkten richten. Es kann nur ein Beobachtet-Haben beobachtet werden. Man kann nur Vergangenes wahrnehmen. Ebenso kann das Gehirn nur Wahrgenommenes perzipieren und Perzepte apperzipieren. Im Mesoleben eines Organismus wird dieser Mikrounterschied nicht wahrgenommen. Auch die Linguistik ignoriert oft (meistens? im allgemeinen?), daß im Gebrauch mancher Sprachen diese Unterscheidung zu Grunde zu liegen scheint – vergleiche: „mir gefällt" (Präsens) vs. türk. „beğendim" (~ *mein Gefallen hat angefangen*; Präteritalform). Das türkische Verb ist inchoativ.[266] – Das Beobachten selbst ist Handeln. Auch hier könnte man weitere Unterscheidungen einbringen: (An-)Reiz zum Handeln ....

Perspektivität bedingt das ‚psychische'[267] So-Sein eines Organismus mit. Perspektivität bedeutet un-, unter- oder teilweise bewußte Engführung, Einseitigkeit, Relativität. Ich kann etwas in jedem Moment nur und ausschließlich unter einer Perspektive („Aspekt" ist hierfür ein Quasisynonym) sehen. Andere Aspekte müssen außen vor bleiben. In etwas anderer Sichtweise: Ich kann nicht ‚alles' (der Wunsch der Romantiker)[268] auf einmal haben, ich muß verzichten. Es kann zu Verdrängungen, Ängstigungen usw. kommen. Die Perspektivität Anderer macht bewußt, daß es andere Sichtweisen, Ansichten (auch im wahrsten Sinn des Wortes) gibt. Sie sind mir nicht zugänglich. Die Ängste und Frustrationen nehmen zu. Erziehung („Enkulturation", „Sozialisierung") setzt den Prozeß der Perspektivierung auf gesellschaftlicher oder/und gemeinschaftlicher Ebene fort. Andere Individuen/Kulturen/Gesellschaften sehen die Welt anders. Das zu erkennen, anzuerkennen ist ein erster Schritt zur Freiheit. Hinzu kommt, daß ich mich auf etwas konzentrieren, es „fokussieren" muß, um es ‚genau' (unter meiner Perspektive ...) erkennen zu können. Ich kann nicht (alles) tun, was ich möchte, geschweige denn ‚will' (falls ich wollen kann). Abermals eine

---

[266] Doch vgl. Zólyomis (2005, 25) Bemerkung zum Tempusgebrauch im Sumerischen: „Sumerisch besitzt ein relatives Tempussystem. Das Präsens-Futur bezeichnet Sachverhalte, die nicht vorzeitig, sondern gleich- oder nachzeitig zu einem Relationswert liegen; das Präteritum drückt vorzeitige Sachverhalte aus. Diese Opposition ist bei Verben, die Zustände bezeichnen, neutralisiert, da diese nur das Präteritum verwenden."

[267] Ich weiß nicht, was „psychisch" heißt (‚ist'). Griech. ψυχή heißt u. a. „Leben" (im holistischen Sinn), „Gefühl" (als Teil davon), auch „Bewußtsein" (als Teil hiervon). Dann kann „psychisch" stehenbleiben. Es handelt sich um eine emotionale Wahrnehmungsweise eines Ergebnisses physischer Gehirnaktivitäten.

[268] Nach Mühlemann (1972, 48f) beginnt die Sucht, alles zu erfassen, im 16. Jh.

Engführung. Aber auch ein zweiter Schritt: Die Konzentration auf *eine* Perspektive erlaubt mir, von ihr aus das zu Beobachtende durch Fokussierung genauer zu per- und zu apperzipieren. Aus momentan-individueller Perspektive werden Prozesse und Ereignisse (im Whiteheadschen Sinn) von Punkt zu Punkt andere. Mesokosmisch gesehen spielt die Situation bzw. Umwelt eine Rolle. Je nach der momentanen Funktion wird ein Ereignis (Gegenstand, z. B. ein Organismus, z. B. ein Mensch) ein je Anderer. Der Mensch ist perspektivisch kontingent. Sein Drang nach ‚mehr‘ mag ihn ein Wesen, das ‚Alles‘ und alles zugleich erkennen kann, einen „Gott“, suchen lassen.

Es gibt zwei Arten Perspektivität. Die eine, meine, wird in der Selbstbeobachtung deutlich. Je nach dem wörtlich genommenen Standpunkt erscheint mir ein Gegenstand anders. Die andere, die des jeweils Anderen, kann ich mir über eine kulturspezifische, allgemeine oder angenommene universale Vorstellung vergleichend näherbringen. Auch wenn jemand sich genau an die Stelle stellt, an der ich soeben noch stand, wird er die ‚Welt‘ holistisch anders wahrnehmen, per- und erst recht apperzipieren als ich. Und er wird seine Manifestationen seiner Wahrnehmung usw. anders wahrnehmen usw. als ich: Meine in seiner Annahme.

Die Art, wie die ‚Welt da draußen‘, die Luhmannsche „reale Realität“ (der Mesokosmos), vom Menschen auch in seinen modernsten Theorien wahrgenommen wird, ist ein unhintergehbares allgemein menschliches biologisches Evolutionsprodukt. Die Welt da draußen, die Außenwelt, wie Jacoby (1925-1955) sagte, ist aber für den Menschen nicht nur nicht objektiv ein für allemal gegeben, sie wird durch die biologisch-evolutionäre (und kulturspezifische) Einrichtung des Menschen von ihm mit- und nicht selten mißkonstruiert. Der Beobachter ist Teil seiner Beobachtung. Damit sind die Weltsichten der Menschen im Gegensatz zu denen der Tiere und die momentan-individuelle Weltsicht eines einzelnen Menschen je *eine* Möglichkeit unter biologisch potentiell und kulturell indefinit anderen, *eine* Möglichkeit der Interpretation, eine Möglichkeit der Translation dieser einen Möglichkeit und nie *die* Realität und ‚Wahrheit‘. Realität(en) und Wahrnehmungen bedingen sich gegenseitig, sind reziprok relativ.

Perspektivität ist Individualisierung von Relationalität. Relationalität öffnet eine indefinite Menge von Möglichkeiten (vgl. z. B. eine Ortsbestimmung). Perspektivität überlagert Realität, sie dominiert über Realität und (er)schafft die (mesokosmisch vermeinte) Realität. Perspektivität ist der Stand- oder Gesichtspunkt der Monade, die ein Fenster hat, die Selektivität *par excellence*. Jede Monade hat in gegebenem Augenblick nur *ein*

Fenster. Sie trägt es von Moment zu Moment an einen anderen Ausblickspunkt und zu einer anderen holistischen Innensicht. Perspektivität wirkt in jeder Beobachtung, in jeder ‚Anschauung' (ein verkürzender Ausdruck) relativierend. – Jedes Translat ist ein unter einer Perspektive entstandenes Translat. – Perspektivität ist zuerst momentan-individuell. Mesokosmische Perspektivität ist eine mesokosmisch als *eine* durch ein Individuum perzipierte {Perspektivität}.

Die Art der Wahrnehmung ist unbewußt im Gehirn ‚verdrahtet', eine vorrationale Einrichtung. Sie ermöglichst schnelle Vor(aus)urteile. In dieser Benennung werden Vor- und möglicher Nachteil deutlich.

Die nächste (Streit-)Frage ist, inwieweit Kulturspezifik die skizzierte Grundlage überformt. Die Frage ist oft erörtert worden. Eine *communis opinio* ist bisher nicht erreicht worden. Diettrich (1994) ist ihr in Bezug auf die Sprache nachgegangen. Das dort Ausgeführte kann holistisch auf das gesamte kulturspezifische menschliche Verhalten angewandt werden.

Strikte Objektivität gibt es nicht. Ein Gegenstand wird durch einen Beobachter durch seine Beobachtung mitgeschaffen, so wie auch der Beobachter mit verändert wird. Jede Beobachtung ist ein holistischer Prozeß, d. h. unter anderem, Emotionen und Assoziationen bedingen das Resultat mit. Eine strikte Subjekt-Objekt-Trennung ist nicht möglich.[269] Die Trennung ist mesokosmisch und hierin vor allem von der sog. ‚westlichen' Philosophie seit der Antike als wissenschaftlich angepriesen worden. (Vgl. Heimsoeth 1965, 172-203, zur Historie und zur Individualisierung; vgl. auch Schneider 1991.)

> Foucault is telling us that cultural factors limit our thinking, that even the most imaginative individual functions within his or her language, that the individual's imagination itself is sparked by the age he or she lives in, and that each age has its own codes of knowledge. Time and space thus predetermine the individual's scope of thought and action and, therefore, figure prominently in Foucaultian analyses. (Wuthnow et al. 1984, 155f)

> Was als verständlich erscheint, hängt *vom gesamten geistigen Hintergrund* der nach einer Erklärung verlangenden Person ab. [...] Verständlichkeit ist eine Sache der *Gewohnheit*. Im Mittelalter hatte man sich daran gewöhnt, an Hexerei als Erklärungsgrund [für den Tod] zu appellieren; wir dagegen „haben uns an Viren und Bakterien gewöhnt", weil wir so oft davon gehört haben. (Stegmüller 1969, 1.141)

Aus natur- und (einigen?) geisteswissenschaftlichen Disziplinen ist die sog. Subjekt-Objekt-Opposition seit langem verbannt. Subjekt und Objekt wer-

---

[269] Zum Subjektbegriff bei Whitehead vgl. Rapp (1990); Lotter (1996).

den in der Beobachtung miteinander kohärent und korrespondieren einander; sie konstituieren sich gegenseitig. Im physikalischen Raum bedeutet dies z. B. unter anderem, wie Diettrich (1996, 48) ausführt,

> daß die von uns wahrgenommenen bzw. gemessenen Regelmäßigkeiten und damit die daraus abgeleiteten Naturgesetze sowie das zugehörige Weltbild letztlich das Konstrukt unseres kognitiven bzw. experimentellen Apparats sind. Umgekehrt ist es gerade dieses Weltbild, auf das sich Physik und Biologie und damit die Entwicklung unseres Gehirns und der dort etablierten Operatoren stützen.

In jede Wahrnehmung und damit Perzeption gehen Objekte der „Außenwirklichkeit" (Jacoby 1925-1955) ein, die jedoch bereits vorbewußt vom neurophysischen Apparat, der evolutionär erworbene interne Strukturen bereitstellt, auf ihre überindividuelle Typenhaftigkeit hin zugeordnet und damit vereinfach(end veränder)t werden (vgl. Baukus 1996, 255).

> Die primordialen Erkenntnisstrukturen werden erweitert durch Beobachten und Wahrnehmen, Erfahren und Begreifen. Dadurch entsteht *a posteriori* erinnerbares Wissen, das als apriorische Grundlage für späteren Erkenntniszuwachs dient [...]. Das früher erworbene und bewährte Wissen wird zur Voraussetzung für künftigen Erkenntnisgewinn. In dieser fortlaufenden Zustandsfolge des Erkenntnissystems, wobei die *Aposteriori* zu den *Apriori* werden, zeigt sich die zeitliche Komponente der epistemischen Sprache. Bewährte Erkenntnisinhalte, unterstützt vom semantischen Feld der Erfahrung und des Wissens, werden zu Begriffen, Hypothesen und Theorien verdichtet, die dann als modulare Bausteine für einen Schichtenbau des epistemischen Systems dienen. (Seif 1996, 266f)
>
> Da praktikable Theorie- und Diagnosestrukturen über komplexe Biosysteme nicht *ex nihilo* gebildet werden können, bedient man sich früher erworbener, *aposteriorer* Erkenntnisinhalte, Begriffe, Hypothesen, Teiltheorien, um sie als Module beim Aufbau einer neuen Theorie oder Diagnose zu verwenden. (ib. 267)
>
> Erkenntnis ist demnach aber nicht objektiv, auch nicht subjektiv, denn das Biosystem gestaltet zum Teil selbst seine Außenwelt, sein Biotop. Mithin ist Erkenntnis als Strukturbildung immer relativ, wechselwirkend zwischen Biotop und Biosystem. (ib. 269)

Jede Beobachtung eines Objekts, jede Perzeption vergleicht bzw. differenziert (als Sonderfall des Vergleichs) unter einer Perspektive (als *einer* von etlichen Reduktionen und Generalisierungen). Perzeption eruiert die Bekanntschaft einer einkommenden Wahrnehmung mit vorhandener Erfahrung und gespeichertem Wissen, identifiziert emotional und rational und vergleicht evaluierend die Emotionen und Kognitionen, eruiert den Grad der Neuheit der Wahrnehmung, ihre Qualitäten, die situationell-funktionale Relevanz usw. Jede Erfahrung und Erkenntnis ist Reduktion (vgl. auch die Fokussierung, um etwas klar zu sehen). Relativismus. Jede individuelle Wahrnehmung und ihre Verarbeitung zu einer Per- und Apperzeption wird kulturell überformt. Die Erkenntnis der Begrenztheit wird Teil einer angestrebten Erfahrung und Erkenntnis.

Zum kulturspezifisch-verbalen Ausdruck von Perspektivität vgl. Ausdrücke wie z. B. türkisch ... *al gel* (wörtlich: „... kauf komm [wieder]"), ähnlich im Hindi *mōl lāō* („Kauf bring"), im Japanischen ... *katte kite kure* („kaufend kommend bring"), im dravidischen Tamil aber *pōy* ... *vāṅki-k koṇṭu vā* („gehend ... [den] Kauf nehmend komm"), wohingegen man im Deutschen für gewöhnlich sagt *geh und kauf* .... Der Sachverhalt ist der gleiche, dreiteilig: jemand gehe, kaufe und bringe das Gekaufte zurück. Verbalisiert werden kulturspezifisch verschiedene Teile des Geschehens (Handelns), die ersten beiden (*gehen und kaufen*) z. B. im Deutschen, die letzten beiden (*kaufen und zurückkommen*) z. B. im Hindi, Türkischen und Japanischen, (im obigen Beispiel) alle drei im Tamil. Oder es wird, z. B. im Deutschen, nur der zentrale Teil verbalisiert: *hol/bring doch mal schnell eine Briefmarke.* – Perspektivität ist mit Ökonomie (vgl. Gernalzick 2000) verknüpft. Und doch auch wieder nicht. Dasselbe, soeben zitierte Tamil kann auch im Vergleich zu europäischen Sprachen ‚unökonomisch' verfahren (dieser Satz ist relativ zu verstehen). In einer Kurzgeschichte ist die Rede von einem Mann, der einen Schuh verloren hat. Auf Tamil heißt das: *ōr āḷ maṟantu wiṭṭu waittuppōṉa oru seruppu* („ein Mann vergessen[-habend], verlassen[-habend], gelegt[-habend] gegangen[-seiend] ein Schuh" ~ „ein Schuh, den ein Mann vergaß, verließ, beiseite liegen ließ" > „Ein Mann, der einen Schuh verlor").

Auf der Textebene wird die Stellung von Syntagmen interessant. Der vorige Tamiltext lautet vollständig: *oru nāl pālaṉ takappaṉ pālaṉai-k kūppiṭṭu* „*tapāl āpiçukku-p pōy oru talai vāṅki-k koṇṭu vā*" *eṉṟu kāçu koṭuttāṉ* („Ein[es] Tag[es] Balans Vater Balan rufend ‚...' sagend Geld gab-er"). Im Deutschen würde man aus rhythmischen Gründen (vgl. Behaghel 1930), auch gegen den tatsächlichen Ablauf der Handlung, schreiben: *Eines Tages rief Bs Vater seinen Sohn, gab ihm Geld und sagte: ....* Das Tamil scheint ‚realitätsnäher' zu formulieren (Papa behält das Geld aus Sicherheitsgründen bis zum letzten Augenblick fest in seinen Händen) und Satzrhythmik in anderer Weise zu berücksichtigen.

Syntagmen sind kultur- und erst hierin sprachspezifisch. Das Erlernen fremder Syntagmen macht Schwierigkeiten. Wer die deutsche Satzfolge *Ich weiß nicht, wann er gekommen ist* gelernt hat, tut sich schwer, die türkische Folge *[Das] welche Zeit Gekommen-Sein weiß-nicht-ich* (*Ne zaman geldiğini bilmiyorum*) zu erlernen, weil man solche Sätze für gewöhnlich nicht erst komplett vordenkt und dann äußert, sondern kleistisch allmählich verfertigt. (Im Deutschen gibt es auch eine andere Möglichkeit: *Wann er gekommen ist, weiß ich nicht.* Die Fokussierung ändert sich.)

Nur darf man sich nicht durch eine gängige Sprachstruktur dazu verführen lassen, an ein (eventuell sogar autonomes) intentionales Agens zu glauben: die Sprache tut/denkt/bewirkt/.... Luhmann (1984, 57) ersetzt Subjekte (Agentia) generell durch „Differenzausgleich" zwischen zwei Phänomenen bzw. „Differenzerfahrung" gegenüber einem (anderen) Phänomen. („Erfahrung" kann agential interpretiert werden; vgl. *Ich mache eine Erfahrung*. Nicht-agential wäre z. B. „widerfahren": *Mir widerfährt* ....) Diese Differenzerfahrung (genauer: Annahme einer Differenz) wirkt als Auslöser (Informationsangebot) für einen Passungsprozeß. Man könnte auch Freud umkehren, seine Forderung „Wo Es ist, muß Ich werden" zu „wo Ich ist, muß Es werden" machen, bis das Ich nicht mehr als Alleinherrscher auftritt.

Schließlich wird auch der Textaufbau kulturspezifisch perspektivisch verbalisiert.

> Seit halb sieben Uhr wartet die Mutter mit dem Frühstück. Es ist unbestimmt, wann Stefan zum Vorschein kommt; er ist immer noch nicht in Ordnung. Nach sechs Uhr hatte sie ihn rumoren hören, da war sie rasch aufgestanden, den Kaffee zu machen. Aber dann war es wieder still geworden im Kinderzimmer. Als ein halbes Kind noch hatten sie ihn weggeholt, als ein Mann ist er zurückgekommen, einen Bart um Wangen und Kinn. Genau so hatte sich der Vater getragen. Erst beim Regiment ließ er sich den Bart abnehmen und ist nicht wiedergekehrt. Stefan aber ist zurückgekehrt, endlich doch zurückgekehrt. (Heimeran 1950f, 5)

Die reale Ereignisfolge ist (1) gegenwärtige Situation – (2) Vorsituation – (3) Stefans Jugend – (4) Vater – (5) Stefans Rückkehr (vgl. Vermeer 1988, 268). Demgegenüber hat die erzählte Folge die Struktur 4 – 3 – 5 – 2 –1. Vergleiche dagegen die Geschichte von Vater, Sohn und dem Geld – oder den Aufbau der *Odyssee* Homers.

*RELATIVITÄT – Jeder Organismus wird in eine bereits vorhandene kontingente physikalische, physische und kulturüberformte ‚Welt' hineingeboren und in ihr und durch sie geprägt. Daraus gibt es kein Entrinnen. Auch ein

Migrant kann seine Haut nicht wechseln. Er kann sich adaptieren, und die Mitglieder der Kultur, in die er eintritt, müssen sich an ihn adaptieren. Inwieweit kann ein Translator eine Fremdkultur er-leben? (Vgl. Göhring 1978 zum „Fühlen"; vgl. Luhmann 1992, 15.) Es gibt eine entscheidende Einschränkung der Relativität: Ich huldige einem „relativen Relativismus", nach dem Behauptungen grundsätzlich bis zur Falsifizierung als „Annahmen" zu lesen sind (vgl. Popper 1981, passim, wonach es keine strikte Beweismöglichkeit gibt; zu „Annahme" vgl. Musgrave /Albert+Albert 1993). Ich habe meine Überzeugungen, Andere haben andere. Ein Grund mehr, für jeden Bezug zur Außen- und Innenwelt von einer Annahme auszugehen. Auch indikativisch formulierte Behauptungen sind als Annahmen zu interpretieren. Relativität ist angenommene Relativität.

> Das Absolute ist in einem höheren Sinn doch wieder relativ, dies hat man oft vergessen. (Rombach 1994, 120)

> Las cosas no passan [*sic*] por lo que son, sino por lo que parecen (Gracián [1647] 1954, 196, nr. 99). – Die Dinge gelten nicht für das, was sie sind, sondern für das, was sie scheinen. (Gracián/Schopenhauer 1938, 44)

Romera-Navarro (in Gracián 1954, 196[1]) erinnert (ohne Quellenangabe) an ein italienisches Dictum mit einer leicht einschränkenden Sinndifferenz:

> Le cose non sono come sono, ma come si vedono.

Realität ist ein Konstrukt.

> Das Prinzip der „inneren Realität" besagt, der Zugang zur Realität ist nur über das erkennende Subjekt möglich, und das bildet nicht naiv Realität ab, sondern baut in seinem Inneren ein in Handlungssituation relevantes Modell der Realität auf. Das zweite Prinzip ist das der „naturalen Kohärenz", die nach OESER [...] jeder sprachlogischen vorgeordnet ist. Es besagt, das selbstreferentielle System des Gehirns, das als Evolutionsprodukt in Wechselwirkung mit der Realität entstanden ist, hat letztlich teil an den Strukturen des physischen Universums. (Holz-Mänttäri 1996, 326; vgl. die philosophische Literatur zu „Realität" usw.)

Ich spreche von einem relativen Relativismus. Ein absoluter Relativismus wäre eine *contradictio in adiecto*. Der relative Relativismus läßt durchaus Überzeugungen zu, begrenzt sie aber mikrokosmisch gesprochen auf einen momentan-individuellen Prozeß- bzw. Ereignispunkt, mesokosmisch auf einen {Prozeß} bzw. ein {Ereignis} oder eine begrenzte Extension (z. B. eine Kultur bzw. {Kultur}) und toleriert andere Überzeugungen Anderer.

Überzeugt sein heißt wissen, wissen heißt überzeugt sein. Der Ausspruch „Ich weiß, daß ich nichts weiß" wird fälschlich Sokrates in die Schuhe geschoben. Tatsächlich soll er gesagt haben, er wisse nichts, glaube aber auch, nichts zu wissen (vgl. Büchmann et al. 2001, 317), was Augustinus auf den Punkt brachte: *Me nescire scio*. Wenn Sokrates weiß, daß er nichts weiß, dann weiß er etwas, und wenn er etwas weiß, kann er z. B. auch wissen, daß er nichts weiß. Doch die Pointe kann verschoben werden: Sokrates weiß, daß er nichts *weiß* ..., sondern eben nur annehmen kann, etwas zu wissen.

Jedes Etwas hat seine Individualität. Die ist u. a. an Merkmalen oder seiner/ihrer Stellung in einem größeren Ganzen feststellbar (vgl. die Prototypologie; letzten Endes beruht auch sie auf Merkmalanalysen). Das bedeutet relative Feststellbarkeit von einem Standpunkt aus / unter einer Perspektive. Etwasse können von außen (teilweise) beobachtet werden. (Jede Selbstbeobachtung setzt sich außerhalb seiner (und ihrer) selbst und beobachtet nicht sich, sondern das Ausgesetzte. Im Spiegel sieht man sich zumindest seitenverkehrt bzw. man sieht, was man und wie man es noch nie sehen konnte.) Jede Beobachtung ist relativ, d. h., sie geht von einer Perspektive aus, muß also auf diese hin relativiert werden. Unter dieser Prämisse ‚ist' 1 + 1 nicht schlechthin 2. Man halte die Handfläche unter einen Wasserhahn, lasse einen Tropfen hineinfallen, dann einen zweiten. Man bekommt nicht zwei Tropfen, sondern einen (größeren).

Jede Überzeugung und Annahme unterliegt der situationellen Einbettung in Zeit und Raum. Diese Einstellung nenne ich relative Relativität.[270] Wenn alles nur Annahme wäre, gälte das auch für die Annahme der Annahme und so weiter bis zu einem infiniten Regreß. Die eigene momentane Überzeugung stoppt die Relativität zeitig genug, um Handeln zu ermöglichen. Insofern sind auch wissenschaftliche Aussagen, weil sie Aussagen aus einer Perspektive sind, auf sie hin relativ, d. h. allenfalls unter dieser Perspektive evtl. gültig. Verallgemeinerungen bedeuten die Einnahme einer neuen Perspektive durch Reduktion.

*RELEVANZ – „Relevanz" ist vielleicht das relativste Phänomen in der Evaluierung. Relevanz ist ein relativer, evaluativer und evaluierender Terminus. Relevanz spielt bei der Interaktionstheorie von Sperber + Wilson (1986) eine zentrale Rolle. Relevanz bezeichnet hier den Mittelwert zwi-

---

[270] Luhmann (1992, 505-508) versucht in einer Zusammenfassung seiner Darlegungen, die Relativität zugleich zu begründen und zu überlisten. Am Ende schaut die *Erkenntnis* von der Relativität wissenschaftlichen Handelns heraus.

schen den „Kosten" (dem Aufwand), vor allem an Energie, zur Erreichung eines Ziels und dem „Nutzen" (vor allem der Wirkung und ihrer Folgen) einer Handlung.

In der vorliegenden Arbeit sollen „Relevanz" und demgemäß „Wirkung" und „Folgen", soweit nicht anders angegeben, stets „holistisch" verstanden werden. Angesichts der im vorliegenden Versuch aufzuzählenden Faktoren wird, zumal in einem holistischen Verständnis, eine Ermittlung von Kosten und Nutzen und damit ihres Mittelwerts für die „Relevanz" einer Handlung nur innerhalb eines gesetzten Toleranzbereichs ungefähr abschätzbar und bleibt im Grunde illusorisch. Kosten und Nutzen werden zur Grundlage für die Relevanz einer Entität, Relevanz zur Grundlage für die Kosten-Nutzen-Berechnung. Der Zirkel schließt sich. Relevanz ist das, was ein Produzent (P), ein Rezipient (R) oder ein (anderer) Beobachter je individuell-momentan in einem aktuell-situativen Raum-Zeit-Punkt o/t unter der von ihm eingenommenen Perspektive für (relativ) wichtig, hält. (Es gibt {Relevanz} oder Relevanzsequenzen.) Der Toleranzbereich wird u. U. durch dia- oder parakulturelle Konventionen eingeschränkt. Mehrere Beobachter können sich über ihre individuellen Schätzungen austauschen und evtl. zu einem gemeinsamen (Durchschnitts-)Ergebnis (einem Kompromiß) kommen. – Konnotate entstehen individuell-momentan. Sie können sich schnell ändern. (Vielleicht ist dies ein Grund unter anderen, daß sich die Wissenschaft nicht oder nur zögerlich mit ihnen befassen mag.) Es mag sein, daß sie als andauernd empfunden werden. Nach der hier vertretenen Theorie wechseln sie auf jeden Fall insofern, als sich die Umweltkonstellationen und -bedingungen ändern und Konnotate damit andere Werte bekommen. Ob Änderungen bewußt werden, steht auf einem anderen Blatt und spielt angesichts der wissenschaftlichen Erkenntnis, daß bis zu 90% aller Konnotate unbewußt bleiben, keine Rolle. – Zu Relevanz vgl. Derrida (1999); Vermeer (2005a und b.)

*TEXT UND TEXTEM – Der Terminus „Text" (< lat. *textus/textum* „Gewebe", „Geflecht") wird konventionell für eine verbale mündliche oder schriftliche Äußerung-als-Einheit gebraucht. Der Umfang ist relativ auf eine Differenz hin (vgl. Luhmann 1985). Was in einem Vorkommen eine „Einheit" bildet, kann nicht allgemein determiniert werden. Die Extension von „Einheit" ist relativ. In einer weiten Extension kann Text für jegliche für jemanden Sinn machende Einheit stehen (z. B. ein Gemälde, eine Partitur), die nicht Teil einer größeren Entität derselben Art ist. Die Erweiterung kann den Blick weiten. Dann wird auch Translation in einem anderen

Verständnis möglich (vgl. Dizdar [demnächst]).

Allgemein werde „Handeln" als {Prozeß}-Einheit als Textur, ein „Text", genauer zunächst: eine Textproduktion (z. B. reden, schreiben, tanzen, eine Symphonie aufführen) und auf der Gegenseite Textrezeption (z. B. hören, lesen, ein Gemälde betrachten, einem Happening beiwohnen, teilnehmen) als Prozeß gefaßt. Ein Text „wird", d. h., er entsteht sukzessive und mit zurückgreifenden Spiralen und vorgreifenden Erwartungen holistisch. „Handlung" als Resultat/{Ereignis} eines Handelns heiße „Textem".[271] Nonverbale Einheiten können in diesem Sinn ebenfalls „Text(em)" heißen. Farbig bemalte Leinwand, die im Museum hängt und für jemanden ein Selbstbildnis von Vermeer darstellt, bildet in ihrem Rahmen und durch ihn markiert ein Textem, wenn die bemalte Leinwand als X (hier: Gemälde ...) intendiert war bzw. als solches identifiziert wird. Die Betrachtung als Gemälde wird ein Text. (Vgl. Kaindl 2004; zur praktischen Unterscheidung von „Übersetzen" als Prozeß und „Übersetzung" als Resultat vgl. Wilss 1977.) Als Verb, d. h. Benennung des Prozesses, könnte „translatieren" als gemeinsamer Terminus für Dolmetschen und Übersetzen wiedererweckt werden. Ein Text wird ein System; ein Textem ist mesokosmisch ein System. – Einen Überblick über Texttheorien gibt Adam (1999, 6-16.)

„Diskurs" wird von manchen Autoren ebenfalls im Sinne von verbalem Text(em) und selten nonverbalem Text(em) gebraucht. („Diskursem" kommt meines Wissens nicht vor.) Eine (zunächst terminologische) Sondersorte von Diskurs ist der "public discourse", allgemeiner: die argumentierende Diskussion/Kommunikation, allgemeiner: Interaktion über ein Thema, sozusagen das Rhema zum Thema. Öffentlich ist diese Kommunikation, insofern sie nicht individuell ist und normalerweise eine Gruppe > 2 umfaßt und einen Konsens anzustreben sucht. Das kann sich über lange Zeit hinziehen. („Wahrheitssuche" ist für dieses Handeln ein zu anspruchsvoller Ausdruck, es sei denn, man halte für „wahr", was eine Mehrheit meint, z. B. X sei der geeignetste Präsident eines bestimmten Staates.) Im Grunde gilt der Terminus „public discourse" auch für das Selbstgespräch, in dem beide Interaktionspartner in Personalunion auftreten, und für ein Gespräch, in dem der zweite usw. Partner imaginiert ist (ein Redner spricht, das Fernsehen ist längst abgeschaltet).

Anmerkung: Nicht nur Wörter auf -*ung* und -*tion* können im Deutschen sowohl einen Prozeß als auch dessen Resultat bezeichnen. Die Ter-

---

[271] „Textem" unterscheidet sich in der vorgelegten Beschreibung von Even-Zohars und Tourys „texteme", das als „a linguistic item which forms part of a text and therefore carries textual functions in it" beschrieben wird (Hermans 1999, 164).

mini „Handlung, Interaktion, Kommunikation, Dolmetschung, Übersetzung, Translation, ..." können, soweit derartige Wortbildungen eingeführt sind, als Prozesse (des Handelns, Kommunizierens, Dolmetschens, ...) und als Resultate solcher Prozesse interpretiert werden. Es wäre gut, möglichst auch formal zu unterscheiden.

Die unterschiedlichen Bedeutungen (Text als primär verbale oder nonverbale Entität, Text als Prozeß vs. Resultat [= Textem]) sollten gegenwärtig bleiben.

Denken in Prozessen geht von der Mikroebene aus, Denken von Systemen setzt auf der Mesoebene an. Beide Ebenen werden (nur) methodologisch unterschieden. Ein Text wird in einer Produktion bzw. Rezeption zu bzw. aus einer Einheit aus Form und Funktion (Sinn).

In jedem Moment der Bewegung von einer minimalen Texteinheit zur anderen können Pannen: Brüche, Mißverständnisse, Funktionsänderungen entstehen, werden andere Texte und Texteme, wenn die Pannen nicht sofort repariert werden.

Ein Text wird real wie ein Phon, Graph oder Morph. Text wird ein Kürzel für Textgebrauch. Ein Text wird im Gebrauch, d. h. in der Produktion oder Rezeption. Ein Text besteht aus Form und Funktion – {Form}, {Funktion}. Jede Handlung ist funktional. Die Funktion eines Text(gebrauch)s ist die Produktion von Memen für eine Funktion.[272] Nicht immer passen Form und Funktion zusammen.

In Vermeer (1990a) versuchte ich unbeholfen, den Terminus „Textem" einzuführen.[273] Zum Unterschied von „Text"(-in-Gebrauch) und „Textem"(-als-Struktur) vergleiche die Unterscheidung von Phon vs. Phonem, Morph vs. Morphem usw. Ein Textem ist wie ein Phonem, Graphem,

---

[272] Es überrascht sicherlich, daß Rombach (1994, 38) schreiben kann, für den Funktionalismus gebe „es nichts, was beliebig und zufällig wäre, sondern alles steht in strengster Beziehung und kündet von dem einen unwandelbaren *Gesetz*, das sich interruptionslos in der ganzen Welt als einem einzigen System behauptet." Was gemeint wird, erhellt aus folgender Beschreibung von „Funktionalität": „daß alle Einzelheiten nur im Zusammenhang ihre Bestimmung erhalten und diese nicht etwa nur aus einzelnen Zusammenhängen hervorgehen, sondern immer erst aus dem Gesamtzusammenhang definiert werden" (ib. 45). Dürr (2003) wird es auf seine Weise ähnlich sagen. Ich betone den Unterschied zwischen Momentanität und Ausdehnung sowie Element und Ganzem.

[273] Ein Versuch mit „Satz-em" und „Thesem" (Vermeer 1972, 222) bekam wie später „Textem" keinen Widerhall. Van Leuven-Zwart nannte "a comprehensible textual unit" ein "transeme" (Hermans 1999, 58). Toury (1995, 268) nennt das Translat eines "textemes" (s. oben) ein "repertoreme". – Heger (1969) bildete in der Linguistik „Signem". Usw.

Morphem virtuell. Zugänglich ist ein Textem nur als Text-im-Gebrauch für einen Produzenten während seiner Produktion und in anderer Weise als anderer Text für einen Rezipienten während seiner Rezeption, also beim Sprechen/Schreiben bzw. Hören/Lesen usw. Wahrnehmbar werden Schallwellen für das Ohr und Farbklekse auf Papier oder Lichtpunkte auf dem Bildschirm usw. für das Auge. Schallwellen, Farbtupfer usw. können für entsprechend Enkulturierte fallspezifisch, evtl. auch regel-recht als reale Formen von einem Produzenten für die Erstellung eines Texts gebraucht bzw. von einem Rezipienten als ein ‚dahinter‘ angenommenes virtuelles Textem interpretiert werden. Kulturspezifik läßt hinter den Gestalten bereits einen bestimmten Text vermuten. In dieser Annahme können Schallwellen usw., z. B. in einer Rezeption, als ein Text ‚sinnvoll‘ werden. Schallwellen und Farbflecken repräsentieren (vergegenwärtigen!) nicht *ipso facto* ein Textem. Sie sind potentielle Textemträger („Vehikel"; vgl. unten zu „Mem"). Im fertigen Produkt liegt dann sozusagen das Textem verborgen. Analoges gilt, wie gesagt, für nonverbale Texte. Eine Partitur ist nicht an sich eine Partitur. Sichtbar sind nur einem Papier aufgedruckte Linien und Gestalten. Um sie als Partitur oder in einem anderen Fall als Bild eines Maler-Ateliers (vgl. Goldscheider 1958, Tafel 56) zu identifizieren, bedarf es einer gewissen kulturellen Überformung des rezipierenden Organismus. Kultur muß erlernt werden. Sie ist für das Leben in einer Gemeinschaft/Gesellschaft unabdingbar. Konformität ist gefragt, in Grenzen. – Mir ist die dreifache Unterscheidung wichtig: Ein materieller Gegenstand, z. B. Papier oder eine CD, wird auf Grund seiner Gestaltung, z. B. mit als strukturiert interpretierbaren Farbtupfern übersät, als Textemträger identifizier-/interpretierbar (vgl. Schopp 2005). Das Textem wird, z. B. durch eine Lektüre durch einen Rezipienten im Verlauf der Rezeption in gegebener Situation für den Rezipienten zu (s)einem Text. Was das im einzelnen bedeutet, kann z. B. bei Fried (2004) ausführlich dargelegt nachgelesen werden. Ich kann in der vorliegenden Arbeit daher auf die minutiösen Details verzichten. Analog lassen sich andere Beobachtungen aus anderen Situationen deuten, z. B. wird eine bestimmte Struktur in einer organismischen Zelle auf Grund kulturspezifisch erlernter Regeln als DNA, deren Elemente als Gene (genauer: Gen-, d. h. Vererbungsträger) und ein einzelnes Gen als Mittel eines bestimmten Erbguts interpretiert. Ob dies eine Realität trifft, bleibt (vorerst) offen. Whitehead (1978, 326) bringt als Beispiel eine Farb(ap)perzeption:

> What is really being observed are narrow bands of colour-sense in the private psychological space of colour-vision. The impressions of sensation

which collectively form this entirely private experience 'arise in the soul from unknown causes.' The spectroscope is a myth, the radiant energy is a myth, the observer's eye is a myth, the observer's brain is a myth, and the observer's record of his experiment on a sheet of paper is a myth. When, [...] some months later, he reads his notes to a learned society, he has a new visual experience of black marks on a white background in a new private psychological field. And again, these experiences 'arise in his soul from unknown causes.' It is merely 'custom' which leads him to connect his earlier with his later experiences.

Der Terminus „Textem" weist zunächst auf eine konkrete Entität, eine Form, z. B das mit Farbgestalten (Buchstaben) übersäte Papier. Diese Form kann als potentiell texthaltig interpretiert werden. Analog zu anderen Termini (vgl. *Begriff) kann „Textem" als Phänomenklasse <Textem> aufgefaßt werden, wenn die vorerwähnte Interpretierbarkeit allgemein auf als ähnlich angenommene Formen ausgedehnt wird. Phänomenklassen sind virtuell, d. h., sie haben keine ontologische Realität im Universum. Sie gehören dem Himmel der Makrokosmik an, werden aber oft als mesokosmische Realitäten mißverstanden (vgl. den Streit zwischen Realisten und Nominalisten). Sie wirken in die Mesokosmik hinein.

Leider ist die wissenschaftliche Nomenklatur nicht konsistent. Ein realer Prozeß „Text" läßt sich terminologisch von der Potentialität „Textem", diese aber nur virtuell (begrifflich) von der Realität „Papier-mit-bestimmten-Farbgestalten" unterscheiden. Wer translatiert, produziert eine Translation, das reale Produkt heißt „Translat"; die Potentialität „Translatem" ist ungewöhnlich geblieben. Usw.

Śankara, der Verfasser des Brahma-Sūtra-Bhāṣya (BSB 1.3.28; 2. H. des 8. Jh. n. Chr.), scheint (in erstaunlicher Nähe zu Platon, doch in prozessualer Formulierung) verstanden zu haben, was ein Textem darstellt und daß es sich kategorial vom Textprozeß unterscheidet:

Nun sind aber die Vedaworte mit den Gattungen, nicht mit den Individuen verbunden; denn wegen der Zahllosigkeit der Individuen ist eine Verbindung des Vedawortes mit ihnen nicht zu bewerkstelligen. Wenn also auch die Individuen erst in der Zeit entstehen, so bleiben doch die Gattungen ewig bestehen, [...].
Übrigens ist dieses Entstandensein der Welt aus dem Vedaworte nicht in dem Sinne zu nehmen, als handelte es sich [...] um eine materielle Ursache; sondern es ist vielmehr so zu verstehen, daß während das Vedawort, als Ausdruck des beharrlichen Seins, ewig und für ewig mit der entsprechenden Sache verbunden ist, nur das dem Ausdrucke des Vedawortes konforme Hervorgehen der Individuen der Dinge ein Entspringen derselben aus dem Vedaworte genannt wird.

In dieser Weise wird an manchen Stellen von der Schrift gelehrt, daß vor der Schöpfung schon das Vedawort da war. (zit. n. Gottwald 1997, 253)

Gottwald (ib. 254) weist darauf hin, „daß das Hervorgehen individueller Gestalt oder Form eine selbstbezügliche Dymanik [*sic*] des Veda voraussetzt, die nichts mit dem platonischen Konzept ewiger Ideen zu tun hat". Ich habe es immer wieder bedauert, daß ein Menschenleben nicht ausreicht, alle Quellen zu einem einzigen Thema ausschöpfen zu können.

*VERGLEICH UND VERGLEICHBARKEIT – Mikroperspektivisch gibt es nur Einmaligkeit. Unter dieser Perspektive gibt es keine Vergleichbarkeit.

That no two actual entities originate from an identical universe; [...]. (Whitehead 1978, 22f)

[E]ach actual entity corresponds to a meaning of 'the actual world' peculiar to itself. (Whitehead 1978, 28)

Auf der Mesoebene entstehen bei Wiederholungen mit Variation Ähnlichkeiten anstelle von Identität. Ähnlichkeit kann für einen gesamten Text / ein Textem (im weiten Sinn einer Form) oder Text(em)elemente oder/und seine/ihre Umwelt beobachtet werden. Die Extension von Ähnlichkeit muß unter Berücksichtigung der fallspezifischen Relevanz der Extension eigens festgestellt werden. Die Erkennung/Anerkennung von Ähnlichkeit ist idio-, dia- oder parakulturspezifisch.

(Zeitweise) angenommene Regelmäßigkeit in einer Bewegung /Bewegungsrichtung oder Sequenz eines Prozesses oder der sog. Wiederholung in der Beobachtung von Prozessen und Ereignissen erlaubt dem mesokosmischen menschlichen Beobachter Erwartungen, d. h. Voraussagen als Annahmen („Hypothesen"). Erwartungen setzen die Annahme eines temporal-linearen Zusammenhangs und u. U. die Möglichkeit einer Begründung für den Zusammenhang („Kausalität") voraus. Um zwei Momente/Zustände in Zusammenhang bringen zu können, müssen sie in einer bestimmten Hinsicht verglichen werden. Um vergleichen zu können, muß Vergleichbarkeit und deren Begründung angenommen werden. Im Vergleich kommt es in Alltag und Wissenschaft auf die Annahme hinreichender „Ähnlichkeit" der zu vergleichenden Momente/Entitäten in einem gegebenen Raum-Zeit-Punkt (d. h. Situationspunkt) an (vgl. u. a. Arntz 2001, 10f). Ähnlichkeit wird durch „Generalisierung", für die als relevant angenommene Merkmale mittels „Reduktion" und „Fokussierung" auf übersehbare Faktoren unter einer Perspektive berücksichtigt werden, wobei von momentan-individuellen holistischen „Merkmalen", die für den Moment des Vergleichs als nicht relevant angenommen werden, abgesehen wird. (Zu „Individuum" vgl. Lotter: 1996, 9[24], zu Whitehead.) – „Vergleich" bedeutet Aktivierung (Stimulierung) zweier Entitäten, von denen bei Akzept Teile (Merkmale) zu einer hypothetisch (für Zwecke des Vergleichs) oder – naiver – als real angenommenen (neuen) Entität zusammengeführt werden oder die eine neue Einheit evozieren (vgl. die Assoziation). Ein Vergleich ist somit die Kehrseite der Differenz. Vergleichen ist die Benennung des Prozesses einer Zusammenführung bzw. ihrer Ablehnung. (Vgl. Vermeer 1996b) – Assoziationen können verbal und/oder nonverbal (vgl. die „scenes"; vgl. Vermeer + Witte 1990) sein.

Vergleiche führen (u. U.) zu Zusammenhängen. Zusammenhang setzt „Vergleichbarkeit" von Elementen, z. B. Elementen einer Bewegung(s-richtung) oder Sequenz, voraus. Vergleichbarkeit setzt die Annahme von Ähnlichkeit(en) voraus. Ähnlichkeit setzt Vergleichbarkeit (d. h. Behauptung von Ähnlichkeit) voraus. Hier kommt es für die Argumentation zu einem „circulus vitiosus". Ein *circulus* führt zur Annahme von Wiederholung.

In der Wiederholung kommen zwei Zeitvorstellungen zusammen: die antike griechische vom Kreislauf der Zeit (vgl. Aristoteles *Physikê* 222b.3) und die jüdisch-christliche von ihrer Linearität: Wiederholung mit Variation wird zur Spirale, auf der die Zeitpunkte aufgereiht sind, in denen die Ähnlichkeit zur Neuheit wird. Vielleicht auch eine Metapher für Evolution.

1925 erklärt Whitehead Dauer „as reiteration of the same pattern in a succession [...] of events that prehend each other" und einen „relatively permanent body, such as an electron, as a succession of occasions, or space-time regions, in each of which a characteristic togetherness of prehensions is repeated" (Lowe 1951, 43). Gleichzeitig heißt es im Gegensatz zu einer materialistischen Theorie, „the only endurances are structures of activity, and the structures are evolved." (Lowe 1951, 96). Die Behauptung gilt auch heute in der Mikrophysik. Es gibt Strukturen. Materie ist „geronnene Potentialität" (Dürr 1997, 229). Potentialität und damit Probabilität. Das heißt, „Quantensysteme mit sehr vielen (eigentlich unendlich vielen) Freiheitsgraden" (ib.). Es „gibt strenggenommen keine zeitlich mit sich selbst identischen Objekte" (ib. 228).

Wiederholung in einem gesetzten Toleranzbereich führt zur Annahme von Regelmäßigkeit, diese kann zur Aufstellung von „Regeln" (evtl. „Gesetzen") führen. Die „Wissenschaft" ist geboren. Hier kommt es zu einem zweiten *circulus vitiosus*: Durch Reduktion angenommene Wiederholung führt zu Regeln, Regeln führen zur Annahme, es gebe Wiederholung. Fallspezifisch können Faktoren und Indizes „zéro" gesetzt werden. – Eine Merkmalanalyse durch „Prototypik" zu ersetzen, führt nicht weiter. Letzten Endes rekurriert auch die Prototypologie auf Merkmale.

1956 hatten Heidrun Witte und ich begonnen, Gedanken zum Thema „Vergleich und Vergleichbarkeit" zusammenzutragen. Leider wurde die Arbeit nie fertiggestellt. Ein im wesentlichen von mir konzipierter Teil wurde gekürzt in Vermeer (1996c, 125-197) veröffentlicht. Hier genügt es, darauf zu verweisen. (Natürlich würde heute manches neu und anders formuliert werden.)

Literaturverzeichnis

In englischsprachigen Haupttiteln werden Nomina einheitlich großgeschrieben.

Aceves, Bertha (2004): La inefable naturaleza de la mente. Versiones e interpretaciones; in: Acta Poetica 25.1, 2004, 183-200.

Adam, Jean-Michel (1999): Linguistique textuelle. Des genres de discours aux textes; Paris: Nathan (= Collection fac. Linguistique).

Agamben, Giorgio (1978): Infanzia e storia. Distruzione dell'esperienza e origine della storia; Torino: Einaudi. – Agamben, Giorgio (2004): Kindheit und Geschichte. Zerstörung der Erfahrung und Ursprung der Geschichte [übers. v. Davide Giuriato]; Frankfurt a. M.: Suhrkamp (= Bibliothek Suhrkamp).

Agamben, Giorgio (1995): Homo sacer. Il potere sovrano e la nuda vita; Torino: Einaudi. – Agamben, Giorgio (2002): Homo sacer. Die souveräne Macht und das nackte Leben [übers. v. Hubert Thüring]; Frankfurt a. M.: Suhrkamp.

[Agamben, Giorgio] (2005): „Der Papst ist ein weltlicher Priester" [ein Interview]; in: Literaturen 06-2005, 55-58.

Aguilar Rivero, Mariflor (2004): La hermenéutica y Gadamer: Presentación; in: Irigoyen Triconis, Martha Patricia (ed.) (2004): Hermenéutica, analogía y discurso; México: Universidad Nacional Autónoma de México (= Cuadernos del Instituto de Investigaciones Filológicas 29), 13-24.

Ammann, Margret (1993): Das bekannte Bild einer fremden Kultur – Ein Textvergleich (Manuel da Fonseca „Seara de vento" und die deutsche Übersetzung „Saat des Windes"); in: TEXTconTEXT 8, 1993, 63-79.

Arnold von Harf s. Groote.

Arntz, Reiner (2001): Fachbezogene Mehrsprachigkeit in Recht und Technik; Hildesheim – Zürich – New York: Olms (= Studien zu Sprache und Technik 8).

Arntz, Reiner (2003): Sprachvergleich, Rechtsvergleich und Übersetzen im Sprachenpaar Spanisch-Deutsch; in: Schubert, K. (Hg.) (2003): Übersetzen und Dolmetschen. Modelle, Methoden, Technologie; Tübingen: Narr (= Jahrbuch Übersetzen und Dolmetschen 5), 1-15.

Arrojo, Rosemary (1997): Asymmetrical Relations of Power and the Ethics of Translation; in: TEXTconTEXT 11, 1997, 5-24.

Assmann, Jan (1997): Moses the Egyptian. The Memory of Egypt in Western Monotheism; Cambridge, Mass.: Harvard University Press.

Assmann, Jan (^{2}1999): Das kulturelle Gedächtnis. Schrift, Erinnerung und politische Identität in frühen Hochkulturen; München: Beck (= Beck'sche Reihe 1307).

Ast, Friedrich (1808): Grundlinien der Grammatik, Hermeneutik und Kritik; Landshut: Thomann.

Atlan, Henri (1986): A tort et à raison: Intercritique de la science et du mythe; Paris: Seuil.

[Augustinus] (1989): St. Augustine's Confessions [with an English Translation by William Watts 1631], vol. 1; Cambridge, Mass.: Harvard University Press – London: Heinemann (= The Loeb Classical Library 26).

Ayan, Steve + Goschke, Thomas (2005): Es denkt mit [Interview über Psychologie]; in: Gehirn&Geist 7f, 2005, 52-54.

Badura, Bernhard (1971): Sprachbarrieren. Zur Soziologie der Kommunikation; Stuttgart – Bad Cannstadt: Frommann-Holzboog.

Bahadır, Şebnem (2000): Von natürlichen Kommunikationskrücken zu professionellen Kommunikationsbrücken (Reflexionen zum Berufsprofil und zur Ausbildung professioneller Dolmetscher im medizinischen, sozialen und juristischen Bereich); in: TEXTconTEXT 14.2 = 4.2, 2000, 211-229.

Bahadır, Şebnem (2004a): Moving in-between. The [Community] Interpreter as Intercultural Negotiator; in: Ingimundarson + Loftsdóttir + Erlingsdóttir 2004, 255-266.

Bahadır, Şebnem (2004b): Moving in-Between: The Interpreter as Ethnographer and the Interpreting-Researcher as Anthropologist; in: Meta 49.4, 2004, 805-821.

Bahadır, Şebnem [demnächst]: Verknüpfungen und Verschiebungen: Dolmetscherin, Dolmetschforscherin, Dolmetschausbilderin [Arbeitstitel].

Bakhtin, Mihail (1978): Le marxisme et la philosophie du langage; Paris: Minuit.

Ball, John A. (1984): Memes as Replicators; in: Ethology and Sociobiology 5, 1984, 145-161.

Barros, João de (1946): Décadas, selecção, prefácio e notas de António Baião, vol. 4; Lisboa: Sá da Costa (= Colecção de Clássicos Sá da Costa).

Bartelmann, Matthias (2005): Ein Blick in das Dunkle Universum; in: Ruperto Carola 2005.2, 4-9.

Bartuschat s. Spinoza.

Baudrillard, Jean (1972): Pour une critique de l'économie politique du signe; Paris: Gallimard (= Les essais 168).

Baukus, Peter (1996): Biologie der ästhetischen Wahrnehmung; in: Riedl + Delpos 1996, 239-261.

Behaghel, Otto (1930): Von deutscher Wortstellung; in: Zeitschrift für Deutschkunde 44, 1930, 81-89.

Beierwaltes, Werner (1966/1967): Ἐξαίφνης oder: Die Paradoxie des Augenblicks; in: Philosophisches Jahrbuch 74, 271-283.

Benjamin, Walter (1991): Gesammelte Schriften, hg. v. Rolf Tiedemann et al.; Frankfurt a. M.: Suhrkamp (= stw 931-937).

Benn, Gottfried (2003): Gesammelte Werke, 3 Bde.; Frankfurt a. M.: Zweitausendeins.

Bergström, Matti (1988): Communication and Translation from the Point of View of Brain Function; in: Holz-Mänttäri, Justa (Hg.) (1988): Translationstheorie – Grundlagen und Standorte; Tampere: Tampereen Yliopisto (= studia translatologica A 1), 23-36.

Berk, Özlem (2004): Translation and Westernisation in Turkey from the 1840s to the 1980s; Istanbul: Ege.

Bertone, Laura (1989): En torno de Babel. Estrategias de la interpretación simultánea. Buenos Aires: Hachette.

Bichsel, Peter ([9]1979): Kindergeschichten; Darmstadt – Neuwied: Luchterhand.

Bleicher, Thomas: Elemente einer komparatistischen Imagologie; in: Literarische Imagologie – Formen und Funktionen nationaler Stereotype in der Literatur (= Komparatistische Hefte [Bayreuth]) 2, 1980, 12-24.

Bock, Philip K. (1964): Social Structure and Language Structure; in: Southwestern Journal of Anthropology 20, 1964, 393-403. – Repr. in: Fishman, Josua A. (ed.)

(^{2}1970): Readings in the Sociology of Language; The Hague etc.: Mouton, 212-222.

Böhme, Gernot (1978): Alternativen in der Wissenschaft – Alternativen zur Wissenschaft? in: Hubig, Christoph + Von Rahden, Wolfert: Konsequenzen kritischer Wissenschaftstheorie; Berlin – New York: de Gruyter, 40-57.

Bonini, Adair (2003): Extralingüístico e extracognitivo: Apontamentos sobre o papel do contexto na produção e recepção da linguagem; in: Cadernos de Estudos Lingüísticos 45, 2003, 7-20.

Borges, Jorge Luis (1989ff): Obras completas, ed. Carlos V. Frías; Barcelona: Ernecé.

Börsch, Sabine: Introspective Methods in Research on Interlingual and Intercultural Communication; in: House, Juliane + Blum-Kulka, Shoshana (eds.): Interlingual and Intercultural Communication. Discourse and cognition in translation and second language acquisition studies; Tübingen (1986) (= Tübinger Beiträge zur Linguistik 272), 195-209.

Bosco + Reggio s. Dante.

Bourdieu, Pierre (1982), Ce que parler veut dire. L'économie des échanges linguistiques, Paris: Fayard.

Bourdieu, Pierre (1989): Satz und Gegensatz. Über die Verantwortung des Intellektuellen [übers. v. Ulrich Raulff + Bernd Schwibsch]; Berlin: Wagenbach (= Kleine kulturwissenschaftliche Bibliothek 20).

Bourdieu, Pierre (1994): Raisons pratiques. Sur la théorie de l'action, Paris: Minuit. – Bourdieu, Pierre (1998): Praktische Vernunft. Zur Theorie des Handelns [übers. v. Hella Beister]; Frankfurt a. M.: Suhrkamp (= edition suhrkamp N. F. 985).

Bretthauer, Peter (1987): Der Übersetzer als Kulturexperte; in: TEXTconTEXT 2, 1987, 216-226.

Broermann, Ines (1984): Die Textsorte „Witz" im Portugiesischen, Dipl.-Arbeit; Heidelberg [unveröff.].

Brown, Terence A. (1998): Genetics: A Molecular Approach; London: Chapman & Hall. – Brown, Terence A. (^{2}1999): Moderne Genetik [übers. v. Sebastian Vogel + Sigrid Schneider + Ingrid Haußer-Siller + Ingrid Glomp]; Heidelberg – Berlin: Spektrum.

Brunner, Hellmut et al. (1993): Lexikon Alte Kulturen, Bd. 2; Mannheim etc.: Meyers Lexikonverlag.

Bruno, Giordano s. Dischner; Eusterschulte; Kirchhoff.

Büchmann Georg et al. (^{42}2001): Geflügelte Worte. Der klassische Zitatenschatz; München: Ullstein.

Calderón de la Barca, Pedro (1827-1830): Las comedias de D. Pedro Calderón de la Barca [...], ed. Juan Jorge Keil, 4 t.; Leipsique: Fleischer.

Calvin, William H. + Ojemann, George A. (1994): Conversation with Neil's Brain; New York: Addison-Wesley. – Calvin, William H. + Ojemann, George A. (1995): Einsicht ins Gehirn. Wie Denken und Sprache entstehen [übers. v. Hartmut Schickert]; München – Wien: Hanser.

Campbell, Donald T. (1974): Evolutionary Epistemology; in: Schilpp, Paul Arthur (ed.) (1974): The Philosophy of Karl Popper, Book 1; La Salle, Ill.: Open Court (= The Library of Living Philosophers 14), 413-463.

Canevi, Pinar (1984): Do We Need The „Actual Entities"?; in: Holz + Wolf-Gazo 1984, 185-187.

442

Catford, John C. (1965/²1967): A Linguistic Theory of Translation. An essay in applied linguistics; London – New York – Toronto: Oxford University Press (= Language and Language Learning 8). – Repr. 1974.

Cervantes Saavedra, [Miguel de] (1911-1916): Don Quijote de la Mancha, 2 pts.; Strasbourg: Heitz (= Biblioteca Romanica 136-141 y 241-245).

Ceynowa, Klaus (1993): Zwischen Pragmatismus und Fiktionalismus. Hans Vaihingers „Philosophie des Als Ob"; Würzburg: Königshausen & Neumann (= Epistemata 129).

Chappell, V. C. (1961): Whitehead's Theory of Becoming; in: The Journal of Philosophy 18, 1961, 516-528.

Chesterman, Andrew (1996): Teaching Translation Theory: The significance of memes; in: Dollerup, Cay + Appel, Vibeke (eds.): Teaching Translation and Interpreting 3; Amsterdam – Philadelphia: Benjamins Translation Library 16), 63-71.

Chesterman, Andrew (1997): Memes of Translation. The spread of ideas in translation theory; Amsterdam – Philadelphia: Benjamins (= Benjamins Translation Library 22).

Chiompi, Luc (2000): Affektgesteuerte Wirklichkeitskonstruktion in Alltag, Wissenschaft und Psychopathologie; in: Fischer + Schmidt (2000), 207-215.

Chomsky, Noam (1965): Aspects of the Theory of Syntax; Cambridge, Mass.: Massachusetts Institute of Technology.

Chomsky, Noam (1995): The Minimalist Program; Cambridge, Mass.: MIT Press (= Current Studies in Linguistics Series 28).

Church, Alonzo (1965): Logic, History of; in: Encyclopædia Britannica, vol. 14; Chicago etc.: Benton, 219-237.

Cicero (1876): De optimo genere oratorum [with an English translation by H. M. Hubbell]; Cambridge, Mass.: Harvard University Press – London: Heinemann (= The Loeb Classical Library 386), 347-373.

Cicero, Marcus Tullius (1827): Werke [übers. von C. A. Mebold], Bd. 6; Stuttgart.

Clark, Andy (⁴1993): Microcognition: Philosophy, Cognitive Science, and Parallel Distributed Processing; Cambridge, Mass. – London: MIT Press (= Explorations in Cognitive Science 6).

Clark, Andy (1999): Being There. Putting brain, body, and world together again; Cambridge, Mass. – London: MIT Press.

Cramer, Friedrich (1997): Die Thesen von Rupert Sheldrake im Lichte moderner entwicklungsbiologischer Forschung; in: Dürr + Gottwald (1997), 179-191.

Crick, Francis (1994): The Astonishing Hypothesis. The scientific search for the soul; New York: Scribner (= Science). – Crick, Francis (1994): Was die Seele wirklich ist. Die naturwissenschaftliche Erforschung des Bewußtseins [übers. v. Harvey P. Gavagai]; München – Zürich: Artemis & Winkler.

Damasio, Antonio R. (1994): Descartes' Error. Emotion, reason and the human brain; New York: Grosset/Putnam – Damasio, Antonio R. (⁶2001): Descartes' Irrtum. Fühlen, Denken und das menschliche Gehirn [übers. v. Hainer Kober]; München: List (= dtv 33029).

Damasio, Antonio R. (1999): The Feeling of what Happens. Body and emotion in the making of cousciousness; San Diego: Harcourt. – Damasio, Antonio R. (2000): Ich fühle, also bin ich. Die Entschlüsselung des Bewusstseins [übers. v. Hainer Kober]; München: List.

Damasio, Antonio R. (2003): Looking for Spinoza. Joy, sorrow, and the feeling brain; San Diego etc.: Harcourt. – Damasio, Antonio (2003): Der Spinoza-Effekt. Wie Gefühle unser Leben bestimmen [übers. v. Hainer Kober]; München: List.

Dante Alighieri (1979): La Divina Commedia, ed. Umberto Bosco + Giovanni Reggio, 3 vol.; Firenze: Monnier.

Dawkins, Richard (1976/²1989): The Selfish Gene; Oxford – New York: Oxford University Press.

Dawkins, Richard (1982): The Extended Phenotype. The gene as the unit of selection; Oxford – San Francisco: Freeman.

De Boer, Karin (2002): Zur Dekonstruktion des Hegelschen Zweckbegriffs [aus d. Ndl. übers. v. Katharina Borchardt]; in: Kern, Andrea + Menke, Christoph (Hgg.) (2002): Philosophie der Dekonstruktion. Zum Verhältnis von Normativität und Praxis; Frankfurt a. M.: Suhrkamp (= stw 1607).

Delius, Juan D. (1989): Of Mind Memes and Brain Bugs, a Natural History of Culture; in: Koch, Walter A. (ed.) (1989): The Nature of Culture: Proceedings of the International and Interdisciplinary Symposium, October 7-11, 1986, in Bochum; Bochum: Studienverlag Brockmeyer (= Bochum Publications in Evolutionary Cultural Semiotics [BPX] 12), 26-79.

Delp, Ludwig (2003): Das Recht des geistigen Schaffens in der Informationsgesellschaft. Medienrecht, Urheberrecht, Urhebervertragsrecht; München: Beck.

Dennett, Daniel C. (1991): Consciousness Explained; Boston – Toronto – London: Little, Brown & Company. – Dennett, Daniel C. (1994): Philosophie des menschlichen Bewußtseins [übers. v. Franz M. Wuketits]; Hamburg: Hoffmann und Campe.

Dennett, Daniel C. (2004): Freedom evolves; London etc.: Penguin.

Dennett, Daniel C. (2005): Sweet Dreams. Philosophical obstacles to a science of consciousness; Cambridge, Mass. – London: Bradford.

Deppert, Wolfgang (1989): Zeit. Die Begründung des Zeitbegriffs, seine notwendige Spaltung und der ganzheitliche Charakter seiner Teile; Wiesbaden: Steiner.

Derrida, Jacques (1967): De la grammatologie; Paris: Minuit. – Derrida, Jacques (⁷1998): Grammatologie [übers. v. Hans-Jörg Rheinberger + Hanns Zischler]; Frankfurt a. M.: Suhrkamp (= stw 417).

Derrida, Jacques (1999): Qu'est-ce qu'une traduction „relevante"? in: *Quinzièmes Assises de la Traduction littéraire* (Arles 1998); Arles: Gallimard (= Actes Sud), 21-48. – Derrida, Jacques (2001) s. Venuti (2001).

Descartes, [René] (1953): Œuvres et Lettres, ed. André Bridoux; [Paris]: Gallimard (= Bibliothèque de la Pléiade).

Deshusses, Pierre (2004): Allocution de Pierre Deshusses en l'honneur de Claude Porcell; in: Lenschen, Walter (ed.) (2004): Septième remise du Prix lémanique de la traduction, Lausanne 2003; Lausanne: Centre de Traduction Littéraire, Université de Lausanne (= CTL 2004).

de Waard, Jan + Nida, Eugene A. (1986): From one Language to Another. Functional equivalence in Bible translating; Nashville – Camden – New York: Thomas Nelson.

Diels, Hermann + Kranz, Walther (⁶, Repr. 1996): Die Fragmente der Vorsokratiker. Griechisch und Deutsch, 3 Bde.; Zürich: Weidmann.

Diettrich, Olaf (1994): Kognitive und kommunikative Entwicklung in realitätsfreier Darstellung; in: Kognitionswissenschaft 4, 1994, 57-74.

Diettrich, Olaf (1996): Das Weltbild der modernen Physik im Lichte der konstruktivistischen EE; in: Riedl + Delpos 1996, 36-51.

Diriker, Ebru (2004): De-/Re-Contextualizing Conference Interpreting. Interpreters in the ivory tower? Amsterdam – Philadelphia: Benjamins (= Benjamins Translation Library 53).

Dischner, Gisela (2004): Giordano Bruno. Denker, Dichter, Magier; Tübingen – Basel: Francke (= Kairos 2).

Dizdar, Dilek (1997): Die Norm brechen – Möglichkeiten eines neuen Vokabulars in der Translationswissenschaft; in: TEXTconTEXT 11.2, 1997, 129-147.

Dizdar, Dilek (2000): Descriptive Translation Studies (and Beyond): Überlegungen aus und zu Tourys Theorie; in: TEXTconTEXT 14.1, 2000, 105-129.

Dizdar, Dilek (2004): Translating Translation; in: Ingimundarson + Loftsdóttir + Erlingsdóttir 2004, 267-278.

Dizdar, Dilek [demnächst]: Translation – Um- und Irrwege, Diss. Heidelberg (2006).

Dizdar, Dilek + Bahadır, Şebnem (2000): Fachdolmetscher für den medizinischen und/oder sozialen und/oder juristischen etc. Bereich; Positionspapier für das Treffen *Dolmetscher im medizinischen und sozialen Bereich. Entwurf eines Berufsprofils für den deutschsprachigen Raum*; Germersheim 05. Februar 2000 [unveröff.].

Draaisma, Douwe (2001): Waarom het leven sneller gaat als je ouder wordt. Over het autobiografische geheugen; Groningen: Historische Uitgeverij. – Draaisma, Douwe (2001): Warum das Leben schneller vergeht, wenn man älter wird. Von den Rätseln unserer Erinnerung [übers. v. Verena Kiefer]; Frankfurt a. M.: Eichborn.

Drewermann, Eugen (2000): Goethes Märchen tiefenpsychologisch gedeutet oder die Liebe herrscht nicht; Düsseldorf – Zürich: Walter.

DUDEN (1962): Aussprachewörterbuch; Mannheim: Dudenverlag (= Der Große Duden 6).

Dürr, Hans-Peter (1997): Sheldrakes Vorstellungen aus dem Blickwinkel der modernen Physik; in: Dürr + Gottwald 1997, 224-249.

Dürr, Hans-Peter (2003a): Denken und Ahnen – Wissenschaftliche Erkenntnis und Wirklichkeitserfahrung; [Vortrag an der Universität Heidelberg].

Dürr, Hans-Peter (2003b): Unbelebte und belebte Materie: Ordnungsstrukturen und immaterielle Beziehungen – Physikalische Wurzeln des Lebens –; in: http://www.gcn.de/download/biophys1.pdf (Global Challenges Network 2003), abgeholt 18-01-2005.

Dürr, Hans-Peter + Gottwald, Franz-Theo (Hgg.) (1997): Rupert Sheldrake in der Diskussion. Das Wagnis einer neuen Wissenschaft des Lebens [z. T. aus dem Engl. übers. v. Michael Schmidt]; Bern – München – Wien: Scherz.

DUW = Duden (²1989): Deutsches Universalwörterbuch; Mannheim – Wien – Zürich: Duden.

Eckhart von Hochheim (1936ff): Die deutschen und lateinischen Werke, 11 Bde.; Stuttgart: Kohlhammer.

Eco, Umberto (1987): Arte e bellezza nell'estetica medievale; Milano: Bompiani. – Eco, Umberto (1991): Kunst und Schönheit im Mittelalter [übers. v. Günter Memmert]; München – Wien: Hanser.

Eco, Umberto (1990): I limiti dell'interpretazione; Milano: Bompiani (= Studi Bompiani: Il campo semiotico).

Eibl-Eibesfeld, Irenäus (1984): Die Biologie des menschlichen Verhaltens. Grundriß der Humanethologie; München – Zürich: Piper.

Elias, Norbert ([2]1969, repr. 1976): Über den Prozeß der Zivilisation. Soziogenetische und psychogenetische Untersuchungen, 2 vols.; Frankfurt a. M.: Suhrkamp (= stw 158f).

Ellis, Ralph D. (2000): Integrating the Physiological and Phenomenological Dimensions of Affect and Motivation; in: Ellis + Newton (2000), 3-26.

Ellis, Ralph D. + Newton, Natika (eds.) (2000): The Caldron of Consciousness. Motivation, affect and self-organization – An anthology; Amsterdam – Philadelphia: Benjamins (= Advances in Consciousness Research 16).

Elster, Jon (1985): Sour Grapes. Studies in the subversion of rationality; Cambridge etc.: Cambridge University Press.

Eusterschulte, Anne (1997): Analogia entis seu mentis. Analogie als erkenntnistheoretisches Prinzip in der Philosophie Giordano Brunos; Würzburg: Königshausen & Neumann (= Epistemata 194).

Even-Zohar, Itamar (1978): The Position of Translated Literature within the Literary Polysystem; in: Holmes, James S + Lambert, José + van den Broeck, Raymond (eds.) (1978): Literature and Translation: New perspectives in literary studies; Leuven: Acco, 117-127.

Even-Zohar, Itamar (1979): Polysystem Theory, in: poetics today 1.2, 1979, 287-310. – Repr. in: poetics today 11.1, 1990,1-269.

Feldmann, Georg Wilhelm (1988): Wirtschaft und Markt vor dem Hintergrund der prähistorischen finno-ugrisch-indogermanischen Sprachberührungen. Versuch einer Deutung der Sprache als Instrument der Ökonomie; Wiesbaden: Harrassowitz (= Veröffentlichungen der Societas Uralo-Altaica 25).

Ferner, Manfred ([2]2004): KulturSchock Türkei; Bielefeld: REISE Know-How.

Fetz, Reto Luzius (1981): Whitehead: Prozeßdenken und Substanzmetaphysik: Freiburg i. Br. – München: Alber (= Symposion 65).

Feyerabend, Karl ([15]1966): Langenscheidts Taschenwörterbuch Hebräisch-Deutsch zum Alten Testament; Berlin – München – Zürich: Langenscheidt.

Feyerabend, Paul (1975): Against Method. Outline of an anarchistic theory of knowledge; London: New Left Books. – Feyerabend, Paul ([4]1993): Wider den Methodenzwang [übers. v. Hermann Vetter]; Frankfurt a. M.: Suhrkamp (= stw 597).

Firth, J[ohn] R[upert] (1968): Selected Papers of J. R. Firth; Bloomington – London: Indiana University Press.

Fischer, Hans Rudi + Schmidt, Siegfried J. (Hgg.) (2000): Wirklichkeit und Welterzeugung; s. l.: Carl Auer.

Flasch, Kurt (1980): Augustin. Einführung in sein Denken; Stuttgart: Reclam (= Universal-Bibliothek 9962 [5]).

Flasch, Kurt (2001): Nikolaus von Kues. Geschichte einer Entwicklung. Vorlesungen zur Einführung in seine Philosophie; Frankfurt: Klostermann.

Ford, Lewis S. (1984): The Concept of 'Process': From 'transition' to 'concrescence'; in: Holz + Wolf-Gazo 1984, 73-101.

Forstner, Martin (2005): Bemerkungen zu Kreativität und Expertise; in: Lebende Sprachen 50.3, 2005, 98-104.

Foucault, Michel (1975): Surveiller et punir. La naissance de la prison; Paris: Gallimard. – Foucault, Michael (1977): Überwachen und Strafen. Die Geburt des Gefängnisses [übers. v. Walter Seitter] Frankfurt a. M.:Suhrkamp (= stw 184).

Fowler s. Plato (1977).

Frank, Manfred (1986): Die Unhintergehbarkeit von Individualität; Frankfurt a. M.: Suhrkamp.

Freud, Sigmund (1999): Gesammelte Werke; Frankfurt a. M.: Fischer Taschenbuch Verlag.

Fried, Johannes (2004): Der Schleier der Erinnerung. Grundzüge einer historischen Memorik; München: Beck.

Gamow, George (1965): Cosmogony; in: Encyclopædia Britannica, vol. 6; Chicago etc.: Benton, 578-582.

Geertz, Clifford (1993): The Interpretation of Culture. Selected essays; New York: Basic Books.

Geko Kemuri (1995): Übersetzungskritik – ein Würfelspiel? Einige Aspekte zur Entpolemisierung der Debatte um die Übersetzung von „ 'Lemprière's [sic] Wörterbuch' " (Lawrence Norfolk); in: Lebende Sprachen 40, 1995, 1-5.

Gendlin, Eugene T. (2000): The 'Mind'/'Body' Problem and First-Person Process. Three types of concepts; in: Ellis + Newton (2000), 109-118.

Georgalis, Nicholas (2000): Mind, Brain, and Chaos; in: Ellis + Newton 2000, 179-201.

Gernalzick, Nadja (2000): Kredit und Kultur. Ökonomie- und Geldbegriff bei Jacques Derrida und in der amerikanischen Literaturtheorie der Postmoderne; Dissertation Mainz 1998; Heidelberg: Winter (= American Studies 80).

Gipper, Helmut (1972): Gibt es ein sprachliches Relativitätsprinzip? Untersuchungen zur Sapir-Whorf-Hypothese; Frankfurt a. M.: Fischer.

Glasenapp, Helmuth von (1961): Die Literaturen Indiens von ihren Anfängen bis zur Gegenwart; Stuttgart: Kröner (= Handbuch der Literaturgeschichte in Einzeldarstellungen. Kröners Taschenbuchausgqabe 318).

Goffman, Erving (1967): Interaction Ritual. Essays on face-to-face behaviour; New York: Doubleday & Company (= Anchor Books). – Goffman, Erving ([3]1994): Interaktionsrituale. Über Verhalten in direkter Kommunikation [übers. v. Renate Bergsträsser + Sabine Bosse]; Frankfurt a. M.: Suhrkamp (= stw 594).

Göhring, Heinz (1978): Interkulturelle Kommunikation. Die Überwindung der Trennung von Fremdsprachen- und Landeskundeunterricht durch einen integrierten Fremdverhaltensunterricht; in: Kongreßberichte der 8. Jahrestagung der GAL, Bd. 4: Soziolinguistik, Psycholinguistik, ed. by Matthias Hartig; Stuttgart: Hochschulverlag, 9-14.

Göhring, Heinz (1980): Deutsch als Fremdsprache und interkulturelle Kommunikation; in: Wierlacher, Alois (Hg.) (1980): Fremdsprache Deutsch. Grundlagen und Verfahren der Germanistik als Fremdsprachenphilologie I; München: Fink, 70-90.

Göhring, Heinz (2002), Interkulturelle Kommunikation. Anregungen für Sprach- und Kulturmittler [hg. v. Andreas F. Kelletat + Holger Sievers], Tübingen (= Studien zur Translation 13).

Goldscheider, Ludwig (1958): Johannes Vermeer. Gemälde. Gesamtausgabe; London – Köln: Phaidon.

Gomperz, Heinrich ([1912] 1965): Sophistik und Rhetorik. Das Bildungsideal des eû légein in seinem Verhältnis zur Philosophie des V. Jahrhunderts; Leipzig – Berlin: Teubner 1912. – Repr. 1985; Darmstadt: Wissenschaftliche Buchgesellschaft 1965; Aalen: Scientia.

González Ochoa, César (2004): La polis. Ensayo sobre el concepto de ciudad en Grecia antigua; México: Universidad Nacional Autónoma de México.

Goodenough, Ward H. (1964): Cultural Anthropology and Linguistics; in: Dollerup, Cay + Lindegaard, Annette (eds.): Teaching Translation and Interpreting 2. Insights, aims, visions. Papers from the Second Language International Conference, Elsinore, Denmark, 4-6 June 1993; Amsterdam – Philadelphia: Benjamins (= Benjamins Translation Library 5), 51-57.

Goschke s. Ayan + Goschke.

Gottsched, Johann Christoph ([1730] ⁵1962): Versuch einer critischen Dichtkunst; Darmstadt: Wissenschaftliche Buchgesellschaft.

Gottwald, Franz-Theo (1997): Nāmā-rūpa – die Macht des schöpferischen Wortklangs. Bemerkungen zur Formenbildung aus der Sicht indischer Sprachphilosophie; in: Dürr + Gottwald 1997, 250-265.

Gracián, Baltasar ([1647] 1954): Oráculo manual, y arte de Prudencia, ed. Miguel Romera-Navarro; Madrid: JURA (= Revista de Filología Española – Anejo 67). – Gracián, Baltasar (1938): Gracians Handorakel und Kunst der Weltklugheit [übers. v. Arthur Schopenhauer]; Stuttgart: Kröner (= Kröners Taschenausgabe 8).

Greene, Brian (2004): The Fabric of the Kosmos; New York: Kopf. – Greene, Brian (2006): Der Stoff, aus dem der Kosmos ist. Raum, Zeit und die Beschaffenheit der Wirklichkeit [übers. v. Hainer Kober]; München: Pantheon.

Grice, Paul (1975): Logic and Conversation; in: Cole, Peter + Morgen, Jerry L. (eds.) (1975): Syntax and Semantics, vol. 3: Speech Acts; New York – San Francisco – London: University Press, 41-58.

Grimm, Jacob + Grimm, Wilhelm + Euling, Karl (1984): Deutsches Wörterbuch; München: Deutscher Taschenbuch Verlag.

Groote, E. von (Hg.) (1860): Die Pilgerfahrt des Ritters Arnold von Harff von Cöln durch Italien, Syrien, Aegypten, Arabien, Aethiopien, Nubien, Palästina, die Türkei, Frankreich und Spanien, wie er sie in den Jahren 1496 bis 1499 vollendet, beschrieben und durch Zeichnungen erläutert hat. Nach den ältesten Handschriften und mit deren 47 Bildern in Holzschnitt; Cöln: J. M. Heberle (M. Lempertz).

Güntert, Hermann + Scherer, Anton (²1956): Grundfragen der Sprachwissenschaft; Heidelberg: Quelle & Meyer.

Gutt, Ernst-August (²2000): Translation and Relevance. Cognition and context; Oxford – Cambridge (Mass.): Blackwell.

Güttinger, Fritz (1963; ²o. J.): Zielsprache. Theorie und Technik des Übersetzens; Zürich: Manesse.

Haas, Alois Maria (1987): Deutsche Mystik; in: Glier, Ingeborg (Hg.) (1987): Die deutsche Literatur im späten Mittelalter, 1250-1370, Tl. 2: Reimpaargedichte, Drama, Prosa; München: Beck (= Geschichte der deutschen Literatur von den Anfängen bis zur Gegenwart 3.2), 234-305.

Habermas, Jürgen (1988): Theorie des kommunikativen Handelns, 2 Bde.; Frankfurt a. M.: Suhrkamp (= es 1502 = NF 502).

Haefs s. Norfolk.

Hagemann, Rudolf + Börner, Thomas + Siegemund, Frank (⁴1999): Allgemeine Genetik; Heidelberg – Berlin: Spektrum.

Haider, Hubert (1997): Jeder kann's, aber keinen wundert's. Zur Sprachbeherrschung – Das Konzept der angeborenen Ideen; in: der blaue reiter 6.2, 1997, 59-63.

Halliday, Michael Alexander Kirkwood (1992): Language Theory and Translation Practice; in: Rivista Internazionale di Tecnica della Traduzione 1992, 15-25.

Halliday, M. A. K. + Hasan, Ruqaiya (1976): Cohesion in English; London: Longman (English Language Series 9).

Halliday, Michael A. K. + McIntosh, Angus + Strevens, Peter (1964): The Linguistic Sciences and Language Teaching; London: Longman.

Hammerschmidt, William W. (1984): The Problem of Time; in: Holz + Wolf-Gazo 1984, 154-160.

Hampe, Michael (1991): Whiteheads Metaphysik und das philosophische Selbstverständnis der Gegenwart; in: Hampe, Michael + Maaßen, Helmut (Hgg.) (1991): Prozeß, Gefühl und Raum-Zeit. Materialien zu Whiteheads ‚Prozeß und Realität', Bd. 1; Frankfurt a. M.: Suhrkamp (= stw 920), 1.10-31.

Hampe, Michael (1998), Alfred North Whitehead, München (= Beck'sche Reihe: Denker 547).

Hampe, Roland s. Homer (1979b).

Hansen, Silvia (2003): The Nature of Translated Texts. An interdisciplinary methodology for the investigation of the specific properties of translations; Diss. Saarbrücken: Deutsches Forschungszentrum für Künstliche Intelligenz.

Harich, Wolfgang (1974): Jean Pauls Revolutionsdichtung. Versuch einer neuen Deutung seiner heroischen Romane; Berlin: Akademie-Verlag.

Harris, Brian + Sherwood, Bianca (1978): Translating as an Innate Skill; in: Gerver, David + Sinaiko, H. Wallace (eds.) (1978): Language Interpretation and Communication; New York – London: Plenum (= NATO Conference Series 3.6), 155-170.

Hartshorne, Charles (1984): Whitehead as Central but not Sole Process Philosopher; in: Holz + Wolf-Gazo 1984, 34-38.

Hatim, Basil + Mason, Ian (1997): The Translator as Communicator; London: Routledge.

Hauskeller, Michael (1994): Alfred North Whitehead zur Einführung; Hamburg: Junius (= Zur Einführung 95).

Hawking, Stephen W. (1988): A Brief History of Time: From the big bang to black holes; New York: Bantam. – Hawking, Stephen W. (1989): Eine kurze Geschichte der Zeit. Die Suche nach der Urkraft des Universums [übers. v. Hainer Kober]; Reinbek b. Hamburg: Rowohlt.

Hedrich, Reiner (1998): Erkenntnis und Gehirn. Realität und phänomenale Welten innerhalb einer naturalistisch-synthetischen Erkenntnistheorie; Paderborn etc.: Schöningh.

Heger, Klaus (1969): Die Semantik und die Dichotomie von Langue und Parole. Neue Beiträge zur theoretischen Standortbestimmung von Semasiologie und Onomasiologie; in: Zeitschrift für Romanische Philologie 85, 1969, 144-215.

Heimeran, Ernst (1950): Es wird schon heller; in: Westermanns Monatshefte 91.11, 1950f, 5ff.

Heimsoeth, Heinz (^{5}1965): Die sechs großen Themen der abendländischen Metaphysik und der Ausgang des Mittelalters; Darmstadt: Wissenschaftliche Buchgesellschaft.

Heinemann, Gottfried (1990): Zenons Pfeil und die Begründung der epochalen Zeit; in: Holzhey + Rust + Wiehl 1990, 92-122.

Hennig, Wolfgang (^{3}2002): Genetik; Berlin etc.: Springer (= Springer-Lehrbuch).

Hermans, Theo (ed.) (1985): The Manipulation of Literature. Studies in literary translation; London – Sydney: Croom Helm.

Hermans, Theo (1999): Translation in Systems. Descriptive and systemic approaches explained; Manchester: St. Jerome (= Translation Theories Explained 7).

Hesse, Mary (1987): Socializzare l'epistemologia; in: Rassegna Italiana di Sociologia 28, 1987, 331-356.

Hieronymus (1980): Liber de optimo genere interpretandi (Epistula 57). Ein Kommentar, hg. v. G. J. M. Bartelink; Leiden: Brill (= Mnemosyne Suppl. 61).

Hoffmann, Ludger: Universalgrammatik; in: OBST – Osnabrücker Beiträge zur Sprachtheorie 69, 2005, 101-130.

Hofstadter, Douglas R. (1979; repr.1983): Gödel, Escher, Bach: An eternal golden braid; Harmondsworth, Middlesex: Penguin Books (= Penguin Books). – Hofstadter, Douglas R. ([14]1995): Gödel, Escher, Bach: ein endloses geflochtenes Band [übers. v. Philipp Wolff Windegg et al.]; Stuttgart: Klett-Cotta.

Hofstadter, Douglas R. et al. (1995): Fluid Concepts & Creative Analogies. Computer models of the fundamental mechanisms of thought; New York: Basic Books.

Holz, Harald (1984): Ein neues Paradigma: Whitehead Redivivus; in: Holz + Wolf-Gazo 1984, 39-43.

Holz, Harald + Wolf-Gazo, Ernest (Hgg.) (1984): Whitehead und der Prozeßbegriff. Beiträge zur Philosophie Alfred North Whiteheads auf dem Ersten Internationalen Whitehead-Symposion 1981; Freiburg i. Br. – München: Karl Alber.

Holzhey, Helmut + Rust, Alois + Wiehl, Reiner (Hgg.) (1990): Natur, Subjektivität, Gott. Zur Prozeßphilosophie Alfred N. Whiteheads; Frankfurt a. M.: Suhrkamp (= stw 769).

Holz-Mänttäri, Justa (1984): Translatorisches Handeln. Theorie und Methode; Helsinki: Suomalainen Tiedeakatemia (= Annales Academiæ Scientiarum Fennicæ B 226).

Holz-Mänttäri, Justa (1996): Evolutionäre Translationstheorie, in: Riedl + Delpos 1996, 306-332. – Repr. in: TEXTconTEXT 15.2, 2001, 245-281.

Holz-Mänttäri, Justa (2001): Skopos und Freiheit im translatorischen Handeln; in: TEXTconTEXT 15.2, 2001, 181-196.

Homer (1957): Homers Odyssee [übers. v. Johann Heinrich Voß]; Stuttgart: Reclam (= Universalbibliothek Nr. 280-283).

Homer (1979a): Die Odyssee [übers. v. Wolfgang Schadewaldt]; Hamburg: Rowohlt (= Rowohls Klassiker der Literatur und der Wissenschaft. Griechische Literatur 2).

Homer (1979b): Odyssee [übers. v. Roland Hampe]; Stuttgart: Reclam (= Universal-Bibliothek Nr. 280 [4]).

Hönig, Hans G. (1988): Wissen Übersetzer eigentlich, was sie tun? in: Lebende Sprachen 33.1, 1988, 10-14.

Hönig, Hans G. (1995): Konstruktives Übersetzen; Tübingen: Stauffenburg.

House, Juliane ([2]1981): A Model for Translation Quality Assessment; Tübingen: Narr (= Tübinger Beiträge zur Linguistik 205).

Hubel, David H. (1988): Eye, Brain, and Vision; New York: Freeman & Co. – Hubel, David H. (1989): Auge und Gehirn. Neurobiologie des Sehens [übers. v. Friedemann Pulvermueller + Joseph O'Neill]; Heidelberg: Springer (= Spektrum-Bibliothek 20).

Hull, David L. (1982): The Naked Meme; in: Plotkin, Henry (ed.) (1982): Learning, Development, and Culture. Essays in evolutionary epistemology; Chichester etc.: Wiley, 273-327.

Humboldt, Wilhelm von (1960): Idee und Wirklichkeit einer Universität, hg. v. W. Weischedel; Berlin: de Gruyter.

Ilg, Andreas (2004): Traducir como utopía [Rez. zu Vermeer (1996): Übersetzen als Utopie]; in: Acta Poetica [Mexiko] 25.1, 2004, 305-309.

Ingarden, Roman ([1931] ⁴1972): Das literarische Kunstwerk. Mit einem Anhang von den Funktionen der Sprache im Theaterschauspiel; Tübingen: Niemeyer.

Ingimundarson, Valur + Loftsdóttir, Kristín + Erlingsdóttir, Irma (eds.) (2004): Topographies of Globalization. Politics, culture, language; Reykjavík: University of Iceland.

Iser, Wolfgang (³1990): Der Akt des Lesens. Theorie ästhetischer Wirkung; München: Fink (= UTB 636).

Jacobson, Roman (1959): On Linguistic Aspects of Translation; in: Brower, R. A. (ed.) (1959/1966): On Translation; Cambridge, Mass.: Harvard University Press – New York: Oxford University Press, 232-239.

Jacoby, Günther (1925-1955; ²1993): Allgemeine Ontologie der Wirklichkeit, 2 Bde.; Halle a./S: Niemeyer.

Jandl, Emil (1983): Laut und Luise; Stuttgart: Reclam.

Januschek, Franz (2005): Aufstieg und Fall von Kommunikationsmodellen. Kommunikation – gibt's das? in: OBST – Osnabrücker Beiträge zur Sprachtheorie 69, 2005, 131-152.

Jung, Carl Gustav (1990ff): C.-G.-Jung-Taschenbuchausgabe, hg. v. Lorenz Jung; München: Deutscher Taschenbuch-Verlag.

Jung, Tobias (2004): Oszillierende Weltmodelle versus Urknallmodelle. Das oszillierende Weltmodell Friedmanns, die Ablehnung der Anfangssingularität durch russische Kosmologen und die Zustimmung der Katholischen Kirche zur Urknalltheorie Lemaîtres und Hawkings; in: Berichte zur Wissenschaftsgeschichte 27, 2004, 297-310.

Kaindl, Klaus (1995): Die Oper als Textgestalt. Perspektiven einer interdisziplinären Übersetzungswissenschaft; Tübingen: Stauffenburg (= Studien zur Translation 2).

Kaindl, Klaus (1999): Warum sind alle Japaner Linkshänder? Zum Transfer von Bildern in der Übersetzung von Comics; in: TEXTconTEXT 13 = NF 3, 1999, 1-24.

Kaindl, Klaus (2004): Übersetzungswissenschaft im interdisziplinären Dialog. Am Beispiel der Comicübersetzung, Habil.-Schr. Wien 1999; Tübingen: Stauffenburg (= Studien zur Translation 16).

Kainz, Friedrich (1941): Psychologie der Sprache, Bd. 1: Grundlagen der allgemeinen Sprachpsychologie; Stuttgart: Enke.

Kaiser, Jochen (2004): Neuronale Grundlagen der Objekterkennung; Stuttgart: Steiner (= Akademie der Wissenschaften und der Literatur, Mainz. Abhandlungen der Mathematisch-naturwissenschaftlichen Klasse 2004.3 = Colloquia Academica, Naturwissenschaften N 2004).

Kandel, Eric R. (2006): In Search of Memory: The emergence of a new science of mind; New York: Norton. – Kandel, Eric R. (2006): Auf der Suche nach dem Gedächtnis. Die Entstehung einer neuen Wissenschaft des Geistes [übers. v. Hainer Kober]; München: Siedler.

Kant, Immanuel (¹²1992): Werkausgabe, Bd. 3, hg. v. Wilhelm Weischedel; Frankfurt a. M.: Suhrkamp (= stw 55).

Kermani, Navid (2000): Gott ist schön. Das ästhetische Erleben des Koran; München: Beck.

Khoury, Raif Georges (1966): Bibliographie raisonnée des traductions publiées au Liban à partir des langues étrangères de 1840 jusqu'aux environ de 1905; Paris: Université.

Khoury, Raif Georges (1971): Die Rolle der Übersetzungen in der modernen Renaissance des arabischen Schrifttums. Dargestellt am Beispiel Ägyptens; in: Die Welt des Islams N. S. 13, 1971, 1-10.

Kienpointner, M[anfred] (1996): Whorf and Wittgenstein. Language, world view and argumentation; in: Argumentation 10, 1996, 475-494.

Kienpointner, Manfred (2000): Topoi/loci – sprachliche oder außersprachliche Größen? in: Schirren, Thomas + Ueding, Gert (Hgg.) (2000): Topik und Rhetorik. Ein interdisziplinäres Symposium; Tübingen: Niemeyer (= Rhetorik-Forschungen 13), 609-622.

Kirchhoff, Jochen (1980): Giordano Bruno in Selbstzeugnissen und Bilddokumenten; Reinbek b. Hamburg: Rowohlt (rowohlts monographien 285).

Kittel, Rudolf etc. (ed.) ([14]1966): Biblia Hebraica [...]; Sturttgart: Württembergische Bibelanstalt.

Kluge s. Seebold.

Knigge, Adolf von ([1788] s. a.): Über den Umgang mit Menschen; Düsseldorf: Concept-Verlag.

Knodt, Eva M. (1995): Foreword; in: Luhmann (1995), ix-xxxvi.

Köck, Wolfram Karl (2000): Menschliche Kommunikation: „konstruktivistische" Aspekte; in: Fischer + Schmidt (2000), 256-277.

Koller, Werner ([1]1979/[7]2004): Einführung in die Übersetzungswissenschaft; Heidelberg: Quelle & Meyer (= UTB 819).

Krasnansky-Lauscher, Susanne (2001): Die Bewertung von Übersetzungen in Presserezensionen. Versuch eines praxisorientierten Modells auf empirischer Basis; Diss. Innsbruck [unveröff.].

Kroeber, Alfred Louis + Kluckhohn, Clyde (eds.) (1952): Culture: A critical review of concepts and definitions; Harvard: Vintage Books (= Papers of the Peabody Museum of American Archaeology and Ethnology 47.1). – Repr. New York 1963.

Kuhn, Helmut (1966): Die dichterische Fabel und der Syllogismus. (Zur Frage der ästhetischen Folgerichtigkeit und logischen Notwendigkeit); in: Kuhn, Helmut (1966): Schriften zur Ästhetik; München: Kösel, 336-355.

Kuhn, Thomas S. ([2]1970): The Structure of Scientific Revolutions; Chicago: University of Chicago Press. – Kuhn, Thomas ([13]1995): Die Struktur wissenschaftlicher Revolutionen [übers. v. Kurt Simon]; Frankfurt a. M.: Suhrkamp (= stw 25).

Kundera, Milan: L'insoutenable légèreté de l'être [übers. v. François Kérel]; Paris: Gallimard 1984 (= Du monde entier).

Kußmaul, Paul (2000): Kreatives Übersetzen; Tübingen: Stauffenburg (= Studien zur Translation 10).

Lakoff, George + Johnson, Mark (1999): Philosophy in the Flesh. The embodied mind and its challenge to Western thought; New York: Basic Books.

Laszlo, Ervin (2001): Macroshift; San Francisco, CAL: Berrett-Koehler. – Laszlo, Ervin (2003): Macroshift. Die Herausforderung [übers. v. Klaus Pemsel]; Frankfurt a. M. – Leipzig: Insel.

Lausberg, Heinrich ([2]1963): Elemente der literarischen Rhetorik. Eine Einführung für Studierende der klassischen, romanischen, englischen und deutschen Philologie; München: Hueber.

Lausberg, Heinrich ([2]1973): Handbuch der literarischen Rhetorik. Eine Grundlegung der Literaturwissenschaft, 2. Bde.; München: Hueber (= Sprache der Welt).

Lavy, Jaacov (1975): Langenscheidts Handwörterbuch Hebräisch-Deutsch; Berlin etc.: Langenscheidt.

Leander, Richard (1922): Träumereien an französischen Kaminen. Märchen; Berlin-Grunewald: Hermann Klemm.

Lefevere, André (ed.) (1992): Translation, Rewriting, and the Manipulation of Literary Form; London: Routledge.

Leibniz, Gottfried Wilhelm (1996): Philosophische Schriften [hg. u. übers. v. Hans Heinz Holz], 6 Bde.; Frankfurt a. M.: Suhrkamp (= stw 1264-1267).

Lenkersdorf, Carlos (2002): [Vortrag über das Rechtsdenken der Tojalabal in Südmexiko]; 24-07-2002, Mexiko-Stadt.

Lévi-Strauss, Claude (1955): Tristes tropiques; Paris: Librairie Plon. – Lévi-Strauss, Claude (1960): Traurige Tropen [übers. v. Suzanne Heintz]; Köln – Berlin: Kiepenheuer & Witsch.

Levý, Jiří (1967): Translation as a Decision Process; in: To Honor Roman Jacobson (1976), vol. 2; The Hague – Paris: Mouton, 1171-1182.

Lewandowski, Theodor (1973): Linguistisches Wörterbuch, Bd. 1; Heidelberg: Quelle & Meyer (= Grundlagen der Sprachdidaktik = UTB 200).

lgr (2005): Forschungsziel ist das geplante Chaos. Wie Hirnschrittmacher funktionieren; in: Rhein-Neckar-Zeitung Nr. 262, 12./13. November 2005, 7.

Lichtenthaeler, Charles (1984): Der Eid des Hippokrates. Ursprung und Bedeutung; Köln: Deutscher Ärzte-Verlag (= Hippokratische Studie 12).

Lind s. Pessoa 1962.

List, Elisabeth + Fiala, Erwin (Hgg.) (2004): Grundlagen der Kulturwissenschaften. Interdisziplinäre Kulturstudien; Tübingen – Basel: Francke.

Loenhoff, Jens (2000): „Innen" und „Außen" – Eine problematische Leitdifferenz in Kommunikationstheorien 1. und 2. Grades; in: Fischer + Schmidt 2000, 278-289.

Longa, Víctor M. (2004): A Nonlinear Approach to Translation; in: Target 16.2, 2004, 203-226.

Lopes, Manuel (1982): Chuva Braba; Lisboa: Edições 70 (= Autores de Cabo Verde).

Lorenz, Konrad ([9]1987): Die Rückseite des Spiegels. Versuch einer Naturgeschichte menschlichen Erkennens; München: Piper (= dtv 1249).

Lotter, Maria-Sibylla (1996): Die metaphysische Kritik des Subjekts. Eine Untersuchung von Whiteheads universalisierter Sozialontologie; Hildesheim – Zürich – New York: Olms (= Studien und Materialien zur Geschichte der Philosophie 43).

Lowe, Victor ([2]1951): The Development of Whiteheads' Philosophy; in: Schilpp [2]1951, 15-124.

Lucy, John A. (1992a): Language Diversity and Thought. A reformulation of the linguistic relativity hypothesis; Cambridge: Cambridge University Press (= Studies in the Social and Cultural Foundations of Language 12).

Lucy, John A. (1992b): Grammatical Categories and Cognition. A case study of the linguistic relativity hypothesis; Cambridge: Cambridge University Press. – Repr. 1996.

Luhmann, Niklas (1984/²1985): Soziale Systeme. Grundriß einer allgemeinen Theorie; Frankfurt a. M.: Suhrkamp. – Luhmann, Niklas (1995): Social Systems [transl. by John Bednarz, Jr. + Dirk Baecker]; Stanford, Calif.: Stanford University Press.

Luhmann, Niklas (1992): Die Wissenschaft der Gesellschaft; Frankfurt a. M.: Suhrkamp (= stw 1001).

Malinowski, Bronislaw ([1923] 1946): The Problem of Meaning in Primitive Languages; in: Ogden, C. K. + Richards, I. A. (eds.) (1946): The Meaning of Meaning; London: Kegan Paul, 296-336.

Matthiessen, Christian M. I. M. (2001): The Environment in Translation; in: Steiner, Erich + Yallop C. (eds.) (2001): Exploring Translation and Multilingual Textproduction: Beyond content; Berlin – New York: Mouton – de Gruyter (= Text, Translation, Computational Processing), 41-126.

Matthieu de Vendôme s. Holz-Mänttäri (1984).

Maturana, Humberto R. (1985): Autopoiesis; in: Zeleny, Milan (ed.) (1985): Autopoiesis: A theory of living organization; New York: North-Holland.

Matyssek, Heinz (1989): Handbuch der Notizentechnik für Dolmetscher. Ein Weg zur sprachunabhängigen Notation, 2 Teile; Heidelberg: Julius Groos.

Maugham, W. Somerset (1975): Collected Short Stories, vol. 1; London: Pan Books, 254-268.

Maul, Stefan M. (Übers.) (³2006): Das Gilgamisch-Epos; München: Beck.

Mayrhofer, Manfred (1976): Kurzgefaßtes etymologisches Wörterbuch des Altindischen, Bd. 3; Heidelberg: Winter.

McFarlane, Thomas J. (2000): Quantum Physics, Depth Psychology, and Beyond; in: http://www.integralscience.org/psyche-physis.html (abgeholt 14-04-2005).

Meier, Karlheinz (2004): Festvortrag; in: Hommelhoff, Peter (Hg.) (2005): Jahresfeier der Ruprecht-Karls-Universität am Samstag, dem 23. Oktober 2004, in der Aula der Alten Universität; Heidelberg: [Pressestelle der Universität Heidelberg], 32-44.

Meierhenrich, Uwe J. (2005): Leben aus der Tiefe des Raumes; in: forschung 2005.1, 15-18.

Melberg, Arne (1995): Theories of Mimesis; Cambridge – New York – Melbourne: Cambridge University Press.

Metzner, Helmut (2000): Vom Chaos zum Bios. Gedanken zum Phänomen Leben; Stuttgart – Leipzig: Hirzel.

Milton, [John] s. a.: Milton's Poetical Works; London + Glasgow: Collins.

Montaigne: Oeuvres complètes, ed. Robert Barral + Pierre Michel; Paris: Seuil (1967).

Morkel, Arnd (1979): Die Universität leistet sich und den Studenten einen Bärendienst. Ist die Hochschule auf dem Weg zur Fachhochschule? in: Frankfurter Allgemeine Zeitung 178, 03-09-1979, 5f.

Mudersbach, Klaus (1991): Erschließung historischer Texte mit Hilfe linguistischer Methoden; in: Best, Heinrich + Thome, Helmut (Hgg.) (1991): Neue Methoden der Analyse historischer Daten; St. Katharinen: Scripta Mercaturae (= Historisch-sozialwissenschaftliche Forschungen 23), 318-362.

Mudersbach, Klaus (2005): Womit kann der Mensch in der Logik rechnen? Logisches Denken zwischen Sinnkohärenz und Berechnung; in: OBST – Osnabrücker Beiträge zur Sprachtheorie 69, 2005, 153-186.

Mühlemann, Christoph (1972): Fischarts „Geschichtklitterung" als manieristisches Kunstwerk. Verwirrtes Muster einer verwirrten Welt; Bern – Frankfurt a. M.: Lang (= Europäische Hochschulschriften 1.63).

Müller, Achim + Dress, Andreas + Vögtle, Fritz (eds.) (1996): From Simplicity to Complexity in Chemistry – and Beyond, Part 1; Braunschweig – Wiesbaden: Vieweg & Sohn.

Müller, Ina (Hg.) (2004): Und sie bewegt sich doch ... Translationswissenschaft in Ost und West. Festschrift für Heidemarie Salevsky zum 60. Geburtstag; Frankfurt a. M.: Lang.

Müller-Sievers, Helmut (1993): Epigenesis. Naturphilosophie im Sprachdenken Wilhelm von Humboldts; Paderborn etc.: Schöningh (= Humboldt-Studien).

Mundzeck, Till (2004): Wie ein Gummiband im Mikrokosmos. Auf den Spuren der Quarks: Physik-Nobelpreis an drei Amerikaner; in: Rhein-Neckar-Zeitung Nr. 232, 06-10-2004, 2.

Munthe, Axel (1929): The Book of San-Michele; [?]. – Munthe, Axel (1932): Das Buch von San Michele [übers. v. Gudrun Uexküll-Schwerin]; Leipzig: List.

Musgrave, Alan (1993): Common Sense, Science and Scepticism. A Historical Introduction to the Theory of Knowledge; Cambridge: Cambridge University Press. – Musgrave, Alan (1993): Alltagswissen, Wissenschaft und Skeptizismus. Eine historische Einführung in die Erkenntnistheorie [übers. v. Hans Albert + Gretl Albert]; Tübingen: Mohr (Siebeck) (= UTB 1740).

Nagel, Thomas (1986): The View from Nowhere; New York – Oxford: Oxford University Press. – Nagel, Thomas (1992): Der Blick von nirgendwo [übers. v. Michael Gebauer]; Frankfurt a. M.: Suhkamp.

Natorp, Paul (^{2}1921): Platos Ideenlehre. Eine Einführung in den Idealismus; Hamburg: Meiner.

Needham, Joseph (^{2}1951): The Biologist's View of Whitehead's Philosophy; in: Schilpp 1951, 241-271.

Newton, Natika (2000): Conscious Emotion in a Dynamic System. How I can know how I feel; in: Ellis + Newton (2000), 91-105.

Nikolaus von Kues (2002): Philosophisch-theologische Werke. Lateinisch – deutsch, 4 Bde.; Hamburg: Meiner.

Niranjana, Tejaswini (1992): Siting Translation: History, post-structuralism, and the colonial context; Berkeley – Los Angeles – Oxford: University of California Press.

Nord, Christiane (1986): „Treue", „Freiheit", „Äquivalenz" – oder: Wozu brauchen wir den Übersetzungsauftrag? in: TEXTconTEXT 1, 30-47.

Nord, Christiane (1988/^{3}1995): Textanalyse und Übersetzen. Theoretische Grundlagen, Methode und didaktische Anwendung einer übersetzungsrelevanten Textanalyse; Heidelberg: Julius Groos.

Nord, Christiane (1989): Loyalität statt Treue. Vorschläge zu einer funktionalen Übersetzungstypologie; in: Lebende Sprachen 34, 100-105.

Nord, Christiane (1991): Scopos, Loyalty, and Translational Conventions; in: Target 3, 1991, 91-109.

Norfolk, Lawrence (1991): Lemprière's Dictionary; London: Sinclair-Stevenson. – Norfolk, Lawrence (1992): Lemprière's Wörterbuch [übers. v. Hanswilhelm Haefs]; München: Knaus.

Novalis (^{2,3}1965ff): Schriften. Die Werke Friedrich von Hardenbergs, hg. v. Kluck-hohn† et al.; Stuttgart etc.: Kohlhammer + Wissenschaftliche Buchgesellschaft.

Nyborg, Helmuth (ed.) (1997): The Scientific Study of Human Nature: Tribute to Hans J. Eysenck at eighty; Oxford – New York – Tokyo: Elsevier (= Pergamon).

Oksaar, Els (1988): Kulturemtheorie. Ein Beitrag zur Sprachverwendungsforschung; Hamburg – Göttingen: Vandenhoeck & Ruprecht (= Berichte aus den Sitzungen der Joachim Jungius-Gesellschaft der Wissenschaften e. V., Hamburg 6.3).

Ortner, Hanspeter (2000): Schreiben und Denken; Tübingen: Niemeyer (= Germanisti-sche Linguistik 214).

Özben, R. Tunç (1999): A Critical Re-Evaluation of the Target-Oriented Approach to Interpreting and Translation; Istanbul: Marmara University (= Marmara Univer-sity 641 = Center for Foreign Language Teaching and Research 2).

Ožbot, Martina (ed.) (2004): Prevajanje besedil iz obdobja romantike (Translation of Texts from the Romantic Period); Ljubljana: Društvo slovenskih književnih pre-jajalcev (= Proceedings of the Association of Slovene Literary Translators 29, Historical Series 3).

Panchatantra /The/ ([1925] 1949), Translated from the Sanskrit by Arthur W. Ryder; Bombay – Calcutta: Jaico.

Pape, Helmut (2004): Charles S. Peirce zur Einführung; Hamburg: Junius.

Parada, Jacqueline [demnächst].

Paradis, Michel (1997): Prerequisites to a Study of Neurolinguistic Processes Involved in Simultaneous Interpreting; [Paper submitted at the Stockholm Symposium on Language Processing and Interpretating (21-22 February 1997)].

Paradis, Michel (2004): A Neurolinguistic Theory of Bilingualism; Amsterdam – Phil-adelphia: Benjamins (= Studies in Bilingualism 18).

Paz, Octavio (1984): Lectura y contemplación. Hablar en lenguas; in: Tradução e Comunicação 5, 1984, 7-38.

Paz, Octavio (2004): Obras completas, vol. 12: Obra poética II (1969-1998); México: Fondo de Cultura Económica.

Penzer, N. M. (ed.) ([^{2}1923-1928] 1968): The Ocean of Story being C. H. Tawney's Translation of Somadeva's Kathā Sarit Sāgara (or Ocean of Streams of Story) [....], 10 vols.; Delhi – Patna – Varanasi: Motilal Banarsidass.

Pessoa, Fernando (1962): Poesie [übers. v. Georg Rudolf Lind]; Frankfurt a. M.: Fischer.

Pessoa, Fernando (^{11}1980): Obras completas de Fernando Pessoa, vol. 1: Poesias de Fernando Pessoa; Lisboa: Ática (= Colecção „Poesia").

Pike, Kenneth L. (^{2}1967): Language in Relation to a Unified Theory of the Structure of Human Behavior; The Hague – Paris: Mouton (= Janua Linguarum, Series maior 24).

Pisani, Vittorio (1941): Geolinguistica e Indoeuropeo; in: Atti della R. Accademia Na-zionale dei Linci. Memorie della Classe di Scienze morali, storiche e filologiche, Ser. 6, Vol. 9 (1941-XIX), 111-379.

Plato (1977): Cratylus [with an English translation by H. N. Fowler]; Cambridge, Mass.: Harvard University Press – London: Heinemann, 1-191.

Plato (1983): Symposium [with an English translation by W. R. M. Lamb]; Cambridge, Mass.: Harvard University Press – London: Heinemann (= The Loeb Classical Library 166), 73-245.

Plato (1987): Theaetetus [with an English translation by Harold North Fowler]; Cambridge, Mass.: Harvard University Press – London: Heinemann (= The Loeb Classical Library 123).

Plotkin, Henry C. (1994): Darwin Machines and the Nature of Knowledge. Concerning adaptations, instinct and the evolution of intelligence; Cambridge, Mass.: Harvard Press. – Repr. (1995); London etc.: Penguin Books (= Penguin Science).

Pöchhacker, Franz (1998): Dolmetschen. Konzeptuelle Grundlagen und deskriptive Untersuchungen, Habil.-Schrift Wien; Tübingen: Stauffenburg.

Pöckl, Wolfgang (Hg.) (2004): Übersetzungswissenschaft – Dolmetschwissenschaft. Wege in eine neue Disziplin; Wien: Edition Praesens.

Pokorny, Julius (1959-1969): Indogermanisches etymologisches Wörterbuch, 2 Bde.; Bern – München: Franke.

Popper, Karl R. (^{2}1981): Objective Knowledge. An evolutionary approach; Oxford: Clarendon.

Poyatos, Fernando (1987): Nonverbal Communication in Simultaneous and Consecutive Interpretation. A theoretical model and new perspectives; in: TEXTconTEXT 2, 1987, 73-108.

Poyatos, Fernando (1995a): Paralanguage and Extrasomatic and Environmental Sounds in Literary Translation: Perspectives and problems; in: TEXTconTEXT 10, 1995, 25-45.

Poyatos, Fernando (1995b): Kinesics and Other Visual Signs in Literary Translation: Perspectives and problems; in: TEXTconTEXT 10, 1995, 121-144.

Poyatos, Fernando (ed.) (1997): Nonverbal Communication and Translation. New perspectives and challenges in literature, interpretation and the media; Amsterdam – Philadelphia: Benjamins (= Benjamins Translation Library 17).

Prunč, Erich (1997): Translationskultur (Versuch einer konstruktiven Kritik des translatorischen Handelns); in: TEXTconTEXT 11 = N.F. 1, 99-127.

Prunč, Erich (2000): Vom Translationsbiedermeier zur Cyber-Translation; in: TEXTconTEXT 14 = NF 4, 3-74.

Prunč, Erich (2001): Einführung in die Translationswissenschaft, Bd. 1: Orientierungsrahmen; Graz: Institut für Translationswissenschaft.

Quevedo y Villegas, Francisco (^{6}1981): Obras completas, 3 vols.; Madrid: Aguilar.

Quindeau, Ilka (2004): Spur und Umschrift. Die konstitutive Bedeutung von Erinnerung in der Psychoanalyse; München: Fink (= Übergänge 52).

Quine, Willard van Orman (1960): Word and Object; Cambridge, Mass.: MIT Press.

Rapp, Friedrich (1990), Das Subjekt in Whiteheads kosmologischer Metaphysik; in: Holzhey + Rust + Wiehl 1990, 143-168.

Reese-Schäfer, Walter (^{2}1996): Luhmann zur Einführung; Hamburg: Junius (= Zur Einführung 129).

Rehbinder, Manfred (2002): Urheberrecht; München: Beck.

Reiß, Katharina (1971; ^{2}1979): Möglichkeiten und Grenzen der Übersetzungskritik. Kategorien und Kriterien für eine sachgerechte Beurteilung von Übersetzungen; München: Hueber.

Reiß, Katharina (1976): Texttyp und Übersetzungsmethode. Der operative Text; Kronberg/Taunus: Scriptor. – Unverändertes Repr. ^{2}1983.

Reiß, Katharina + Vermeer, Hans J. (1984/^{2}1991): Grundlegung einer allgemeinen Translationstheorie; Tübingen: Niemeyer (= Linguistische Arbeiten 147). – Reiss, Katharina + Vermeer, Hans J. (1986): Mitä kääntäminen on. Teoriaa ja käytäntöä [verkürzte Übers.v. Pauli Roinila]; Helsinki: Gaudeamus. – Reiss, Katharina + Vermeer, Hans J. (1996): Fundamentos para una teoría funcional de la traducción [verbesserte Übers. v. Heidrun Witte + Sandra García Reina + Celia Martín de León]; Madrid: Akal.

Renn, Joachim (2006): Übersetzungsverhältnisse. Perspektiven einer pragmatistischen Gesellschaftstheorie; Weilerswist: Velbrück.

Rensch, Bernhard (1984): The Meaning of Panpsychistic Identism for a Universal Evolutionary Picture; in: Holz + Wolf-Gazo 1984, 191-204.

Richter, Ewald (2005): Wohin führt uns die moderne Hirnforschung? Ein Beitrag aus phänomenologischer und erkenntniskritischer Sicht; Berlin: Duncker & Humblot (= Philosophische Schriften 59).

Rieck, Werner (1972): Johann Christoph Gottsched. Eine kritische Würdigung seines Werkes; Berlin: Akademie-Verlag.

Riedl, Rupert (1996): Korrespondenz und Kohärenz im Erklärungsmodell der EE; in: Riedl + Delpos 1996, 52-57.

Riedl, Rupert + Delpos, Manuela (Hgg.) (1996): Die Evolutionäre Erkenntnistheorie im Spiegel der Wissenschaften; Wien: WUV-Universitätsverlag.

Rieger, Reinhold (1988): Interpretation und Wissen. Zur philosophischen Begründung der Hermeneutik bei Friedrich Schleiermacher und ihrem geschichtlichen Hintergrund; Berlin – New York: de Gruyter (= Schleiermacher-Archiv 6).

Robinson, Douglas (1991): The Translator's Turn; Baltimore – London: The Johns Hopkins University Press (= Parallax).

Robinson, Douglas (1997): Western Translation Theory from Herodotus to Nietzsche; Manchester: St. Jerome.

Robinson, Douglas (^{2}2003a): Becoming a Translator. An introduction to the theory and practice of translation; London – New York: Routledge.

Robinson, Douglas (2003b): Performative Linguistics: Speaking and translating as doing things with words; New York – London: Routledge.

Rombach, Heinrich (1994): Der Ursprung. Philosophie der Konkreativität von Mensch und Natur; Freiburg i. Br.: Rombach Verlag (= Rombach Wissenschaft. Reihe Philosophie).

Roth, Gerhard (2000): Das Gehirn und seine Welt; in: Fischer + Schmidt 2000, 165-173.

Roth, Gerhard (2001): Fühlen, Denken, Handeln. Wie das Gehirn unser Verhalten steuert; Frankfurt a. M.: Suhrkamp.

Roth, Gerhard (2003): Aus Sicht des Gehirns; Frankfurt a. M.: Suhrkamp.

Roth, Gerhard (2004): Das Ich auf dem Prüfstand – Die Hirnforschung und ihre Sicht vom Menschen; Südwestrundfunk SWR2 Aula – Manuskriptdienst, 10-06-2003, 8:39 Uhr.

Rupprich†, Hans + Heger, Hedwig (^{2}1994): Die deutsche Literatur vom späten Mittelalter bis zum Barock, Tl. 1: Das ausgehende Mittelalter, Humanismus und Renaissance, 1370-1520; München: Beck (= Geschichte der deutschen Literatur von den Anfängen bis zur Gegenwart 4.1).

Ryder s. Panchatantra.

Sachs, Karl (1907): Sach-Villatte. Enzyklopädisches französisch-deutsches und deutsch-französisches Wörterbuch [...]. Hand- und Schul-Ausgabe; Berlin-Schöneberg: Langenscheidt.

Salles, Ricardo + Molina, José (2004): ¿Depende todo lo que hacemos de factores externos? Causalidad externa y causalidad interna en la psicología de las acciones; in: Nova Tellus 22.2, 2004, 125-149.

Salminen, Olli (1963): Aspekte der Sprachkreativität. Zu Grundlagen einer Theorie der sprachlichen Performanz; Helsinki: Suomalainen Tiedeakatemia (= Annales Academiae Scientiarum Fennicae. Dissertationes humanarum litterarum 67).

Sanches, Francisco (1955): Opera philosophica, ed. Joaquim de Carvalho; Coimbra (= Inedita ac Residua. Subsídios para a História da Filosofia e da Ciência em Portugal 5 = Separata da Revista da Universidade de Coimbra 18, 1955).

Sanches, Francisco ([1586] 1999): Obra filosófica [trad. de Giacinto Manuppella + Basílio de Vasconcelos + Miguel Pinto de Meneses]; s. l.: Imprensa Nacional – Casa de Moeda (= Colecção Pensamento Português).

Sanchez s. Sanches.

Sapir, Edward (1949): Language. An introduction to the study of speech [1921]; San Diego: Harcourt Brace Janovich.

Saussure, Ferdinand de ([1916] 1995): Cours de linguistique générale, ed. par Charles Bally + Albert Sechehaye + Albert Riedlinger; Paris: Payot. – Saussure, Ferdinand de (^{3}2001): Grundfragen der Allgemeinen Sprachwissenschaft, hg. v. Charles Bally + Albert Sechehaye + Albert Riedlinger [übers. v. Herman (*sic*) Lommel]; Berlin – New York: de Gruyter. – Saussure, Ferdinand de (1967-1974): Cours de linguistique générale, édition critique par Rudolf Engler; Wiesbaden: Harrassowitz.

Schadewaldt s. Homer (1979b).

Scheibmayr, Werner (2004): Niklas Luhmanns Systemtheorie und Charles S. Peirces Zeichentheorie. Zur Konstruktion eines Zeichensystems; Tübingen: Niemeyer.

Scherer s. Güntert.

Schilpp, Paul Arthur (ed.) (^{2}1951): The Philosophy of Alfred North Whitehead; London: Tudor (= The Library of Living Philosophers).

Schleiermacher, Friedrich (1838): Ueber die verschiedenen Methoden des Uebersezens; in: Schleiermacher, Friedrich: Sämmtliche Werke, Abt. 3, Bd. 2; Berlin: Reimer 207-245. – Reprint in: Störig, Hans Joachim (Hg.) (^{2}1969, Repr. 1973): Das Problem des Übersetzens; Darmstadt: Wissenschaftliche Buchgesellschaft (= Wege der Forschung 8), 38-70.

Schmitt, Peter A. (1985): Anglizismen in den Fachsprachen. Eine pragmatische Studie am Beispiel der Kerntechnik; Heidelberg: Winter (= Anglistische Forschungen 179).

Schneider, Wolfgang Ludwig (1991): Objektives Verstehen. Rekonstruktion eines Paradigmas: Gadamer, Popper, Toulmin, Luhmann; Opladen: Westdeutscher Verlag.

Schopenhauer s. Gracián.

Schopp, Jürgen F. (2005): „Gut zum Denken"? Typographie und Layout im Übersetzungsprozeß; Tampere: Tampere University Press (= Acta Universitatis Tamperensis 1117).

Schrott, Raoul (2001): Gilgamesh. Epos; München – Wien: Hanser.

Schulze-Röbbecke, Evangelia (1993): Die Übersetzung in Griechenland: deutsch-griechische Übersetzungen seit der Aufklärung; Diss. Heidelberg 1991; Heidelberg: Julius Groos 1993 (= TEXTconTEXT, Beiheft 5).

Schwartz, Gary E. (1997): Morphische Resonanz und systemisches Gedächtnis. Die Yale-Arizona Hebräisch-Studien [übers. v. Michael Schmidt]; in: Dürr + Gottwald 1997, 94-112.

Schwarz, Monika (1992): Kognitive Semantiktheorie und neuropsychologische Realität. Repräsentationale und prozedurale Aspekte der semantischen Kompetenz, Diss. Köln 1990; Tübingen: Narr (= Linguistische Arbeiten 273).

Schwemmer, Oswald (1990): Die Philosophie und die Wissenschaften. Zur Kritik einer Abgrenzung; Frankfurt a. M.: Suhrkamp (= suhrkamp taschenbuch wissenschaft 869).

Schwemmer, Oswald (1997): Die kulturelle Existenz des Menschen; Berlin: Akademie-Verlag.

Schwerteck, Hans (1984): Strukturen baskischer Verbformen; Stuttgart – Wiesbaden: Steiner.

Seebold, Elmar (Bearbeiter) (^{24}2002): KLUGE. Etymologisches Wörterbuch der deutschen Sprache; Berlin – New York: de Gruyter.

Seif, Fritz J. (1996): Die EE als Begründung medizinischer Diagnostik; in: Riedl + Delpos 1996, 262-272.

Seleskovitch, Danica (1968; ^{2}1983): L'interprète dans les conférences internationales. Problèmes de langage et de communication; Paris: Champollion (= Cahiers Champollion 1). – Seleskovitch, Danica (1988): Der Konferenzdolmetscher. Sprache und Kommunikation [übers. v. Inge Haas]; Heidelberg: Julius Groos (= TEXTconTEXT, Beiheft 2).

Sellars, Roy Wood (^{2}1951): Philosophy of Organism and Physical Realism; in: Schilpp 1951, 405-433.

Sheldrake, Rupert (1988): The Presence of the Past; New York: Times Books. – Sheldrake, Rupert (1993): Das Gedächtnis der Natur. Das Geheimnis der Entstehung der Formen in der Natur [übers. v. Jochen Eggert]; München – Zürich: Piper (= Serie Piper 1539).

Sherburne, Donald W. (ed.) (1966): A Key to Whitehead's Process and Reality; New York: Macmillan.

Siegrist, Johannes (1970): Das Consensus-Modell. Studien zur Interaktionstheorie und zur kognitiven Sozialisation; Stuttgart: Enke (= Soziologische Gegenwartsfragen N. F. 32).

Singer, Wolf (2000): Neurobiologische Anmerkungen zum Konstruktivismus-Diskurs; in: Fischer + Schmidt 2000, 174-199.

Slobin, Dan I. (1996): From "Thought and Language" to "Thinking for Speaking": in: Gumperz, John J. + Levinson, Stephen C. (eds.) (1996): Rethinking Linguistic Relativity; New York: Cambridge University Press, 70-96.

Smolin, Lee (1997): The Life of the Cosmos; New York – Oxford: Oxford University Press. – Smolin, Lee (1999): Warum gibt es die Welt? Die Evolution des Kosmos [übers. v. Thomas Filk]; München: Beck.

Snell-Hornby, Mary (2004): Venutis "foreignization". Das Erbe von Friedrich Schleiermacher in der Translationswissenschaft? in: Müller 2004, 333-344.

Snelling, David C. (1999): Interpretation and the Use of Language; in: Jovanović, M. (ed.) (1999): Proceedings of the XIIth World Congress of the International Federation of Translation (FIT); Belgrade: Prevodilac, 555-559.

Soenen, Johan (1985): Das „Image des anderen Landes" spielt beim Übersetzen fremder literarischer Werke eine wichtige Rolle; in: Babel 31, 1985, 27-40.

Sohn-Rethel, Alfred ([2]1973): Geistige und körperliche Arbeit. Zur Theorie der gesellschaftlichen Synthesis; Frankfurt a. M.: Suhrkamp (= edition suhrkamp 555).

Sperber, Dan + Wilson, Deirdre (1986): Relevance: Communication and cognition; Oxford: Blackwell.

Spinoza, Baruch de (1994): Politischer Traktat. Tractatus politicus [1677]. Neu übersetzt, herausgegeben, mit Einleitung und Anmerkungen versehen von Wolfgang Bartuschat. Lateinisch-Deutsch; Hamburg: Meiner (= Sämtliche Werke Bd. 5.2 = Philosophische Werke 95b).

Spitzer, Manfred (2005): Willensfreiheit aus neuro-biologischer Sicht; [Vortrag Heidelberg 11. Juli 2005].

Stegmüller, Wolfgang (1969-1984): Probleme und Resultate der Wissenschaftstheorie und Analytischen Philosophie, 4 Bde.; Berlin – Heidelberg – New York: Springer.

Stellbrink, Hans-Jürgen (1987): Der Übersetzer und Dolmetscher beim Abschluß internationaler Verträge; in: TEXTconTEXT 2.1, 1987, 32-41.

Susam-Sarajeva, Şebnem (2002): Translation and Travelling Theory: The role of translation in the migration of literary theories across culture and power differentials; Diss. Istanbul: Boğaziçi Üniversitesi.

Szathmáry, Eörs (1996): Coding Coenzyme Handles and the Origin of the Genetic Code; in: Müller + Dress+ Vögtle (1996), 33-41 und 247-249.

Tanpınar, Ahmet Hamdi ([1961] 1999): Şiirler; İstanbul: Yapı Kredi Yayınları.

Tapia Zúñiga, Pedro C. (2004): Traduciendo (?) la Odisea de Homero; in: Acta Poetica 25.1, 2004, 45-68.

Teich, Elke (2003): Cross-Linguistic Variation in System and Text. A methodology for the investigation of translations and comparable texts; Berlin – New York: Mouton – de Gruyter.

Terzani, Tiziano (2002): Lettere contro la guerra; Milano: Longanesi. – Terzani, Tiziano (2002): Briefe gegen den Krieg [übers. v. Elisabeth Liebl]; München: Riemann.

Timm, Albrecht (1973): Einführung in die Wissenschaftsgeschichte; München: Fink (= UTB 203).

Toury, Gideon (1980): In Search of a Theory of Translation; Tel Aviv: Porter Institute for Poetics and Semiotics (= Meaning & Art 2 = Targum. Studies in Translation Theory).

Toury, Gideon (1995): Descriptive Translation Studies and Beyond; Amsterdam – Philadelphia: John Benjamins (= Benjamins Translation Library).

Treichel, Michael (2000): Teilchenphysik und Kosmologie. Eine Einführung in Grundlagen und Zusammenhänge; Berlin – Heidelberg – New York: Springer.

Vaihinger, Hans (Hg.) (1911): Die Philosophie des Als ob. System der theoretischen, praktischen und religiösen Fiktionen der Menschheit auf Grund eines idealistischen Positivismus; Berlin: Reuther & Reichard.

Venuti, Lawrence (1995): The Translator's Invisibility: A history of translation; London – New York: Routledge.

Venuti, Lawrence (2001): Introduction [and Translation of Derrida 1999]; in: Critical Inquiry 27, 2001, 169-200. – Vgl. Derrida (1999).

Vermeer, Hans J. (1968): [Rez. zu Mayrhofer; Manfred (1965): Sanskrit-Grammatik mit sprachvergleichenden Erläuterungen; Berlin: de Gruyter (= Sammlung Göschen 1158)]; in: Kratylos 12, 1968, 207.

Vermeer, Hans J. (1969): Untersuchungen zum Bau zentral-süd-asiatischer Sprachen (Ein Beitrag zur Sprachbundfrage); Habil.-Schr. Heidelberg: Julius Groos (= Wissenschaftliche Bibliothek 9).

Vermeer, Hans J. (1972a): Allgemeine Sprachwissenschaft. Eine Einführung; Freiburg i. Br.: Rombach (= rombach hochschul paperback).

Vermeer, Hans J. (1972b): Das Portugiesische in Süd-Asien. Probleme und Publikationen; in: Flasche, Hans (Hg.) (1972): Aufsätze zur portugiesischen Kulturgeschichte, Bd. 9, 1969: Münster: Aschendorf (= Portugiesische Forschungen der Görresgesellschaft 1.9).

Vermeer, Hans J. (1974a): Zur Beschreibung des Übersetzungsvorgangs; in: Wilss, Wolfram + Thome, Gisela (Hgg.) (1974): Aspekte der theoretischen, sprachenpaarbezogenen und angewandten Sprachwissenschaft. Referate und Diskussionsbeiträge des 1. übersetzungswissenschaftlichen Kolloquiums am Institut für Übersetzen und Dolmetschen der Universität des Saarlandes (26./27. Mai 1972); Heidelberg: Julius Groos, 10-34. – Repr. in: Wilss, Wolfram (1981): Übersetzungswissenschaft; Darmstadt: Wissenschaftliche Buchgesellschaft (= Wege der Forschung 535), 250-260. – Repr. in: Vermeer 1983a, 1-11.

Vermeer, Hans J. (1974b): Interaktions-Determinanten. Ein Versuch zwischen Pragma- und Soziolinguistik; in: Nickel, Gerhard + Raasch, Albert (Hgg.) (1974): Kongreßbericht der 5. Jahrestagung der Gesellschaft für angewandte Linguistik GAL e. V. [1973]; Heidelberg: Julius Groos (= IRAL-Sonderband), 297-321. – Repr. in: Vermeer 1983a, 12-32.

Vermeer, Hans J. (1977): Bemerkungen zu einer ganzheitlichen Sprachlehrforschung; in: Bender, Karl-Heinz + Berger, Klaus + Wandruszka, Mario (Hgg.) (1977): Imago linguae. Beiträge zu Sprache, Deutung und Übersetzen. Festschrift zum 60. Geburtstag von Fritz Paepcke; München: Fink, 569-580.

Vermeer, Hans J. (1978): Ein Rahmen für eine allgemeine Translationstheorie; in: Lebende Sprachen 23.3, 99-102. – Repr. in: Vermeer 1983a, 48-61.

Vermeer, Hans J. (1982): Translation als „Informationsangebot"; in: Lebende Sprachen 27, 1982.3, 97-101.

Vermeer, Hans J. (1983): Aufsätze zur Translationstheorie; Heidelberg: [Selbstverlag].

Vermeer, Hans J. (1985): Was dolmetscht der Dolmetscher, wenn er dolmetscht? in: Rehbein, Jochen (Hg.) (1985): Interkulturelle Kommunikation; Tübingen: Narr (= Kommunikation und Institution 12), 475-482.

Vermeer, Hans J. (1986): voraussetzungen für eine translationstheorie – einige kapitel kultur- und sprachtheorie; Heidelberg: [Selbstverlag].

Vermeer, Hans J. (1987): Literarische Übersetzung als Versuch interkultureller Kommunikation; in: Wierlacher, Alois (Hg.) (1987): Perspektiven und Verfahren interkultureller Germanistik. Akten des I. Kongresses der Gesellschaft für Interkulturelle Germanistik; München: iudicium (= Publikationen der Gesellschaft für interkulturelle Germanistik 3), 541-549.

Vermeer, Hans J. (1988): Zur Objektivierung von Translaten – eine Aufforderung an die Linguistik; in: TEXTconTEXT 3, 1988, 243-276.

Vermeer, Hans J. (1989): [Rez. zu Seleskovitch, Danica + Lederer, Marianne (1989): Pédagogie raisonnée de l'interprétation; Bruxelles – Luxembourg – Paris (= Collection „Traductologie" 4] in: TEXTconTEXT 1989.4.243-259.

Vermeer, Hans J. (1990a): Text und Textem; in: TEXTconTEXT 5.2, 1990, 108-114.

462

Vermeer, Hans J. (²1990b): Skopos und Translationsauftrag – Aufsätze; Heidelberg: [Selbstverlag].

Vermeer, Hans J. (³1992a), Skopos und Translationsauftrag – Aufsätze, Frankfurt a. M. (= thw 2).

Vermeer, Hans J. (1992b): Skizzen zu einer Geschichte der Translation, Bd. 1; Frankfurt a. M.: IKO (= thw 6.1).

Vermeer, Hans J. (1992c): Describing Nonverbal Behaviour in the Odyssey: Scenes and verbal frames as translation problems; in: Poyatos, Fernando (ed.) (1992): Advances in Nonverbal Communication. Sociocultural, clinical, esthetic and literary perspectives; Amsterdam – Philadelphia: Benjamins, 285-299.

Vermeer, Hans J. (1994): „Escopo" y traducción. Noches de vela y esperanza [übers. v. Celia Martín de León]; in: Encuentros 8.3, 1994, 12-16.

Vermeer, Hans J. (1996a): Das Übersetzen im Mittelalter (13. und 14. Jahrhundert), 3 Bde.; Heidelberg: TEXTconTEXT (= Wissenschaft 3-5).

Vermeer, Hans J. (1996b): Die Welt, in der wir übersetzen. Drei translatologische Überlegungen zu Realität, Vergleich und Prozeß; Heidelberg: TEXTconTEXT (= Wissenschaft 2).

Vermeer, Hans J. (1996c): Der Dieb auf der Palme; in: Kapp, Dieter B. (Hg.) (1996): Nānāvidhaikatā. Festschrift für Hermann Berger; Wiesbaden: Harrassowitz, 311-317.

Vermeer, Hans J. (1996d): Übersetzen als Utopie. Die Übersetzungstheorie des Walter Bendix Schoenflies Benjamin; Heidelberg: TEXTconTEXT (= Wissenschaft 3).

Vermeer, Hans J. (1998): Starting to Unask what Translatology is About; in: Target 10.1, 1998, 41-68.

Vermeer, Hans J. (1999): Zur Historiographie der Translation; in: TEXTconTEXT 13 = NF 3, 1999, 49-72.

Vermeer, Hans J. (2000): Das Übersetzen in Renaissance und Humanismus (15. und 16. Jahrhundert, Bd. 2: Der deutschsprachige Raum; Heidelberg: TEXTconTEXT (= Wissenschaft 7).

Vermeer, Hans J. (2002a): Apparent Contradictions in 16th Century Reports on Turkey; in: Anamur, Hasan (ed.) (2002): Aspects culturels de la traduction. En hommage à Hasan-Ali Yücel. Istanbul 23-25 Octobre 1997. Actes du Iʳ Colloque International de Traduction; Istanbul: Yıldız Teknik Üniversitesi, 85-96.

Vermeer, Hans J. (2002b): Das Übersetzen in Renaissance und Humanismus (15. und 16. Jahrhundert, Bd. 2: Der deutschsprachige Raum; Heidelberg: TEXTconTEXT (= Wissenschaft 7).

Vermeer, Hans J. (2003): Versuch einer translatologischen Theoriebasis; in: Nord, Britta + Schmitt, Peter A. (Hgg.) (2003): Traducta Navis. Festschrift zum 60. Geburtstag von Christiane Nord; Tübingen: Stauffenburg, 241-258.

Vermeer, Hans J. (2004a): A Somewhat New Concept of Concepts and Signs (and Their Implications for Translating); in: Ingimundarson + Loftsdóttir + Erlingsdóttir 2004, 247-254.

Vermeer, Hans J. (2004b): Zeichenspiele; in: Müller 2004, 375-388.

Vermeer, Hans J. (2004c): Gedanken zu Novalis; in: Ožbot 2004, 132-157.

Vermeer, Hans J. (2004d): Vorüberlegungen zur Rhetorik und Stilistik in der Translationswissenschaft; in: Ožbot 2004, 360-375.

Vermeer, Hans J. (2005a): Einige Antworten auf Derridas Frage, was eine relevante Übersetzung sei; in: Lebende Sprachen 50.3, 116-119.

Vermeer, Hans J. (2005b): Die Aufhebung der Translation; in: Salevsky; Heidemarie (Hg.): Kultur, Interpretation, Translation. Ausgewählte Beiträge aus 15 Jahren Forschungsseminar; Frankfurt a. M. etc.: Lang, 27-52.

Vermeer, Hans J. [demnächst]: Luhmann's "Social Systems" Theory: Preliminary Fragments for a Theory of Translation; Berlin: Frank & Timme.

Vermeer, Hans J. + Witte, Heidrun (1990): Mögen Sie Zistrosen? Scenes & frames & channels im translatorischen Handeln; Heidelberg: Groos (= TEXTconTEXT-Beiheft 3).

Viaggio, Sergio (2004): Teoría general de la mediación interlingüe; San Vicente del Raspeig: Universidad de Alicante. – Viaggio, Sergio (2006): A General Theory of Interlingual Mediation; Berlin: Frank & Timme (= Sprachwissenschaft 1).

Vico, Giambattista [1725] (1836): Principj di una scienza nuova d'intorno alla commune natura delle nazioni; Milano: Società Tipografica de' Classici Italiani (= Opere Scelte 1f). – Vico, Giovanni Battista (1990): Prinzipien einer neuen Wissenschaft über die gemeinsame Natur der Völker [übers. v. Vittorio Hösle + Christoph Jermann]; Hamburg: Meiner (= Philosophische Bibliothek 418a).

Vigo, Alejandro G. (2002): Indiferentismo ontológico y fenomenología en la *Física* de Aristóteles; in: NOVA TELLVS 20.2, 2002, 117-171.

Vollmer, Gerhard ([8]2000): Evolutionäre Erkenntnistheorie. Angeborene Erkenntnisstrukturen im Kontext von Biologie, Psychologie, Linguistik, Philosophie und Wissenschafstheorie; Leipzig: Hirzel.

Voß s. Homer (1957).

Wagner, Johann Jakob (1803): Philosophie der Erziehungskunst; Leipzig: ?.

Wandruszka, Mario (1969): Sprachen – vergleichbar und unvergleichlich; München: Piper.

Watzl, Carsten (2005): Die Waffen des Immunsystems: wie Killerzellen zwischen körpereigen und körperfremd unterscheiden; in: Ruperto Carola 2005.3, 38-40.

Watzlawick, Paul + Beavin, Janet H. + Jackson, Don D. (1969): Pragmatics of Human Communication. A study of interactional patterns, pathologies, and paradoxes; Palo Alto, CA: Mental Research Institute.

Weber, Max ([4]1947): Gesammelte Aufsätze zur Religionssoziologie, 3 Bde.; Tübingen: Mohr.

Weisgerber, Leo ([3]1962): Von den Kräften der deutschen Sprache, Bd. 1: Grundzüge der inhaltbezogenen Grammatik – Bd. 2: Die sprachliche Gestaltung der Welt; Düsseldorf: Schwann.

Welsch, Wolfgang (2000): Verteidigung des Relativismus; in: Fischer + Schmidt (2000), 29-50.

Whitehead, Alfred North (1978): Process and Reality. An essay in cosmology. Gifford Lectures delivered at the University of Edinburgh during the session 1927-28. Corrected edition, ed. by David Ray Griffin + Donald W. Sherburne; New York: The Free Press.

Whorf, Benjamin Lee (1956): Language, Thought, and Reality (ed. John B. Carroll); New York: Wiley.

Wierzbicka, Anna (1991): Cross-Cultural Pragmatics. The semantics of human interaction; Berlin: Mouton – de Gruyter (= Trends in Linguistics, Studies and Monographs 53).

Wilss, Wolfram (1977): Übersetzungswissenschaft. Probleme und Methoden; Stuttgart: Klett.

Wilss, Wolfram (1992): Übersetzungsfertigkeit. Annäherungen an einen komplexen übersetzungspraktischen Begriff; Tübingen: Narr (= Tübinger Beiträge zur Linguistik 376).

Wimmel, Walter (1981): Die Kultur holt uns ein. Die Bedeutung der Textualität für das geschichtliche Werden; Würzburg: Königshausen + Neumann.

Winternitz, M. (1967): History of Indian Literature, vol.3.2, [aus dem Deutschen ins Englische übers. v. Subhadra Jhā; Delhi – Varanasi – Patna: Motilal Banarsidass.

Witte, Heidrun (2000): Die Kulturkompetenz des Translators. Begriffliche Grundlegung und Didaktisierung, Diss. Hildesheim (1998); Tübingen: Stauffenburg (= Studien zur Translation 9).

Wolf, Michaela (Hg.) (1997): Übersetzungswissenschaft in Brasilien. Beiträge zum Status von „Original" und Übersetzung; Tübingen: Stauffenburg (= Studien zur Translation 3).

Wuketits, Franz Manfred (1996): EE als Verbindung von Methodologien und Perspektiven; in: Riedl + Delpos 1996, 192-199.

Wuketits, Franz M[anfred] (2002): Der Affe in uns. Warum die Kultur an unserer Natur zu scheitern droht; Stuttgart – Leipzig: Hirzel.

Wußler, Annette (1998): Vom Wasserträger zum Experten – Überlegungen zum Status des Translators; in: TEXTconTEXT 12 = NF 2, 1998, 235-249.

Wußler, Annette (2002): Translation – Praxis, Wissenschaft und universitäre Ausbildung; Diss. Innsbruck [unveröff.].

Wuthnow, Robert et al. (1984): Cultural Analysis. The work of Peter L. Berger, Mary Douglas, Michel Foucault, and Jürgen Habermas; Boston etc.: Routledge & Kegan Paul.

Zinn, Karl-Georg (1989): Kanonen und Pest. Über die Ursprünge der Neuzeit im 14. und 15. Jahrhundert; Opladen: Westdeutscher Verlag.

Zólyomi, Gábor (2005): Sumerisch; in: Streck, Michael P. (Hg.) (2005): Sprachen des Alten Orients; Darmstadt: Wissenschaftliche Buchgesellschaft, 11-43.

Namenindex

Sachindex

472